LES PAYSANS DE FRANCE

de l'an 1000 à l'an 2000

DU MÊME AUTEUR

Série des « Premier Janvier »

Le Premier Janvier 1900, Plon
Le Premier Janvier 1920, Plon
Le Premier Janvier 1940, Plon
Le Premier Janvier 1960, Plon
Le Premier Janvier 1980, Plon
Le Premier Janvier 1983, Plon
Le Premier Janvier 1789, Plon
Le Premier Janvier 1800, Plon

Histoire

Yalta ou le Partage du Monde, Robert Laffont, prix Historia et prix Plaisir de Lire 1964
Bandoung ou Un carrefour de l'Histoire, Robert Laffont
L'Après-Yalta, Plon
L'Aventure européenne, Plon, 2 volumes
Sire, ils ont voté la mort (La condamnation de Louis XVI), Robert Laffont
L'Epopée mondiale d'un siècle, 5 volumes, Hachette
Les Dictateurs du XXe *siècle*, Robert Laffont
La Libération de Paris, Carrère-Lafon
Verdun, Olivier Orban
Histoire de Paris, Carrère-Saurat
La Tour Eiffel, Lacroix
L'Epopée coloniale de la France, Plon
L'Epopée des chemins de fer français, Plon
C'était la IVe République, Plon
La Drôle de Guerre, Plon

Biographies

Joffre, Plon
Grandes Françaises du XXe *siècle*, Plon
La Légende de Pablo Casals, Proa
Lénine et Staline, Plon
Karl Marx, Nathan
Les Présidents de la Ve République, Le Pré aux Clercs
Les Premiers ministres de la Ve République, Le Pré aux Clercs
Billaud-Varenne, géant de la Révolution, Olivier Orban
Habib Bourguiba, Media
L'Homme Giscard, Plon
Yatridès, maître du Temps, Lumière et Espace

Essais

Les oiseaux n'y savent pas chanter (essai sur l'Afrique noire), Julliard
La Succession, Julliard
Sans de Gaulle, Julliard
Un prince cherche un royaume, Hachette
Les Hommes libres (essai sur l'ORTF), Plon
La Côte-d'Ivoire ou les Racines de la sagesse, Jeune Afrique
Au village de mon enfance, Plon
Un provincial à Paris, Plon

Nouvelles

Les Impitoyables, Imprimerie Bonnafous

Romans

Au-delà de la montagne, Le Livre de Paris
La Vigne sous le rempart, Julliard, prix Sully-Olivier de Serres, 1967
Et les coyotes hurleront... (western), Julliard
Les Frères Burns (roman policier), Julliard

ARTHUR CONTE

LES PAYSANS DE FRANCE

de l'an 1000 à l'an 2000

PLON

ISBN : 2.259.19131.2

A la merveilleuse famille d'humbles paysans pyrénéens qui m'ont élevé.

I

LE PAYSAN DU MOYEN ÂGE

Le paysan de l'an mille

Il moissonne.

Il ne fauche pas à la faux. Il fauche à la faucille. Il trime de l'aube au crépuscule.

Il exécute tous ses travaux à la main. Même quand il a à remuer la terre : comme il est trop pauvre pour avoir des bêtes de trait, il laboure à la bêche. Ainsi passe-t-il quasiment toutes ses heures : courbé, les reins cassés, au-dessus de sa glèbe. On pourrait l'appeler « l'homme penché à perpétuité ».

Il est coiffé d'un vieux bonnet de toile tout chiffonné, posé sur une chevelure hirsute, ébouriffée, qu'il ne peigne qu'avec ses doigts — ou d'une chape à capuchon, qui protège mieux du soleil et des pluies. Pour tout costume, il porte une cotte en drap, sorte de tunique serrée par une ceinture ou une ficelle — seulement en hiver un *surcot*, manteau passé sur la cotte et tombant à mi-jambe. Il ignore la *braie* « flottante » qui ne viendra que tard dans le Moyen Âge : il garde des anciens le modèle le plus « collant », la *chausse*. Il va pieds nus : il réserve pour les jours de fête ses souliers de cuir haut lacés, car le sabot n'est pas encore entré dans les coutumes.

Sa femme besogne à ses côtés, ainsi que deux enfants qui ont « l'âge de fatigue ». Elle aussi est revêtue de la traditionnelle cotte, sauf que plus longue. Il faudra attendre le XIVe siècle avant que la paysanne connaisse la chemisette.

A peine sait-il que l'on est dans l'an mille. Il ne compte que par saisons. Les jours n'ont pas de numéros, mais des noms de saints : la Saint-Martin, la Saint-Michel, la Sainte-Eulalie. Le compte est plus facile, étant celui de la tradition.

Et que tombent les épis ! Il ne prend le temps de souffler que pour boire à sa gourde en peau de chèvre, de l'eau bien sûr, et, à la mi-journée, à l'abri d'un chêne, croquer un gros croûton de pain frotté d'ail et accompagné de lard et d'oignon. Il ne s'arrête également que pour faire ses prières, quand les cloches des villages sonnent. Il ne parle pas. Il ne chante pas. Il est tout à sa cadence de travail.

Il rentre à pied avec femme et enfants, eux aussi sans chaussures. Son vieux père a gardé durant la journée les quelques chèvres de la famille. La mère a vaqué aux soins du cochon et de la volaille. On se signe pour mieux s'adresser le bonsoir.

La maison, c'est la maison rituelle des pauvres. Certains voisins ont une maison en bois ; la maison en pierre est inconnue au nord de la Loire ; on ne la rencontre que dans les provinces méridionales, où la pierre à bâtir abonde, et en Auvergne, le pays des volcans, qui utilise le basalte ; celle-ci est en torchis.

La carcasse est formée d'une charpente avec des lattes de bois bourrées de pisé, voire de paille et de foin.

Le toit est en chaume comme dans la plus grande partie du royaume — exception faite pour les provinces méditerranéennes qui utilisent la tuile creuse et pour la Savoie qui pratique la couverture en bardeaux. Le paysan nordiste ne connaît ni l'ardoise ni la pierre plate.

La demeure se limite à une grande pièce unique, à plancher en terre battue — « la maison dans la maison ». Les bâtisses à étages sont rarissimes. Toute la famille s'amasse là. La salle commune est le lieu où l'on dort, où l'on prépare les repas, où l'on mange, où l'on tricote, où l'on reçoit ses voisins ou cousins. Un couple n'a pas d'existence en tant que tel. Il n'y a pas le moindre coin pour s'isoler à deux. Au demeurant, le couple ne se sent pas du tout frustré d'un manque d'intimité pour la simple raison qu'il a toujours vécu dans un espace relativement surpeuplé.

Il n'y a pas de cheminée. (La cheminée au sens futur du mot ne se répandra que dans trois ou quatre siècles.) On allume le feu au milieu de la pièce, la fumée s'échappant par un orifice aménagé dans le toit.

Les fenêtres sont étroites et sans vitres — en hiver bouchées avec du foin. La vitre ne viendra qu'avec la Renaissance. Seule la porte donne du jour — un maigre jour.

Mobilier, autrement dit le *sustillement au vilain* : la paillasse qui sert de lit, le buffet, la table à manger, le banc au foyer, les huches. Les deux couples, le vieux et le jeune, dorment dans le lit ; les enfants sur des tas de paille. Personne ne se demande comment un couple pourrait, dans une telle promiscuité, entretenir des rapports intimes : au lit, on dort ; le sexe a d'autres lieux (dans une grange ou dans la nature).

Ustensiles : des chenets, la poêle de cuisine, les pots, la louche, le gril, un petit moulin, un chaudron pour les fèves, un pour les

« herbes », un avec trépied en fer pour la lessive, une bassine où on lave les fèves avant de les mettre au feu, une pour l'eau chaude qui permet de mieux se raser, les pelles pour couvrir de cendres le foyer avant de s'en aller dormir, des pincettes pour la braise ; des gants ou des « poignées » pour protéger les mains quand il faut retirer du feu le chaudron ou la cocotte ; une pierre à aiguiser ; un coutelas pour couper le lard et le jambon ; quelques petits récipients où fondre la graisse ; une boîte à sel ; la cruche à eau ; des balais ; des morceaux de tissu spongieux pour le lavage des écuelles et des chaudrons ; des escabeaux à défaut de chaises ; la barre où sont suspendus les chaudrons ; l'inévitable soufflet pour attiser le feu ; un éventail d'osier pour l'éventer ; les écuelles, en bois.

Instruments posés ou accrochés de-ci de-là : la doloire, le ciseau, la tarière, les engins de pêche (à l'étang).

On n'a ni montre ni pendule. L'heure de l'aube est celle du coq. Les heures du jour sont données par la cloche de l'église, au rythme de l'horloge du sacristain. (C'est seulement au XIIe siècle que l'angélus sera régulièrement sonné à l'aube, à midi et à la tombée du jour.) Le sablier — quand sablier il y a — ne sert que pour les durées brèves. L'horloge du sacristain n'a rien de commun avec l'horloge de plus tard : c'est une clepsydre où l'heure est marquée par le niveau de l'eau dans un récipient qui se vide goutte à goutte. Notre brave paysan ignore totalement les vingt-quatre heures des futures journées astronomiques. Ne lui demandez surtout pas ce qu'est une minute ou une seconde.

Sous le toit familial, les animaux vivent avec les humains. Le cochon se promène librement. Une caisse à hauteur du plafond sert de cage à poules, une petite échelle permettant d'y accéder. Une telle cohabitation ne gêne pas : en hiver, la présence des bêtes, surtout si la famille a un mulet et une vache, est une source inestimable de chaleur. Seul inconvénient : les mouches pullulent. A nuées. Le bourdonnement est perpétuel. On ne connaît aucun moyen de s'en libérer.

La famille de l'an mille n'a pas encore de nom. Le nom de famille transmissible à tous les descendants n'existe pas. Chaque paysan est désigné par son prénom accompagné du prénom du père. Par exemple, un tel est Jehan, fils de Jacques, qui était fils de Mathieu le Boiteux. Telle dame paysanne est Marie, fille d'Augustin le Borgne, épouse de Jehan. Pour distinguer frères et sœurs les uns des autres, force est du coup de remonter jusqu'au prénom du grand-père. A peine voit-on commencer chez les familles nobles la manie d'adopter des noms individuels insolites, le plus souvent empruntés à la littérature romanesque, et de perpétuer les mêmes noms dans les mêmes familles. Aucune famille paysanne n'a de nom qui lui soit propre. Il est vrai aussi que — le stock des prénoms n'étant pas des plus riches — on fait beaucoup appel à des surnoms — manière, en s'amusant, de créer un état.

Pour autant, même sans nom, un couple paysan est solide. Non seulement l'adultère est un immense sacrilège, mais la fidélité est le premier honneur du pauvre : on ne triche pas avec le sacré.

Mais voici venue l'heure de souper. On s'assied autour du feu. A la louche, les femmes puisent dans le chaudron pour remplir les écuelles. Le souper mérite bien son nom, alors que le déjeuner est repas du matin, le dîner repas de midi : au souper, on a la soupe, soupe de fèves, enrichie de vieux lard, ou soupe de pois. Dans l'ordinaire, que mange-t-on ? Du pain de seigle, volontiers trempé dans la soupe ; des fruits de la forêt ; des légumes tirés du petit potager, oignons, ail, poireaux qu'on sert crus ; des œufs, beaucoup d'œufs, dont les préférés sont farcis. Le persil est inévitable. On ne voit jamais la moindre côtelette de bœuf. La seule viande coutumière est le porc — sauf que les porcs médiévaux sont beaucoup plus petits, plus velus et moins dodus qu'ils ne le seront plus tard. Chaque repas est frugal. Même la volaille est un luxe. Pas étonnant qu'encore sous Henri IV, dans six cents ans, la « poule au pot tous les dimanches » pourra passer pour un eldorado à atteindre !

Si les hommes dirigent et animent les gros travaux, les femmes ont un rôle fondamental, irremplaçable. Pour la raison simple qu'elles sont seules à s'occuper des bêtes. Ce sont même elles qui, afin d'assurer les repas de l'étable et de la basse-cour, parcourent les champs pour amasser de lourds fardeaux de « fourrage sauvage » ou d'herbes à grains qu'elles portent en équilibre sur leur tête. Elles entretiennent le feu sous le chaudron où cuit la pâtée. Elles soignent la volaille. Elles glissent dans le cou des oies à « gourmander » l'ouillette profonde qui gave les gésiers. Elles mènent les brebis sur les éteules. Elles présentent le jeune veau à sa mère pour la tétée. Elles traient les vaches. Elles confectionnent les beurres et les fromages. A la saison, elles fouillent les bois pour la cueillette des cèpes, des oronges et des morilles. Elles manient d'un bras musculeux la faucille, la bêche, la binette et la tranche, où elles s'égalent aux mâles. A l'hiver, elles apprêtent le cochon, le mettent au saloir ou sous la graisse. Sous l'huileuse graisse jaune, elles confisent les oies les mieux gavées : le plus modeste ménage s'en réserve deux de son troupeau pour l'assaisonnement de la soupe. Ce sont elles qui prient saint Denis (saint protecteur de la basse-cour) quand les poussins sont malades — mettent de côté les œufs pondus le Vendredi saint parce qu'ils ont vertu de mettre à l'abri des fièvres — aux Rameaux confectionnent les couronnes de buis qui ornent les tombes de la famille — conservent dans un précieux flacon l'eau bénite recueillie à l'église le Samedi saint (une aspersion d'eau bénite préserve de l'incendie et fait taire le tonnerre) — filent la laine — bercent les enfants souffreteux — ce sont elles qui vont à la rivière laver le linge et en avant le battoir !...

On dort à gros ronflements, mais à peine le premier coq a-t-il chanté que le paysan a repris sa faucille — préférée à la faux pour trancher les épis, parce que la faux coupe les tiges au ras du sol et que le moissonneur veut laisser des chanvres aussi hauts que possible. Tel est en tout cas le tableau le plus familier de l'époque : ce travailleur inlassable qui, avec les outils les plus simples, donne au royaume de France le blé qui lui est indispensable.

Pourquoi pourtant un tel cœur à l'ouvrage ? peut-on se demander. Car cet homme est un serf. Il est enchaîné dans un système rigide qui l'assujettit totalement à un seigneur à qui il doit payer de lourdes redevances et consentir de multiples services. Tout simplement, si humble, si écrasé soit-il, il a ses fiertés et ses espérances.

Il assume un effort qui lui permet de faire vivre sa famille, hors de toute famine, et « maison garder ».

Il n'est plus l'esclave irresponsable des Romains (qui préfigure, par-delà les siècles, en la *villa* de son maître, le kolkhoze soviétique) — l'homme-animal voué au fouet d'intendants cupides.

Il n'est plus fouetté. Il a franchi un échelon important sur la route montante de la dignité.

Il participe à l'épopée, à la Reconquête, qui consiste à reprendre à la friche les terres abandonnées — à l'exemple des moines qui en même temps font renaître un sol et évangélisent les Barbares, moines défricheurs des âmes et de la terre, tant il est vrai qu'agriculture et civilisation vont de pair. C'est l'époque bénie où l'agriculture française prend son essor : même s'il n'en a pas pleinement conscience, même si son regard ne se porte pas sur la grande Histoire, le paysan peut sentir que c'est grand, de faire reculer la lande, la misère et la faim.

Charlemagne, il n'y a pas si longtemps, « le très grand Charles », a instauré une période de paix propre à un puissant développement agricole. Ce bonheur inespéré se poursuit.

Notre homme est à jamais attaché à la même parcelle, la sienne. Il ne fait point que cultiver une terre : il ensemence et moissonne *sa* terre. Un lien très fort s'établit entre elle et lui. Sans doute tient-il sa parcelle de l'acte arbitraire d'un seigneur. Mais c'est cette terre, sa terre, toujours la même matin et soir, qu'il travaille, qui les nourrit lui et les siens, qu'il épouse. Voici se forger une alliance charnelle entre paysan et blé qui traversera les siècles toujours égale à elle-même.

Sans doute la libération prendra-t-elle des siècles. Avec l'avènement des Capétiens commence à peine le long et lent affranchissement des serfs à partir de Philippe Ier, roi de 1060 à 1108, arrière-petit-fils du fondateur de la dynastie, jusqu'à Louis X le Hutin, roi en 1314-1316, qui, jouant sur les mots, explique : « Notre royaume est nommé royaume des Francs. Nous voulons que la chose, en vérité, soit accordée au nom. Avons ordonné que par tout notre royaume la servitude soit ramenée à la franchise et la franchise soit donnée à tous à de bonnes et convenables conditions. » Mais déjà l'espérance de ne plus être serf un jour existe. Quand il manquera d'argent pour harnacher son équipement guerrier, le seigneur pourra vendre au serf sa liberté. Alors, aujourd'hui, ce paysan est serf ; demain, il fera son bien. De serf, il sera devenu *manant* (du latin *maneo*, « je reste »...). Autre grand échelon franchi. Il n'aura plus qu'à progressivement agrandir son domaine. Il n'en reste pas moins que, déjà, au fond de son cœur, ce serf est déjà typique de toutes les qualités qui feront du paysan français un paysan de légende, inébranlablement attaché à sa famille, à sa terre, à son village, intraitable sur les liens de fidélité, ardent à la besogne, tenace dans ses projets, fier...

Un paysan blotti

Ce paysan français sait-il seulement que le chef tout-puissant de la chrétienté, le pape de l'an mille, est un Français, fils de modestes bergers d'Auvergne, élevé par les moines de Saint-Géraud d'Aurillac ? Un savant. Elu en 999, il opte pour le nom de Silvestre II, un nom qui dit tout : Silvestre, ainsi s'appelait, six siècles plus tôt, le pape qui avait vu le monde romain ouvert tout grand au christianisme par l'empereur Constantin.

Sait-il même que le roi des Francs est Robert II le Pieux, fils de Hugues Capet et d'Adélaïde d'Aquitaine ?

Il n'est nullement attiré par l'histoire des Grands. Son seul horizon est son village.

Non qu'on puisse dire que le « village » existe vraiment, en tant que bloc communautaire. Hors les agglomérations, peu nombreuses, aux fonctions secondaires, la règle est à l'habitat dispersé. A l'intérieur d'un rempart de pierres sèches, une vingtaine de maisons couvertes de chaume, au sol irrégulier, s'appuient les unes sur les autres suivant un plan vaguement issu d'un plan géométrique à la romaine. L'ensemble, très vague, s'hérite de la *villa* des propriétaires romains, sans en avoir conservé la rigidité. Non loin des maisons d'habitation les moins pauvres, annexes de l'exploitation, greniers et cabanes sont implantés dans le désordre. La sociabilité commune ne s'exerce que par la forge, le moulin, la fontaine et l'église. Les hommes adorent aller palabrer chez le forgeron. Ce sont les femmes qui portent au moulin le grain à moudre ; elles en profitent pour caqueter, tout comme à la fontaine publique où, cruche sur la tête, on attend son tour. On se voit aussi à certaines veillées, entre voisins, où les vieilles femmes égrènent des souvenirs (elles sont la mémoire de la communauté), ou alors aux veillées funèbres, qui durent toute la nuit. Cependant, assez vite, la communauté se renforce. Les familles se rapprochent. Le village tend à avoir un certain sens, même s'il n'existe pas encore réellement. Il se crée en unité strictement réglementée, avec ses autorités, ses sages, ses riches, avec toutes les solidarités et toutes les exigences immémoriales des villages romains ancestraux, dans laquelle rien ne peut intervenir qui ne soit aussitôt observé, commenté, rapporté, colporté, tandis que la famille, surtout si elle est aisée, se groupe sous l'autorité indiscutée du père, soudée autour du patrimoine, mais qui accueille aussi des parents démunis, des ouvriers, des domestiques dans une promiscuité quotidienne. Tous les liens se resserrent. On pourrait quasiment dire que tout le monde se met « au même pot et au même feu ».

Chaque village a bien entendu son château et son seigneur. Encore que la féodalité ne soit pas encore totalement installée, le cadre féodal commence à bien se fixer. Si possible, le château est construit sur une butte renforcée par une accumulation de pierrailles et au-dessus d'une nappe d'eau souterraine. Une tour domine l'édifice — de deux à quatre étages auxquels on aboutit par des échelles. La garde est assurée par des hommes d'armes qui ont fait au seigneur serment de « foi et hommage », au besoin d'anciens brigands « convertis » ou des serfs enfuis d'une autre seigneurie, recrutés pour leur vigueur et leur adresse. Principales armes : la lance, l'épée, la masse d'armes, le heaume, le haubert (tunique en cotte de mailles) et le bouclier (on n'a encore jamais vu de boulets de canon et seuls les monarques disposent de coûteuses machines de guerre). On prévoit un sous-sol très barricadé, pour conserver les provisions au frais comme pour mieux tenir à l'abri les bijoux de la châtelaine et le coffre à deniers. Le cellier est au rez-de-chaussée. La grande salle de séjour est au premier étage — impossible à chauffer l'hiver sous peine d'incendie, gardée obscure la nuit pour les mêmes raisons. La vitre est aussi inconnue du seigneur que de ses paysans : les volets sont opaques, entretenant fatalement un éclairage sans cesse lugubre. Le lit est comme chez les paysans : on y couche à plusieurs. La cuisine est isolée, pour tenir le foyer à distance de la tour : toujours la peur de l'incendie. A préciser simplement que le guerrier se nourrit mieux que le paysan — par la qualité du pain (blanc au château, bis au village), l'abondance de la viande (le châtelain sait faire rôtir des bœufs) et l'usage ordinaire de boissons alcoolisées (alors que le paysan ne boit que de l'eau). Principales caractéristiques : le seigneur a à foison de la viande de venaison ; cerfs et biches sont servis par quartiers entiers sur les tables seigneuriales — on abuse du thym et du romarin — on mange avec les doigts — des tranches de pain servent d'assiettes — le régal des régals consiste à tremper du pain dans le vin. Quoi encore ? Le seigneur chasse beaucoup à courre, quitte à beaucoup abîmer les récoltes, il adore la chasse au vol (avec faucon) ; l'hygiène est aussi lamentable que chez les paysans (au point que le fossé sous le rempart sert de lieu d'aisance) ; enfin, on ne connaît pas encore l'ivresse des tournois et on voit passer très peu de trouvères (ils redoutent des routes trop peu sûres).

L'église est le vrai centre de la communauté. C'est qu'elle est d'un prestige à nul autre pareil. Voici un Occident émietté qui porte encore les plaies plus ou moins cicatrisées des invasions vikings, des raids sarrasins et des incursions magyares, un Occident amputé par l'Islam de presque toute l'Espagne, harcelé par des hordes de Slaves encore païens. L'anarchie règne dans les Allemagnes comme dans les Italies, et même dans de larges parts du « royaume des Francs, des Aquitains et des Bourguignons », ce qui reste de la Gaule depuis qu'en 843 le traité de Verdun l'a amputée de la rive gauche du Rhône, de la Saône et du Rhin. Robert le Pieux a grand mal à imposer sa souveraineté. Ses plus grands vassaux, Eudes II comte de Chartres et de Blois, le comte d'Anjou, Richard II duc de Normandie, le duc de Gascogne, le comte de Toulouse, le marquis de Gothie qui siège à Narbonne, le comte de Barcelone dont le fief appelé « marche d'Espagne » n'est plus que théoriquement « mouvement de la couronne de France », le duc de Bourgogne, d'autres encore, ont autant de pouvoirs que le monarque couronné à Reims. Le seul souverain d'Europe qui présente quelque indiscutable vigueur est l'empereur Otton III : il veut d'ailleurs même être un nouveau Constantin ; il a dévoré les lettres grecques et latines ; il est animé d'une foi mystique ; il a l'ambition de faire régner sur tout l'Occident la paix du Christ ; il a délaissé Aachen pour installer sa capitale à Rome ; il a dressé son palais sur le mont Aventin en attendant de se loger sur le mont Palatin ; il copie l'étiquette des Basileus de Constantinople ; il arbore le manteau d'or et les sandales de pourpre ; mais il n'a que vingt ans et, en vérité, n'est fort que de l'appui que lui donne Silvestre II. Parmi ce vaste océan d'incertitudes, l'Église fixe bien le seul roc très stable.

La liturgie commande le rythme de toute l'année. Elle impose le repos dominical tous les sept jours. Elle programme toutes les fêtes chômées. L'année liturgique se construit autour de la fête de Pâques, qui est célébrée le dimanche suivant la pleine lune postérieure au 21 mars (le calcul est fait par les fameux *computistes*). La plupart des fidèles jeûnent entre Ascension et Pentecôte, soit durant dix jours dont le premier est le quarante et unième après Pâques. A l'intention des clercs (les paysans sont indifférents), les dates de jour, selon l'usage latin, s'écrivent par calendes, ides et nones. Les mois portent dans les textes leurs noms latins. Le millésime ne change pas le 1er janvier : le début de l'année n'est jamais à date fixe (c'est pourquoi il y a d'ailleurs à se demander combien de gens savent quel jour exact, inconnu du commun, est le millième à s'écouler depuis la naissance de Jésus-Christ). Disons que l'Eglise régit en chef le calendrier, donc les temps.

Précisément, en symbole, l'église constitue le bâtiment vraiment central du village. Elle est pourtant rudimentaire. Elle est à nef unique. Il n'y a même pas de bancs. Les fidèles entendent la messe assis par terre, agenouillés ou debout selon le rythme de la cérémonie. Pour les veillées, on jonche le sol (en terre battue) de paille. Il n'y a pas de chaire (elle n'apparaîtra qu'au XIVe siècle) : prône et sermon sont prononcés dans le chœur. A peine relève-t-on quelques statues et bannières. Pas de peintures. Quant à la messe, elle n'illustre pas un paradis du silence ni du respect. Certains paroissiens provoquent des interruptions bruyantes, qui peuvent déclencher une hilarité générale. Les villageois y viennent avec leurs chiens et leurs bébés. Ils n'ont aucun scrupule à se disputer durant l'office. D'aucuns jouent aux dés derrière les piliers. Néanmoins, on sait veiller au bon état de l'édifice ; sur les chantiers, on assiste à des réparations sans fin. Enfin, l'église peut être un refuge inestimable aux heures difficiles des guerres et des désordres. C'est que, temple sacré, elle bénéficie du droit d'asile. « Je n'envahirai une église en aucune façon », telle est la loi, sous peine d'anathème. On comprend dès lors que l'église serve parfois de grenier : elle est inviolable, donc à l'abri des voleurs comme des enquêteurs royaux, chargés du prélèvement des taxes.

Le cimetière est attenant à l'église — alors que l'Antiquité, romaine ou wisigothique, avait enterré ses morts loin des habitations, en rase campagne. C'est l'Eglise qui a fait revenir sur la ségrégation traditionnelle. On accole désormais église et cimetière. Les autorités religieuses interdisent même d'enterrer un chrétien hors de cet espace sacré. Une sépulture hors du cimetière serait ressentie comme une mise au ban de la chrétienté : autant priver le mort de la protection de l'Eglise pour le jour du Jugement. Mais on enterre, sans ordre ni plan, le corps dans un simple linceul, à même la terre (les fosses communes n'étant prévues qu'à l'occasion des grandes épidémies).

Passons à plus joyeux : les fêtes sont innombrables, encore que le Midi soit moins festif que le Nord. Les préférées : celles qui entourent et coupent le Carême. A la Chandeleur, procession aux chandelles. Le premier dimanche de Carême, procession aux torches de paille. On adore Pâques et plus encore les Rameaux, « les Pâques fleuries ». A la Pentecôte, on arrose les tard-levés d'un bon seau d'eau froide. Noël s'enchante du bonheur des familles. On célèbre le plus gaiement la Saint-Jean et les fêtes des vendanges, à la Saint-Michel ou à la Saint-Rémy. Comment ? Ripailles et jeux rustiques. Au reste, plus le temps passe, plus l'aisance s'accroît, plus le village s'amuse. On joue des scénettes, dans le style des fabliaux.

A toute occasion, on danse, au rythme des vielleux de passage. On chante. Et c'est le beau temps où les fêtes patronales prennent corps, *pardons* de Bretagne, *ballades* de l'Ouest, *kermesses* ou *ducasses* du Nord, *vogues* du Dauphiné, *romérages* de Provence.

Les épousailles ? Les mariages de raison dominent. En général, les parents marient eux-mêmes leurs enfants. On ne saurait mieux éviter les mésalliances, s'allier à des familles plus honorables et éviter aux filles restées célibataires le risque de réputation scandaleuse. Les proverbes sont d'ailleurs nombreux à souligner la fragilité de l'honneur féminin : *Filles et vignes sont difficiles à garder ; il y a toujours quelqu'un qui passe et qui voudrait en tâter — Serre tes poules, car j'ai lâché mes coqs.* Dans l'aristocratie et la bourgeoisie, on pourvoit à la prudence en laissant les filles le plus longtemps possible au couvent ; dans le peuple, on les tient à la maison ; on leur donne de l'ouvrage. Ce proverbe provençal en témoigne : *Fille oisive, à mal pensive ; fille trop en rue, tost perdue.* On recommande de marier les « pucelles » dès qu'en âge de « faire le mal ». *Fille mariée ; fille sauvée* (proverbe gascon) ; *Pomme un peu mûre doit être cueillie ; fille grandette doit être mariée* (conseil du Béarn). Les garçons, eux, on les met en garde contre la beauté et ses tentations (conseil de l'Armagnac : *En ciel étoilé ni en cul joli, ne te fie jamais, jeune homme !*), d'autant plus que beauté ne saurait durer : *Belle femme et fleur de mai, hélas ! hélas !* soupirent les Gascons ; *Belle rose devient gratte-cul*, note un Languedoc plus prosaïque. La beauté ne sert à rien. Pire, elle cache tous les pièges : les Savoyards vous disent fort sagement que *qui cherche une rose trouve souvent une bouse.* Il n'empêche que des serments de grand amour s'échangent. Les lieux prêtant à douces tendresses ont beau être rares — les champs, les chemins creux, une grange, un abri dans la forêt, le bal, la sortie de la messe —, des amants réussissent à batifoler. Le plus souvent, ils ne savent pas lire. Ils n'ont donc pu prendre connaissance des commentaires de Pierre Lombard, professeur de théologie à l'école de Notre-Dame, qui, dans ses *Quatre Livres de sentences*, s'interroge (dès le XIIe siècle) sur la valeur morale des motifs qui poussent les jeunes gens à se marier. Il distingue les bons des moins bons. Motifs « honnêtes » : le désir d'avoir des enfants ; la peur de ne pouvoir rester chaste dans le célibat. Motifs moins moraux : l'appât du gain ; la chasse à la dot ; la beauté de l'homme ou de la femme qui pousse à rassasier un désir. Bien des amoureux se passent de telles sentences et batifolent à qui mieux mieux, nonobstant toutes exigences parentales ou contraintes canoniques.

Les voyages ? Ils sont littéralement infernaux, surtout les voyages lointains. Les chroniqueurs citent le cas d'un religieux qui, parti de Constantinople, met plus de cinquante jours avant d'arriver à Naupacte, traversant à pied ou à dos d'âne toute la Thrace, la

Macédoine, la Thessalie et l'Etolie, soit en gros mille cinq cents kilomètres par étapes de trente. A Naupacte, il prend un bateau pour se rendre à Otrante en Italie — par navigation bien entendu côtière. Au large de Patras, sur la rive du Péloponnèse, il a tort de ne pas faire halte pour honorer le souvenir de saint André qui y fut martyrisé : la colère divine se déchaîne ; elle lance aux assauts l'auster, terrible vent du sud ; la tempête ne se ralentit pas de cinq jours ; c'est prodige, les matelots s'étant enfuis, qu'il parvienne à Leucade, pour y être d'ailleurs fort mal reçu par l'évêque, un eunuque (« ce qui eût dû pourtant lui interdire le sacerdoce en vertu des canons »). Tout le reste est à l'avenant. Il met plus d'un mois avant d'aborder à Corfou, où il a à affronter trois tremblements de terre et une « terrifiante éclipse de soleil » — plus de deux mois encore avant de retrouver la terre gauloise, non sans devoir affronter des pillards et des scélérats de tout acabit. De tels récits fourmillent.

Pas étonnant que les monastères se soient faits les lieux d'hébergement normaux des voyageurs les plus huppés. C'est un temps où, contrairement au petit peuple, évêques, abbés, princes et seigneurs prennent souvent la route. Ainsi une telle hospitalité est-elle une fonction indispensable. Ainsi les abbayes ont-elles des dortoirs de vingt lits et autant de latrines — un pour les hommes, un pour les femmes, séparés par un réfectoire où sieurs et gentes dames prennent ensemble leur repas, servi par le moine hôtelier. Le visiteur est accueilli par tout un cérémonial : on lui offre l'eau bénite ; on lui fait baiser l'Evangile ; on l'encense tandis que les cloches sonnent ; des serviteurs nettoient chausses et jambiers ; on mange des omelettes au chaud d'un grand feu qui flambe. Quant au paysan qui, d'aventure, passe et frappe au portail, il n'est point laissé dehors, mais il est logé à l'étable, il a une simple écuelle de soupe et il n'a droit à aucune bénédiction.

Notre paysan est donc sage de ne jamais quitter le village, pour s'en aller aux aventures. Il n'y a d'autres errants que certains compagnons qui se déplacent loin de chez eux à certaines saisons, pour acquérir un supplément de gains, les Limousins qui s'en vont faire les maçons, les Savoyards qui ramonent les cheminées, les Jurassiens qui sont peigneurs de chèvres, les Auvergnats qui sont les meilleurs scieurs de bois. Lui, ici, il a suffisamment de jubilation à connaître par ses femmes les secrets des autres familles — comment l'Antoine, par jalousie, a poussé son épouse dans un ruisseau à lentilles vertes, en foi de quoi elle fut verte de la tête aux pieds — par quelle manie le Joseph tient à se laver les pieds à l'eau chaude tous les quinze jours et non une fois par mois, comme tout le monde — avec quel entêtement la Marie-sans-pareille, épouse de l'Alphonse dit le Renard, lui cache les polissonneries de leur fille, sorte de Rose-couche-toi-là-que-je-m'y-mette. Au fond, n'est-ce pas là une vraie vie, et non dans les courses folles ?

Taillable et corvéable à merci

L'Europe occidentale découvre l'étrier, cadeau des cavaliers de l'Est lointain, dans la première moitié du VIIIe siècle. Charles Martel en dote la cavalerie française, ce qui lui vaut, mieux encore que la vaillance de ses chevaliers de fer, en 732, à la bataille de Poitiers, d'écraser de belle façon l'armée arabe du redoutable Abd al-Rahman ibn Abdallah, lequel y meurt. Puis, auréolé de sa victoire, il se lance dans une grande campagne de confiscation des terres ecclésiastiques, afin de financer le développement rapide de son armée et mieux assurer l'entretien trop coûteux des chevaux de guerre. (D'après l'ouvrage de L. White sur *Les Technologies médiévales*, l'équipement militaire d'un seul guerrier coûte l'équivalent d'une vingtaine de bœufs, soit les attelages de plus de dix familles de paysans. D'autre part, le cheval mange des céréales, à la différence du bœuf, plus frugal. Or, les récoltes obtenues dans l'Europe du IXe siècle couvrent à peine les besoins humains.)

Quoi qu'il en soit, un large fossé se creuse rapidement entre ceux qui vont à la guerre à cheval et accompagnés d'un écuyer également monté, et la masse des paysans qui fait le service à pied. Charlemagne est le seul à chercher à lever son contingent de cavaliers militaires à tous les niveaux de la société d'hommes libres : il ordonne aux moins fortunés d'associer leurs moyens pour équiper au moins un représentant du village. Mais la discrimination ne cesse de s'affirmer. Dès l'an mille, l'accession à la chevalerie est bloquée. Le sens des mots *miles* et *nobilis*, « militaire » et « noble », en vient à se confondre. L'aristocratie féodale, au fond, naît de la pratique professionnelle de la guerre à cheval. « L'Antiquité avait imaginé le Centaure, note White, le haut Moyen Age en fait le maître de l'Europe. » C'est net : l'apparition de cette noblesse s'accompagne forcément de nouvelles formes culturelles et d'une nouvelle forme de pensée étroitement liées au nouveau mode de combat et à la nouvelle hiérarchie sociale. L'étrier aura eu encore plus d'effet sur la civilisation que sur les batailles. Fierté, dignité, honneur, loyauté, vaillance au combat sont les caractères profonds de la nouvelle culture au nom du service dû au suzerain, inculquée aux jeunes garçons au cours d'un entraînement intensif dans les châteaux, sous les ordres du maréchal, le dompteur de chevaux, *domitor equorum* — la jument étant bien entendu un animal indigne. L'aptitude à connaître et à conduire les chevaux à la guerre et à la chasse est progressivement ressentie comme un trait culturel spécifique de la caste des chevaliers et transmis par l'hérédité.

Inévitablement, le chevalier aime son cheval comme un frère, non moins noble que lui. Il lui voue un attachement exclusif et définitif. La réciproque elle-même est vraie : *Vaillantif*, le destrier de Roland, ne tolère que son maître sur son dos ; *Boyoit* reconnaît Renaud de Montauban après de longues années de séparation ; *Broiefort*, tout vieux et pelé soit-il devenu après les sept années de captivité de son maître Ogier le Danois, hennit de joie en le revoyant et fait des gambades comme un poulain fou.

La vénerie, réplique de la guerre, s'impose dans les mêmes temps. Ce sont les Capétiens qui lui donnent ses premières règles. Dès le Xe siècle, la géographie des laisser-courre comporte ses premiers hauts lieux, Compiègne, Vincennes, Fontainebleau. On chassa à courre d'abord pour se procurer du gibier ou détruire les grands animaux ravageurs des forêts et des champs. Les gentilshommes finissent par faire de la chose leur passe-temps favori, tout à fait privilégié. En toutes régions, le paysage français ne se prête-t-il pas idéalement aux débouchés des chevaux et de meutes de chiens de plus en plus savamment créancés ? Tant pis pour toutes les récoltes foulées aux sabots.

Telle est la première fatalité qui fait se créer la seigneurie : par l'étrier, le chevalier tient mieux en selle et domine mieux le rustre à qui il ne reconnaît même pas le droit de chasse.

La seconde tient à l'affaiblissement du pouvoir royal.

Des Mérovingiens d'abord. Les premiers (VIe siècle), à côté du domaine (*dominium*) public, composé de l'impôt et de tous les revenus du royaume perçus par le roi, se sont composé un vaste domaine personnel en s'emparant du domaine impérial romain en Gaule — soit plus d'un millier de *villae* (domaines) éparses à travers le pays. Tel est le cas pour Clovis lui-même. Ils vivent des revenus, essentiellement agricoles, de ces domaines, menant une existence itinérante, de villa en villa, pour aller consommer sur place des produits d'un transport trop difficile. Mais l'économie monétaire et l'impôt ayant disparu avec l'excès des désordres, les successeurs soldent leurs fidèles par des dons du domaine. L'affaiblissement de la dynastie mérovingienne n'a pas d'autre explication que son appauvrissement. Dernier pauvre roi : Childéric III, déposé par Pépin le Bref en 751 après consultation du pape et aussitôt rituellement tonsuré pour être enfermé dans l'abbaye de Saint-Omer.

Des Carolingiens ensuite. Le premier est donc Pépin le Bref, fils de Charles Martel, père de Charlemagne, époux de Berthe au grand pied (elle a un pied plus grand que l'autre). Mais Charlemagne ne passe que pour faire illusion. La dynastie carolingienne connaît la même évolution que la mérovingienne. De plus, les grandes invasions du IXe siècle brisent le royaume comme une mosaïque, qui éclate. Les représentants du roi, les comtes, usurpent aisément l'essentiel de la souveraineté et les *villae* royales situées dans leur comté.

Des Capétiens enfin. Le premier est même l'un de ces usurpateurs, le duc de France (au centre du bassin parisien), nommé Hugues Capet, surnom dû sans doute à la *cappa*, demi-manteau de saint Martin. Il est élu roi en 987, à Noyon, dernier roi de France à être élevé sur le pavois. Mais, d'une part, il n'arrive au trône qu'après avoir distribué une partie de son domaine pour assurer son élection : ce qui lui reste, les régions de Paris, d'Etampes, d'Orléans et de Compiègne, ne couvre guère plus de surface qu'un département français de l'an 2000 (environ 7 000 kilomètres carrés) et, si cohérent paraisse-t-il, comporte de multiples enclaves, seigneuries laïques ou ecclésiastiques. D'autre part, les Capétiens sont moins forts que Capet. Ils n'arrêtent pas de guerroyer pour faire respecter leur autorité et leurs droits. Robert le Pieux lutte durant tout son règne contre les féodaux dépeceurs du domaine royal, jusqu'à devoir raser plusieurs châteaux appartenant à des vassaux trop pillards. Son fils Henri Ier (1031-1060) doit faire face à l'opposition de sa mère Constance de Provence et aux grands vassaux qui veulent donner le trône à son frère cadet Robert — à qui, pour avoir un semblant de paix, il doit céder en apanage le duché de Bourgogne. Philippe Ier (1060-1108), encore qu'il s'emploie à agrandir son domaine au sud de la Loire, connaît avec ses vassaux d'identiques difficultés épuisantes. Louis VI le Gros (1108-1137) passe lui encore la majeure partie de son règne à lutter contre les redoutables barons de l'Ile-de-France qui coupent les routes de son domaine (les plus connus : les seigneurs de Montlhéry, du Puiset, de Couey) ; en vérité, dans la plupart des grands fiefs, les grands vassaux du roi se renforcent.

Il y a même morcellement.

Le grand vassal s'émancipe ; le petit vassal, c'est-à-dire le seigneur (du latin *senior*), celui qui détient une seigneurie, s'émancipe lui aussi. Le seigneur devient une pièce maîtresse de tout le système.

De plus, une vaste transformation se produit dans les domaines — appuyée encore aux suites de deux siècles, le IXe et le Xe, qui compteront parmi les plus tristes de l'histoire de France, avec barbaries de toutes parts, effondrement progressif du pouvoir central, guerres et pillages perpétuels. Fatalement, dans un tel climat, chaque petite collectivité a davantage tendance à se recroqueviller sur elle-même, à se protéger par elle-même, à se bloquer autour du maître local qui exerce seul quelque autorité.

Le mot *villa*, encore sous les Carolingiens, reste dans les textes, mais il a changé de sens. S'il doit être traduit par *domaine* au Ve siècle, il signifie *village* au Xe — et, dans la langue « vulgaire » qui va aboutir au français, c'est le mot village que l'usage consacrera. Mot et chose, on peut réellement dire que le village français commence à prendre conscience de lui-même à l'époque carolingienne ou capétienne.

Dans la tempête générale, une seule force, hors les forces locales, résiste et s'organise : grâce aux monastères, ces rocs, l'Eglise, oasis de paix et de travail, portée à l'avant-garde du défrichement rural. Elle marque elle aussi sa force localement : la petite église sait s'émanciper du seigneur laïque ; dirigée par le curé, elle s'arroge des biens propres ; le « village » est en même temps une « paroisse ».

Le domaine propre au seigneur — affermé pour sa plus grande partie — se transforme en fief, tenu lui-même d'un seigneur supérieur, comte ou duc, quand l'ancien propriétaire a été évincé, pour une cause ou une autre. Le seigneur n'y perd rien, car les fiefs, petits ou grands, le sont devenus en droit en 877, d'après le *capitulaire* de Kiersy-sur-Oise.

Le paysan ? Nombre d'anciens esclaves de l'époque romaine sont « casés » dans la réserve seigneuriale. Chacun construit son habitation particulière. Ce sont ces demeures, groupées autour de la maison du seigneur et de l'église, qui forment peu à peu le village. Dans un tel contexte, le paysan est le prolo, mis durement au boulot.

L'opposition des classes sociales atteint son maximum. Les anciens propriétaires des domaines mérovingiens sont devenus des nobles, « seigneurs du fief », forts à la proportion de l'affaiblissement du pouvoir royal, et gavés de privilèges, en particulier exempts d'impôts et rendant justice sur leurs terres, ce qui leur donne plénitude d'arbitraire. Au-dessous d'eux, les hommes libres sont peu nombreux. Les anciens esclaves — *servi* devenus *serfs* — ont certes vu s'améliorer leurs conditions juridique et morale ; l'influence de la chrétienté jouant, ils ont cessé d'être des objets, meubles ou outils ; dès Louis Ier le Pieux ou le Débonnaire (814-840), fils et successeur de Charlemagne, il y a interdiction à vendre des catholiques d'origine ; on cesse bientôt d'acquérir pour esclaves même des païens ; au xe siècle, la France ne reçoit même plus des *slaves* païens d'au-delà de l'Elbe ; à partir d'environ l'an mille, les esclaves sont devenus des personnes humaines qui peuvent se respecter ; ils ne sont plus achetables-vendables ; ils ont pleine garantie de demeurer dans leurs maisons sans pouvoir être déportés selon le seul plaisir d'un maître. Leur condition matérielle n'en reste pas moins misérable. Le seigneur est d'une autre planète. Simplement, l'opposition des classes varie selon les provinces. Elle est très forte en Champagne, en Berry, en Lorraine ; elle est plus lâche en Normandie, en Languedoc et en Aquitaine, où les féodalités sont moins puissantes ; la Bretagne profite d'un certain libéralisme qui tient aux traditions des conquérants bretons.

Telle est du moins la première grande caractéristique du

système : la force du lien qui attache l'homme au sol, le noble presque autant que le serf. La force d'attraction terrestre prend ici plein sens. Tous les fiefs sont héréditaires, donc intangibles, y compris les plus pauvres. Le serf transmet à son fils sa baraque et sa parcelle tout comme le seigneur lègue au sien son château et toutes ses terres. Les nobles ne se déplacent qu'à la suite d'un mariage. Le serf n'a le droit de quitter son sol que pour se marier dans un autre village — sauf, à partir du XIe siècle, que le seigneur lui fait payer, plus ou moins cher, le droit de mariage hors du fief, ce qu'on appelle le *formariage.*

Seconde caractéristique : tout au long du Moyen Age, le servage s'efface progressivement ; les serfs constituent encore la majorité au XIIe siècle ; deux siècles plus tard, ils ne sont plus qu'une minorité, grâce aux affranchissements que l'Eglise encourage — encore que le paysan doive payer fort cher sa libération. Certes, entre *servi* et *esclaves*, la langue médiévale ne sait pas toujours distinguer. Cependant, telle est la principale acquisition : le maître, contre paiement ou selon un strict règlement, cède au serf une parcelle, dénommée *tenure*. Du moment où l'esclave est doté d'une tenure, le maître se trouve amené à lui laisser la libre disposition d'une fraction notable de son temps et, de toute façon, une part assez large d'indépendance économique. Les charges mêmes qui pèsent sur la terre tendent à prendre un caractère *coutumier* et échappent de la sorte de plus en plus à l'arbitraire. En un mot, tel homme, au départ, est à la fois esclave et tenancier ; il devient rapidement plus tenancier qu'esclave. Il ne survit plus qu'un temps des esclaves que dans le service domestique ou dans des domaines qui requièrent un travail par équipes.

Troisième grande caractéristique : ne pas confondre *serfs* et *vilains*. Le serf, ancien esclave « casé » (logé), est soumis à un lourd impôt direct, la fameuse *taille* (taille seigneuriale à laquelle se superpose plus tard la taille royale), longtemps établie sans autre garantie que le bon plaisir du seigneur. En plus, il paye le *chervage*, l'ancienne capitatio romaine, l'impôt par chef, c'est-à-dire par tête d'habitant. Il est aussi soumis au droit de *mainmorte* (le seigneur hérite automatiquement du serf qui meurt sans enfants, parfois même quand les enfants ne vivent pas en communauté avec lui). Enfin, si le serf quitte le fief sans autorisation, le seigneur peut exercer le droit de suite et de poursuite. (En Bourgogne, le *droit de désaveu* ne lui permet d'émigrer qu'à condition d'abandonner au seigneur biens, meubles et immeubles.) Par contre, les vilains — les anciens *villani*, habitants de la *villa* romaine — qui sont les équivalents des anciens colons, ne paient que les redevances fixées par la coutume, ne sont « traitables » que dans des limites légales et ne paient pas le chervage. De là pour le serf le rêve d'être un jour vilain...

Quatrième grande caractéristique : la *tenure*. Un seigneur est celui qui a des *tenanciers*. Un fief avec seigneurie est un fief avec vassaux ou tenanciers. Même si rien n'est simple : certaines terres féodales peuvent être dépourvues de caractère seigneurial, tandis qu'un *alleu* — terre libre ne relevant d'aucun seigneur et exempte de toute redevance — peut être seigneurie ; on ne peut simplement pas alors parler de seigneurie féodale, car elle ne se distinguerait pas de la seigneurie allodiale. Passons. Le principal est là : la seigneurie constitue tout un ensemble à la fois foncier et humain, et elle est double. D'une part, elle comprend une *réserve*, que le seigneur exploite directement : le domaine du seigneur. D'autre part, elle a tutelle des *tenures* — où le paysan a le *manse* (du latin *manere*, « résider »), habitation rurale avec jardin et champs composant une unité d'exploitation agricole — et elle exerce un ensemble de droits qu'il convient d'appeler seigneuriaux, engageant les redevances et obligations des tenanciers, toute une série de monopoles dits *banalités* et des contraintes diverses. A charge *pour la tenure* d'évoluer vers la propriété pure et simple.

Et cinquième grande caractéristique : les *corvées*. Serfs comme villains y sont astreints — les serfs étant seuls soumis aux corvées arbitraires. Elles consistent fondamentalement en journées de travail que les assujettis donnent gratuitement au seigneur pour l'entretien de son domaine personnel et les besoins de l'administration seigneuriale, y compris la construction et la réfection des châteaux forts. Certaines sont d'un intérêt commun : aménagement des chemins, construction de digues contre les inondations. D'autres sont agricoles : labourer, sarcler, moissonner les terres du seigneur, avec ses propres animaux de trait transporter le fumier et tout ce dont le seigneur peut avoir besoin, blé, foin, bois à brûler, bois de construction, résidus consécutifs au curage des forêts. Bien sûr, le service militaire est dû au seigneur par tous les habitants du domaine — encore qu'il ne se réduise le plus souvent qu'à un service de guet et puisse être aussi transformé en impôt. Bien sûr encore, obligation est faite au paysan de moudre son grain au moulin du seigneur, de cuire son pain au four du seigneur, de faire son vin ou son huile au pressoir du seigneur, en payant rubis sur ongle les droits de mouture, de fournage et de pressurage.

Pas fini. Ce n'est pas assez pour le paysan de supporter les lourdes impositions seigneuriales. S'y ajoutent les obligations ecclésiastiques. La mainmise des Germains sur la Gaule — la plupart de leurs chefs étant ariens — permit à l'Eglise, dès la conversion de Clovis, non seulement de consolider des positions acquises, mais d'augmenter sa puissance économique. Saint Remi profita de la part de Clovis de largesses exceptionnelles. Sans doute les devait-il à la sollicitude de la pieuse reine Clotilde, mais tel quel le fait demeure. Puis ses successeurs au siège épiscopal de Reims, disposant de fonds importants et de l'afflux incessant des dons des fidèles, purent acquérir moyennant finance de vastes domaines, des villages entiers — conquis par les évêques avec la même hargne que les grands vassaux aux dépens d'un domaine royal décadent. Puis, on inventa la dîme (un dixième des produits de la terre), qui reçut force de loi par les capitulaires de 779 et 794 — même les Juifs y étant assujettis. Les monastères étaient particulièrement comblés. L'Eglise est arrivée à inculquer à l'homme médiéval la conviction indéracinable que la vie terrestre n'est qu'un pénible préambule qu'il faut se résigner à subir, en attendant de voir s'ouvrir toutes grandes les portes de la demeure céleste, la vraie, l'éternelle, la seule qui compte. Le souci primordial et obsédant des mortels est donc de s'assurer dans l'autre monde une existence confortable. Pour cela, il faut tout bonnement se créer des relations parmi les personnages influents, sentinelles de l'au-delà, susceptibles de faciliter l'accès des « tabernacles éternels ». Ces personnages existent. Ce sont les saints. Ils ont des couvents dont ils sont les patrons. En leur faisant des dons comment ne s'assurerait-on pas leurs faveurs ?...

Certes, pour le paiement de la dîme, il y a des indulgences. Selon les coutumes, le paysan, au lieu d'une gerbe sur 10, la doit sur 12, 15 ou 20. Mais la dîme porte aussi sur le petit bétail — porcelets et agneaux — sur la laine et le lin, sur le vin, sur les fruits. Il se crée couramment des dîmes nouvelles, dites *novales*. De plus, la dîme est perçue par des agents spéciaux, qui peuvent être brutaux : or, le paysan n'a pas le droit de rentrer ses récoltes avant le passage du dîmier. Le diocèse est assimilé à un grand domaine dont le maître, en l'occurrence l'évêque, distribue les portions — les paroisses — à des tenanciers — les prêtres — qui lui paient des droits proportionnels à l'importance de la paroisse concédée : le produit va en majeure part au maître, c'est-à-dire l'abbaye ou le chapitre épiscopal dont dépend chaque paroisse. Le prêtre n'est pas rétribué : il garde pour lui le quart de la dîme (on dit : *la portion congrue*) et a la jouissance de la partie du domaine appartenant à l'église. Car l'église rurale, comme l'église épiscopale, a son patrimoine propre, dont elle est nantie par l'acte même de sa fondation. La partie des biens-fonds réservée aux prêtres comprend le presbytère, la grange et les terres directement cultivées par lui. Le reste des terres est divisé en *tenures* exploitées par des tenanciers libres ou des serfs. Ces tenanciers paient les redevances, sont taillables et corvéables comme les tenanciers des domaines laïques. L'évêque prend quasiment tout. Au prêtre de se rattraper en faisant payer par les paroissiens l'accomplissement des principaux sacrements, baptême, mariage, sépulture, et la rédaction des actes civils — ventes, chartes de donation, conventions diverses —, lesquels sont tous rédigés par le prêtre (seul à savoir écrire), en présence des témoins (qui pour autant ne savent pas lire).

Il n'en reste pas moins que, si sanctifiées soient-elles, les dîmes ont été vite affreusement impopulaires.

Pas étonnant que, contre l'ensemble du système, les récriminations soient nombreuses, en attendant d'être de plus en plus violentes.

Récriminations contre le poids écrasant de la taille.

Récriminations contre la « réserve » qu'exploite directement le seigneur. Il s'agit très exactement de bâtiments d'habitation et d'exploitation, de jardins, de landes, de forêts, mais surtout des champs, des prés et des vignes, essentiellement un domaine agricole uni, avec il est vrai certains champs, ou *coutures*, plus ou moins enchevêtrés avec les parcelles des tenanciers. Mais il faut savoir que ce domaine est beaucoup plus étendu que le total des parcelles confiées aux paysans. À l'ordinaire, la réserve est vaste, armée pour échapper au morcellement — donc elle constitue une grande, très grande exploitation, sa valeur dût-elle varier selon la qualité des sols. Comme main-d'œuvre : des salariés, le louage, les serfs et les corvéables. Le salariat peut lui-même s'envisager de deux façons : ou bien l'employeur rémunère le travailleur par un salaire fixe, en argent ou en nature ; ou bien il l'accueille chez lui, prenant à sa charge sa nourriture et son habillement. Le louage est pratiqué pour les travaux saisonniers : il s'agit de paysans libres se louant pour les vendanges ; ou tels travailleurs embauchés par les moines de Corbie dans leurs jardins pour le bêchage des plates-bandes pendant l'automne, les plantations du printemps ou le sarclage en été (flexibilité oblige). Les serfs et les corvéables, on les appelle des esclaves-tenanciers ou des *provendiers*. Mais, surtout, le seigneur se réserve les terres les plus riches, n'abandonne aux tenures que les sols les plus ingrats. L'injustice est trop flagrante. La grogne va de soi.

Récriminations contre le trop grand éloignement de certaines parcelles, ou l'extraordinaire complication de certaines dispositions. D'une part, si certaines petites exploitations sont proches de la réserve, champ contre champ, si certaines maisons des tenanciers voisinent avec le château, ailleurs la distance est grande : il arrive que le hasard des donations, des partages, des achats, des contrats de dépendance ait lié à un *mansus indominicatus* (réserve seigneuriale) des tenures qui peuvent se déployer à une bonne journée de marche ; il y va de davantage de peine. D'autre part, la plupart de ces tenures — et non pas toutes — forment au regard de la fiscalité seigneuriale des unités fixes, indivisibles, qu'on appelle des *manses* — les hommes qui les occupent appartenant à des conditions originellement très différentes, des colons libres, des descendants d'esclaves, des affranchis (anciens esclaves libérés à charge d'obligations assez strictes) —, ce qui ne fournit pas une main-d'œuvre très harmonique. Les manses elles-mêmes se différencient selon qu'elles sont *serviles* (avec serfs) ou *ingenuiles* (avec hommes libres). La coutume fait distinguer aussi les exploitations louées à vie (les manses *consiles*, dites aussi *mainfermes*) et les exploitations louées à temps. Inutile chaque fois de chercher le comment ni le pourquoi. Autre sujet à litiges irritants.

Récriminations contre les agents du seigneur. La réserve est gérée au nom du seigneur par un intendant — appelé le *maire*, major-office d'abord temporaire, puis viager, enfin héréditaire, et qui enrichit abondamment son titulaire, lequel fait fortune à vue d'œil. Assisté de *sergents* — *servientes*, « servants » — qui n'y vont pas de main morte, il a la charge de l'administration, il perçoit les redevances, il exerce les pouvoirs de police, il rend parfois la justice au nom de son maître. Les paysans maudissent à qui mieux mieux ses exactions.

Récriminations contre les privilèges. Le droit de chasse est propriété jalouse du seigneur. Il est interdit aux paysans de même tuer les bêtes sauvages qui ravagent les récoltes ou menacent les troupeaux.

Récriminations contre les impôts secondaires et leurs enchevêtrements. Rien n'est plus labyrinthique que le système féodal qui mêle à plaisir survivances du droit romain, prétentions des seigneurs et exigences de l'Eglise. Le *cens* — romain, lui — est acquitté en argent ou en nature. Le *champart* (*campi pars*, « la part du champ ») représente l'abandon au propriétaire d'une partie de la récolte : indolore dans le Midi, il fixe une redevance dure dans le Nord. Le droit de *lods et vente* est perçu par le seigneur chaque fois qu'un villain vend ou cède sa tenure. Et tout à l'avenant, sans oublier de terrifiants droits de succession.

Récriminations contre le coût des *communaux*, sur lesquels les paysans ont droit d'usage en commun — en particulier des pâtures pour le bétail du village, ou droit d'*affouage* en forêt (droit de prendre du bois de chauffage). Une telle institution est évidemment indispensable en économie autarcique, où chaque village vit sur lui-même par lui-même. Sauf que l'affaire n'est pas gratuite : le seigneur exige *fouages* pour le bois, *panage* pour la pâture forestière des porcs, *avenage* quand le droit est payé en avoine.

Or, quel est le donnant-donnant ? Que fournit le seigneur en échange de droits aussi exorbitants ? Il doit simplement, avec ses hommes d'armes, assurer la sécurité aux paysans en cas de guerre ou d'attaques de bandes de pillards. Il a devoir d'être le bouclier du paysan. Hélas ! En fait, à l'abri de ses remparts et de ses forêts, c'est lui qui court le moins de dangers. A chaque raid, ce sont les paysans qui sont pillés. La protection est le plus souvent inexistante.

Le héros du blé

En l'an mille, il y a de quoi douter de l'avenir français. Dès la première moitié du IXe siècle, l'Empire carolingien, victime de trop de querelles internes, commence à dépérir. Normands, Sarrasins, Hongrois en profitent pour venir emplir leurs besaces et violer les filles. Des villages entiers disparaissent. Des hectares et des hectares de terres arables retournent à la friche. Des centaines de milliers d'animaux domestiques sont massacrés. Le pouvoir central laisse tomber l'épée. Chefs de région et chefs de village doivent organiser la défense localement avec les pauvres moyens du bord. Peu à peu, la France s'émiette en une foule de duchés, marquisats, comtés, châtellenies, autant de repaires dits nobles dont les titulaires entretiennent entre eux des relations complexes, variables d'une région à l'autre. La France de l'an mille, c'est une terre de misère où triment cinq à six milliers de gueux à demi morts de faim, où s'éparpille un cheptel clairsemé, souffreteux, durement touché par les épizooties, les invasions, les guerres et les razzias. L'an mille est même une année de famine — comme le seront 1032 et 1042.

Le XIe siècle ne vient que pour voir le modèle féodal, de toutes ses armures, régenter toutes les provinces — la Bourgogne et la Basse-Seine l'adoptant dès avant l'an mille, la Bretagne et le Centre ne s'y soumettant que plus tard. Sauf que, devenus puissants, assurés pour la plupart d'une quasi-impunité, hobereaux et seigneurs s'adonnent plus que de raison à la guerre et au brigandage. Heureusement, l'Eglise intervient pour retenir les plus enragés. En 909, par exemple, les évêques de la région de Reims persuadent les Matamores locaux de renoncer à leurs vilenies sous la foi du serment : « Je ne volerai, jurent-ils, ni bœufs, ni vaches, ni porcs, ni brebis, ni agneaux, ni chèvres, ni poulains non dressés... » Mais l'épouvante continue de régner.

Spectacle de désolation. La forêt et la steppe couvrent la plus grande partie de la campagne. Les friches abonderont en Beauce jusqu'au XIIe siècle. La Picardie n'offre plus que de larges steppes herbues à l'abandon. La forêt oppose aux communications de redoutables obstacles, parce que les sous-bois sont encombrés de taillis, de buissons, de troncs morts. Les bêtes sauvages trouvent aisément leur repaire dans une telle « opacité », comme disent les vieux textes. L'hiver, les loups sortent de leurs antres et poussent jusqu'aux portes des villages, dangereux aux troupeaux et aux hommes eux-mêmes. Quand on n'a pas de forêt, on a un maquis coupé de bruyères et de buis, et même de tourbières et de marais.

Et pourtant voici soudain qu'on reconstruit et qu'on défriche à nouveau. Le paysan était dit écrasé, écœuré. Il réagit, avec une stupéfiante force de santé. Première renaissance de la France, grâce à lui.

Tenace, il arrache aux landes et aux forêts terres sur terres. Les moines sont à l'avant-garde de cette vaste armée de la paix : à quel monastère défrichera le plus.

De nouveaux domaines se créent. De nouvelles communautés se fondent.

De nouveaux châteaux forts se bâtissent, curieusement baptisés de noms composés, Chastel-Raoul, qui donnera Châteauroux ; Chastel-Airaut qui annonce Châtellerault.

Le défrichement passe à l'ordre du jour.

Non que le paysan sous-estime tout ce qu'il doit à la forêt.

Elle n'est d'ailleurs ni inexploitée ni vide d'hommes. Tout un monde de boisilleurs, souvent suspects aux sédentaires, la parcourt ou y bâtit ses huttes : braconniers habiles à piéger les animaux forestiers ; charbonniers ; forgerons au visage noir ; chercheurs de miel et de cire sauvages ; faiseurs de cendres, utilisées à la fabrication du verre ou à celle du savon ; arracheurs d'écorces, dont on fait des cordes. Encore à la fin du XIIe siècle, la dame de Valois entretient dans ses bois de Viry quatre serviteurs : un essarteur, un poseur de pièges, un archer et un « cendrie ».

Par ailleurs, la forêt offre des ressources inestimables : le bois pour se chauffer ; le bois pour s'éclairer, au moyen de torches résineuses ; le bois pour construire des maisons, façonner des outils, découper des planchettes pour les toitures, combler avec des fagots les fondrières des chemins, dresser les palissades des châteaux forts, fabriquer des sabots. On sait y trouver des mousses ou des feuilles mortes pour les litières, des faines (fruits du hêtre) pour en exprimer l'huile ; les châtaignes qui auront si souvent aidé à satisfaire la faim dans les périodes de disette ; le houblon sauvage ; les fruits acides tirés des pommiers, poiriers et prunelliers sauvages que l'on arrache pour les greffer ensuite dans les vergers. La forêt est un incomparable terrain de pâture, où ovins, bovins et surtout porcs vivent quasiment à l'état de nature. Les grands seigneurs y entretiennent même pour les chevaux de véritables haras.

Mais enfin, si l'on veut de larges espaces pour le blé, force est de déclarer la guerre à l'arbre.

Voilà qui se fait.

Et d'attaquer par la hache, la serpe, le feu. Et les paysans des vallées dauphinoises de monter à l'assaut des forêts alpestres que, du dedans, entament les moines-ermites-bûcherons. Et de se battre aussi contre buissons, broussailles, tribules, fougères. Le travail des essarteurs devient le plus haut fait des deux nouveaux siècles. Toutes les autorités y poussent, le roi, les seigneurs, les évêques. Partout des avantages sont promis et accordés pour attirer défricheurs et habitants. L'abbaye de Notre-Dame de Dilo, au diocèse de Sens, est fondée par des prémontrés en 1132 sur l'emplacement de forges gallo-romaines au cœur de la forêt d'Othe : sans tarder, ils défrichent, et l'abbaye entraîne la fondation d'un village. D'identiques cas abondent.

Dans les Alpes du Sud, les paysans s'attaquent aux « garrigues » incultes.

Et les terroirs de se multiplier, autour de villages ou de hameaux, ou de granges isolées, ou de mas, ou de monastères — surtout si les moines, tels les cisterciens, refusent toutes rentes seigneuriales et ont engagement de vivre du travail de leurs mains. Tout vilain aisé tient à avoir son « nouvel essart ». On ressuscite les champs des ancêtres ; on en laboure de nouveaux. Evidemment, cette reconquête n'a ni les mêmes aspects ni le même calendrier d'une province à l'autre : ainsi le Sud-Ouest a-t-il beaucoup de retard sur ce qui se fait dans les pays de Seine et de Loire. Mais, sur tout le royaume, au XIIe siècle, puis encore au XIIIe, tel est le plus grand spectacle : le travail des essarteurs acharnés à ronger les forêts, soit par le dedans, soit par les bords.

Et à nous du blé, du blé, beaucoup de blé.

Le mot clef qui aura dominé la vie rurale de la vieille France — pour une fois mot non hérité du latin, probablement gaulois.

Sous condition de ne surtout pas entendre par ce mot, comme l'usage littéraire le voudra, le seul froment. En vérité, en lui, le parler des campagnes en l'an mille, et pour longtemps, comprend toutes les céréales panifiables, qu'elles donnent le beau pain blanc, délice du seigneur et du bourgeois de la ville, ou le pain noir, lourd de farines mêlées, que dévorent les manants. Avec le froment, on y comprend le seigle (introduit par les Germains et dont l'abus, dit-on, répand « le feu de saint Antoine »), le métel (mélange de froment et de seigle), l'épeautre (espèce de grains adhérents à la balle, très rustique), l'avoine, même l'orge, voire les pois et les fèves, dont on mélange la farine aux pains les plus durs à avaler. Mais telle est bien la donnée de base : le blé, en ce sens général, se met à couvrir, de beaucoup, la plus grande partie de la terre ressuscitée.

Point de village, point de ferme qui ne lui consacrât pas le meilleur de ses champs. On en pousse la culture, tant elle est salvatrice, jusque dans les cantons où la nature peut sembler l'interdire, ainsi les âpres pentes alpestres et les terrains mal perméables du Centre. Le royaume peut se définir comme une grande fabrique de blé.

Pour une simple raison dominante : le pain est pour tous un aliment vital ; pour les humbles, la base même de la nourriture quotidienne ; dans les heures où menace la famine, le premier moyen de faire échec à la détresse. Or, comment se procurer la précieuse farine ? L'acheter. Mais où ? Les transports sont aussi rares que difficiles. Les routes n'ont jamais été aussi exécrables, ni si peu sûres. Les provinces s'ignorent entre elles. Alors, à chacun de cultiver son blé. Aux paysans d'y apporter une ardeur qui ne peut guère être égalée.

A chacun aussi de se suffire à lui-même. Au Moyen Age, la monoculture est impensable. On cultive de tout sur son champ. Du blé d'abord. Du vin ensuite, autant que faire se peut, parce que le vin est la seule denrée à transporter facilement vers la ville, sous la seule condition pour le cultivateur d'être idéalement placé sur l'itinéraire des débouchés. Par exemple, la vigne aime le voisinage des voies d'eau : ce n'est point hasard si le port de Collioure se trouve l'unique point du Roussillon d'où les ceps aient chassé les épis ; Auxerre cultive essentiellement la vigne, se permet de ni semer ni moissonner parce que la rivière, à ses pieds, s'en va vers Paris, où le vin se vend « noblement ».

Pour autant, aucune autre culture n'est négligée. A nous, ici certains fourrages, la vesce notamment ; là, les pois et les fèves, qui alternent avec les blés sur les mêmes labours ; de-ci de-là, les légumes des jardins, les pommiers ou les poiriers des vergers (arbres qui déçoivent peu), les chanvres (dans des chènevières généralement encloses), la guède (pour le pastel, aux environs de Paris).

Et les paysans de ne surtout pas manquer — autre trait capital — l'association du labour et de la pâture. Car, quoi de plus utile aux hommes que ces animaux gentiment domestiques qui fournissent, outre une bonne part de l'alimentation carnée, les laitages, la laine, le cuir, les engrais, la force motrice ? Sans oublier que le blé, pour croître, a grand besoin d'eux, comme bêtes de trait. Mais comment les nourrir ? Précisément, là réside l'un des plus angoissants problèmes de ces temps tourmentés. La réponse va pourtant comme de soi. On profite le plus largement possible des prairies naturelles qui s'étendent dans les bas-fonds humides, au long des rivières ou des ruisseaux. Si on n'en a pas, si sont insuffisantes aussi les maigres plantes fourragères qui çà et là alternent avec les céréales, on n'a que deux moyens : abandonner aux bestiaux certains terrains de pâture interdits par là même au labour — forêts, maquis — où se développent librement les mille et une plantes de la lande ; ou bien on fait paître sur les labours eux-mêmes, à la recherche des chaumes ou des herbes folles, pendant les périodes plus ou moins longues qui séparent la moisson des semailles. Sauf à régler les toujours irritants litiges venant des servitudes collectives qui pèsent sur les champs. Sauf à se disputer âprement les excréments pour les fumures. (Certains seigneurs exigent même pour redevances en nature des « pots de fiente ».)

Mais, tout compte fait, l'effort national a grande allure.

Rarement, pour un pays, son paysan aura été aussi précieux.

Un grand regret : les rendements sont maigres. C'est surtout qu'on laboure mal. Ou bien on s'épuise à la bêche sans pouvoir creuser profondément. Ou bien on utilise des attelages trop peu nombreux et mal composés : l'araire est souvent tiré par les ânes, lesquels, s'ils vivent de rien, sont peu costauds. Au total, le paysan est heureux quand il parvient à récolter de trois à six fois la valeur des semences ; il n'a pas de quoi pavoiser.

Par ailleurs, les techniques sont souvent trop mal adaptées. Par exemple, on pratique l'assolement, mais anarchiquement, sans la moindre stratégie. C'est ce qu'on appelle dans l'Ardenne et les Vosges la « culture temporaire ». Dans les friches, un jour, le paysan découpe une parcelle. Il commence par la nettoyer, le plus souvent par *écobuage* : il détache la couche herbue, par plaques ou « gazons », qu'il fait ensuite sécher ou brûler pour en répandre la cendre (aucun rapport avec le *brûlis à feu courant*). Puis, il bêche ou laboure ; il sème ; assez souvent aussi il enclôt la parcelle pour la protéger des dents des bestiaux. La parcelle porte moisson. Tel est le cycle rituel qui s'étale sur plusieurs années d'affilée, trois, quatre, huit parfois. Ensuite, à la fin de ce temps, lorsque la médiocrité du rendement dénonce la fatigue du sol, le paysan abandonne de nouveau la pièce à la végétation spontanée des orties et des broussailles. Il la laisse assez longtemps en cet état de liberté. Elle cesse d'être champ. Elle est redevenue pâture. On n'y ramène l'araire que lorsque l'on juge que la surface est à nouveau productive. Seul le flair du paysan commande. Il n'y a pas de saisons strictement réglées. On peut certes admirer au passage le premier procédé inventé par l'ingéniosité humaine pour faire travailler la terre sans l'épuiser et pour associer au blé le pacage. Mais tout cela se fait dans un trop grand désordre. Inévitablement, le rendement s'en ressent.

Nouveaux outils, nouvelles techniques

Par bonheur, un nouvel outillage intervient, avec des nouvelles techniques plus rationnelles.

C'est autour de l'an mille que l'on met au point la *ferrure* qui remédie à l'usure des sabots nus. Autre cadeau des tribus de l'Est lointain : on ferre les chevaux. Le maréchal préposé à ce miracle commence par rogner la corne, devenue trop longue, ce qui s'appelle « parer le pied ». Puis il forge le fer, en lui donnant, par le martelage, la forme du pied (*fournure*, *ajusture*). Il broche alors les clous, c'est-à-dire qu'à travers les trous ménagés dans le fer (*étampures*) il les fait pénétrer dans la corne, de telle manière qu'ils doivent en ressortir à la même hauteur. Il n'y a plus qu'à manier la *tricoise* qui sert à couper entre leurs mors les tiges ou points de ces clous au ras de la paroi de la corne, puis le *brochoir* pour frapper sur la tête de chaque clou, enfin la *râpe*, pour régulariser la rivure ainsi exécutée. A nous le fer à cheval. Imaginez donc l'effrayante consommation de chevaux que firent Alexandre et Jules César, faute d'une telle cuirasse du sabot ! On n'a plus qu'à beaucoup rire du chausson ou hipposandale des Romains (la *solea*), destinée aux chevaux blessés au pied et leur permettant de guérir en marchant au pas à la suite des colonnes.

On invente le *collier d'épaules*. Il s'agit d'une toute nouvelle formule d'attelage. Jusque-là, les traits s'accrochaient à une bande de cuir souple disposée autour de l'encolure et le poids du char s'appliquait au niveau de la trachée, du coup gênant à l'excès la respiration. On fait désormais porter le poids sur les épaules de l'animal, grâce à la mise au point de ce collier qui ne comprimant plus ni vaisseaux ni trachée permet aux chevaux d'exprimer toute leur puissance. C'est multiplier par trois ou quatre le rendement du cheval de trait. Pour autant, dans l'immédiat, le rendement sur la route, en ce qui concerne la traction, n'est pas visible : la charrette à deux roues et à brancards est encore ignorée ; les gros chariots à quatre roues voués à porter de lourdes charges n'ont pas encore d'avant-train pivotant ; le moindre virage pose en conséquence problème ; surtout, chemins et routes sont en trop mauvais état, il ne reste pas grand-chose des solides voies romaines. Mais la puissance accrue du cheval est utilisée à plein à tirer l'araire ou la herse. Définitivement, le cheval de paysan peut enfin s'imposer comme plus résistant et plus rapide que le bœuf.

On invente le *joug frontal*, qui se substitue au joug des cornes et au joug de garrot. A son tour, le bœuf peut travailler avec plus d'aise.

On invente la *charrue à roues*. Jusque-là, on se sert de l'araire, dépourvu d'avant-train roulant, traîné tel quel par les bêtes sur le champ : c'est l'ancien *aratrum* des Romains, qui donne l'*araira* de Provence, l'*éreau* du Berry et du Poitou, l'*erère* des Wallons. Défaut de l'araire : il gratte plutôt qu'il ne creuse. En revanche, la *charrue* (du latin *carruca*), montée sur deux roues, cousine du char et de la charrette, est idéale pour tirer de belles raies toutes droites sur les vastes espaces limoneux arrachés à la steppe primitive. Même si l'usage ne s'en universalisera que dans les siècles suivants, le XIe sait déjà l'utiliser à bon escient.

A nous le *moulin à vent*. A l'origine, on ne moud le blé que sur une meule grossière : une grande pierre plate sert à étaler les grains de blé et une petite pierre ronde, tenue à la main, à les écraser. Il y faut une patience infinie (un épi contient de quarante à soixante grains de six millimètres chacun). On doit aux Romains la meule tournante, formée pour commencer de deux pierres plates, ensuite coniques. La pierre du haut est mobile : ce sont des esclaves ou des ânes qui la font tourner. Puis les Romains imaginent d'installer les moulins près des rivières et de faire tourner les meules en utilisant la force du courant par l'intermédiaire de grosses roues : tels sont les premiers *moulins à eau*, qui survivront de siècle en siècle. Le tout premier se date du Ier siècle avant Jésus-Christ, sis à Cabire, dans le Pont. En Gaule, les premiers spécimens sont signalés au IIIe siècle sur un petit affluent de la Moselle. Dans les premières expériences, le meunier écrase seulement le blé sous la meule et livre telle quelle la *boulange*, puis le boulanger tamise et sépare la farine du son. Bientôt cependant, les meuniers séparent la farine du son : c'est le *blutage*. Ainsi vit-on intervenir des meuniers très spécialisés. Dès lors, le meunier, à côté de l'aubergiste et du marchand de bétail, eut sa place marquée. Une telle découverte constitue en tout cas, dans l'équipement de l'humanité, un progrès au moins comparable aux grands progrès du futur XIXe siècle — d'autant plus qu'elle fut vite appliquée à d'autres appareils, pressoirs à olives, moulins à tan, scies hydrauliques, moulins à foulon, soufflets de forge, martinets (marteaux à bascule qui, mis en mouvement par une roue à cames, servent à battre les métaux). Excepté que cet instrument, si perfectionné fût-il, se répandit peu dans l'Antiquité. Il est typiquement médiéval. De fait, le monde antique, disposant de l'esclavage, ne se préoccupait pas d'économiser la force humaine. Or, dès la fin de l'Empire romain, la main-d'œuvre servile se raréfia, les grandes équipes d'esclaves nourries par le maître furent peu à peu dissoutes, dispersées sur des terres détachées de la *villa*. Dès l'époque mérovingienne, on put ainsi voir le moulin à eau se répandre. Voici donc son cadet, lui à vent, emprunté au monde arabe. Le progrès est rapide, même si le plein épanouissement ne viendra qu'au XIIe siècle. Les monastères donnent l'exemple. Les seigneurs laïques les imitent (c'est très cher, un moulin hydraulique, pas à portée de toutes les bourses). Le succès du moulin à vent est tel que les seigneurs, dès le XIe siècle, s'en adjugent le monopole : les tenanciers ne peuvent moudre leur grain que dans le moulin « banal » qui appartient au seigneur. (Et les seigneurs de faire la chasse aux moulins à bras — ce qui donne lieu à d'âpres luttes sur deux siècles, prolongée jusqu'au XIXe en Bretagne.)

On apprend à pratiquer plus rationnellement les fumures. Voici que sur les côtes de Bretagne et de Normandie, on utilise même le sable de mer ou *tangue*, qui provient de la destruction des coquilles de coques.

Ici, on sait faire succéder le blé de printemps au blé d'automne ; là, on commence à alterner les cultures, par exemple le seigle et l'avoine.

Au XIIIe siècle, la Normandie se met au cidre, jusque-là l'apanage des pays basques. Les évêques donnent l'exemple ; la population suit.

Si la carotte ne viendra qu'au XIVe siècle, si, en général, les cultures restent peu variées, du moins sait-on encourager le développement des oléagineux, l'olivier dans le Sud-Est, le noyer en Périgord, l'œillette (déformation d'*oliette*) dans le Nord.

On commence à voir apparaître des boutiques de boulangers et de charcutiers — copiant les moines spécialisés qui travaillent dans l'enceinte de leur monastère.

Il n'y a pas de cadastre, mais une certaine rationalisation préside à la répartition et à la limitation des parcelles à cultiver. On opte pour des champs très allongés — qui facilitent le labour. On commence à prévoir des haies d'épineux. Jusque-là, on ne marque d'autres limites que par quelques bornes enfoncées dans le sol, parfois par un sillon laissé inculte. Ceux qu'on appelle les *mangeurs de raies* peuvent s'en donner à cœur joie. (Un soc de l'araire promené, plusieurs années durant, un peu au-delà de la démarcation légitime et voilà un champ agrandi de plusieurs sillons, ou *raies*, c'est-à-dire d'une quantité de terre qui, à la longue, laisse au bénéficiaire un gain appréciable.) On entreprend de faire échec aux tricheurs. Ainsi, une certaine vie municipale se développant, les « assemblées paroissiales » que préside le curé non seulement se vouent à l'entretien de l'église et des cimetières, à l'assistance des indigents, à l'administration des biens communaux, mais aussi veillent à ce que de telles malhonnêtetés ne viennent pas troubler l'ordre établi.

A nous les *quartiers*, dénommés aussi *climats* ou *cantons* ou *contrées* ou *triages* ou *delles*. Harmonisation oblige. Il s'agit de groupes de parcelles accolées dont les raies sont toutes dirigées dans le même sens, lequel s'impose à tous les occupants. On s'interdit rigoureusement de « labourer de travers ». Autant voir s'effectuer le premier quadrillage — chacune de ces sections ayant d'ailleurs un nom qui lui est propre, au sens de lieu-dit, par exemple *Quartier de la Grosse Borne*, *Climat du Creux des Fourches*, *Delle des Trahisons*, *Triage de Saint-Michel*, *Canton de Saint-Gauderique*. Et à nous les parcelles impeccablement tracées et limitées entre lesquelles se subdivise ce premier quadrillage — composant un très savant réseau, chacune d'elles s'étirant dans le sens des sillons, et toutes d'une si faible largeur qu'on pourrait presque les appeler des *lamelles*.

Que viennent les croisades : la première en 1096, à l'appel du pape Urbain II, moine clunisien français, qui fait prêcher la guerre sainte pour aller délivrer à Jérusalem le tombeau du Christ ; la huitième et dernière, en 1270, sous la conduite de Louis IX, qui sera saint Louis. Et voici que les croisés nous rapportent d'Orient des fruits jusque-là inconnus qui sont autant de merveilles : la *pastèque* ; l'*abricot* (un temps accusé de transmettre les fièvres, mais qui prend pleine revanche dès le XIVe siècle) ; la *pêche* (d'origine en vérité chinoise, appelée à tort *persica* par les Romains qui la croient d'origine persane, elle, à l'opposé de l'abricot, réputée préserver le corps de la corruption) ; la *prune de Damas* (devant son nom aux chevaliers qui, en 1148, n'ayant pu s'emparer de Damas, s'entendent accuser d'y être allés « pour des prunes ») ; le *melon* (mais qui vient en arrière-garde, les Italiens le cultivant bien avant nos jardiniers à Cantalupo, « Cantaloup »).

Non seulement les croisés nous apportent le *citronnier* (qu'ils découvrent en Palestine, quoique originaire des pieds de l'Himalaya et dès l'Antiquité acclimaté en Mésopotamie), mais aussi le *cerisier* (même si la Gaule connaît déjà les cerises amères ou merises).

Nous avons eu de tout temps figues, noix, framboises, groseilles, myrtilles, fraises des bois ; depuis déjà les premiers temps de la Gaule, nous avons fait une formidable consommation de fèves sèches (il est vrai tenues en Egypte des pharaons comme un don des dieux, d'où l'origine probable de « la fève des Rois ») ; de lentilles en Auvergne ; de navets dans l'Est, hérités des Germains ; d'oignons, si adorés des Romains ; un peu partout de pois secs et de pois chiches, mais le Moyen Age nous vaut bien des découvertes. Aux croisés encore nous devons les *épinards* et l'*échalote*, dite à l'origine *ail d'Ascalon* (Syrie). Dès le XIVe siècle, employé longtemps comme diurétique, nous faisons une plante potagère du *céleri*, issu de l'ache odorante ; développons la culture de l'*asperge*, de longtemps connue des Romains ; adaptons au goût humain l'*artichaut*, trop longtemps considéré comme « la nourriture des ânes ».

A nous enfin la *bière* (même si on ne la cite nommément en tant que telle qu'à partir de 1435). En usage déjà en Egypte antique, familière des Romains, des Germains et des Gaulois, fabriquée d'abord sans houblon, les Mérovingiens l'adoptent sous le nom de *cervoise*, aromatisée au gingembre. Mais nous la devons essentiellement à sainte Hildegarde, mystique bénédictine du XIIe siècle, visionnaire célèbre, abbesse de Disibodenberg, auteur d'un traité dogmatique, *Sci vias*, auquel Dante emprunte sa vision de la Trinité, auteur de plus de cent cinquante monodies, dont *La Symphonie des veuves*, et auteur d'un traité de médecine, *Causae et curae*. Car c'est sainte Hildegarde qui découvre l'usage du houblon et est à l'origine du développement de sa culture dans les monastères. Dès le XIIIe siècle, on incorpore du houblon dans la cervoise, et peut commencer l'aventure de la vraie bière.

Et c'est du Xe siècle que vient même l'usage de manger, au début du repas, voire en guise de repas, de préférence le soir, une soupe ou un potage chaud. Cadeau des Germains. Les Gallo-Romains ont totalement ignoré, dans leurs menus, le bouillon comme la soupe. Aussi ne faut-il pas s'étonner si les mots désignant ces mets sont empruntés à la langue des Francs : la *soupe* est d'abord « la tranche de pain » sur laquelle on verse le *bouillon*, lequel vient du vieux français *brou*, allongé plus tard en brouet ; le bouillon, lui, est la boisson qui a bouilli, et le *potage*, ce qui se met dans le pot.

Mais le génie du paysan français, après prudente réflexion, n'est-il pas de savoir s'adapter aux nouveautés les plus surprenantes ? Va donc pour la soupe, même si on raffole de ventrèche grillée — va donc pour la pêche, puisqu'un jour elle peut prendre même à la pomme sa part du marché...

Bœufs, porcs, moutons

L'élevage, en tant qu'activité de rapport, cela ne va pas de soi, en l'an mille comme dans les quelques siècles qui suivent.

Après tout, le cheval est un animal indocile, qui peut ruer, et de faible reproduction ; l'âne n'est qu'un pauvre hère ; la vache mal nourrie n'a pas de lait ; le mouton est à poils ras et sales ; le porc, cette caricature du noble sanglier, dévorant tous les rebuts alimentaires, est impur, dénoncé comme porteur des plus ignobles maladies ; la chèvre fuit dès qu'elle le peut ; le mulet n'est qu'un eunuque bâtard, affligé de toutes les faussetés. Pour nourrir, sélectionner, soigner, exploiter ce monde des animaux esclaves, il faut beaucoup de temps, de soins, de ténacité, de connaissances, beaucoup d'hommes surtout. Le rendement obtenu est loin de valoir la fatigue consentie.

Il y a le problème des variations climatiques. Pas de paradis idéalement beau pour ces bêtes. La température qui s'élève, voici que pullulent les insectes, tous les sbires de la malaria ou de la peste. La nature des sols, donc de tout ce qu'ils portent ? Que l'on s'attaque, bêche ou hache en main, aux redzines bruns et gras, et il n'y aura pas que le grain à en profiter, les podzols cendreux verront affluer les moutons. La garrigue recule ? Autre problème. Les forêts sont attaquées par cent bûcherons ? Leur recul éclaircit le couvert, ce qui attire lapins et biches, mais aux dépens de la glandée du porc ou du pacage libre. Elles sont, au contraire, replantées en résineux de rapide croissance ou laissées parmi les broussailles ? C'est désormais un espace interdit aux bovins. Conclusion : rien n'est aisé.

Le Moyen Age voit continuer de régner le *saltus*, la nature brute. C'est exact qu'il est un grand moment de prise de contrôle du sol par l'homme, mais, à son terme, l'homme n'aura pas encore achevé sa tâche. La marge est étroite, pour les gens de ce temps, entre le sauvage et la domestication : nombreux sont les animaux qui retournent à l'état de liberté, qui sont « marrons », comme l'on dit, des rennes, des poulets, des porcs, ces chats qui sont d'éternels vagabonds. La frontière reste perméable entre chien et loup, bœuf et aurochs, chat et lynx. Que de sangliers auront engrossé des truies ! L'homme s'en accommode bien, semble-t-il ; Tibert le chat ou Fauvel le cheval frayent avec Renart et Ysengrin ; et le folklore regorge de légendes où se mêlent l'homme lui-même et le fauve. Une louve n'a-t-elle pas allaité Rémus et Romulus ? Il n'en reste que plus difficile de jeter les bases d'un élevage rationnel.

Par ailleurs, l'homme porte longtemps encore à dos, la femme ses ballots sur la tête. L'araire lui-même a été durant des siècles tiré par des esclaves, au fouet, voire par des femmes, libres ou non. Voici qu'il faut adapter l'animal au bât, à l'outre, à la charrue, à la herse, à la litière, au chariot, au traîneau, à toutes les nouvelles techniques de transport ou de travail au sol. Telle est la première motivation de l'élevage : faire de l'animal un allié. Mais aucune réussite n'est évidente.

Autre motivation : demander à l'animal tout ce qu'il peut fournir de par sa constitution anatomique et ses activités — au bœuf la corne ; au porc les boyaux et les soies ; aux bovins, ovins et caprins les cuirs et les peaux qui mènent au parchemin, au vêtement, à l'armement, au jeu. Que dire de la laine, base de la seule « industrie » que connaisse le Moyen Age ? Un dernier secteur bénéficiaire enfin : les déjections, la bouse des ovins, les crottes des moutons, la colombine des pigeons, avec tout ce qui en découle, le pacage des ovins sur les terres à enrichir, la construction des colombiers, l'épandage du fumier et des litières souillées, les rigoles à purin le long des bâtiments... Tout cela implique une organisation encore très améliorable.

Enfin, ultime préoccupation : se nourrir. Il y a les laitages (les péages du XIVe siècle signalent passage de beaucoup de beurre, frison ou normand, mais aussi des fromages déjà plus divers que l'historien ne les attendrait, chester, alkmaar, brie, livarot, parmesan, gruyère, fromages de brebis des Pyrénées, fromages de chèvre d'Auvergne). Il y a la viande, tant pis si le bœuf est tué très tard, donc est très coriace. Si le porc, sacrifié au seuil de l'hiver, salé sans trop de mal, fumé plus difficilement dans des chambres spéciales, donne à peu près 70 kilos de viande pouvant suffire à nourrir un « feu », pendant la saison froide, il donne une viande lourde, trop facilement gâtée. Il y a cette réserve inépuisable de la volaille et des œufs, elle-même pourtant fragilisée pendant les périodes de tourment.

Quelles sont les principales données ? Il y a prépondérance des ovins sur tous les autres animaux domestiques et ils ont la préférence des communautés monastiques, notamment Chartreuse, Clairvaux et le Temple de Normandie. A l'autre extrémité de l'échelle, les chevaux se tiennent bas, y compris chez les laïcs (4 % de l'élevage à Clairvaux contre 67 % d'ovins). En général, l'alimentation des bêtes est plutôt anarchique, particulièrement celle des porcs, en raison de leur semi-liberté. Le manque de fourrage durant plusieurs siècles contraint d'user avec excès de certaines céréales comme l'orge dans les mangeoires et au moment de la mise en étable. On compte généralement un taureau pour dix vaches, un verrat pour quinze truies : on verra mieux. Partout, pour toutes les espèces, l'élevage médiéval recule — pour la simple raison qu'il passe derrière le travail au sol.

Au total, les règles de l'élevage sont même très primitives.

C'est même vrai pour l'élevage porcin, alors que le porc tient dans la vie quotidienne du paysan un rôle permanent et alors que le lard constitue avec le pain et les bouillies de céréales le fond de l'alimentation paysanne. A l'automne, du mois de septembre à fin novembre, de gros troupeaux de gorets, forts parfois de plusieurs centaines d'animaux venus de villages plus ou moins éloignés les uns des autres, envahissent les forêts sous la garde de porchers rémunérés par les villageois, le seigneur, des marchands ou de riches éleveurs. Pas du tout d'ailleurs des bêtes telles que les connaîtra le XXe siècle. On découvre des animaux hirsutes, hauts sur pattes, à peine un peu plus lourds et mieux charpentés que les maigres porcs gaulois. Pour eux, la forêt constitue une réserve irremplaçable. Que viennent à manquer glands, faines et châtaignes et il faut sacrifier le troupeau. On ne garde que quelques truies, en attente de jours meilleurs. Qu'ont à manger nos porcs le reste du temps ? L'ordinaire est pauvre : des déchets de sous-produits du lait, des fruits à moitié pourris, des choux, des raves, des navets. Seuls les porcs des monastères ont droit à des gâteries : des pois, du « bran » (son) et même de l'orge. Aux porcs de chercher eux-mêmes un surcroît de pitance : dans le village, ils sont libres ; ils flânent tout paisiblement d'un tas d'ordures à l'autre. Seul titre d'honneur : du moins le lard que l'on en obtient est-il particulièrement ferme et savoureux.

Les bovins ? Bœufs et vaches constituent surtout avec les chevaux la seule force motrice utilisable par les manants pour labourer les terres ou défoncer les friches. Ils sont donc ô combien ! indispensables, et on en trouve sur tous les grands domaines — le plus fréquemment à raison d'étables de quatre ou cinq têtes. Principales observations : par alimentation insuffisante et absence de toute sélection, ils manquent de vigueur et de poids ; ils sont essentiellement utilisés pour les travaux pénibles et les plus lourds charrois vers les ports, les villes, les marchés et les granges seigneuriales ; même en Normandie, où sont les prés les plus généreux, les troupeaux de plus de quinze bêtes sont rares ; on ne connaît pas de races précises, tout au plus parle-t-on de bœufs blancs, de bœufs à la robe tachetée, de bœufs du Poitou ou du Limousin...

Les ovins ? De fait, le paysan doit consacrer en priorité beaucoup de terre et de temps à la culture des céréales. Du coup, nourrir un troupeau de moutons peut poser des problèmes quasi insurmontables. Les prairies sont peu nombreuses ; elles fournissent chichement du foin ; elles sont entre les mains de riches propriétaires. Il ne saurait être question d'autres cultures fourragères : seuls quelques paysans plus évolués que le commun cultivent des vesces et des pois. En bref, surtout pour passer l'hiver, on ne dispose que de ressources médiocres. On en est donc réduit à nourrir le troupeau de mauvaises herbes, de feuilles sèches, de paille, de légumes pourris... et d'un zeste d'air du temps. Autant dire qu'une telle diète ne permet guère à un bétail de survivre — et, lorsqu'il survit, c'est en bien mauvais état qu'il aborde les beaux jours. Comme quoi du reste les gros propriétaires qui, eux, ont des réserves, achètent le bétail entre Pâques et Pentecôte, quand les bêtes sont maigres et au plus bas prix. Eux seuls réalisent des affaires d'or. Eux et les Cisterciens. La règle de l'ordre, créé par Robert de Molesme, installé à Cîteaux en 1098, ordonne aux cisterciens de travailler de leurs mains. Ils suivent la règle, sauf à se passionner davantage pour l'élevage que pour l'agriculture. Installés à la fin du XIIIe siècle dans plusieurs centaines d'abbayes qui essaiment à travers toute l'Europe, ils en viennent à fixer un modèle de moines-éleveurs. De surcroît, ils ont de la suite dans les idées et se révèlent précieusement de très habiles commerçants. Ils en arrivent à posséder de vastes troupeaux : ainsi les moines de Grande Chartreuse, qui, en 1100, possèdent à peine quelques dizaines de vaches et dont les étables, en 1264, hébergent 1 200 brebis, 100 porcs et 26 vaches. Ils en arrivent même, spécialisés dans l'élevage ovin, à devenir les maîtres du commerce de la laine. Et ils n'hésitent pas à amener à grands frais des géniteurs d'Angleterre ou d'Italie où ils ont des « maisons ». Mais le simple éleveur moyen, lui, éprouve dans son travail les plus désagréables difficultés.

La transhumance ? Elle remonte à la nuit des temps. Elle a en particulier la faveur des Provençaux qui, l'été, envoient paître leurs troupeaux dans les Alpes, et, l'hiver, les ramènent dans les plaines de la Crau, de la Basse-Isère ou de la basse vallée du Rhône. Des mouvements identiques et aussi anciens se retrouvent en Auvergne, en Velay et dans le Béarn. Les communautés et les seigneurs passent des accords avec des éleveurs du bas-pays ou des entrepreneurs désireux d'exploiter les herbages d'altitude. En échange de quelques sous et d'un poids défini de fromages, ils leur accordent le droit de mener paître un nombre déterminé d'animaux sur les hautes terres — la montée se faisant le plus souvent aux premiers jours de mai, le retour à la Saint-Michel. Les chemins empruntés — que l'on appelle *drayes* en Provence — ont des tracés immuables. Le trajet ne varie pas d'un pouce. Du coup d'ailleurs les communautés ou les seigneurs en mal d'argent qui se trouvent sur l'itinéraire en viennent à penser que l'aubaine peut s'exploiter : ils instituent alors des droits de passage qui ne vont pas sans soulever l'indignation et la colère des itinérants. Si les difficultés se réduisaient à ces quelques tracasseries ! Mais, comme les troupeaux transhumants comptent plusieurs centaines, voire plusieurs milliers d'animaux appartenant à des dizaines et des dizaines de propriétaires, la nourriture, l'abreuvement et le repos des bêtes posent aux bergers de multiples problèmes redoutables ou délicats, souvent difficiles à résoudre. Ils ont plus encore à veiller aux déprédations commises par leurs ouailles. C'est que ces dommages leur sont pour partie imputables, provoquant d'interminables querelles. Des traditions leur simplifient heureusement la tâche : ils peuvent laisser paître leurs bêtes partout où il n'y a pas de défens. Il existe même des terres réservées à leur usage, que l'on nomme *relarguiers*. Il faut bien : au XIVe siècle, hors les périodes de guerre ou de peste, le mouvement total en France porte sur quelque 60 000 têtes — par troupeaux de 400 à 500 unités. Il n'en reste pas moins que la transhumance non plus, malgré ses automatismes, ne passe sans gros tracas. Quant aux pâtres sur les alpages, que l'on se rassure : gardiennage qui impose une grande vigilance, soins à donner aux animaux malades, traite, fabrication des fromages, castration des agneaux, ils ne s'ennuient pas...

Reste aussi que les moutons, en fin de compte, sont de loin les plus nombreux de tous les animaux de ferme. On en trouve dans toutes les régions. Ils fournissent de la viande et du lait. On conserve volontiers la viande salée ou fumée. Le lait permet de fabriquer des fromages partout appréciés. Enfin, ils fournissent des engrais (un fumier auquel se prêtent des qualités exceptionnelles, si bien que l'on tient pour acquis que, sans lui, la culture des céréales ne serait pas possible) et surtout de la laine, laquelle tient dans l'économie du temps une fameuse place. On estime ainsi à 20 millions le nombre des moutons — Languedoc, Provence, Brie, Champagne et Berry se disputant l'honneur de posséder les plus beaux troupeaux du royaume. Mais, sur le bilan, des réserves s'imposent : une bête ne pèse guère plus de 25 kilos ; les bonnes brebis donnent à peine 600 grammes de laine ; si nous comptons 20 millions de bêtes, l'Angleterre en a 50 millions, alors qu'elle a deux fois moins d'habitants que nous.

Les bergers et pasteurs ? Cela va de la bergerette qui garde trois moutons au berger professionnel qui conduit un grand troupeau. Ce qui est sûr, c'est qu'on exige de lui beaucoup de qualités. Jean de Brie, excellent pâtre, précise : « Un bon berger doit être de bonnes mœurs, éviter la taverne, le bordel et tous lieux déshonnêtes ainsi que tous les jeux, hormis le jeu de marelle et du bâton ; il ne doit pas jouer aux dés... De même, le berger doit être de bonne vie, sobre, chaste et débonnaire... Il doit être loyal et diligent pour la garde des brebis qui lui sont confiées afin d'en faire bonne et profitable garde. » Amen ! Mais un tel catéchisme ne recouvre pas la réalité. Il ne viendrait à personne l'idée de canoniser les gardes-bêtes du Moyen Age. Les fouaciers de Rabelais ne se gênent aucunement pour les traiter de « bavards, vauriens, chienlits, paillards, fainéants, gourmands, flâneurs, bouviers d'étrons » et autres gracieusetés. Entre les deux jugements, le cœur peut balancer. Le fait est cependant que les bergers n'auront jamais entretenu de relations cordiales avec les agriculteurs. Pâtres, porchers et vachers mettent la même ardeur à enfreindre les règles de défens que les agriculteurs et les propriétaires de pacages mettent à les défendre. Il en résulte de belles bagarres où les coups de trique ne manquent pas, et il n'y a pas moins de batailles entre pasteurs : il suffit pour cela qu'ils soient deux à vouloir exploiter le même parcours ou la même forêt. « Métier de grande dignité », insiste Jean de Brie. Mieux : cet homme de bien qui, à huit ans (« l'âge où les enfants ont des poux dans la tête ») a gardé les oies et les oisons, à dix veillé sur les pourceaux « icelles bêtes rudes et indisciplinées », à onze gardé les vaches et les chevaux puis les agneaux, à quatorze « deux cents brebis portières », pour mieux illustrer son heureuse condition cite les pâtres de la Sainte Ecriture, et, émerveillé de son état, vous dit : « Le berger est paré noblement de sa houlette... comme un évêque ou un abbé de sa crosse, ou comme un bon homme d'armes est bien équipé et protégé quand il a un bon glaive pour la guerre... » Le saint homme, à coup sûr, n'habite pas toujours la plus douce des Arcadies...

Cependant, on apprend vite dans certaines provinces à élever intelligemment. Au nord de la Loire, on sait tôt, lors de la saison froide, mener les animaux à couvert : l'étable constitue une étape d'importance dans les procédés d'élevage. Des *haras* pour chevaux, des *bravarias* pour taureaux, sont connus dès le XIe siècle en Bretagne et en Normandie. Les monastères, dès les temps mérovingiens, savent accumuler des réserves de fourrage à partir de pris de fauche. La pratique de l'étable et celle du parcage gagnent les villages à partir du XIIIe siècle. On voit se bâtir porcheries et bergeries, surveiller et croiser les races avec plus de soin. Déjà les hasards ne commandent plus totalement.

Et la basse-cour est relativement bien soignée. Les connaissances sont même loin d'être négligeables.

Les paysans savent que « les jeunes poules pondent des œufs plus nombreux que les vieilles, mais plus petits, et que, dans une même ponte, les premiers sont les plus petits ». Ils connaissent l'incubation artificielle. Il suffit, disent-ils, « de maintenir au chaud, par un feu modéré, des œufs placés sur la paille... de les faire retourner par un homme, et ils éclosent tous ensemble au jour fixé ». Ils recommandent de « faire couver des œufs pondus depuis dix jours » et de vérifier « le quatrième jour après le commencement de l'incubation si, les tenant à contre-jour... l'intérieur est clair et d'une seule couleur ». Auquel cas il est vivement conseillé de les remplacer par d'autres.

D'ores et déjà, on pratique l'engraissement en mues et en épinettes. On connaît la technique du *chaponnage* (castrage des jeunes coqs). Hors les poules, on commence à savoir élever des canards et des oies, fort recherchées par les gourmets de la ville. Si le relatif manque de céréales freine l'expansion, si la pintade est inconnue, si, en raison du droit de colombier, l'élevage des pigeons est interdit aux manants, on connaît le beau profit que l'on peut tirer des cygnes et des paons, d'autant qu'une bonne part des redevances, plus ou moins large, est payée en produits de basse-cour.

Le commerce « de la poulaille » est plutôt florissant. Ce n'est pas hasard si nombre de noms de rues en ville relèvent souvent de la basse-cour — rue de la Poulaillerie, rue des Poulaillers, rue des Coqs, rue des Oisons. Les chroniques abondent sur l'atmosphère des petits métiers de Paris : les étals de poulaillers, de géliniers, les cris des marchands vantant les œufs de la Beauce, les chapons de Loudun, les oisons de Vézelay, le piaillement de mille animaux mis en panier, les appels des rôtisseurs... Certains paysans n'auront pas meilleur moyen que leur basse-cour pour trouver les deniers indispensables au rachat de leur liberté, à l'accession à un statut plus valorisant.

Hélas ! Même sans parler des guerres, l'élevage a de grands ennemis — en particulier les loups et les maladies.

Les loups incarnent un des pires fléaux. Ils infestent pratiquement tout le royaume. Rarissimes, les campagnes épargnées. Il ne se passe pas de jour sans qu'on parle d'eux. Bon an mal an, ils prélèvent leur dîme sur les troupeaux. Et d'égorger des brebis, et de déchiqueter des poulains, et de traquer les veaux. Ils passent du coup pour une invention du diable. En vain Charlemagne, Philippe le Bel, Charles IX, Henri III auront-ils organisé contre eux croisade sur croisade : la malebête y survit toujours (elle survivra encore sous Napoléon). En vain multiplie-t-on les pièges et les rets, mobilise-t-on des chiens bien dressés, jette-t-on de l'eau bénite sur les troupeaux : le maudit est toujours là, prêt à planter ses crocs.

Les maladies, les paysans du Moyen Age ont appris des Gallo-Romains à en identifier un grand nombre. Ils connaissent notamment les coliques du cheval, la fourbure (congestion et inflammation du pied), la myoglobinurie (même s'ils ne savent pas la nommer, maladie aiguë du cheval caractérisée, anatomiquement, par une dégénérescence cireuse des fibres musculaires, cliniquement par des troubles graves de la locomotion et par l'émission d'une urine colorée, renfermant de la myoglobine), le tétanos, la rage, la gale des moutons, la clavelée (variole du mouton), la peste bovine, le mal de garrot et bien d'autres « choses calamiteuses » encore. Sauf que, s'ils savent émettre un diagnostic, ils ne savent pas soigner. Quand menacent « le claveau, la picotte ou le charbon », on se limite à faire une prière au saint spécialiste. Dieu ou ses saints n'entendent pas toujours, cela se traduit par des hécatombes « de pourceaux, d'oueilles ou de viaux ». Les traîne-misère n'en mettent que plus d'ardeur à prier et à courber l'échine. La médecine vétérinaire est totalement inexistante. Pour traiter les cas les plus ordinaires, il n'y a que le rebouteux ou le maréchal. Eux du moins savent vêler une vache en difficulté, trocarder une brebis, saigner un cheval, fabriquer un onguent. Ils savent même ordonner « un septier de vin aigre pour une vache qui tousse » ou « de la poix pour une vache qui a mal au pied ». Ils ne coûtent pas cher. Pour saigner un bœuf, ils ne prennent qu'un denier. Un miracle qu'un Giordano Ruffo puisse écrire en 1250 un *Livre de maréchaleu* où il sait dénoncer un certain nombre de maladies avec quelque exactitude. Aucun miracle n'inspire le moindre livre qui recommanderait des traitements tant soit peu sérieux. Et de prier encore et toujours les saints qui peuvent seuls guérir, saint Hubert, la rage ; saint Eloi, les maladies de pied et les fractures ; saint Antoine, les maladies des porcs ; saint Cornely, celles des bovins ; saint Blaise, celles des petits animaux...

Le cheval paysan

Les chevaux sont de loin les bêtes préférées des vilains et des hobereaux, des curés et des moines. Les seigneurs leur vouent leurs soins les plus attentifs. Sans eux, ils ne seraient rien. Ils s'intéressent si fort à eux que certains sont allés jusqu'à créer des haras où ils pratiquent une sélection bien dans leur manière, entre chevaux nobles et chevaux rustres. On cite particulièrement ceux de Roumare, de Vezins et de Montchauvet en Normandie. Il va de soi qu'à travers le royaume il en existe d'autres, ainsi dans le Bordelais et la vallée de la Loire. Dès la fin du XIe siècle, l'abbé Gérald entretient à quelques lieues d'Uzerche, à Pompadour, une *bravaria* vite fameuse d'étalons et de juments.

Quels chevaux ? Essentiellement de solides montures, assez robustes pour porter durant des heures un cavalier et sa lourde armure, prenant le trot quelques minutes quand on les sollicite un peu vivement — aussi de fortes bêtes de trait et quelques individus « à grande finesse ».

A savoir simplement que, sauf grande famine, les chevaux du Moyen Age ne finissent jamais à la boucherie. C'est trop grand péché que d'oser manger de la viande du meilleur ami de l'homme.

En tout cas, venu du plus lointain des âges, sauvage durant plusieurs millénaires, domestiqué par les Mésopotamiens, le cheval faisait très tôt l'objet de sélections, de croisements, de modes différents d'élevage. On a appris de longue date à le faire grandir, grossir, s'alléger, changer de couleur. Les siècles en ont fait un animal adapté.

Le Moyen Age français, à la fois sous influence de l'Orient et dans la foulée des traditions romaines elles-mêmes héritées de l'Egypte et de la Grèce, « produit » d'abord des chevaux de cavalerie relativement légers — sauf que, les armures et les harnachements devenant de plus en plus pesants, force est vite de préparer des montures aptes à les porter. On cherche donc systématiquement à grandir les races, augmenter leur force, sans abandonner le souci d'avoir des coursiers souples. Elégance et énergie, tel est l'idéal. Ainsi s'impose le modèle *destrier*, autant capable de supporter un poids important que de se dévouer à un cavalier cuirassé. Le *palefroi*, lui, plus fin, est réservé pour les parades. Aux *haquenées*, qui vont à l'amble, mais sont surtout des bêtes harmonieuses, pas du tout grossières, d'être réservées pour les dames. Les vocations sont désormais bien établies.

Et au *roussin* d'être voué au portage — parce que plus musclé et plus apte à des déplacements prolongés.

Et au *sommier*, si possible un colosse, de tirer l'araire et d'être consacré aux plus violents efforts — utilisé largement aussi sur les aires de battage pour le dépiquage des céréales. Il y réussit d'ailleurs si bien — beaucoup mieux que le bœuf — que les maréchaux recommandent même cet exercice pour faire mincir les juments destinées à la reproduction.

Désormais, le cheval paysan n'est pas moins en situation que le cheval chevalier.

Simplement, à l'un et l'autre, dans les siècles qui suivent, de se préparer aux évolutions nécessaires.

D'une part, la guerre, dès le XVe siècle, amène des transformations profondes du côté cavalerie. Que surviennent les armes « à poudre », et les caparaçonnages disparaissent. Les cavaliers exigent des montures plus légères et plus rapides. La jeunesse dorée, qui adore le manège et les jeux équestres, réclame des animaux virtuoses. Le guerrier exige des bêtes qui sachent courir.

D'autre part, les réseaux de circulation, progressivement, s'améliorent. De meilleures routes ouvrent sur de plus nombreux marchés. Côté chevaux « tracteurs », la recherche évolue vers des sujets capables de « roulage rapide ».

Par ailleurs, les progrès techniques eux aussi changent les destins.

Le seul point faible des chevaux tenait à la fragilité de leurs sabots, vite détériorés par le piétinement dans les terres humides qui en amollissent la corne et par de longues marches sur des routes caillouteuses, mal ou pas empierrées. Voici qu'on ferre les sabots. Voici du coup les chevaux plus aptes aux travaux des champs et aux longs parcours.

D'autres importantes améliorations interviennent.

Le joug disparaît au profit de traits souples ; une sellette assure un soutien dorsal ; les harnais, devenus indépendants, permettent aussi bien l'attelage d'un seul animal qu'une utilisation en file et non plus côte à côte.

Les chariots sont équipés d'essieux antérieurs mobiles, de freins et d'un plafonnier.

Enfin, dès la fin du XIIe siècle, un modèle de charrette à quatre roues permet des transports plus commodes sur de longues distances.

Résultat : déjà, en fonction des marchés et des demandes, selon les rôles à tenir, se différencient des « races », des « formes ».

Ainsi à nous les premiers *percherons*. Avec le Perche, aux confins du bocage normand, il s'agit d'une magnifique région bocagère, à vallons plantureux et forêts herbeuses ; les bêtes peuvent trouver au pré tous les bonheurs. Alors, non seulement on y trouve toutes les espèces nécessaires à la bonne marche de la société, palefrois et destriers, roussins et haquenées, mais aussi le percheron a déjà sa forte silhouette aux proportions parfaites, puissante mais jamais monstrueuse, sa tête fine, son allure vive, sa robe gris moiré. Sans doute raconte-t-on que les aïeux furent croisés aux chevaux arabes capturés par Charles Martel à la bataille de Poitiers. La rumeur fait aussi état d'un curieux apport asiatique par le biais de prisonniers mongols capturés avec leurs chevaux tartares. Le percheron serait donc une sorte d'eurasien. Mais trêve de racontars ! Le principal est là : le percheron est cité comme le meilleur laboureur...

Le *comtois* — croisé avec des étalons de « grande race germanique », fort apprécié des Romains comme des Gaulois, requis pour les plus longs itinéraires — a déjà une solide réputation de champion de la route.

Les *bretons*, plus bas de taille, visiblement légers et pleins d'allant, les préférés des dames, sont déjà largement connus comme chevaux sachant idéalement s'adapter. C'est sur des Bretons qu'au IXe siècle le roi breton Nominoë et son fils Erispoë défient et défont le roi franc Charles le Chauve. C'est tout dire — et pourtant le paysan ne l'apprécie pas moins que le guerrier.

Quoi qu'il en soit, plus les années passent, plus le cheval s'affirme comme l'animal-roi de ces temps.

Pas étonnant que vienne toute une cohorte d'« artisans du paysan ».

Les *forgerons*. Hommes du feu, toujours auréolés d'un prestige un peu magique, sorciers qui semblent parfaitement connaître le langage des chevaux, non seulement ils ferrent, mais aussi ils mettent au point les mors, les éperons, les étriers, les socs de fer.

Les *bourreliers*. Outre le bât, ils ont à charge tout l'harnachement : attelle, avaloire (sangle horizontale entourant les fesses du cheval attelé, pour lui permettre de retenir ou de faire reculer le véhicule), bride, bricole (pièce du harnais placée sur le poitrail du cheval), collier, croupière (pièce passant sous la croupe), dossière (pièce posée sur le dos et soutenant les brancards), licol, poitrail, sous-ventrières (courroies attachées aux deux limons d'un véhicule et qui passe sous le ventre de l'animal), têtière (pièce de la bride qui passe sur la nuque et supporte les montants), trousse-queue (morceau de cuir rond qui passe sous le tronçon de la queue), rênes — et il faut savoir qu'un harnais breton est très différent d'un harnais boulonnais.

Les *charrons*. On n'aura pas seulement dû à ces magiciens chariots et charrettes — aussi la chaise à âne, la grosse voiture à quatre bœufs, la voiture-chaise de voyage, le carriolet gothique, en attendant de nous offrir bien plus tard coches, diligences, carrosses, malles-poste, berlines, cabriolets, fiacres. N'oublions pas le tombereau, voiture à deux roues pour le transport du fumier, du sable et des cailloux, et le fardier, pour le transport de bois sur long parcours, que conduit un seul charretier.

Les *charretiers*. Ils sont en général recrutés pour des transports qui durent plusieurs jours, voire plusieurs semaines. On les dit forts en gueule. « Jurer comme un charretier » est déjà du langage courant.

Les *palefreniers*. A l'origine, ils pansent les palefrois. Ils sont devenus les valets de l'écurie.

Les *maquignons* (d'un mot hollandais, dit-on, *makelen*, « trafiquer »). Plus le cheval prend de l'importance dans une exploitation, plus leur nombre se multiplie. Ils voyagent à travers toute l'Europe, maîtres des longs convoyages, qui se font à pied. Ils sont de toutes les foires (où des milliers de chevaux changent de main). Par exemple, à celle de la Saint-André, à Toulouse, on peut voir des marchands du Nord amener leurs brabançons, leurs boulonnais, leurs poulinières, et repartir avec d'autres modèles. Quant à savoir si, comme le rapporte une insistante rumeur, ils sont inégalables dans l'art de maquiller les défauts des bêtes qu'ils ont à vendre, bien malin serait l'enquêteur qui saurait connaître le moindre de leurs secrets...

Enfin, les *étalonniers*. Hérités de l'époque gallo-romaine, ce sont eux qui font trafic d'étalons et de juments poulinières.

Voilà. Le Moyen Age aura mis en place un « monde du cheval » parfaitement organisé.

Du cheval, mais aussi de ses sous-produits, mules, mulets, bardots (le bardot étant l'hybride du cheval et de l'ânesse).

Issus de mariages contre nature, impuissants à se reproduire, mais d'une solidité à toute épreuve, du pied le plus sûr quels que soient les pentes, les bosses, les cailloux roulant sur le chemin, ils savent s'imposer comme indispensables sur d'innombrables exploitations. Nul ne saurait dire les origines de l'hybridation — qui fait partie des plus épais mystères — mais dès l'Antiquité gréco-latine, ces eunuques-esclaves sont amplement au travail. Ils continuent. Parce qu'ils sont plus robustes que les ânes, moins coûteux et fragiles que les chevaux, on les rencontre au four et au moulin, portant des doubles paniers qui tiennent lieu de mini-boutiques aux colporteurs, véhiculant sur leur dos des moines à milliers, transportant d'énormes bâts, traînant des tombereaux, actionnant les meules et les norias, tirant l'araire et la charrue...

L'âne ? Si humilié soit-il devenu, il a ses titres de noblesse. Il traîne les premiers attelages, bien avant le cheval. Toutes les civilisations antiques l'honorèrent, à l'exception des Egyptiens, qui dénonçaient en lui l'incarnation de Typhon, le dieu du mal. Il fut guerrier avant le cheval. Une mâchoire d'âne devient, entre les mains de Samson, une arme irrésistible contre les Philistins. C'est à dos d'âne que la Vierge s'en fut accoucher à Bethléem. C'est sur le dos d'une ânesse que Jésus fit son entrée triomphale à Jérusalem. Les ânes d'Arcadie furent formidablement cotés sur les marchés grecs. Les Romains, du moins aux dires de Varron, donnèrent beaucoup de soin à l'éducation des bonnes races d'ânes, à ce point que, dans leurs marchés, on vit des ânes payés quatre-vingts fois le prix ordinaire d'un esclave. Il a bien perdu de son prestige. Dans la tradition médiévale, en temps de carnaval, les maris trompés ou battus par leur femme sont promenés sous les huées et les quolibets à califourchon sur un âne, à l'envers, la tête tournée vers la queue de l'animal : c'est l'*asinade*. L'âne est devenu une sorte de simple adjoint du cheval, une bête de suppléance. « Bête comme un âne » est déjà du langage courant. Disons cependant qu'il est un solide serviteur du paysan, estimé de lui pour son endurance, sa sobriété, sa rusticité. Et n'oublions pas que, aux yeux des artistes chrétiens médiévaux, il est resté un beau symbole d'humilité...

Après tout, quoi de plus émouvant qu'un être qui a perdu tout orgueil ?

Un royaume dolent, le paysan aussi

C'est pourtant une France à grande épreuve que le royaume du XIIIe siècle.

Si forte que soit l'action de Philippe II Auguste, roi de 1180 à 1223 et de Louis VIII le Lion, roi de 1223 à 1226, pour renforcer la monarchie et rétablir la paix et l'ordre, leur action ne se fait guère sentir que dans les régions de la France du Nord immédiatement soumises à leur autorité. Au centre, au midi, dans les provinces de l'ancien royaume d'Arles, là où les baillis capétiens ne se montrent pas et où domine une féodalité turbulente, l'anarchie subsiste, les conditions de vie sont très dures pour les plus misérables — d'ailleurs difficiles aussi pour les classes d'en haut. Hors de la « paix du Roi », il n'y a de sécurité ni pour les biens ni pour les personnes. La guerre sévit perpétuellement. Le brigandage est un fléau quotidien. Enfin, calamités naturelles, incendies, famines, pestes, favorisées par l'ignorance crasse des lois les plus élémentaires de l'hygiène et de l'économie politique, ont champ totalement libre.

La quasi-totalité des maisons étant en bois, l'incendie est la grande terreur. Des villes entières brûlent. De 1200 à 1225, Rouen brûle six fois. En 1188, Rouen, Troyes, Beauvais, Provins, Arras, Poitiers, Moissac flambent en totalité. De très nombreux villages aussi. D'autant plus que l'incendie est un problème militaire réglé, une institution : à côté des fourrageurs qui pillent les campagnes et raflent le bétail, toute armée a ses boutefeux, spécialement chargés d'incendier granges et habitations.

La peste ravage régulièrement une population malpropre dont les maisons sont des bouges parmi des cloaques. Même à Paris, « la plus belle des villes », les bourgeois enterrent leurs morts dans la plaine des Champeaux, emplacement des futures Halles : ce cimetière n'est pas clos ; les passants le traversent en tous sens ; des marchés s'y tiennent ; par temps de pluie, le charnier devient un marécage nauséabond. La putréfaction dans les villages est pire encore. La peste s'y installe comme chez soi, avec d'autant plus de malfaisance que rien d'ample n'est fait pour l'endiguer. Avec fatalisme, on subit comme un châtiment d'en haut « le feu sacré, le feu divin, *ignis sacer*, *ignis infernabi* ». Et la lèpre, qui est partout, exerce ses propres ravages.

On ne compte plus les famines sous le règne de Philippe Auguste. Celle de 1195 se prolonge sur quatre années. Blé, vin, huile, sel, introuvables, atteignent des prix insensés. On mange du marc de vin en guise de pain. On dévore des rats, des chiens, des bêtes crevées. L'an 1197 est particulièrement meurtrier. Et ce ne sont pas seulement les pauvres qui ont faim. Dans telle ville des Flandres où des paysans squelettiques couchés dès la première heure aux portes des églises demandent l'aumône, les riches eux-mêmes sont « réduits à se nourrir de charognes ».

Le brigandage est une vaste pourriture immonde. Même la guerre ne l'interrompt pas. De très redoutés *routiers* sévissent dans le Berry, en Auvergne, dans le Poitou, en Gascogne, en Languedoc, en Provence, pays trop difficiles à protéger. Ils ne s'attaquent pas uniquement à l'Eglise, se vengeant contre elle de ses excommunications, foulant aux pieds les hosties consacrées, et « avec les linges des autels faisant des voiles pour leurs concubines ». On a beau les pendre par bandes entières à des rangées de potences, le mal ne cesse pas de s'étendre. Et à nous les *cottereaux*, encore plus cruels.

Un abbé de Sainte-Geneviève fait à ses moines le récit hallucinant d'un voyage de Paris à Toulouse ; il n'a vu partout que plaines dévastées et désertes, villages incendiés, maisons en ruine, églises ou chapelles à moitié écroulées, cadavres puants croupissant sur le bord des chemins...

Qu'intervienne la *Confrérie des capuchonnés*, et l'horreur, si c'est possible, est plus grande encore. Il s'agit d'organiser une vaste armée de la paix. Les confrères portent un petit capuchon de toile ou de laine blanche, d'où leur nom de *capuchonnés*, de *capuciati* ou de *chaperons blancs*, auquel capuchon sont rattachées deux bandes de même étoffe tombant l'une sur le dos, l'autre sur la poitrine. Sur la bande de devant est fixée une plaque d'étain représentant la Vierge et l'Enfant avec les mots *Agnus Dei*. Ils jurent d'aller à confesse, de ne pas jouer, de ne pas blasphémer, de ne pas fréquenter les tavernes, de ne porter ni vêtements efféminés ni poignards. Certains vivent saintement. Les membres se jurent un dévouement absolu. Le mouvement englobe toutes les classes de la société. Dans les premiers temps, ils se limitent à faire la police : en 1183, les « jurés » d'Auvergne massacrent trois mille routiers ; on assure que les routiers, paralysés de peur, « se laissent saigner comme moutons à abattoir ». Mais les capuchonnés auront-ils été enragés par l'odeur du sang ? Ils s'exaltent dans une telle fureur qu'ils en viennent eux-mêmes à troubler l'ordre établi. Ils tuent à tort et à travers. Ils menacent les villages des pires tourments. Ils font peur. Autant voir se déchaîner des porteurs de révolution. Ces ligueurs, si pieusement enrégimentés sous la bannière de la Sainte Vierge et en l'honneur desquels on assure que Dieu fait des miracles, en viennent à perdre toute maîtrise d'eux-mêmes. Toutes les chroniques leur prêtent une rage monstrueuse — *insana rabies capuciatorum*. Autant rencontrer Satan déguisé en ange de lumière. Puis, tout à coup, pris d'illumination, les voilà à dénoncer le servage. C'en est trop : les défenseurs de l'ordre menacent l'ordre. Excommuniés, traqués comme des brigands, dénoncés comme des servants de l'enfer, ils finissent par rallier les routiers.

De toutes parts, les voyageurs signalent que les prêtres ne sont plus respectés. Les provinces nordistes révèlent de multiples foyers d'hérésie. Les pays les plus riches et les plus commerçants, les plus ouverts à une certaine culture, Flandre et Champagne, sont même ceux où les doctrines hétérodoxes se propagent le plus aisément. Des mécréants, bravant Dieu, osent cracher sur le crucifix.

Les serfs fugitifs peuvent occasionner bien des drames. Pour échapper à la rapacité du seigneur et de ses gens d'armes, il arrive que des paysans, à bout de patience, s'enfuient, abandonnent le fief. En 1199, les habitants de l'île de Ré, exaspérés de la rigueur avec laquelle le seigneur de Mauléon pratique son droit de chasse, ayant à redouter les fauves jusque dans moisson et vendanges, menacent d'émigrer en masse. Pour les retenir, Raoul de Mauléon doit s'engager « gracieusement », moyennant un paiement de dix sous par quartier de vignes et setier de terre, à ne plus souffrir dans l'île d'autre gibier que lièvres et lapins. Quand le seigneur reste inflexible, tel l'évêque de Laon en 1204, les serfs se transportent en grand nombre dans une seigneurie voisine. Au passage, les dégâts ne manquent pas.

Assurément, au début du XIIe siècle, les affranchissements, individuels ou collectifs, ont diminué bon nombre des serfs. Les terres qui ont malheureuse propriété de rendre serfs ceux qui les habitent ont été graduellement absorbées par les terres libres. L'hérédité même du servage est atteinte par la force croissante du principe de droit romain en vertu duquel l'enfant de la femme libre, même mariée à un serf, naît libre. Enfin, le paysan n'a plus le même intérêt que du temps d'autrefois à se faire le serf d'une église : au lieu de donner sa personne aux monastères, il se limite à leur offrir de la terre ou de l'argent. Des provinces entières, Normandie, Touraine, Bretagne, sont de la sorte à peu près totalement libérées du servage. Les seigneurs « bons » prodiguent eux-mêmes beaucoup de franchises au profit de paysans libres.

Même soumis à des charges plus ou moins lourdes envers le seigneur qui demeure maître de la terre, des paysans de plus en plus nombreux travaillent en qualité d'hommes en liberté. Les paysans paient même progressivement de moins en moins de redevances. Comme l'aristocratie est de plus en plus mobilisée par la guerre, le seigneur a aussi pour ses lourdes dépenses intérêt à intensifier ses défrichements. Pour ce faire, il mise sur le calcul que beaucoup de travailleurs auront un intérêt majeur à améliorer leur production. Il commence à être connu qu'un paysan libre a plus de diligence qu'un asservi. Peu importe si les progrès techniques ne suivent pas, si le paysan aura à peu près les mêmes outils en 1500 qu'en l'an mille : on pratique toujours la jachère un an sur deux ; les semences ne s'améliorent pas ; on continue d'ignorer l'engrais ; l'élevage ne répond à aucune stratégie ; la médecine vétérinaire est inexistante ; il n'y a aucune politique de races ; les « croisements » sont totalement ignorés. Le paysan cesse d'être *rusticus*, vilain, serviteur total du seigneur pour devenir un véritable paysan libre qui, encore qu'il n'ait pas propriété véritable de son bien, en dispose à son gré. A plus forte raison le sentiment en sera davantage assuré encore, l'évolution plus apparente, au fur et à mesure que les droits s'exprimeront davantage par des paiements en numéraires et non plus en récoltes.

On voit se développer le système du *fermage* — remise à un technicien agricole d'une terre, avec locaux d'habitation et instruments de travail moyennant paiement annuel d'une somme, considérée comme une partie suffisante du revenu probable de la terre. Bon an mal an, le fermier paie la même somme.

Les paysans veulent à tout prix avoir droit de déguerpir, et s'acharnent à faire limiter leurs corvées et redevances. Comme les nouvelles paroisses rurales bénéficient de charges de franchise qui codifient et limitent leurs obligations, les villages de serfs en réclament de semblables, les obtenant à prix d'argent. Dès la fin du XIIe siècle, le statut de serf tend à devenir une rareté. Le XIIIe, à cet égard, ne contredit pas le XIIe, même si l'appauvrissement, l'endettement amènent de-ci de-là l'apparition de nouveaux serfs attachés à la glèbe, à leur tour « taillables et corvéables à merci ».

Peu importe aussi que les poètes médiévaux, courtisans des puissants, traitent fort mal les vilains. Les intellectuels sont aux gages des seigneurs, multiplient les révérences pour leur complaire. L'avènement du vilain aux fonctions administratives, son entrée dans la politique et les affaires comme prévôt, juré ou conseiller du seigneur, ou même par sa vaillance dans le monde militaire comme chevalier, ne lui aura lui-même valu que moultes imprécations des poètes de la féodalité. On ne lui pardonne pas de sortir de sa caste. Tous ces misérables parvenus ne peuvent que trahir ; malheur à qui les emploie ! « Ah ! Dieu ! qu'il est mal récompensé — lit-on dans *Gérart de Roussillon* — le bon guerrier qui de fils de vilain a fait son chevalier, et puis son sénéchal et son conseiller, comme fit le comte Gérart de ce Richier à qui il donne grande terre, et puis celui-ci vendit Roussillon à Charles le Fier. » Le comte Richard, héros de la chanson de *L'Escoufle*, un roman d'aventures écrit autour de 1204 (en vers, œuvre de Jean Renart dédiée à un comte de Hainaut, traitant le thème classique du rapt par un oiseau, ici un escoufle, un milan, d'un objet, ici une aumônière, rapt qui entraîne toutes sortes de quiproquos et de mésaventures), reçoit, au sujet des vilains, des confidences de l'Empereur : « Sa Majesté assure qu'il n'est plus maître de son Empire et n'ose pas aller sans escorte d'une ville à l'autre ; il se reproche amèrement de se fier à ses serfs et de les faire monter en dignité ; maintenant, ce sont eux qui tiennent ses châteaux, ses cités, ses forêts ; en conclusion, il supplie Richard de lui venir en aide, avec le titre de connétable ; si vaillant soit-il, flanqué des plus vaillants chevaliers, Richard n'en met pas moins près de deux ans avant de débarrasser les terres impériales de tous les vilains ingrats. » Moralité : « Que jamais à votre cour ne vienne nul serf pour être votre bailli. Car noble homme est honni et vaincu qui fait d'un vilain son maître. Comment pourrait-il être que vilain fût gentil et franc ? » Dans le vaste mouvement de libéralisation du serf, la plupart des trouvères restent très en arrière de la main. Ils jouent même un rôle de retardataires. Les intellectuels attaquent et daubent le vilain encore plus que le bourgeois, ce qui n'est pas peu dire. Mais leurs récits mêmes et leurs poèmes démontrent qu'il y a plus encore qu'affranchissement : promotion. Toute une classe se dégage de la gangue. Non seulement elle aspire à l'indépendance, mais aussi au pouvoir. Au reste, des poètes plus futés introduisent dans leurs chansons des vilains plus sympathiques. C'est le cas pour Simon, dans *Berthe au grand pied*, écrit vers 1275 en laisses monorimes de vers de douze syllabes par le trouvère Adam Le Roi. L'histoire est éloquente : la fille de Blanchefleur, reine de Hongrie, demandée en mariage par Pépin, arrive à la cour avec sa suivante Margiste ; la fourbe et ambitieuse Margiste substitue sa fille Alerte à la jeune princesse, Berthe, très reconnaissable parce qu'elle a un pied plus grand que l'autre ; après huit années passées chez un garde-chasse à filer la quenouille, Berthe ne doit vie et bonheur qu'à un vilain, Simon, qui a toutes les qualités du cœur et de l'esprit.

Un vilain graduellement plus libéré, mieux pourvu, plus respecté, telle est l'évidence du siècle de Philippe Auguste et de Louis le Lion. Et à nous le développement d'un autre système de libéralisation, le *métayage* — partage approximatif des récoltes entre propriétaire et paysan, le propriétaire prenant à sa charge l'entretien et le renouvellement des immeubles et du cheptel.

Les paysans de Philippe Auguste ont une situation bien supérieure aux paysans d'Hugues Capet. Et, cent ans plus tard, la grande peste de 1348 d'achever la ruine du système domanial et du servage : les seigneurs, pour n'être pas atteints par la misère, doivent alléger la charge d'une main-d'œuvre raréfiée qui a tendance à fuir ou à se soulever.

Il n'en reste pas moins que le royaume souffre.

Même si Philippe Auguste augmente le domaine capétien du Berry, du Vermandois, de l'Artois, de l'Auvergne, consolide considérablement le pouvoir monarchique, défie les pouvoirs féodaux, se veut un souverain de progrès, s'appuie sur les communes, protège l'université de Paris, il est un roi de guerre, qui livre une lutte sans merci contre les Plantagenêts d'Angleterre, et il est roi de croisades ruineuses, même le roi de la croisade contre les Albigeois chers au comte de Toulouse (le sinistre Simon IV de Montfort reçoit ses ordres directement de lui).

Et les guerres, cela se paye cher, d'abord par les paysans.

D'autant plus que le successeur, Louis VIII, époux de Blanche de Castille, est lui aussi un prince de batailles.

Le village naît : le vrai

Et à nous, du moins dès lors que presque tous les paysans possèdent une tenure, une toute nouvelle hiérarchie paysanne — qui ne changera plus guère jusqu'à la Révolution de 1789.

— Au bas de l'échelle les innombrables manœuvriers et journaliers qui possèdent une parcelle minuscule et vivent essentiellement de travaux saisonniers ou du bétail qu'ils amènent paître dans les communaux.

— Puis les métayers, à peine plus riches, ayant en général à leur charge les terres les plus ingrates.

— Les fermiers ou laboureurs qui possèdent un ou plusieurs attelages et prennent à bail les terres les plus fécondes des gros propriétaires nobles ou ecclésiastiques.

— Enfin les paysans les plus aisés, peu nombreux (20 % seulement ont des propriétés de plus de dix hectares dans le Beauvoisis en 1500).

Et à nous la naissance du village — du vrai village.

Au fond, l'on n'a eu jusqu'ici que des habitats dispersés, tout un éparpillement d'agglomérations (*vici*) sans véritable cohérence. Comme le diront Monique Bourin et Robert Durand dans leur livre fortement documenté *Vivre au village au Moyen Age*, « les structures fermes manquent à cette juxtaposition d'enclos ». Greniers comme cabanes, dans l'enclos, sont édifiés dans le désordre.

Voici désormais approfondissement de la sédentarisation — attachement dans la durée sur un lieu précis.

Sans doute l'évolution varie-t-elle d'une province à l'autre : il y a plus que des nuances entre les agglomérations de Provence et celles de Picardie ou un castelnau aquitain.

Mais, partout, voici la collectivité à imposer des rues (dont on fait respecter l'intégrité contre toutes habitations qui avancent leurs marches sur l'espace commun).

L'idée de l'*espace commun* — la rue, mais aussi le lavoir et la fontaine — s'impose et se généralise.

Une place centrale est prévue (le *green* anglais ; le *placitre* breton).

Les villages nouveaux se dessinent et se bâtissent sur des plans — en plan circulaire, en éventail, en étoile.

Sans doute — tous les historiens l'indiqueront — faut-il distinguer deux grandes catégories de villages. Comme l'écriront Bourin et Durand : « Dans l'une, la maison est construite sur une parcelle cultivée, potager et verger, qu'on appelle ici *ouche*, là *verchère*, ailleurs *courtil* ou *meix* ou autrement encore. Dans l'autre, le village constitue un univers seulement architectural où les maisons plus ou moins jointives s'ordonnent autour de rues ou de cours intérieures, d'où l'arbre est presque absent et l'herbe réduite à quelques touffes indociles. Solution septentrionale et solution méridionale. » Une distinction très nette est faite entre le village *aggloméré* et le village *serré*.

Au *serré*, peu importe son dessin, en rond ou en éventail, « voire éclaté en plusieurs quartiers », on peut imaginer deux préoccupations originelles, plus ou moins liées entre elles, celle de mieux se protéger contre tout envahisseur et celle de se constituer autour d'un édifice dominant, château ou église. Le village *aggloméré*, lui, a une qualité moins inquiète. C'est sans doute que le village serré — le méridional — a des rapports plus difficiles avec la nature, les lourds nuages de l'automne, les grands vents si mal supportés des hivers froids, les chaleurs torrides de l'été : d'où son application à imiter la ville, où les problèmes agraires tiennent une moindre place que la pure sociabilité.

Mais les traits communs sont plus forts. Les hommes prennent l'habitude — quoique davantage dans le Midi — de se réunir sur la place centrale pour critiquer le curé, analyser la politique du bayle, parler de la récolte. L'entraide ne diffère guère du serré à l'aggloméré : comme les ustensiles manquent, on se les prête d'une cuisine à l'autre ; on s'aide pour arroser les petits potagers (l'eau se transporte) ; les vieilles amies aiment à bavarder et à s'épucer sur les petits bancs de pierre ou de bois aménagés devant la façade de chaque maison. Dans tous les cas, le village d'après 1100 est plus rigide que l'agglomération anarchique du haut Moyen Age.

La maison ? Sans doute faut-il encore distinguer là deux grandes catégories : la maison *élémentaire* et la maison *mixte*. La première se constitue de deux pièces, l'une réservée aux seuls humains, « la maison dans la maison », l'autre servant de resserre, de cellier, d'écurie ou de cave. Dans la seconde, la famille fait vivre avec elle une ou deux vaches, quelques brebis et l'inévitable truie, plus ou moins bien séparés les uns des autres par un mur de refend. Mais on voit s'opérer une mutation encore plus importante que cette distinction : on voit apparaître des bâtiments plurifonctionnels, assurant à la fois sous le même toit, sinon dans les mêmes pièces, l'abri des gens, la conservation des ressources alimentaires, le chauffage et au besoin l'abri des animaux. Autrement dit, le haut Moyen Age éparpillait les fonctions. Le nouveau Moyen Age les réunit.

Progressivement, le bois s'abandonne pour la pierre. On s'installe davantage dans le durable (simplement avec une évolution plus marquée dans le Midi que dans le Nord). Premier résultat : les maisons sont mieux chauffées ; l'incendie est moins redouté ; on voit se populariser la cheminée murale, autour de laquelle la famille se groupe plus facilement ; les bancs sont déplacés vers l'âtre ; on peut mieux organiser des *veillées* ; le feu va mieux aider à transmettre la culture familiale et villageoise. Deuxième résultat : la famille paysanne se situe plus facilement dans le temps, prend mieux conscience de longues solidarités successives, peut mieux assurer sa promotion de génération en génération, par exemple en ajoutant un étage, à vouloir une maison plus haute que celle de la famille voisine.

La famille est d'autant plus serrée qu'elle tient désormais à avoir un nom qui se perpétue. Le paysan se nomme. Durant des siècles, l'individu fut désigné par un simple prénom, ou par référence à son père, sans jamais remonter haut dans les annales. La famille se dote désormais carrément d'un nom qu'on ne pourra pas lui voler. En l'an 1000, le nom de famille transmissible à tous les descendants n'existait pas. Maintenant oui. Et c'est d'ailleurs aussi par besoin de légitimer les droits sur les biens. La famille veut donner une image plus claire, moins discutable de sa propre réalité aux yeux d'autrui. Les familles nobles furent les premières à se doter d'un nom. Désormais, les paysannes à leur tour. Il leur suffit de choisir le nom d'après une particularité physique (Lesourd, Legrand, Leborgne), ou morale (Lesage) ou d'après un métier (Charpentier, Meunier).

Le rituel de mariage devient du coup plus solennel — même s'il s'agit uniquement d'un contrat civil. (La bénédiction religieuse ne vient qu'à partir du XIVe siècle.) On ne se contente plus de l'échange verbal du consentement entre époux. On procède à l'échange des anneaux, à la jonction des mains droites, au baiser nuptial, au cortège de noces qui assure la nécessaire publicité du nouveau couple. On assortit les deux « oui » d'un échange de biens, autre facteur de cohésion (sauf à observer le règlement de l'Eglise qui, du VIIIe au XIIIe siècle, interdit les noces entre parents jusqu'au septième degré).

Le bien est légué aux enfants à parts égales — héritage du droit wisigothique, très égalitaire. Seul obstacle : l'Eglise qui cherche à obtenir des biens patrimoniaux sous forme de donations testamentaires faites « à l'article de la mort ». Le donateur sauve son âme et gagne le paradis éternel en donnant à l'Eglise partie ou totalité de ses avoirs. Néanmoins, la coutume intervient et finit par imposer sa loi : on ne peut soustraire à ses enfants plus du quart ou du tiers des biens (proportion variable selon les provinces). Il s'agit évidemment d'éviter l'hémorragie des biens patrimoniaux. On y parvient.

La femme ? Elle fut sans doute la première bête domestique de l'homme, aux temps immémoriaux. Même maintenant estimées et aimées, les femmes constituent souvent une main-d'œuvre d'appoint. Dans le Languedoc, elles cerclent les blés, coupent les tiges à la faucille, fanent l'herbe. La brutalité des hommes peut s'afficher sans retenue. La norme est l'autorité sans partage du père et du mari. Les « parfaits » eux-mêmes, l'élite des cathares, ne cachent pas leur mépris pour l'autre sexe. Dans la famille, la paysanne n'en fixe pas moins une immense autorité morale. En cas de rupture, il arrive qu'elle reprenne son nom et le communique à ses garçons même majeurs. Une fois chef de famille, la femme a même droit au titre de « dame ».

Les enfants ? L'enfant n'est pas au centre des préoccupations.

Les historiens feront facilement observer que même lorsque les artistes commencent à voir dans la Vierge un modèle de femme, ils négligent son enfant, représenté sous forme d'« un affreux petit nabot ». Il faudra beaucoup de temps avant de voir évoluer les choses, même si, naturellement, il y a fête quand le bébé arrive, grande peine quand on le perd.

Il n'y a pas de règle écrite, ni orale, mais la fidélité au village est fondamentale. Elle va de soi. On naît au village. On s'y marie. On y travaille. On y meurt. On épouse peu dans les villages voisins. On ne saurait prendre hors du village un parrain ou une marraine.

Plus les siècles passent, plus le village se sent paroisse. Il est vrai que par le XIIe siècle aura commencé une sorte d'âge d'or du christianisme. « L'homme est quelque chose qui veut être dépassé », dira un jour Nietzsche. Jamais comme durant cette période la ferveur n'aura accompagné de telles sublimes créatures campées entre l'Homme et Dieu, de sainte Geneviève guérissant des fièvres à saint Hubert protégeant de la rage, de saint Gaudérique ami de la pluie à saint Médard ennemi des gelées. Les textes qui racontent les vies exemplaires des saints, comme *La Légende dorée* de Jacques de Voragine, pourront être innombrables. La Vierge s'est mise à illuminer l'Europe. La France est conquise. Un culte inouï de la Vierge Marie, distributrice de toutes les protections, ne se sépare plus de la dévotion à l'humanité du Christ. Alors se répandent les antiennes *Salve Regina* et *Alma Redemptris Mater*. Les cisterciens inventent le terme splendide de *Notre Dame*. Le Rosaire naît. Jamais on n'aura tant chanté l'*Ave Maria*. Accaparant toutes les prières de ceux qui sont affamés de bonté, de pureté et de douceur, Marie devient même la fée européenne par excellence. Dans l'année, ses fêtes prennent une importance à nulle autre pareille, tandis que des cathédrales vouées à Notre-Dame s'élèvent tous azimuts. À nous mille fleurs de l'art roman. A nous mille fleurs de l'art gothique. L'ange de Reims peut sourire : il contemple un mouvement artistique dont aucun après lui ne connaîtra pareil rayonnement. Précisément, même toute humble, l'église de village thésaurise autant de dévotion que le plus fier monument. Bien sûr, comme en l'an mille, elle n'a ni chaises ni bancs ni chaire. Elle reste une « maison commune » où le notaire est autant chez lui que le curé. Profane et sacré continuent de s'y mêler. Le clocher peut toujours être un pigeonnier. Mais, désormais, la dévotion est plus éclatante. Il y a afflux de statues, de bannières, de chemins de croix. Les murs sont peints. On repeint les vieilles fresques. On allume des « forêts de cierges »...

Le curé est plus que jamais un personnage capital. Certes, on glose beaucoup sur lui. Le curé paillard est même un thème très apprécié de la littérature médiévale. On dit les curés amateurs de bonne chère, très portés sur la dive bouteille, notamment dans les provinces les plus alcooliques comme la Normandie et l'Anjou, trop coquets, trop belliqueux, trop accapareurs, trop voraces de jeunes femmes. Ils se rendent coupables de trop d'abus : par exemple, fort cyniquement, tel chanoine envoie cent soixante-dix moutons paître sur une pâture où il n'a autorisation que pour une centaine. Les conflits financiers sont même nombreux entre le curé et sa paroisse. C'est que les paroissiens doivent verser au curé une part importante de leur revenu, en particulier les dîmes, le dixième ou le onzième des récoltes : de siècle en siècle, la dîme ne diminue pas alors que les redevances au seigneur s'affaiblissent notoirement ; de surcroît, les curés veulent faire peser la dîme sur toutes les récoltes, ce que les paysans contestent avec véhémence ; ils acceptent la dîme des grains et du vin, mais pas la dîme sur le produit des jardins ni sur le croît des troupeaux. Autre pomme de discorde : les *oblations*, trop nombreuses ! Il faut payer le curé pour toutes sortes de services, droits de sépulture et d'enterrement, messes anniversaires, confessions pascales, baptêmes, mariages, départs en pèlerinage ; le paiement s'effectue désormais en argent, non en nature, d'où d'interminables palabres sur le tarif. Il y a souvent de quoi faire des paysans des « grougnassous ». Mais beaucoup de villages ont un bon curé, le plus souvent natif du lieu, y ayant sa famille. Il est intégré aux solidarités paysannes. Représentant de l'évêque, il a des missions qui le font respecter et dont il s'acquitte à plein scrupule : il a des pouvoirs de police, il a à charge de dénoncer les prostituées ; il a à vérifier si les lépreux portent le costume réglementaire ; il doit sans faiblesse dénoncer les hérétiques ; dans son école même rudimentaire, il distribue du moins l'alphabet aux enfants... Il y a matière à respect.

Les lépreux, justement, parlons-en. Car nombre de villages ont une *léproserie*, qui n'est pas dans le village même, obligatoirement bâtie à au moins 500 mètres. L'admission se fait sur dénonciation des paroissiens (sauf sanction prévue pour quiconque dénoncerait à tort un lépreux). Les lépreux sont donc isolés ensemble du reste des humains, interdits de fréquenter tous lieux publics, église, moulin, fours, marchés, tavernes. Ils n'ont pas le droit de se laver à la fontaine ni à l'abreuvoir du village. Ils doivent porter un costume spécial avec gants et cliquettes. Ils ne peuvent se montrer que pour quêter.

L'hôpital ? Nombre de villages ont leur hôpital. C'est au XIIIe siècle que se développe la technique des *hôpitaux ruraux*, « à la louange de Dieu », pour recevoir pauvres, indigents et autres malades, comme nous le dit un texte du Biterrois. On y reçoit de 10 à 30 pensionnaires. On n'y admet pas que les autochtones, aussi les voyageurs et les « nouveaux venus ». La sécurité sociale est loin d'être totale : comme pitance, un pain et un pot de vin par jour, et une petite pension pour les pauvres, celle-ci afin d'éviter les abus, pour le cas où une famille chercherait à se débarrasser de certains malades importants en les envoyant à l'hosto. Il s'agit de maisons-Dieu de petites dimensions. Le personnel est réduit au strict minimum : pas plus de trois personnes. Un seul lit pour contenir quatre malades. C'est un simple paysan qui gère l'entreprise, avec sa femme et une infirmière religieuse. L'hôpital est installé dans une maison du village. Ne demandez surtout pas au personnel soignant le moindre diplôme : il ne sait pas lire.

L'assistance ? Elle se pratique essentiellement par les aumônes. Mais on voit aussi fonctionner avec beaucoup de zèle les *confréries*, fraternités ou guildes, à but charitable, qui créent des liens spécifiques d'amitié et d'entraide entre confrères. Ainsi, elles jouent de multiples opérations de secours, par exemple une aide matérielle en cas de maladie, d'accident ou d'incendie ; une aide morale, par organisation de visites aux confrères dans l'épreuve ; une aide spirituelle aux confrères défunts pour leur ouvrir les portes du paradis, avec organisation des obsèques et financement de messes d'adieu. A ne pas sous-estimer le banquet annuel de la confrérie, où l'on revivifie en festoyant les sentiments mutualistes, les reliefs étant réservés pour les indigents. A Guérande, en 1350, la confrérie de Saint-Nicolas, pour 30 convives, propose 10 chevreaux, 4 veaux, 2 services de poissons, des quartiers de porcs (avec « XVII livres et demie de lard pour billeter les chevriaus et les veaus et pour mettre ès pastès de poulles, et pour aidier à faire des services avec des esquinées de porc »), 57 poulets, 25 fromages, 69 pâtés, 143 tartelettes et de « grosses quantités » de pommes et de noix. On suppose que les reliefs n'auront pas manqué.

L'étranger ? *El foraster*, dit-on en Roussillon ; le *forain*, en Touraine. Il a souvent sens d'intrus, avant de s'acclimater. Dans certaines provinces, ainsi en Dauphiné, le délit commis par un étranger est plus sévèrement puni que celui commis par un paroissien. En Gascogne, au contraire, l'hospitalité commande et l'on reconnaît aux étrangers le droit d'ignorer les coutumes locales. Mais, qu'il soit exigeant ou indulgent, le village affirme avec netteté sa différence (au point que les transactions sont dégagées de toutes traces entre villageois, pour autant l'étranger y reste soumis). Encore faut-il distinguer entre trois sortes d'étrangers. Les premiers, *les aubains*, « hommes de passage », sont l'objet d'une forte méfiance immédiate, et le village rechigne à accorder le droit d'asile aux délinquants pourchassés, à plus forte raison le « droit de l'âtre ». Les seconds sont des hommes du village voisin ; les relations sont là plutôt ambiguës ; c'est contre eux que l'on défend le territoire villageois, les pâturages, les usages du bois ; les frontières sont imprécises ; elles sont très discutées ; sauf que, plus le temps passe, plus on voit se réaliser des mariages entre villages voisins ; des murs tombent ; nombre de villages auront obtenu la suppression du formariage — interdiction de se marier hors de la seigneurie — même si les villageois restent largement endogames (du grec *endon*, « dedans », et *gamos*, « mariage ») au contraire des exogames ; disons que, de village à village, on s'observe, par méfiance, sans se haïr ; on n'enlève pas les Sabines. Les troisièmes sont les *immigrants*, ceux qui cherchent à s'établir au village, pour devenir à leur tour vilains ou bourgeois. Ici, la coutume est très variable de province à province. Les villages gascons exigent au moins un an de résidence avant l'adoption définitive. Dans les villages savoyards, ce stage probatoire dure cinq ans. D'autres se contentent d'un serment ou, mieux, d'un péage : l'homme de bien qui peut verser son obole n'est pas un vagabond sans le sou. D'autres exigent que l'immigrant acquière sans délai une maison. En bref, d'une manière ou d'une autre, l'immigrant passe le seuil, sauf à savoir que le village sera lent à le légitimer en profondeur.

L'émigrant ? L'autorisation d'émigrer aura été une des premières franchises acquises par le paysan. On lui demande seulement de régler son dû et de partir en prud'homme. Tant pis s'il y a restriction du nombre des contribuables.

Les communaux ? Il s'agit des possessions communes : les terres non labourées réservées aux besoins communaux de l'élevage, de la construction et du chauffage. Buisson d'épines et panier de crabes. L'un des plus délicats problèmes du paysan médiéval. Comment interdire ou limiter les défrichements qui mettraient trop gravement en cause la forêt libre et l'espace pastoral ? Quelle autorité doit s'y exercer, celle du seigneur ou celle du village ? A coup sûr, de siècle en siècle, depuis l'an mille, les communaux — toutes les terres de pâture et de parcours — se seront progressivement affirmés comme relevant plutôt de la communauté de village (ou de hameau) même quand cette communauté n'a pas vocation à autonomie municipale. Mais c'est au XIIe siècle que s'affirment plus vigoureusement encore ces possessions communautaires contre lesquelles les seigneurs mènent aussitôt une offensive généralisée (pour s'incliner deux siècles plus tard). Dès le XIIIe siècle, dans nombre de provinces, les communautés affirment définitivement leurs droits sur forêts, marais, terres « vaines » ou *gastes* trop longtemps sous contrôle total des seigneurs. Pour autant, le problème n'est pas totalement résolu. Cela ne va pas de soi que le village organise harmonieusement l'exploitation communautaire au mieux des intérêts de chacun. Après la dispute seigneur-village, voici la guéguerre entre villageois, chacun plaidant pour son seul intérêt. L'on ne s'en tire, à la longue, que par la mise en place progressive d'« usages collectifs », qui portent principalement sur la cueillette de fruits et de baies, et le ramassage du menu bois ou des roseaux dit fagotage. Cela ne va jamais sans violentes disputes et arbitrages byzantins qui ne font eux-mêmes que tout compliquer encore.

La chasse ? La pêche dans les rivières des marais ? Des coutumes s'imposent. En général, le seigneur se réserve la chasse de gros animaux. Au paysan, le petit gibier. Au paysan aussi tanches, carpes et anguilles.

L'élevage ? Autre problème byzantin. C'est que les troupeaux relèvent de la propriété collective des villageois (le village médiéval est plus communiste qu'on ne le dit) et que les paysans n'aiment pas confier la garde des troupeaux à un garde champêtre commun qui manque de savoir-faire (bergers, chevriers, vachers, porchers communaux d'expérience sont très rares). Mais aussi, le moindre règlement est ardu à trouver. Comment, en quel nom, ouvrir aux bêtes de nouveaux espaces ? Comment maintenir avec l'accord de tous un strict équilibre entre terroir et espaces non cultivés ? A qui demander la fin du désert et la limite de l'oasis ? Comment estimer, limiter le nombre des animaux que chaque famille peut envoyer ? (Cela n'est pas du tout facile, le communisme.) Et quelles périodes de fermeture du communal faut-il prévoir ? Quelle date précise et non discutable choisir ? Comment réduire les méfaits des troupeaux de porcs, qui dès que libres se prennent pour des sangliers et multiplient les dégâts en forêt ? À quelles saisons faut-il passer un anneau dans la hure de *tous* les porcs pour les empêcher de fouir ? Avec quelle vigueur, au risque de quel sacrilège, s'opposer à tout curé de paroisse qui surcharge les pâturages communs ? Comment légaliser et harmoniser l'assolement, c'est-à-dire le regroupement des cultures en de gros blocs (les *soles*) pour mieux dégager et regrouper les terres en jachère où les troupeaux peuvent librement s'ébattre ? Plus exactement, comment prévoir une organisation collective de l'assolement, jusqu'ici pratiqué individuellement ? Rien ne va de soi. Ça titille, ça tâtonne, ça bafouille.

La *transhumance* ? Encore un problème à abîmes d'interrogations. Que faire avec les pâturages de haute altitude, qui sont forcément des possessions communes ? Comment mieux organiser à la satisfaction générale la transhumance d'été (l'*alpe* ou l'*estive*) pour les troupeaux des propriétaires des plaines allant passer la belle saison en haute montagne ? et la transhumance d'hiver, quand le froid et la neige envoient les troupeaux gambader sur chaumes, jachères et marais de la plaine ? Comment nourrir les troupeaux sur les itinéraires ? Quels itinéraires ? Comment négocier l'accueil des villages traversés ? Comment éviter de trop fatales chicanes ? Comment nommer un pasteur-arbitre commun, quelle autonomie lui laisser, quelle confiance lui faire ? Quelles taxes prévoir — ce qu'on appelle en Haute-Provence le *pascage* — pour les troupeaux traversant tel ou tel village ? Là non plus, rien ne va de soi. Il n'empêche que les transhumances s'exécutent, année après année, y compris quand se déchaînent les guerres, il est vrai elles-mêmes ayant leurs propres saisons. Notamment pas de guerres en hiver.

Les rapports avec le seigneur ? Un village est une collection de familles qui ont tissé entre elles de nombreux liens dont certains très forts ; il est aussi une paroisse, une collectivité de chrétiens, sous houlette d'un curé ; il est plus encore l'ensemble des sujets d'un seigneur, qu'il faut payer.

Certes, le seigneur a d'abord devoir de protéger son village : jamais on n'aura vu autant de bandes de pillards, par exemple, que dans les temps des trêves conclues entre les batailles de la guerre de Cent Ans. A l'évidence, dès lors, certaines obligations que fait valoir le tout-puissant sont admises.

Les charges sont notamment peu discutées. Les paysans sont « invités » à accompagner à pied les troupes de cavaliers réunies par le maître. Il s'agit de forces d'appoint, dont le service est variable dans le temps, en vérité de toute une piétaille mal armée le plus souvent uniquement utilisée pour des corvées de charroi ou des corvées de renforcement des murailles du château. Les plus jeunes requis sont notamment voués à monter la garde sur les palissades du château ou du village. Les guetteurs. En général, les paysans obtempèrent, même quand ils ont à fournir l'avoine des chevaux.

L'exercice de la justice est aussi une affaire d'autorité publique. Le seigneur se fait payer des taxes à titre de justicier, auxquelles s'ajoutent les amendes sanctionnant les contrevenants. Le paysan y rechigne peu.

Dans le cadre de l'administration publique, enfin, les paysans ont obligation d'héberger, sous certaines conditions, les agents du pouvoir. Or, il s'agit non seulement d'abriter et de nourrir un individu. Il s'agit également d'accueillir les cavaliers qui l'escortent, avec leurs montures et leurs chiens. Là, chez les obligés, il y a plutôt grimaces.

Du moins pour ces trois charges — militaire, judiciaire, administrative — le seigneur peut-il arguer de service public. Il n'en est pas de même pour d'autres, que les paysans dénoncent comme « mauvaises coutumes ».

La *taille* est particulièrement honnie. Prélevée en nature ou en espèces, elle doit dédommager en principe le seigneur de ses devoirs de « protecteur » : elle est si lourde qu'elle dépasse souvent à elle seule toutes les autres charges réunies. De surcroît, elle est arbitraire. Et, alors que les marchands des villes, les ecclésiastiques, les étudiants et les universitaires en sont exemptés, c'est un impôt paysan par excellence, qui n'épargne même pas les plus pauvres. Etre taillable est réellement le plus mal supporté.

Pour autant, il y a bien d'autres contraintes — les *banalités*, usage payant et obligatoire du moulin, du four, de la forge, du pressoir que le seigneur monopolise — les monopoles commerciaux comme le *banvin*, interdiction faite aux paysans d'écouler leurs surplus de vin pendant certaines semaines, le délai nécessaire au seigneur pour négocier les siens à coup sûr — les monopoles agraires comme le *ban des vendanges* — le monopole de la définition des poids et mesures, comme quoi l'existence de village à village d'unités de mesure différentes est on ne peut plus néfaste pour les échanges — les droits de maréchaussée : la police est loin d'être gratuite — les droits de moissonnage pour la protection des moissons — les péages pour la protection des ponts et des routes — les *tonlieux* (du grec *telonès*, « percepteur d'impôts ») payés sur les marchandises transportées par terre ou par eau et sur les marchés. Il faut même savoir qu'une veuve, si elle se remarie, doit payer redevance. L'ensemble est aussi odieux et persécutant qu'une camisole.

Pire : pour le paysan, il y a à traiter avec les hommes de confiance du seigneur, tous prévôts, bayles, majordomes qui établissent et collectent les taxes banales, et qu'on rencontre de toutes parts, comme des mouches, comme des guêpes, sur les marchés, aux ponts, aux gués, dans les champs, au tribunal provincial.

Pire du pire : les agents des agents du pouvoir, chargés de la répression, sergents, chevaliers, hommes d'armes, tous sbires dont la moralité est rarement exemplaire.

De la haine ? Pas exactement. Il y va plutôt d'un mélange indéfinissable de collaboration et d'opposition. D'une part, personne n'imaginerait d'autre cadre que celui de la seigneurie. D'autre part, à mesure que passent les siècles, la relation commune bâtie sur les liens horizontaux entre paysans l'emporte graduellement sur les liens verticaux individuels avec le seigneur.

Certes, les cas de résistance sont multiples.

D'innombrables procès en sont l'illustration.

Il y a des appels à un arbitre supérieur — par exemple au seigneur du seigneur, surtout s'il est proche.

Il y a des cas de résistance passive — par exemple, malgré l'interdiction seigneuriale, faire marcher un four ou un moulin communal.

Il y a surtout le plus grave : des révoltes. Cela peut aller de la guérilla de harcèlement — vols de bêtes, incendies, sabotages de palissades — à la rébellion ouverte. Peu importe alors si les paysans surestiment leurs forces, manquent d'armes, s'exposent à des répressions terribles. Tout à coup, ça flambe.

A nous ainsi au XIIIe siècle la Croisade des enfants ou *Croisade des Pastoureaux*, abandonnant « bestes et pastis et s'en allant sans saluer père et mère » (pastoureau : petit berger) — ou la horde de « rustres », disent les chroniques, qui déferlent de l'Ile-de-France jusqu'au Languedoc, pris et pendus en 1212 à Aigues-Mortes — ou les rebelles qui, en 1251, constituent leurs bandes à l'annonce de la captivité de Louis IX et se donnent pour chef un vieillard à l'allure de prophète, « le Maître de Hongrie », mais qui, au lieu de partir en sainte croisade, se déchaînent en pillages et tueries — au reste implacablement châtiés par Blanche de Castille.

Plus dramatique est la *jacquerie* — autant provoquée par les abus des seigneuries que par les méfaits de la guerre. Le mouvement part, plutôt fortuitement, de Saint-Leu-d'Esserent, un village des bords de l'Oise, en avant de Creil, dominé par l'abbaye de Cluny. Les paysans massacrent neuf gentilshommes, on ne sait au juste pourquoi. Aussitôt, vient « fole commocion », avec révolte généralisée. La rébellion fait tache d'huile. Voici tout un déchaînement de « gens sans chefs » qui, à travers tout le Beauvaisis, sèment la terreur, brûlent, volent, pillent, « tuent gentilshommes et nobles dames et leurs enfants, et violent femmes et pucelles sans miséricorde ». Puis, ils se désignent un chef, Guillaume Karle ou Carle, de Mello, « ung homme bien sachant et bien parlant, de belle figure et fourme », dit le chroniqueur des quatre premiers Valois. La révolte gagne la Basse-Normandie, le Ponthieu, la Picardie. Mais le brave Karle, « ce souverain capitaine du plat pays... ce roi Jacques Bonhomme » (on appelle depuis le XIIIe siècle les paysans sous le nom de « jacques bonshommes »), se révèle incapable d'imposer la moindre discipline aux quelque 5000 jacques révoltés. Il essaie vainement de tisser des liens avec l'insurrection parisienne d'Etienne Marcel, alors maître de la capitale, tout disposé à prêter une oreille complaisante aux rebelles. Les jacques ne savent finalement que piller et incendier. Etienne Marcel s'allie même pour les briser à Charles II le Mauvais, roi de Navarre, époux d'une fille du roi Jean le Bon. Les rebelles se font écraser. Le roi Jacques Bonhomme disparaît dans la nature. Le Mauvais procède à une répression sans pitié.

Le mouvement est bref : du 28 mai au 10 juin 1358. Il n'en laisse pas moins une impression profonde.

Autre révolte encore : de 1364 à 1384, celle des *tuchins* ou *touchins* (vieux mot venant de *touche*, le bois : autrement dit, des gens qui prennent le bois, le maquis). Elle part d'Auvergne et du Languedoc. Elle est renforcée des artisans qui se plaignent eux aussi de trop de charges et s'indignent d'être abandonnés sans défense aux routiers anglais. Elle a nettement quant à elle caractère d'une révolte sociale. Cette « multitude d'hommes abjects », comme dit un moine de Saint-Denis, s'en prend essentiellement aux châteaux, aux nobles, aux clercs, aux riches. La rébellion gagne même le Limousin, le Rouergue, le Toulousain et le Poitou. Le Velay résiste jusqu'en 1384. Jean le Bon a le plus grand mal à bloquer la menace. Evidemment, une fois vainqueur, le duc de Berry, lieutenant général du roi, procède à une répression implacable...

Pourtant, mis à part les temps des grandes rébellions, le spectacle général des seigneuries n'a rien d'un conflit ouvert entre village et seigneur. Dans nombre de villages, le serment des villageois ou de leurs délégués est doublé d'un serment prêté par le seigneur ou ses officiers au village et à ses franchises. Dans leur passionnant ouvrage sur *Vivre au village au Moyen Age*, Monique Bourin et Robert Durand auront grande raison de le souligner. Un tel double serment, au XIIIe siècle, souligne au moins l'affaiblissement, voire la suppression de l'arbitraire dans le pouvoir seigneurial. Il y a même nombre de chartes de coutume signées entre seigneur et villageois garantissant liberté et justice. « Il ne s'agit pas de conquêtes paysannes imposant une humiliation du seigneur ; dans la plupart des documents d'arbitrage, la *bienveillance* du seigneur est tenue pour un trait majeur de la négociation. » Pitié au spectacle de trop de misère ? Devoir d'aider à la paix du village ? Besoin d'assurer ses ressources ? Préserver une autorité morale ? Quoi qu'il en soit, tel est le réel résultat : moult chartes de franchise qui « révèlent l'influence grandissante des communautés villageoises dans la hiérarchie des pouvoirs, même si certaines provinces ignorent totalement tous accords écrits ». Simplement, les seigneurs sont intraitables quant au commandement militaire et aux droits de justice.

Disons du moins que le village a pris plein sens — avant d'acquérir pleine indépendance.

Et le village de prendre même à son compte de plus en plus de responsabilités en tant que tel.

Bientôt, il ne consulte plus un seigneur pour déterminer les travaux en commun. Il prend toutes initiatives. Comment fixer la date du démarrage des vendanges ? Quelles associations de producteurs prévoir pour prendre les décisions ? Quelles peines envisager pour les moissonneurs chargés de la « sciée des blés » qui ne se rendent pas à l'appel du cor donné à l'aube ? Comment réglementer le jour de la moisson du seigneur sans mettre en danger la récolte des villageois, que peuvent menacer les caprices du temps ? Pour la vigne, comment recruter les meilleurs tailleurs, puisque la taille est l'opération la plus savante, dont toute la récolte dépend ? Comment organiser le prêt des chevaux de labour ? A quelle cadence ? Selon quelle répartition des rôles et des charges ? Comment protéger les cultures contre les divagations des troupeaux mal surveillés ? Comment mieux surveiller les inévitables chapardeurs, virtuoses dans l'art de distraire des gerbes ? Autant de problèmes qui ne relèvent plus de l'autorité du château.

Comment rendre la justice plus juste ? On évite de plus en plus l'arbitraire du maître, qui a ses partis pris. Progressivement, des tribunaux de village se mettent en place, au début chargés de délits mineurs, ensuite étendant leur compétence. Des chartes de village interviennent pour châtier le premier larcin, prévoir plus de sévérité contre les récidives. On établit des peines subtilement graduées : amende de 3 sous pour le coup de poing ; 5 sous pour le coup de paume, la gifle, sans doute estimée plus insultante ; 60 sous pour le crime sanglant ; 130 sous pour l'agression avec épée. Lentement, un code pénal de village s'élabore. La communauté intervient même dans le choix des conseillers du seigneur (échevins dans le Nord, prud'hommes dans le Midi) qui cessent progressivement d'être choisis par le seigneur lui-même. Le village embauche et rétribue librement ses juges.

Dès le XIIIe siècle, « l'assemblée » des villageois se généralise. Institution fondamentale. Premier essai d'une démocratie. Non seulement, désormais, existe une communauté de fait, pétrie dans la vie quotidienne, mais une communauté consciente et même volontariste, et d'autant plus que le village prend du poids, que les affaires se compliquent, que les relations avec le voisinage se font plus importantes et pressantes. On convoque l'assemblée des paysans (chefs de ménage, hommes et veuves, ou femmes représentant les maris) pour la participation à la levée des armes, la rédaction de coutumes, les ventes communes. La réunion a lieu dans l'église, ou sur la place centrale s'il fait beau. Elle désigne dans son sein les quatre ou cinq prud'hommes qui auront à surveiller la bonne exécution des décisions prises. L'assemblée est souveraine en matière de réglementation agraire, telle une nouvelle tarification des amendes pour infraction à certaines règles communes. Son consentement est requis pour la levée de toute finance municipale (par exemple pour acheter une terre commune). C'est elle qui fixe le fonctionnement de l'assolement obligatoire ; elle qui désigne les employés municipaux, messires et bandiers, qui surveillent le terroir.

Non seulement il y a de telles assemblées, mais peu à peu le village se dote d'un certain exécutif. Le pouvoir municipal est confié à un maire, flanqué de jurés et d'un nombre réduit de « saiges » bourgeois. Peu importe si certains villages, encroûtés dans la routine, se refusent à toute évolution. En tout cas, dès le XIVe siècle, dans la plupart des paroisses, tel est le principal résultat : *des élus de village* (difficile de dire selon quel système électoral, les documents manquent ; probable que l'on procède par consensus, certaines personnes s'imposant par tradition ou par charisme personnel), nommés échevins, recteurs ou consuls, chargés de gérer les œuvres de l'église, de régir toutes organisations charitables, de contrôler la voirie, l'hygiène et la qualité de l'artisanat, de surveiller la fraîcheur des denrées vendues sur le marché, de faire respecter l'intégrité du domaine public (ce n'est jamais facile de prendre une décision d'utilité publique sur telle maison qui empiète sur la rue ou telle fosse à fumier mal placée).

Toutes ces attributions gonflent avec les années.

C'est alors qu'on embauche du personnel municipal attitré, carrériers pour entretenir les chemins, reconnaisseurs pour vérifier la qualité des produits sur le marché, crieurs publics, gardes champêtres, courtiers, terminateurs pour contrôler la limite des parcelles (ah ! ces champs qui mordent sur le voisin ou sur le chemin communal !).

De toute manière, une certaine administration libre se généralise. Non que le royaume des Valois soit un modèle d'unification. Il est plus une mosaïque de provinces qu'un Etat. Une frontière très franche sépare la langue d'oïl et la langue d'oc. La France du Nord a conquis le Midi, mais lui laisse sa langue et ses usages. Elle lui abandonne ce qu'on appelle une parfaite « liberté d'indifférence ». Telle est même la distinction officielle. En Oc, il existe bien cent dialectes différents : le Bigourdan et le Provençal, qui ne se comprennent pas, seraient bien étonnés d'apprendre qu'ils sont catalogués comme parlant la même langue. C'est le limousin qui a cours à la cour de Charles VII, et l'on sait comment l'un des théologiens auxquels Jeanne d'Arc est présentée avant d'en recevoir audience emploie ce dialecte limousin pour demander à Jeanne quel français parlaient ses saints. « Meilleur que le vôtre », répond-elle. Bien des gens d'Armagnac ou de Bigorre ne connaissent pas un mot de français. Il n'y aura finalement de prédominance de la langue d'oïl que lorsqu'elle sera devenue la langue du roi et, vers 1450, quand les bureaux abandonneront le latin, langue de l'administration et des notaires. Pour l'heure, le dialecte local reste largement le maître du terrain au sud de la Loire. Même à la fin de la guerre de Cent Ans, le français ne se sera imposé ni comme langue écrite, ni comme langue littéraire, ni comme langue d'usage.

Il n'empêche que le village, lui, tend de plus en plus à s'affirmer dans l'unité et la solidarité.

A nous même le village typique de cette France, si paysanne.

La vigne du seigneur

Toutes les grandes civilisations auront eu un culte pour la vigne. Le Moyen Age français ne déroge pas à la règle.

La vigne reste, indépendamment du rôle que lui assigne la religion, un ornement nécessaire à toute existence de haut rang. Elle est don de Dieu. Elle est le signe d'une puissance et d'une prospérité. C'est aussi vrai dans l'Auxerrois qu'en Aquitaine, où Paulin de Pella, petit-fils du glorieux Ausone, ne laisse à personne le soin de rajeunir, par une méthode dont il dit avoir seul le secret, ses vignes vieilles.

Après l'abdication du pouvoir central, l'évêque, premier personnage de la cité, en est aussi le premier viticulteur. Fidèle à l'usage romain, il plante lui-même ses vignes, en dirige lui-même l'exploitation, en monnaye le produit. Car la vigne est de surcroît l'une des plus fécondes sources qui alimentent le trésor de l'épiscopat : de tous les produits de France, le vin de qualité est celui qui peut être le mieux converti en argent comptant.

Et la vigne française de rencontrer vite la gloire. Dès la première moitié du IXe siècle, on voit s'élever des cloîtres attenant aux églises cathédrales. A l'initiation de leur chef, les chanoines eux aussi entretiennent, au plus près de l'édifice, des vignes souvent contiguës à celles de l'évêque, dès lors protégées par les mêmes bénédictions. Ainsi en est-il à Chartres et au Mans, à Tours et à Toul, à Metz et à Paris, à Commercy et à Besançon. Précisément, déjà autour de l'an mille, la villa Sparnacus (Epernay), qui fut de saint Remi, produit des vins renommés, de même le monastère d'Hautvillers. On cite comme fort nobles en Aquitaine les vins de Lormont et de Pessac. C'est la France entière qu'il faudrait parcourir si on voulait n'omettre aucun des excellents vignobles, fiers d'eux-mêmes, créés par la viticulture ecclésiastique. Tous évêques, archevêques, abbés méritent bien ce titre de *pater vinearum*, père des vignes, dont un lettré, contemporain de Charlemagne, a salué l'un d'eux. Les couvents, pourra dire Paul Claudel, se mettent à pousser « comme des fleurs ». Aussi comme autant de caves. On en invente même « le vin d'honneur ». Ce sont les moines qui, les premiers, organisent un *claustrum*, un cellier. Ce sont les moines de Cîteaux qui inventent le clos-vougeot, des moines qui ont l'audace d'aller planter de la vigne jusqu'en Angleterre, au risque de ne voir le raisin mûrir qu'un an sur cinq.

Saint Mesmin crée les vignobles de Micy, saint Goar ceux de Rhénanie et d'Alsace. Les légendes peuvent affluer sur les saints auteurs d'inoubliables miracles viticoles — saint Ermeland, père des vins de Loire, découvrant un jour qu'il va manquer de vin au moment de recevoir ses amis, obtenant aussitôt du ciel le pouvoir surnaturel de faire couler le bon vin à sa guise — saint Remi, reçu chez sa cousine Celsa alors qu'elle vient d'être informée par son intendant que le vin manque, d'un signe de croix et d'une sainte prière remplissant un tonneau jusqu'à déborder — saint Airy, évêque de Verdun, accueillant le roi d'Austrasie Childebert II et sa suite, réalisant que sa provision de vin ne va pas être suffisante pour satisfaire ses illustres hôtes, obtenant de Dieu ou de saint Gaudérique que le tonneau restât plein même une fois le vin épuisé. Bienheureux vendangeurs !

Les princes ne sont pas en reste. Les souverains médiévaux sont tous de grands viticulteurs. La vigne n'a pas assez de l'église pour se donner son vrai soleil. Elle devient aussi inséparable du château. Tous les grands seigneurs, puis les petits, veulent avoir leur vin.

Les bourgeois ne sont pas davantage à la traîne. Eux aussi participent à la promotion générale, tels les *burgenses* de Saint-Omer qui créent au XIe siècle la première association viticole. Peu d'événements, depuis la conquête romaine, auront autant contribué à promouvoir les vins de France que le rapide et brillant épanouissement des villes, à partir du XIe siècle, dans les pays de la mer du Nord, et particulièrement en Flandre. Le mouvement est encore plus puissant quelques siècles plus tard. Les principaux habitants des villes, ceux qui animent le commerce et régulent les métiers, ont acquis, avec la richesse, un orgueil de classe qui trouve l'une de ses fiertés dans la consommation ostentatoire de vin. Evidemment, la culture de la vigne en reçoit une formidable impulsion. Car, pour contenter ces clients opulents qui croissent en nombre au fur et à mesure de l'enrichissement des villes, ce n'est plus assez des vignobles parisiens et rhénans qui, durant les deux siècles précédents, auront suffi à approvisionner les riches provinces. On va chercher le vin jusqu'en Côte-d'Or ou en Gascogne.

On se met à réveiller d'un long sommeil des vignobles qui connurent dans l'Antiquité une brillante opulence. Ils s'étaient assoupis, les vignerons de la Narbonnaise qui, déjà pour les Romains, confectionnaient le gaillac, l'*allobrogica* du Rhône, et ceux qui offraient à ces mêmes Romains le *biturica* né autour de Burdigala, future Bordeaux. On les ressuscite littéralement. La Loire et la Bourgogne étaient atteintes par la vigne dès le VIe siècle ; puis la source sembla s'être tarie ; la voilà qui coule à nouveau, à pleine allégresse. Or, il ne suffit pas de ressusciter les vignobles gallo-romains : voici toute une carte de plantations nouvelles — non moins importantes que les plantations anciennes.

Reste à trouver la main-d'œuvre qui assure la relève des esclaves à Rome. A nous alors le contrat dit de *complant*, pratiqué du reste dès l'époque carolingienne, qui ne sera jamais mieux expliqué que par un article de Roger Grand (« Le contrat de complant depuis les origines jusqu'à nos jours », publié dans la *Nouvelle Revue historique de droit français et étranger*) : « Un cultivateur vient trouver le propriétaire d'une terre inculte, plus rarement d'une terre arable ou d'une vigne décrépite, et le prie de la lui céder, s'engageant à y planter des ceps. Le propriétaire, dont cette demande sert les intérêts, le laisse maître absolu du terrain pendant cinq ans, temps jugé nécessaire à l'accomplissement des diverses opérations (défoncement, labourage, fumure, plantation, façons diverses) longues, coûteuses, délicates, sans lesquelles un vignoble ne peut être créé et mis en plein rapport. Ce délai expiré, la vigne est divisée en deux parties égales dont l'une revient en toute propriété à l'auteur de la concession, tandis que l'autre reste entre les mains du concessionnaire selon des conditions juridiques variables qui vont suivant les cas, les temps et les pays, de la pleine propriété du fonds à la simple jouissance viagère des améliorations mais, sauf de rares exceptions, à la charge d'une redevance annuelle consistante parfois en argent, le plus souvent en une quote-part de la récolte. » Bail perpétuel : le preneur, le cultivateur qui a défriché le terrain du bailleur et planté sur ce terrain une vigne voit son travail récompensé par l'attribution d'une véritable propriété qu'il peut léguer à ses enfants.

Ainsi sera née une nouvelle vigne. Et quelle plus compétente main-d'œuvre trouver ?

On a oublié vite que la vigne européenne vient d'Asie et que les Grecs, les premiers, surent la tailler : la vigne devient un trésor d'Extrême-Occident.

On voit même rapidement s'instaurer une politique de qualité.

Le vin à son tour exige des lettres de noblesse.

Le duc Philippe le Hardi de Bourgogne édicte des textes sévères contre les mauvais plants et les mauvais procédés de culture.

Alors, de grands crus s'expriment de toutes parts.

Bien des poètes pourront louer « li bons vins de Soissonnoys » et « cil de Loon », les Soissons et les Laon, qui auront dû beaucoup aux charrois lourds qui véhiculent les produits à travers les rases et sèches campagnes étalées à perte de vue sur les plateaux picards. Laon est même tenue pour « une capitale du vin » — alors que tous les chroniques excommunient carrément le cru de Beauvais.

Personne ne s'étonne que les princes scandinaves apprécient les vins de l'abbaye de Saint-Denis, qu'offrent les versants ensoleillés de Nanterre et de Saint-Germain-en-Laye.

Paris a l'un des plus riches vignobles du royaume. Jusque dans la ville même on respire, selon les saisons, la fumée des sarments qu'on brûle ou l'odeur de la vendange fraîchement pressée. Toute l'Ile-de-France participe, Bagneux et Châtillon, Clamart et Montrouge, Montmartre et Clignancourt, Auteuil et Meudon, Sceaux et Ivry, sans oublier les deux plus anciens, Argenteuil et Montmorency — Argenteuil dont on vante la finesse aristocratique et qui revendique l'honneur d'être

le plus digne
Par sa bonté, par sa poissance
D'abrever bien le roi de France

— Montmorency, « fort favorisé par le voisinage de sa forêt, qui lui fournit le bois merrain et les cerceaux employés à la fabrication des tonneaux et des cuves ».

En 1033, Henri Ier se dit tout fier de ses vignes campées en haut de la montagne Sainte-Geneviève. Ne doutons pas qu'il fasse savourer ses vins par son beau-père, Jaroslav, grand-duc de Kiev, dont il épousera la fille Anne.

Rouen, dès le premier siècle qui suit les invasions vikings, entretient d'actifs échanges avec tous les pays du Nord, jusqu'à devenir le plus grand port de vin du royaume. La scène ne manque pas de saveur, de ces farouches petits-fils des envahisseurs honorant gentiment les vins de Vernon produits par les monastères.

La batellerie de l'Yonne est la meilleure alliée des vins d'Auxerre, les plus recherchés de tous. *Superlativum*, *pretiosissimum*, s'exclament les clercs extasiés. Jean sans Terre, qui en a reçu un tonneau, s'en dit « aux anges ». Dès le XIIe siècle, à en croire l'abbé Lebeuf, ils ont une telle vogue que l'on doit « considérablement augmenter le nombre des pressoirs ». Le frère Salimbene, au XIIIe siècle moine franciscain de Ferrare, n'en croit pas ses yeux quand il découvre qu'Auxerre à elle seule a « davantage de vignes et de vins que Crémone, Parme, Reggio et Modène réunies ». Il précise : « Les gens de ce pays ne sèment point, ne moissonnent point dans leurs greniers ; il leur suffit d'envoyer leur vin à Paris par la rivière toute proche, qui précisément y descend ; la vente du vin en cette ville leur procure les beaux profits qui leur paient entièrement le vivre et le vêtement. » Témoignage encore du frère Salimbene, dès lors en grand danger de péché de gourmandise : « Auxerre, un vin blanc, quelquefois doré, qui a de l'arôme et du corps, une saveur exquise et généreuse, et emplit le cœur d'une joyeuse assurance. » Il est vrai que la quasi-totalité des vins de France sont alors des blancs. On offre certes en certaines régions quelques vins « basanés comme Maures », à base de raisins *pinot* à grains noirs, mais la préférence va partout à la blancheur de la farine, au vin tiré du *fromenteau*, cité universellement comme « le meilleur complant de la vigne blanche ». En tout cas, au moins dans tout le nord de la Loire, les vins blancs sont seuls tenus pour nobles. Blancs donc, nos auxerrois.

Chablis est célèbre dès le XIIe siècle. Il est lancé par les moines de Saint-Martin-de-Tours réfugiés là après y avoir reçu de Charles le Chauve le domaine qui leur permit d'échapper aux rapines des Vikings sur la Loire — et dès lors en concurrence directe avec les moines cisterciens de Pontigny, à quelques lieues de là, si fiers de leur vin qu'ils produisent sous nom de la *Vieille Plante*. Il y va quasiment d'une guerre entre moines de Chablis et moines de Pontigny — mais utile sans doute puisque l'on compte en 1527 à Chablis plus de 700 propriétés au lieu de 450 en 1328.

L'église collégiale de Tonnerre a un vin non moins renommé que celui d'Auxerre. Le *Fabliau de Coquaigne* n'est pas seul à le dire. C'est même grâce aux profits tirés de la gloire de son vignoble tonnerrois que la comtesse Marguerite, reine de Jérusalem et de Sicile, peut en 1298 fonder à Tonnerre un vaste et magnifique hôpital.

On comprend que Roger Dion, l'un des plus brillants historiens du vin au XXe siècle, auteur d'une remarquable *Histoire de la vigne et du vin*, se fasse un régal de nous donner cette énumération de merveilles. A le lire, on croirait même les boire.

Le vin d'Orléans, lui, a pour meilleure alliée la batellerie de la Loire. Mais, aux privilèges naturels de son site, Orléans doit aussi d'avoir vu venir à elle, déjà au temps de Grégoire de Tours, éminent prélat de la Gaule au VIe siècle et grand chroniqueur de sa région, des marchands de vin en quête de gros approvisionnements. La tradition se maintient. Faut-il que son évêque Théodulfe — « ce père des vignes » comparé par les historiens à Zabdias, le cellérier du roi David, pas moins — ait su faire entendre ses prières à saint Mesmin ! Les Vikings pillèrent quatre fois les caves, et le cru survécut. De fait, il y va d'un long miracle : cette vigne n'a ni reliefs pour la protéger des vents froids, ni cailloux pour accentuer l'effet du rayonnement solaire, et de siècle en siècle elle continue pourtant d'émerveiller princes et rois.

Sancerre regorge à ce point de vins généreux que, vers 1040, un moine de l'abbaye Saint-Martin, André de Fleury, chargé de reconstruire son église détruite par un incendie et manquant d'eau pour lier le mortier, ordonne qu'on y emploie du vin. Mais on préférera sans doute entendre que, outre que fort goûté par Charles VII, il est « de telle bonté et renommée » que « Normandie, Flandres, Brethaigne et autres contrées » vont depuis longtemps le chercher comme « le meilleur et le plus propre au corps humain que l'on puisse trouver ».

L'expression « vins de Champagne » est inconnue au Moyen Age. Mais ils existent déjà et prospèrent, simplement sous dénomination de « vins de France » — vins blancs, provenant des côtes qui, des environs de Reims à la montagne des Vertus, dominent la plaine champenoise.

Le Nivernais a le souvigny et le moulins, le ris et le saint-pourçain — celui-ci requis pour célébrer toutes grandes solennités, y compris à la cour papale d'Avignon, où un doux poète lui fait chanter : *A la cour de pappe et de France — Sus tous vins ai-je audience* — tous mentionnés avec honneur au XIIIe siècle dans *La Bataille des vins.*

L'aristocratie britannique aura toujours eu un faible pour les vins d'Anjou. Jean sans Terre n'en offre pas d'autre à ses favoris. Est-ce parce que l'Anjou a des étés plus lumineux et secs que toute autre partie du cours de la Loire ? Est-ce pour mieux se distinguer des pays qui, non loin, voient triompher le cidre ? Nul ne saurait en tout cas en douter : tout l'Ouest apprécie le terroir. Dès avant l'an mille, l'abbaye du mont Saint-Michel a des vignes en Anjou.

Beaune manque d'un lien fluvial direct sur la Manche ou la mer du Nord, et Paris même reste dans l'usage d'appeler « vins de Bourgogne » les vins d'Auxerre. L'appellation d'origine ne triomphe qu'à partir du XIIIe siècle. Il n'en demeure pas moins que, grâce au soutien à la fois des ducs de Bourgogne et des papes d'Avignon, personne ne s'étonnera de voir s'imposer finalement cette étonnante « Beaune la vineuse », *vinosa Bealna*, déjà fort louée par le poète Guillaume le Breton pour la vigueur de son vin rouge, qui échauffe les têtes et rend « l'humeur batailleuse ». Dès la fin du règne de Philippe Auguste (1180-1223), le vignoble de Beaune est tenu pour la plus belle richesse du duché de Bourgogne. On a tôt intérêt, dans le prestigieux duché, à accroître, en gagnant sur les bois ou les friches, l'espace d'où l'on tire une boisson si précieuse.

Les fabliaux le citent comme le meilleur des vins colorés. A partir du règne de Philippe IV le Bel (1285-1314), il apparaît fréquemment sur la liste des vins que réclame la table royale. « Vin de riche gent », dit le poète Jean Maillart. Car il n'est jamais bon marché. Il aura toujours figuré au sommet de l'échelle des prix avec le vin de Saint-Pourçain et « les vins étrangers ».

Le Jura donne l'arbois. Peu lui chaut toute dure gelée qui mutile gravement les bourgeons et les fruits. Face à l'hiver, il sait trouver ou inventer des abris profonds. La preuve : déjà le paysage connut la vigne gallo-romaine. La lignée n'est pas interrompue. Héros de l'épopée : Jean de Chalon, au XIIIe siècle seigneur de Salins, père de quinze enfants de trois épouses successives, qui ont tous droit à des vignes bienheureuses.

Il y a des vins de gloire à Montpellier, vins épicés et liqueurs. On y pratique même l'art de parfumer le vin à l'aide d'épices. Est-ce dû à la fameuse Université de Médecine qui doit beaucoup à la science des médecins arabes ? En tout cas, bel et bien, le *garhiofilatum*, comme le nom l'indique, est un vin parfumé aux clous de girofle, et le claret a ses propres parfums exotiques. Il est trop vrai que, encore cinq siècles plus tard, on aura des « liqueurs composées », comme « eaux de la reine de Hongrie » (liqueur parfumée à la fleur de romarin), « sirop de grenade », « eaux de cannelle et de Cette » et autres produits du même genre. Et nulle autre ville n'aura reçu de Chypre autant d'essences, entre autres cannelle, girofle, noix de muscade, galanga, cubèbe, scammonée, graine de barbotine, pistache, eau de rose, chandelles de cire... qu'elle aura fait entrer dans de multiples lotions.

Le Roussillon (qui balance entre l'Aragon et la France) commence à préparer des vins doux naturels, *muscats* ou *malvoisies*, sur les coteaux de Banyuls, Collioure, Salses et Rivesaltes. En 1394, le dernier pape d'Avignon, Benoît XIII, fait ainsi acheter pour sa table six charges de vin muscat de Claira, qu'il préfère au cypriote. Dès la fin du XIIIe siècle, les vignerons catalans acclimatent une noble variété nouvelle, le *cernache* ou *grenache* classé par la *Desputoison du Vin et de l'Inne*, comme « l'un des grands vins du monde ».

A leur tour, Aunis et Saintonge entrent dans la joyeuse ronde.

La Rochelle doit beaucoup à ses propres vins.

Même Oléron et l'île d'Aix abondent en vignes.

Le bergerac est le favori de plusieurs rois. Le cahors apparaît dès la fin du XIIe siècle. Moissac et le saint-émilion prennent dès la même date une renommée européenne.

L'épanouissement est général.

D'autant que le vin est servi par une intelligente et active réclame.

Le médecin Jean Cuba, dans son *Hortus Sanitatis*, établit que « le vin renforce la digestion de l'estomach, et aussi seconde la deuxième digestion qui se fait au foie ».

Toute la médecine médiévale considère le vin comme l'un des meilleurs breuvages curatifs.

On n'arrêterait pas de citer les mérites médicaux des meilleurs produits. Le vin d'Auxerre ? Nul ne communique plus de cœur. Le vin de La Rochelle ? Vertu de faire « bonne délivrance de ventre... pour quoi dient li fisecien (médecins) que on le doit boire à laler dormir ». Vins de Beaune ? N'ont pas leurs pareils dans le royaume « pour le nourrissement et la sustentation de la créature humaine ». On ne met à l'index que le vin de Châlons qui fait enfler le ventre et celui d'Etampes, qui donne la goutte.

Les travailleurs de base ? Il y a les closiers et les journaliers.

Les *closiers* sont des ouvriers qualifiés incorporés à la vaste domesticité des maisons médiévales. Ils sont les gardiens de la cave et de la vigne, les serviteurs que les maîtres logent « en leurs maisons, manoirs et édifices pour yceulx et biens guarder » — la vigne étant alors le bien le plus précieux qu'un seigneur ait à faire garder après sa propre demeure. Closier prend même assez vite le sens de vigneron qualifié, d'artiste, logé sur une vigne pour en assurer, sous les ordres d'un maître, non seulement la garde, mais aussi l'entretien et l'exploitation. Il peut à l'occasion, selon ses mérites, s'élever jusqu'aux fonctions de régisseur ou de chef de culture quand la propriété dont il a la charge est trop importante pour que ses bras et ceux de sa famille puissent suffire à toutes les tâches. Il lui incombe simplement alors de recruter, diriger et rétribuer, par moyens de paiement fournis par le maître, les auxiliaires dont il a besoin.

Les *salariés journaliers* de la vigne ont souvent un lopin de terre qu'ils détiennent en propre et où ils sont impatients de retourner quand approche la fin du jour. D'où de nombreuses disputes avec les employeurs. A Sens, en 1383, « gens d'église, nobles, bourgeois et habitants de la ville » se plaignent au roi Charles VI de ce que « les laboureurs de vignes... alouez pour ouvrer à journée... délaissent leur ouvraige... entre midi et none (trois heures de l'après-midi) ou environ... especialement grant espace de temps avant que le soleil soit couchié et vont ouvrer en leurs vignes... » où ils font pour eux-mêmes « autant d'ouvraige ou plus » qu'ils n'en « ont fait tout le jour pour ceulx qui les paient de leurs journées ». Arbitrage difficile — tant il est vrai aussi que les malheureux tirent plus de profit de leur vin, même grossier, que de leur salaire.

Mais le principal signe de la carte du vin médiéval est qu'il est pour quasiment dans sa totalité propriété des puissants, rois, seigneurs, évêques, abbés. Le petit vigneron producteur d'un très bon vin n'existe pas.

Tel est bien ici le théorème fondamental : la vigne est au seigneur.

Comme les privilèges. Comme le pouvoir. Comme les joies les plus raffinées de vivre.

A dire vrai, non seulement la vigne, mais aussi le vin, est au seigneur.

Le peuple n'en boit pas.

Que boit-il ? De l'eau, beaucoup d'eau, beaucoup trop d'eau, de surcroît malsaine et corrompue, d'où des dysenteries et des typhoïdes à n'en plus finir, d'où aussi les grandes épidémies qui déciment les populations (Paris n'aura pas avant le XVIIe siècle des adductions d'eau potable). Du lait aussi, beaucoup de lait, le plus souvent du petit lait, non moins périssable et toxique que l'eau de la cruche. Ou bien, au nord de la Loire, ce qu'on appelle de la cervoise, à base d'orge, brassée à domicile, une boisson épaisse et nourrissante comme une soupe, mais trouble et fade à ce point que, pour pouvoir l'ingurgiter, on doit l'aromatiser de toutes sortes de produits comme la sauge, l'absinthe, la gentiane, en vérité elle aussi boisson de pauvre : « menues gens boivent médon (cervoise miellée) », dira en 1600 Olivier de Serres.

La bière d'orge et de houblon, plus forte, plus limpide, introduite d'Allemagne, ne vient qu'au XVe siècle — le cidre ou sidre n'apparaît qu'au XIVe (il n'est d'abord bu qu'en Bretagne et Picardie, sous forme de *menu bère*, marc de pommes macéré dans de l'eau).

De fait, il n'y a que les paysans viticulteurs à pouvoir boire du bon vin. Encore le gardent-ils pour les jours de fête, version populaire du vin d'honneur. A l'accoutumée, ils ne se servent que de *piquette* ou vin de *repasse*, confectionné selon les pratiques les plus antiques (on ne découvre le pressoir qu'à partir des années 1400). Après que la vendange a été foulée aux pieds dans des comportes ou des treuils, il reste au fond assez de matières colorantes, de tanins et de sucre pour refermenter avec de l'eau ; ainsi vient une piquette aigrelette, parfois d'ailleurs renforcée par d'autres fruits, des pommes ou des baies sauvages.

Peut-on l'imaginer ? Le vigneron boit aussi beaucoup de vinaigre, tel l'esclave antique ou le légionnaire romain. Il en coupe son eau, pour se donner l'illusion de boire du vin ou pour effacer le goût de vase (occasion aussi d'éliminer bien des germes malsains).

Quant à l'eau-de-vie, encore plus que le vin, elle est apanage des puissants. La distillation de l'alcool est découverte à Salerne dans la première moitié du XIIe siècle, deux cents ans avant qu'en 1300 un alchimiste catalan, Arnaud de Villeneuve, médecin du roi Frédéric à Palerme et du pape Clément V en Avignon, souligne les vertus médicales du produit, et, d'eau-de-feu, lui donne le nom définitif d'eau-de-vie. Le procédé, par le Languedoc, se transmet en Guyenne et Gascogne. Ainsi vient le premier armagnac, obtenu par distillation de vins blancs du Haut-Armagnac, et qui, vieilli en fûts de chêne, prend sa légendaire couleur ambrée.

Pas d'armagnac pour les vilains.

Pourtant, que le Moyen Age ne sait-il pas faire avec du vin !

Aucun produit n'aura eu plus d'usages.

C'est dans du vin qu'on fait mariner les viandes trop crues ou qui menacent de « reprocher ». Il suffit de deux ou trois jours de trempage, et l'on obtient le *vin de marinade*, aromatisé avec des herbes — basilic, fenouil, romarin, thym, voire persil — ou des épices si l'on en a — poivre, gingembre, muscade, cannelle.

C'est le vin qui domine dans la plupart des deux cents recettes données par le *Vivandier* ou le *Mesnayer de Paris*. La technique vaut autant pour les potages — au premier sens du terme, viandes cuites en pot — que pour le chadun de boyaux de porc, le brouet blanc aux chapons, le civet d'huîtres ou « la soringue d'anguille ».

Le vinaigre est réputé aiguiser l'appétit et le goût — raffermit les viandes et les poissons — confère des saveurs piquantes très appréciées. Tous les marchands ambulants qui le vendent dans les rues de la ville vous le disent à pleine voix. Et sachez que *vinaigrier* est le seul métier autorisé aux lépreux, c'est dire les propriétés guérisseuses qu'on lui prête.

A nous les premiers « vins cuits » — moût concentré et sucré utilisé en pâtisserie à la place du miel et qui sert également à préparer avec des coings une compote très recherchée appelée *cotignac* — sans surtout oublier l'*hypocras* de Beaune, « vin de dessert, de sommeil et de santé », obtenu tout suave grâce à une adjonction d'épices.

Point étonnant que le vin donne lieu à tout un nouveau vocabulaire — tant le Moyen Age sait bien parler du vin.

Les meilleurs vins blancs sont « clairs comme larme d'œil ».

Le premier vin sorti du pressoir est dit *clairet*, mais on sait distinguer aussi les vins *vermeil*, les *rubis*, les *vins gris*.

On voit apparaître les premiers vins pétillants (*fremians*), les *ginguets*, les trop acides, et les *brusques*, les trop acerbes.

C'est du Moyen Age qu'hérite Rabelais quand il parle de son ami le vin. On le *chopine*. On le *martine* (saint Martin de Tours a dû beaucoup l'aimer). On l'*entonne*. On le *descend*. On le *lampe* (le lampas, c'est le gosier). Les goulus le *pintent* (une pinte contient un litre). On est « soûl comme une grive », « rond comme un tonneau ». Ne surtout pas être un « sac à vin ». On se *rince la dalle*, les *tripes*, la *garganelle* (nom de la mère de Gargantua, grande mangeuse de tripes). Franc buveur, dira Ronsard à son tour, est « grenouille de cave ».

A savoir simplement qu'aucun vin n'est alors associé à un plat. Le mariage manger-boire ne se pratique pas. On boit du vin par convention, gourmandise ou passion, jamais par soif. C'est de l'eau qu'on avale pour apaiser le feu des gosiers, incendiés par des plats trop poivrés. Le vin ne se boit qu'en début et fin des banquets, sous forme de *toasts*, comme disent les Anglais.

Mais quand le paysan peut-il banqueter ?

Si, il a tout de même au moins une occasion d'en bien s'en régaler : chez les papes d'Avignon. Tous d'origine française, ils sont tous grands amateurs de bons vins, surtout Jean XXII né Jacques Duèse à Cahors, surtout célèbre pour avoir fait planter le vignoble du « Château neuf ». Les jours de fête en Avignon, les vins coulent à flots. Pour un peu, même les fontaines en offriraient. Plusieurs centaines d'hectolitres y passent chaque fois. L'occasion n'est donc pas à manquer (au reste, tavernes, auberges, maisons de passe y sont en si vaste nombre que Catherine de Sienne dénonce la Cité des Papes comme « la Babylone du siècle »).

Quoi qu'il en soit, tel est bien le seul destin du paysan : à l'eau.

Quant à progresser, à la vérité, il ne le peut que lorsque les seigneurs commettent des folies, fûssent-elles saintes. Ainsi quand les chevaliers, au nom de la Sainte Croix, « se croisent ». Ils s'y ruinent. Pour s'équiper et s'armer, ils ont besoin de trop de deniers. C'est le moment rêvé par le serf pour acheter sa liberté, accéder à un total « affranchissement ». Il n'y manque pas. Au passage, même des vignes à bon vin lui reviennent — du bon vin qu'il se garde de boire, qu'il vend à son tour, très cher.

Au demeurant, le paysan a tout de même un grand allié : le progrès.

On ressuscite les routes. L'an 1200 aura vu l'apogée du pire : routes démantelées sur des milliers de lieues, centaines de ponts détruits, pistes rongées de fondrières sur tout le parcours. Voici que tout change. Dès 1297, un Philippe le Bel prend le courrier sous sa protection. Les moines se mettent à construire des ponts, tels les bénédictins de Cluny qui lancent sur le Rhône en 1265 le pont de Pont-Saint-Esprit.

Dès que le routage se révèle plus fructueux que le portage, on multiplie les inventions et les initiatives. La charioterie renaît. La roue à rayons chasse la roue pleine. On a l'idée de génie de fixer un poteau de bois à chaque extrémité des deux essieux du chariot et d'y suspendre la caisse au moyen de chaînes : ainsi vient le *chariot branlant.*

Les croisés rapportent d'Orient la brouette. La voici dans toutes les fermes.

Même l'art de vivre s'améliore.

Le sucre, importé d'Alexandrie au XIIIe siècle, se substitue au miel. Les premières friandises font leur apparition, fruits confits d'Auvergne, nougats de Verdun, gigembrats de Montpellier.

On s'initie à de nouvelles sauces : la dodine, pour accommoder le canard ; le saupiquet, sauce piquante.

Arrive le magnifique pain levé, tandis que les boulangers inventent de superbes recettes pâtissières, *fougasses*, gâteaux de fine fleur de farine, *échaudés* cuits au four, *tartes*. Le paysan y a désormais droit.

Chaque maison, même la plus humble, supprime le feu central, et installe l'imposante cheminée sous le manteau de laquelle un homme peut entrer debout. A nous la grosse marmite de fer pendant à la crémaillère, la panoplie de chaudrons et coquemars disposés autour sur des trépieds, le *chaleil* ou *crasset*, sorte de petite lampe à fond plat et à bec saillant, que l'on accroche sous le manteau, mêlant sa fumée noirâtre à celle de l'âtre.

Le nouveau tonnelier sait façonner les douves en courbe. Silhouette familière : le barricailleur qui fait rouler devant lui la barrique cerclée de fer.

A nous des vitres aux fenêtres.

A nous les sabots — chaussés dès le XIIe siècle.

Le verre individuel remplace la cruche qu'on se passait à la ronde.

Hors de question pour les paysans de retrouver les grandes recettes franques, qu'on voit accueillir par les tables les plus raffinées, paon cracheur de flammes, loir farci aux noix broyées que parfume le cumin, escargots au lait, langoustes à la menthe, vin aux violettes, mais le paysan lui aussi sait découvrir des plats nouveaux que la paysanne confectionne de toute son application, brouet au chou allemand, canard aux amandes, brouet d'anguilles.

Hors de question pour les fermières de jamais endosser les nouveautés dont se parent les bourgeoises de la ville, chaussures à la porcelaine, hennins démesurés, longues jupes à queue, dentelles labyrinthiques, mais la paysanne a au moins de la coquetterie pour ses dimanches, choisit mieux pour la messe une coiffe minutieusement repassée — la messe où, dès le XVe siècle, s'acclimate la chaire...

Un monde tout nouveau est en marche...

Hélas ! Une grande guerre est aux portes...

Une guerre qui dure cent ans (1337-1453)

Le 13 août 1415, 30 000 Anglais, transportés sur 1 400 navires, débarquent avec un énorme matériel de guerre sur la plage de Sainte-Adresse sans rencontrer la moindre résistance. Deux mois après, la bataille d'Azincourt leur livre toute la Normandie et leur ouvre les portes de l'Ile-de-France. La mainmise sur le pays est d'autant plus rapide que dans les villes un fort parti est acquis par avance aux envahisseurs. Les paysans normands, eux, sont prêts à une totale soumission. Le Religieux de Saint-Denis dit : « Vive le plus fort, pourvu qu'il fasse la paix ! » L'opinion est largement partagée. De plus, l'occupation est habile. Les Anglais se contentent de tenir solidement les places fortes et d'occuper les postes administratifs et judiciaires les plus élevés. Ils laissent aux indigènes toutes les fonctions secondaires, y compris les plus fructueuses. De la sorte, durant une bonne décennie, la Normandie se tient fort tranquille. Il y a même de quoi penser que l'on va rapidement en finir, avec cette guerre interminable, commencée en 1337 (quand Edouard III, roi d'Angleterre, pour faire valoir, comme petit-fils de Philippe IV, ses droits sur le trône de France, se coalise contre son cousin Philippe VI avec le comte de Hainaut, l'empereur Louis de Bavière, le duc de Brabant, l'échevin de Gand et diverses communes de Flandre). Il est quasiment inimaginable que le roi de France puisse jamais se relever du désastre subi à Azincourt le 25 octobre 1415, dans le Pas-de-Calais, face au roi d'Angleterre Henri V.

Mais — immense surprise — la situation change totalement en 1429. C'est l'année de Jeanne d'Arc. Elle galvanise les Français, qui reprennent vigoureusement les armes. Elle délivre Orléans. Elle remporte une belle victoire à Patay, puis une autre à Troyes, puis une autre à Châlons. Elle fait sacrer Charles VII à Reims. Elle entreprend de libérer Paris, perdue dès 1416.

Les Anglais s'affolent. Pour lever de nouvelles troupes, qui coûtent cher, les voici en Normandie à alourdir les taxes, à altérer la monnaie (par une dévaluation monstre), à mettre à sac les demeures des paysans devenus trop récalcitrants. Rapidement, la Normandie est toute bouleversée. La paysannerie se révolte. Les Anglais en font massacre sur massacre. Les pires barbaries recommencent.

Tout va même de mal en pis quand les troupes françaises se mettent à organiser des incursions qui sont de plus en plus audacieuses. Car elles pratiquent un banditisme militaire du plus cruel acabit. Le paysan est encore plus malmené par les nouveaux intervenants que par les Anglais. On rançonne à satiété. On pille sans scrupule. On torture beaucoup — avec une prédilection pour le rôtissage à petit feu — pour faire livrer par les manants les économies ou les provisions qu'ils cachent.

On appelle ces scélérats des *écorcheurs*. Malheur aux écorchés !

Ainsi, au village de Mailleroncourt l'épreuve subie par Jean Le Bastard, quarante-huit ans. Les gens d'armes le « battent tant », rapporte le procès-verbal de l'enquête qui suivra, que, les coups de gourdin ne suffisant plus, ils décident de le lier par les mains et par les pieds « parmi un bâton », lui « rebrassent » (relèvent) sa robe, lui arrachent ses « menus draps » (morceau de linge dont les gens du peuple s'enveloppent les cuisses), et le couchent « du côté du feu » pour le rôtir ; et le rôtissent tant et tant que « les pièces de son dos et de ses *naiges* (ses fesses) se mettent à choir par lambeaux », le malheureux n'étant « délié » qu'une fois acceptée « la rançon de quatre saluts d'or payés comptant ».

A Anjeux, non loin de Lure, les tortionnaires d'un paysan aisé, Jehan Graverin, non seulement le présentent « au feu en posture de crucifié », lui rôtissent le visage, le bâtonnent « très vilainement », mais aussi le rançonnent de vingt-cinq florins d'or, de ses quatre chevaux, de son froment et de son avoine.

L'abomination se propage même à travers tout le royaume.

Plus aucune province n'est épargnée. La guerre est partout. Le pillage de même.

Quand ce ne sont pas les « créatures humaines », ce sont les maisons, les blés qu'on livre aux flammes. A Béthincourt, en Lorraine, s'y étant arrêté pour la nuit, un misérable chef de bande nommé Robert de Sarrebruck fait brûler les moissons jusqu'à l'aube, « pour voir clair dans les ténèbres ».

Horreur sur horreur.

Rarement le paysan de France aura subi de telles épreuves.

On viole les filles devant les pères, les femmes devant les époux.

De la sauvagerie à l'état brut.

Et les paysans sont trop désarmés pour réagir.

Certes, on cite quelques exploits de paysans héroïques.

Voici Jean Jeannot, dit Revenu, « pauvre homme laboureur chargé de femme et de treize petits enfants », raconte la chronique. « Un jour entre les autres » ledit Revenu est en train de labourer « une sienne terre » en son village de Port-des-Bois en Nivernais. Tout à coup, il entend des cris de femme venant de sa maison. Il s'y précipite armé d'un épieu dont il ne se sépare pas « par crainte de temps de guerre ». Cinq écorcheurs sont là en train de piller la demeure. L'un d'eux tient à bout de bras un chevreau. « Auxquels compagnons de guerre — rapporte la lettre de rémission — le laboureur, tout suppliant, fait valoir que le chevreau n'est pas sien, mais à son seigneur. » Laissez-le s'il vous plaît, fait l'homme. Les écorcheurs ne font que rire et tirent leurs épées. Se voyant menacé, Revenu brandit son épieu. Il frappe à la tête le chef des misérables, un certain Petit Jean, qui tombe « fort grièvement ». Par chance, ces scélérats sont des couards. Ils s'enfuient, emportant le blessé qui, au reste, ne tarde guère à « aller de la vie au trépassement ». Disons que Jean Jeannot s'en tire bien.

Voici Jean Boisselier et Michaut Camus, « pauvres laboureurs chargés chacun de six enfants, tous à pourvoir », habitant l'un à Esnoms, le second à Courcelles-Val-d'Esnoms, deux villages voisins de la région de Langres. Un jour, ils rencontrent quatre cavaliers en qui ils croient reconnaître des écorcheurs qui peu de temps auparavant ont pillé leurs demeures. Après avoir pris un chemin de traverse, ils réussissent à piéger l'un des scélérats, dénommé Martin, le frappent « par l'épieu en l'oye et au col », le désarçonnent, l'assomment à moitié, le dépouillent de tout ce qu'il possède, « un manteau de gris doublé de blanchet depuis le milieu en amont, une jaquette découpée de plusieurs couleurs, un pourpoint de fustaine (étoffe de fil de laine) tout neuf, de vieilles chausses de drap, un harnois de jambes, une paire de souliers, un chapeau de feutre, sadite épée dont il était habillé, deux gros en argent, trois aunes de fustaine, une paire de gants, deux douzaines d'aiguillettes, une paire de verges à nettoyer les robes et sondit cheval » (comme quoi vous savez comment peut aller vêtu un scélérat de l'époque). Ils abandonnent ledit Martin tout nu et « fort blessé », tellement qu'il ne peut aller « jusques au sien logis » et endure toute la nuit une telle « froidure » que lui aussi va « de vie à trépas ». L'histoire (rapportée avec la précédente dans l'admirable ouvrage de Gérard Walter sur l'*Histoire des paysans de France*, Flammarion) ne dit pas si les trois autres écorcheurs ont pris mesures de revanche.

De telles histoires se reproduisent à milliers.

Tout le pays est à feu et à sang.

Un royaume en pleine détresse, tel que nous le décrit l'évêque Thomas Basin à Beauvais : « Depuis la Loire jusqu'à la Seine, et de là jusqu'à la Somme, les paysans ayant tous été mis en fuite, presque tous les champs restent longtemps, durant des années, non seulement sans culture, mais sans les hommes en mesure de les cultiver, sauf quelques rares coins de terre... Nous-mêmes, nous avons vu les vastes plaines de la Champagne, de la Brie, du Gâtinais, du pays de Chartres, du pays de Dreux, du Maine et du Perche, du Vexin tant français que normand, de Beauvaisis, du pays de Caux depuis la Seine jusque vers Amiens et Abbeville, du pays de Senlis, du Soissonnais et du Valois jusqu'à Laon, et au-delà du côté du Hainaut, absolument désertes, incultes, abandonnées, vides d'habitants, couvertes de broussailles et de ronces, ou bien, dans la plupart des régions qui produisent les arbres les plus drus, ceux-ci pousser en épaisses forêts... »

Avant que n'arrive Jeanne d'Arc, aucun roi n'aura été aussi méprisé que Charles VII, pour son incurie et sa fainéantise, aucune armée n'aura été aussi maudite que la sienne, soldats aussi sordides, « lâches au combat », seulement « ardents à martyriser les paysans incapables de se défendre ». Encore un témoignage de l'évêque de Beauvais : « Nous avons pour justice, violence ; pour miséricorde, rapine ; pour protection, destruction ; pour subvention, subversion ; pour pasteurs et maîtres, pilleurs et meurtriers. » Point étonnant qu'un poète pense à écrire *La Complainte des Hélas*, complainte pour les seuls paysans à l'abandon.

On ne l'oubliera pas de sitôt, dans les chaumières, la guerre de Cent Ans...

Bâtisseurs de cathédrales

Mais aussi à nous le temps des cathédrales.

Jamais la folie de la pierre n'aura été aussi déchaînée.

La plupart des paysans ont beau être logés dans des chaumières sordides, les hobereaux dans des manoirs sommaires, c'est à quelle ville élèvera la plus belle « maison de Dieu ».

Les sources viennent de loin. Elles remontent jusqu'aux premières claires heures des bâtisseurs gréco-latins. Elles se rattachent d'une manière plus vivante encore à la passion qui, au IVe siècle, poussa à bâtir les premières églises, conçues sur le modèle des basiliques romaines, et les premiers baptistères, dessinés ronds ou octogonaux, surmontés d'une coupole et inspirés des thermes antiques. Elles sont aussi marquées par l'éblouissement de Byzance qui, par les voyageurs, les pèlerins ou les techniciens qu'elle délègue et l'orfèvrerie qu'elle vend, aura fait répéter l'émerveillement de ses tapis et dites mosaïques sur les murs de toutes les églises du monde, même aux périodes les plus obscures.

En tout cas, à partir de l'an mille, jamais ne se sera manifestée une telle fureur de construire, comme si les hommes voulaient de toutes parts immobiliser et retenir dans la pierre une paix trop fugitive et une sécurité trop précaire.

Une vague de constructions submerge toute l'Europe.

D'abord sous signe de l'art roman, puis, à partir du XIIIe siècle, sous signe d'un gothique tout triomphant.

Merveille sur merveille.

On contemple un mouvement artistique dont aucun après lui ne connaîtra le rayonnement.

A ce point qu'on ne sait à quels bâtisseurs rendre le plus juste hommage.

Ils sont d'ailleurs multiples.

Tous les ordres religieux participent à l'épopée, des clunisiens et des cisterciens aux grand-montains et aux chartreux, tandis que les religieux de Fontevrault composent autour de l'abbaye de Robert d'Arbrissel l'un des plus vastes ensembles monastiques. Les abbayes cisterciennes essaiment, alliant à la structure parfois massive de lourds pilastres surmontés de chapiteaux une pureté de lignes rarement aussi émouvante dans sa rigueur que l'abbaye de Clairmont ou, en terre catalane, Saint-Michel-de-Cuxa, blottie au creux d'une vallée du Roussillon, pour des matins qu'enchantent des concerts de rossignols et de mésanges.

Même si les plus grands architectes des plus grandes cathédrales ou abbayes resteront à jamais inconnus et si les moines dessinateurs des églises abbatiales refusent par avance toute gloire, on aura su retenir le nom de quelques bâtisseurs de génie qui ont droit à l'admiration des siècles, ainsi le prodigieux Gislebertus à qui nous devrons la cathédrale d'Autun et qui peut se passionner pour une multitude de sujets, architecture, histoire, géographie, musique, étoiles, la vie de l'homme, la forme du corps, les vêtements, la liturgie, le dialogue des animaux, le chant des oiseaux.

A Notre-Dame de Chartres comme à la cathédrale Sainte-Cécile d'Albi, à Notre-Dame de Reims comme au mont Saint-Michel, à Notre-Dame du Puy comme à l'abbaye de Fontfroide, interviennent des générations d'admirables équipes, artisans, maçons, tailleurs de pierre (d'ailleurs trop jaloux de leurs privilèges pour partager avec d'autres les secrets du métier), carriers, charpentiers, menuisiers, mortelliers, cordiers, couvreurs, forgerons, ferronniers, terrassiers, verriers, peintres, doreurs, sculpteurs, fondeurs, paveurs. C'est tout un peuple d'artisans qui, chaque fois, participe. Le beau spectacle ! On s'installe dans les ateliers en ville. On prépare la décoration sculptée avant même que s'élèvent les murs. On taille les pierres dans les carrières dès que les fondements sont consolidés. Les verrières sont souvent prêtes avant les fenêtres destinées à les recevoir. Pas le moindre désordre : les architectes veillent à « la bonne exécution des travaux » et il s'agit d'équipes d'ouvriers hautement spécialisés, artisans groupés par familles, se transmettant les recettes du métier de père en fils — au reste pour la plupart des équipes volantes qui passent d'un chantier à l'autre, transportant leur matériel, rayonnant à travers la province, au besoin s'exilant dans un pays lointain.

Mais il serait trop injuste de méconnaître le rôle du paysan. Rôle précieux au moins à deux titres.

D'une part, il « paye », massivement, même s'il s'agit de dons dits « volontaires », en vérité obligatoires, sous forme d'impôts et de taxes. Son apport financier est de beaucoup plus important que la somme des dons des princes, prélats et grands commerçants. Même si les cathédrales coûtent moins cher que les guerres féodales, il reste que la charge est lourde. Bien sûr, « tout le monde donne », soit par force, soit par superstition, piété, vanité ou sens du devoir, soit parce que aider à bâtir une maison de Dieu est par cela seul gagner le paradis : il y va tout de même de très cruels sacrifices.

D'autre part, le paysan trime. Il est de corvée. Bousier, il conduit les attelages. Manant, il charge et décharge, manie la pelle et la pioche, sert les artisans auxquels il doit stricte obéissance. Pour plusieurs mois, il est sommé de quitter sa maison et son champ pour participer à l'« œuvre sainte ». C'est à des milliers d'esclaves que les cathédrales doivent d'élever au ciel leurs belles tours et leurs fiers clochers. De cinq siècles, on n'arrête pas. On travaille aux cathédrales même pendant les guerres, les sièges, les famines ; on célèbre les grandes solennités au milieu des travaux ; l'œuvre de la cathédrale, éternellement inachevée, fait partie intégrante de la vie des cités. Pour la plupart des hommes du Moyen Age, la cathédrale sera toujours restée à l'état de rêve, et de chantier (ou de galère).

Au demeurant, le paysan n'est pas seulement rivé au service de la grande architecture religieuse. Le même style qui inspire Bourges et Chartres marque aussi d'innombrables bâtiments civils, privés ou publics, tels des ponts faits d'arches brisées plus ou moins larges portées par des piles renforcées de coulées, à l'image du pont des Consuls à Montauban — ou les cités fortifiées d'Aigues-Mortes et de Carcassonne — ou des châteaux forts, autres silhouettes fières, comme Coucy, Vincennes, Ham et cet intrépide Château-Gaillard construit par Richard Cœur de Lion au-dessus des Andelys pour défendre la Normandie contre Philippe Auguste. Il s'y ajoute encore halles, hôtels de ville, hôpitaux, maisons d'habitation, tels l'hôtel-Dieu de Beaune ou la maison de Jacques Cœur à Bourges. Il faut y compter enfin une prodigieuse collection de châteaux et de palais, du solennel palais des Papes d'Avignon au palais épiscopal d'Angers, du palais des comtes de Poitiers au château du roi René à Tarascon et au château des Baux-de-Provence. Là encore, le paysan est réquisitionné et participe.

Sauf que c'est surtout le grand monument religieux qui requiert son labeur et son sacrifice.

On ne sait qu'admirer le plus — à Cluny l'abbatiale Saint-Pierre-et-Saint-Paul, au XIIe siècle la reine des abbayes, le premier centre culturel et artistique de France, l'abbaye mère aux innombrables filles disséminées à travers toute l'Europe ; ou à Vézelay la basilique Sainte-Madeleine, haut lieu de l'histoire, bâtie sur la colline nivernaise de la vallée de la Cure où la lamentable croisade de 1147 est prêchée par saint Bernard, où rois et hauts barons se donnent rendez-vous en 1190 pour aller à la reconquête de Jérusalem perdue — à Autun la cathédrale Saint-Lazare, une de nos plus grandes églises romanes, celle dont la construction est la plus rapide (pour le gros œuvre, à peine une dizaine d'années), dédiée au plus célèbre Ressuscité du Christ, peuplée de figures inoubliables (image saisissante : parmi les figures inhumainement élancées des anges du Jugement, entourant un grand Christ en mandorle, les ressuscités montent vers le salut ou la damnation, et recouvrent de leurs corps ascétiques, colonnettes animées, le linteau sous les pieds du Sauveur) ou au mont Saint-Michel, aux confins de la Bretagne et de la Normandie, où les pèlerins les plus illustres seront venus prier le dieu des Victoires, pathétique rocher en forme de pyramide, œuvre de titans, qui voit venir à milliers les pèlerins même quand, au plus fort de la guerre de Cent Ans, les Anglais l'assiègent — à Arles la cathédrale Saint-Trophime, ou Saint-Denis l'abbaye vouée à accueillir le suprême sommeil de nos rois ; à Angers la cathédrale Saint-Maurice ou à Strasbourg la cathédrale Notre-Dame ; et tant d'autres merveilles. A aucun moment le paysan, le dos courbé, tous muscles tendus, les mâchoires serrées, l'âme ensorcelée, poussant sa brouette ou manœuvrant ses lourds madriers, n'est absent de la bâtisse...

Jeanne d'Arc, paysanne de France

Du moins, dans cette longue guerre qui dure cent ans, aurons-nous vu briller cette étoile.

Héroïne de légende, telle la contemplent Jules Michelet et après lui tous les historiens. « *Et la France, se sentant aimée, se mit à s'aimer elle-même...* »

Mais on peut la contempler aussi comme paysanne de France, tant, du début à la fin de sa vie, elle reste parfaitement fille de la terre.

Elle naît dans la petite paroisse de Domrémy, bourg du « Barrois mouvant », aux confins de la Champagne et de la Lorraine, qui se réclame de deux seigneurs suzerains, d'une part le roi de France lui-même, d'autre part la dame de Joinville, héritière d'une branche de la maison de Bourlémont, descendante du savoureux historiographe de saint Louis, épouse d'Henri d'Ogeviller, chevalier, et féale du duc de Bar à qui elle est tenue de rendre hommage. On ne saurait trouver région plus caractéristique de l'époque féodale, avec une incroyable complication des terriers et une indescriptible imbrication des fiefs, sources de procès innombrables où seuls les gens de loi trouvent leur compte.

Un moulin banal, où les paysans se doivent de porter leur grain, se mire dans son bief, sur la route de Neufchâteau. Une église aux voûtes basses, dédiée à saint Remy, patron du village, et qu'un pauvre pâté de maisons sépare du « ru des Trois-Fontaines » élève vers le ciel un clocher trapu et carré. Dans l'îlot de la Meuse qui coule, paresseuse et nourricière, un château à demi ruiné, ancien manoir des Bourlémont, se dégrade lentement. D'autres hameaux, entourés de pâtures et de champs d'un plus ou moins maigre rapport, s'étalent dans les alentours. Tel est le premier tableau.

Papa : un paysan, bien sûr, Jacques d'Arc — cependant pas un « brassier », un miséreux tâcheron de bras qui n'a ni sou ni maille. C'est un manant-laboureur, maître de sa terre, environ quarante arpents (vingt hectares), un de ces modestes ménagers qui aurait eu ses aises sans la misère du temps.

Maman : la très pieuse Isabelle Romée, d'une bourgade voisine, Vouthon — la douceur incarnée.

« Jeannette » naît dans la nuit du 6 janvier 1412, la fête des rois de la terre adorant l'Enfant Dieu. Il y a déjà trois garçons à la maison : Jacques dit Jacquemin ; Jean ; et Pierre dit Pierrelot (le choix des prénoms, en milieu paysan, est extrêmement restreint, d'où la nécessité d'un diminutif qui reste attaché à un homme ou à une femme souvent loin dans son âge).

La nouveau-née est promptement baptisée par messire Jean Minet, curé de Greux-Domrémy. Selon la coutume, elle a neuf marraines et parrains, choisis parmi les voisins et les amis : la mort frappe si fréquemment et soudainement des parents en pleine santé qu'il paraît nécessaire de choisir, parmi des gens d'un sentiment sûr, un nombre assez grand de tuteurs et de tutrices pour que l'éducation chrétienne de l'enfant ne soit pas négligée.

C'est maman qui lui apprend le *Pater Noster*, le *Credo* et l'*Ave Maria*.

Jeannette est élevée comme une paysanne. Elle s'occupe aux multiples besognes traditionnelles ; elle file, vaque aux travaux de la maison, va aux moissons, à l'occasion fait la bergerette à la garde des moutons, à peine prenant de courts temps de pause, avec ses compagnes de jeu, Hauviette et Mengette. Jacques et Isabelle d'Arc ne sont pas assez riches pour laisser leur fille mener une vie de religieuse contemplative : Jeannette s'astreint même souvent à les aider au labour, à bêcher et à conduire les chevaux d'attelage, car le « gaignage » (le domaine) nécessite l'emploi de plusieurs « sommiers de flèches », énormes bêtes de trait à qui il serait mauvais de laisser de trop longs repos.

Elle connaît toutes les angoisses des paysans : l'épidémie, toujours menaçante ; les malandrins de toute espèce, routiers, brigands, faux pèlerins, besaciers qui battent la campagne en quête de mauvais coups ; la guerre qui hante tout le royaume des lys et notamment la Champagne menacée de tomber tout entière dans les mains des Anglais et des Bourguignons. Le royaume fait grand pitié. Sur une terre jadis prospère et bénie de Dieu, voici une atroce misère, due à un siècle de combats incessants entre les rois capétiens et leurs rivaux héréditaires, les Plantagenêts d'Aquitaine et d'outre-Manche. La paysannerie est l'innocente et éternelle victime des excès et des atrocités des bandits des deux partis, des Français surtout il faut le dire puisque, pour la plupart soldats irréguliers et moins bien tenus en main que les gens d'armes des *retenues* (les compagnies anglaises levées par leur capitaine), les routiers dits « armagnacs » multiplient les forfaits avec une furie que toutes les chroniques du temps relatent dans des récits épouvantés. Jeannette, tout comme ses compagnes, ressent au plus profond de son cœur cette détresse qui n'a pas de cesse.

Elle a entendu parler mille fois de la « peste noire » qui ravagea le pays en 1347, l'année qui suivit le désastre de Crécy — le village vidé de presque tous ses habitants, les champs encombrés de cadavres, les malades laissés à l'abandon, les prières invoquant en vain l'aide de saint Sébastien et de saint Roch, l'exode des Lorrains cherchant le salut dans la fuite, l'aggravation de la délinquance.

Elle prie tous les jours pour que le fléau ne revienne pas, et que les autres calamités épargnent elles aussi la maison — la lèpre qui est un peu partout cachée et qui, révélée, fait enfermer des milliers de malheureux dans de hideuses maladreries ; l'ergotisme, que communiquent les farines de seigle de mauvaise qualité (plus connu sous le nom de « feu de saint Antoine » ou de « feu des ardents » à cause des convulsions nerveuses qu'il provoque) ; les paralysies qu'on ne s'explique pas ; les possessions par incubes et succubes (démons masculins et féminins) et autres manifestations de sorcellerie ou d'envoûtement.

Mais aussi, elle réunit bien d'autres attributs que le savoir compatir.

Née dans ce pays de Vaucouleurs qui est alors, avec Tournai et le mont Saint-Michel, le plus lointain avant-poste de l'obédience officielle et reconnue du roi de Bourges, elle respire la fidélité. Elle respire surtout la fidélité au roi, le plus pur des royalismes. Elle fait d'ailleurs à la ronde entendre elle-même les communications qu'elle a de saint Michel, « qu'elle vienne au secours du roi de France ». Elle n'est ni plus ni moins royaliste que la paysannerie qui tient le roi pour son plus sûr protecteur. Mais, de toute son âme, elle sait gré à l'ange de saluer pour les meilleurs les rois de l'époque, Jean « le Bon » (les Jacques eux-mêmes l'adorent, « hautement crient Montjoie ! et portent moult enseignes peintes à fleurs de lis »), Charles VI appelé par le peuple « le Bien-Aimé » et Charles VII « le Bien Servi », gentil dauphin. Dès lors, elle ne fait point qu'ameuter des partisans. Elle a le sentiment le plus profond de son royaume. Ecoutez donc le défi qu'elle lancera aux Anglais sous les murs d'Orléans : « Rendez à la Pucelle ci envoyée par Dieu, le roi du ciel, les clefs de toutes les bonnes villes que vous aurez prises et violées en France... Je suis ci venue de par Dieu, le roi du ciel, corps pour corps, pour vous bouter hors de toute la France. » Je suis France, dira fièrement le grand roi Louis XI — mais parce que la petite Lorraine l'aura dit avant lui.

Elle est pieuse comme sa mère, d'une piété simple et droite, sans ostentation. Elle manque rarement la messe quotidienne.

Elle n'en est pas moins limpide d'esprit. Elle ignore tous tarabiscotages comme toutes superstitions. Parfaitement sensée, cette fille si pieuse et qui entend des voix ne donne en rien dans le magique, ni dans la sorcellerie, ni même dans les matérialisations du sacré. C'est pourtant un temps où se pratique le culte des reliques, où toutes les églises cherchent à s'en procurer, et à nous cheveux de sainte Flavie, dents du prophète Amos, ossements de saint Bernard, os de saint Léonard, morceaux de « la vraie Croix », morceaux de la robe de la Vierge, cheveux de saint Paul, un doigt de saint Jean Baptiste, morceau de la mâchoire de sainte Radegonde... Elle ne s'y attarde pas. Elle passe comme une comète lumineuse parmi la cour du roi. On n'a rien à lui apprendre ou à lui dessiner pour qu'elle reconnaisse aussitôt le roi qui se dissimule par jeu parmi les courtisans. Ah ! cette simple bonne jugeote paysanne ! Elle juge Charles VII à son aune, connaissant bien ses vices et ses fautes comme ses mérites et ses scrupules. Elle ne manifeste aucune haine contre ces Anglais qu'elle est pourtant décidée à bouter hors de France : elle respecte leurs combattants ; elle ira jusqu'à rêver d'aller avec eux en croisade délivrer le tombeau du Christ. Elle n'a d'aversion que pour les Français « reniés » et les Bourguignons, traîtres à leur nation.

Pour autant, elle ressent profondément la douleur de la France et son angoisse, les troubles de ses contemporains, le plein deuil des villages. Elle est très intimidée quand les juges de Rouen lui demandent si elle n'a pas péché par orgueil, ou par excès d'individualisme. Ils viennent de réveiller en elle son premier débat, entre l'appel des Voix et le devoir filial, la joie de servir une noble cause et l'attachement viscéral à la maison natale. Elle en ressort chaque fois plus forte, tout en restant sœur de tous paysans et paysannes de France qui ont senti la France naître en eux et ont su lui obéir.

Elle est heureuse « de vivre et de voir luire le soleil de Dieu », justifiant à la perfection l'axiome fameux, un *saint triste est un triste saint.*

Elle adore participer aux fêtes, organisées autour d'un hêtre gigantesque, arbre aux fées, « arbre des dames ». Elle est en gaieté toujours, comme elle l'est plus tard parmi ses soldats.

Elle a la malice du bon sire de Joinville dont les saillies égayèrent tant et tant la cour du saint roi. Elle peut même avoir la « dent dure ». Elle a de la défense, sait éviter les pièges de la dialectique, se garde de tout orgueil comme de toute outrance. Elle le démontrera, fort subtile, quand elle aura à affronter Monseigneur Cauchon et ses aigres juges...

Elle est solide. Elle est saine. En vain croyants et incroyants se seront-ils employés à le mettre en doute : les croyants en en faisant une illuminée, une extatique ; les incroyants en expliquant ses Voix par un état pathologique défectueux. En quelque sorte, une malade. Ce triste et amer personnage sans sexe aurait convenu à une époque où le roi est fou et son dauphin assez déséquilibré, où tares physiques et morales abondent dans les hauts milieux, où le prétendu amour courtois légitime toutes les perversions. Elle est certes émotive, elle est coquette, elle aime les beaux costumes, les bijoux, les armures qui brillent, mais aussi, enfant, bergère, elle a gardé des moutons. Elle a respiré l'oxygène d'une classe robuste et équilibrée entre toutes. Cela ne se perd pas.

A se demander comment elle est d'une gaieté si rare, dans un temps qui aime se supplicier. Trop de Français se complaisent dans le deuil, la souffrance, la peur. Mais on sait la sérénité et la bonne humeur que, jeune fille, elle tire d'un heureux tempérament, d'un sens aiguisé de l'humour et d'une étonnante puissance d'espoir. Elle ignore la désespérance, même quand elle doit mourir. Elle arrive même — gentiment — à se moquer à diverses reprises des juges solennels qui vont la condamner.

Nous cherchions une paysanne de France type.

Inutile d'aller plus loin.

La voici, toute rayonnante en sa simplicité.

Morte au martyre en 1431, à dix-neuf ans.

II

LE PAYSAN DU BON ROI HENRI

Le beau XVIe siècle

Quand les Godons — nom dont on affuble les Anglais — quittent le royaume « la paille au cul », ledit royaume est loin d'être en « état convenable ». Il est exsangue, couvert de plaies, vêtu de haillons. On raconte qu'il compte à peine dix millions d'habitants et cela doit être vrai.

Mais voici les rois Valois, d'abord les rois de la guerre, Philippe VI dit *le Vrai Catholique* ou *le Roi trouvé*, qui réunit à la couronne les comtés de Champagne, Brie, Valois, Anjou, Maine, Chartres, puis le dauphiné de Viennois et le comté de Montpellier — Jean II *le Bon*, couronné en 1350, l'infortuné roi de Crécy — en 1364 Charles V *le Sage*, qui s'adjuge Auxerre, Orléans et Ponthieu — en 1380 Charles VI, dit *le Bien-Aimé* ou *l'insensé* — en 1422 le roi de Jeanne d'Arc, Charles VII dit *le Victorieux*, dit aussi *le roi de Bourges* ou *le Bien Servi* (ô combien !), acquéreur du Valentinois et de Comminges — puis en 1461 le grand Louis XI dit *le Prudent*, dit aussi *l'Universelle Aragne* (araignée), le bien surnommé, qui rafle Berry, Normandie, Guyenne, Bourgogne, les comtés de Boulogne, de Paridac et de la Marche, le duché d'Anjou, les comtés du Maine et de Provence — en 1483 Charles VIII *l'Affable* qui, si « Bon Roi » soit-il nommé, s'en va dépenser trop d'énergies dans les guerres d'Italie — puis les Valois indirects, en 1515 François Ier qui, en comtés et duchés, accapare Angoulême, le Bourbonnais, l'Auvergne, le Beaujolais, la Marche, le Perche, Alençon, Armagnac, le Rouergue — en 1547 Henri II, qui assimile la Bretagne, avec Metz, Toul, Verdun, Calais et Oye — en 1559 François II — en 1560 Charles IX — en 1574 Henri III.

La France s'unifie sous leur direction. Fin des grands vassaux. Le pouvoir royal accroît sa puissance aux dépens de la noblesse. Une forte centralisation joue. Dans l'ensemble, il y va d'une heureuse évolution. L'ordre se substitue à l'anarchie féodale. Sauf que au point de vue fiscal, elle amène la superposition des impôts royaux aux impôts seigneuriaux. D'où une *double taille* pour des paysans qui voient leurs charges s'accroître au moment où les conditions de vie s'améliorent un peu.

Phénomène capital : la hausse des prix, amorcée au XIVe siècle, précipitée au XVIe, avec l'afflux des métaux précieux à la suite de l'exploitation des mines des Amériques par les Espagnols. La production d'argent quintuple de 1520 à 1620. Les prix quadruplent — le prix des terres triple, le prix du blé quintuple. Résultat : tandis que les bourgeois s'enrichissent, les nobles sont de plus en plus à court d'argent. Ou bien ils vont se faire entretenir à la Cour, domestiqués par le roi, ou bien ils afferment leur réserve, ou font mettre en culture des friches, affermées à leur tour, ou, ruinés, vendent leurs terres, généralement aux nouveaux riches. Tout bouge.

Les domaines seigneuriaux se morcellent.

Les terres se regroupent entre les mains de nouveaux maîtres.

En acquérant les fiefs, le bourgeois est anobli — et même parfois le paysan riche, tandis que la nouvelle chevalerie, qui reste à la terre, se distingue absolument de l'ancienne : voici un tout nouveau seigneur, qui a l'esprit de méthode et d'organisation, qui se passionne à l'exploitation de son domaine, cherche à le faire rapporter au maximum, est obligé de beaucoup miser sur le dévouement du paysan, qu'il cajole et qui cesse d'être un paria. A la fin du « beau siècle » voici même un nouveau personnage, le seigneur-paysan, « le gentilhomme campagnard » dont Olivier de Serres fixera le modèle.

Le servage disparaît quasi totalement.

La tenure roturière tend à se transformer en une nouvelle propriété dont le *cens* devient un impôt. Deux nouveaux modes de location se développent : le fermage, moyennant redevance en argent ; et le métayage, qui accorde au seigneur la moitié de la récolte, avec bail d'abord sur vingt-cinq ans, puis réduit au moins de moitié de temps. Un incontestable progrès.

Une nouvelle classe de paysans s'affirme : les journaliers, dits d'abord *manouvriers*, des paysans qui n'ont ni tenure, ni ferme, ni métayage, vivent uniquement de leurs bras (d'où leur autre nom de *laboureurs à bras*) et se louent à la journée. A l'origine, ce sont pour la plupart des paysans dépossédés de leurs tenures ou des enfants puînés de familles nombreuses, qui réclament d'ailleurs aussitôt des augmentations de salaires, mais astreints par les ordonnances royales à « faire leur journée loyalement du soleil levant jusque au soleil couchant », à ne pas abandonner leur travail sous peine d'amendes ou de prison, et à se louer au plus vite à un nouveau cultivateur lorsqu'ils se trouvent en chômage. De toute manière, sans délai, un fossé très net se creuse entre *laboureurs* et *journaliers*.

Mais aussi, second phénomène capital : l'apparition du capitalisme. Avec le développement des villes, la progression de la démographie, la paix revenue, la découverte de nouveaux mondes, des besoins se créent. Au monde féodal, qui était un monde *fermé*, tend à se substituer un monde *ouvert*, où même les enceintes des villes craquent. Le XVIe siècle veut effacer toutes vaines murailles. La sécurité s'améliore, les rois domptent les princes, l'agriculture perfectionne ses pratiques et renouvelle ses cadres, et les marins partent à pleins navires pour les plus longs voyages. Après un univers hérissé, voici un univers de rapports. Là où régnait en symbole le donjon, voici le symbole de la caravelle, hardie et aventureuse. Après une Europe traquée, hantée par le cauchemar des hordes puis des écorcheurs, voici une Europe conquérante, allègre, laissant se développer librement et largement ses curiosités comme ses richesses et ses fiertés. Nouveauté : une France qui, pour la première fois, respire à pleins poumons.

A nous aussi tout un assemblage de nouvelles pratiques : la lettre de change ; les premières banques publiques ; les premières grandes compagnies réglementées, avec un formidable développement de la bourgeoisie et des échanges.

La société médiévale était caractérisée par le *lien*. Chacun y dépendait plus ou moins de l'autre. Le vocabulaire à lui seul exprimait les innombrables servitudes de l'économie domaniale et féodale : le *manoir*, habitation fixe du seigneur ; la *meix* ou *mas*, habitation fixe du paysan ; la *manse*, la terre qu'il cultivait ; le *manant*, terme par lequel il se désignait lui-même. Tous relevaient de la même origine, le verbe latin *manere*, « rester ». La stabilité était obtenue fondamentalement par la *maintenance*, avec serments sacrés d'homme à homme. Tout change avec le règne du marchand qui circule.

On aboutit même à une innovation fiscale qui tient lieu de grand événement : c'est dans l'esprit bourgeois que l'impôt devient une prestation fixe et perpétuelle ; c'est la bourgeoisie qui fait inventer l'impôt personnel pour tous, soit qu'on le lève d'après le revenu de chacun, « par sou et livre », soit encore que l'on perçoive un impôt indirect, notamment sur les vins. Charles VII, étendant à la nation ce que la bourgeoisie a institué pour les villes, peut créer l'impôt national permanent. Et c'est selon la leçon bourgeoise que, vers 1450, en France, pour la première fois est dressé un *état général des finances*, comportant l'*état par estimation*, c'est-à-dire le budget, et un *état vrai* qui, en fin d'année, fait le bilan des ressources et des dépenses. Le parti de l'ordre a porté témoignage.

Quant à l'univers technique, jamais on n'a connu tels bouleversements.

Dès 1472-1480 se crée en France la poste royale, sous la direction d'un conseiller « grand maître des coureurs », lesquels voyagent à l'excellente cadence d'environ cinquante kilomètres par jour.

Une meilleure alimentation et des hybridations judicieuses donnent des chevaux plus robustes, des mulets moins coûteux, des brebis plus laineuses, des vaches plus productives.

On adapte de nouvelles cultures. D'Italie arrivent des légumes verts, en particulier des salades. C'est même de Haute-Italie que vient en France l'habitude de manger la salade crue, assaisonnée d'huile et de sel. D'où le mot même de *salade* (de l'italien *salada*, « salée »).

D'Italie aussi la chicorée, l'escarole, la romaine, le chou-fleur (traduit de l'italien *cavole fiore*), le salsifis et la betterave rouge (qu'Olivier de Serres est le premier à signaler).

L'usage des plantes fourragères commence à se développer : dès la fin du XVIe siècle, apparaît la *luzerne*, qu'Olivier de Serres recommande de distribuer en hiver « aux bêtes malades, lasses, maigres, recrues, pleines ou à lait... pour les ragaillardir ».

L'abricotier ne relève plus de la rareté. Il s'acclimate avec succès dans le Midi méditerranéen.

Le mûrier est issu d'Orient. Pour permettre l'élevage du ver à soie en France, les premiers mûriers sont importés sous Charles VIII par des gentilshommes qui font venir des plants de Naples afin de les expérimenter dans le Bas-Dauphiné. Mais c'est encore Olivier de Serres qui donne à la culture une impulsion définitive. Il incite même Henri IV à en mettre dans ses jardins et à en fournir plusieurs provinces.

A nous le haricot, venu du Mexique (*ayacotl*), via l'Espagne et Catherine de Médicis — quoique restant une rareté sur les tables du siècle.

Les Italiens nous apprennent à nous servir de la pompe à tirer l'eau du puits. Il aura fallu quinze siècles pour trouver un système plus pratique que la poulie. Et, pour actionner la pompe, les Français de manier allègrement la *brimbale* (le long levier).

C'est au XVIe siècle que se répand dans les campagnes le *rouet à pédales* qui accélère le travail des paysannes fileuses à domicile.

On protège la forêt. Elle cesse d'être taillable à merci. Il est vrai que l'entreprise n'est pas nouvelle : déjà une ordonnance de Philippe Auguste, peu avant sa mort en 1223, réglementa strictement la vente des coupes de bois dans les forêts de la Couronne ; en 1291, Philippe le Bel créa le corps des « maîtres des Eaux et Forêts » chargés d'une attentive surveillance ; en 1376, une ordonnance de Charles V le Sage dressa un excellent règlement général des Eaux et Forêts. Mais c'est maintenant que la lutte prend beaucoup d'ampleur. En 1518, François Ier étend à tous bois et forêts du royaume les ordonnances et défenses jusque-là réservées au domaine royal.

Dans les années 1560, des édits, sous peine de sanctions sévères, interdisent de couper des taillis de moins de dix ans et obligent à laisser en haute futaie le tiers des taillis.

C'est le XVIe siècle qui importe les premiers dindons. Des Amériques. On dit même que les tout premiers à apparaître le sont en 1553 au banquet de mariage du futur Henri II et de Catherine de Médicis. Ils figurent en tout cas en 1548 au banquet des gastrolâtres décrit par Rabelais en son *Quart Livre.* A déplorer simplement, tient à nous dire le docteur Estienne, que « cette beste soit un droit coffre à avoine, un gouffre de mangeaille » et que sa chair « délicate, il est vrai, soit trop fade et de dure digestion ». Le dindon ne s'impose pas moins.

Les canards deviennent une volaille très estimée. Ils barbotent désormais dans presque toutes les cours de ferme.

Les « conins » (lapins) ne sont plus maudits comme au Moyen Age. Au contraire, Olivier de Serres en préconise vivement l'élevage — quitte à accuser les mâles « de tuer les petits pour l'immodéré désir qu'ils ont de jouyr des femelles » et à recommander de donner beaucoup à boire « à ce bestail », ce que trop de vilains ne font pas.

Si les cabanes et les taudis restent très nombreux, les paysans aisés apprennent à avoir un peu plus de confort. Quand les marchés sont bons, ils commencent même à priser les beaux buffets et les solides bahuts. Ils se mettent à rassembler du linge.

Si le petit paysan reste pour l'immense majorité sommairement vêtu, le manant évolué, qui dispose d'une meilleure cassette, s'applique à plus de soin. Sous la cotte à collet montant, il apprend à enfiler une chemise — sauf que de toile forte et grossière, qui racle la peau, l'irrite et doit entraîner pas mal de boutons sur le dos. A la ceinture — de cuir ou de corde — pend une aumônière, qui impose automatiquement le respect. Il a des chausses — serrées sous le genou et tenues par des jarretières — qu'il tient assez propres. Les souliers ont des poulaines atténuées. Des variantes interviennent : le *jupal* ou casaque droite ; la *souquenie* ou sarrau de toile ; la *colobe*, ce même sarrau sans manches. Deux innovations : le tablier, appelé aussi *devantel* ou *garde-robe* ; et le sabot (dont le nom, au début, désigna une toupie), encore que le paysan même aisé continue de préférer aller nu-pieds. Une précision : la cotte, de blanchet ou de gris camelin, sans manches et doublée par-devant, est assez large pour que le paysan puisse y entrer « à plaisir », sans nul besoin de lacet ni de boutonnière. Enfin, contre la pluie, il dispose désormais d'un surplis de fort treillis à manches et à quatre boutons ou *noyaux* qui, à l'occasion, sert à envelopper un agneau.

Le siècle protège vigoureusement la vigne et le vin. Car, durant tout le Moyen Age, tout se passe comme si l'Eglise voulait excommunier Bacchus. Alors, on ne rit plus sur les chapiteaux des cathédrales. Sur les portails des églises, les satyres et faunes, joyeux buveurs de vin clairet, cèdent la place à des monstres qui font peur, des « singes de Dieu », des démons infernaux. Il n'est pire accusation pour des sorcières que d'être traitées de bacchantes. On interdit les survivances bachiques jusque dans les cortèges du carnaval. Bacchus devient un glouton, un goinfre, un ivrogne, le symbole même de la luxure et de la paresse. Mais une puissante réaction intervient, désormais éclatante. On fait valoir que le vin de la sainte communion vaut bien l'eau du baptême. On apprend que l'Italie a décidé de réhabiliter les divinités du vin. Ouvertement, les poètes de la Pléiade disent qu'ils ne connaissent pas meilleure inspiration que des délices de la coupe. Ladite Pléiade s'intitule fièrement « troupe sacrée des compagnons à la gorge altérée », joue à ressusciter l'irrésistible Dionysos des Grecs et organise à Arcueil, pays de gai vin blanc, en 1549, une première bacchanale où l'on festoie gaillardement. Ronsard invite à relire *Gargantua*, dédié « aux buveurs très illustres et verollez très précieux » — puisque le vin est inséparable de l'amour. Le *Pantagruel* a pour héros le Tourangeau Panurge, « pipeur, beuveur, bateur de pavis... au demeurant le meilleur fils du monde ». Gargantua vient au monde en réclamant : « A boyre ! A boyre ! » Les « bien yvres » proclament qu'« en sec jamais l'âme n'habite ». *In vino veritas*. Du coup, on n'aura jamais planté autant de ceps, jamais vu paraître tant d'ouvrages d'œnologie que durant la seconde partie du siècle... On y sait avec une telle science analyser les vins qu'on a pour les qualifier 46 épithètes — dont par exemple 10 pour la seule couleur, « pâle, blanc, flave, fauve, jaunâtre, rougelet, roussâtre, rouge, vermeil, noir » — et que l'on sait découvrir 12 degrés d'acidité entre les deux extrêmes, vert et aigre...

A nous aussi une grande nouveauté : l'équitation savante. La France l'apprend des Italiens, des maîtres virtuoses qui ressuscitent « la finesse équestre » de l'ancienne Byzance et fondent des académies où s'illustrent des Grisonne, des Fiaschi, des Pignatelli. Ils enseignent non seulement à rendre le cheval plus maniable par son dressage mais s'appliquent à développer entre le cavalier et sa monture « une parfaite entente, une unité où la volonté humaine se communique imperceptiblement à l'animal ». Du grand art. Du coup, en pionnier, dès 1547, Henri II ouvre une académie à son tour et nous voyons s'affirmer chez nous nos propres maîtres de l'équitation artistique, un Salomon de La Broue, un Antoine de Pluvinel, futur maître de Louis XIII. Du coup aussi de quoi pousser nos éleveurs à une production de la plus haute qualité.

Et du coup encore, le cheval de gagner en prestige. Il n'était d'ailleurs que temps. Car les avatars ne lui auront pas manqué à la bataille, jusqu'à voir discuter l'utilité de la cavalerie. A Courtrai, dans la Flandre occidentale, en juillet 1302, c'est déjà le drame : les milices bourgeoises à pied de Guillaume de Juliers culbutent les cavaliers français, en vain le corps tout recouvert de fer, du cimier au soleret, avec chevaux eux-mêmes habillés de cottes de maille, ou de lames d'acier, du chanfrein à la croupe, flancs compris. (Pour mors, une bride à longues branches, impitoyable, dure à l'extrême, afin de mieux freiner ou arrêter net cette énorme masse jetée en avant sous la pression d'éperons cruels, terminés en pointes coniques ou par de grosses molettes.) A Crécy, près d'Abbeville, le 26 août 1346, premier lourd revers français de la guerre de Cent Ans, les archers anglais à pied déciment, avec l'appui du feu, les 1 200 cavaliers blindés de Philippe VI. Soixante-dix ans plus tard, le 25 octobre 1415, Azincourt retentit comme un glas : la « fine fleur » de la chevalerie française, celle de Charles VI, succombe sous les tirs de l'artillerie anglaise.

Pour autant, le cheval n'abdique pas. Simplement, au combat monté « individualiste » du Moyen Age succède une stratégie opérationnelle collective concertée. De plus, voici intervenir puissamment les armes à feu. Des « structures » nouvelles s'imposent. Les Compagnies de cavalerie, dites Compagnies des Ordonnances du Roy, voient ainsi le jour en 1439 : elles illustrent mieux que tout l'abandon définitif du système féodal au profit d'un service soldé et régulier, soit neuf mille hommes montés, hiérarchiquement commandés, désormais en permanence à la disposition du souverain. Autant, avec ces Compagnies, voir naître la vraie cavalerie. Elles sont 17 en 1449, 22 en 1477. Elles sont pleinement à l'œuvre durant les guerres d'Italie (1494-1559). A nous ensuite reîtres allemands, hussards hongrois, argoulets d'Argolide, carabins d'Espagne qui seront « carabiniers » d'Henri IV. Comme quoi, dès la mi-siècle, la cavalerie d'Henri II regroupe déjà près de 35 000 cavaliers : hommes d'armes, chevau-légers, arquebusiers, pistoliers, arrière-ban ; et se crée un poste de colonel-général de la cavalerie légère. Alors que l'arme à feu pousse à l'abandon de la lance, que l'arquebuse chasse l'arbalète, la poudre à canon ne chasse pas pour autant le cheval du champ de bataille. Arquebusiers montés, mousquetaires, carabins connaissent le feu des couleuvrines, bombardes, fauconneaux et autres canons que l'on équipera bientôt d'affûts et de tourillons. Pour autant, les cavaliers tiennent fièrement tête.

Mais une telle cavalerie, à l'opposé du Moyen Age, revendique une masse de chevaux. Ainsi le XVIe siècle voit-il centupler l'importance de l'élevage équin. De plus, le cavalier réclame dorénavant des chevaux « secs et musclés » qui aient du souffle, qui « galopent ». Le cheval impose dès lors d'importants élevages d'Etat, avec des maîtres appropriés, avec des palefreniers de grand métier. Précisément, les voici.

L'avènement de la pomme de terre

A nous le premier maïs, apporté de Haïti par les Espagnols.

A nous la première pomme de terre.

La plupart des spécialistes lui attribuent pour lieu d'origine les environs du lac Titicaca, sis à 3 812 mètres d'altitude dans les Andes. Elle aurait été cultivée pour la première fois dans la période de domestication du lama. Entre 8000 et 2000 avant Jésus-Christ, elle aurait déjà figuré parmi les toutes premières plantes domestiquées. Elle cessait d'être sauvage, les indigènes sachant vite séparer les tubercules consommables des clones trop amers ou toxiques. Et elle survivait grâce au climat idéalement sec de la côte péruvienne.

Les Espagnols la découvrent quand ils occupent les Amériques. Francisco Pizarro conquiert l'Empire inca entre 1531 et 1536 : parti du port de Tumbez, au sud de ce qui sera appelé le golfe de Guayaquil, il profite de la lutte fratricide entre Huascar et Atahualpa pour maîtriser en quelques mois un territoire presque aussi grand que l'Europe et mettre à terre les Incas. A la même époque, une expédition dirigée par Jimenez de Quesada découvre les hauts plateaux de Colombie habités par les Indiens Chibcha : c'est sans doute là, en 1537, que les Espagnols découvrent les premières pommes de terre — même si l'on n'en aura qu'en 1553 la première description, par Pedro Cieza de Léon, un jeune soldat de l'armée de Sebastian de Belacazar, qui conquiert la région de Quito. Les *papas*, les appelle-t-il. « Les papas, précise-t-il, à racines presque semblables à des truffes, sont dépourvues de toute enveloppe plus ou moins dure ; lorsqu'elles sont cuites, elles ont la pulpe presque aussi tendre que la purée de châtaignes ; séchées au soleil, on les appelle *chuño* et on les conserve pour l'usage. » Tous les auteurs de l'époque parlent d'ailleurs eux aussi de « truffes de terre » — au point que le terme passera ultérieurement dans la langue italienne — *taratoufli* — devenant *Kartoffel* en allemand, et *cartoufle* dans certaines régions du Midi français.

Evidemment, d'Amérique, la *papa* gagne vite l'Espagne.

Puis intervient un personnage clef : le botaniste Charles de l'Ecluse, dit Clusius, né à Arras en 1526, ancien étudiant à Louvain, à Marbourg (pour y étudier la philologie et approfondir sa foi protestante) et enfin à Montpellier. Il dirige les jardins de l'empereur Maximilien à Vienne, puis enseigne la botanique à l'université de Leyde. Début 1588, il reçoit deux tubercules de papas de Philippe de Sivry, gouverneur de Mons, qui les tient lui-même d'Espagne. Il se prend d'enthousiasme pour la chose. Il en parle *urbi et orbi*. De Flandre, la chose gagne l'Allemagne, puis la Suisse, puis l'est de la France.

Dès la fin du XVIe siècle — date où Philippe II, roi d'Espagne, fait parvenir au pape des tubercules pour traiter sa goutte — la pomme de terre prend avec autorité place dans les jardins et herbiers français — Olivier de Serres étant encore le premier en France à la citer.

Simplement, elle ne vaut que d'étalon.

Elle ne prendra une grande expansion que beaucoup plus tard.

Il était une fois un certain Olivier de Serres

Les paysans retrouvent le chemin des champs. Ils remettent en culture les terres les plus proches des villages et les terres les plus fertiles, puis, comme leurs plus vaillants aïeux, défrichent ou redéfrichent les landes.

C'est pour entrer en conflit avec les éleveurs. La guerre de mille ans. Ceux-ci, à la faveur des désordres, se sont arrogé trop de privilèges et de passe-droits, se sont approprié des terres à blé. Ils ne respectent plus les usages. Ils se refusent à toute concession. Les agents du roi éprouvent les plus irritantes difficultés à rétablir bons us et coutumes. Cependant, les rois redoutent trop les famines : le blé prend assez vite sa revanche. Il retrouve ses meilleures terres. Ses prix augmentent même plus rapidement avec ceux du bétail.

Mais surtout voici que la paysannerie française se met à penser, ou que l'on pense pour elle.

On voit paraître des ouvrages spécialisés.

En particulier, un médecin, Claude Estienne, d'une grande famille parisienne d'imprimeurs-libraires, imprimeur du roi, écrit en latin un *Praedium Rusticum* traduit en 1565 par son gendre, Jean Liebault, sous le titre *La Maison rustique.*

Il y donne pêle-mêle toutes sortes de conseils possibles et imaginables, comment guérir les maux de tête, comment « oster les taches au visage » (par application de sang de coq), comment « redresser les mamelles flaccides et pendantes », mais aussi comment soigner son blé, semer les concombres, traiter le veau qui vient de naître, choisir ses bergers, sélectionner le cheptel, veiller au bon emploi des reproducteurs, nourrir et loger le bétail dans les meilleures conditions.

Mais mieux encore : en 1600, un agronome calviniste, Olivier de Serres, publie un livre qui est un véritable monument, intitulé *Théâtre d'agriculture et mesnage des champs.*

Il ne fait d'ailleurs point qu'écrire et conseiller.

Il agit.

Propriétaire viticulteur au Pradel, près de Villeneuve-de-Berg en Vivarais (où il est né en 1539), non seulement il s'impose en grand expert en cépages et techniques viticoles, non seulement il fait de son domaine une ferme-modèle où il substitue à l'agriculture routinière une agriculture raisonnée, est le premier à pratiquer l'assolement en remplaçant l'ancien système des jachères par celui des prairies artificielles, non seulement il importe de Flandre la garance, d'Angleterre le houblon, d'Italie le maïs et le mûrier, s'affirme comme l'un des meilleurs viticulteurs de son temps, apôtre inlassable de l'exigence de qualité, fait autorité universelle par son *Traité de la cueillette de la soye par la nourriture des vers qui la font*, mais aussi il donne par son livre des conseils qui font référence et sont répandus tous azimuts.

Les deux ouvrages se complètent du reste remarquablement.

Vous serez à coup sûr un excellent agriculteur si vous les suivez à la lettre.

Et nos auteurs de nous dire que le taureau doit avoir « le regard furieux et terrible, courte tête... larges et velues oreilles... large poitrine... assez grand ventre... fesse ronde, ferme genou, grosse et ronde jambe » — que la vache doit être si possible « de taille moyenne, longue de corps, large de flanc... le ventre grand, l'œil noir et gros... les cuisses grosses... la poitrine large, les pieds gras et gros et les trayons gros et longs ».

On vous conseille de « faire jeûner la vache pour vingt-quatre heures, avant que de la mener au taureau. D'autant que plus facilement, elle conçoit vuide que remplie de viande ; et par le contraire, le taureau est plus abondant en semence, estant saoul, que famélique... »

On assure qu'il n'est point de troupeau rentable mal nourri.

Aucun problème n'est négligé.

« La laicterie et fourmagerie seront tant nettement tenues qu'aucune mauvaise senteur n'y séjourne, de peur de la communiquer au fourmage... Voire est nécessaire que les servants lavent bien leurs mains, avant que de toucher aux vaches pour entraire le laict, afin rien de sale et mal net ne s'en approche. »

« Deux façons de chastrer les taureaux sont en usage, c'est à sçavoir en leur coupant et ostant entièrement les génitoires... et l'autre en leur estordans avec des tenailles... A sçavoir que, par quel qu'il soit de ces deux chemins, le taureau souffre grandes douleurs, plus toutesfois, tant plus il est avancé en aage... »

Les moutons, il est sage de les confier à un pasteur de compétence reconnue, un homme « industrieux, doux, vigilant » capable de se tenir « debout près de son bétail comme une soucieuse sentinelle... pour en prévenir la perte advenant ou par les loups ou par les larrons »... également « de choisir le bétail le plus vieil pour en descharger le parc... la vieillesse se prenant vers la septième année qu'on recognoit aux dents et aux cornes ».

Les porcs, le médecin Claude Estienne les tient pour « de toutes bêtes de nourriture la plus gourmande, la plus sale et la plus dommageable » mais « en singulière recommandation pour la suavité de sa chair quand il est de laict, et encore jeune, et plus tard par la salure, le lard, le cuir et la soye ». Olivier de Serres s'étend d'ailleurs beaucoup sur le sujet, multipliant les avis : soigneusement choisir « des pourceaux bien habitués, de bonne bouche et d'aisée conduite » — bien les faire nourrir en forêt de ce gland « qui leur agrée le puls, car ils en acquièrent meilleure graisse que de nulle autre nourriture » — les loger dans des locaux secs et bien ventilés — curer attentivement leurs étables... Les progrès sont nets depuis le Moyen Age.

Et nos théoriciens de passer au chapitre des chevaux, auxquels Estienne et son gendre sont particulièrement attentifs. Principales recommandations : ne point faire saillir des juments de moins de deux ans et de plus de douze — ne pas mettre un étalon en service avant ses trois ans — l'y maintenir jusqu'à vingt « pourvu qu'on fût assez sage pour ne lui donner lors qu'une vingtaine de juments à honorer » — choisir une jument « bien faite de corps, grande à l'advenant, ayant beau et amiable regard, les flancs larges, la croupe bien nourrie, quelque peu maigre, afin qu'elle retienne la semence de l'estallon » — si l'on destine les poulains à la course, leur fendre les naseaux, « encore que cette déformité soit mal plaisante » — nourrir les jeunes animaux « d'avoine bien vannée » et les « panser amiablement afin que telle douceur empesche qu'ils ne deviennent vicieux ». Le détail est poussé assez loin. Olivier de Serres accorde même « première importance à la robe ». « Le cheval Bay — précise-t-il — est dominé par le feu qui le rend cholère ; le fauve par l'air, sanguin ; les Balzanes des deux mains n'est guère bonne marque. »

Et Olivier de Serres de conseiller de confier aux femmes la gestion du poulailler, y compris « à de simples femmelettes », tant « la nourriture de la poulaille est vulgaire et fort connue ». A retenir cependant, nous dit Estienne, que « la poule tanée ou rousse est la meilleure », que « grises ou blanches ne vaut guère parce qu'elles sont difficiles à élever et ne font guère d'œufs, sont toujours maigres et mal faites, et ont la chair peu savoureuse » (une calamité, quoi, la poule blanchette !) — que « la taille de poule doit être moyenne, la teste grande, la craîte droite et bien rouge, le corps grand et quarré » — que les poules noires « pondent plus souvent que les autres, mais ne peuvent bien couver » — que les plus précieuses ont « corps bien touffu de plumes » et que « si elles ont cinq ongles comme les coqs, elles ne sont plus agrestes et sont mieux prisées ». A simplement ne pas oublier, tout le monde en est d'accord, qu'à « chacune douzaine de poules, c'est assez d'un coq ».

Vous voulez que vos poules pondent de gros œufs ? « Meslez et détrempez de la craye parmi leur mangeaille, ou mettez de la brique broyée dans du son et la délayez avec un peu de vin ou d'eau et leur en faites l'ordinaire : leur baillez tout leur saoul d'orge à demy cuit, avec vesse et millet... mais si, par curiosité, on veut réserver à part quelques-unes des plus belles pour avoir des œufs le long de l'hiver, il les faut nourrir de pain rosty et trempé du soir au matin. » (« Rien cependant, et pour cause, sur la nécessité d'accroître la durée d'éclairement ! » notera tout plaisamment Jacques Risse, en 1994 auteur d'un magnifique ouvrage, qui fait référence, sur *L'Histoire de l'élevage français*.)

Et ces bons messires de nous expliquer longuement comment pratiquer l'incubation artificielle « sans mettre couver les œufs sous aucune volaille », comment engraisser convenablement les poules « avec force millet, orge et paste tranchée par morceau, glans pilés, son avec potage, escosses de riz... ou mie de pain de froment détrempé en eau de farine d'or », comment mieux élever les chapons, qui constituent désormais l'aristocratie de la basse-cour. (Tout le royaume en dispose, même si deux du Mans et du Sud-Ouest jouissent de la réputation la plus flatteuse et si ceux de Bourgogne et de Normandie ont les chantres les plus chaleureux.)

Tout plaît avec les oies. La graisse en est aussi appréciée que la plume et le duvet. On conseille simplement de les engraisser pour obtenir « grand foye » (on leur crève même les yeux pour les aider à la tâche). Sauf à savoir que, dans ce domaine, les paysannes se passent depuis longtemps de théoriciens.

Mais tel est pour nous le plus important enseignement : pour la première fois, nous aurons vu exercer des penseurs de l'agriculture.

Même s'ils entrent dans de tout petits détails, voire mesquins, sachons du moins les saluer : au service du paysan, c'est un grand souffle d'intelligence qui passe...

Autre catastrophe : les guerres de religion

Hélas ! Elle est toujours très fragile, la paix au royaume de France.

Ce n'était pas assez d'avoir connu une guerre de plus de cent ans. Voici que le pays doit subir les guerres de religion qui, entre catholiques et calvinistes, voient s'entre-tuer les Français de 1562 à 1598.

Toute sa vie, Jean Calvin se sera acharné à défendre, promouvoir, aider, organiser la Réforme en France — surtout dès lors que fixé à Genève en 1541. Il s'en voit récompensé. Grâce aux prédications de pasteurs genevois, le calvinisme progresse rapidement sous le règne de Henri II, jusqu'à s'implanter, autour de la mi-siècle, dans de nombreuses provinces, Normandie, Bretagne, Languedoc, Aquitaine, et accaparer plusieurs grandes villes, Metz, Orléans, Nîmes, La Rochelle. Ses partisans s'enhardissent davantage encore quand ils obtiennent l'adhésion de grands seigneurs, tels Châtillon,

Louis de Condé et Antoine de Bourbon, chef de la maison de Vendôme, roi de Navarre par son mariage avec Jeanne d'Albret, tels aussi toute une foule de hobereaux ruinés par le renforcement du pouvoir royal et que la fin de la guerre contre les Habsbourg laisse sans activité. Ainsi le calvinisme est-il assez puissant pour tenir en 1559 à Paris un « Synode général des Eglises de France » qui, au Pré-aux-Clercs, réunit face au Louvre et aux Tuileries plus de quatre mille huguenots.

Précisément, le premier roi à réagir est Henri II, fils de François Ier et de Claude de France, couronné en 1547, époux de Catherine de Médicis, dont il a dix enfants. Austère, très pieux, il n'a ni la culture ni la vivacité de son père. Il manque totalement de perspicacité. De plus, il tombe sous l'influence croissante de Diane de Poitiers, reine de fait, veuve de Louis de Brezé, très belle et éternellement jeune qu'on assure aussi avide qu'intelligente, et qui, ardemment catholique, voue une haine mortelle à tous protestants. Il déclare carrément la guerre au calvinisme. Il crée dans le parlement de Paris une chambre spécialisée dans la poursuite des hérétiques, laquelle fait dès lors multiplier les arrêts contre les protestants (les bûchers qu'elle allume lui valant le surnom de Chambre ardente). Il signe en 1551 l'édit de Châteaubriant qui interdit tout rapport avec Genève, voue aux flammes tout livre hérétique et retire à tous « suspects » toutes fonctions municipales ou judiciaires. Il est tout près d'introduire dans son défi l'Inquisition, n'y renonçant que par crainte de l'opposition des grands corps de l'Etat, mais prend l'édit d'Ecouen (2 juin 1559) qui enjoint aux tribunaux à ne prononcer contre les hérétiques d'autre peine que la mort. Il programme la répression systématique de l'hérésie — sauf que toutes les résolutions tombent du fait de sa mort accidentelle, le 30 juin 1559, dans un tournoi où la lance de Montgomery lui traverse le crâne.

Au vrai, la persécution n'en est que ralentie. Le nouveau roi, François II, est un adolescent débile, maladif, incapable d'effort, sans culture, à l'évidence déjà voué lui aussi à gagner les caveaux de Saint-Denis. Il s'est marié, l'année précédente, avec Marie Stuart, reine d'Ecosse, nièce soumise du duc François de Guise et du cardinal Charles de Lorraine, archevêque de Reims, « le cardinal des bouteilles », auxquels il délègue son autorité. De son côté, Condé fonde le projet de s'emparer du roi pour gouverner en son nom. La faction catholique et la faction protestante rassemblent leurs forces en vue d'une guerre ouverte. Les Guise font juger et condamner à mort Louis de Condé qui n'est sauvé que par la mort soudaine du roi (en 1560). La guerre est aux portes.

De fait, en 1560, le siècle atteint au paroxysme des contradictions. Jamais antinomies si flagrantes : fanatisme religieux et mépris des lois divines ; sublimes vertus et sauvagerie sanguinaire ; nobles principes et reniements quotidiens ; terreur de l'Enfer et frénétiques orgies ; folies déchaînées des princes et passivité de la paysannerie. Il y a à la fois excès de civilisation et pratiques dignes de l'âge des cavernes. D'une part, dans les familles princières ou fortunées, raffinements à la Pétrone, érudition qui frise la pédanterie ; de l'autre, des vandalismes d'anthropophages, des paysans dans l'épouvante quotidienne. Les hommes, luisants de fards, portant adorables dentelles, boucles d'oreilles et colliers de perles, ne goûtent pas plaisir si sensible que celui de griller les pieds à un prisonnier ou d'arracher la langue aux prêcheurs calvinistes. Les protestants, rigides, prêts au martyre ont, l'amiral Gaspard de Coligny excepté, des chefs platement ambitieux, concessionnaires, débauchés ; le peuple catholique, résolu à sauver sa foi au prix des plus cruels sacrifices, idolâtre une tribu d'aventuriers princiers sans scrupule, redoutables cadets de Lorraine arrivés en France sans sou ni maille et qui, au nom du pape, font surtout de scandaleuses fortunes. Frénétiquement, à la cour de Catherine de Médicis, où gambadent de damnés intrigants, les *fuorusciti*, on jouit de la vie en coquetant avec la mort. L'Italie a introduit ses parfums, ses miroirs, sa fourchette, ses ballets, ses commedias, ses orfèvres, mais aussi sa sorcellerie, ses dagues, ses poisons, ses vices compliqués, son démon du complot. Tout porte à fatalité.

Un autre garçonnet règne, frère du mort, Charles IX, monarque tout doux, tout timide. Voici précisément l'ardente Italienne régente, « gouvernante du royaume ». Mais elle ne soutient qu'un temps la politique d'apaisement du chancelier Michel de l'Hospital. Elle tente même d'amnistier « les mal sentants de la foi » et gagner à sa cause ces protestants dont Condé assure qu'ils comptent 2 150 communautés. Consciente d'être la seule sauvegarde de la Couronne, à peu près sans armes, face aux soudards déchaînés, elle leur oppose les sourires, les ruses, les promesses, les fausses promesses. Elle en vient à une politique ondoyante qui exaspère les deux clans. Elle n'aboutit qu'au pire. Après un massacre de protestants à Wassy par les hommes du duc de Guise (1er mars 1562), voici éclater la guerre générale.

Une impitoyable lutte commence, qui sera longue, vainement entrecoupée de trêves. A chaque campagne, les protestants sont battus, mais ils lassent par leur obstination leurs adversaires, démunis de finances, et la Cour finit par accorder des conditions de paix chaque fois plus favorables aux calvinistes : villes où leur culte est favorisé, « places de sûreté ». Les catholiques s'en offusquent, provoquent de nouveaux affrontements — quatorze, comptent les historiens. Puis la guerre s'internationalise. L'Espagne envoie ses soldats au secours des catholiques. Elisabeth d'Angleterre aide les huguenots qui lui livrent Le Havre en 1562 (il est vrai repris en 1563). A l'appel de Condé, Guillaume d'Orange pénètre en Picardie, le duc des Deux-Ponts, Wolfgang de Bavière, en Champagne. Les princes protestants d'Allemagne inondent la France de leurs reîtres et de leurs lansquenets.

A nouveau, le paysan souffre mille morts. Les carnages succèdent aux carnages, les ravages aux ravages. Des affrontements féroces se multiplient, avec au sommet de l'horreur le massacre de la nuit de la Saint-Barthélemy, à l'occasion du mariage d'Henri de Navarre et de Marguerite de Valois, où des milliers de protestants ont été invités et ont eu l'imprudence de se rendre (24 août 1572). La tuerie s'étend à toutes les provinces. Le règne d'Henri III n'est pas moins sanglant que celui de Charles IX (mort en 1574). Pour les protestants, la disparition de beaucoup de leurs chefs durant la nuit sanglante change leur opposition, jusque-là féodale, en une résistance provinciale, communale, populaire, rembuchée de places fortes comme Nîmes, Sommières, Sancerre, La Rochelle, que défend farouchement le huguenot La Noue, dit Bras de Fer. Les protestants construisent même sur l'exemple de Genève un Etat doté d'un appareil politique, une fédération politique et militaire.

Horreur sur horreur. L'abomination en mille et une scènes. Des prisonniers sont précipités du haut d'une tour sur des piques ou sciés en deux au moyen de cordes coupantes. Des paysans sont brûlés à petit feu, ou pendus par les pieds au-dessus des flammes, ou entassés vivants dans des puits. Certains capitaines s'amusent à embrocher des enfants comme des poulets ou à fustiger les dames à coups de barre de fer, jusqu'à ce que les os se rompent. Les couvents que les huguenots prennent d'assaut sont le théâtre de scènes indescriptibles. Strozzi, un cousin de Catherine, ordonne de faire noyer en Loire huit cents femmes protestantes que ses gardes emmenaient pour s'en divertir. Les deux partis rivalisent de si épouvantables prouesses. Condé, une fois assassiné, est traîné le long des chemins attaché à la queue d'un âne, puis exposé cloué contre l'un des piliers du château de Jarnac ; la plupart de ses lieutenants sont passés au fil de l'épée. Une folie de meurtre gagne tous les cerveaux. Henri Ier de Guise, dit le Balafré, géant de près de deux mètres, chef de la Ligue, est-il assassiné sur ordre du roi fin 1588, une foule déchaînée, folle de douleur, se livre aux pires violences à travers les rues de Paris. C'est partout grande misère du beau royaume de France. Les paysans sont aveuglément massacrés, leurs maisons incendiées, leurs récoltes détruites.

Par bonheur, Henri III, qui n'a pas d'enfants, décide d'ouvrir la voie du trône à son cousin Henri de Navarre, fils d'Antoine de Bourbon et de Jeanne d'Albret, sous seule condition qu'il se convertisse au catholicisme. Paris vaut bien une messe sans doute. Les Guise ont beau soutenir comme éventuel monarque le duc de Mayenne, frère du Balafré, le roi, avec une sorte de génie, parvient coûte que coûte à imposer comme son successeur le « Béarnais » lequel accepte de se convertir. Scène inattendue : peu avant que le roi se fasse assassiner par le moine Jacques Clément, on voit soudain à Tours, sur les bords de la Loire, fraterniser avec force cris de joie troupes royales et troupes navarraises. Il n'y a plus là ni catholiques ni protestants, seulement des Français. Les rudes soudards qui se sont si âprement combattus font boire leurs chevaux au même courant, chantent d'une même voix, s'embrassent aux acclamations d'un peuple en délire. Navarre est là. Le roi, prévenu, galope jusqu'au camp où les ennemis se font fête. Frénétique d'enthousiasme, la foule submerge les retranchements, couvre les berges, escalade les arbres. Par-delà cette masse, Henri, pour la première fois depuis treize ans, aperçoit Navarre, sa légendaire barbe grisonnante, son manteau rouge tout usé, sa vieille cuirasse, son énorme panache blanc. Les deux beaux-frères tombent dans les bras l'un de l'autre. Plus d'un quart d'heure, ils demeurent enlacés, ne songeant ni l'un ni l'autre à retenir leurs larmes. La France est sauvée. La royale embrassade met fin à l'une des périodes les plus hideuses de notre histoire. Henri III sauve son royaume des plus vertigineux abîmes.

La poule au pot le dimanche...

Voici donc Henri IV roi de France. C'est en 1589.

Non que le royaume soit totalement pacifié. Encore en 1594, quand Paris accueille le nouveau roi, Mayenne s'obstine dans une certaine résistance et force est de conduire contre ses troupes des opérations militaires parfois dures. Mais Henri, à Saint-Denis, a solennellement abjuré le protestantisme. Puis le pape Clément VIII absout le Béarnais, levant les derniers scrupules des catholiques. Les Ligueurs, Mayenne en tête, se soumettent. Pour rétablir une paix religieuse totale, Henri IV inaugure un magnifique régime de tolérance par l'édit de Nantes (1598), qui donne aux protestants toutes libertés de culte et veut régler définitivement la condition légale de l'Eglise réformée. Enfin la vraie paix.

Sauf que la terrible guerre et ce vaste climat d'épouvante ont considérablement réduit la production, les affaires et le travail agricole lui-même. Le beau XVIe siècle n'est plus. Le siècle finissant accumule des années de vaches maigres. De surcroît, le brigandage sévit partout. En particulier, de 1593 à 1595, les paysans du Périgord prennent les armes pour courir sus aux gens de guerre qui, sans respecter les trêves, sur la lancée du fanatisme, ravagent leurs cantons et leur imposent des tailles soi-disant pour les deux partis ; ils s'appellent entre eux les *tard-avisés*, voulant prendre pour emblème leur trop longue patience envers les pillards — même si les gens de ville leur confèrent le sobriquet insultant de *croquants*. Lesdits croquants ne sont pas réduits sans grande peine.

Pour autant, la monarchie installe les bases de la reconstruction.

Henri IV a 36 ans lorsqu'il accède au trône. Il campe un bel homme, corps solide et trapu, jambes robustes et bien faites, les attaches fines. Les cheveux, poivre et sel, sont naturellement frisés, même embroussaillés, car il déteste user d'un peigne. Une belle barbe déjà blanche n'attriste pas du tout un visage porté à une sorte de gaieté perpétuelle, qui s'impose aussi malgré une peau, très hâlée, que sillonnent les rides. Le nez, fortement busqué, descend vers une bouche plus sensuelle qu'ironique : on n'est pas Vert-Galant pour rien. Aux dires de tous les contemporains, les yeux ont cette vivacité changeante qui n'appartient qu'à lui. Ses doigts commencent certes à marquer de noueuses déformations consécutives à ses crises fréquentes de goutte, dont ses pieds souffrent davantage encore. Mais l'ouïe, redoutable, n'a rien perdu de sa célèbre acuité. La vue non plus, de loin, car il devient presbyte et doit, pour lire, porter des lunettes qu'il perd continuellement.

Tel est le roi le plus paysan qu'aura eu la France.

Car même ses « goûts de bouche » n'ont pas varié, depuis les années d'enfance où, en Béarn, il fut confié à des familles paysannes. Indécrottable Gascon, il adore les plats fortement épicés, assaisonnés d'ail, d'oignon, de poivre et d'échalote. Il pue l'ail du matin au soir et même la nuit, assurent ses amoureuses. Il entame ses repas par des melons ou des huîtres, puis se régale de confits d'oie onctueux, de gibier faisandé, de chevreaux rôtis, de jambons basques, d'omelettes au lard, même s'il s'applique à faire honneur aussi à betteraves, carottes, fenouil et toutes salades vinaigrées, le tout avec forte escorte de vins du Béarn, du bordelais et de vins clairets de la vallée du Loir.

Il est un fou de chasse. Il commença par chasser l'ours dans les Pyrénées. Il n'arrêterait pas de traquer, de toute sa joyeuse passion, cerfs, loups, sangliers, chevreuils, lièvres, bêtes à plumes, tout le venant et tout le volant, quoi. Excellent cavalier, il aura toute sa vie témoigné d'une incroyable résistance. Il est ravi quand il peut, dès l'aube, « voler la perdrix », rapportant gaiement son butin pour le dîner ou le souper. A-t-il par hasard un inattendu moment supplémentaire de loisir, s'il ne pratique plus le jeu de paume, il court tirer les pics au Pré-aux-Clercs.

Surtout, en fidèle paysan béarnais, il est chaleureux.

Il rayonne la sympathie et la simplicité.

Un soir, en un village où il soupe impromptu, on lui présente un paysan qui passe pour le plus fin matois du cru. Le roi l'assoit à sa table.

— Comment t'appelles-tu ? lui demande-t-il.

— Sire, je me nomme Gaillard.

— Alors, quelle différence fais-tu entre gaillard et paillard ?

— Mon Dieu, Sire, je ne vois que la table entre nous deux, réplique le bonhomme.

— Ventre-Saint-Gris ! s'écrie Henri. J'en tiens. Je ne croyais pas trouver si grand esprit dans un si petit village...

A l'occasion, il ne manque pas de majesté et peut s'exprimer en un langage fort châtié qui annonce le Grand Siècle, mais sa préférence va à la « langue verte », une langue à l'ail, plus volontiers encore avec les dames.

Il dîne souvent, sans être reconnu, dans les rôtisseries, vêtu tout simplement, accompagné de trois ou quatre compagnons non moins drus que lui. Il aime rôder de village en village, deviser longuement avec les manants — d'autant plus qu'il aura toujours préféré l'air de la campagne à l'atmosphère de la ville. L'air des champs et des bois le réconforte, l'apaise et l'excite tout ensemble.

Paysan enraciné, on ne saurait mieux faire.

Mais, par-dessus tout, il se voue passionnément à la reconstruction et à l'« équipement » du royaume. Il veut que l'Europe entière admire la renaissance de la vitalité française.

Il modernise Paris, embellit Fontainebleau, crée la manufacture des Gobelins, à tout propos manie la pelle, en dépit de toutes les folles heures qu'il consacre à une étourdissante existence d'amoureux en chasse perpétuelle.

Il rénove le réseau routier (par le régime ordinaire des adjudications).

En matière commerciale, il aide à fond l'un de ses collaborateurs préférés, Barthélemy de Laffemas, qui programme tout un développement industriel pour donner du travail aux pauvres et aux mendiants valides et, afin de mieux favoriser la production française, interdit l'entrée dans le royaume de tous fils, draps et passementeries d'or et d'argent.

Néanmoins, c'est à l'agriculture qu'il se voue avec le plus de ferveur.

Paysan, paysan, il n'aura jamais oublié que telles sont ses vraies racines. Sa principale nourrice, au pays natal, est une paysanne, Jeanne Fourcade, épouse du laboureur Jean Lassanséa, qui l'héberge dans sa métairie de Billère, à mi-chemin de Pau et de Lescar. La petite enfance est celle d'un enfant paysan élevé « à la rustique », loin, comme l'a recommandé le grand-père, des « délicatesses françaises ». On le nourrit de pain bis, de fromage pyrénéen, de laitages et d'ail. Sa première langue est le béarnais. Il joue et s'empoigne avec des montagnards de son âge, au cours de courses endiablées à travers « tous lieux fort rudes et pierreux ». Garçonnet, il est tout le temps couvert d'égratignures. Il couche à la dure. On le fouette fréquemment. On ne le lave qu'en cas de maladie (il est vrai que, dans son siècle, seules les courtisanes et quelques dames excentriques baignent autre chose que leur figure, leurs mains et leurs pieds). Il apprend dès son jeune âge ce qu'est un beau blé, un impeccable sillon de labour, le meilleur bélier, le cheval le plus doué pour un long trait...

Le roi aura gardé toutes les vigueurs et tous ses entrains de jeune paysan.

Pas étonnant qu'il continue de s'exalter en toutes besognes paysannes.

Et d'aider de toutes ses forces et de toute son autorité son principal ministre, Maximilien de Béthune, baron de Rosny, qu'il fait duc de Sully, travailleur infatigable, debout dès quatre heures du matin. Non que le personnage soit un austère total. Fin lettré, M. de Sully non seulement taquine la muse, à ses moments perdus compose un roman à classer au rayon des *curiosa* (*Les Etranges Amours de la reine Myrrha*), adore la danse et raffole de ballets, mais, à l'Arsenal où il habite en tant que Grand Maître de l'Artillerie, de nombreux soirs, après avoir fait fermer les portes et ordonné qu'on ne le dérangeât sous aucun prétexte — sauf pour le roi —, il s'exhibe sans la moindre gêne au son du luth que pince un valet de chambre, avec pour public M. le président de Chevry et le sieur de Chevigny qui « bouffonnent » avec lui en compagnie de quelques femmes de joyeuse vie. Non davantage que M. de Sully puisse faire état d'une honnêteté exemplaire : il exerce même durant plusieurs années la profession de maquignon (sans doute en l'occurrence sous le prétexte selon lequel l'élevage des chevaux est le seul par lequel l'élite ne déroge pas) ; ses propres Mémoires révèlent qu'il ne répugne pas aux manœuvres les plus suspectes pour accroître ses bénéfices ; il envoie volontiers ses courtiers en Allemagne acheter « à vil prix » des « frisons » de mauvaise réputation, qualifiés de « naturellement coquins... ayant le cœur double et lâche... susceptibles de ne devenir que plus vicieux », qu'il revend ensuite sans ambages au prix fort à tout gogo à gruger. Mais, dans sa charge gouvernementale, au conseil des finances, à la tête de multiples missions, même s'il les rend aussi lucratives pour lui-même que pour le Trésor, il affiche une exceptionnelle compétence, avec une exemplaire rigueur dans l'exécution. Il est le premier ministre à équilibrer un budget. Comme grand voyer de France, il ne se contente pas de rénover le réseau routier : il fait construire de multiples ponts, fait aménager rivières et canaux. A l'exemple d'Olivier de Serres, plus encore, il sait tenir la terre pour la principale source de la richesse nationale, proclamant sa conviction d'un mot qui traversera les siècles « labourage et pâturage sont les deux mamelles de la France ».

Et le roi de multiplier les inspections, de sillonner tout le royaume, au trot de son cheval de poste (on trouve en effet toutes les montures désirables aux relais aménagés sur les grands axes, et il faut bien car, lorsque le roi se présente avec ses gentilshommes et ses valets, force est de prévoir une bonne soixantaine de chevaux à chaque étape). Ainsi peut-il du moins constater le travail accompli par les agents de Sully sur les routes. Du fait des guerres, durant des décennies, les chemins et les routes avaient cessé d'être entretenus. On ne voyageait que sur des pistes. Désormais marchands et paysans n'ont plus à prévoir des détours de plusieurs lieues pour éviter les fondrières impraticables, les chaussées défoncées ou les ponts dont les arches se sont effondrées. Les grandes routes sont empierrées et bordées d'ormes — ces fameux ormes du duc de Sully qui n'ont pas été uniquement plantés pour procurer une ombre agréable, mais, avant tout, pour faciliter le travail des charpentiers qui, ayant du bois à leur portée pour confectionner des affûts de canon ou des mâts destinés à la flotte, ne seraient plus obligés d'aller les chercher en forêt, elle-même du coup s'épargnant de nouvelles saignées.

Et le roi de s'acharner à améliorer le sort de son pauvre peuple. « La France et moi avons besoin de reprendre haleine », aura-t-il souvent dit au début de son règne. La halte a été fructueuse. Après trop de conflits et de désordres, le royaume s'était découvert dévasté, avec terres retombées en friche, fermes abandonnées, villages désertés. Licenciés, les anciens soldats désœuvrés ne vivaient que de rapines, pillaient, incendiaient, violaient, s'organisaient en bandes qui semaient la terreur, se donnaient pour chefs les pires crapules tel le trop fameux capitaine Guillery qui, en 1604, ne pouvait être délogé de sa forteresse-repaire des Essarts que par l'assaut de cinq mille gens d'armes. La pauvreté atteignait jusqu'à la petite noblesse « désaccoutumée du ménage des champs » qui devait lourdement emprunter pour guerroyer ou pour vivre, bientôt les prêteurs impayés faisant vendre à la criée les châteaux et les terres. En quelques années, comme par magie, tout change. « Pour parvenir en aide au pauvre peuple appauvri », le roi et son ministre ont l'intelligence de diminuer le taux de la taille, cet impôt paysan par excellence — non sans supprimer en même temps la pancarte, cette taxe d'un sou par livre, ainsi appelée parce que la valeur de chaque denrée a été inscrite sur une *pancarte* pour éviter à l'acheteur un calcul trop long et difficile. Le Trésor royal se rattrape sur les villes, les gens de justice et les financiers.

Et le roi de donner à la sériciculture un nouvel essor, sur la base du livre publié par Olivier de Serres, *Traité de la cueillette de la soie par la nourriture des vers qui la font*. Quatre cent mille pieds de mûriers blancs, sans parler de graines, sont livrés à Paris, Lyon, Tours et Orléans. Dans chaque pays d'élection on envoie « des hommes experts destinés à instruire les *meuriers* et leur apprendre à faire éclore et nourrir les vers et les faire filer ».

Et le roi d'encourager à l'élevage de solides baudets au Poitou. Consternés par les marais improductifs et malsains qui s'étendent de l'embouchure de la Loire à celle de la Charente, Henri et Sully ont l'idée pertinente de confier leur assèchement à des ingénieurs hollandais, accoutumés à de tels travaux dans leur propre pays. Ils viennent, amenant leurs chevaux et leurs ânes. Les marais sont asséchés. L'herbe repousse. Les étalons bataves trouvent là des conditions proches de celles de leur terroir. Les baudets du Poitou naissent justement de ces émigrants, car, très vite, on constate que ces robustes juments sont aptes à enfanter des mules. Et nos placides juments mulassières de prospérer dans toute la Vendée et jusqu'au cours méridien de la Loire inférieure. On sait rapidement sélectionner les bêtes fortes, trapues, avec la capacité de coffre et la largeur de bassin prometteuses d'une belle descendance. Elles ne sont pas belles ; elles sont d'un naturel lymphatique, mais, s'exclame un témoin : « Quelles génitrices ! »

Et d'encourager à une si puissante agriculture que, dans les campagnes proches des grands centres urbains, une classe sociale de riches laboureurs se développe, gérant les grandes fermes en véritables entrepreneurs. Pour mieux en avoir idée, voyez donc ce qui se passe avec l'un d'eux, nommé Jean Bridault. Il est à la tête d'une exploitation de trois charrues (170 arpents, environ 80 hectares), ce qui le situe au sommet de la hiérarchie des fermiers. Il lève d'ailleurs aussi des dîmes, au titre de fermier-receveur. Consultons l'inventaire dressé par greffier après le décès de son épouse : il est justement très révélateur du train de culture et du cheptel nécessaire pour faire marcher pareil ensemble. L'énumération est peut-être fastidieuse, mais ô combien éloquente. Récapitulons : un cheval de poil blondeau, âgé de treize ans ou environ, qui sert de *limonier* (le cheval le plus robuste, dans le cas d'un attelage à plusieurs bêtes, placé dans les limons de la charrette), garni de son harnais, malheureusement « borgne d'œil », ce qui diminue sa valeur ; un autre cheval de pareil poil qui va devant, âgé de dix ans environ, avec son harnais ; un autre cheval de poil grison pommelé, six ou sept ans, qui va devant avec son harnais ; un autre cheval de poil moreau (noir), dix ans environ, qui perd lui aussi la vue, mais qui sert de *chevillier* (troisième cheval intercalé entre le cheval de devant et le limonier lors des transports lourds) ; un autre cheval sous poil boyart, environ neuf ans, qui va après le cheval de devant avec son harnais ; un autre cheval sous poil boyart, hors d'âge. Pas fini. En ladite étable des chevaux, un lit garni d'un traversin et d'une couverture de laine grise... avec un oreiller ; en une étable, un porc gras et une truie ; un chariot garni de quatre roues et deux brancards ; quatre herses « telles quelles » ; un taureau de poil noir âgé de quatre ans ; deux bœufs, dont un rouge et un noir ; six vaches de couleurs diverses ; six génisses ; trois bouvets de deux ans ; un petit taureau âgé d'un an ; six fourches à pierres ; deux fourches à gerbes ; dans la grange, deux échelles ; au milieu de la cour, quatre autres échelles ; « trente oies que oisons » ; six « quannes que quannez » ; en volailles tant poules, chapons et coqs, 24 pièces ; deux auges de pierre de taille ; du gros bois en un chantier contre un mur près de la porte ; du bois de corde en un chantier hors la cour ; des fagots en un chantier ; une quantité de bois en un tas, tant bouleau que chêne ; dans un closeau, vaisseau de mouches, lequel est fort vieil (par mouches on entend des abeilles, mouches à miel) ; trois autres vaisseaux ; 40 bêtes porcines tant truies que pourceaux ; douze cochons âgés de quatre mois ; aux bergeries dudit hôtel 276 bêtes à laine, tant brebis que moutons et agneaux de l'année. Le texte du greffier énumère ensuite les terres : labours, fumages, cinquante arpents de terre emblavée en blé ; quatre en escourgeon ; deux en seigle ; quarante-huit en avoine ; cinq en orge ; six en vesces ; « un que pois que fèves » ; huit de prés et jardins. Suit l'inventaire du numéraire et des dots promises aux cinq enfants mariés. Voilà qui peut donner idée exacte d'un laboureur aisé de l'époque.

Et le roi de n'en aider pas moins le tout petit peuple. Il y va même d'une obsession. Et il y parvient. Voyez par exemple ce qui se passe avec les *criantailles* d'un tout modeste jeune paysan provençal. Il s'agit de sortes de fiançailles sauvages, c'est-à-dire sans intervention de l'Eglise, qui reposent sur un code très précis d'échange d'objets et de paroles, mais qui constituent un rite si contraignant que le tribunal ecclésiastique peut obliger le jeune oublieux de sa promesse à l'exécuter. Voici donc la liste de cadeaux « ritualisés » que ce jeune homme fait à sa belle : des bagues provençales faites en verre filé achetées à la foire de Beaucaire (aussi fragiles que l'amour naissant qui les offre), bagues dites *bagues de foi* au chaton orné de deux cœurs surmontés de flammes et de couronnes que les jeunes gens offrent à leur belle au cours de pèlerinages où ils peuvent se rencontrer, cuillers bretonnes de bois sculptées par les garçons au cours de leurs interminables gardes de bestiaux ; sabots ariégeois de la vallée de Bethmale dont la longueur de la pointe est proportionnelle à l'intensité de l'amour, et « mouchoirs d'épaule » (ce geste de don s'inscrivant dans le typique comportement paysan dont on sait qu'il préfère le geste à la parole). Il est évident que ce jeune homme a les moyens — par lui-même ou sa famille — de prévoir de tels cadeaux, qui sont relativement coûteux. Ensuite, il n'a plus qu'à se rendre chez son éventuelle future belle-famille. Car l'acceptation ou le refus d'un prétendant se fait aussi silencieusement. Lorsqu'il arrive dans la maison de la belle, avant qu'il ait pu prononcer le moindre mot, on a arrangé un objet pour lui faire savoir sans un seul mot de commentaire s'il peut ou non faire sa demande. Divers ustensiles ayant rapport au ménage peuvent suffire à signifier un refus : un balai sur la table, une marmite sur le seuil. Pour marquer l'acceptation, on plante un tisonnier dans le feu ; pour refuser, on éteint les tisons, on les couvre de cendres. Comme dit un proverbe du Poitou, *tisons montants chassent galants*. Ce langage des objets, substitut de la parole, peut paraître trop codifié. Pourtant, il n'exclut pas la sincérité du sentiment. Il reste que le désespoir a quitté bien des chaumières, que la vie des sentiments a repris en toute sérénité, qu'un mieux-être est venu avec la paix et un gouvernement humain, que l'on peut même rendre hommage coûteux à sa belle. Vivez mieux, tel est le message du roi. Et de promettre ce qui était impensable vingt ans auparavant : en famille, joyeusement, ce régal que peut être « la poule au pot le dimanche... ».

Et voici même un type d'homme tout nouveau : le seigneur paysan, le gentilhomme campagnard. Car ils sont nombreux, ces petits gentilshommes typiques résidant sur leur terre, menant une vie sans vaines fanfreluches ni complications en des châteaux qui n'exigent ni grands frais, ni brillantes livrées, ni riches habillements, ni chevaux de grand prix, ni fastueux banquets. La France en est couverte. Le nombre des courtisans sous Henri IV est infime par rapport à tous les seigneurs dispersés dans les manoirs ou petits châteaux. Ils y vivent noblement, mais simplement, paisiblement, à côté des villageois à la vie desquels ils se mêlent, ayant même langage, mêmes jeux, mêmes superstitions, cultivant avec sérieux leurs biens, allant se visiter entre eux à cheval. Olivier de Serres n'oublie d'ailleurs pas dans son livre de leur donner tous conseils nécessaires pour bâtir convenablement, se meubler, garnir leur logis de tous objets nécessaires à une existence champêtre. Ils fixent bien un phénomène de société, un pion irremplaçable sur l'échiquier national.

Qu'on relise donc le savoureux Journal de l'un d'eux, le sire de Gouberville, seigneur du Mesnil-au-Val, petite paroisse du Cotentin, non loin de Cherbourg, au Val-de-Saire. Quel spectacle ! Vieux garçon, M. de Gouberville vit dans son manoir au milieu de ses quatorze ou seize « serviteurs ou chambrières », les gens « de céans », tous pêle-mêle, mangeant ensemble. Il peut les fouetter, mais les soigne gentiment quand ils sont malades et leur paie consciencieusement « par jour de gages la valeur d'un boisseau de blé, plus un vêtement par an et des souliers ». Il s'habille de manière solide, quoique élégante : il porte fraise de fine toile de lin avec de la dentelle ; des chausses de velours, de droguets de satin ; de faux hauts-de-chausse (culotte) en cuir jaune pour aller à cheval ; arbore pourpoints en drap rouge et casaques noires ; chapeaux de feutre ou de velours, collets de cuir pour la pluie, bottes qu'il fait confectionner chez lui par un bottier spécialisé. Dans la grande salle du manoir, qui est aussi cuisine, devant la vaste cheminée au manteau très élevé, où l'on peut brûler des troncs d'arbre, il prend ses repas assis au bout de la longue table massive, ses gens autour, servi dans de la vaisselle d'étain.

Il adore la viande de boucherie, raffole de « poulailles », fait grand honneur à tous pâtés. Peu de fruits et de légumes, mais force lièvres et lapins de garenne. En bon Normand, il boit du cidre (il cultive 29 variétés de pommiers et en connaît plus de 40). Il achète son vin à la ville, au choix claret, bordeaux, bourgogne, orléans. Il s'éclaire à la chandelle. Pour se distraire, il joue aux dés, au trictrac, aux cartes — ou il va voir les gens de la paroisse jouer aux quilles, aux boules, à la lutte, à la croche (sorte de hockey sur gazon), à la soule. Il chasse : il a beaucoup de chiens ; il utilise arquebuse et pistole, le furet et l'autour. Il se fait lire à haute voix le roman à la mode, l'*Amadis de Gaule*, les soirs d'hiver sous la cheminée. Mais à l'occasion il met la main à la pâte. Il parcourt quotidiennement ses champs. Il est aussi attentif à son blé qu'à son avoine. Il va voir travailler son monde — à moins qu'« il ne plouine tout le jour », comme quoi il reste alors céans. Quand il veut faire moissonner, il fait convoquer « par monitoire » au prône de la grand-messe tous ses tenanciers. Au jour dit, ceux-ci arrivent au nombre de 60 à 70, « fort gaillards par ma foi », hommes et femmes. On travaille « gaiement », puis, le soir, il y a plantureuse lippée au manoir et l'on danse tard dans la nuit.

Comme bétail, à savoir seulement que M. de Gouberville a nombre de chevaux, bœufs, vaches, pourceaux dont il prend s'il le faut personnellement grand soin — peu importe si cette aumaille paît en forêt et si personne n'en connaît le nombre.

Disons que en définitive, il n'est pas moins enraciné que ses manants.

Un paysan heureux

Finalement, même avec une ligne de frontière assez sinueuse laissant aux étrangers l'Artois, le Cambrésis, le duché de Bar, la Lorraine (excepté les trois évêchés enclaves de Metz, Toul et Verdun), puis toute la Franche-Comté, la Savoie, le comté de Nice, le Comtat Venaissin et le Roussillon, la France d'Henri IV, malgré les ravages inoubliés de la guerre civile, donne à tous les visiteurs l'impression d'un pays « riche et puissant ».

On ne traverse que villes populeuses — en nombre considérable — et villages serrés, très habités. « L'affluence du peuple y est si grande partout — écrit l'un des touristes de l'époque — les villes et les champs sont si bien peuplés que la terre ne reste pas d'être bien cultivée et tous métiers et arts mécaniques bien fournis. »

Tout se passe comme si chaque Français était propriétaire d'une terre, fût-ce modestement. Que l'on consulte les actes d'un tabellion ou notaire de campagne à la fin du XVIe siècle et l'on constate par le volume des transactions que la terre est effectivement des plus morcelées. Il n'est plus « marchand laboureur » ou « manouvrier » qui n'ait son clos et pourpris, deux ou trois travées de maison avec chaume ou tuile, cour, jardinet derrière et quelque quartier de terre labourable, un arpent, plusieurs perches ; il paie cens, redevance, droits de mutation, toutes marques de l'état féodal de la terre et témoignage que cette terre dépend « d'un fief ou d'une censive » mais, cela dit, il tient solidement son bien, et le cultive amoureusement, non sans fierté aussi. Chacun besogne, économise, et vit selon une relative aisance.

On respire largement, au royaume du bon roi Henri.

Ces divers voyageurs, Erpenius, Jodocus Sincerus, Scamberg, Abraham Golnitz, Geoffridus Hegenitius et autres, fort bien documentés, savent même dire ce qui fait cette heureuse fortune. Il n'y a qu'à regrouper leurs observations. Le blé est produit en assez grande quantité pour qu'on l'exporte. Peu de pays sont aussi abondants « en blé, vins, huiles, fruits, légumes, pastels, outre les grandes et foisonneuses nourritures de bétail et haras ». Excepté Bretagne, Normandie et Picardie, qui ont opté pour le cidre, toutes les provinces donnent du vin. Les crus d'Argenteuil et de Suresnes, sans être beaucoup au-dessus du médiocre, sont du moins connus des Parisiens, mais on peut apprécier grandement les vins blancs d'Anjou, ceux de Graves à Bordeaux, de Gaillac, de Rabastens, les vins rouges de Bourgogne, fort reçus en la capitale. L'exportation de vins en Allemagne et en Angleterre fixe une notable source de profits. L'exportation du sel en fixe une autre, les sels de Lange et de Saintonge ayant belle réputation et les bateaux flamands et hollandais venant nombreux en prendre en charge sur les côtes de Provence et du Poitou. On trouve en Provence et Languedoc des chanvres et des huiles, en Berry des laines fines, ainsi qu'en Normandie où l'on fabrique de l'excellent drap. Les fruits de Provence sont non moins recherchés que le pastel du Languedoc — car on exporte par Bordeaux jusqu'à 200 000 balles de coques de pastel tous les ans. Voici vers à soie et mûriers prospérer à leur tour. Un peu partout, ce sont bons et gras pâturages : le bétail est considérable ; on sait élever de fort utiles chevaux. Les chevaux français sont moins corpulents qu'en Allemagne d'où on en fait venir pour traîner les plus grosses charrettes et les carrosses, mais ils priment sur le marché pour leur vaillance. L'Espagne achète nos mulets d'Auvergne et du Gévaudan. Lait, beurre, fromage sont d'un usage général (Louis XIII affectionnera le pont-l'évêque). Chapons, poulets, volailles de toutes sortes remplissent les basses-cours. Il n'est point de paysan qui ne possède son « étable à porc » et bois qui ne foisonne de « lièvres, connils, perdrix et tourdes » à piéger, fût-ce en braconnant (tourdes : des grives). On exploite les ardoises en Anjou, les marbres en Languedoc, les mines de fer en Auvergne, le « charbon de pierre » ici et là, les eaux minérales à Pougues, Vals, Vichy et Balaruc. La France, en somme, est le pays d'Europe qui aura le plus vite mis en exploitation tous ses éléments de richesses agricoles et minérales, et du coup trouvé la densité moyenne de population correspondant à cette fortune publique. En un mot, elle va plutôt bien. « Les sources de deniers y sont inépuisables », conclut même un voyageur particulièrement admiratif.

L'organisation de M. de Sully est payante. (Après huit ans de règne ménager, il parvient à mettre à la tour du Trésor de la Bastille 13 millions de livres contenus dans 8 000 sacs, 270 caques et 4 coffres : Henri IV qui, à son avènement, cria misère, n'est plus pauvre.) L'impôt est régulièrement perçu dans nos 23 159 paroisses distribuées entre 16 généralités. A la tête de chaque généralité, exercent les « trésoriers de France » et « généraux des finances » avec sous leurs ordres toute une hiérarchie de commis. A la base, comment cela se passe ? Les répartiteurs ont fait leurs estimations « avec égalité, justice, sans passion », très informés des uns et des autres. Tel dimanche, un mois plus tard, au prône de la grand-messe, le curé a annoncé l'arrivée du chiffre de la taxe paroissiale. A l'issue des vêpres, les hommes s'assemblent dans l'église pour désigner ceux d'entre eux — deux ou quatre selon l'importance de la paroisse — qui se chargent d'« asseoir » l'impôt et de le percevoir. On les appelle les *collecteurs* ou *asséeurs* de paroisse. Inévitablement, la répartition qui est pratiquée ne va pas sans objections et récriminations de la part des taillables — cela s'appelle « désavouer » l'assiette de l'impôt. On s'adresse alors aux répartiteurs qui tranchent sans appel toute répartition ne dépassant pas une certaine somme. Enfin, une fois le rôle des contribuables, des « cotisés » comme on dit, dressé par les collecteurs (s'ils ne savent pas écrire, un greffier tient la plume), il n'y a plus qu'à recueillir la recette : les collecteurs s'en vont de porte en porte réclamer l'argent qui est dû, « croisant » (rayant) les noms de ceux qui payent et les « endossant » (mettant leur nom au dos), ce qui les rend responsables des deniers recueillis, lesquels ils adressent à l'échelon supérieur. C'est un rude métier que celui de collecteur, ardu, fâcheux, avec des tracas sans nombre. Mais, au nom d'un bon roi, que ne ferait-on pas ?

D'autant plus que, désormais, pour assurer la paix du plat pays, « le repos et la sûreté des gens de bien », l'administration royale met en œuvre une excellente *maréchaussée*, composée de prévôts des maréchaux de France, généraux et particuliers, avec tout un grand service de lieutenants et d'archers. Telle est la force publique chargée d'arrêter éventuellement tous « voleurs, assassinateurs, guetteurs de chemins, fainéants, vagabonds et autres gens sans aveu ni domicile ». A l'évidence, le brigandage recule.

Mais surtout — maintenant terminées les guerres de religion, les grands périls passés — chacun a repris son boulot et, finalement, la paysannerie française donne le plus réconfortant spectacle. Tous les voyageurs sont unanimes à trouver le peuple français laborieux, économe, solide, le plus souvent « bien séant et décent ». Ils sont « fort nets en leur vivre », nous assure-t-on.

Assurément, il n'y a pas pureté de paradis. On trouve beaucoup de nos paysans qui sont joueurs et trousseurs de jupons, envieux et tricheurs, jurant à qui mieux mieux, au besoin reniant Dieu, « prompts et colères », frondeurs, légers (de cette légèreté qui fait dire à Charles Quint qu'ils sont « sages sans le paraître »), entiers jusqu'à outrer leurs sentiments religieux, soit pour, soit contre. Des malpropres, disent les gens de ville. Mais les voyageurs savent reconnaître le bon paysan, « bon partout », le typique paysan de France, attaché à sa maison même la plus humble, à son travail et à son cheval, respectant les grands et les prêtres, les officiers de justice et ceux des finances, si lourdes soient les charges, capable d'un immense respect pour soi-même et tous ceux qui souffrent. Il est hospitalier. Il témoigne une profonde déférence à l'égard des femmes qui ont dans la famille plus de liberté et de responsabilités que d'apparence, abattent leur rude travail sans rechigner, non seulement sont pieuses au point d'aller à la messe chaque jour et de passer littéralement tout leur dimanche à l'église, au besoin aident aux « bonnes œuvres » du curé, animent le chœur de chant, mais surtout fixent, rayonnantes en leur humilité, prêtes à toutes les compassions et aux plus délicats « pardons », une image exemplaire de la vraie paysanne de France, d'un très grand cœur et d'une exceptionnelle finesse sous le style fruste. Ce couple, robuste paysan fidèle, rivé à son champ, rugueux mais pleinement conscient des responsabilités collectives, et douce paysanne intraitable gardienne du foyer, fière des siens, incarne bel et bien une réalité qui survit à tous les temps — à plus forte raison quand une grande paix lui donne plus éclatante lumière. L'art de vivre aussi peut être une épidémie. Ce couple en est après tout la donnée essentielle.

La famille, le jour du Sauveur, réunie autour de la « poule au pot », c'est aussi une image essentielle de la paysannerie française.

Hélas ! Le siècle qui vient s'annonce sans guère de pitiés.

III

LE PAYSAN DU ROI-SOLEIL

La famine, la peste

Car au XVIIe siècle, observer l'homme des champs, c'est rencontrer la mort.

A peine le bon roi Henri assassiné par Ravaillac en 1610, c'en est vite fait de l'âge d'or rêvé par le Béarnais et ses ministres, que les paysans français pleureront longtemps. Quasiment aussitôt, ils redeviennent des victimes livrées sans défense aux rigueurs des collecteurs d'impôts, aux extorsions des « officiers » (les fonctionnaires), à l'âpreté des usuriers, aux abus sans vergogne de l'Eglise et des seigneurs. Témoignage de l'ambassadeur anglais Carew : « C'est une maxime en France que le peuple doit être abattu et découragé par les exactions et l'oppression, car, autrement, il serait trop disposé à révolte. En conséquence, il est à l'heure présente accablé de charges telles qu'elles lui enlèvent toute possibilité, je ne dis pas seulement de ruer ou de courir, mais même, pour ainsi dire, de marcher et de remuer sous elles. » Sous les deux cardinaux-ministres qui succèdent à l'équipe du Navarrais, les impôts doublent.

En quelques années, tout se détériore, à commencer par le réseau routier. Que trouve tel voyageur traversant la campagne de Luçon ? Une campagne inondée, couverte de forêts lugubres et de marécages pestilentiels, à nouveau hantée de brigands et de bêtes sauvages. Tout est désolant, à commencer par le paysage, les grands marais aux eaux sales, les chemins embroussaillés entre les fossés, des labyrinthes bourbeux, des chaumières vétustes, les canaux obstrués, les pâturages inondés, devant les maisons les bouses de vache séchant au soleil afin « de permettre à ces gens de ne pas mourir de froid, car l'humidité pourrit le bois ». A tout moment, on risque l'enlisement. Le printemps amène des pluies lourdes et entêtées, l'été une chaleur insupportable, l'automne rouvre les cataractes. L'humidité permanente, dans ces premières années 1610, « accable les corps de torpeur et les cœurs de détresse ».

Mais surtout, voici la mort régner — prenant divers visages hideux pour rompre le fragile équilibre démographique qui remplace un défunt par un nouveau-né et condamne la population française à stagner.

La mort, armée d'au moins trois grands fléaux, la famine, la peste, la guerre.

La famine de 1662 fait des ravages. Celle de 1694 est encore plus meurtrière, jusqu'à être appelée « la plus grande mortalité du siècle ». De multiples écrits en porteront témoignage, ainsi le Journal tenu par un bourgeois de Besse, dans le massif du Mont-Dore, près d'Issoire. Crise de subsistance, dit-on. Plus encore : temps d'épouvante. Tout a commencé avec la récolte de 1692, trop décevante : blé cédé à des prix de misère, vignes gelées au printemps, la plus grande partie du vignoble perdue, les noyers gelés, dès l'automne une « légère disette ». L'année 1693 ne fut pas meilleure. Le cauchemar est pour 1694. Les pauvres, « pour se sauver la vie », doivent vendre leurs bestiaux, leur « meuble de maison », lit, habit, vaisselle, *sangle* (pièce de vêtement faite d'une seule épaisseur d'étoffe), enfin tout ce qu'ils possèdent... Le pain se met à manquer. On ne survit que grâce au lait des vaches quand elles ne meurent pas, et du « caillé de fromage blanc aussitôt qu'on l'a fait ». Les plus pauvres mangent de l'herbe dans les prés « à poignées » et surtout de celle qui s'appelle *langue-de-bœuf* (plante de la famille de la bourrache). Des orties, ils font leur soupe. A les voir, si squelettiques, on croirait qu'ils ont été « trois mois ensevelis dans la terre ». On en découvre à dizaines mourant d'inanition dans les rues. Notre bon bourgeois rapporte qu'on en trouve « tous les jours dix, vingt, trente morts sur les fumiers ou hors les villes ». A peine a-t-on le temps « d'administrer les sacrements à ces malheureux qu'ils s'écroulent de faiblesse ». Des charretiers ramassent des cadavres « à la file », les mettent dans le suaire, « en suite de quoi les ensevelissent ». On fait de grandes fosses « pour en enterrer beaucoup à la fois ». Du côté d'Ambert, l'on fait sécher la racine de fougère, ensuite on la fait moudre, et on en fait un pauvre pain distribué aux portes des églises. Pas étonnant que beaucoup d'enfants se fassent voleurs de fèves. Tout tombe, même la morale.

La peste — bubonique ou pulmonaire — frappe entre 1625 et 1629, amenée du Piémont par les armées. Aucune province n'est épargnée. Languedoc et Provence enregistrent les plus affreux dommages. Le climat accablant de plusieurs étés torrides, les insuffisances des moyens sanitaires, le manque d'hygiène, la disette qui s'allie avec l'épidémie, et c'est l'apocalypse : près de 80 % de la population y succombe. Jamais peste plus funeste, écrit David de

Lautaret, docteur de l'université de Montpellier, exerçant à Digne et alentours témoin des horreurs dont il nous fait récit. En vain ferme-t-on sous scellés les maisons où des malades sont morts. Dans les débuts, il meurt quatre personnes par semaine, bientôt vingt, trente, cinquante. Fait-on une criée pour que nul ne quitte la ville, et nul n'y puisse entrer, mais ceux restés dehors sont alors menacés de mourir de faim et viennent en contrebande mourir de la peste. « Très tôt après, à Digne comme dans toutes les paroisses, les consuls s'en vont, les fontaines tarissent, l'eaux des moulins manquent, les fours deviennent froids, la police s'évanouit, les vertus morales et chrétiennes sont atteintes, les boutiques ferment, rues et places sont jonchées de corps morts. » Les cadavres sont ramassés à pleins tombereaux. « Les malades périssent faute de toutes choses... Un valet se paie hors de prix... les cloches ne sonnent plus, l'horloge se démonte, les serviteurs sont les maîtres, rien que dédain, cruauté, barbarie. » Ne se rencontrent que « des fantômes et ombres des vivants dans l'indifférence de la vie et de la mort ». Durant des semaines, il n'y a plus assez de tombereaux pour charrier les victimes. « Les corps morts se multiplient si déplorablement... qu'on les laisse longtemps sans sépulture et que quelques-uns sautent en pièces quand on les veut entraîner. » En une seule journée « on compte 1 500 cadavres sur le pavé, causant une puanteur suffocante ; il en décède alors 160 d'un soleil à l'autre ». Les femmes enceintes avortent presque toutes. Vous voyez une mère qui allaite son bébé : ils tombent ensemble foudroyés. Comment fuir ? C'est pour chercher refuge dans un autre village de pestiférés.

Les armées de passage font autant de mal que les épidémies. Elles ne se contentent pas de ravager la population rurale, elles anéantissent aussi les outils de travail. Avant que Louvois ne crée l'armée organisée, le pillage ne laisse ni réserve de grain pour les « ensemencés » ni bête de trait.

Le cardinal de Richelieu aura cru préserver le pays de la guerre civile par la guerre des frontières. C'est pour s'exposer au pire, par manque d'armées disciplinées. En juillet-août 1636, le royaume est même en danger extrême. Les Espagnols et les Impériaux ont pensé que, du fait de grandes révoltes provinciales, la France, très affaiblie, leur offrait les meilleures chances de la réduire à merci. Le 4 août — alors que la Cour, trop légèrement, se dépense en fête sur fête, la catastrophe assaille brutalement les Français, insoucieux comme ils le seront en août 1914 et mai 1940. Le pays, nullement préparé depuis des années à de telles nouvelles, apprend que les redoutables régiments du prince de Savoie, les bandes impériales de Piccolomini, les féroces Croates de Jean de Werth et nombre d'autres ravageurs s'ouvrent les portes de Paris. En toute hâte, le Cardinal doit publier l'ordonnance « que tous les hommes portant les armes qui sont sans emploi s'en aillent enrôler chez le maréchal de La Force dans les vingt-quatre heures » et que « tous privilégiés et exempts de la taille se rendent à Saint-Denis armés et montés ». Puis, le texte ne suffisant à l'évidence pas, plusieurs ordonnances prescrivent une levée nationale. Le 5, on apprend cependant que l'ennemi a franchi la Somme et que l'armée du comte de Soissons est en pleine retraite. Il reste que l'élan national est rapide. Tous les Français, y compris du petit peuple, se précipitent aux armes. Manifestation éclatante de l'Union sacrée qui, aux grandes heures de leur histoire, rassemble les fils de France. Une nouvelle fois après Jeanne d'Arc, le peuple identifie sa cause à celle du roi contre la menace étrangère. On travaille fébrilement à protéger les places fortes essentielles. On ne se laisse pas décourager en apprenant que les avant-gardes ennemies sont en vue de Compiègne et de Pontoise. Le paysan lui-même a beau demeurer de la condition la plus humiliée, il se dresse contre l'envahisseur. Du point de vue national français, le spectacle est sublime. Mais il est moins beau par la suite. D'abord, les envahisseurs se comportent avec une sauvagerie inouïe, au point que nos routes se couvrent de fugitifs qui prennent paniqués la route d'Orléans. Ensuite, une fois l'ennemi mis en échec à Corbie et repoussé vers ses bases de départ, les soudards français du comte de Soissons se conduisent d'une manière aussi éhontée. Une nouvelle fois, du fait des deux partis, la paysannerie est la seule victime des batailles — avec fermes pillées, villages incendiés, familles entières massacrées.

Il n'en va pas autrement en 1644 durant les batailles de Champagne. Les armées française et allemande qui s'affrontent sont aussi destructrices sur place l'une que l'autre. Arrivent des cavaliers allemands qui pratiquent la tactique de la terre brûlée, cassent et incendient tout sur leur passage. Puis interviennent les soldats français de César, duc de Choiseul, comte du Plessis Praslin, harnaché du titre ronflant de maréchal de France : ils ne commettent pas moins d'horreurs. Les méfaits succèdent aux méfaits, avec toutes sortes d'exactions, de violences, de sacrilèges.

Et à nous les guerres des Fronde (1648-1653), la guerre franco-anglo-espagnole où les soudards de Turenne et ceux de Condé rivalisent de férocité vis-à-vis des populations (1655-1659), la guerre dite de Dévolution (1667), la guerre de la Ligue d'Augsbourg (1688-1697). Là encore, notre paysannerie est crucifiée. Là encore, la mort marque la principale fatalité du siècle.

Les révoltes des gueux

La paysannerie fut relativement soumise au Moyen Age. Seule exception de fureur : en mai-juin 1358, la *jacquerie* des paysans du Beauvais, produisant sur les contemporains une impression profonde, mais courte et sans lendemain, se limitant à la Picardie, au Ponthieu et à la Basse-Normandie, terminée par la défaite des « jacques », sanctionnée par une répression terrible.

Peu de chroniqueurs auront cité le soulèvement, l'« effroi » des serfs d'Orly qui, en 1251, refusèrent une taille exceptionnelle que les chanoines de Paris voulaient leur imposer, rassemblèrent plus de deux mille protestataires, et manifestèrent une telle agressivité que les chanoines durent renoncer à leur taille, puis en 1263 abolir le servage.

En général, sur six siècles, les impatiences ne se manifestent que par de brusques sursauts très localisés et vite maîtrisés.

Il en va tout autrement au XVIIe siècle.

D'abord avec les *croquants de Saintonge* en 1636. Les vignerons de Saintonge, de l'Angoumois et du Poitou se sentent trop défavorisés par rapport aux Bordelais qui vendent leurs vins plus aisément et à meilleur compte. Ils doivent passer par l'intermédiaire de commissionnaires « estrangers » qui gardent pour eux le meilleur des profits. Par ailleurs, des droits trop lourds sur la vente de détail enchérissent tellement leur vin que le paysan ne peut plus vendre et laisse ses vignes en friche. Ou bien il vend son vin à vil prix pour en faire de l'eau-de-vie. Quasiment toutes les familles du terroir se retrouvent endettées. Précisément, lorsque au printemps les huissiers apportent les « ordres de payer », les paysans de la région constatent que les impôts ont plus que doublé. Le soulèvement est immédiat. En quelques jours, de la Loire à la Garonne, toutes les provinces sont en révolte. Les révoltés s'organisent en « communes », forment vite de véritables armées, les hommes se distribuant « en douze ou quinze compagnies conduites par les curés, tous lesquels marchant en bon ordre, au son de quelques fifres et violons par faute de tambours ». Les *croquants*, les appelle-t-on. Le 6 juin, à la foire de Blanzac, ils sont quelque 8 000 « furieux » à manifester, dont une bonne moitié armés de piques et d'arquebuses, et mêlés d'anciens soldats qui ont servi soit dans les armées catholiques, soit dans les troupes protestantes. Effroyables mêlées. Ceux d'Angoumois tentent d'envahir Angoulême à l'occasion d'une foire, afin d'y massacrer les agents du fisc. Ils y échouent, mais se retrouvent à 40 000, affamant les villes, barrant les routes, menaçant de brûler les maisons de campagne des bourgeois citadins. Ils poussent clameur sur clameur contre les collecteurs d'impôts. Ils mettent en pièces un pauvre chirurgien soupçonné d'être gabeleur ; « après l'avoir mis tout nu et luy avoir coupé un bras, ils lui auraient fait faire un tour de foire et puis auraient parachevé de le tuer ». Puis ils rédigent un mémoire où, tout en se disant bons Français, ils exposent leurs griefs. Ils disent s'être uniquement révoltés « pour que leurs clameurs puissent parvenir jusqu'aux oreilles du Roi et non de ses ministres qui le conseillent si mal ». Ils complètent leur organisation. Ils s'exercent aux armes. Ils se munissent de « poudres ». Ils bloquent ville sur ville. Ils protestent « vouloir mourir plus tost que vivre davantage soubs la tirannie des Parisiens ». Peu importe si ces révoltés n'ont aucune vue d'ensemble, n'imaginent d'autres réformes que dans le cadre du village, n'en soupçonnent pas la portée, ne soutiennent aucune thèse révolutionnaire. L'incendie ne cesse de gagner. La sédition gagne Nantes, puis le Limousin. On signale même des mutins à Le Blanc, en Berry. De Rennes à Périgueux, c'est un bon quart du royaume qui flambe. A son tour, voici le Poitou atteint. L'autorité royale n'est pas mise en péril parce que les divers mouvements manquent de coordination entre eux. Ils se défendent d'être contre le Roi ni contre l'Eglise. Il n'en reste pas moins que le Cardinal doit envoyer des troupes contre les rebelles et confier au baron de Brassac pleins pouvoirs pour disperser les insurgés. Heureusement, dans le même temps, en grand maître de la politique, il négocie. Sur sa recommandation, Brassac promet même une amnistie totale. Les paysans acceptent de discuter. Ils se réunissent à Saintes avec des membres de la petite noblesse et du bas clergé. Les voici à présenter des revendications déjà dignes d'un tiers état. Pour la première fois, des contribuables osent se targuer de leur ordre. Ils se proclament « le foie du corps qui distribue le sang aux autres parties ». Ils dénoncent non sans raison la « contrainte solidaire, en vertu de laquelle la part des insolvables doit être acquittée par ceux qui ont déjà payé ». Ils voient Brassac. Finalement, le Cardinal sait prendre toutes les mesures d'apaisement nécessaires. Les esprits se calment, même si les révoltés se disent prêts à reprendre les armes et, au cas où le pouvoir manquerait à sa parole, à sonner à nouveau le tocsin pour mettre en fuite collecteurs et gens d'armes. Le Cardinal n'a plus, par prudence, qu'à recourir aux forces surnaturelles : il conseille au Roi de vouer la France à Notre-Dame, ce qui est fait, et commande de répandre partout qu'une révolte ne peut être que l'œuvre du diable et que tout rebelle perd son âme...

Et à nous, en 1637, les *croquants du Périgord.* Au Périgord, pays pauvre, aux forêts profondes, aux chemins sinueux, de circulation difficile, semé de châteaux campés sur des sites inattaquables, soumis à des gentilshommes arrogants qui veulent préserver la plénitude d'une autorité jalouse, la rébellion contre l'impôt royal est pour ainsi dire endémique. Les habitants mènent une sorte de campagne perpétuelle contre les officiers royaux de Périgueux, ceux de la sénéchaussée et tous ces citadins qui, exempts de la taille, se gonflent de toutes les vanités. Mais cette rébellion-ci, partie en avril de la forêt de Vergt, est plus vive — et d'autant plus redoutable qu'inattendue. Les paysans, soudain déchaînés, assiègent et prennent plusieurs châteaux, incendient plusieurs maisons de citadins sur la route de la ville. Ils s'assemblent jusqu'à se compter plus de huit mille. Ils se donnent pour chefs des gentilshommes qui leur sont favorables, tels Antoine du Pruy, sieur de La Mothe La Forest, demeurant au Château-Barrière, et Léon d'Albert de Laval, seigneur de Madaillan-La-Sauvetat. On s'empare de Bergerac, d'autant plus aisément que la garde n'a pas de munitions. On promet à la potence tous les gabeleurs. Les griefs sont multiples : les exactions commises par les troupes en marche vers le Pays basque pour y combattre les Espagnols ; le fisc ruinant la paysannerie alors que la guerre empêche les exportations de bétail, de vin et de châtaignes ; « mille taxes nouvelles *inconnues de nos pères* ». La Mothe se proclame « général des communes de Périgord ». Il s'adresse fièrement à Louis XIII pour lui demander justice. Il dénonce « les larroneaux qui mangent jusques aux os les pauvres laboureurs et leur ont mis les fers aux mains et changé leurs socs en armes pour demander justice à Votre Majesté ou pour mourir en hommes ». Les communes de l'Agenais se joignent au mouvement. C'est de nouveau la guerre civile. Les paysans périgourdins ne redouteraient-ils plus le Diable dénoncé par le Cardinal ? Mais, cette fois, le pouvoir refuse de traiter. Il mobilise de grandes forces, aux ordres du duc de La Valette. L'affrontement s'engage à La Salvetat. Une vraie bataille. Un millier de croquants et deux cents soldats restent sur le carreau ; La Salvetat est brûlée. Puis se produit le divorce habituel entre la noblesse et les paysans ; les gentilshommes négocient, offrent de se soumettre en échange de leur sûreté. Alors, le mouvement s'essouffle. On abandonne Bergerac sans combat. Les croquants s'évanouissent dans les forêts.

Et à nous, en 1639, les *nu-pieds de Normandie*. Les révoltes éclatent là dans un pays épuisé par « la maladie contagieuse » (la peste) et par la crise économique qui en a résulté. Avranches, Coutances, Caen, Rouen ont été particulièrement touchées. A Condé-sur-Seulle, la plupart des habitants sont morts. Dans tous les villages, on signale d'effroyables pertes. Comme quoi nombre de bleds de paroissiens se sont trouvés abandonnés. On retrouve tous les champs « pourris, mangez des bestes, pour n'avoir peu trouver qui en voulut moissonner ». Dans « la véhémence de cette affliction », la plus grande partie des bestiaux ont été dérobés. Et voici que la surcharge pèse sur les survivants, sur qui retombe la part des morts dans l'impôt de répartition. Voici même que les pays de quart-bouillon vont être transformés en pays de gabelle. Autant réduire des milliers de paysans à la famine. Or, la province est déjà l'une des plus imposées du royaume. Les soldats qui y sont cantonnés coûtent cher (en un mois, une garnison coûte autant qu'une seconde taille), et, lorsqu'ils ne sont pas payés de leur subsistance, commettent les pires excès, s'affrontent durement avec la population. (Le 21 novembre 1638, à Verneuil, le maire et les échevins font sonner le tocsin et armer le peuple contre la venue de chevau-légers du Cardinal ; le cas n'est pas unique, loin de là.) Pire encore, la province doit consentir à des levées de troupes pour la guerre : non seulement elle a à les vêtir et à les nourrir, mais c'est autant de bras de moins pour les travaux des champs. Chaque paroisse (300 habitants en moyenne) doit lever, vêtir, armer trois ou quatre soldats : c'est une charge jugée écrasante. Ajoutons les méfaits des prisonniers espagnols : en juillet, un millier d'Espagnols en route vers les Flandres sont capturés en mer par un preux amiral et débarqués en Normandie ; ils sont gardés si négligemment qu'en juillet six cents s'enfuient, au moment même où le Bas-Cotentin se révolte ; ils se répandent à travers les campagnes, saccagent tout sur leur passage. Enfin, interviennent nombre de gentilshommes, virtuoses dans l'art de « contrebander le sel », qui poussent les paysans à refuser de payer les tailles, prennent leur défense face aux soldats envoyés en logement, les excitent contre tous receveurs, huissiers et sergents. Ils finissent par ameuter des foules. Ainsi éclate la révolte des *nu-pieds*, du nom des sauniers de la région d'Avranches, qui marchent nu-pieds sur la grève. La rébellion va durer plus de cinq mois, d'autant plus grave qu'elle se double de la rébellion des *bras-nus* de la région de Caen. La fièvre monte rapidement. Des maisons flambent. Le très innocent Poupinel, lieutenant au présidial de Coutances, à tort suspecté d'être un ennemi des « justes », se fait surprendre par la foule : les fileuses, à Avranches, lui crèvent les yeux avec leurs fuseaux ; les porteurs de bois l'achèvent à coups de gourdin. La rébellion se révèle singulièrement dangereuse dans le Sud-Cotentin. C'est une région de sol granitique, imperméable, misérable. Le paysage y est déjà le bocage : des champs tout petits, enclos de « fossés », c'est-à-dire de talus plantés d'arbres et de haies ; des rivières encaissées ; des croupes arrondies ; des chemins qui serpentent ; des horizons fermés. Les cultures sont maigres : du seigle, du sarrasin. Les herbages sont rares. La lande domine. Sans le petit sel blanc et la pêche, le pays ne pourrait vivre. Les exploitations, trop limitées, trop morcelées, sont fragiles. La productivité est dérisoire. Deux mauvaises récoltes suffisent à mettre les cultivateurs à bout. Tel est le cas. Voici s'organiser du coup ce qu'on appelle l'« armée de souffrance » — avec des sergenteries commandées par des brigadiers. Les rebelles ravagent vite la région de Coutances et celle de Vire. Le général en chef, un ancien vicaire, se nomme Jean-Nu-Pieds. L'étendard porte l'image de saint Jean Baptiste, l'annonciateur des temps nouveaux. Des curés — non moins pauvres que les plus pauvres gens — sont là pour la bénédiction. De nombreux nobles, pauvres eux aussi, sont du mouvement. On publie un « Manifeste du Haut indomptable Capitaine Jean Nu-Piedz », imprimé à Avranches. On ne se borne pas à exiger la suppression de tous les impôts créés depuis Henri IV. On rêve d'un communisme conforme aux Actes des Apôtres. On invoque les plus illustres révolutionnaires de l'Antiquité pour convier nobles et bourgeois à mettre à bas l'ordre établi. On exhorte Paris à suivre le sublime exemple. A les entendre, tout le royaume pourrait prendre feu. Mais les autres provinces refusent de se solidariser avec « telle folie ». La majesté royale garde sa puissance. La majorité des Normands ne se laisse pas entraîner à la rébellion. Surtout, le Cardinal envoie sur place des troupes d'élite — des régiments étrangers —, quatre mille hommes placés sous les ordres du colonel de Gassion, un vétéran de la guerre de Trente Ans. Au total : huit régiments d'infanterie et plusieurs cornettes de cavalerie, qui entrent en Basse-Normandie comme ils entreraient en terre espagnole. En éclair, Gassion occupe Caen. Il fait « beaucoup de dégast ». A Avranches, il lui suffit de deux heures pour écraser les rebelles. Le chef des révoltés caennais, Brasnud, est rompu vif. Le pays est abandonné à la soldatesque. Les pendus se balancent aux arbres et aux créneaux d'Avranches. Le prêtre Bastard est exécuté sur les remparts. Une bonne centaine de nu-pieds est envoyée aux galères. Le Cardinal félicite Gassion d'être impitoyable. Encore sa vigueur est-elle peu de chose comparée à la cruauté froide du chancelier Séguier. Il arrive au milieu de nouvelles troupes, muni de pouvoirs absolus. Il déchaîne une répression implacable. En vain Corneille écrit-il *Cinna* pour rappeler la clémence d'Auguste. Tel un sultan, Séguier libère de tous freins ses troupes qui multiplient les exécutions. Un lourd silence s'abat sur la province vaincue.

Et à nous, en 1675, les *torrében de Bretagne*. De fait, ici, toute la responsabilité du drame incombe aux gentilshommes locaux. De drôles de gentilshommes. Des gentilshommes-paysans, non moins pauvres que leurs laboureurs. Ils vivent comme des paysans, dans de lugubres manoirs de pierre grise, réduits à quelques pièces sombres, pauvrement meublées, à petites fenêtres rares. Certains doivent labourer eux-mêmes leurs quelques champs. Ils y arrivent, au côté l'épée, « insigne et ornement de noblesse », la posent à l'entrée du labour, empoignent la charrue. Le travail fini, ils reprennent leur épée. Dans le seul diocèse de Cornouaille, on compte au moins trente de ces familles nobles besogneuses. Comment cela ? demandera-t-on. Car la Bretagne est classée comme province riche. Elle exporte de grandes quantités de grains, du froment, du seigle, dans les provinces voisines et, au-delà, dans nombre de pays d'Europe, jusqu'en Baltique. Elle tisse des toiles à voile, des toiles à linge, des draps, des étamines, des serges, elle tricote des bas, des chausses, des chaussons et tout cela se vend au loin, jusque dans les Indes de l'Atlantique. C'est exact. Sauf que peu de Bretons en profitent. La plupart des seigneurs sont eux-mêmes à portion congrue. Les paysans n'ont guère d'excédents disponibles dans une région de terres maigres, à une époque où les engrais manquent. Ils doivent en personne porter les grains au marché le plus voisin, pour se procurer les quelques monnaies nécessaires à s'acquitter des impôts royaux et à payer les rentes en argent. Si beaucoup d'entre eux font filer le chanvre et le lin à leurs femme, filles et servantes, c'est pour n'en tirer que de maigres bénéfices : le plus important profit va aux marchands qui avancent au paysan le chanvre et le lin, puis ramassent les étoffes et les exportent. Or, voici le nœud du malheur : les seigneurs, réduits à une sorte de misère, n'en sont que plus diligents à exiger rigoureusement tous leurs droits. Autant voir des pauvres taxer des pauvres. Ils chicanent sur tout, lèvent péage sur péage, palabrent sur tous les champarts, cherchent toujours à soutirer un maximum de gerbes, imposent de lourdes et de nombreuses corvées. Les paysans en viennent à ne plus supporter une si coûteuse tutelle. La plupart sont de simples « closiers », propriétaires d'une petite maison basse, de quelques bouts de champ, d'un cheval ou deux, de quelques vaches. Tout ce monde, laissant le froment et le seigle pour pouvoir payer les redevances, vit de galettes de sarrasin, de bouillie de mil, d'eau claire. Epidémies et maladies ravagent une population d'êtres humains petits, rabougris, violents, brutaux, ivres dès qu'ils le peuvent. Mendiants et vagabonds pullulent, qui pillent, détroussent, terrorisent le tout-venant. Alors, fatalement, un jour, on éclate dans la fureur. On s'en prend à tout le monde : aux officiers haïs de M. de Louvois, aux receveurs, aux fermiers d'impôts, plus encore aux gentilshommes qui multiplient les tracasseries et les exigences. Deux foyers de rébellion principaux : la Cornouaille et la région de Carhaix ou « pays de Poher », collines au relief confus, bocage qui donne l'impression d'une forêt hostile, restes d'anciens bosquets de hêtres, chemins encaissés, haies épaisses, vallons marécageux, manoirs isolés à la merci d'un coup de main. Le 9 juin, le tocsin sonne à Châteaulin et dans une trentaine de paroisses du voisinage ; des bandes de paysans furieux armés de fusils, de mousquets, de fourches, de bâtons ferrés, marchent sus « au grand gabeller », le marquis de La Coste, qui échappe de justesse au pire sort. Ils sont vite à milliers. Cent paroisses se rebellent. On pille même les caves et greniers du couvent des carmes de Pont-l'Abbé, qui est seigneurie ecclésiastique — comme quoi les religieux signent dare-dare une renonciation aux corvées. On attaque manoir après manoir. Il sera question de deux cents châteaux pillés. Les révoltés semblent vouloir tout casser. « Les bonnets bleus », les dénomme Madame de Sévigné dans ses lettres, car le bonnet bleu est la coiffure coutumière des pêcheurs. *Torrében*, préfèrent-ils s'appeler, ou *casse-tête*. Ils proposent un « code paysan ». Ils demandent la suppression de tous les droits seigneuriaux comme attentatoires à « la liberté de la province armorique ». Ils décident d'envoyer six députés aux Etats provinciaux, et de leur fournir à chacun un bonnet et une camisole rouges, avec un haut-de-chausse bleu. Ils exigent abolition des champarts, des corvées, des dîmes, de la banalité du moulin et réduction des droits sur le vin reçu de l'étranger. L'argent des « fouages anciens », disent-ils, devra être employé à acheter du tabac, distribué avec le pain bénit aux messes paroissiales. Autres réclamations : le droit de chasse sera réglementé (à interdire du 1er mars au 15 septembre) ; les colombiers seront rasés ; pleine liberté sera rétablie pour tous de tirer sur les pigeons ; recteurs et curés seront salariés par leurs paroissiens ; la justice ne sera plus rendue par le seigneur, mais par un juge salarié ; les mariages seront permis entre noblesse et paysannerie ; les successions seront partagées équitablement. Ce « code paysan » devra être lu et publié aux prônes des grands-messes et affiché à tous les carrefours. Et l'épouvante de s'emparer de toute la Bretagne. Mais, encore une fois, le pouvoir réagit promptement et rudement. Il y emploie un maximum en gardes françaises, gardes suisses, mousquetaires et dragons. Le duc de Chaulnes a consigne de ne pas faire de quartier. Il fait ce que doit. Il fait raser les clochers des paroisses qui tardent trop à se soumettre. Il fait pendre les meneurs à un chêne devant le château de Cosquer. Il envoie aux galères les rebelles « les plus enragés ». Comme le Périgord, comme la Normandie, la Bretagne est à son tour domptée.

Et, sur la fin du règne, à nous en 1707 la révolte des *tards-avisés*. L'intendant du Haut-Quercy est assiégé dans Cahors par plus de dix mille paysans. Pour y mettre bon ordre, il faut faire appel aux rudes dragons qui viennent de combattre les camisards des Cévennes. « Pas de pitié pour les gueux », a commandé le vieux roi. L'ordre est strictement exécuté.

Ce serf qui ne veut plus être paria

Dans les mêmes temps, la seigneurie n'en manque pas moins d'évoluer.

Famine, peste, guerres, révoltes, bouleversements de toutes sortes peuvent se déchaîner, l'érosion continue de ronger en profondeur les vieilles institutions féodales.

Au passage, bien des vieilleries tombent.

Non que l'armature médiévale subisse un bouleversement total. Les droits du seigneur sur ses tenanciers qu'on se met à appeler ses vassaux subsistent. Les tenures restent les mêmes dans le principe sous Louis XIV que sous saint Louis et sous François Ier.

Mais à deux importantes exceptions près : la décadence des justices seigneuriales ; la transformation profonde ou la disparition du servage.

Sans doute les juridictions seigneuriales ne sont-elles pas mortes. Seule la Révolution les tuera. Beaucoup d'affaires leur sont encore transmises. Mais elles sont beaucoup moins lucratives et puissantes que par le passé. Dès le XVIe siècle, une règle de droit interdit au seigneur de siéger en personne ; il dut alors instituer un juge professionnel et, partant, le payer — en argent comptant. Les cardinaux-ministres, Mazarin comme Richelieu, ne reviennent pas sur la décision. On en reste là. Pour le seigneur, il y va d'une charge assez lourde. Le produit des amendes, des épaves et des confiscations ne fait pas compensation. Les tribunaux d'Etat font aux justices seigneuriales une terrible concurrence. Ils s'adjugent d'autorité bon nombre de causes. La justice royale éclipse la justice seigneuriale — d'où, pour celle-ci, beaucoup d'ennuis et de frais, une perte sensible de pouvoir et de prestige. Mais tel est le cas irrémédiable, que les seigneurs doivent accepter bon gré mal gré.

Une identique évolution se marque sur les vicissitudes que rencontre le servage. De la société de l'an mille, on peut dire qu'elle se fragmentait en une infinité de groupes serrés autour de chefs, eux-mêmes dépendant d'autres chefs : groupes de serfs ou de tenanciers, « mesnies » vassaliques. C'était une organisation à la verticale. A partir du XIIIe siècle, au contraire, la masse se hiérarchise par couches horizontales : de grandes unités administratives, principautés, Etat, englobent ou étouffent les petites seigneuries ; la ville donne l'exemple ; la « commune » se donne pour principe de base le serment d'aide mutuelle entre égaux, qui remplace le vieux serment d'obéissance et de féalité, prêté d'inférieur à supérieur. Dès lors, partout, le sens des liens de dépendance va en s'affaiblissant, encore que le rythme en soit plus rapide chez certaines provinces que chez d'autres. Or, le servage était par sa nature profonde un des éléments majeurs du système de sujétion et de protection. Il était admis de tous que le serf avait été conçu sur terre comme d'une caste inférieure. Dès le XIIIe siècle, on tend précisément à ne plus le tenir d'une classe à humilier. Le XVIIe ne fait, à son tour, qu'appuyer la tendance, et d'autant que le servage tend désormais à se fixer moins sur la personne que sur la terre.

L'évolution est lente, mais sûre, vers la libéralisation.

XIIe siècle : le christianisme, qui imprègne toute la structure sociale, fait reconnaître au serf certaines aptitudes personnelles et attribue, par exemple, une valeur religieuse à son mariage. D'autre part, de très nombreux serfs sont installés sur une tenure ; ils échappent ainsi largement à la tutelle économique du maître, disposent librement des fruits de leur travail. On en finit définitivement avec l'époque carolingienne où travailler « quand on en reçoit l'ordre » était le lot des *servi*, alors véritables esclaves. Le service des serfs se retrouve limité à des obligations très définies. Enfin, sur les paysans libres, leurs voisins, s'appesantit une forme d'autorité privée, le droit de ban, qui leur impose un service très semblable à celui des serfs. Si bien que les différences de statuts s'estompent dans la paysannerie ; la qualification juridique de servitude disparaît même dans bien des provinces, et l'ensemble des « rustres » est soumis à une dépendance personnelle que caractérisent des charges particulières : le *chevage* (taxe en argent annuelle généralement assez faible, mais symbolisant la dépendance) ; la *mainmorte*, prélèvement sur la succession ; le *formariage*, levé lors de mariages conclus hors la communauté ; enfin la *taille arbitraire*, ponction opérée par le maître sur les biens mobiliers des paysans soumis à son autorité (charge qui n'est fixée ni par une convention écrite ni par une coutume solidement établie, que le seigneur exige à son gré). Et peu à peu, de actes d'affranchissement collectif ou individuel exemptent une portion de plus en plus large de la paysannerie de ses obligations.

XIIIe siècle : les actes d'affranchissement se multiplient. Sans doute est-ce que les obligations caractéristiques de servitude s'effacent progressivement par simple désuétude, même si c'est par actes exprès, par *manumissions* dûment scellées, que les serfs, tantôt un par un, ou du moins ménage par ménage, tantôt par villages entiers, reçoivent leur liberté. Peu importe si cette liberté leur est moins donnée que vendue. Car, si l'affranchissement passe, béni par l'Eglise, pour un geste pieux, une « grant aumosne, comme dit Beaumanoir, un de ces actes qui vous font mériter le paradis éternel, si on se réfère dans les prières au Livre sacré pour mieux honorer les splendeurs de la *liberté naturelle* », les manumissions sont de fait de solides contrats en bonne et due forme, dont les clauses sont débattues et rudement discutées. Si le seigneur renonce à des droits fort lucratifs, n'oublions tout de même pas qu'ils sont de perception irrégulière et incommode, et qu'il préfère dès lors être payé en espèces sonnantes et trébuchantes. Disons que les « deniers de la liberté sont lourds », mais que la liberté est encore plus rayonnante que le plus vif argent.

XVe siècle : l'affranchissement des serfs, en général, est même conçu comme une excellente affaire par les administrateurs des grandes fortunes seigneuriales. On finit par le pratiquer systématiquement. Par ailleurs, la crise des fortunes seigneuriales y conduit fatalement. Trop de guerres ont fait trop de mal. Il n'y a plus qu'horreur dans ces campagnes « où l'on n'entend plus chanter ni coq ni poule ». Beaucoup de paysans se sont déracinés, pour chercher refuge sur les îles des fleuves, ou se cacher dans les forêts en des cabanes de branchages, ou s'entasser dans des villes pourtant ravagées par les épidémies. Des villages entiers se retrouvent à l'abandon. Un témoin dit ne voir qu'« espions, buissons et autres encombrements ». Beaucoup de domaines sont ruinés. Le seigneur cherche gain sur toute aubaine.

XVIIe siècle : reste la honte d'être serf. Certes, tous les serfs ne sont pas taillables, moins encore corvéables « à merci », mais être tant soit peu l'un ou l'autre, c'est se voir par là même tenu pour un serf. Le vilain rêve des temps où il ne portera plus ce nom de serf, marque trop humiliante. Au vrai, de tout temps, le servage n'aura-t-il pas été une « macule », la marque infamante du galérien au fer rouge ? Mais ce rêve devient de plus en plus poignant à mesure que la protection du seigneur devient moins évidente et que vient la conscience trop aiguë d'infériorité de classe. Moins le serf est protégé, moins il court de dangers, plus il se sent paria.

Du moins, peut-il parfois être heureux ?

Consultons les Lettres et les Arts, à la recherche d'un miroir.

D'une part, il y a nombre de textes qui vantent les charmes de la vie pastorale, tel celui-ci : « Les enfants les plus jeunes conduisent les moutons dans les pâturages ; les autres, qui sont plus grands, mènent déjà les grands troupeaux ; les plus âgés labourent avec leur père. Cependant, la mère de toute la famille prépare un repas simple à son époux et à ses chers enfants, qui doivent revenir fatigués du travail de la journée ; elle a soin de traire ses vaches et ses brebis, et on voit couler des ruisseaux de lait ; elle fait un grand feu, autour duquel toute la famille innocente et paisible prend plaisir à chanter tout le soir en attendant le doux sommeil ; elle prépare des fromages, des châtaignes et des fruits, conservés dans la même fraîcheur que si on venait de les cueillir. Le berger revient avec sa flûte et chante à la famille assemblée les nouvelles chansons qu'il a apprises dans les hameaux voisins... Tous les maux du travail finissent avec la journée. Les pavots, que le sommeil, par l'ordre des dieux, répand sur la terre, apaisent tous les noirs soucis par leurs charmes et tiennent toute la nature dans un doux enchantement... Heureux ces hommes, sans ambition, sans défiance, sans artifice, pourvu que les dieux leur donnent un bon roi ! »

Les paysans et paysannes que La Fontaine introduit dans ses *Fables* n'expriment guère misère.

Les frères Le Nain — Antoine, Louis et Benjamin —, peintres picards originaires de Laon exerçant à Paris, produisent deux mille tableaux, dont soixante-quinze subsisteront, tous consacrés à la vie des paysans. Mais nous savons qu'ils ne peignent ces « gueuseries » que pour se conformer à une mode qui déferle alors sur Paris. Dans leurs œuvres, convention et arbitraire ont trop grande part. Par ailleurs, à l'évidence, au vu de nombreux détails, les modèles sont des cultivateurs qui ont leurs aises.

Le graveur Jacques Callot, fils d'un héraut d'armes de Nancy, cisèle avec un immense talent ses *Gueux*, mais des gueux qui n'en sont vraiment pas. Sa paysannerie est à l'eau de rose.

Georges de La Tour est génial pour nous donner *La Femme à la puce*, *L'Adoration des Bergers*, *Le Joueur de vielle*, mais il n'a aucun souci d'exactitude. Il y a là beaucoup de sérénité. Pas le moindre signe dramatique.

A l'opposé, on fait figurer le fameux texte de La Bruyère, dans ses *Caractères*, datés de 1688 : « L'on voit certains animaux farouches, des mâles et des femelles, répandus par la campagne, noirs, livides et tout brûlés de soleil, attachés à la terre qu'ils fouillent et qu'ils remuent avec une opiniâtreté indicible ; ils ont comme une voix articulée, et quand ils se lèvent sur leurs pieds, ils montrent une force humaine, et en effet ils sont des hommes. Ils se retirent la nuit dans des tanières, où ils vivent de pain noir, d'eau et de racines ; ils épargnent aux autres hommes la peine de semer, de labourer et de recueillir pour vivre, et méritent ainsi de ne pas manquer de ce pain qu'ils ont semé. »

Pour dire vrai, ce texte appelle d'ailleurs beaucoup de réserves.

M. Jean de La Bruyère, soi-disant moraliste, né à Paris (1645), mort à Versailles (1696), fils d'un contrôleur général des rentes de la Ville de Paris, diplômé de l'université d'Orléans, achetant à vingt ans la charge de trésorier de finances de Caen où il ne mettra jamais les pieds (charge qu'il revendra avec gros bénéfice), recruté à Chantilly pour enseigner l'histoire à Louis de Bourbon, petit-fils du Grand Condé, gavé de faveurs, puis restant attaché à la cour des Condés à titre de « gentilhomme secrétaire », ce qui lui permet d'approcher du monde à la cour de Versailles, disciple de Bossuet sans rien avoir d'un philosophe, est un citadin total. Il n'a jamais vu de près la vie paysanne. Il n'aura laissé des gens de la campagne que cette courte pochade, aussi hâtive que négligée, dont il n'imagine pas la fortune posthume qu'elle aura. Il s'agit plutôt d'un texte caricatural. A quarante ans, dans les années 80 de son siècle, il nous montre des *animaux farouches, noirs, livides et tout brûlés de soleil* (comment du reste ces pauvres gens peuvent-ils être à la fois charbonneux et pâles ?). Ces animaux farouches *fouillent et remuent la terre* — mais n'est-ce pas leur métier ? — *avec opiniâtreté* (cela se discute peu que l'on soit moins fainéant à la campagne qu'à la ville). Ils vivent *dans des tanières* (voici un mot familier du langage courant du bourgeois qui méprise le vilain), *de pain noir, d'eau et de racines* (mais oubliant que les grands Condés font des repas de « racines » aux jours maigres). De fait, il finit par camper face à des lecteurs superficiels et vaniteux qu'il flatte des hommes rudes, accrocheurs, acharnés, sobres, tous traits à l'honneur des manants qu'il méprise.

Mais feignons de prendre la pochade pour argent comptant.

Supposons que telle est la réalité.

Il y a bien chez nos artistes deux visions opposées de la vie paysanne.

Ici, le paysan est la bête humaine.

Là, le bon et doux pâtre joue aimablement du pipeau.

Inévitablement, force est d'imaginer la vérité à distance égale des deux visions.

D'une part, le paysan aime danser et chanter ; il a ses loisirs ; il peut être artiste dans son travail, ainsi quand il taille ses arbres ou fait son vin.

D'autre part, il est clair que le XVIIe siècle — même compte non retenu des catastrophes — ne lui est pas favorable.

Le Roi-Soleil néglige l'agriculture. Le paysan est le grand sacrifié de la période.

Même un grand ministre comme Colbert tient les problèmes ruraux pour très secondaires. Son action se limite à exempter de la taille les familles villageoises nombreuses et à interdire de saisir les instruments aratoires et le bétail de labour quand le paysan n'a pas acquitté ses impôts. Colbert voit l'agriculture avec des yeux d'industriel, autant dire qu'il n'y comprend goutte.

La fiscalité est très lourde, la misère très grande.

Des prélats comme Fénelon font chorus avec des hommes d'Etat comme Vauban pour attester la détresse des campagnes. Fénelon, en 1693, va jusqu'à écrire au roi que la France est devenue « un grand hôpital désolé et sans provisions ». Pendant la guerre de la ligue d'Augsbourg, un témoin dit qu'« on meurt de faim au chant des *Te Deum* ».

La maréchaussée ne vient pas à bout des brigandages, qui n'auront jamais autant sévi.

Colbert vient-il à disparaître, on « saisit » à nouveau les paysans qui doivent des arriérés d'impôts. On prend tous les meubles, y compris les portes.

Dans l'ensemble, on estimera que le total des impôts absorbe le tiers du revenu dans les bonnes terres, les quatre septièmes dans les terres médiocres. Toute la paysannerie française est hérissée contre l'impôt du sel, la trop fameuse *gabelle*, impôt d'autant plus injuste qu'il est inégal d'une province à l'autre.

Exploités par une armée de commis sans âme ni vergogne, les impôts indirects — les *aides* — ne sont pas moins abhorrés. On n'arrête pas de payer des péages. Les corvées sont devenues trop tracassières, voire trop inhumaines : quand il s'agit de construire l'aqueduc de Maintenon, les paysans qui y sont requis, mal nourris, peinent dans d'épouvantables conditions d'hygiène, meurent à centaines.

Même en oubliant la peste et les guerres, il faut connaître des années catastrophiques. Les inondations de l'année 1651 sont si désastreuses qu'elle est surnommée l'« année du déluge ». L'accumulation des années de mauvaise récolte est telle qu'elle donne de dramatiques famines — 1629-1630 — 1648-1651 — 1660-1661 — 1693-1694 — 1709-1710. Les importations de grains de pays neufs comme la Pologne suffisent à peine à nourrir les grandes villes. La population paysanne meurt de faim.

Il n'y a pas à s'étonner si, la peste et les guerres aidant, la population française tombe de 20 à 12 millions d'âmes.

Une agriculture trop routinière

Et quel immobilisme !

Car l'agriculture du Roi-Soleil invente peu.

Elle n'a aucune imagination.

La charrue ne s'est pas imposée partout ; on en reste encore trop souvent à l'araire.

On manque de bétail, donc de fumier.

La culture essentielle reste celle des « blés », c'est-à-dire des céréales, parmi lesquelles le froment est toujours classé comme produit de luxe, car son rendement par unité de surface est faible, surtout dans les terres pauvres.

Comme chaque graine donne peu, on sème serré, ce qui tend à étouffer les pousses.

Pour la moisson, toujours faite à la faucille, on manque de main-d'œuvre — à ce point que le paysan pauvre préfère glaner après moisson, ce qui lui rapporte presque autant.

Les récoltes sont si décevantes que les bourgeois, enrichis dans le commerce, plutôt que d'acheter des seigneuries, préfèrent investir dans les grandes affaires maritimes et commerciales.

On introduit bien quelques cultures exotiques.

Ainsi le *colza* (du nom hollandais *kolzaad*, « semence de chou ») reçu de l'Europe de l'Est, recommandé pour son huile et la richesse de son tourteau — et le *tournesol* ou *grand-soleil*, cadeau du Pérou, qui a des avantages identiques à ceux du colza.

On s'initie sous serre à l'*ananas*, découvert dès 1493 en Guadeloupe par Christophe Colomb.

On se réconcilie avec l'*abricot*, qu'on ne soupçonne plus de répandre les « fièvres ».

On expérimente le *cassis* — connu depuis cent ans.

On met à la mode l'*orange*, inventée par la Chine, rebaptisée *nagrung* par les Indiens (de *nagaranga*, maladie des éléphants qui se gavent d'oranges vertes jusqu'à indigestion), introduite en Syrie aux temps antiques, apportée par les croisés. C'est le connétable de Bourbon qui, au XVIe siècle, aurait acclimaté à Chantilly le premier oranger vu au nord de la Loire, mais il faut attendre la cour de Versailles pour la voir mieux savourer.

On a su garder de Catherine de Médicis le *haricot*, dont on ne sait dire s'il naquit aux Indes occidentales ou aux Indes orientales, à qui nous devons du moins les premiers cassoulets (parce que cuits en cassoles).

On essaie de développer la culture de la *tomate*, la « pomme d'amour », héritée dès le XVIe siècle des Andes par l'Espagne.

A nous le *topinambour*, apporté d'Amérique du Nord par Champlain — dit « pomme du Canada » avant d'être nommé « artichaut de Jérusalem », sans doute parce que ayant un vague goût d'artichaut.

Mais rien de sérieux n'est entrepris pour donner à une seule de ces cultures inédites une forte expansion.

Il en est de même pour le *maïs* (du caraïbe *mahis*, en espagnol *maíz*), introduit du Mexique en Andalousie à la fin du XVIe siècle, découvert en France sous Henri IV. A peine se diffuse-t-il un peu dans le Lauragais, où il entre dans l'alimentation populaire et devient article de marché. A Castelnaudary, on l'appelle le *millet gros* ; à Toulouse, le *millet d'Espagne* ; ailleurs sur les bords de la Garonne, *blé de Turquie* ou *blé de l'Inde*. On s'essaie à en faire des gâteaux, des pâtes, des bouillies, ce que l'on dénommera la *millasse* du Midi, la *polenta* d'Italie, les *gaudes* de la Bresse. En grain ou en fourrage, il pourrait être largement utilisé dans l'alimentation du bétail. Il peut constituer un excellent aliment d'engraissement et son insuffisance en choline peut en faire un produit de choix pour le gavage en vue de l'obtention des foies gras de volailles. Mais, excepté en Languedoc, il demeure cantonné dans les jardins et ne sert que de fourrage vert.

Les premiers paysans du tabac

Il n'en est pas autrement pour les pommes de terre et les petits pois que pour le maïs : on en demeure au stade de l'expérimentation.

Ni autrement pour le tabac.

Il y va pourtant d'une histoire captivante.

Christophe Colomb découvre la chose dès 1492 à Cuba, le Portugais Pedro Alvarez Cabral en 1500 au Brésil. Dès 1520, les Espagnols le cultivent à Cuba et à Saint-Domingue — avant de l'introduire en Espagne. La France doit de le connaître à un moine cordelier, André Thevet, originaire d'Angoulême, qui, autour de 1556, fait partie de l'expédition de Nicolas Durand de Villegagnon, débarqué à Rio pour conquérir le Brésil. Il voit les indigènes humer avec délices une drôle d'herbe roulée en tube mince dans une feuille, qu'on allume à un bout par un tison. Ils rejettent la fumée par le nez. Ils en semblent envoûtés. Il décide d'en rapporter quelques graines en France. Il en distribue aux paysans du voisinage de son couvent en Angoumois, ce qui fait donner à la plante le nom d'*herbe angoulvine*, puis celui d'*angoumoise* — encore que les indigènes brésiliens l'appellent *petun*.

En 1559, Jean Nicot, ambassadeur de France au Portugal, donne à l'aventure un coup de pouce décisif : il soigne à plein succès son cuisinier avec un emplâtre de cette herbe. Du coup, on afflue à Lisbonne pour s'en procurer. Du coup aussi, Nicot envoie du pétun en poudre à Catherine de Médicis pour soigner ses migraines. Toute la Cour se met à suivre les traitements préconisés par Nicot à base de ce remède universel, qui peut tout guérir et que le grand prieur François de Lorraine décide de mettre puissamment à la mode.

Le pétun, en pleine vogue, en reçoit toute une kyrielle de noms : *nicotiana*, *herbe à Nicot*, *herbe de la reine*, *médicée*, *catherinaire*, *herbe de M. le Prieur*, *herbe sainte*, *herbe à tous les maux*, *herbe à l'ambassadeur*, *panacée antarctique*. On ne l'appelle *tabac* qu'au tout début du XVIIe siècle (de *tabago*, le roseau ou cornet entourant les feuilles roulées) — le mot *pétun* n'abdiquant pas avant la fin du XVIIIe.

Toutes les vertus médicinales sont prêtées à cette herbe. Ainsi au début sa vente est-elle réservée aux apothicaires (qui la recommandent sous forme de lavements et de purges).

Mais, déjà sous Louis XIII, le produit est assez répandu sous forme de tabac à priser, de tabac à chiquer et de tabac à fumer « en pipe ». Il se forme même dès alors une industrie artisanale, alimentée, soit par des tabacs en provenance des Amériques, soit par des tabacs indigènes dont la culture commence à se développer, notamment en Guyenne, en Bretagne et dans les Flandres.

Dès 1637, le tabac s'implante dans la commune de Clairac qui s'enorgueillit bientôt d'être le berceau de la nouvelle culture, laquelle s'étend rapidement dans tout l'Agenais, d'autant plus qu'elle est totalement libre en France alors que de sévères droits de douane sont imposés aux tabacs « étrangers » (il est vrai vite objets d'une fraude intense).

En vain, dans plusieurs pays, le tabac est-il dénoncé comme un poison, à interdire. En Perse, Abbas Ier fait couper le nez aux priseurs et les lèvres aux fumeurs ; Amurat IV condamne tous priseurs à avoir le nez tranché. En Turquie, Mourad IV décrète que quiconque serait surpris fumant aurait le nez percé par un tuyau de pipe, puis serait promené sur un âne. Au Japon, tous fumeurs sont condamnés à l'esclavage. En France, Richelieu édicte des taxes très lourdes. En Chine, les fumeurs sont décapités. En 1642, le pape Urbain VIII, supplié par le doyen et le chapitre de l'Eglise métropolitaine de Séville, interdit l'usage du tabac dans les églises sous peine d'excommunication. Un temps, Louis XIII l'interdit. A Moscou, Michel Fedorovitch menace les fumeurs de soixante coups de bâton sur la plante des pieds.

Mais la France se fait finalement plus libérale. En septembre 1674, Colbert, par ordonnance royale, établit l'amorce d'un monopole avec privilège exclusif de la vente et de la fabrication du tabac. Quelques mois plus tard, ce monopole est cédé, moyennant redevance fixe annuelle, à la « Ferme des tabacs », laquelle réserve le privilège pour certaines régions précises, à savoir la vallée moyenne de la Garonne, le cours inférieur du Lot, certaines zones de Bretagne, la Lorraine et le Comtat Venaissin.

Pour ajouter au plaisir, en 1682, Louis XIV prescrit qu'on ne prise qu'une fois pendant l'office, mais que le curé fournisse le tabac ainsi prisé.

L'affaire est lancée.

Il n'en reste pas moins que les planteurs restent très indécis, redoutent les lendemains. Là encore, la timidité prévaut.

Les haras de Colbert

Par bonheur pour Louis XIV, le pâturage lui est plus favorable que le labourage.

D'une part, d'importantes améliorations techniques apparaissent. Pascal, par exemple, invente le *haquet*, transport des tonneaux que l'on hisse avec un treuil sur les deux brancards du véhicule, retenus par une simple corde (à savoir simplement que le système peut être fort dangereux quand les tonneaux s'évadent de leur lien).

On voit se créer la profession de maréchal-ferrant (du francique *marhskalk*, qui désigne le domestique chargé du soin des chevaux) — profession distincte de celle de forgeron.

D'autre part, Colbert crée les haras royaux. Peu importe si le monde rural reste attaché à ses « bidets » qui sont croisés sans distinctement. Colbert juge l'heure venue de préparer non seulement des chevaux de cavalerie, mais aussi plusieurs types de bêtes de trait affichant la marque de leurs origines et de leur terroir.

Que ne demande-t-on pas au meilleur ami de l'homme ! Véloce et endurant, il assure un service des postes qui satisfait tout le monde. Fringant, élégant, il enlève de sabot de maître les carrosses. Puissant, increvable, obéissant, il tracte les lourdes charrettes des « rouliers » d'un bout à l'autre du royaume. Il hale les chalands sur les cours d'eau. Il ne déroge pas en tirant des tombereaux de fumier. Il remorque les bateaux dans les ports. Il est devenu inséparable de la charrue et de la herse. Il s'attelle aux pièces d'artillerie. En livrée noir et blanc, il tire les corbillards. Il peut exécuter des danses artistiques. Il est irremplaçable pour la chasse à courre. Il enthousiasme les passionnés de courses. Paré, empanaché, il est de toutes les fêtes. Il trottine avec le fiacre. Il descend dans les mines. Spécialement dressé, il est voué au débardage du bois. Il achemine le poisson frais dans la capitale : ainsi les « ballons », voitures à deux roues, chargés de quatre tonnes de poisson, gardé frais sous les algues, attelés à des boulonnais, partant du Pas-de-Calais, en moins de 24 heures rejoignant à Paris leur place de débarquement, au boulevard... Poissonnière.

Et voici que, désormais, on apprend même à connaître les diverses races des chevaux de trait. Merci Colbert !

Voici l'*ardennais*, tout en puissance sans gigantisme, hanche large, jarret musclé, pied exceptionnellement sûr, familier des plateaux de roc, des pentes abruptes, des forêts touffues caractéristiques des paysages des Ardennes. Costaud infatigable et docile, il fit l'admiration des musulmans de Jérusalem, quand, en 1095, à l'appel d'Urbain II, Godefroi de Bouillon, duc de Basse-Lotharingie (futur duché de Brabant) et ses chevaliers ne voulurent pas d'autres montures pour aller délivrer le tombeau du Christ. On aura pourtant connu des croisements : déjà les Romains introduisirent en Ardennes des reproducteurs arabes ; Charlemagne reçut en cadeau du calife abasside de Bagdad des étalons que l'on retrouva dans les écuries ardennaises ; Godefroi de Bouillon lui-même ramena d'Orient des reproducteurs dont il dota des abbayes, ainsi la célèbre maison de Saint-Hubert, classée comme pratiquant un élevage de la plus haute qualité. Sauf qu'à présent les éleveurs tiennent plutôt à garder la pureté de la race, qui est exemplairement sobre. On dit que les ardennais se « contentent de si peu qu'ils peuvent boire dans un verre d'eau ». Pour tout dire, Turenne lui-même n'a voulu que des ardennais pour remonter un régiment de dragons.

Voici en Bourgogne l'*auxois* — qui y vécut déjà à l'état sauvage entre mammouths et aurochs — dit aussi « cheval de Solutré », cousin de l'ardennais.

Voici le *boulonnais*, le roi de la route du poisson. Comment peut-on allier tant de puissance à tant d'élégance ? Peser près d'une tonne et avoir un corps si délié, si harmonieusement dessiné ? A le contempler, on ne s'étonne plus de le savoir cité comme le roi des chevaux de trait, ou « le pur-sang des chevaux de trait ». Assez souvent, la race est même désignée comme la plus belle du monde. Inséparable de ce plat pays au climat si tonique qu'on y enverra plus tard en cure au Touquet des enfants souffrant de maladies osseuses, pourvu d'un squelette à toute épreuve, d'une morphologie irréprochable, d'une énergie inépuisable, il a été par excellence au Moyen Age le destrier préféré de la chevalerie, et le fait ne nous étonne pas. Ne nous disputons pas sur ses origines : les uns lui attribuent une origine britannique, des temps lointains où l'Angleterre n'était pas séparée du continent, d'autres le font descendre des chevaux importés par Jules César des provinces romaines d'Afrique et d'Asie. Il suffit de pouvoir contempler cette tête fine et courte, cet œil vif, cette masse qui peut aller jusqu'à neuf quintaux, cette incomparable mécanique au travail, cette somptueuse robe allant du gris le plus clair au pommelé foncé...

Voici le *percheron.* Il est peut-être le préféré de Colbert, qui, dans ses haras, fait soigner particulièrement ces superbes étalons qu'il recrute dans le Perche. Sans doute, à son propos, ne peut-on pas encore parler de race percheronne spécifique — elle ne se révélera qu'à la fin du XVIIIe siècle. Mais ces solides fils du Perche sont déjà ultra-demandés dans les foires de Mortagne et de Bellême, à L'Aigle comme à Nogent-le-Rotrou. On se les dispute autant pour le service des armées que pour l'attelage des carrosses et l'agriculture. Race à suivre.

C'est le 17 octobre 1665, par arrêt du Conseil du roi, que le grand ministre crée les haras publics — le premier étant installé peu après, le plus prestigieux devant être celui du Pin en Normandie, dont la construction est confiée à André Le Nôtre. Dès 1690, en France, 60 000 juments sont saillies par 1 636 étalons.

Littéralement passionné d'élevage, ce personnage pourtant jugé si froid qu'on le surnomme « Monsieur Nord » va jusqu'à beaucoup s'intéresser aux baudets du Poitou, enfants de mamans poitevines et de papas hollandais. Voici qu'on trouve à nos juments muletières un nouveau partenaire, fort beau, de sang espagnol, qui se révèle un amant idéal. D'où vient-il ? D'aucuns assurent qu'il est clandestinement acheminé d'Espagne par la mer, avec débarquement en Vendée. D'autres croient savoir qu'il y va d'un accord confidentiel négocié entre Louis XIV et la Couronne espagnole. Quoi qu'il en soit, les ânes hispaniques font merveille. Nous voilà avec les baudets les plus beaux de la terre, ligne élégante, dos droit, croupe courte, cuisses longues, belle robe baie touffue, longs poils en cadenette. Ah ! ces chers ânes, bien sûr dotés des organes génitaux les plus efficaces qui se puissent demander ! On les traite même en étalons-géniteurs totaux : on ne les ferre pas ; ils ne portent pas ; ils ne tractent pas ; on ne les monte pas ; ils ont pour unique vocation de procréer. Comme l'écriront Colette Gouvion et Philippe Krümm dans le superbe ouvrage consacré aux *Chevaux de trait* où ils racontent leur équipée : « Ils passent toute leur existence dans un box, souvent dans la pénombre, copieusement nourris, mais plus prisonniers qu'une odalisque dans le cloître des harems, ils ne sortent que pour la bonne cause : saillir le plus grand nombre possible de juments. » Il est vrai qu'ils peuvent accomplir des performances stupéfiantes : un seul étalon peut, en une saison, honorer de 50 à 80 juments, à raison de 5 ou 6 saillies par jour (que l'on nommera *bridées*) et tenir ce rythme durant 25 ans ! Simplement, aux périodes de monte, on suralimente le champion, et il faut toute une série compliquée de pratiques, de rites, de chants gaillards pour que le coquin s'arme en prévision de l'acte — pourtant d'autant plus aisément et voluptueusement que la jument est installée, entravée, queue fixée sur le dos, dans une pièce spéciale, l'*ânerie*, afin qu'elle soit mieux à portée du mâle. Si les amoureux ne sont pas encore d'accord pour les épousailles, il n'y a qu'à faire appel à toutes sortes de leurres plus lascifs les uns que les autres : on encapuchonne l'étalon pour lui ôter la vue, par exemple, et on lui fait passer sous les naseaux une ânesse en chaleur dont le parfum l'excite au maximum ; il n'y a plus, au moment fatidique, qu'à substituer savamment la jument à l'ânesse, avec accompagnement d'une musique dite érotisante, éventuelle participation d'un violoneux et agitation de grelots. Comment, du coup, les plus beaux produits ne seraient-ils pas exhibés et parés comme les plus racés des chevaux de sang ? En tout cas, faut-il que nos baudets noirs et velus soient distingués : magistrats, médecins et barbiers ne veulent pas d'autres montures...

Quant à l'élevage équin français, après la mort de Colbert, avec son successeur le marquis de Seignelay, il ne connaît qu'un problème préoccupant : comment débarrasser le pays du *bidet*, ce poney rustre, vilain, qui représente à lui seul l'antithèse du « cheval de tournure » avec sa taille humble et son allure commune. Or, le bidet pullule dans certaines provinces, particulièrement en Bretagne. C'est qu'il rend les plus précieux services, car il sert tout à la fois au bât, à la selle, au labour et aux charrois légers tout en se contentant d'une maigre pâture sur la lande. Mais il entre mal dans les classifications nobles que l'on veut instituer à tout prix. Alors, mort aux rustres ! L'exécution donne lieu à tout un vaste programme. Toutes dispositions sont surtout prises pour que les maudits ne se reproduisent pas. Aux inspecteurs généraux de leur livrer une guerre sans merci, avec mission prioritaire de traquer tous les animaux entiers lâchés parmi les juments, de les faire « couper » et de taxer de fortes amendes l'éleveur qui surveille mal ses bidets. Aux paysans d'avoir aux haras leurs poulinières pour les faire « servir » par des étalons sélectionnés. Il y a d'ailleurs espoir que de bons résultats soient finalement obtenus.

Mais le principal est acquis.

Grâce à Colbert, à ses haras, à toute une génération de *gardes-étalons* émérites qu'il fait former, voilà la France en position de posséder les toutes meilleures races chevalines.

Au siècle de Dom Pérignon

Comme durant les siècles précédents, le petit peuple continue de ne boire que de l'eau. Non seulement le paysan ne boit pas de vin, mais il ne boit même pas « son » vin. Encore tout à la fin du règne de Louis XIV, c'est un cas assez commun, y compris dans les pays de labours, que celui de ce jeune paysan de Nitry, en Bourgogne, qui, à l'âge de vingt ans, en 1712, n'a pas encore bu une seule goutte de vin. Rétif de La Bretonne peut assurer que son père, le Bourguignon Edme Réfi — « laboureur », c'est-à-dire cultivateur de céréales possesseur d'un attelage de labour —, ne commença à boire du vin que longtemps après avoir atteint l'âge adulte. Non seulement les femmes et les enfants, mais aussi les hommes adultes s'en tiennent quasi exclusivement à l'eau — pourtant souvent fade, ou viciée, ou boueuse. Seul luxe du vigneron : un verre de *piquette*, appelée en Gascogne *pinpin*, une « boisson économique » qu'on obtient en jetant de l'eau sur le marc qu'on ôte du pressoir avant qu'il soit desséché. Les vignerons sont si économes de leur bon vin, exclusivement réservé à la vente, que les campagnes de l'époque n'offriraient aucun débouché commercial à une viticulture qui voudrait produire pour la seule consommation populaire. Que l'on ne s'en étonne surtout pas : toutes les grandes maisons bourgeoises de la ville ont « le vin des domestiques », un vin qui est loin d'avoir la même qualité que celui des maîtres, un vin « de secundo galero » tel que celui que, en l'an mille, les moines de Corbie donnent à boire à leur domestique « maréchal », l'homme chargé de soigner les chevaux.

A boire du vin, le manant serait quasiment taxé du péché d'orgueil.

Le vin est affaire de bourgeoisie et de haute société.

Au vrai, que boire d'autre ? La bière est déconseillée par les médecins : « mêlée d'épiceries les plus grossières », elle « échauffe le sang, cause des catarrhes, des fluxions, hydropisies, fièvres et autres maladies ». Les jus de fruit, les sorbets liquides « à l'italienne » (jus, sucre et neige) et les limonades sont hors de prix. Le cidre est tenu pour « boisson vulgaire », à garder pour les serviteurs. Le thé, apparu en 1636, le café, révélé en 1669, et le chocolat, apporté d'Espagne par la reine Marie-Thérèse, restent des boissons confidentielles, pures coquetteries, ne connaîtront pleine vogue que bien plus tard. L'eau est trop souvent exécrable, quand elle n'est pas puisée à la source.

Alors, sur toutes tables bourgeoises et princières, à nous le bon vin de France.

Du moins ainsi s'écoule la production nationale, qui est d'environ treize millions d'hectolitres. Malgré les abominables difficultés que doit affronter le royaume, la viticulture est même la seule part de l'agriculture en pleine renaissance. On plante et on replante. La vigne n'arrête pas de gagner les friches, même si, en Bretagne et en Normandie, elle abdique ses pouvoirs face à l'armée des pommiers à cidre, et si, en Flandre et en Lorraine, elle abandonne le terrain aux céréales, soit au froment des meuniers, soit à l'orge des brasseurs. Tout le sud de la Loire connaît une formidable invasion de ceps : les terres conquises ici compensent largement la perte des « terres à brumes ».

Du moins aussi, le bon goût aidant, voit-on prospérer une viticulture de haute qualité, même si on n'en est pas encore à prévoir une noble bibliothèque de grands crus.

A nous même toute une révolution dans le savoir-boire.

On commence alors vraiment à mieux éduquer « l'art du fin gosier ».

Les Anglais donnent l'exemple. Plus exactement les aristocrates anglais. Ecartés du pouvoir par les révolutions de 1642 et de 1688, s'en consolent-ils en affichant plus de snobisme, qui les porte à rechercher des vins *smart* ou *select* plutôt que des boissons communes comme la bière, le *sack* et le clairet ? Les voilà en tout cas à se prendre de frénésie pour les « vins noirs » de Bordeaux — et d'autant plus appréciables qu'ils sont de plus en plus chers. Auparavant, on ne voulait que du blanc. On ne veut plus que du noir. Ainsi l'honorable Samuel Pepys, secrétaire de la prestigieuse Amirauté de Londres, qui s'en enchante dès qu'il en a porté la première coupe à ses lèvres — grâce à un négociant londonien qui tient la merveille du marquis Arnaud de Pontac, premier président du parlement de Bordeaux et propriétaire du domaine de Haut-Brion, orthographié *Ho Bryan* par Samuel Pepys. Les guerres franco-anglaises n'y changent rien. Même au sommet des plus acharnées batailles, Londres boit avec délices du bordeaux. Il y va « de la plus étrange folie », dit-on, mais le grand amour ne se refroidit pas. A qui aura son verre de pressac ou de l'hermitage. A qui aura sa bouteille de saint-lambert, de saint-suerin ou de saint-julien, premiers crus du Médoc à entrer dans la gloire. A qui saura le mieux parler des *graves* de la Garonne, du pessac, du margaux. En 1666, un fils d'Arnaud de Pontac ouvre à Londres une luxueuse taverne, *Pontack's House*, où le *new french claret* est vendu trois fois plus cher que le xérès : jamais une telle foule, avec, dans la masse, en personne, John Locke, Daniel De Foe et Jonathan Swift... Evidemment, par voie de conséquence, en Guyenne, face à une telle demande, c'est à qui plantera de la vigne. Jusque-là, le principal débouché se constituait des achats massifs de vins blancs par les Hollandais qui les brûlaient en « vins de chaudière » (de l'eau-de-vie). Voici par Londres une nouvelle manne. Les vignerons bordelais se frottent les mains.

Pour autant, le bourgogne ne se laisse pas détrôner. De plus, comme à ses premiers temps, on lui prête tous les mérites, y compris médicaux. Lorsque, après vingt-trois ans de stérilité, Anne d'Autriche, en 1638, met au monde le dauphin Louis, une part du mérite de l'heureux événement est mis à l'actif du vin rouge de Beaune. L'une des premières sommités du siècle, Gui Crescent Fagon, premier médecin de Louis XIV, par ailleurs directeur du

Jardin botanique du roi, et auteur de la première thèse (hardie) sur la circulation du sang, déconseille à son souverain tous vins blancs et lui prescrit en 1680 de ne surtout pas manquer de boire, le soir, avant dormir, du « vieux vin » de Nuits. C'est un médecin beaunois, Hugues de Salins, qui soigne et guérit la fistule royale — autant aussitôt savoir ce qu'il recommande de boire à son royal patient. On va racontant que, si le champagne « fait aigrir le sang », le bourgogne est toujours bienvenu pour « digérer à loisir dans l'estomac ». Rarement vin aura profité d'une si généreuse réclame — ce, depuis le XVe siècle, où le lancèrent les fastueux ducs de Bourgogne. Le succès vient dès lors tout assuré. Simplement, le nom et le renom s'attachent désormais aux vins de la Côte, sans que les vins de l'Yonne aient démérité. Auteur, en 1699, du *Mémoire pour l'instruction du duc de Bourgogne*, l'intendant François Ferrand confirme d'ailleurs clairement cette nouvelle hiérarchie : il place en tête les vins « très bons et très recherchés par les Parisiens et les étrangers (Flamands et Lorrains) produits sur la Côte entre Dijon et Beaune » ; viennent ensuite les « bons vins de l'Auxerrois », puis ceux « d'assez bonne qualité » du Chalonnais et du Mâconnais ; les autres (brionnais, avallonnais, auxois, revermont) « ne sont pas fort bons mais se conservent assez bien ». Les prix pratiqués confirment la classification : celui du montrachet double celui du meursault. Disons que, d'une manière générale, les vins de Bourgogne fixent l'une des valeurs les plus sûres.

Et le Grand Siècle de voir le champagne qui mousse.

Quasiment le plus grand événement de ces cent ans — dont Gilbert Garrier, avec un immense talent, fera le récit dans son *Histoire sociale et culturelle du vin* (Larousse) qui fera ouvrage de référence, avec le non moins remarquable ouvrage de Roger Bion sur *L'Histoire de la vigne et du vin* et un livre de Nathalie Mahé, *Le Mythe de Bacchus* (Fayard).

Au Moyen Âge, la Champagne produisait principalement des vins blancs, appelés *vins de rivière* ou *vins d'Ay*, seulement des vins rouges autour de Reims dits *vins de montagne*. La tradition s'en poursuit : la famille de Sillyry tire fortune d'un excellent vin rouge, produit de cépage pinot noir, que Nicolas Boileau célèbre avec grande ferveur, tandis que le vin blanc tranquille des coteaux de la Marne poursuit son bonhomme de chemin.

Mais arrive Dom Pierre Pérignon. Il est fils de Sainte-Menehould (né en 1638 comme Louis XIV, mort comme lui en 1715, d'où l'assimilation facile des deux règnes). Il entre dans les ordres bénédictins de la Congrégation de Saint-Varme. A trente ans, il est promu procureur cellérier à l'abbaye de Hautvillers, près d'Epernay, qui possède une dizaine d'hectares de vignes et perçoit en raisins la dîme des seigneuries d'Ay et d'Avenay. Il a charge des vignes, pressoirs et celliers de la maison. Contrairement à une légende obstinée qui traversera trois siècles, il n'invente ni le dégorgeage, ni le sucrage, ni la prise de mousse, ni le bouchon de liège. Mais il se classe d'emblée comme un génial tasteur, un goûteur exceptionnellement doué. Un moine anonyme de sa congrégation raconte : « On lui présente un panier de raisins recueillis dans toutes les vignes du territoire et celui de Cumières ; il les goûte, les range chacun selon le sol d'où qu'ils viennent, et marque avec assurance les espèces qu'il convient d'allier pour avoir la meilleure qualité de vin, et cela relativement à la chaleur et à l'humidité de l'été et de l'automne. » Ce moine ajoute qu'« il n'a pas son égal pour sélectionner les plants de vignes convenables au sol » ni sur « la façon de les prodiguer, de les tailler, de mélanger les raisins, de faire et gouverner les vins ». Mieux encore, il précise qu'il a « une délicatesse de goût si singulière qu'il discerne sans s'y méprendre, en goûtant un raisin, le canton qui l'a produit ».

D'une part, il sait souligner à quel point le produit de la culture des cépages fins peut être amélioré par le tri des raisins après la cueillette et par l'élimination rigoureuse de tout ce qu'une vendange comporte d'éléments tarés ou mal venus, quand elle est obtenue sous des climats où l'été s'achève d'ordinaire avant que le raisin ne soit parfaitement mûr.

D'autre part, comme avec une baguette magique, il fait ressortir l'intérêt d'une pratique encore plus délicate : celle qui sera propre au vignoble champenois et qui consiste à associer, dans la préparation d'un vin, des fractions de telles et telles vendanges, recueillies en plusieurs cantons, sur des vignes diversement situées, et assez éloignées les unes des autres, pour que, durant la période où se forme le raisin, le froid, la chaleur, la sécheresse et l'humidité aient pu faire sur elles des impressions sensiblement différentes.

Surtout, à force d'expériences, il découvre et établit qu'on ne parvient à une parfaite limpidité avec le jus de pinot noir que s'il est séparé de la peau aussitôt après le pressurage. Il commence par démontrer qu'on peut obtenir un breuvage blanc à partir d'un cépage noir.

Simplement convient-il de vendanger très tôt le matin des raisins froids et tout humides de rosée. Qu'à cela ne tienne ! Il fait vendanger dès les premières heures de l'aube. Tout grognon, il fait revendre sans délai les mélanges de raisins blancs et de raisins noirs que lui apportent les assujettis à la dîme. Aussi strict, il exige des raisins blancs impeccablement cueillis : car le grain doit être intact pour que l'arôme soit intégralement conservé. Il est encore plus grognon quand il voit un grain abîmé par une faucille trop maladroite.

Puis il sépare attentivement les jus de chaque pressée, rejetant ceux qu'il juge trop acerbes. Alors seulement il procède à des assemblages de jus de différentes parcelles. Il sait ce qu'il veut : il l'a.

Pour faire fermenter à rythme très lent et aider à la formation de la mousse, il n'a plus qu'à requérir des tonneaux dans des cuves souterraines qu'il fait creuser en 1673 — des caves profondes, vastes et fraîches, comme celles qu'a préparées le séculaire travail des carrières, dans la masse du banc de craie blanche (la cave Thomas, à elle seule, enferme 500 pièces de 225 litres).

Ultime opération : on met en bouteille (après 1680 dans du « verre anglais »).

Date recommandée : mars, le moment le plus favorable à une légère reprise de la fermentation du sucre résiduel.

Quant au bouchon, il se constitue d'abord de clavelot de cuir, puis, autour de 1700, de liège ligaturé au fil de chanvre ou d'étain — vérification faite, le meilleur liège venant de Céret et du Boulou en Roussillon.

Tant pis si une bouteille éclate : la perte d'une bouteille est moins grave que la perte d'un tonneau.

A nous ainsi, au lieu de vin tranquille, un vin qui frétille.

Curieusement, comme pour le bordeaux, ce sont encore les Anglais qui assurent le lancement.

Un drôle de personnage joue les intermédiaires : Charles de Marguetel de Saint-Denis de Saint-Evremond, plus connu sous ce dernier nom, fils de Coutances adopté par la Champagne, ancien cadet de famille, soldat de Condé, maréchal de camp sous la Fronde, exilé par Louis XIV pour avoir pamphlété contre Mazarin (par un libelle tard découvert en 1661 lors des perquisitions chez Fouquet), pour n'être pas embastillé réfugié à Londres où il mourra en 1703 à 90 ans, auteur d'écrits sur de multiples sujets, joyeux luron, infatigable coureur de jupons. A 88 ans, il vous dit : « Je mange des huîtres tous les matins. A onze heures, je dîne fort bien. A six heures du soir, je soupe mieux encore. Et au lit on fait des héros avec des mérites moindres que les miens. » Jusqu'à ses dernières années, il aura cultivé les forces de la joie. Il aura ri de tout, de ses propres manies de vieux garçon, de l'accent impayable de Mazarin, de Louis XIV devenu dévot parce qu'il ne sait plus coucher avec des jeunesses, des Hollandaises — car il fut aussi un temps en Hollande — qui, amoureuses, au lit, au plus chaud de l'action, croquent des pommes ou craquent des noix avec les dents... Compagnon préféré de la gentry anglaise, il ne profite pas de la grâce que lui accorde Louis XIV en 1689 et reste en Angleterre. C'est justement lui, grand amoureux du bien-vivre, qui fait connaître à Londres ce *sparkling champaign* qui, selon George Etherege, « lance des étincelles » et, selon un autre écrivain, George Farguhar, pétille « comme les bons mots d'un homme d'esprit ».

Londres fait foi à Saint-Evremond.

Les négociants anglais font venir des tonneaux de ce vin miraculeux, ce vin qui danse, et le mettent à leur tour en bouteilles, selon la technique de Dom Pérignon, en ajoutant du sucre ou de la mélasse pour mieux garantir une reprise de fermentation et un plus intense dégagement gazeux.

On en arriverait quasiment à préférer les bulles aux arômes.

De Londres, le succès passe en France.

Voici la gloire mondiale du champagne assurée.

Il n'y a que Louis XIV à le dédaigner : en bon soldat, il préfère écouter ses médecins qui lui déconseillent l'effervescence et se garde fidèle au vin tranquille de Beaune.

IV

LE PAYSAN DU SIÈCLE DES LUMIÈRES

Les physiocrates et la révolution agricole

Pendant le règne de Louis XIV, en dépit de trop de séismes, la France s'est tout de même fort agrandie, soit définitivement (Artois, Roussillon, Alsace, Flandre, Hainaut, Franche-Comté) soit provisoirement (le Tournaisis, la Lorraine, Pignerol, Philipsbourg, Brisach) — certains territoires restant sous l'autorité directe du ministre de la Guerre (la Lorraine sera restituée à ses ducs ; Pignerol — dont la forteresse aura enfermé Fouquet, Lauzun et l'homme au masque de fer — redeviendra italienne sous le nom de Pinerolo ; la Franche-Comté, conquise en 1668, restituée, reconquise en 1674, ne sait toujours pas si elle sera vraiment annexée ; on ne sait pas si les traités confirment la réunion de Strasbourg en 1681). Même si la situation européenne reste mouvante, si l'incertitude impose la prudence, il est du moins indiscutable que le royaume du lis est tout près d'atteindre toutes ses frontières naturelles. Il compte beaucoup de « Français malgré eux » ; il garde fort espoir d'en faire des Français à part entière. Peu importe si, dans les profondeurs de toutes les provinces, peu de Français parlent français et beaucoup utilisent de préférence leur patois.

Principales caractéristiques du régime : une administration toujours plus pesante ; un fisc très structuré et privilégié, donc efficace ; un roi-dieu, mais fils soumis de l'Eglise, obéissant scrupuleusement aux lois de Jésus-Christ et aux directives de son lieutenant, le pape ; une société « absolument » hiérarchisée.

Hiérarchisée ô combien ! On le voit avec la classification des contribuables de 1695 qui ont à payer la capitation. La XXIIe et dernière classe, tout en bas de l'échelle sociale, comprend les simples soldats, les marins, « les simples manœuvriers et journaliers, les apprentis des artisans (les artisans étant cités selon leur importance en classes XVII, XIX, XX et XXI), la majorité des domestiques (les plus huppés étant placés en classes XIX ou XX), les « bergers, charretiers et autres valets des laboureurs », en ville les « garçons des chirurgiens, des apothicaires, des barbiers, des perruquiers et les cabaretiers ». Au XXIIe rang aussi les « postillons, palefreniers et laquais » de même que « servantes des petites villes, bourgs et villages ». Les valets de chambre sont en XXe classe ; les « demoiselles suivantes » et les cuisinières en XIXe ; les maîtres d'hôtel en XVIIIe. Les aubergistes de Paris figurent en classe XVII ou XVIII, au niveau des avocats au Parlement ou des capitaines de cavalerie. Les aubergistes des villes closes et les « cabaretiers donnant à manger à pot et assiette » sont en XIXe position, tout comme les capitaines d'infanterie. Tout le reste de l'échelle est à l'avenant, minutieusement établi — exception faite pour les non-classés, à savoir tous « asociaux, errants, vagabonds, mendiants, gens sans aveu exclus du peuple ».

La province commence aux portes de Paris. Les vignerons d'Ivry sont déjà des provinciaux. Paris est la seule vraie ville.

La France est le pays le plus peuplé d'Europe. Le royaume en 1700 est un géant démographique. Un Européen sur quatre est français (un sur cinq en 1790). Population totale : 21 millions d'âmes.

Quatre Français sur cinq sont des ruraux.

Tel est en gros l'héritage du siècle du Roi-Soleil.

Mais voici maintenant le siècle des Lumières.

Il ne dure que 75 ans, mais la France passe de 21 à 27 millions d'habitants, réhabilite le savoir, se dote d'une opinion publique et fait prospérer son agriculture comme jamais encore.

On peut même parler de « révolution agricole » qui s'aide d'une formidable « révolution technique » et d'une « révolution des esprits ».

Viennent les *physiocrates*.

Le mot (du grec *phusis*, « nature », et *kratos*, « force ») indique bien le caractère du mouvement. Théorème numéro un : l'ordre naturel commande. Théorème numéro deux : seule l'agriculture est à la base de la prospérité générale. Principales leçons : les primitifs des Etats étant les hommes, la terre et les bestiaux, l'agriculture doit être l'activité reine ; la prospérité de l'agriculture repose sur la disparition des communaux, de la vaine pâture, et des servitudes diverses, la concentration des fermes et la liberté de commerce et des foires.

Apôtre : François Quesnay (1694-1774), grand chirurgien, prestigieux accoucheur, chirurgien-chef de l'hôtel-Dieu de Mantes, médecin de la marquise de Pompadour, puis de Louis XV, en 1758 auteur de son œuvre maîtresse *Le Tableau économique* dont il développe les idées dominantes dans ses *Maximes générales du gou-*

vernement économique d'un royaume agricole ; penseur universellement respecté ; ennemi acharné de tout interventionnisme d'Etat ; vrai père de la célèbre formule : « Laissez faire, laissez passer. »

Principaux animateurs, qui se regroupent dès 1760, autour de Quesnay : Anne Robert Turgot, auteur de belles *Lettres sur la tolérance*, réformiste passionné ; Pierre Samuel Dupont de Nemours, l'inventeur du mot « physiocrate » ; Denis Diderot, qui donne un appui décisif avec son *Encyclopédie* ; Pierre-Paul Lemercier de La Rivière de Saint-Médard, conseiller de Catherine la Grande, ancien intendant de la Martinique, collaborateur au *Journal de l'agriculture, du commerce et des finances* que dirige Dupont ; l'abbé Nicolas Baudeau, professeur de théologie à l'abbaye de Chancelade, grand ami de Turgot ; le marquis de Mirabeau, père du grand tribun, brillant économiste, auteur d'une *Philosophie rurale* où il propose toute une série de mesures en faveur de l'agriculture, « seule base de la puissance des Etats » et condamne « le damnable aveuglement d'établir une police sur les grains et de leur ôter toute liberté ce qui est ôter l'eau aux poissons ».

Agronomes et idéalistes publient de nombreux ouvrages de vulgarisation. L'abbé Roubaud ne connaît pas plus beau projet patriotique que celui de bannir de nos campagnes l'ignorance « qui fait si tristes ravages ».

On commence à faire le procès de l'inefficacité, de l'ignorance, de la brutalité des rebouteux qui sévissent en milieu rural.

Ce sont les physiocrates qui font admettre le droit d'enclore, font supprimer la *jachère morte*. Peu importe si elle est réalisée par des non-paysans — nobles, bourgeois, maîtres des postes — ou si la masse paysanne ne suit le mouvement que très lentement, voire de mauvais gré : pour elle, supprimer la jachère, c'est s'en prendre à la vaine pâture qui, surtout, dans les pays à assolement triennal, ouvrait chaque année le tiers du territoire cultivé aux troupeaux de la communauté entière. Privés de vaine pâture, demandent les paysans, comment nourrir les bêtes ? Les philosophes n'en démordent cependant pas. Ils sont suivis. Fin d'une longue routine.

Par ailleurs, événement énorme, l'édit du 8 août 1779, signé du jeune roi Louis XVI, abolit le servage royal — sans demander d'indemnités. Les tenures serviles deviennent des *censives*. Mieux encore : le roi invite les seigneurs à suivre son exemple à l'égard de leurs propres derniers serfs ; il supprime la servitude personnelle pour tous les serfs, en déclarant « éteint » le droit de suite sur les mainmortables de tout le royaume.

Pour mieux dire, le fief devient une simple forme de la propriété foncière.

Deux types nouveaux de tenures apparaissent : les unes sont des baux perpétuels ou à très long terme ; les autres consistent en une aliénation de la propriété, moyennant une rente foncière perpétuelle qui passe aux héritiers et qui grève la terre indéfiniment.

Les impôts restent certes lourds et tracassiers. Les besoins de Louis XIV allant croissant, on en invente d'autres, la capitation en 1695, les vingtièmes en 1710. Ils ont beau être justes, vouloir frapper les nobles et le clergé (lesquels sont d'ailleurs virtuoses dans l'art de contourner l'obstacle), on ne grogne que davantage dans les chaumières. De plus en plus nombreux, aussi, les impôts indirects sont concédés à des traitants qui versent un forfait fixe à l'Etat et s'enrichissent aux dépens des contribuables qu'ils pressurent à plus soif. Les campagnes n'ont d'autre défense que la dissimulation personnelle et le truquage du nombre des « feux » pour faire moins imposer la paroisse. Les fermiers généraux deviennent les personnages les plus honnis du royaume. Il n'en reste pas moins que, en faveur des paysans, le jeune roi Louis XVI prend des mesures à longue répercussion.

Faut-il aussi que le labeur du paysan soit admirable ! Avec des gains minimes et une vie des plus dures, à force de courage et de persévérance, réalisant des prodiges d'épargne, *il arrive à acheter des terres* ! Faut-il également que la noblesse campagnarde soit devenue intelligente ! Elle abandonne tout, lopin après lopin. Sur le sillage, le paysan ramasse. Il suffit que la guerre s'interrompe, que la peste se décourage, et de nouveau les lopins s'accumulent autour des chaumières. C'est une espèce de « reconquête ». Le seigneur n'a plus bientôt d'autre bien que son château et quelques droits seigneuriaux. Au seuil de la Révolution, Necker peut constater qu'il y a en France une « immensité de petites propriétés » — presque le tiers du territoire, assure Arthur Young, un voyageur anglais pensant qui se promène à travers tout l'Hexagone.

Le renouveau de fond est éclatant.

Autant voir naître l'économie politique.

De plus en plus impatiemment, physiocrates et ploutocrates, rivalisant d'ardeur, réclament la liberté totale des échanges et la suppression des douanes intérieures.

Aérez, aérez, clame Quesnay.

Les sociétés d'agriculture se multiplient.

En vain les nobles s'allient-ils aux manants pour protester contre la *vaine pâture*, laquelle, rappelons-le, dans les pays à champs ouverts comme le Nord et le Centre, permettait aux habitants de la paroisse de faire paître les troupeaux n'importe où, après la récolte des céréales, et de leur faire brouter l'herbe après la première coupe : les clôtures vont trop les gêner pour la chasse. Le pouvoir n'en démord pas. Il maintient raison aux défenseurs de l'enclos.

De plus, on améliore les routes. Point de départ : l'organisation en 1715 du Service des Ponts et Chaussées. Le système des transports est rajeuni et accéléré. Et la route nouvelle transforme du tout au tout la campagne. Elle modifie l'univers mental des villages qu'elle désenclave. Elle apporte notamment les petits imprimés de la *Bibliothèque bleue*, à un ou deux sols. Ceux-ci diffusent une littérature d'évasion, faite d'exploits et de merveilles, mais aussi bouleversent le rituel du mariage traditionnel en répandant les modes des « élites » par l'intermédiaire de « livrets de civilisation ». Les colporteurs répandent de véritables codes d'un nouveau savoir-vivre. Disons que le paysan s'initie au droit de rêver, d'être un autre.

Savoir bien naître, vivre, se marier, mourir...

Du moins voici venu sans doute le moment le plus propice pour faire le point des principales caractéristiques de la vie paysanne.

Que donne le miroir qui passe ?

La France, dans une écrasante majorité, reste paysanne.

Une profonde solidarité soude chaque village — tout autant que chaque famille.

On se marie en général tard, 25-27 ans pour les hommes, 25-26 pour les filles, mais le taux de célibat est très faible (et concerne des groupes sociaux limités : les religieux, les aristocrates, les domestiques). Raisons de ces unions tardives : la nécessité de limiter le nombre des enfants ; le choix du meilleur moment pour pouvoir nourrir une famille ; faire coïncider le mariage avec la pleine sécurité de l'établissement professionnel.

Quasiment toutes les familles sont nombreuses ; c'est le régime des 6, 8, 12 naissances par « feu ». On ne s'étonne pas de voir des familles avoir plus de 15 enfants.

La natalité, très forte, atteint des taux records de 40 %, soit plus de deux fois et demi supérieurs aux taux français de l'an 2000.

Est-ce dû à l'adoption générale d'un modèle de morale ascétique diffusé par l'Eglise ? Les naissances illégitimes sont rares : le taux en est inférieur à 1 pour 100 dans la France rurale (10 pour 100 dans les villes). C'est très peu, même si la répartition n'est pas uniforme à travers les régions. Il est vrai aussi qu'on oublie de comptabiliser les nouveau-nés abandonnés en forêt ou déposés dans des paniers sur le seuil des églises. Mais il est sûr que l'époque prête peu à adultères ou « dévergondages ».

Tous les pouvoirs assimilent l'avortement à l'infanticide. Déjà des édits de 1556 et 1586 menaçaient de la peine de mort les femmes ayant caché leur grossesse et leur accouchement ; ils les obligeaient à faire déclaration de leur état devant les autorités civiles ou ecclésiastiques. La règle reste aussi stricte.

La mortalité infantile est effrayante. On peut estimer qu'elle fait autant de ravages que la ponction exercée par les guerres, les famines et les épidémies.

Pour un chef de famille, l'enjeu d'une naissance, c'est d'abord transmettre un nom et, éventuellement, un patrimoine. Pour tous, du haut en bas de l'échelle sociale, l'héritier mâle reprend, pour tout transmettre à son tour, le nom, la terre, la ferme (le droit d'aînesse faisant loi). Il y va de la nécessité de survie individuelle et collective, et voilà ce qui explique le culte de la virilité des jeunes gens et la misogynie des règlements : l'impuissance est toujours le fait des femmes ; l'adultère féminin est beaucoup plus sévèrement sanctionné que le masculin. Si, par hasard, l'homme se retrouvait dans cette « infirmité majeure », ce ne pourrait être que sous l'emprise de quelque « sorcier » ou d'un « noueur d'aiguillettes ».

La maternité, c'est d'abord enfanter : il y a honte sur le couple qui n'a pas d'enfants. Tout le village est là pour condamner. Pas étonnant si, pour les épouses stériles, pèlerinages et dévotions se multiplient, dirigés surtout vers la Vierge Marie. Nouvelle Eve, rachetant le péché de la première femme en enfantant le Sauveur, elle concilie comme nulle autre la valeur de la virginité sacrée et celle de l'heureuse maternité. Les grands sanctuaires comme Chartres, voire de petites chapelles dédiées aux saints spécialisés dans la lutte contre la stérilité, tous voient les dolentes leur accourir en foules. Chaque province a son saint « accoucheur » : saint Greluchon en Bourbonnais, saint Fourtin en Berry, saint Mirli en Bretagne. Partout les infortunées, joignant le geste à la prière, manient la cheville, branlent le verrou, bouchent le trou. Si les saints sont sourds, si sainte Anne, mère de la Vierge, ne se révèle elle-même pas réceptive, alors seulement on s'adresse aux rebouteux, aux conjurateurs de sort, aux matrones qui possèdent tout un ensemble de pratiques secrètes pour réveiller les organismes engourdis.

Le XVIIIe siècle est le premier à organiser la profession de sage-femme et à prévoir une formation sérieuse pour les accoucheuses (avec sages-femmes *jurées*, admises à exercer par un médecin ; *autorisées*, sans titre mais pouvant exercer, ou *instruites*, ayant suivi des cours et pouvant produire un certificat). Mais il s'en forme peu à la campagne. Le village en reste aux *matrones* — toujours mères — dont on exige seulement un certificat de moralité devant le curé. Mais d'où l'importante mortalité des nouveau-nés (et des accouchées), toutes les malformations dues à des maladresses, le nombre élevé des « éclopés de naissance ». L'obstétrique, cet art de l'accouchement, ne viendra que plus tard, pas avant cent ans.

Le nouveau-né est un mort en puissance. C'est pourquoi on le baptise rapidement, pour lui permettre d'aller directement et sûrement au paradis en cas de mort précoce, en général le jour qui suit la naissance ou au plus tard le surlendemain. Pas d'exception. Les enfants mort-nés ou mourants eux-mêmes sont sans délai « ondoyés » par la sage-femme : l'ondoiement suffit pour leur éviter la damnation éternelle. (Les protestants auront été les premiers à rompre avec le baptême éclair ; ils sont les premiers à ne pas se précipiter pour faire baptiser leurs enfants ; en général, ils se contentent de les faire baptiser le dimanche qui suit la naissance.)

Le baptême est une fête. Après que le curé a opéré et qu'il a enregistré le baptême par écrit (c'est lui qui tient les registres de l'état civil), la cloche de l'église sonne à toute volée : à nous la ripaille. Le prénom reste le vrai nom, comme aux temps médiévaux. Le patronyme est appelé de façon très significative le *surnom*. Prénoms masculins les plus utilisés : Jean, Pierre, François. Féminins : Marie, Anne, Catherine, Marguerite. (Aux termes des registres des paroisses réformées, il en va autrement pour les huguenots qui, de préférence, optent, côté masculin pour Daniel, Isaac, David, côté filles pour Suzanne et Judith.) Vu la précocité de la cérémonie, la mère n'assiste pas au baptême, mais on fête avec elle les *relevailles* — bénédiction purificatoire. Sauf pour elle à observer quelques recommandations majeures : ne pas se relever un vendredi, sous peine de ne plus procréer ; éviter de prendre de l'eau bénite dans l'église avant d'être purifiée ; en sortant de la cérémonie, prendre garde aux premières gens qui se rencontrent, « gens de bien ou méchantes gens », car le caractère de l'enfant pourrait en être marqué.

Le célibat est mal vu, méprisé, redouté (beaucoup plus qu'à la ville).

L'enfant bâtard qui survit est un paria, condamné au mépris à perpétuité.

On n'épouse pas n'importe qui. « On se marie au village. » Le choix est plus sûr. Quant aux motifs d'union, ils sont essentiellement d'ordre économique et social. C'est qu'à la campagne les tâches sont strictement réparties entre les deux sexes. A l'homme les soins du choral, la fauche de l'herbe ou du blé, la battue au fléau, tous les travaux pour fortes musculations. A la femme la basse-cour, la traite, la cuisine, la lessive, le ramassage du foin ou des épis ou des sarments, le vannage de grains, la cueillette. A l'homme évidemment le maniement du denier, l'achat et la vente du bétail, le paiement des serviteurs. Ainsi comprend-on mieux le principal but de l'opération : se marier, c'est choisir son principal partenaire d'entreprise. Mieux vaut s'y prendre attentivement, et d'autant plus que le mariage crée un lien entre deux familles, deux lignages.

Si possible, on ne se marie pas durant les moissons, ni aux vendanges. On ne se marie pas davantage aux époques de pénitence où l'Eglise interdit les réjouissances publiques : la préparation de Noël en décembre et la préparation de Pâques en période de Carême. On ne se marie pas non plus en mai, non parce que c'est le mois de Marie, mais par exemple en Berry et en Sologne, parce qu'on redoute que l'enfant qui naîtra neuf mois plus tard ne vienne au monde durant le carnaval, ce qui porte à naître idiot. Mois d'amour recommandés : mars-avril ou février-mars. D'où les mois à plus forte nuptialité : janvier, février, novembre. Naturellement, on ne se marie jamais le vendredi, jour triste et maudit. A signaler simplement que dans les « pays d'émigration » (par exemple en Auvergne d'où les hommes partent pour travailler comme terrassiers) on se marie quand les émigrants sont au village, entre juin et septembre.

Les couples paysans ne pratiquent pas la contraception. A peine peut-on savoir que le mari, au moment fatidique, sait se retirer à temps.

Les chefs de famille doivent se débarrasser de leurs filles le plus tôt possible, non seulement par crainte des tentations et du déshonneur, mais parce que deux femmes suffisent largement à la maison. Les garçons, qui travaillent aux champs, sont seuls toujours les bienvenus. *De deux sœurs la famille est trop chargée*, assure un proverbe des Basques. On ne pense pas autrement en Aquitaine : *Une fille, bonne fille ; deux filles, assez de filles ; trois filles, trop de filles.*

Il existe mille proverbes recommandant de se garder de tout amour-passion. En Provence : *Donne-le-moi amoureux, je te le rendrai ruiné.* En Roussillon : *Le bas fait perdre le haut* (le sexe fait perdre la tête). En Savoie : *L'amour n'y voit pas plus loin que son nez à son talon.* En Corse : *Amour et teigne ne regardent pas où ils se mettent.* Se garder du mal d'amour, telle est la consigne. Car des folles amours ne resteront que pleurs et cendres. Rares sont les proverbes qui célèbrent la douceur d'aimer. L'amour-passion est toujours bien distingué du mariage, ainsi chez les Basques : *Ayme ta garce pour amour de sa beauté et ton épouse pour sa vertu et sa bonté*, et en Languedoc : *Qui se marie par amour — a bonne nuit et mauvais jour.*

Non que les amours paysannes n'existent pas. De tendres idylles se nouent. Des mariages d'amour interviennent. Tel est le cas de Louis Simon, étaminier dans son village du Haut-Maine, qui s'éprend de la charmante Anne Chapeau, dite Nannon, servante tourière, et qui nous raconte par le menu les quinze mois que dure sa douce aventure. De novembre à juin, il conte fleurette et prend ses renseignements (première audace : il caresse à la belle la main gauche). Fin juillet, il fait sa demande en fréquentation et, après approbation de sa mère, il offre ses cadeaux, achetés à La Flèche : une bague d'argent ; une paire de boucles de souliers en cuivre argenté montée de diamant cristal (verre taillé) ; un mouchoir de cou en mousseline ; un casaquin de toile de picot à fleurs (casaquin : corsage à basques ; picot : piqué de coton imprimé, spécialité d'Angers) ; une jupe de siamoise (coton imprimé) à grandes et petites rayures, « tout cela étant dans le nouveau goût ». Il profite de toute occasion pour, main dans la main, accompagner Nannon à La Grande Rochelle, une ferme située à un quart de lieue du village, où elle achète du beurre et des œufs. Un heureux dimanche, il obtient son premier baiser, sur la joue (au cimetière !). Le temps de dénouer une crise « majeure » qui entraîne une rupture (une blessure d'amour-propre, due à un autre prétendant trop empressé, blessure entraînant une *batterie*, c'est-à-dire une bagarre) ; le temps de faire appel à l'arbitrage du sieur Trotté, le maître des jardiniers, qui sait faire valoir le désespoir de Nannon (« elle est à demi morte, dit-il, elle va toute courbée, elle ne peut plus se tenir, de trois jours elle ne prend pas de nourriture ; si vous n'avez pas pitié d'elle, elle ne sera plus en vie dimanche, car le chagrin l'étouffe »), le temps d'apprendre que si Louis Simon sait écrire (il a rompu par lettre) Nannon, elle, ne sait ni lire ni écrire (c'est pourquoi elle est tout heureuse de faire répondre « à la voix » par le jardinier, analphabète lui aussi) et voici Louis présentant sa demande en mariage. Nous sommes près du but. De juillet à janvier suivent les mois de « la fréquentation officielle », laquelle ouvre, pendant les deux premiers mois, sur le temps des formalités et s'achève aux noces. Enfin, le bienheureux jour arrive, un lundi, veille de la Saint-Julien 1767, « jour qui met le comble aux désirs de ma chère amie ». Le couple se rend à l'église avec une douzaine de personnes et entre autres le vicomte de Broc, dix-huit ans, lieutenant au régiment de la Reine-Cavalerie, qui conduit la mariée sous le crucifix (la poutre de « gloire » qui supporte le Christ entouré de la Vierge et de saint Jean). La bénédiction nuptiale est donnée à six heures du soir par monsieur le curé Semelle, aux flambeaux. On dîne. On danse, « avec toute la jeunesse du bourg ». On fait « plusieurs danses à la fois car il y a trois violons ». (Les salles des auberges étant trop petites pour contenir tous les danseurs, on a engagé trois violons qui jouent dans trois salles différentes.) Aux flambeaux, avons-nous dit : car les mariages de nuit sont en principe interdits ; la noblesse elle-même ne les obtient que par royale dispense ; ici, c'est l'arrivée de la *milice*, l'enrôlement militaire, qui fait soudainement avancer la cérémonie au lundi soir, car la milice est prévue pour le lendemain et puisque seuls les célibataires tirent au sort pour être soldats de milice, notre Louis y échappe donc. Enfin, après les divertissements, chacun se retire. Rideau : nuit de noces... Mais, d'une manière générale, dans la plupart des unions, le mariage de raison l'emporte de beaucoup sur le mariage d'amour.

Une nouveauté : les procès en reconnaissance de paternité se font plus nombreux dans la seconde moitié du siècle. Faut-il que les mœurs se soient quelque peu débridées. Même les argumentations changent. Les filles séduites n'invoquent plus, pour expliquer leur état, la demi-violence ou le harcèlement, elles préfèrent conter avec force détails la fréquentation assidue lors des jours chômés, les cadeaux et plaisirs offerts, les preuves d'attachement et de tendresse, ainsi dans le procès qui est fait en 1751 dans une sénéchaussée du Maine par la demanderesse Françoise Duret (avocat : Trotté de La Roche) à l'encontre du défendeur Julien Jupin (avocat : Raison le Jeune). Elle n'oublie pas de citer la moindre privauté ou familiarité qu'elle autorisait ; sa tendresse quand il l'accompagnait aux offices divins ou dans les soupers auxquels elle invitait un voisin tailleur de pierre appelé à en témoigner ; les baisers qu'elle accordait, même lors de la procession-marche de la Saint-Jean, au salut de l'abbaye de la Couture ou à telle autre procession-spectacle.

Une donnée fondamentale : l'Eglise est omniprésente. Dans chaque village, monsieur le curé est un personnage incontournable. Simplement, cessant d'opposer bonheur terrestre et bonheur céleste, elle enseigne désormais, les Lumières aidant, un idéal d'honnête homme aussi humain que chrétien. Témoins les mémoires de l'abbé Froger, curé de Mayet, qui écrit sur la fécondité des terres, traite des problèmes nouveaux de l'agriculture, est couronné par l'Académie de Metz pour sa « compétence agricole » mais aussi consacre de longues pages à l'éducation physique et morale, aux domestiques, à la probité et même — dans une époque où même les campagnes prennent conscience de la spécificité de l'enfant — à des conseils pour mieux élever les bébés : comment les protéger du froid et « les tenir le plus proprement qu'on peut » ; changer souvent les linges ; ne les envelopper que dans des linges bien lavés, doux à la main, frottés et bien chauffés « parce que cela facilite dans les enfants une douce transpiration et que la propreté entretient chez eux la gaieté, et peut-être le plaisir » ; les laisser exercer librement leurs membres (« ainsi la manière dont on les serre dans leurs maillots nuit à leur accroissement et à leur constitution, tant ils y sont garrottés depuis les pieds jusqu'aux épaules ») ; savoir qu'« on fait grand tort à un enfant de l'abandonner à l'ennui et à la tristesse », qu'il faut « badiner avec les enfants, les égayer, les réjouir » et que « si on les tient trop gênés, et qu'on soit toujours trop sérieux avec eux, on en fait des gens pesants, paresseux, engourdis... » Voilà qui marque du moins un considérable progrès. Et, évidemment, il n'est dans le village aucun mariage dont monsieur le curé n'ait à connaître. Il est même le premier marieur de la communauté. Aucune union ne se prépare ni ne se consent sans son assentiment.

Proverbe : *Boire, manger, coucher ensemble — est mariage ce me semble — mais il faut que l'Eglise y passe.* Tout mariage non béni est impensable.

D'une manière générale, le jeune couple s'installe chez les parents, à « vivre à pot et à feu ». On vit davantage en tribu qu'en couple, et c'est si précieux, une grand-mère à demeure pour garder les mômes !

La première naissance est aussi redoutée qu'une maladie ou une mauvaise récolte. On le comprend.

Le divorce n'est pas admis. Seule, dans des cas exceptionnels, la séparation de corps ou de biens peut être prononcée. Faire annuler un mariage en cour de Rome, pour cause de « non-consommation », même pour un seigneur, relève de l'utopie. Un paysan ne sait même pas de quoi il s'agit.

Mieux vaut n'être pas malade. Un médecin tue plus qu'il ne guérit.

Les rebouteux donnent des recettes, à qui on fait foi sans sourciller. Par exemple, pour soigner le mal des yeux, prendre le blanc d'un œuf frais, le mettre dans une écuelle, le brasser avec une pierre d'alun et le fourrer entre deux linges — puis poser ce cataplasme sur les yeux en se couchant. Pour apaiser une brûlure, prendre de la graisse d'un porc mâle, la faire rouir avec du blanc de poireau, passer le tout dans un linge, poser doucement sur la plaie. Contre la peste, prendre un crapaud, « le plus gros et le meilleur », l'attacher par les pieds de derrière avec un filet et le pendre devant un petit feu, mettant sous sa bouche une écuelle ointe de cire, et le tenir pendu jusqu'à ce qu'il soit mort ; avant de mourir, il éructe de petits vers et mouches vertes, qu'on reçoit dans l'écuelle et qu'on incorpore avec la cire fondue ; ensuite, le corps du crapaud, le faire sécher au four, à petit feu, en telle façon qu'il puisse se mettre en poudre, laquelle il faut enjoindre avec ce que le crapaud susdit a vomi, et en faire du tout avec de la cire jaune les petites pastilles qui, portées sur le cœur, préservent assurément de la peste et la guérissent. Vous voyez, rien de plus simple.

Le dentiste n'existe pas. Il y a des « arracheurs de dents », qui, à dos de mulets artistiquement harnachés et empanachés, font des tournées de village en village et opèrent sur la place centrale, aux yeux de tous les curieux. Instrument de prédilection : de solides tenailles.

L'âge moyen des décès est précoce : environ 20 ans au XVIIe siècle, 29,6 fin XVIIIe — encore qu'il arrive de mourir vieux (Louis XIV à 74 ans ; Voltaire à 84 ; Fontenelle centenaire).

Principaux fléaux : la malnutrition, l'absence d'hygiène, les impuissances de la médecine.

La moitié des enfants — oui, oui, la moitié — n'atteignent pas l'âge adulte. Entre 1740 et 1789, sur 1 000 enfants nés vivants, le nombre des survivants est de 525. On dit qu'« il faut deux enfants pour faire un adulte ». La mortalité infantile — pour les enfants morts avant un an — est estimée à 20 pour 100, avec des sommets en Bretagne et en Anjou. Tout semble se liguer pour y aider, tares héréditaires, malformations génitales, lésions reçues au cours de l'accouchement, maladies, épidémies, accidents, diarrhée du nourrisson, infections comme le tétanos ombilical, hygiène lamentable, notamment dans les hôtels-Dieu où accouchent les femmes les plus pauvres, souvent venues de la campagne, et où les matrones passent d'une accouchée à l'autre sans même se laver les mains.

Beaucoup de nourrissons meurent en nourrice. Souvent, ils ne supportent même pas des conditions trop atroces de transport. Et trop de nourrices reçoivent plus d'enfants qu'elles ne peuvent nourrir.

Il existe des *sanctuaires à répit*, églises ou chapelles consacrées à la Vierge Marie, où l'on porte les enfants mort-nés menacés de damnation et où on les veille toute une nuit, en foi de quoi seulement l'enterrement peut se pratiquer « en toute décence ».

La mortalité juvénile n'est pas moins élevée que l'infantile — surtout dans l'âge entre 1 et 5 ans. Les « maladies de l'enfance » qui seront dans deux cents ans bénignes, rougeole, varicelle, oreillons, coqueluche, rubéoles, sont ici le plus souvent mortelles. La diphtérie, le maudit « croup », ne pardonne jamais. Variole et dysenterie sont aussi impitoyables. Beaucoup trop d'enfants, exposés sans précaution au soleil dans un champ où la mère travaille, sont victimes d'insolations. D'autres meurent de froid, ou ont été trop gravement piétinés par un cheval, ou ont été mangés par les loups, voire par des porcs sauvages. En vain porte-t-on l'enfant malade à un saint protecteur, ainsi à saint Guinefort (lévrier sanctifié que son maître, suite à une méprise, a injustement tué alors qu'il veillait jalousement sur la couche d'un bébé). Rien à faire contre la fatalité.

C'est une magnifique victoire que de parvenir à l'âge adulte. Encore aura-t-il fallu échapper à la phtisie, à la rage, à la tuberculose, aux accidents du travail, aux épidémies (si dévastatrices qu'il faut agrandir tous les cimetières ou en prévoir de nouveaux). La dysenterie de 1779 tue 175 000 personnes dans l'Ouest. On assure que l'indigestion fait autant de morts que la tuberculose. (Habitués à sobrement s'alimenter, on se bourre de nourritures grasses aux repas de fête et l'organisme n'y résiste pas.) Un seul point positif : la lèpre a disparu depuis le XVIe siècle ; toutes les léproseries ont été fermées.

On s'habitue à vivre avec la mort. On a davantage peur de l'enfer, cette mort éternelle. Déjà l'imprimerie multiplie des « arts de mourir » destinés à un public populaire. La peur du Jugement dernier domine tout, d'où à n'en plus finir messes pour les défunts, suffrages pour les morts, absoutes, legs pieux, dons aux bonnes œuvres du curé. Le salut éternel est une hantise. Il en résulte le premier de tous les devoirs sacrés : avoir le temps de se préparer, ne surtout pas se tromper de jour. Rien n'est plus terrifiant que la perspective d'une disparition brutale. Prière le plus souvent prononcée : *D'une mort subite et imprévue, délivrez-moi, Seigneur...*

Les *pompes funèbres* sont les cérémonies les plus soigneusement fixées. Et heureux ceux qui peuvent se faire enterrer dans l'église même !

Mais passons plutôt vite aux joies de la communauté.

Les *danses paysannes* ? Elles sont à foison, sauf que, dans leur quasi-totalité, elles sont régionales, telles la *bourrée* en Auvergne, la *danse des ceintures* en Béarn, la *sardane* en Roussillon, la *cibade* en Bigorre, le *rigodon* en Bourgogne, la *gavotte* en Bretagne, la *guimbarde* en Limousin, la *farandole* en Provence. Le menuet et le quadrille sont exclusivités de la ville.

Les *chansons paysannes* ? Elles aussi sont en grande majorité régionales — pratiquées en patois ou en langues locales. Ainsi la chanson catalane relève-t-elle d'une longue tradition ; les Corses sont très fiers de leurs roucoulades ; les Basques de leurs chœurs ; on célèbre partout la poésie des Noëls bourguignons. Mais les nouvelles routes aident au développement des chansons françaises, que font mieux connaître les almanachs distribués par les colporteurs. Les Français se mettent enfin à chanter en français — d'autant plus gaiement qu'avec leurs « chansons nouvelles » les colporteurs transportent jusqu'aux villages les plus reculés les idées neuves qui parlent d'amour et de bonheur, filles de la Préciosité quant à la place de la femme, et des Lumières, quant à l'importance du sentiment. La chanson *Non, non, Colette n'est point trompeuse* est répandue pendant plus de cinquante ans dans la noblesse provinciale et dans les villages ouverts aux livrets de colportage. On la trouve dans de nombreux livrets de Troyes. En 1752, Jean-Jacques Rousseau lui-même a à en connaître. Jean-Baptiste Le Prince d'Ardenay note dans ses mémoires en 1769 qu'il la fredonne.

Un jour Colin et Colette
Au comble de leurs désirs
Se croyant seuls sur l'herbette,
Goûtaient le prix des soupirs :
D'un ormeau l'ombre discrète
Voilait leurs tendres désirs, non, non...

On en utilise le timbre pour d'autres chansons et on en fait des pastiches : *Non, non, Colette n'est plus fidèle...* Elle évoque bien l'univers de la chanson nouvelle : liberté des jeunes gens dans une aimable campagne, sans maître, ni parents, ni curé. Le vocabulaire lui-même est déjà étranger au langage paysan : *amoureuse, flamme, ivresse,* tout cela vient de la ville. La quatrième strophe est nettement précieuse.

Dans les transports de sa flamme
Tiens, disait l'heureux berger,
Colette, sens-tu mon âme,
Vers toi prête à s'échapper ?
Reçois-la, Dieu, je me pâme
Rends-la-moi par un baiser : non, non, Colette...

La situation qui est décrite ici est déconnectée du mariage : l'amour trouve sa justification en lui-même. A l'évidence sur la fin du siècle la vague venue de Paris par les almanachs met à la mode un nouvel art d'aimer au ton distingué et aux limites ambiguës, même si les solides vieilles traditions continuent d'imposer les séculaires pratiques. Les chansons ont un autre ton que les proverbes. Elles appuient plutôt la splendeur de la romance. Elles osent faire contempler les visites nocturnes du galant à sa belle. Même en rythme et mots de chanson triste, la chanson d'amour introduit des fleurs inconnues. Des choses changent en profondeur.

Et tel est bien finalement le spectacle donné par le village 1750 : toujours enraciné dans ses convictions et ses prières, mais les Lumières des philosophes ne brillent pas en vain, les nouvelles chansons narguent les vieux curés, voici de légers frémissements qui peuvent gagner en importance...

De Bruegel à Télémaque

Il arrive à l'artiste de prendre pour sujet le paysan. L'on ne peut dire qu'il y ait abondance. Mais le paysan — sans être aussi honoré que son ancêtre le fellah sur les temples égyptiens — n'est pas absent des Lettres et des Arts.

Au Moyen Age, le fabliau n'évoque le vilain que pour s'en moquer, mais peintres et sculpteurs font de la vie paysanne un thème assez fréquent, sauf que représentée dans des conditions bien déterminées : pour évoquer les occupations des mois. Il en est de la sorte pour les miniatures des calendriers des livres d'heures, *Heures du duc de Berry*, *de Rohan*, *d'Anne de Bretagne* ; et pour les médaillons sculptés sur les portails des cathédrales, en particulier celles de Paris et d'Amiens. La France n'a pas l'équivalent des grands ensembles des peintures murales italiennes, très paysannes, du palais communal de Sienne et du château de Trente, ni des belles séries des tapisseries des Flandres (*Les Bûcherons*, *Les Bergers*, *Les Vendanges*, *Le Travail de la laine*).

Au XVIe siècle, la France abandonne encore le sujet paysan aux Flandres, où génialement, Pieter Bruegel le Vieux, blotti dans le petit village dont il a pris le nom, rend avec autant de sympathie que d'humour le labeur rustique, ainsi pour *La Rentrée des trou-*

peaux, *Le Retour des chasseurs*, *La Moisson*, *La Fenaison*, *Le Paysage de labours après la chute d'Icare* et *Danse de paysans*. Nous n'avons à lui opposer que notre aussi génial Rabelais qui, en style dru, campe avec *Gargantua* et *Pantagruel* de fameux rois-paysans bon vivants.

Au XVIIe siècle, la vie rustique est encore aux Flandres le sujet de prédilection des successeurs de Bruegel, Adriaen Brouwer et David Teniers, même s'ils retiennent plutôt scènes d'auberge, tabagies, noces, kermesses, paysans jouant aux cartes ou se querellant. Mais nous avons nous-mêmes des peintres à sujets rustiques. Nous avons déjà parlé de Callot et de Georges de La Tour. Louis Le Nain sait rendre avec talent la rude dignité du monde rural, notamment avec *Famille de paysans, Repas de paysans* et *La Charrette*. Le thème plaît à Sébastien Bourdon. Nicolas Poussin peint avec grâce *Les Bergers d'Arcadie* et, avec la même élégance, pour le duc de Richelieu, *Les Quatre Saisons*, dont *L'Eté* est de loin le plus rustique (qu'on dit il est vrai inspiré d'un tableau italien, *Paysage avec des batteurs de blé* par Nicolo dell'Abate). Côté littérature, le Grand Siècle ne donne que les paysans de La Fontaine, trop gentillets, et ceux d'une page de La Bruyère, trop fausse.

Les artistes du XVIIIe ne connaissent guère que des paysanneries enrubannées, ainsi les « biscuits » du sculpteur parisien Etienne Falconet, les œuvres du peintre François Boucher, spécialiste ès bergeries. Nous pouvons pleurer celles de Ronsard, de Racan et de Montchrestien : les bergeries littéraires s'affadissent ici jusqu'à perdre tout charme ou tout sens ; à peine les nouvelles « pastourelles » trouvent-elles un meilleur sort avec la manière attendrie, naïve, sentimentaliste et volontiers prêcheuse de Florian en fin de siècle, surtout quand il donne *Estelle et Némorin*, aimables répliques des paysans des Cévennes, ou plus encore *Galatée*, « roman pastoral » fort imité de la *Galatée* de Cervantes, où la bergère Galatée, aimée de tous les bergers des rives du Tage et surtout du plus timide et du plus pauvre, Elicis, connaît toutes sortes d'aventures tumultueuses avant d'échapper au riche seigneur portugais qui veut l'épouser et se conduit au besoin comme un pirate. Qu'on se rassure : Galatée sera à Elicis. (Mais que Florian n'a-t-il situé son sujet sur les rives de Seine ou de Loire !)

Du moins cependant le siècle aura-t-il su idéaliser la vie naturelle, la vie simple. Ce n'est point hasard si on peut appeler le début de la période « les trente ans d'Arcadie » (pays du centre du Péloponnèse, peuple de pasteurs, aux mœurs rudes et patriarcales qui sut toujours résister à l'hégémonie de Sparte, et qui a fini par symboliser chez les poètes et les peintres un pays imaginaire du bonheur pastoral). C'est que, aussitôt sortis des griffes des grands fléaux, les gens des villages se mettent à rechercher la dignité, la beauté des sentiments. Ne passent plus que des rêves de bonheur et de vertu.

Qu'on en finisse enfin avec les temps barbares ! Ce faisant, ces villageois tentent aussi de se hausser vers ces modèles de vie à la campagne idéalisés par les auteurs de chansons, les peintres populaires et les gravures, et par toute une littérature de récits imaginaires et de contes utopiques, songes d'élites que favorisent la mode de la simplicité anglaise et les idées de Rousseau — et de son « homme né bon ». A l'aube des Lumières, Fénelon lui-même, dans son *Télémaque* paru en 1699, dont l'influence se fait sentir tout au long du siècle, situe déjà le bonheur dans un cadre rustique, au sein d'une société pastorale régie par un humanisme chrétien. A satiété, les auteurs de contes et de récits à deux sous décrivent les délices d'une vie simplifiée, les plaisirs non frelatés que nous fait goûter la nature, les mœurs pures et innocentes des sociétés pastorales. On ne voit plus représenter que des paysans beaux, sains et heureux. Fénelon fait même du royaume de Salente un espace de vie idéal.

Ces chaumières qui restent des chaumières

Il y a malheureusement loin du songe à l'évidence.

L'Arcadie peut se révéler pouilleuse. On le voit bien dès que l'on s'introduit chez un paysan. Car, depuis l'an mille, la demeure du paysan n'a pour ainsi dire pas changé.

Il y a certes bien des différences d'une province à l'autre. La maison de granit est commune en Bretagne et en Auvergne. Les aires à battre sont courantes dans le Midi. Selon la géographie, l'environnement immédiat commande la nature du toit, en tuiles, ardoises, lauzes ou chaume. Les habitations troglodytes, creusées dans la roche, sont nombreuses en Touraine, en Anjou, au pied du Luberon en Provence, dans certains secteurs d'Aquitaine, le long de coteaux où le calcaire tendre affleure.

Mais un type moyen existe. Sous tous nos climats, la maison la plus commune consiste en une structure de bois, posée sur un soubassement de pierres, faite de madriers chevillés les uns aux autres, et formant une sorte d'encadrement vide dont les intervalles sont comblés par du *torchis* (mélange séché d'eau et de terre), renforcée parfois par des branches insérées dans cette boue. Et partout le paysan construit lui-même sa case, encore qu'il se fasse quelquefois aider par un charpentier.

Tel est bien le modèle commun — occupant d'ailleurs un rang hiérarchique supérieur à celui des cabanes de bois et de branchages où, en forêt, habitent les bûcherons et les charbonniers, fabricants de charbon de bois.

De fait, seule la maison « aisée » aura évolué quelque peu. Chez les pauvres, qui constituent l'immense majorité, on retrouve à peu près intégralement la demeure du Moyen Age — exception faite pour la cheminée qui a quitté le feu central pour s'installer contre un mur.

Le toit se couvre selon les régions de roseau, de chaume qui est de la paille, ou de *brande* (bruyère, ajonc, genêt ou fougère) retenue par de gros cailloux pour la protéger des grands vents.

Là-dessous figure une seule pièce, d'environ six mètres sur neuf, trapue ou allongée, avec parfois une étable à cochons dans un bout, voire une étable à une vache. On marche pieds nus sur la terre battue, assez souvent jonchée de paille ou de branchages (on chausse les sabots pour sortir), le tout plus ou moins délavé de pluie, d'humidité descendue des murs, d'urine et de fiente des poules. Le vent, la pluie, le petit bétail, le pourceau et tous les parasites de la création, rampants, gratteurs, sauteurs, y entrent familièrement. Mais on ne redoute que deux ennemis : le froid et l'*arsin* (l'incendie, de l'ancien français *ardre*, « brûler »).

Pas du tout l'idyllique maison arcadienne. Pas du tout le style nid douillet pour image d'Epinal. Il s'agit d'un abri sommaire et précaire. De la pluie tombe par les interstices du toit : on doit la recueillir dans des bassines. L'isolation est nulle. Il règne là une constante pénombre, due à la rareté des ouvertures et au papier huilé qui continue d'être posé aux fenêtres.

On voit rarement s'adjoindre une chambre et un appentis.

Pas d'étage : seulement quelquefois un grenier, avec escalier extérieur.

Dans une cour ouverte se trouvent le courtil, l'aire à battre, une place à fumier, la soue à pourceaux et la loge à brebis.

Chaque maison a son jardinet qui donne sur la rue ou le chemin.

Force est de vivre dans la plus étroite promiscuité, entre bêtes et gens, entre personnes de tous âges et des deux sexes.

Le plafond est bas. Nombre des adultes le touchent de la tête.

Seules quelques-unes des familles les plus aisées ont pu prévoir en surplus une chambre pour enfants et une pièce pour domestiques.

La maison est à l'évidence malsaine.

La cheminée ne chauffe qu'imparfaitement, « vous rôtissant de face tandis que le dos gèle ».

Rares sont les régions qui connaissent le charbon de terre : la tourbe dans la vallée de la Somme (combustible médiocre, dégageant trop de fumée) ; la houille dans les environs de Saint-Etienne. Le charbon de bois ou le bois lui-même est le combustible ordinaire — et comme le bois peut être devenu rare, on le remplace par des branches tombées, de la paille et des herbes séchées. (Le bois est la denrée dont le prix a le plus augmenté : en Sologne, il triple même entre 1775 et 1786.)

La salle commune est hantée par les rats et les souris, plus encore par les puces, les punaises et les mouches, lesquelles sont à nuées.

Ça pue.

Le mobilier se réduit à un lit (souvent sans armature de bois, un simple matelas à même le sol), une *arche* (coffre sans serrures), une *mastre* (pétrin) avec son couvercle, une table à repas, quelques bancs, une boîte en bois, deux caisses, dont une pour les copies des actes notariés — à l'occasion un râtelier de sapin.

Le lit est une simple paillasse, étoffe grossière bourrée de paille, de balle de grains ou de plumes (appelée dans ce dernier cas *couette*), avec quoi vont les « couvertes », coussins et oreillers. Les draps ou *linceuls* sont de chanvre grossier. Evidemment, au lit, on dort à quatre ou cinq personnes.

Le prie-Dieu est pour les demeures les mieux meublées, de même que les vitres, les chaises empaillées, l'armoire à deux battants et la haute horloge. Le fauteuil relève du super-luxe.

Meuble roi : le coffre à couvercle, sorte de malle en bois, omniprésent dans toutes les provinces, souvent apporté en dot par l'épouse, rarement fermé à clef. Autant le qualifier de meuble « bon à tout faire » : on y range de tout, blé, farine, pain, vêtements, linge, vaisselle, papiers, et il peut faire office de siège.

Les meubles de rangement font défaut, aussi bien le vaisselier et le garde-robe que le cabinet et le buffet.

Le plus souvent, la table se limite à un assemblage de planches posées sur des « tréteaux ». Rares les tables à tiroirs — excepté en Auvergne où on met au tiroir la tourte de seigle.

Principaux ustensiles : en gros, deux marmites, une crémaillère de fer, une tuile, un poêlon d'airain, un petit bassin, un petit plat, une écuelle ronde en étain, quelques écuelles de bois, un petit moulin en acier, un plat en étain commun. Il y a déjà presque deux cents ans que Catherine de Médicis apporta en France la première fourchette. Nos paysans mangent encore volontiers avec les doigts.

On reconnaît une famille aisée à son linge, par exemple celle-ci qui a trois douzaines de serviettes, deux douzaines de nappes, « une douzaine et demie » de toile d'oreillers, six douzaines de drap, six torchons et de la toile — famille du laboureur breton Jacques Goulpel qui, outre les ustensiles rituels, si on en croit un inventaire, a « trois marmites avec deux couvercles, une casserole, une écumoire, un réchaud, un passe-purée, deux chandeliers d'airain, douze plats de différente taille, quarante-trois assiettes, douze écuelles, quinze cuillers, une équerre, une poivrière, un pot, deux pintes, une chopine, deux salières, neuf petites fourchettes de fer (ah ! ah ! en progrès, ce Breton), six bouteilles en verre et... une tasse en argent ». Une vraie fortune à faire beaucoup d'envieux.

Le vêtement, pour un paysan, est fondamentalement une protection. Telle est comme pour le logement sa fonction primitive. Rien n'est prévu contre la chaleur : la tenue d'été est complètement ignorée. Tout vise le froid, qui vous glace jusque sous votre toit (d'où d'ailleurs l'importance des vêtements longs de ville, qui vont jusqu'aux pieds). Le paysan, lui, est habituellement habillé court — pour ne pas trébucher sur le trop long.

Il peut avoir une chemise de chanvre, portée à même la peau, cause d'irritation permanente et qui doit lui valoir un dos couvert de boutons. Il a toujours la *braie*, le pantalon ou caleçon hérité des Gaulois, sauf à se mettre à préférer les *chausses*, qui sont des jambières ou pantalons collants en drap ou en laine, hérités de la haute société, adaptés à un double rôle de bas et de culotte. A distinguer simplement le *bas-de-chausses*, dont les bas seront les fils, et le *haut-de-chausses* qui abrite « le principal ».

Heureux laboureur aisé ! Lui a deux habits (veste et culotte) de drap de façon, deux gilets (une nouveauté), six paires de bas de laine, un chapeau, un bonnet, plusieurs douzaines de chemises de « toile de brin » (qui ne vous font pas gratter) et une douzaine de cols — voilà qui marque l'abondance. Les pauvres ne sauraient exhiber une telle panoplie, en matière de « hardes et nippes », comme on dit en Bourgogne.

Pour le linge féminin — pas question de parler de lingerie — il y a la *chemise* (qui en l'occurrence est de fait un dessous-dessus, à la fois linge de corps et vêtement apparent), la *jupe* ou *blanchet*, la *cotte* ou *cotillon* qui est une sorte de cotte, en toile ou en laine, complément de la chemise. Le *corps* — en voie d'être appelé corsage — couvre le tronc. Les *manches* ou *brassières* mettent au chaud les bras. Le *tablier* ou *devantier* est devenu un élément indispensable.

On note peu de différence entre les *costumes de travail* et ceux dits *de fête*, lesquels ne sont souvent que les premiers à l'état de neuf.

Le tout, blouses de drap grossier ou de toile bise ou bleue, chapeaux de paille et bonnets de coton, robes de bure ou de toile, fichus tricotés ou coiffes de toile très simple, est sans le moindre décor ni fantaisie. Nous sommes là évidemment sous une autre planète que les maîtresses du Régent, les marquis de Louis XV et les hautes perruques poudrées de Madame de Pompadour.

On ne sort que couvert, l'homme muni d'une sorte de capuchon, la femme de sa coiffe « de tous les jours ».

On marche le plus souvent pieds nus, y compris aux champs. (Les chausses de cuir sont trop coûteuses, et, au demeurant, l'usage ne les a pas encore admises.)

Pas de vêtements gais. Ils sont tous de couleur noire ou grise. La couleur est aristocratique.

Principaux tissus : la toile de chanvre, la *bure* (étoffe grossière de laine brune), le *cadis* (étoffe de laine croisée), tous ouvrages de mauvaise qualité fabriqués dans les villages mêmes.

Ils sont vraiment encore rares, les privilégiés pouvant se permettre d'inviter et de recevoir dans un intérieur où figurent beau buffet, lit à ciel et vaisselier garni. Il est vrai que les vilains ont d'autres soucis que le paraître. Et d'abord cette fonction vitale : se nourrir. Qu'importe que l'écuelle soit de bois ou d'argent pourvu qu'elle se remplisse de bonne soupe...

Un nouveau savoir-faire

Mais, à défaut de s'illustrer dans le logement et le vêtement, le renouveau se marque brillamment dans la manière de travailler.

Les techniques, entendues comme mise en œuvre de savoir-faire et d'outils pour la production et les échanges, auront longtemps occupé une place marginale dans le royaume. Hors quelques inventions, volontiers saluées et encouragées, le quotidien du travail n'aura pas donné prise à la réflexion, à plus forte raison à l'écriture.

La situation change du tout au tout au XVIIIe siècle : les « arts » deviennent un des centres d'intérêt du public éclairé.

Les techniques sont désormais jugées dignes d'apparaître dans des publications de grande diffusion et de grand prestige. *Les Descriptions des arts et métiers faits et approuvés par l'Académie royale des Sciences de Paris*, l'*Encyclopédie* de Diderot et d'Alembert, l'*Encyclopédie méthodique* publiée par une célèbre famille d'imprimeurs-éditeurs, les Pancoucke (encyclopédie comportant 166 volumes) confèrent une légitimité culturelle à cet ensemble de connaissances.

Agronome, chimiste, inspecteur de la marine, Henri Louis Duhamel du Monceau (1700-1782), passionné d'innovations techniques, prêche l'exemple dans son domaine de Denainvilliers près de Pithiviers, et publie d'enthousiasme les réussites de ses correspondants, notamment celles de Monsieur de Lille, agronome picard qui soutient que l'emploi de la faux, pour moissonner les blés, s'impose à tous égards. Comme quoi nous voici avec une grande bataille de la faux. Arguments pour : on y gagne du temps ; on fait une économie considérable de main-d'œuvre ; comme la faux fait faucher plus bas que la faucille, on y gagne aussi de la paille, qui ne reste pas inutilement dans le champ. Arguments contre : s'il est vrai que la faux épargne de la fatigue par rapport à la faucille, elle supprime des emplois et enlève le bénéfice du chaume coutumièrement laissé aux pauvres.

A nous en tout cas bien des nouveaux outils et des nouvelles techniques.

Voici la charrue semoir inventée par sieur Valioud, de Laon.

On perfectionne les pressoirs et moulins hydrauliques.

On utilise les moulins à vent à broyer le colza pour en extraire l'huile.

On développe les prairies artificielles et la culture des plantes fourragères (trèfle, luzerne, sainfoin).

La culture du houblon prend une puissante extension dans tout le Nord.

La culture des plantes tinctoriales prend un nouvel essor — la garance en Alsace et Avignon ; le pastel dans l'Albigeois.

Le tabac, en pleine prospérité, se retrouve tous azimuts — avec d'autant plus d'assurance que voici arriver la *cigarette*, déjà utilisée par les Brésiliens, réinventée, dit-on, par un soldat turc bourrant de tabac une douille en papier pour remplacer un fourneau de sa pipe arraché par une balle. On compte jusqu'à 1 200 débits de tabac à Paris, le plus sélect étant *A la Civette*, place du Palais-Royal. On n'interdit qu'un temps les plantations ; la culture est même prohibée sous peine de mort. Mais la Franche-Comté, la Flandre et l'Alsace — nouvelles terres conquises et à ménager — échappent à l'interdiction et, dès 1720, le monopole est rétabli — la Ferme des tabacs rapportant à l'Etat des sommes inestimables. Dès 1724, le pape révoque les excommunications qui pesaient sur le produit. Voici la France en repos avec sa conscience chrétienne. Simplement, elle taxe à force de bras. Comme quoi d'ailleurs aussitôt la contrebande s'en mêle : les débitants réunissent les bouts de tabac à priser à l'aide d'une ficelle en une sorte de saucisson vendu sous le nom de *carotte*, ce qui leur permet de mêler aisément en fraude des bouts de contrebande (hors taxe) à ceux de la Ferme. Du grand art. Mais les producteurs du Lot et de l'Agenais n'ont plus qu'à doubler ou tripler leurs plantations.

Les autorités poussent à la culture du maïs, qui s'implante même au-delà du bassin de la Garonne.

On commence à chauler les grains, pour combattre la nielle et la rouille.

On introduit la pintade.

En Anjou, le marquis de Turbilly rénove l'agriculture du Baugeois. On n'y perdra pas de sitôt son souvenir. Le voici à promettre à l'horticulture un très grand avenir, et, en 1755, à organiser les premiers concours agricoles jamais vus en France.

Dès 1767, se crée l'Ecole des pépiniéristes, avec concours de l'Etat.

Même si l'état sanitaire de la population rurale reste catastrophique et si des maladies comme la typhoïde y font des ravages, on commence du moins au plus haut niveau à se préoccuper de la santé des campagnards. A partir de 1728, on distribue des *boîtes à remèdes* aux curés et aux religieuses. Louis XVI fait doubler la distribution.

Bien que la majorité des paysans et plus encore des paysannes reste illettrée, voici que l'instruction commence à pénétrer dans les campagnes. L'institut des Frères des écoles chrétiennes, fondé sous

Louis XIV par Jean-Baptiste de La Salle, se distingue par des réussites qui font impression. Constitué de religieux non clercs, à vœux simples — vêtus d'une robe noire avec rabat blanc et d'un manteau à manches flottantes —, il a pour objet essentiel l'éducation des enfants pauvres. Il entreprend d'installer une école gratuite dans chaque village. Le fondateur (né à Reims en 1651 — chanoine de Reims à seize ans — mort à Rouen en 1719), homme doux, humble, mais ferme, est un pédagogue original : brisant avec les routines des maîtres écrivains et des écoles de charité, il substitue l'enseignement collectif à l'enseignement individuel et le français au latin. Par ses principes, son autorité et sa rigueur, il marque fortement tout le siècle.

On voit apparaître des revues horticoles périodiques, des journaux exclusivement consacrés « au culte de Flore et de Pomone », ainsi la *Feuille du cultivateur.* Et à nous dès 1754 l'*Almanach du bon jardinier.*

On s'emploie à obtenir une meilleure préparation du coton.

Jacques de Vaucanson (1709-1782), mécanicien hors pair, constructeur d'automates et de mécaniques diverses, nommé inspecteur des manufactures de soie, s'attache à en réformer les procédés. Ainsi met-il au point un nouveau tour à tirer la soie, qui consolide considérablement le fil.

On s'attache à faire valoir une meilleure exploitation du bois, qui est le combustible presque exclusif de tous les foyers du royaume.

Grâce à Duhamel du Monceau, on connaît mieux les populations des rivières et des étangs.

On exploite mieux le beurre, notamment dans les campagnes voisines des marchés parisiens, devenus très demandeurs. On s'attache si fort à cette partie de la production agricole, que, par exemple, le pays de Bray se voue entièrement à cette activité.

On développe les foires, qui se multiplient et où se pratiquent les échanges les plus fructueux, pas seulement commerçants.

Disons : ça bouge.

La pomme de terre sera-t-elle un jour aussi vitale que le pain ?

La culture de la pomme de terre commence à prendre une considérable extension.

Près de deux cents ans se seront écoulés entre les premiers champs fondés dans le Dauphiné et son développement généralisé. Encore au départ du siècle production marginale, cultivée sur jachère ou chènevière, elle finit par prendre une place très importante. C'est tout un événement.

Pourquoi un si long temps ? Les superstitions du Moyen Age restent trop fortes : le Mal (l'Enfer) est sous terre ; ces tubercules qui veulent entrer en compétition avec le blé, plante sacrée productrice du pain et de l'hostie, sont donc des objets sataniques. Parce qu'elle est une production souterraine dont le nom a une connotation diabolique, elle est vite censée diffuser la lèpre, voire la peste. Elle porte le malheur. Par ailleurs, du fait de son appartenance aux solanacées productrices de toxines, elle est aussi vite assimilée aux autres plantes de cette famille, mandragore, datura, belladone, toutes herbes de sorcières. On se révulse rien que d'en parler.

D'autres raisons jouent néanmoins.

Des raisons biologiques. Les premières pommes de terre présentent un goût amer qui n'aide pas à leur lancement. Trop aigres, ces *papas*. Du truc pour sauvages. De plus, ces variétés andines tubérisent en jours courts ; il y a par conséquent obligation de prévoir une récolte tardive (octobre-novembre) avec des risques importants de gelée dans beaucoup de régions. Occasion supplémentaire de refuser ce cadeau des Incas.

Des raisons socio-économiques. Les disettes permanentes et les guerres dévastatrices poussent la population rurale à développer la production de ces tubercules tout de même fort nourrissants, d'autant plus que, après les disettes assez graves de 1750 et 1770, la Faculté de Paris émet un avis favorable sur la qualité fortement nutritive de cet aliment, mais les structures médiévales encore en usage ne permettent pas l'introduction de nouvelles cultures à une vaste échelle. On pratique alors en effet une rotation triennale : céréale d'hiver, puis céréale de printemps, puis jachère. Il y a discipline collective stricte en trois soles représentant trois secteurs distincts du village. On attribue à chaque individu sa bande de terrain sur chaque sole, et la culture est choisie après consentement de tous. C'est dire que toute nouvelle culture, troublant une telle harmonie et un tel calendrier, nécessite donc l'accord de l'ensemble du village. Autant voir dresser par le communisme médiéval, face à la pomme de terre, un mur de fer ! De surcroît, certaines règles communes, telles que le troupeau collectif (kolkhozien) du village et la vaine pâture obligatoire après la récolte, découlent de ce système communautaire. On ne saurait expliquer autrement les timidités des premières pommes de terre qui ne peuvent trouver refuge que dans des zones abandonnées, des terrains en friche ou des jardins laissés hors de la rotation triennale. Sans compter que la faiblesse de l'élevage, dans ce schéma, n'autorise pas une fumure importante et que l'on considère dès lors que la pomme de terre nuirait au blé qui aurait suivi.

Finalement, il faut attendre la seconde moitié du siècle pour que la pomme de terre ait une seconde chance, quand s'affirme une « Nouvelle Agriculture » prônée par les physiocrates et tous philosophes et savants du siècle des Lumières.

Et une sorte de miracle, sans que la pomme de terre ait un saint protecteur, s'accomplit.

Un remodelage du paysage rural apparaît alors, avec culture continue, disparition des jachères, progrès de l'élevage, davantage de fumier, introduction des plantes fourragères, aménagement du cycle des cultures, amélioration de la préparation des sols, surtout nouveaux droits juridico-administratifs (libre droit des instruments de travail, de date de la récolte). L'introduction de la pomme de terre dans ce tout nouveau schéma non seulement est possible, mais contribue plus encore au succès du but suprême : *la conquête du labourage par le jardinage.* A nous fin de la parcelle. de droit commun, fin de l'agriculture collectivisée. A nous la clôture. A nous tout un royaume ouvert enfin pour les *papas* des Incas.

On oublie tous les aléas : les difficultés pour les premiers tubercules pour passer de Suisse en Dauphiné — les prudences routinières des premiers producteurs — les peurs superstitieuses des premiers servis — les méfiances vis-à-vis des conseils donnés par Olivier de Serres pour mieux obtenir, comme il dit, les plus belles « cartoufles », qu'il cultive en expérimentation en son Ardèche — une Europe en état permanent de guerre et de disette qui voit régulièrement les soudards dévaster les cultures, surtout céréalières — le curé de La Broque, le premier à exiger de ses paroissiens la « dîme des pommes de terre » (sur leur refus, le prévôt de Badonviller, le 19 octobre 1693, les condamnant à livrer le cinquantième de leur produit, point manière d'aider à l'encouragement de la production).

Désormais, trop d'atouts interviennent — même si la pomme de terre a réputation d'aliment pour les pauvres et n'a pas encore atteint l'assiette du citadin, bourgeois ou aristocrate.

Joue aussi un formidable engouement pour l'agriculture et toutes productions inédites.

De nombreuses personnalités scientifiques et politiques recherchent impatiemment des solutions pour neutraliser ou éliminer les disettes, ainsi le publiciste-physicien Benjamin Franklin, partisan des Lumières, avec Jefferson et Adams rédacteur de la Déclaration d'indépendance des Etats-Unis ; le savant chimiste Lavoisier, l'un des créateurs de la chimie moderne ; Turgot ; Quesnay ; l'agronome Duhamel du Manceau ; ce pionnier du renouveau qu'est le duc de La Rochefoucauld-Liancourt.

Le mémoire du chevalier Mustel, de l'Académie royale d'agriculture de Rouen, en 1767 présente pour la première fois une technique de « pain économique » alliant la fécule de la pomme de terre et la farine de blé et de seigle.

Tout le monde cherche.

Enfin arrive Parmentier.

Tout vient, après la famine de 1770, de l'initiative de l'Académie de Besançon de proposer comme sujet de concours un titre d'actualité : *Indiquez les végétaux qui pourraient suppléer en cas de disette à ceux que l'on emploie communément à la nourriture des hommes et quelle en devrait être la préparation.* Huit mémoires mentionnent la pomme de terre, avec le premier prix pour celui d'Antoine-Augustin Parmentier.

Né en 1737 à Montdidier, c'est au titre de pharmacien qu'il entre dans l'armée à vingt ans. Il y reste quarante ans. Capturé par les Prussiens dans la guerre de Sept Ans (1756-1763), il découvre chez eux la pomme de terre qui est la base de la ration alimentaire des prisonniers comme de la population. Puis il se retrouve apothicaire major de l'hôpital royal des Invalides. Ses contemporains le tiennent essentiellement pour un homme qui veut avant tout faire du bien — un philanthrope. Ainsi améliore-t-il considérablement le quotidien du militaire par ses études sur la ration alimentaire et son action en tant qu'hygiéniste. Il n'arrête pas de chercher. Il poursuit des travaux sur tout, blé, farines, pain, lait, le jus de raisin, les châtaignes, le maïs, le fourrage. Il est un vrai chimiste de l'alimentation, ô combien compétent. Et le voici à étudier de plus près les vertus de la pomme de terre.

Pour la promouvoir, il se transforme même en grand publicitaire. Il offre à Louis XVI à l'occasion de la Saint-Louis un panier des précieux tubercules que le roi fait préparer pour la table royale. La reine orne ses cheveux avec les fleurs de la plante. Des savants sont conviés à un dîner où près de vingt plats différents sont à base de pommes de terre. Lavoisier, Franklin, Arthur Young, Vilmorin sont là. Après la Cour, Parmentier a conquis l'Académie. Enfin, pour convaincre les citadins, il fait garder de jour mais pas de nuit la plaine des Sablons à Neuilly où sont plantées les pommes de terre : avec art, les plantes sont partiellement volées. Rapine stratégique. C'est le stratagème qui finit par lui valoir la pleine confiance des consommateurs.

Mais il faut bouleverser l'habitude des alimentations. Ce qui est bon pour les porcs peut-il être bon pour les hommes ? Qui vivra verra, dit-il. On vit. On voit.

Parmentier n'est absolument pas l'inventeur de la pomme de terre, comme le dira sa légende. En la matière, il ne se considère pas lui-même comme un homme d'avant-garde, un créateur, mais il donne le coup de pouce décisif.

Définitivement lancée, l'antique *papa*...

L'agriculture éclairée par la science

Pour la récolte des foins, on est encore loin de penser à remplacer par de puissantes mécaniques la faux et le râteau. A peine aura-t-on cherché à mettre hors jeu la faucille.

La nature des travaux essentiels ne change pas. Vision qui reste la plus familière : le laboureur qui, derrière son lourd cheval, aussi sûr de lui-même que du cours des saisons, trace imperturbablement un sillon impeccable.

C'est tout de même le XVIIIe siècle qui, le premier, aura réagi contre l'ankylose des routines.

Ici interviennent surtout de grands propriétaires bourgeois — voire certains nobles — qui prennent la tête du mouvement ayant pour objet un renouvellement total des méthodes et de l'outillage agricoles. Tels sont les vrais pionniers de nos nouveaux ranches. Sans être cow-boys.

Ils sont acquis à la conviction que l'agriculture peut être éclairée par la science et participent à l'engouement général pour les sciences de la nature. Appartenant pour la plupart aux professions libérales, ils font de l'histoire naturelle comme d'autres de la philosophie, et parfois ce sont les mêmes. De plus, en tant que propriétaires terriens soucieux d'encaisser de confortables bénéfices, ils y apportent des préoccupations utilitaristes : ils étudient pour agir. S'ils sont lecteurs de Noël Pluche (savant professeur au collège de Reims, puis directeur du collège de Laon, auteur de *Spectacle de la nature*, ouvrage de vulgarisation sur les sciences naturelles), de Monsieur le comte de Buffon (célèbre naturaliste écrivain auteur d'une *Histoire naturelle* qui, entre 1749 et 1788, compte 36 volumes, préconise une science totalement indépendante et s'efforce d'appuyer toutes ses idées sur des faits d'expérience et non sur des théories préconçues), de Réaumur (physicien naturaliste de La Rochelle, popularisé par le thermomètre à alcool qu'il construit vers 1730, premier savant à montrer la possibilité de transformer la fonte en acier, fondateur de la métallographie, animateur de multiples travaux scientifiques qui lui valent le surnom de *Pline du XVIIIe siècle*), ils le sont aussi de l'abbé Jean-François Rozier (agronome botaniste lyonnais, professeur à l'Académie royale de Lyon, auteur d'un *Cours complet d'agriculture* en six volumes), de Duhamel de Manceau, du penseur anglais Arthur Young lequel, dans la relation qu'il fait de ses *Voyages en France*, étudie même de plus près la ferme du duc de Liancourt, sorte de ferme-pilote.

Leurs curiosités placent ces naturalistes et agronomes, praticiens et savants en face de la vie concrète. Ils s'intéressent directement à la culture de leurs terres. Ils sont prêts à accueillir les nouveautés les plus hardies, toutes les plantes nouvelles qui pourront être adaptées. Non qu'ils soient désintéressés : les finances, ils connaissent. Non qu'ils cessent de mépriser les laboureurs, tous *mesnagers*, *manouvriers* et *brassiers* réputés trop rustres, tous ceux que courbe la glèbe. Ils restent avant tout soucieux de leurs rentes. A l'occasion, ils n'ont aucun scrupule à chasser de leurs terres les populations les plus humbles.

Mais ce sont eux seuls qui sont prêts aux expériences d'où peuvent sortir de nouveaux modes de travailler.

On recherche un labourage plus facile, allégeant l'effort demandé à l'attelage et au laboureur.

On recherche même d'une manière scientifique l'adaptation des instruments de labour. C'est le laboratoire au secours du paysan.

Par exemple, l'abbé Rozier énumère un grand nombre de charrues, fait distinguer les types lourds pour les défrichements, les types légers pour le labour ordinaire et des instruments de « pseudo-labours ».

On met au point la *Dombasle*, aussi simple que résistante, assez lourde pour pénétrer dans les terres fortes, assez légère pour n'avoir pas à exiger de trop puissants attelages, répondant idéalement aux exigences ordinaires des sols français.

On s'intéresse à ce que font en la matière les Anglais, ces spécialistes de l'avant-garde agricole : la charrue de Walther Blight, modifiée par Arbuthnot ; la charrue écossaise ; les charrues à plusieurs sas ; les instruments à coutre multiple.

L'ère des recherches est décidément commencée, la voie ouverte à d'incessants progrès.

Claude Bourgelat lance la *médecine vétérinaire*. Né à Lyon en 1712 d'une famille de petite noblesse, d'abord avocat au parlement de Grenoble, puis mousquetaire, puis successeur de son père en qualité d'écuyer, il étudie pêle-mêle la chirurgie, l'hippiatrique, l'anatomie, la thérapeutique. Il devient un puits de sciences. De 1750 à 1753, il fait paraître son chef-d'œuvre, *Eléments d'hippiatrique ou nouveaux principes sur la connoissance et sur la médecine des chevaux*, où il est le premier en particulier à recommander la création d'écoles vétérinaires. Nommé inspecteur des Haras de la Généralité de Lyon, en profitant pour parfaire ses expériences, le voici à prôner de donner une base scientifique à l'art vétérinaire, jusque-là uniquement empirique. Et de collaborer à l'*Encyclopédie*. Et, en 1761, de publier son *Art vétérinaire ou Médecine des animaux*.

Et d'être puissamment aidé par un autre grand pionnier, Henri Léonard Jean-Baptiste Bertin, comte de Bourdeille, né à Périgueux en 1720, successivement avocat à Bordeaux, conseiller au Grand Conseil, intendant du Roussillon, intendant de Lyon, lieutenant-général de police à Paris, contrôleur général des finances régnant sur un ministère où il fait entrer les messageries, les loteries, les archives et l'agriculture et où il se campe comme le grand promoteur du grand mouvement agricole (émigré en 1791, il mourra l'année suivante à Aix-la-Chapelle).

Et, grâce à Bertin, Bourgelat de créer en 1761 la première école pour le « traitement des maladies des bestiaux », école privée installée dans une auberge du faubourg de la Guillotière.

A l'ouverture, elle compte 2 élèves — 52 en 1763.

Elle est vite connue à l'étranger. Nouveauté : elle envoie ses élèves dans les provinces combattre les épizooties. Voici nos bestiaux à accueillir des anges gardiens.

En tout cas, les succès sont tels qu'un édit fait de la nouvelle école une Ecole royale et que Bourgelat ouvre une seconde école, à Maisons-Alfort qui, en 1783, compte six chaires : médecine, économie rurale, anatomie comparée, maréchalerie, chimie et botanique.

Comme quoi, dès les années 1770, des arrêts du Conseil du roi règlementent strictement les procédures de visite des étables, fixent les méthodes de désinfection, ordonnent le marquage, l'abattage et l'enfouissement des animaux atteints de maladies graves pouvant donner lieu à épizooties. Un arrêt de 1784 réserve en principe aux seuls anciens élèves des écoles vétérinaires et aux personnes choisies par eux la visite des sujets sains ou suspects. Le texte va jusqu'à rendre obligatoire la déclaration de la maladie. Sans doute ce dernier arrêt n'est-il guère suivi, il n'en reste pas moins qu'un énorme progrès se dessine.

Bien entendu, fatalité oblige, les désastres à la dimension nationale ne manquent pas. L'épizootie de peste de 1775, en moins de deux ans, provoque la mort de centaines de milliers de bêtes. Que viennent des années de sécheresse, comme 1785, et il en résulte une crise fourragère qui décime les troupeaux. Les années trop humides ne sont pas moins désastreuses. La fiscalité peut avoir les effets les plus pervers sur le développement de l'élevage.

D'une manière générale, on se préoccupe assez peu dans les fermes de la qualité des animaux. On n'imagine pas du tout dans la masse paysanne les bienfaits qui peuvent être dus à l'art vétérinaire. Rares sont les éleveurs qui tentent d'améliorer leur cheptel par sélection ou importation de taureaux étrangers. Dans les exploitations, les bovins de Louis XVI ne vivent guère mieux que ceux d'Henri III. Le plus souvent, dans des étables trop basses et malpropres, les bêtes continuent de vivre selon des conditions lamentables. On a découvert, dit-on, les vertus de l'hygiène ; on ne la pratique pour ainsi dire pas. Les prairies restent rares et mal entretenues. Si les agronomes savent encourager à la production de navets, de raves et de choux pour l'alimentation des animaux, à l'utilisation de tourteaux de lin ou de colza, de feuilles de frêne ou d'orme, ils sont en général peu écoutés. Ainsi en reste-t-on avec un bétail trop fragile, exposé à tous les aléas.

On ne peut pas parler d'élevage national. « Dans les dix-huit vingtièmes du royaume, peut noter Arthur Young, il n'y aurait pour ainsi dire pas de bétail du tout, sans la pratique de labourer avec eux. » Les bovins gardent pour rôle fondamental celui de fournir de l'énergie et du fumier. A peine commence-t-on, dans la réalité, à envisager le profit qui pourrait se tirer de la viande et du lait.

On vit depuis mille ou deux mille ans dans la plus noire misère et on s'en accommode. Certains *gadouilleux* ou gros laboureurs auraient même tendance à être goguenards vis-à-vis de ces physiocrates qui agitent des théories mirifiques.

On reste encroûté dans les vieilles manières : les bovins ne sont dirigés vers la boucherie qu'en fin de carrière, à bout de souffle, à l'âge de huit ou neuf ans et souvent plus ; ces animaux ne peuvent fournir qu'une pauvre viande ; de plus, mal nourris eux-mêmes, ils manquent de précocité, c'est-à-dire que leur croissance est paresseuse et retarde d'autant leur engraissement.

Les tentatives d'amélioration des races sont à la seule initiative de grands propriétaires terriens dont l'action ne peut être que locale. A peine peut-on signaler en Dauphiné l'introduction de bœufs suisses, l'arrivée en vallée d'Auge de quelques bovins de Hollande, l'importation en Normandie de quelques bovins anglais de races sans cornes — cette Normandie qui a pourtant la solide renommée de fournir les bœufs gras pour le carnaval de la mi-carême à Paris.

Les races françaises ne sont pas du tout spécialisées — à la différence de l'élevage anglais qui est déjà d'un très haut niveau : on voit dès la mi-siècle l'agronome Robert Bakewell, fils de Dishley, Leicestershire, systématiquement recommander de bien nourrir les animaux, sélectionner les meilleurs pour la reproduction et utiliser la consanguinité pour mieux fixer les qualités mises en avant par une bonne application. Pour leur part, les frères Robert et Charles Colling appliquent ces mêmes règles pour la race dite *courte-corne* du comté de Durham. Le succès ne fait aucun doute. La population dite *short-corn improved*, « courte-corne améliorée », fait vite merveille. Charles Colling fait promener par tout le pays un bœuf d'un poids exceptionnel, idéalement dodu, du jamais vu, qui, né en 1796, pèse 1370 kilos à l'âge de cinq ans. Il ne le vend qu'à la condition que soit construite exprès une voiture pour le véhiculer.

A peine la France voit-elle — timidement, maladroitement — poindre ses futures grandes races. Les promesses ne manquent pourtant pas en limousins-charentais (animaux à robe blonde pouvant peser jusqu'à trois quintaux ; vaches donnant « de trois à cinq bouteilles » de lait par jour) ; marchois-benichons (robe blond sale ; poids modeste ; vaches attelées à la charrue) ; gascons (des costauds au cuir épais, cinq quintaux de poids, robe blanc sale, seulement recelés dans quelques fermes) ; auvergnats (robe rouge plus ou moins tachetée, cornes courtes et blanches, uniquement vendus en Poitou pour la charrue) ; charolais (superbes bœufs blancs de quatre quintaux, faciles à engraisser, inconnus hors les marchés lyonnais) ; bretons (squelette léger, petite envergure, robe pie-rouge ou pie-noire, que la Bretagne garde pour soi) ; manceaux (à peu près les seuls enrichis par des croisements avec des races hollandaises) ; normands (robe rouge foncé à poil rude, vaches capables de donner treize litres de lait par jour, la Normandie étant la seule province à s'être déjà spécialisée dans la production de lait et l'engraissement) ; cotentins (animaux bruns, parfois croisés avec des cousins du pays d'Auge) ; comtois (blonds ou bruns, guère estimés hors de leurs limites) ; flamands-picards (robe rouge ou pie-rouge, pie-noire en Picardie, excellentes laitières dont on n'a jamais pensé à exploiter les disponibilités).

Aucune planification, aucune rationalisation n'est envisagée.

Lavoisier estime que nous comptons dans les années 1780 de sept à huit millions de bovins — deux fois moins que l'Angleterre qui compte deux fois moins d'habitants.

Mais enfin, comment tant de savants n'arriveraient-ils pas à améliorer en milieu rural toutes choses !

Trop à l'évidence, la logique est avec eux.

Les mérinos de Louis XVI

Curieusement, les physiocrates ignorent le porc. Mépris total. A peine peut-on noter une étude d'une dame de La Gétière intitulée *Mémoire sur l'élève et l'engrais des cochons*. Pourtant, au dire de Lavoisier, le royaume en possède quelque quatre millions et des provinces comme le Béarn et le Pays basque font des salaisons recherchées à travers toute l'Europe : le jambon de Bayonne en est du coup déjà célèbre. Mais les porcs de Louis XVI sont plus proches de ceux de Charlemagne que de ceux du général de Gaulle. Ils tiennent plus du sanglier que du futur cochon hybride, rondelet à souhait. Seul, par rapport à l'an mille, le poids a un peu augmenté. En fin de compte, l'élevage du cochon aura donné lieu à des progrès insignifiants. On se contente de savoir que rien ne l'engraisse mieux que les glands, les faînes et les châtaignes : on le savait déjà sous Henri IV et personne ne songe à faire provision de ces fruits en hiver.

En revanche, les volailles profitent de plus de réflexion. Traits dominants de la basse-cour : on recommande de choisir des poules noires, qui seraient meilleures pondeuses — on commence à identifier quelques races de poules, les poules de Bretagne, fort aptes à la ponte ; les poules de Caux, chair fine ; les poules de Padoue, « grandes et grosses » — les paysans suivent peu, ou pas du tout, les agronomes recommandant l'incubation artificielle (Diderot lui-même, dans un long article de l'*Encyclopédie* sur les « fours à poulets » égyptiens, devenus une spécialité du canton de Berne, avoue n'en point voir l'utilité) — le chaponnage de coqs est devenu usage courant — les poulardes de Bresse ont « réputation flatteuse » (la Bresse, déjà devenue spécialiste de l'engraissement en épinettes, c'est-à-dire en cages étroites et obscures où les animaux ne peuvent pratiquement pas bouger) — pour améliorer les performances à l'engraissement, la Société d'agriculture d'Alençon suggère d'ajouter à la nourriture des volailles « le poids d'un liard de jusquiame » (plante des décombres, à feuilles visqueuses et à fleurs jaunâtres), alors que d'autres préconisent plutôt de la chair de lézard hachée menu et mêlée avec du cumin — les foies d'oies du Périgord n'arrêtent point de prospérer — on a vu avec satisfaction arriver sur les marchés les pintades des Afriques, qui offrent « un fort bon manger ».

Lavoisier estime à quelque vingt millions de têtes l'état des ovins — soumis aux mêmes conditions et aléas que les bovins. Il relève de province à province des différences inouïes : le mouton bocager ou bisquin ne pèse guère plus de quinze kilos alors que le flandrin peut en atteindre soixante ; la race picarde, a déjà pu noter Young, sans cornes, face blanche, oreilles pendantes, fournit une laine grossière, de même que la race normande, à pattes et face rouges, alors que la race du Berry, qui le fait penser aux *southdowns* d'Angleterre, a fort belle laine (fierté anglaise oblige, mais il y a du vrai). Mais, de fait, objectivement, il est très difficile de cataloguer les différentes races. Arthur Young déplore du reste surtout, comme Lavoisier, que les pratiques de l'élevage soient trop défectueuses. Il regrette en particulier que le métis domine partout. Il peut qualifier les moutons limousins de « pauvres petites choses ». Il n'a quelque considération que pour la race espagnole du Roussillon.

Roland de La Platière, lui, dénonce bruyamment l'inertie des éleveurs du Languedoc. On le connaîtra mieux comme ministre girondin de l'Intérieur et mari de la brillante Manon Phlipon qui prononcera un mot voué à rester célèbre en montant sur l'échafaud. Il est avant 1789 un des plus notables inspecteurs des manufactures et l'auteur de grands textes techniques dans l'*Encyclopédie* de Panckouke. Précisément, comme expert en draperie, il juge avec sévérité la « culture des laines » telle qu'elle se pratique en Languedoc. Le procès est même hallucinant. Le déchet au lavage des laines de ces moutons est quelquefois de 80 %. On renferme les troupeaux dans des bergeries malpropres, étroites, étouffées, dont les planches de gaules ou de lattes éclatées laissent passer la poussière et les menus brins de fourrage qu'on met dessus. Le crottin et l'urine croupissent dans les toisons ; le suint en devient caustique, les rend jaunâtres et les brûle. « L'idée seule — rapporte-t-il — de la chaleur étouffante, de l'air empesté que les moutons respirent dans ces étables, où ils sont continuellement dans l'ordure, doit faire juger de leur état de faiblesse, de langueur, du nombre de maladies qui les affligent et de la quantité qui en périt... » Il poursuit : « La règle générale est que les troupeaux rentrent à l'étable pendant six mois de suite, de novembre à mai, et qu'ils n'en sortent jamais, ni du parc l'été, qu'entre neuf et dix heures du matin jusqu'au déclin du jour et invariablement avant le coucher du soleil. Ils n'en sortent absolument pas durant la pluie, la neige, le verglas ; c'est le temps de la portée des brebis, celui où elles mettent bas, celui de la première nourriture et de la plus grande faiblesse des agneaux, imaginez les avortements, les dépérissements, la mortalité... »

On nourrit mal les troupeaux à l'étable, toujours au sec, en gerbées de paille, en bottes de fourrage composées de pois, de fèves, de vesces dans lesquelles sont des tiges dures « qui réduisent à une livre au plus la nourriture que chacun de ces animaux prend en vingt-quatre heures ». Les béliers, « qu'on fait d'ailleurs servir à tout âge manquent de force, les brebis de lait, les agneaux vivent en langueur ». Quand le troupeau « sort au printemps, échauffé, tremblant, maigre, exténué, il se jette avec avidité sur les premières herbes qu'il rencontre : les rhumes, la dysenterie et une infinité d'autres maladies l'assiègent. Il a beaucoup coûté pour le conserver en très mauvais état et ce n'est qu'au moment des risques et des dangers, et en essuyant des pertes, qu'on le fait passer à un état meilleur ».

Le temps de parquer est-il venu ? « On le fait toujours sur une terre que la moindre humidité met en boue : on ne parque jamais sur le gazon. Le troupeau est aussi entassé dans le parc que dans la bergerie. Il faut qu'il reste dans cette situation des matinées et des soirées entières. On ne lui donne absolument rien à manger dans le parc d'où il n'a la possibilité de sortir que lorsque le soleil lance ses rayons les plus ardents... » Affamés alors, les animaux font halte en mangeant ; et « s'ils trouvaient des pâturages gras, ils s'entr'égorgeraient, ils périraient en peu de temps ».

Principal résultat : « il y a décrépitude des individus ; la laine diminue et s'altère... »

Mais là, il y a réaction, puissante.

Louis Jean-Marie d'Aubenton (qui sera dit Daubenton), né à Montbard en 1716, démonstrateur au Jardin du roi (futur jardin des Plantes), titulaire de la chaire de zoologie générale au Collège de France, de celle d'économie rurale à l'Ecole d'Alfort, s'impose en grand pionnier. Il réalise en sa ferme de Montbard, près d'Alésia, un cycle d'essais qui aboutit en 1782 à un fameux ouvrage, *Instruction pour les bergers*, que récompense un large succès (on connaît partout le troupeau de Montbard). Il s'y prononce résolument en faveur du pacage qui n'a, assure-t-il, que des avantages, au moins à trois niveaux, qualité des laines, moindres coûts d'exploitation, fumage des terres. Quant à l'amélioration du cheptel, il recommande de procéder par croisement de femelles sélectionnées issues de races locales avec les béliers d'excellente origine. Lui-même donne l'exemple en opérant quelques « croisures » dont il suit les résultats non pas au moyen d'observations simplistes, mais par des mesures microscopiques de la finesse du brin de laine.

Roland de La Platière, encore lui, rédige en 1779 un *Mémoire sur l'éducation des troupeaux et la culture des laines*, où il fait l'apologie des méthodes et des races anglaises.

D'autres chercheurs interviennent, comme Daniel Charles Trudaine, fondateur de l'Ecole des ponts et chaussées, grand bâtisseur de ponts, passionné de problèmes agricoles, et son fils Jean Charles, chimiste éminent, intendant général des Finances, qui sait appuyer toutes nouveautés.

Surtout, à nous les *mérinos* (mot formé sur l'arabe Bañu Marīn, vieille tribu du Maroc), caractérisés par une laine aussi fine qu'abondante. Ils sont longtemps monopolisés par les Espagnols. Les premiers sont introduits par Colbert en Roussillon, où ils semblent devoir rester propriété exclusive de nos Catalans. Mais voici du grand nouveau : Turgot, en 1776, importe tout un troupeau qu'il implante à Montbard en Bourgogne et qu'il confie à Daubenton. Puis, à peine créée en 1785, la ferme-modèle de Rambouillet recommande d'utiliser pour les croisements des races espagnoles. Louis XVI, conscient de l'insuffisance de production des ovins français en qualité comme en quantité, décide d'en appeler à son cousin Charles III roi d'Espagne et demande à son ambassadeur à Madrid, le duc de La Vauguyon, de négocier l'achat de bêtes issues « des caravanes les plus distinguées ». Les accords portent sur la livraison de 332 brebis et 42 béliers, précisément tous de race mérinos. Le troupeau part de Ségovie le 15 juillet 1785. Par petites étapes, il gagne sa première grande station, les Landes, où il reprend son souffle. Sur la route, une soixantaine meurent, mais le troupeau repart des Landes ragaillardi et, après une nouvelle longue marche, parvient à son but. A Rambouillet, la clavelée a beau en tuer une centaine d'unités, confiés à de bons bergers, les survivants prospèrent.

Objectif principal du roi : diffuser la race, la France étant obligée d'importer à cette époque une masse ruineuse de laine lavée.

Et la bergerie de Rambouillet de devenir bergerie nationale.

Et le troupeau de se reproduire en consanguinité scrupuleusement surveillée.

Et la France en position d'espérer produire sur son sol la plus fine des laines.

Et, grâce à une sélection extrêmement poussée, les éleveurs royaux d'aboutir au *mérinos de Rambouillet*, prototype du mouton à laine.

L'une des plus belles réussites de Louis XVI.

Chevaux de France

Au total, la révolution agricole ne touche pas la masse paysanne, trop écrasée d'impôts, trop rivée à ses routines, manquant de tout esprit d'invention et d'imagination, trop soupçonneuse de toutes nouveautés. Seuls quelques grands propriétaires auront adopté les idées et suivi les conseils des idéalistes.

Les pacages restent trop réduits. Il y a malnutrition chronique de tous les animaux, ovins comme bovins et porcins. On a interdit à l'excès le pacage des bêtes en forêt. Beaucoup de paysans condamnent le droit d'enclore, « la ruine du cultivateur ». Une majorité exige la suppression de la *gabelle*, « ce fléau pestilentiel » dont on dit qu'il « prive les bestiaux de l'usage du sel, qui est un remède et un préservatif contre toutes maladies » et « en ce qu'il empêche les cultivateurs de pouvoir se livrer au commerce des salaisons de porcs ou de volailles, et à celui des fromages et beurre, salés ». Trop de prairies ont été aussi transformées en terres à blé.

Il n'en va pas autrement pour l'élevage équin. Au début du siècle, lui aussi est en crise. Les guerres de Louis XIV et les réquisitions massives l'ont décimé. A en croire Jean-Baptiste Huzard père, promis à être un grand vétérinaire, la France aura même du coup dû importer en moins de quinze ans un demi-million de bêtes. Dès 1717, il faut même donner à l'Etat le contrôle total dudit élevage. Nouvelle règle : *fournir à des particuliers, baptisés gardes-étalons, des reproducteurs sélectionnés, recenser les plus belles juments de la circonscription et contraindre leurs propriétaires à utiliser des étalons officiels.* Plein dirigisme royal. Mesures de salut public. Un seul inconvénient, mais grave : les inspecteurs de haras préfèrent produire des *chevaux de tournure* alors que les paysans réclament à cor et à cri des chevaux de trait et vont jusqu'à se détourner dès lors de l'élevage du cheval. Tout varie même d'une province à l'autre : par exemple, Normandie, Navarre et Limousin sont spécialisés dans les chevaux de selle ; Bretagne, Normandie et Boulonnais le sont dans les chevaux de labour. Par ailleurs, les statistiques manquent pour toute programmation sérieuse : si on estime grosso modo à un million et demi le nombre des chevaux de ferme, personne n'aura jamais songé à évaluer celui des chevaux de selle ou d'agrément. Enfin, on « croise » dans un désordre total, sans stratégie nationale : les normands avec des barbes (de Barbarie, c'est-à-dire du Maroc), les navarrais avec des espagnols, après l'organisation des haras de Pompadour en Limousin les limousins avec des anglais comme avec des arabes. Sans plan précis, on importe à grands frais des étalons allemands, mecklembourgeois, danois. Un seul résultat : les races indigènes sont menacées de disparaître. On n'obtient quelques croisements probants qu'avec les anglais.

Les Anglais, précisément, nous devancent encore. Ils ont décidément la vocation d'avant-garde. Sur les traces des Arabes et de leurs grandes généalogies qui consacrent l'élite au sein de la population équine, les éleveurs britanniques donnent naissance à une race de pur-sang dont les représentants figurent dans un livre d'origine, le *Stud Book*, depuis les premiers géniteurs. A la vérité, l'« invention » de cet animal parfait est suivie du coup avec passion par tous les milieux *fashionables* de l'Europe. On cesse de diviniser le genet de parade, le turc ou l'arabe. On se concentre sur les écuries de luxe de Grande-Bretagne où naissent des prodiges de vitesse aux étranges formes grêles et dégingandées, qui supplantent tous leurs concurrents sur les champs de course. La renommée du nouveau prince porte même ombrage à celle du « fils du désert », le fier cheval arabe, jusque-là référence absolue de perfection, et salué par Buffon comme « le premier cheval du monde ».

Nous, de fait, nous n'avons d'autres régulateurs et d'autres vrais programmateurs que les foires.

Il est vrai qu'elles foisonnent.

Beaucoup d'entre elles existent même depuis plusieurs centaines d'années.

D'origine souvent sacrée, liées au culte d'un saint ou d'un pèlerinage dont elles portent le nom, elles rythment absolument la vie économique des campagnes. Les régions d'élevage y écoulent leurs poulains et celles qui ne produisent pas de chevaux viennent s'y approvisionner, car, contrairement aux autres grands animaux domestiques, le cheval n'est pas produit partout à la ferme. Ainsi d'ailleurs les foires sont-elles le plus souvent installées sur les points stratégiques d'échanges entre les pays dotés de ressources complémentaires.

Elles sont si nombreuses qu'elles en viennent à exaspérer par leur nombre excessif, ainsi ce voyageur en tournée dans le Finistère, qui grogne : « Les habitants de Commana et de La Feuillée trouvent des foires chaque jour de la semaine, dans l'espace de trois ou quatre lieues autour de la commune ; rien de plus nuisible à l'agriculture, aux mœurs ; elles favorisent les mendiants, les vagabonds ; elles créent une multitude d'auberges dangereuses » — tant il est vrai qu'en Bretagne, « aucun marché ne s'arrête sans qu'on l'achève au cabaret ».

Nulle part autant de pagaille qu'au marché aux chevaux de travail de Paris, qui se tient sur le boulevard de l'Hôpital. La foule se presse. Les maquignons font courir les chevaux à vendre. Les fouets claquent. Les commis hurlent. Les clients vocifèrent. Les vide-goussets s'en donnent à cœur joie. Ce tohu-bohu pourrait être le symbole même de la désorganisation généralisée.

Il existe même des foires, à dates immuables ou mobiles, pour chevaux de rebut. Les plus mal en point, destinés à servir de nourriture aux sangsues qu'on élève dans les marais, sont par exemple vendus à la foire de La Marque en Aquitaine. (Dans le Bordelais, on pratique en effet l'élevage des sangsues à grande échelle dans des étangs spécialement aménagés ; on ne peut pas ne pas savoir que la France à elle seule consomme pour les saignées plus de soixante millions de ces annélides, à coup sûr les meilleurs alliés de tous les médecins ; et des spéculateurs font l'élevage de ces sangsues en jetant chaque année dans leurs marais de dix-huit à vingt mille chevaux.) En tout cas, hors même les pauvres rosses à sangsues, paysans comme négociants savent ne pas trouver mieux ailleurs poulains de lait débiles, juments stériles, hongres rabougris qui n'ont pas perdu pour autant leur humeur ombrageuse, chevaux tarés, mulets atteints de fluxion périodique, ceux-ci dirigés au plus vite sur la Cerdagne où, dit-on, cette maladie guérirait d'elle-même.

Tout un spectacle. Les bêtes mises en vente proviennent de fermes à une distance qui peut aller jusqu'à 50 à 60 kilomètres. On voyage alors souvent de nuit, naturellement à pied, à l'aller comme au retour. Pour garder le contrôle d'une troupe de poulains affolés par le changement de leurs habitudes, on les attache les uns derrière les autres, tête à queue, de telle manière qu'un seul homme peut diriger toute la file, qui porte le nom de *touche* dans le vocabulaire professionnel. L'homme est de préférence en selle. C'est de la sorte que les maquignons convoient la caravane. Récit d'un certain J. C. Perraguin, marchand de foires étalonneur, sur un trajet voisin de cent kilomètres, aller et retour d'une même traite. « J'étais parti à une heure du matin, je suis rentré à neuf heures du soir. En allant, j'ai trotté un peu, car mon *cheval de route* était seul, mais au retour, il avait deux poulains d'un an attachés à la queue et ils tiraient au renard, alors il fallait que je suive à pied la majeure partie du temps... Ils ont cassé la longe qui était retenue à la queue de *Coco* par la *stroppe* (sorte de plate-longe en chanvre, que l'on attache au moignon de queue). J'étais obligé d'attacher comme ça car le pauvre *Coco* avait été *surcoué* trop court et il n'avait pas assez de crins pour qu'on puisse faire une tresse en paille et attacher dessus, ce qui est plus solide. »

La foire de la Sainte-Croix, à Lessay, Cotentin, se tient le 11 septembre, dans un lieu écarté. Là, on vend des poulains de demi-sang (demi-sang : résultat d'un croisement entre un pur-sang et une race moins « titrée »), des *antennais* (jeunes bêtes de 18 mois), des chevaux de service et des poneys de « la race de La Hague ». Garanti : on peut multiplier le nombre d'animaux amenés, sous la garde d'un seul charretier, en les attachant derrière une voiture à deux roues. « On met comme ça les poulains derrière la voiture en deux bandes, celle de droite toujours plus forte en nombre que celle de gauche, par exemple : huit à droite ou dix, et six ou quatre à gauche. » Négociants et commis, ces semi-nomades qui vont de foire en foire, sont passés il est vrai maîtres dans l'art du convoyage. Ils possèdent un « savoir élaboré », car il n'est pas du tout simple de convoyer des bandes de poulains sortant du pré ou des files d'étalons belliqueux, qui se mettent à tourner affolés en rond quand ils ont cassé la longe. Un conseil dès lors : rappelez-vous que c'est en Mayenne que l'on trouve les meilleurs spécialistes, capables d'arrimer en un tournemain les bêtes les plus récalcitrantes.

A Alençon, le rassemblement de la Chandeleur est recommandé. Là, des jours durant, ce ne sont pas seulement des attelages de grand luxe qui s'échangent, aussi de futurs reproducteurs et plus encore de puissants chevaux de trait que les pays se disputent avec âpreté.

En bref, des marchés au petit bonheur la chance.

On peut parler de l'anarchie du maquignonnage.

Cependant, là aussi, comme dans tous les secteurs de l'agriculture, des théoriciens témoignent, de grands éleveurs provinciaux interviennent.

Du coup, comme par prodige, nous maintenons de solides races de base, même si elles n'ont pas encore pignon sur rue, auxois et ardennais, boulonnais et bretons, normands et percherons. On procède même, scientifiquement, à partir de 1785, à des croisements de race normande avec chevaux pur-sang et demi-sang anglais. En Franche-Comté, alors que tant d'autres races de trait ont déjà subi bien des vicissitudes et en dépit de quelques déboires dus à des croisements hasardeux, jamais totalement inévitables, la race comtoise, « la race dont le berceau est la haute montagne », est restée pratiquement intacte : voici du coup les braves « comtois » jouir d'une belle cote en Savoie et dans le Lyonnais, sans oublier que l'armée reste leur meilleur débouché (il faut quatre mille chevaux chaque année pour la cavalerie du roi, artillerie non comprise) et qu'ils sont inégalables pour entraîner sur les cols les plus raides les lourdes voitures des rouliers-convoyeurs. Le boulonnais choisit le siècle pour affirmer sur la grande route ses deux meilleures qualités : puissance et finesse. Le percheron n'a encore su se faire reconnaître en tant que tel, mais en 1751 la seule région de Mortagne compte 1 735 poulinières dont 661 suitées ; on vend 400 pièces à chacune des quatre foires annuelles de Bellême ; à la foire d'octobre de L'Aigle, plusieurs centaines s'échangent ; disons du moins que des espoirs se forment. Dans ses haras des Deux-Ponts à Nancy, le roi Stanislas de Lorraine a raté ses croisements avec une race turque, et s'il est acquis que la grande Epona, déesse des chevaux gaulois, ne protège plus de longtemps ses ouailles bourguignonnes, les paysans forestiers couvrent de bénédictions les Ariégeois qui sont devenus des virtuoses de l'art difficile du débardage.

Non, tous les espoirs ne sont pas taris.

Sablons le champagne !

Où en est la vigne ? Où en est le vin ?

Mille observations s'imposent. Notons du moins les principales.

Le champagne triomphe. Mieux encore : la mousse triomphe. A partir des années 1725-1730, on ne veut plus boire que du champagne mousseux. Le « champagne tranquille » relève de l'impensable. Le nom d'Ay lui-même devient synonyme de pétillant. Voltaire en témoigne gaiement en 1736.

Chloris, Eglé me versent de leur main
D'un vin d'Ay dont la mousse pressée
De la bouteille avec force élancée
Comme un éclair fait voler son bouchon.
Il part ; on rit ; il frappe le plafond :
De ce vin frais l'écume pétillante
De nos Français est l'image brillante.

Le champagne se lance définitivement sous la Régence, avec la mode des petits soupers fins et des soirées galantes. Le poète bourguignon Bernard de La Monnoye dit qu'il sert à « amuser le dessert ». Faire exploser ces joyeux bouchons, arroser de mousse les épaules dénudées des maîtresses préférées du tout-puissant, la Duclos, étoile de la Comédie-Française, Olivia Trant, Anglaise « lactée, fraîche et beurrée », Madame de Flavacourt, cette Madame de Prie dite Ingénue céleste qui rêve de ressusciter la Montespan, cette Madame de Tencin qui a préféré au cloître l'espionnage, la galanterie et l'aventure, bien d'autres encore, quel plus distingué régal ? Pas étonnant que le tableau de Jean-François de Troy, *Le Déjeuner d'huîtres*, soit sous-titré *Le Saute-Bouchon*. Le champagne a émoustillé tous les visages. Et de « sabler » d'un trait ce vin aussi léger que piquant, en le jetant au fond du gosier comme les fondeurs versent le métal en fusion dans le moule de sable (le XIXe siècle seul dira « sabrer » lorsqu'on fera sauter le bouchon, voire le goulot, d'un coup sec de sabre, tradition des officiers de l'Ecole de cavalerie de Saumur avec... du mousseux de Saumur...). Un vin de femme, dit la Pompadour, « le seul vin qu'une femme puisse boire sans s'enlaidir ». Gilbert Garrier, dont l'*Histoire sociale et culturelle du vin* est elle-même un régal, s'amusera beaucoup d'une telle vogue au seuil même du XXIe siècle, quand le champagne entrera encore en allègre triomphateur dans le troisième millénaire. Voltaire s'extasie en le citant comme modèle « du superflu, chose si nécessaire ». On ne boit que du champagne dans les romans et pièces du siècle. On dit à satiété qu'il est le vin préféré de Pierre le Grand, Catherine la Grande, Frédéric le Grand, Monsieur Pitt. Il faudra en envoyer un magnum là-haut à saint Pierre.

Le bourgogne n'arrête pas de gagner en gloire. On assure que c'est le pommard qui a aidé à l'heureuse venue au monde, en 1729, du premier fils du tout jeune Louis XV. Cela nous vaut une belle page de François Beguillet dans son *Discours sur la meilleure méthode de faire le vin et de cultiver la vigne* : « Le volnay est le plus léger, le plus fin, le plus de primeur ; pommard a plus de corps et de franchise, se soutient mieux dans les pays chauds ; beaune a plus de couleur, est plus agréable à boire et est encore plus franc ; savigny et champagne sont plus moelleux à la seconde et à la troisième feuillée. Quelques cantons d'Aloxe, et surtout le corton, prétendent les égaler au moins pour la finesse... Le montrachet l'emporte sur tous les vins blancs de Bourgogne et d'Europe. »

Il y a d'interminables palabres quand la côte-de-nuits se hisse au niveau de la côte-de-beaune.

En 1786, Thomas Jefferson, ambassadeur des Etats-Unis en France, met à égalité — à deux livres la bouteille — le chambertin et le montrachet.

Le vin se boit, mais aussi se chante et se met en musique. Il s'écrit. Il se peint. Il se sculpte. C'est le très vitupérant Jean-Philippe Rameau composant *Platée ou Junon jalouse*, où il ne peut à l'évidence résister au charme du vin : le ton est donné dès le début de la pièce ; l'action se situe dans une vigne de Grèce en période de vendanges ; les premiers mots sont chantés par le tragédien Thespis qui, pris en flagrant délit de sieste, enjoint les envoyés venus le consulter de commencer par rendre un vibrant hommage à Bacchus. Amours, bacchantes, faunes et satyres, oubliés sous le Roi-Soleil, font à nouveau partie des décors « à l'antique » qui se multiplient à grand renfort de stucs, de plâtre et de « gypseries » : même les archevêques d'Arles en garnissent leur château de La Jansonne ; l'abbé Claude de Jolyot, chapelain de Louis XV, se fait bâtir comme « vide-bouteille » le petit château de Beaumont-sur-Vingeanne en Bourgogne, où il aime recevoir des amateurs de bon vin et peuple son parc de statues de faunes. Les scènes de libertinage des peintres de l'amour, Nattier, Boucher, De Troy ne vont jamais sans belles bouteilles vides. A Nicolas Rétif de La Bretonne, avec *Le Pied de Fanchette*, de célébrer à sa façon l'union du vin et du sexe. Il y a ce mot inoubliable de Beaumarchais dans *Le Mariage de Figaro* : « Boire sans soif et faire l'amour en tout temps, madame, il n'y a que ça qui nous distingue des autres bêtes. » Dans sa série des *Fêtes satyriques*, le graveur Claude Gillot, de Langres, directeur de l'atelier des costumes à l'Opéra, n'est jamais plus heureux que lorsqu'il marie Vénus et Bacchus, sous ces mots :

Le dieu du Vin l'ordonne et l'on voit la Bacchante
De Satyre effronté prenant ce jus divin
Pour se montrer obéissant
Lui donner plus d'amour qu'elle n'a pris de vin.

Bordeaux ne cède en rien à champagne ni à bourgogne.

Exilé à Albi après sa disgrâce de 1758, le très gourmet cardinal François de Bernis trouve le vin local de Gaillac trop vert pour un usage régulier comme vin de messe, et se fait envoyer du meursault « afin de ne pas faire la grimace au Seigneur ».

Avec ses vignes de haut prix, la Romanée, renommée depuis des décennies, propriété de deux hectares, est mise en vente en 1760. Deux personnalités se portent acquéreur : Louis François de Bourbon, prince de Conti, et Jeanne Antoinette Poisson, plus connue sous le nom de marquise de Pompadour. Le prince l'emporte et célèbre sa victoire en ajoutant son nom à celui de la vigne — Romanée Conti.

On vante tous azimuts les optimismes des vins blancs d'Alsace, y compris le riesling, tout frais arrivé d'Allemagne.

On glorifie autant les vins blancs de Château-Chalon, de l'Ermitage, de Saint-Péray, de Vouvray que les vins rouges de la Côte-Rôtie, de Cornas, de la Côte-du-Rhône, de Châteauneuf-du-Pape.

Religieux et dames gardent un faible fort compréhensible pour le muscat de Rivesaltes.

Le vin de France connaît déjà une sorte d'apogée.

La viticulture est bien la partie de notre agriculture qui a la meilleure santé.

Alors, toutes les structures évoluent ; le progrès marque tous les mouvements.

A la fin du siècle, les données statistiques donnent un total de 1,6 million d'hectares plantés en vignes. Il s'agit d'une croissance de 60 % en deux siècles et demi — ce malgré les rudes hivers de 1693, 1694 et 1709, et l'interdiction intermittente de procéder à des plantations nouvelles. Sous Louis XV et Louis XVI, il y a même « fureur de planter ».

Le rendement moyen à l'hectare s'améliore lui aussi. Au début du XVIe siècle, il est de 15 hectolitres à l'hectare — de 20 à la fin du XVIIIe (pour parler le langage de l'époque : 4 *muids* de 268 litres par arpent de 51 ares).

On note plusieurs années de très haute production : 1724, 1727, 1781, 1785.

Important élément nouveau : face à une viticulture « aristocratique » qui, au nom de la qualité et de la noblesse du produit, réduit le rendement à l'hectare, se constitue une viticulture « populaire », à base de plants grossiers de très fort rendement utilisant à fond de grasses terres fertiles et des fumiers abondants, pour une recherche délibérée de la quantité. Ainsi, sous Henri III, 18 millions d'habitants assimilent 13 millions d'hectolitres, soit 72 litres par habitant. A la fin du XVIIIe siècle, 28 millions d'habitants se partagent 30 millions d'hectolitres (à peu près le chiffre de la consommation en l'an 2000) — soit 107 litres par habitant.

Parallèlement, en un siècle, un nouveau goût populaire se forme, aux dépens des vins blancs piquants et des vins clairets. Non seulement on abandonne de plus en plus les cépages nobles pour des cépages gros producteurs (gouais, gamay), mais on réclame aussi des vins rouges de plus en plus sanglants et épais. « Le gros rouge qui tache » inonde Paris. Signe éloquent : les marchands ne « goûtent » plus les vins rouges, mais contrôlent l'intensité de leur couleur.

Autre nouveauté : une eau-de-vie appelée *cognac*, produite dès le XVIe siècle par les paysans d'Angoumois, d'Aunis et de Saintonge, passant leur vin à l'alambic pour qu'il supporte mieux le transport par mer et tienne mieux tête au bordeaux, connaît dès le règne de Louis XV plein succès.

Nouveauté encore : il n'y a point que le petit peuple des villes à s'octroyer de longues rasades de gros rouge, le petit paysan lui aussi refuse de ne boire que de l'eau et finit par faire du vin populaire son ordinaire.

Au demeurant, dans le domaine des nouveautés, on n'arrêterait pas d'en citer.

La viticulture envahit l'imprimerie. Les traités d'œnologie foisonnent. L'*Encyclopédie* consacre de longues pages aux problèmes et aux techniques du vin. Voici apparaître des critiques œnologiques et gastronomiques, tel Grimod de La Reynière, auteur de *L'Almanach des gourmets ou Calendrier nutritif*, en attendant d'être le fondateur du *Jury dégustateur* qui aura à juger sans appel les produits alimentaires soumis à son appréciation.

Il se produit une véritable *révolution de la bouteille* (du latin *butticula*, diminution de *buttis*, « tonneau »). Jusque-là, encore au XIVe siècle, les bouteilles étaient le plus souvent en métal, parfois en matières précieuses, comme le seront encore les bouteilles d'argent doré aux armes d'Henri III. Celles qu'on emportait en voyage étaient en fer ou en acier ou habillées de cuir. Le XVIe siècle découvrait les bouteilles en verre, mais produits d'un prix quasiment inabordable. Au XVIIe, on inventa la bouteille en porcelaine mais pour la pharmacie et pour contenir du tabac (à priser). Voici à présent, outre une certaine popularisation du verre, la bouteille en faïence, à panse décorée d'armes et de cachets.

On améliore les techniques de la vinification.

Le vigneron n'a certes pas de cave, ignore totalement la cave bien enterrée et bien maçonnée. Il fabrique et conserve le vin dans le même local, la *cuverie* en Bourgogne, le *tinailler* en Beaujolais, le *vendangeoir* en Champagne, le *cuvier* en Bordelais. Obscurité et fraîcheur sont loin d'être assurées. L'outillage voisine avec les cuves, mais aussi avec les fruits, les légumes et les serres de sarments pour le chauffage. Le gel peut faire éclater les tonneaux : tel est le cas pour le « rude hyver » de 1709 où des « épées de glace » se forment entre les douelles disjointes. A contrario, de trop fortes chaleurs font trop facilement tourner le vin. On a à redouter la *pousse*, reprise brutale de la fermentation qui fait éclater les tonneaux, ou la *graine* qui rend les vins huileux, puis aigres (on n'a d'autre moyen de la combattre que jeter dans le vin gâté du plâtre, voire de la fiente de poule ou de pigeon), mais on a appris à bien *gouverner* son vin, mieux conserver dans le meilleur état des vins, blancs ou clairets, vermeils ou noirs, dont la plupart ont la faiblesse d'être instables. Chaque village a son tonnelier. L'art de la barricaille s'améliore plus encore quand on substitue définitivement le bois de chêne au détriment du châtaignier ou du bouleau. On apprend à empêcher les tonneaux de fuir, à les *jointoyer* étroitement.

Vive le bouchon parfait ! Seigneur, quand on pense à la bouteille primitive, qui n'était d'ailleurs pas vouée à conserver le vin, seulement à le transvaser ! On bouchait d'abord quasiment avec n'importe quoi, du bois, du cuir, de l'étoupe, une « balle de matière cireuse » (cire fondue mêlée de térébenthine) enfermée dans de la vessie de porc. Une bouteille n'était jamais couchée, et pour cause. Elle était placée droite dans un casier. Si possible, elle était habillée d'un clissage de paille ou d'osier, à la mode des *fiaschi* d'Italie. C'était la bouteille « ma mie » du bûcheron Sganarelle, le « flacon de selle » de d'Artagnan. Puis on devait aux Anglais — toujours eux — une nouvelle technique pour fabriquer un verre plus résistant que le verre blanc des fours à bois. On voyait arriver le verre de houille. La bouteille anglaise était vite adoptée par les Champenois pour leurs vins effervescents. Transmise aux autres provinces, elle se popularisait vite chez les débitants de boisson (la *parisienne* contient une pinte, soit 93 centilitres, la *demoiselle* une demi-pinte, la *fillette* un tiers de pinte). On fabriquait aussi des *dames* ou *grosses jeannes* de plusieurs pintes, plus tard baptisées *bonbonnes*. De quoi du moins s'inspirer de tous ces noms féminins pour inventer tout un jaillissement de plaisanteries graveleuses : on *caresse* ces demoiselles, on les *dépucelle*, on les *culbute*, on les *accole* en buvant directement au goulot. En tout cas, on les réservait systématiquement aux meilleurs vins. On les cachait « derrière les fagots ». Et à nous le nouveau bouchon, non seulement celui de Dom Pérignon, mais un bouchon d'un liège sans cesse amélioré, qui finit par n'avoir plus aucune faiblesse. A nous même le *tire-bouchon* ! On le dit inspiré du tire-bourre métallique dont les griffes servirent à extraire les balles des pistolets ayant fait long feu. Au début, il est une simple tige métallique, enfoncée obliquement dans le liège, qui fait levier avec appui sur la bague de renfort du goulot (conséquence : bris de goulot fréquents). C'est aux Anglais à nouveau qu'en 1750 nous devons la clef de l'avenir, la « vis à bouteille », le *screwpull*, qui sera breveté en 1802 par Thompson. Molière, déjà dans *Le Médecin malgré lui*, pouvait faire chanter à son cher Sganarelle :

Qu'ils sont doux
Bouteille jolie
Qu'ils sont doux
Vos petits glouglous
Mais mon sort ferait bien des jaloux
Si vous étiez toujours remplie
Ah ! bouteille ma mie
Pourquoi vous videz-vous ?

Sganarelle ne chante que de plus belle.

Et le bordeaux, en fin dc siècle, de marquer de nouveaux points. A nous dès 1740 les premiers crus de Pessac, Pauillac et Margaux, puis les autres premiers crus du Médoc, Saint-Lambert, Cantenac, Saint-Julien, puis les seconds crus du Médoc et des Graves. Toute une hiérarchie s'établit, des vins les plus chers aux moins chers (les vins rouges de la rive droite et les vins blancs de Sauternes). Non seulement les Anglais, mais Hollandais, Danois, Suédois, Russes, Prussiens de Königsberg, colons espagnols d'Amérique latine, colons britanniques du Canada, veulent en boire. Et Thomas Jefferson, en visite dans le vignoble bordelais, de saluer avec enthousiasme quatre crus de première qualité, margaux, la-tour-de-ségur, haut-brion, lafite. Et, à peine de retour à Philadelphie, Jefferson de commander trente douzaines de bouteilles d'yquem pour le président George Washington. Et à nous les nouveaux grands pionniers du bordeaux, avec en tête de prestigieux commerçants bordelais, Moytié à Saint-Julien, Rauzan à Pauillac, et des princes, comme à Lafite et à La Tour le marquis de Ségur, dit « le prince des vignes ». On sait séparer les meilleurs vins. On utilise des fûts neufs de 225 litres en chêne de la Baltique et on sait, après rinçage, les stériliser « à l'allumette hollandaise ». On sait avoir recours à plusieurs soutirages pour éliminer les lies les plus entêtées...

Il n'en reste pas moins que, pour le pauvre vigneron comme pour le pauvre cultivateur, le principal est là : le féodalisme en pleine régression.

Le féodalisme ne se marque plus que par un droit éminent du seigneur sur les terres, droit matérialisé par des redevances paysannes ou des privilèges plus ou moins importants selon les régions.

Le servage n'a plus que des vestiges. On ne le rencontre plus que dans de rares provinces.

Sans doute le paysan n'est-il pas à proprement parler propriétaire. Il n'est que tenancier. Sa qualité de tenancier s'exprime par des redevances, ou droits seigneuriaux, qu'il doit payer au seigneur foncier. Mais ces redevances, au demeurant très variables d'une province à l'autre, sont dans l'ensemble relativement légères (elles ont même disparu en Angleterre et en Hollande). Elles n'empêchent nullement le paysan de disposer librement de sa terre, de la léguer, de la partager, de la vendre à qui bon lui semble, moyennant simplement le paiement au seigneur d'un droit de mutation.

Ainsi d'ailleurs la propriété est-elle en général petite et morcelée. Même si noblesse et clergé possèdent encore de 30 à 40 % du vignoble, il y a une spectaculaire progression, d'autant plus qu'une bonne fraction des terres nobles ou ecclésiastiques sont louées aux paysans sous forme de fermes et de métairies — le paysan pouvant de la sorte bénéficier plus ou moins de terres qui ne lui appartiennent pas en propre.

Le contraste est frappant avec la Russie, où tout paysan est tenu automatiquement pour un serf attaché à sa glèbe, frère de l'esclave noir qu'on trouve aux Amériques — même avec la Pologne, la Suède et la Hongrie, où la moitié des paysans sont serfs — même avec la Prusse où le junker exerce une autorité sans partage.

Le riche paysan, le gros fermier est, en France de Louis XVI, tout voisin d'un bourgeois cossu et libre de la ville.

De plus, les cieux n'ont jamais été aussi favorables.

Les données de la démographie sont bouleversées, la population augmente.

On meurt moins.

Les guerres du siècle épargnent le territoire français. La peste a désarmé. Les grandes famines ne sont que lointains cauchemars du passé.

La nourriture s'améliore. Pendant longtemps, une bonne partie de la population a été sous-alimentée, n'offrant dès lors aux maladies qu'une résistance minime. Le maïs permet de mieux nourrir porcs et oies (on commence à consommer les oies grasses). La viande de bœuf est mieux estimée ; la viande de poulets moins coriace. On commence à apprécier le renfort du haricot, du sarrasin, de la pomme de terre. On vit plus vieux.

Même s'il y a, du fait de l'augmentation de la population, surcharge des villages, si nombre de familles ne possèdent rien, pas même une chaumière, si trop de villageois, de chômeurs se font brigands, ou mendient seuls ou en groupe, ou se cachent dans les bois comme charbonniers, si on estime qu'en France du Nord la moitié de la population mendie, trop souvent à main armée, si trop de désespérés peuvent soudain à tout moment constituer une armée de la colère — du moins, pour le paysan, le XVIIIe siècle n'aura-t-il pas été totalement injuste.

V

LE PAYSAN DES SANS-CULOTTES

La pré-Révolution : le vin de la liberté

La crise agricole aura figuré parmi les grandes causes des vastes bouleversements sismiques qui vont abattre le royaume.

Les conditions climatiques des dernières années du siècle sont trop accablantes : sécheresse en 1785 ; pluies diluviennes en 1787 ; à nouveau année pourrie en 1788. Les récoltes de 1782, 1784, 1786 furent déjà décevantes. On ne tient que pour plus inquiétantes, dramatiques, les nouvelles moissons.

L'hiver qui précède les premières grandes dates de la Révolution est particulièrement rigoureux. De mémoire d'homme, on n'en a jamais vu de si odieux, si ce n'est en 1709. Il commence le 25 novembre 1788 et n'en termine avec sa rigueur que le 20 janvier 1789. Le froid est si violent qu'en plusieurs endroits on trouve dans la nature des enfants et des vieillards gelés. Il n'y tombe point d'eau, et très peu de neige, c'est du grand froid sec, ce qui fait qu'en de nombreux villages on tue le bétail faute de pouvoir l'abreuver, et, comme chaque fois dans de telles paniques, la rumeur est encore plus alarmante que la vérité. Une bonne partie des arbres et toutes les vignes, ces vignes naturellement si robustes, sèchent sur pied. On allume tous les jours dans les hospices de grands feux pour les pauvres qui n'ont pas de bois. Un dégel catastrophique s'ensuit. Les petits paysans qui n'ont aucune marge de sécurité ne peuvent subvenir à leurs besoins. La disette si honnie, qu'on croyait devenue impossible, se présente à nouveau aux portes.

Comme, malgré tous les avertissements du ciel, en 1787, le Premier ministre Calonne, écoutant les physiocrates, établit la liberté d'exportation des grains, et que son successeur Loménie de Brienne n'y change rien, dès 1788 les greniers sont vides. Le prix des blés monte follement, entraînant une hausse générale et brutale du coût de la vie.

Aussi des attaques de convois de grains, des pillages de magasins et de greniers préludent-ils aux innombrables troubles ruraux et urbains du printemps 1789. De plus, la crise s'ouvre au cœur de la campagne électorale pour les Etats généraux convoqués par le roi. Mille orateurs prêchent l'impatience et l'indignation. L'éloquence fait encore davantage enfler le malheur. On ouvre dans les paroisses et les cantons des cahiers de doléances où chacun qui sait écrire peut noter ses sujets de mécontentement. Ce seul mot de « doléances » constitue tout un programme. Qui oserait y aller de la moindre « louange » ?

Les villages s'agitent plus encore que les villes. La protestation nationale est d'abord rurale. Pas étonnant : sur les 27 ou 28 millions d'habitants que compte la France en 1789, 22 sont des ruraux. Près de trois Français sur quatre sont des paysans — sauf qu'ils ne composent pas une mais des paysanneries dans un royaume très cloisonné où la vie locale garde une grande part d'autonomie. Ce sont les villages qui, les premiers, auront poussé au renforcement des bandes de vagabonds et de « gueux » qui bientôt sèment le désordre et l'épouvante.

Bien d'autres raisons de rébellion interviennent.

La fiscalité royale est trop lourde. Pour Louis XVI et son gouvernement ce fut un coup de génie que d'équiper et d'embarquer une armée au secours des tout jeunes Etats-Unis d'Amérique : non seulement c'était porter un coup mortel à l'orgueilleux Empire britannique, mais aussi, en aidant à se constituer outre-Atlantique un Etat voué à devenir un Etat de plus en plus puissant, on élevait la vision politique au niveau planétaire. Mais le coup de génie, comme un coup de grisou, creuse un énorme trou dans les finances du royaume. Force est de lever de nouveaux impôts. Or, la menace de disette n'aura rendu que plus insupportables les anciens. La gabelle irrite particulièrement les paysans, gros consommateurs de sel parce qu'il sert à la fabrication du pain et de la soupe, et à la conservation des viandes et des confits. Les impôts directs — la maudite taille la mal nommée maintenant augmentée en toute déraison de la capitation et des vingtièmes — pèsent sur le paysan d'autant plus cruellement que beaucoup de villes en sont exemptes et que les privilégiés — taxés à part ou « abonnés » — se donnent la permission de ne pas les payer. « Privilégiés » en temps d'épreuve nationale, quel mot plus hideux ?... Pire : la perception de la taille, impôt de répartition, donne lieu à d'innombrables conflits qui ne font que davantage secouer en profondeur les communautés villageoises. Peu importe si la situation n'est pas la même de province à province : le fait est que pour vivre le paysan doit aller rechercher ailleurs que chez lui les ressources supplémentaires nécessaires ; les « mauvais pays »,

pays pauvres comme la haute montagne, le Massif central et certaines vallées pyrénéennes, voient les hommes aller s'employer en masse dans les « gras pays » pour les travaux saisonniers ou les « travaux de fatigue » ; ils peuvent quitter la famille toute une moitié de l'année ; le paysan, pour subsister et nourrir les siens, se fait plus que jamais maçon, ramoneur, rémouleur, chiffonnier, scieur de long, peigneur de chanvre, colporteur. Non seulement ces mouvements de population, portant sur les éléments les plus actifs, constituent de nouvelles raisons de tension et de déséquilibre, mais le paysan, de surcroît mal rétribué, a le sentiment d'être exploité par tout le monde.

Les droits seigneuriaux eux-mêmes, que les chroniques assuraient allégés, deviennent dans le nouveau climat exorbitants.

La moindre réforme devient odieuse. Par exemple, la suppression de la *vaine pâture*. Comment donc penser à s'en passer ? Toute la tradition se hérisse. Le rythme de toujours est si commode ! Après la moisson, les champs deviennent *vains*, autrement dit communs, vides de toute propriété individuelle. Les pauvres glanent les épis qui ont échappé aux faucilles des moissonneurs ; les bestiaux, groupés en troupeau commun, paissent là jusqu'au labour. La vaine pâture a deux précieuses utilités. D'une part, elle offre aux pauvres un bienheureux complément de pacage. D'autre part, elle impose la salutaire contrainte de *sole*. La zone est divisée en trois parties, appelées soles ou quartiers. Les cultures se succèdent sur chaque sole selon un rythme triennal alterné. C'est ce que l'on appelle l'« assolement triennal ». La première année, la sole 1 a les blés d'hiver, la 2 les « mars », la 3 la jachère. La deuxième année, la sole 1 a les mars, la 2 la jachère, la 3 les blés d'hiver. La troisième année, la sole 1 a la jachère, la 2 les blés d'hiver, la 3 les mars. C'est harmonieusement calculé comme un livret de musique. Sur chaque sole, le cycle démarre avec la céréale d'automne — froment ou seigle — semée en octobre. La moisson intervient au mois d'août de l'année suivante. La terre est laissée en chaume quelques semaines. Un ou deux labours sont effectués d'octobre à mars. En mars, on sème les mars, le plus souvent de l'orge ou de l'avoine, moins souvent du froment ou des fèves. Après la moisson d'août et une longue période de chaume, la sole est mise en jachère jusqu'à l'automne de l'année suivante, donc durant plus d'un an, sauf que pour autant ce sol n'est pas laissé à l'abandon, il est labouré, « aéré » à plusieurs reprises. Evidemment, la vaine pâture n'est pratiquée que sur les chaumes et non sur la jachère. Simple comme bonjour. La main de Dieu n'aurait mieux fait. Evidemment aussi, la communauté en tant que telle dispose de tous les espaces non rythmés, non cultivés (forêts, landes, maquis, marais), complément ô combien précieux aux jardins et aux labours : comme d'éternité, ils sont là pour fournir de la litière pour les animaux, du bois pour le chauffage ou les constructions, un terrain de parcours pour le bétail. C'est ce qu'on appelle les *communaux*. Or, voici que, sur avis des philosophes de la ville, des Quesnay et consorts, on propose au gouvernement de casser une si harmonieuse architecture et le gouvernement semble en effet avoir sur le sujet les calculs les plus précis. Autant enlever au marin sa boussole. Le paysan se sent menacé jusque dans le rythme de sa vie au rythme des quatre saisons. On n'aurait su mieux imaginer pour le désorienter, l'affoler.

Il n'y a certes pas matière à gigantesque révolte, mais un volcan gronde en profondeur. Un volcan qu'on disait endormi. La lave bout.

Non que toute la masse paysanne soit, comme le disent trop systématiquement les écrivains, « vile populace ». Il y va d'une société très hiérarchisée en fonction de la situation sociale ou financière. Les journaliers et manœuvriers, les « gagne-petit » ont peu d'identité avec les exploitants, les « laboureurs » qui peuvent faire valoir une dignité. La majorité se constitue d'exemplaires « paysans moyens ». Le paresseux est méprisé. Le paysan aime son travail. On sera allé jusqu'à dire que le laboureur « jouit au labour ».

Non davantage que le paysan se trouve trop isolé — déboussolé parce que non guidé. Il a au moins pour le soutenir monsieur le curé. Celui-ci continue de jouer un rôle fondamental dans la vie de la communauté. Comme l'écrira Annie Moulin dans sa belle *Histoire des paysans français*, « il ne fait point qu'enseigner, par le catéchisme et le sermon, ce qu'il faut croire — et on le suit sur parole ; sa tâche n'est pas seulement spirituelle et idéologique, étant celui qui détient seul la vérité. Il a aussi un rôle officiel, administratif ». Il tient les registres paroissiaux des baptêmes, mariages et sépultures. A la fin de la messe, c'est lui qui donne connaissance, non sans commentaires, des ordonnances royales et des arrêtés du Parlement : on ne connaît pas d'autres médias de l'information. Il délivre aux voyageurs des attestations de bonne vie et mœurs. Il est consulté pour tout, un mariage à problèmes, la maladie d'un enfant, le choix d'une sage-femme, le recrutement d'un maître d'école. Pour la paroisse et toutes les familles, il est *le* phare qui fait éviter tous les récifs. A plus forte raison le paysan se sent-il moins isolé quand le guide de la paroisse est encore plus protestataire que ses ouailles, et c'est désormais souvent le cas.

Non que le paysan souffre d'incarner la classe la moins instruite du royaume. Depuis le règne de Louis XIV, le village a une école, bien sûr religieuse, fût-ce avec le grave défaut d'être trop souvent éphémère ou saisonnière. Les parents les plus aisés fixent un salaire à l'enseignant en échange de la gratuité pour les enfants les plus pauvres. Dorénavant, en particulier au nord de la Loire, une bonne proportion de paysans savent au moins signer de leur nom. Peu signent avec une croix. Il peut même arriver que les fillettes soient scolarisées comme les garçons. Les taux de fréquentation sont partout plus importants que prévu. Peu importe si à l'école on récite plus de Pater qu'on ne fait de dictées, on apprend au moins à lire. On commence du coup à voir circuler dans le village des ouvrages de piété, des manuels sur l'art de guérir hommes et bêtes, des almanachs indiquant la date des foires, donnant des conseils de politesse, offrant des récits à faire rêver. Le paysan n'est plus de l'infortunée caste des ânes.

Non que le paysan ignore la joie de vivre. Durant cette fin de siècle, la famille paysanne mène une vie d'une exemplaire unité. Le paysan y a chaud au cœur. S'il trime dur de l'aube au crépuscule, il dispose d'un moment réconfortant entre tous : après souper, la veillée. Le calendrier de la chrétienté et les cérémonies familiales prêtent à de belles fêtes. Même si la sobriété du paysan reste légendaire, il chante, il danse, il plaisante, à gros sel ou à fines reparties. Les soirs de moisson ou de vendanges sont autant d'occasions de réjouissances. Il peut y avoir des jeux de village, un théâtre de village, des compétitions à qui court le plus vite et saute le plus haut. On fait liesse, à grand renfort de charivari, quand un vieux veuf se remarie, particulièrement avec une « jeunesse ». Des rires gras se déchaînent au détriment du cocu ou de l'infortuné qui se laisse gifler par sa femme : le coupable, car coupable est-il, juché sur un âne, la tête tournée vers la queue de l'animal, défile à travers tout le village sous le chœur des quolibets. Le carnaval peut prêter à bien des déchaînements.

Mais comment ne pas réagir par des rages quand tout paraît se liguer contre vous, quand trop de déceptions font d'un bon roi un mauvais roi, de surcroît affligé d'une reine qui est la plus impopulaire du monde, quand la mévente frappe les régions viticoles, le temps abîme les récoltes céréalières, la pluie saccage les blés d'hiver, la crise de subsistance menace à nouveau, la spéculation éhontée sur les grains compromet gravement la soudure du printemps 1789 ?

On ne le voit que trop au défoulement qui se manifeste par les cahiers de doléances, même si ce sont des hommes de loi qui tiennent le plus souvent la plume et ont tendance à exprimer un mécontentement qui leur est propre. Quelles sont donc les plaintes dominantes du paysan ? Des griefs contre le système féodal et les droits seigneuriaux — vraie obsession —, le souci de la libération de la terre, la défense des droits d'usage collectifs, le procès des impôts royaux et ecclésiastiques. A mort la dîme et la taille !

Très vite même, on ne se contente pas de protestations verbales. Dès mars, l'agitation éclate en violences. On attaque des châteaux. On incendie des maisons de citadins cossus. On sabote des voitures. On abat des girouettes. On brûle les terriers (registres fonciers des seigneurs). On malmène des fermiers des droits seigneuriaux. On s'en prend aux intermédiaires accusés d'organiser la pénurie. On s'arme de fourches pour interrompre des chasses seigneuriales. On menace les familles restées obstinément fidèles au roi et respectueuses de ses sergents.

D'aggravation en aggravation, le pire n'a plus qu'à venir. Dès les nouvelles des premières journées révolutionnaires de Paris, dès la chute de la Bastille, se déchaîne soudain la peur, une irrésistible grande peur, qui fait penser à une gigantesque panique. Affolement général. On prend peur de tout et de tout le monde, des brigands, des Anglais, des Piémontais. Pourquoi pas des nouveaux Vikings ? Les paysans s'arment de faux, de gourdins. On sonne le tocsin qui ne fait qu'aggraver l'alarme. A chacun de se préparer à répandre le sang. Le plus étrange : dans le même temps, on voit le paysan rentrer la moisson et incendier les châteaux.

Par ailleurs, ni le vin ni les vignerons ne sont absents des mouvements pré-révolutionnaires.

Déjà dans les années qui précèdent 1789, dans les campagnes viticoles, ce ne sont que plaintes ou malédictions contre les commis des aides, ces « rats de cave » qui tyrannisent les bons paysans. Le fisc sur les vins est trop lourd, l'administration de l'octroi trop tatillonne. La rébellion couve dans les guinguettes, les cabarets qui se sont installés hors la ville aux suites d'un très fort accroissement des droits d'entrée, notamment en Ile-de-France. Les guinguettes se multiplient au fur et à mesure que s'élèvent les droits d'octroi — et d'autant plus que le vin y est deux fois moins cher qu'en centre-ville. Il n'y a pas cadre plus propice pour critiquer aussi librement que férocement les brimades des sbires. L'excitation ne fait alors que gagner.

Le 29 juin 1789, à Lyon, la population boit à la réunion des députés des trois ordres, puis tourne sa colère contre les « barrières ». L'émeute dure une semaine, les registres de l'octroi sont détruits, les baraques sont incendiées, au cri cent fois repris de « Vive le vin du tiers état à quatre sols la bouteille ! ».

A Paris, dès janvier 1789, les habitués des guinguettes de « la petite Pologne », au parc Monceau, déclarées désormais justiciables de l'octroi (maladresse insigne du gouvernement), dès lors condamnés à boire leur piquette quatre fois plus cher, s'attaquent à l'octroi le plus proche, chassent les commis et détruisent les baraques.

Du 11 au 13 juillet, de Monceau à la Bastille, ce sont les cabaretiers qui ameutent les foules.

Le déferlement est du coup irrésistible.

Que l'on s'entende bien !

Ce ne sont pas les grands principes des philosophes qui exaltent les révolutionnaires de village.

Les paysans ne rêvent ni des deux Chambres de Westminster ni d'une Constitution « à la républicaine » mode Philadelphie. Ils se moquent de l'Esprit des lois. Telle est l'évidence brute : ils veulent essentiellement d'abord se libérer d'obligations féodales et d'impôts trop pesants ; ils ne peuvent plus supporter l'existence de privilégiés (on en compte environ 270 000).

Si c'est en raison des services publics et guerriers jadis rendus que les nobles sont exemptés de l'impôt, c'est comme chefs de grande culture qu'ils se sont réservé les avantages de l'exploitation et ont imposé des redevances (cens, censives, carpot, champagne, terrage, percière, pas moins). Or les « gros seigneurs » ne sont plus chefs d'exploitation, ne résident plus dans leurs terres, les font gérer de telle façon que « les droits font plus de tort à ceux qui en pâtissent que de profit à ceux qui en jouissent ». Peut-être les paysans auraient-ils pu s'entendre avec des gentilshommes campagnards modèle Olivier de Serres, mais les « seigneurs » ont déserté. La Cour a écrémé la noblesse de province. On aura certes exagéré son absentéisme, mais les grands propriétaires nobles, pour les trois quarts, n'apparaissent plus dans leurs domaines. Si humains ou humanitaristes soient-ils, les nouveaux nobles sont d'autant plus détestés que, du fait du train que leur fait mener Versailles, des folles dépenses qu'ils doivent engager, ils n'en sont que plus exigeants pour faire rentrer leurs recettes, exigent au niveau des tenanciers des paiements sans pitié — et excitent à longueur d'année l'intendant qu'ils chargent d'assurer les rentrées et qui, lui, ni humain ni humanitariste, pressure implacablement.

La dîme est vomie. Il y a d'ailleurs longtemps que cette allergie se traduit par des procès. Lorsqu'en 1788 un prélat, dans l'Assemblée des notables, définit la dîme comme « une offrande volontaire de la piété des fidèles », le duc de La Rochefoucauld riposte vivement : « Offrande volontaire sur laquelle il existe maintenant quatre cent mille procès dans le royaume. »

L'horreur des privilèges et de l'inégalité est telle que tel cahier de doléances, celui de La Rochelle, demande l'égalité de la peine capitale, se plaignant amèrement que « l'un soit pendu et l'autre décollé ».

Qui, quoi pourrait donc retenir la révolte paysanne ?

La sainte fidélité de féaux à seigneur ? Elle est morte de l'absence du seigneur.

La religion ? L'horreur de la dîme est plus forte que tout « bon sentiment ». Aussi bien, deux fois sur trois, le curé est peu disposé à retenir le bras qui, dès janvier 1789, se lève, menaçant, contre le château.

Les gens d'armes ? On sait que le roi répugne à en appeler à leurs violences.

La peur des brigands ? La crainte qu'à profit des grands désordres le brigandage ne connaisse plus de frein ? Il est de fait que, parmi les gens qui brûlent les premiers châteaux, on retrouve nombre des scélérats de Mandrin : ils se sont fait la main à Paris et ont repassé à la province. Il est aussi vrai que les bandes de pillards ne redoutent plus la maréchaussée. « Il y a trois mois, écrit-on, la vue d'un soldat inspirait l'effroi ; on parle maintenant d'attaquer des régiments tout entiers. » Mais le sentiment profond est trop fort contre trop d'injustices et d'arbitraires. Ces brigands ? On verra bien plus tard...

Ainsi le char de l'Etat roule-t-il vers les abîmes.

Le paysan était en vérité son meilleur soldat.

L'Etat n'a plus de rempart.

Le déchaînement

Nuit du 4 août.

Enorme coup de tonnerre sous les étoiles de France.

Voici que, soudain, dans la ferveur, la féodalité est abolie, le clergé renonce à la dîme, disparaissent les justices seigneuriales, le servage, les corvées, les banalités, les droits de chasse et de colombiers.

Au fond des villages, les paysans n'en doivent pas croire leur oreilles. A croire les réformateurs soudain pris de délire.

Toutes les bastilles tombent comme d'un seul coup de baguette magique.

L'un des premiers actes de l'Assemblée constituante est de supprimer tous les octrois. A nous le vin de la liberté. Triomphe dans les guinguettes. Immense événement : on va pouvoir enfin entrer dans Paris comme dans un village.

Ah ! Cette nuit du 4 août ! Le vicomte Louis de Noailles (dit Jean sans Terre, ruiné, donc qui n'a plus rien à perdre) donne le branle, suivi par le duc d'Aiguillon. Nos députés sont 1700 à voter la fin des privilèges. La Fare, évêque de Nancy, très ovationné, renonce à tous les avantages du clergé. On pleure. On s'étreint. L'évêque de Chartres renonce au droit de chasse. D'autres lui prennent la dîme. Nuit incroyable, digne de ce peuple spontané, parfois si léger.

Il est vrai que viennent peu après d'importants rectificatifs : par exemple, si les droits « réels » pesant sur la terre sont déclarés rachetables parce que découlant d'un contrat entre le seigneur et ses tenanciers, le taux est fixé à vingt fois la valeur annuelle pour les droits en argent et à vingt-cinq fois pour les droits en nature ; c'est hors de portée de la grande majorité des paysans ; le seigneur n'a même pas à présenter les originaux du contrat. Les nobles ont feinté la passe. Autant dire qu'il est tels droits qu'on peut abolir sans indemnité, ceux du seigneur souverain local, mais qu'il en est d'autres qu'on ne peut que racheter à un prix hors des bourses communes, ceux du seigneur propriétaire, sauf que, comme tous ces droits sont affreusement enchevêtrés, le peuple, tout bonnement, ne saurait les distinguer.

Certes, l'esprit réformiste continue de jouer.

Un vœu du 4 Août plutôt inattendu : dans chaque paroisse, création d'un bureau de bienfaisance avec des ressources suffisantes pour pourvoir à la subsistance des vieillards invalides, et d'un atelier de charité pour tous nécessiteux et tous pauvres en état de travailler.

Un vœu qui sera beaucoup moins soutenu : création d'un plus grand nombre d'écoles rurales.

Inévitablement, on demande que les sacrements soient gratuits, que les paroissiens soient déchargés des réparations et de la reconstruction de presbytères, et que les curés et vicaires soient payés sur les revenus des biens du clergé de chaque diocèse.

Et l'Assemblée constituante de se mettre à essayer de satisfaire toutes « justes doléances » du Tiers.

Pêle-mêle, on proclame Louis XVI *restaurateur de la liberté française* ; on écarte l'impôt unique, direct, comme trop lourd, indirect, comme trop injuste ; la liberté du travail est proclamée, sans que des définitions précises soient apportées ; le vilain d'hier devient l'égal en droit du gentilhomme et jouit du même respect ; la justice ecclésiastique n'est pas moins supprimée que la justice seigneuriale.

Le 20 janvier 1791, la Constituante met fin aux gardes-étalons, accusés de jouir de privilèges excessifs, convaincus aussi de négligence, d'incompétence et de vénalité. Personne ne sait faire observer que c'est supprimer les haras, entraîner le chaos dans l'élevage, la dispersion des races, leur abâtardissement.

On décrète, pour le tabac, la « liberté de cultiver, de fabriquer, de débiter ».

On nationalise les biens du clergé. Les biens ecclésiastiques sont déclarés *biens nationaux*. Voici les chanoines tout tondus. Par la vente des biens nationaux, on veut faire passer entre les mains des paysans la plus grande partie des biens du clergé. Le but proclamé est d'alimenter le Trésor, laissé par l'Ancien Régime avec un déficit tragique. On décide donc de mettre d'abord ces biens à la disposition entière de l'Etat et de les vendre ensuite comme biens nationaux. En quelque sorte, on nationalise tous les biens ecclésiastiques avant de les vendre. Simplement, en échange, une dotation annuelle (77 millions) est portée au budget pour indemniser le nationalisé et subvenir aux besoins du culte. On ne peut toutefois pas jeter à la fois tous ces biens sur le marché sans les discréditer par la concurrence. Une première tranche de 400 millions est mise en vente et on tire en contrepartie 400 millions d'*assignats* (le 21 décembre 1789). A l'origine, ces assignats sont garantis par les biens nationaux : donnés en paiement de ces biens, ils doivent être brûlés à mesure qu'ils rentrent au Trésor. Mais ce système trop bien conçu est détraqué par les besoins sans cesse croissants de l'Etat, surtout par les dépenses de guerre à partir de 1792 : de nouveaux assignats sont créés sans contrepartie, le cours des assignats s'effondre.

De toute manière, les paysans — même voués à acquérir beaucoup de ces biens nationaux — manifestent une méfiance immédiate pour le mécanisme assignat.

Mais là où ils sont franchement mécontents, c'est quand ils ont à racheter les multiples redevances ou droits réels à un taux onéreux. Même s'ils sont satisfaits de voir abolir gratuitement la dîme et les droits féodaux honorifiques et personnels, ils s'estiment à juste raison joués.

La famine s'en mêle. Les producteurs cachent leur blé de crainte de le voir pillé ou réquisitionné à vil prix. Après une émeute, le marché d'Etampes, où parfois se négociaient de 1 500 à 1 600 sacs de blé, n'en voit apporter que 60.

Mille rumeurs détraquent l'opinion. Il y a vertige de tout un peuple au-dessus de l'abîme qui se devine. On pressent d'immenses hécatombes, la guerre civile, la guerre étrangère, la proscription, des massacres. Toute une nouvelle panique s'ensuit. A nouveau le tocsin sonne l'alarme. Tous les villages courent aux armes. Sus aux brigands ! On n'en voit pas. Alors, sus aux châteaux ! — d'autant plus que le bruit court que le jour où seront détruits les papiers des seigneurs, on ne paiera plus rien. Le château brûle avec les papiers, le châtelain avec le château.

On dévaste les bois. On ruine les chasses. L'esprit de braconnage s'exalte davantage encore que tout autre. La chasse est libre ! Deux députés d'Alsace demandent « le permis de chasser partout même sous les murs de Versailles ». A l'occasion, le peuple, armé contre les brigands, se fait brigand.

En 1790 et en 1791, toutes les provinces sont en état d'alerte. (C'est seulement plus tard que la Législative et la Convention aboliront complètement et sans indemnité aucune, tous vestiges du régime féodal.)

Certes, gaiement, le vin accompagne toutes les cérémonies populaires qui se succèdent. On porte des toasts à la Liberté, à la Concorde, à l'Assemblée, à la Nation, au Roi. Vin, toasts et serments sacrés sont de l'élan patriote de la levée en masse des Volontaires fin 1791.

Mais quelle pagaille ! Tout empire. Le Midi est en état de suprême surexcitation. Plus personne n'obéit aux lois. Le royaume se découvre sens dessus dessous. La Fayette peut dénoncer l'anarchie totale « de Strasbourg à Nîmes ».

Conquêtes et malheurs

Assurément, en gros, le paysan est finalement le grand vainqueur de ces années révolutionnaires. Pour lui, le bilan est largement positif.

On aura vu abolir les droits féodaux (remplacés il est vrai par d'autres impôts, mais passons...).

Le paysan aura assez profité — quoique beaucoup moins que le bourgeois — de la vente des énormes biens ecclésiastiques. Même si les quantités mises en vente auront été moins importantes que ne le dira la légende, il y a eu mobilité de la terre. Le nombre des propriétaires a augmenté.

Aucune servitude ne pèse plus sur les personnes ni sur les terres. *Le droit de propriété est total* au sens romain du mot, et, pour de longues années, l'échange des terres va en être singulièrement facilité.

Le 20 juin 1792, toute la paysannerie peut applaudir au geste habile de Louis XVI acceptant de boire le verre de vin tendu par un sectionnaire, geste aussitôt reproduit par des milliers d'estampes : *le roi boit à la santé des sans-culottes.* Trop manifestement, de la Révolution le paysan est le principal gagnant — même si le bourgeois en est le principal acteur.

Le grand perdant en est le clergé, qui est éliminé des campagnes en tant que propriétaire cultivateur : fin de l'évêque-paysan.

La propriété noble a mieux résisté que l'ecclésiastique. C'est que tous les nobles n'émigrent pas ; beaucoup se contentent de se faire oublier dans l'anonymat des villes. D'autres, plus tard, une fois rayés de la liste des émigrés, réussiront à récupérer leurs biens non encore vendus ou acquis par des prête-noms. Dans le département du Nord, la noblesse qui contrôlait 21 % des terres en 1789 en conserve encore 13 % en 1802. En fin de séance, la noblesse détient encore un bon quart du territoire. Mais un grand mouvement est déclenché : désormais, en rythme invincible, la propriété aristocratique est relayée par la grande propriété bourgeoise.

Même s'il n'y a pas eu raz-de-marée, la propriété paysanne s'est incontestablement accrue. Dans le département du Nord (les départements remplacent les provinces à partir de 1792), elle passe de 30 à 42 % des terres cultivées entre 1789 et 1802. Dans beaucoup de régions, la part de la paysannerie atteint la moitié du terroir. Quant à la carte des acquéreurs, elle est sans surprise : les laboureurs aisés ont acheté ; les paysans les plus pauvres sont restés les plus pauvres, déçus.

Non seulement la paysannerie propriétaire aura été renforcée, mais la propriété de la terre, pour la première fois, aura été sublimée : les fêtes républicaines ont d'abondance célébré le paysan idéal, placé dans les cortèges juste après les gardes nationaux en armes.

Au passage, on n'oublie pas un certain nombre de décisions pratiques.

Le paysan se voit accorder le plein droit de détruire le gibier dangereux et de ramasser le chaume dès que les blés ont été enlevés.

L'Assemblée complète l'œuvre de la monarchie en accordant à tous Français la liberté de *clore* et la liberté de cultiver le sol à leur guise.

La création de prairies artificielles est autorisée.

Au diable la politique ! Au vrai, peu importe au paysan ce qui se passe à Paris de scène en scène, la Constituante laissant la place à la Législative remplacée par la Convention nationale, les jeux subtils de Mirabeau et les calculs labyrinthiques de Sieyès, les Feuillants et les Jacobins, les Girondins et les Montagnards, la fuite à Varennes et la déchéance du roi, la proclamation de la République et l'exécution « du dernier Capet », Danton et Robespierre, les luttes fratricides et compliquées entre hauts révolutionnaires et le procès d'une reine. Il n'y a de vrai que ce qui se passe au village. Il n'y a de passionnant que la libération des tenanciers.

Sans doute le paysan est-il assez sensible à certains symboles de la Révolution, par exemple est tout fier de boire le vin de la liberté et de la fraternité, c'est-à-dire le vin rouge, désormais lié aux couleurs du nouveau drapeau, qui fait bannir le vin blanc, trop associé depuis les Capétiens aux oriflammes fleurdelisés. A Lyon, ainsi, dans la ville meurtrie, ensanglantée par les chefs de la Terreur et autoritairement rebaptisée Commune-Affranchie après le siège de 1793, le peuple fait largement honneur au banquet civique pour la fête de l'Egalité et pour celle de l'Etre suprême. « Chacun vient alternativement vider des flacons de vin, bien sûr rouge, à la santé de tous les bons républicains, malgré la pluie qui tombe en abondance. » A l'occasion des plus glorieux anniversaires révolutionnaires, les maires offrent le vin rouge à leurs populations en mettant des tonneaux en perce sur la place publique. Au besoin, le paysan chante *La Marseillaise* des nouveaux buveurs.

Allons, enfants de la Courtille
Le jour de boire est arrivé.
C'est pour nous que le boudin grille
C'est pour nous qu'on l'a préparé (bis)...
A table, citoyens, videz tous les flacons ;
Buvez, buvez, qu'un vin bien pur abreuve vos poumons.
Décoiffons chacun sept bouteilles
Et ne laissons rien sur les plats ;
D'amour faisons les sept merveilles
Au milieu des plus doux ébats (bis).

Mais le paysan est plus rétif sur d'autres symboles.

Quand l'Eglise se déchire entre prêtres constitutionnels et prêtres réfractaires, il est davantage porté à suivre un curé du pape qu'un curé de la République.

Il ne s'adapte pas du tout à ce calendrier républicain trop compliqué qui invente du brumaire, du ventôse et du germinal et supprime les sept jours de la semaine catholique pour les remplacer par du primidi, du quintidi et du décadi. Il continue de faire maigre le vendredi. Il maintient sa joie de Noël au 25 décembre. Il garde le dimanche comme jour du Seigneur. Il célèbre la Vierge Marie le 15 août. Il continue de désigner les foires sous leurs noms de saints.

Il proteste avec nombre de paysans lorsque le Tribunal révolutionnaire condamne à mort et envoie à la guillotine la marquise de Marbœuf « convaincue d'être auteur ou complice d'une conspiration contre la sûreté du peuple français en dénaturant le produit d'un très grand nombre d'arpents de terre, *à savoir en faisant semer, à cet effet, de la luzerne au lieu de blé* » (d'ailleurs, aussitôt, conscient de la nature scandaleuse d'une telle condamnation, le Comité de salut public, par arrêté du 13 germinal an II, édicte le principe de la liberté totale des cultures).

Au demeurant, tout vient à se troubler.

Le paysan en vient à ne plus s'y reconnaître.

La Terreur fait couler trop de sang.

La paysannerie se partage en deux catégories : ici les paysans propriétaires décidés à tout faire pour conserver les acquis de la Révolution ; là, les plus pauvres, qui revendiquent le partage des communaux, « les partageux », les « sans-culottes du village », allant parfois jusqu'à mettre en cause la propriété privée.

La guerre vient. La Révolution la déclare à l'Autriche. L'Assemblée proclame « la patrie en danger ». La guerre vaut aux paysans de subir de pénibles contraintes. Il leur faut nourrir les villes et les armées. Cela ne peut aller sans d'irritantes complications supplémentaires. 1789 fut l'année des espérances. 1792 est déjà une année noire, où les déceptions se succèdent.

Vient à nouveau la pénurie. Même si les récoltes sont bonnes sur les trois années qui suivent la prise de la Bastille, elle se développe parce que les grains ne circulent plus. La paysannerie est accusée de saboter la Révolution. Tandis que les défaites militaires s'accumulent durant les premiers mois de la guerre, de nouvelles alarmes se répandent, d'autant plus que les détenteurs de surplus agricoles préfèrent garder leurs stocks plutôt que de les échanger contre des assignats dévalués.

Ni Valmy ni Jemmapes ne mettent fin à la guerre. 1793 est encore plus dramatique que 1792. Les volcans en pleine furie. De nouveaux soulèvements — mais cette fois contre la République — secouent et ensanglantent le Massif central et la Bretagne. En conséquence la Convention doit prendre les décrets des 20 et 24 février qui organisent la levée de 300 000 hommes, avec tirage au sort. A centaines, les jeunes gens refusent de tirer au sort et désertent. A nous de nouvelles troupes d'insurgés qui fuient l'armée.

Les guerres de Vendée

A l'ouest, voici de surcroît éclater le drame de la *chouannerie* — sur quatre départements, le nord-ouest des Deux-Sèvres, le sud de la Loire-Inférieure, le sud-ouest du Maine-et-Loire et surtout la Vendée.

En vérité, déjà en août 1791, les paysans vendéens essaient de s'emparer de Châtillon et de Bressuire. Les émeutes font d'assez nombreux morts et appellent de sévères répressions. Mais il ne s'agit encore que de réactions sporadiques et spontanées sans liaison entre elles. C'est que le mouvement manque de chefs pour le coordonner et le diriger, même si quelques noms émergent déjà de l'ombre, les noms de ceux qui seront les premiers pionniers de la grande révolte. Parmi ceux-ci figure ainsi le plus connu, encore qu'il n'appartienne pas à la Vendée, celui de Jean Cottereau, alias *Jean Chouan*. Jean Chouan est le prototype de l'homme du peuple. Ancien sabotier, puni jadis pour faux-saunage, braconnier et contrebandier à ses heures, il fut accusé du meurtre d'un douanier et s'engagea aux armées pour échapper aux poursuites. Déserteur au bout d'un an, le voici revenu dans le secteur, où il prend la tête des premières protestations à l'occasion de la levée des Volontaires. (Il sera tué le 21 juillet 1794 et ne laissera guère au mouvement breton que le nom sous lequel il passera dans l'Histoire : la chouannerie. Deux de ses frères seront d'ailleurs eux aussi tués au combat, François, en bataille, et Pierre, guillotiné à Laval. Quant au nom de *chouan*, il vient tout simplement du cri du chat-huant adopté par Jean Cottereau comme signe de ralliement.) Mais, en 1793, le mouvement prend soudain une extraordinaire ampleur.

Première phase : de mars à juin, le mouvement multiplie les succès, encore que les rebelles n'aient à leur tête que de petites gens. Jean Stofflet, qui prend Cholet, est garde-chasse ; Jacques Cathelineau, dit *le Saint de l'Anjou*, est voiturier. La Convention se laisse surprendre. Les Vendéens, se payant d'audace, se risquent hors du bocage, prennent Saumur, enlèvent Angers, sont tout près de s'emparer de Nantes. Au demeurant, bientôt, personne ne s'étonne de voir une guerre de partisans et de paysans s'éterniser dans un tel paysage. Autant découvrir une province-forteresse. C'est une région, comme l'écrira Pierre Gaxotte, « touffue, mystérieuse, sillonnée de ravins, coupée de haies et de chemins creux, de bois, de taillis, de genêts très hauts », traversée de ruisseaux nombreux, à l'époque à peu près vierge de routes. Albert Mathiez parlera d'un « pays difficile, un bocage coupé de haies, favorable aux embuscades, presque dépourvu de routes et de chemins, où les agglomérations sont rares, la population étant disséminée dans une foule de métairies isolées ». Dans les Mauges, les quelques routes qui se dessinent sont dans un état indescriptible de délabrement. Par contre, les sentiers d'exploitation, chemins creux, ouatés d'herbe, emprisonnés sous les branches des chênes bas entre de hautes haies évoqueraient plutôt tout un grouillement de chenilles qui serpentent à qui mieux mieux. Les haies peuvent être épaisses de trois ou quatre mètres. Du milieu de l'enchevêtrement de houx, de ronces et d'aubépines, c'est à se demander comment chênes et ormes peuvent jaillir. Les meilleures terres, après deux récoltes, restent comme les pires durant quatre ou cinq années en jachère. Ainsi finissent-elles elles-mêmes par être submergées par ajoncs et genêts. Evidemment, dans un tel pays, il est facile de se déplacer en dehors des vues de l'adversaire, de constituer des centres de répit et d'accueil. Un labyrinthe obscur et profond, dira Kléber, dans lequel une armée ne peut en quelque sorte marcher qu'à tâtons et sans se déployer. Impossible de former à l'avance un ordre de bataille, d'exécuter une large manœuvre, d'établir des communications, d'avoir à sa botte des équipages et des ambulances. D'où ces premières grandes victoires des paysans chouans.

Deuxième phase : les Vendéens tiennent solidement sur leurs positions. Sans doute tout leur succès vient-il de la profonde communion qui existe entre le paysan chouan et sa terre — et communion qui ne se sépare pas d'une aussi étroite communion avec son seigneur et son curé. Il est toujours d'un Moyen Age par l'esprit et le cœur. Son horizon politique et social reste limité par son clocher. Son cerveau encore très fruste n'est guère accessible qu'aux idées qui ont été exactement celles de ses aïeux, mais parce que simples et familières, elles demeurent forcément enracinées en lui et ce serait une grossière erreur — comme en jugera André Montagon dans son bel ouvrage sur *Les Guerres de Vendée* — que de penser qu'il suffirait d'un décret ou du vote d'une assemblée, si prestigieuse fût-elle, pour l'amener à les modifier. « Ce peuple, écrira aussi Pierre de la Gorce, est fier, libre d'humeur et de propos, peu instruit, loyal en affaires mais implacable pour qui l'a trompé, défiant de l'étranger, susceptible, non agressif, mais capable de toutes les représailles sous le coup des provocateurs... presque rogue en sa fidélité et n'accordant le respect qu'à la condition qu'on ne paraîtra jamais l'imposer. » Le paysan vendéen a une horreur invincible de toute servitude, confirmera Gautherot dans *L'Epopée vendéenne*. De plus, il a des seigneurs aussi pauvres et besogneux que lui. La vie la plus simple règne dans les châteaux. Ces gentilshommes savent bêcher et labourer. Il n'y a jamais d'oppression. Dieu a façonné les uns et les autres sur quasiment la même image : cette noblesse est en sabots. De plus encore, la cause du roi devient vite inséparable de celle de la religion. Louis XVI est consacré comme un martyr de la foi. Le paysan vendéen et tout naturellement solidaire de ses prêtres qui, dans leur quasi-totalité, ne renient pas leur fidélité au pape et refusent tout serment à la Constitution des anti-Dieu. Les « intrus » sont aussitôt mal accueillis par les fidèles, jugés indignes de célébrer la messe, et les églises resteront désertes. Les prêtres « jureurs » sont hués, injuriés, molestés. A Vritz, Loire-Inférieure, on manque véritablement écharper « le bougre de curé » qui refuse de déguerpir. Les réfractaires célèbrent les offices dans les châteaux, dans des granges ou en plein air ; c'est à eux seuls que les paysans s'adressent pour tous baptêmes, communions, mariages et secours aux mourants. Enfin, il y va d'une haine impitoyable pour les nouvelles autorités comme pour les acheteurs de biens nationaux qui font figure de « nouveaux riches », de damnés voleurs de terres, et que la rapacité et la résolution de conserver les propriétés acquises à bon compte rangent parmi les plus odieuses créatures de l'ordre nouveau. Tout se passe comme si les paysans vengeurs prétendaient vivre en marge de la Révolution et, en quelque sorte, l'ignorer. Sauf que, cette fois, l'ennemi fait front. La lutte cesse d'être aisée. Cathelineau tombe. Des gentilshommes ont beau prendre la relève des premiers chefs, Paris envoie une armée expérimentée qui fait peu de quartier. Bleus contre Blancs, les forces s'équilibrent. Les Vendéens se font écraser à Cholet le 17 octobre 1793. Des dizaines de Chouans restent sur le carreau. Le comte de La Roche Jacquelain échoue devant Granville. On attend en vain un secours des Anglais. Les Blancs sont écrasés par les Bleus au Mans puis à Savenay.

Troisième phase : en janvier 1794, la Convention confie au général Tureau mission d'écraser les rebelles. Des colonnes infernales répandent la terreur sur leur passage, massacrant au besoin femmes et enfants. La saison coïncide avec l'apogée de Robespierre : à Paris, « les têtes tombent comme des ardoises ». Tout est soumis à la « dictature de Maximilien ». La guillotine fonctionne en permanence. Manon Roland y voit clair quand elle dit qu'« il est venu le temps prédit où le peuple demandant du pain, on lui donne des cadavres ». A Nantes, voici le sinistre Carrier, chargé de « châtier la Vendée » : pour soi-disant sauver son pays, il fait fusiller près de deux mille personnes dans les carrières de Gigandet et dans les prairies de Mauves, et donne aux guillotinades de la ville l'allure la plus démente. La « boucherie est bonne partout ». En définitive la Vendée est « noyée » dans le sang. On estimera à quelque 220 000 les morts au total. Le Chouan dépose les armes désespéré.

La France malade des cinq sires du Directoire

Et Thermidor de voir tomber Maximilien, « dictateur de la Vertu ». Et la guillotine des Terroristes de cesser de fonctionner. Et la Convention nationale, « l'assemblée géante », de tenir sa dernière séance, le 4 brumaire an IV, sous la présidence d'un obscur député nommé Genissieu, élu de l'Isère. A deux heures et demie. Quelle heure est-il ? demande dans les dernières secondes un député curieux de détails. Une voix répond : « L'heure de la justice. » Aucun ovation ne salue l'événement.

A nous le Directoire. Le 13 brumaire an IV (3 novembre 1795) un singulier cortège remonte les rues de Paris des Tuileries au Luxembourg : deux fiacres, cent fantassins, cent cinquante dragons, si démunis que la plupart montent sans bottes. Dans les voitures, quatre hommes, dont trois inconnus de la foule, le seul célèbre, Barras, attirant l'attention par un grand sabre tenu droit entre ses jambes. Quatre, et non cinq, alors que la Constitution prévoit bien un Conseil de cinq hommes — aussitôt appelés *les cinq sires* — pour gouverner la France. Il manque l'un des cinq, Sieyès. Il refuse de siéger. Déjà le nouveau pouvoir boite. Les quatre arrivent au Luxembourg, où les installe la Constitution. Le concierge seul les reçoit. Depuis le départ du comte de Provence, le palais, laissé en délabre, s'est mystérieusement démeublé. Les grands salons dorés, où il fait très froid, sont de vrais déserts. Dans la salle où ils doivent siéger, les quatre ne trouvent qu'une table — boiteuse — et une cheminée sans feu. Le concierge prête quatre chaises de paille et fournit des bûches. Un des quatre a apporté du pavillon de Flore un cahier de papier à lettres. Assis autour de la table branlante, ainsi les quatre nouveaux maîtres du pays commencent-ils à travailler. Ils ont nom Barras, Reubell, Letourneur de La Manche et La Révellière-Lépeaux, tous « régicides », ayant voté la mort du roi. Le Directoire ne sera au complet que sous quelques jours, quand Sieyès sera remplacé par Carnot, un autre régicide.

On ne saurait mieux que par ce tableau peindre la France que les cinq sires vont avoir à gouverner et à rétablir sur des bases saines. Paul vicomte de Barras, le vrai maître, aura bien du mal à faire valoir une stratégie de renaissance.

La France est dans un état de délabrement inouï. Autant découvrir une lande. Tout semble à l'abandon : la charrue abandonnée au milieu du sillon entrouvert ; le bétail arraché à la prairie qu'il engraissait, jeté aux boucheries de nos quatorze armées ; l'homme pris aux champs, jeté fusil en main à la frontière ; le lin, le chanvre à la désertion totale ; des routes qui ont à nouveau cessé d'être carrossables ; des ponts dont les pierres roulent sous les sabots des chevaux ; des animaux sauvages presque partout autour des villages ; tous les grands chemins mal famés ; de toutes parts des bandes de francs terroristes, « chauffeurs, barbets » et de trop hardis « brigands royaux » plus ou moins spécialisés, compagnons de Jehu ou compagnons du Soleil, bandes d'anciens Girondins et de royalistes qui après le 9 Thermidor font régner la Terreur blanche dans le Sud-Est, mais qui se vouent surtout à attaquer diligences et courriers. Les anarchistes de droite comme de gauche fourmillent. Les chemins et les canaux s'obstruent. Les ports se comblent. Les digues s'écroulent. Sur la terre de France, le pire est revenu.

La fièvre de 1789, l'effort de 1792, les saignées de 1793 et 1794, la constante famine ont jeté le pays dans une sorte d'anémie, compliquée de névropathie. « La nation, peut dire le journaliste suisse Jacques Mallet du Pan (directeur des *Annales* à Londres, partisan du despotisme éclairé, admirateur de la Constitution anglaise, en vérité surtout porte-parole des émigrés dans les capitales, remarquablement informé), paraît épuisée comme une frénétique revenue à la raison ne l'est que par les saignées, les bains et la diète. » Le directeur La Révellière-Lépeaux soupire : « A la fièvre chaude, succède une entière prostration de forces. » Même secouée de spasmes, la France gît comme éperdue, paralysée. Elle ne trouverait pleine conscience ni dans une nouvelle révolution, ni dans la contre-révolution ; elle écarte donc, d'un geste las, l'une et l'autre. La France malade, il n'y a pas plus exacte définition. Sauf que, n'ayant plus de passions ou presque, elle a des intérêts : elle est de toutes ses dernières forces attachée aux conquêtes faites au prix de tant de maux ; malade oui, anémique oui, mais couchée sur un trésor qu'elle ne veut pas livrer.

Tel est principalement le paysan du Directoire : à aucun prix, il ne veut perdre sa terre. Or, la misère est profonde. L'or a émigré lui aussi. Il est remplacé par un amas de papier à tous vents : les assignats. On en aura même trop abusé : l'assignat, déjà « brouillé » par une origine trop trouble et discutable, une confiscation de biens à laquelle ne se résignent pas les expropriés, a été, par surcroît, compromis par l'abus que l'on en a fait. On a trop tiré sur *la planche aux assignats*. L'agiotage s'en étant mêlé, puis la contrefaçon, l'assignat est tombé de plus en plus bas dans la confiance publique, jusqu'à s'écrouler littéralement. Voici qu'en janvier 1795, nivôse an III, le louis d'or vaut 130 livres en assignats ; il en vaut 227 en mars, 750 en juin, 1 200 en septembre, et 2 500 quand la Convention se sépare. La suite est conforme : l'assignat du Directoire ne cesse pas de chuter.

Traitements et rentes se payent en assignats, il est facile de calculer les conséquences de la cataracte pour les fonctionnaires et les petits rentiers rescapés des violents orages — les marchands pour leur part n'acceptant les assignats qu'à leur cours du jour.

Inutile de dire dans quel mépris le paysan peut tenir la monnaie de papier. Il l'exècre.

De plus, conséquemment, la vie est hors de prix. La guerre avec l'Angleterre, qui nous bloque, s'ajoutant à un état de famine qui n'a cessé de s'aggraver, a mis toutes les denrées à des prix inaccessibles. L'affolement en est devenu général.

Le paysan cache son grain. D'ailleurs, déjà dans la dernière année de la Convention, tout le ravitaillement manqua. La situation ne fait qu'empirer. Le paysan n'envoyant plus de blé, Lyon en janvier 1795 reste sept jours sans pain. On paie un boisseau de farine 225 livres, 120 un boisseau de haricots, 41 une livre de cassonade, 25 un quarteron d'œufs. La livre de pain se vend 45 livres, la livre de lard 560, un gigot 1 248. Aux sentinelles qui crient : « Qui vive ? », on répond : « Ventre creux. »

Inévitablement, les parasites prospèrent sur la misère générale. Spéculateurs et profiteurs s'en donnent à cœur joie. L'Ancien Régime s'est liquidé en cinq ans. Mais à quel prix ! Une ploutocratie remplace la vieille aristocratie. Sans scrupule, le nouveau richard étale son luxe. « Ventres pourris », dit-on des ventres affamés des faubourgs. Voici à l'autre pôle les « ventres dorés », dont l'insolence n'est pas la moindre marque. Ils dansent frénétiquement. Ils multiplient à force d'excentricités les provocations. Ils jouent : au Palais-Royal, dans cent tripots, l'or roule.

Le peuple n'en ressent que plus profondément sa détresse. Or, tout est réellement au plus mal. *Le Trésor est vide* : on n'acquitte pas les contributions. Que l'on crée de nouveaux assignats, 36 milliards 603 millions en cet an IV, et le discrédit devient fabuleux : le jour même où le Directoire entre en fonctions, le louis d'or (24 livres) vaut 3 400 livres en papier ; dès deux mois après, il est à 4 000 livres ; six mois après, Charles de Constant le trouve à 12 000 livres. Les paysans disent du papier qu'ils refusent : « Nous n'en prendrions que si les chevaux voulaient en manger. »

Benjamin Constant écrit : « Les assignats achèvent d'aller au diable. » Le gouvernement en rend la Bourse responsable, la fait fermer par dragons. « A-t-on jamais soutenu le crédit par de la cavalerie ? » plaisante un étranger. On va voir le Directoire se débattre, quatre ans durant, dans le plus effroyable gâchis financier.

Le peuple en pâtit. Il y a trop de désargentés. En l'an V (1797), la misère, qui semblait au comble en l'an IV, s'est encore aggravée. « On voit par les rues, lit-on dans un rapport, un grand nombre de malheureux sans souliers, sans vêtements décents, ramassant dans les tas d'ordures de la terre, et d'autres saloperies, afin de satisfaire la faim qu'ils éprouvent. »

Il n'y a plus d'opinion, ou plutôt cette opinion n'est faite que de haine. On hait les directeurs et on hait les députés ; on hait les

Terroristes et on hait les Chouans ; on hait les riches et on hait les partageux ; on hait la Révolution et la Contre-Révolution.

Paris s'abandonne à la noce la plus effrénée — avec des trafics éhontés. Le goût de la spéculation étant général (à ce point que, on le sait, toutes ces belles dames follettes trafiquent de sucre, de café, de terrains et d'assignats), les grands spéculateurs sont des princes, tels Vanderberghe, Séguin, Hainguerlot qui, ayant fourni les quatorze armées, en a tiré des trésors, Perregaux, banquier quasi officiel, Delessert, Hottinguer, les frères Enfantin et, au-dessus de tous, Ouvrard, « Bonaparte de la finance, châtelain du Raincy, de Marly, de Luciennes et autres lieux, vrai marquis de Carabas du Directoire ». Tout ce monde entretient toute une foule de petits marquis, de pages, de favorites, de danseuses. Tout le Paris des « merveilleuses » et des « incroyables » s'amuse, Barras jouant les chefs d'orchestre, Thérésa de Cabarrus et Joséphine de Beauharnais jouant les nouvelles Pompadour. Spectacle fou. Bagatelle, Tivoli, Frascati, l'Elysée-Bourbon, le hameau de Chantilly sont les principaux champs de bataille de la mode et du plaisir. A nous 300 bals et 30 théâtres. A nous les féeriques feux d'artifice de Ruggieri. A nous, après les sans-culottes, les *sans-chemises*, c'est-à-dire les nouvelles élégantes, robes à la Flore, tuniques à la Cérès, « les bras et la gorge nus avec jupe de gaze sur un pantalon couleur chair » (c'est « le costume à la sauvage »), non moins dévêtues que la Vénus de Médicis. A nous Thérésa en tunique de gaze rose ouverte haut sur le flanc, les pieds nus scintillant de bagues. On danse jusque sur la place de Grève où, hier, on guillotinait. A nous les « restaurateurs » servant au prix fort bonne chère et bons vins, des tables où on mange « savamment », des tables qui font joyeusement participer à la renaissance de la truffe et des fricassées de poulet. A nous surtout tout un débordement des mœurs. Mais le tableau inverse est encore plus vrai. Une immense misère dément les spectacles du Palais-Royal.

La famille est détruite. Elle était sous l'Ancien Régime le fondement de la société. L'abolition du droit d'aînesse, mais plus encore le triomphe de l'esprit critique, a émancipé fils et filles. « En coupant la tête à Louis XVI, la Révolution a coupé la tête à tous les pères de famille », fera dire Balzac à son duc de Chaulieu.

Et la société de se ruer au divorce : à la fin de 1793, quinze mois après le décret, 5 994 divorces dans le seul Paris.

Et le nombre des enfants abandonnés d'augmenter d'une manière effrayante : en France, près de 50 000 dans le seul an V.

Le paysan, face à cette ronde insensée, qui donne le tournis à tout le pays ?

Par bonheur, il garde la tête froide. Il ne se laisse pas dévergonder. Il se maintient dans la morale simple des ancêtres.

Mais surtout, il est gagnant, grand gagnant, et il le sait. Il a acheté beaucoup des prés, champs et vignes attenant aux biens des émigrés. Il peut contempler tous les matins sa victoire.

Les biens nationaux des deux origines (biens du clergé définitivement aliénés le 17 mars 1790 — biens des émigrés mis en vente par décret du 30 août 1792) s'élevaient, en somme, à 6 milliards à peu près. En 1795, la plupart sont vendus. Bien sûr, nombre d'entre eux ont été acquis par des propriétaires de 1789 enchantés de s'arrondir à bon compte, même à très bon compte, puisque, grâce à la dépréciation, on finit par payer 5 652 francs tel bien acheté 152 625 francs et valant presque le double. Bien sûr aussi, beaucoup d'acheteurs ont été des bourgeois. Mais il est indéniable que nombre de petits paysans, de même que des artisans, ont ainsi pu accéder à la propriété. Lors des premières ventes, en 1791-1793, les gros acheteurs l'ont emporté, sans exclure pour autant la « petite classe », mais lors des secondes ventes, en 1793-1795, portant sur des lots à dessein morcelés, les modestes acheteurs ont pris leur revanche : on a calculé que 220 000 paysans y participaient, pour 140 000 bourgeois, gros et petits.

Qui mieux est : les domaines achetés en gros en 1791 et 1792 se revendent maintenant en une infinité de lots. On les découpe en tranches et on les met à la criée. En l'an VIII les enquêteurs du Premier consul, en l'an X ses préfets pourront constater partout, sur 1789, une très sensible augmentation de la petite propriété, donc de l'accession de petits paysans à la terre. En l'an X, un journal estimera à 2 millions le nombre des familles enrichies.

Autant dire que, même lorsqu'il n'a rien acheté, le paysan n'a pas perdu mémoire du temps où il devait acquitter des droits et se laisser humilier. Il se sent un autre homme, et il le peut. La Révolution l'a libéré et généralement enrichi, et il le sait. Au nom du merci qu'il lui doit, il lui reste donc attaché. Sauf qu'il lui est attaché en farouche conservateur.

Indiscutable : à aucun moment il n'a été républicain ni même libéral. Il se maintient dans le même traditionalisme moral. Il ne se sent pas la moindre communauté de pensée avec les *niveleurs* qui à Paris prêchent la loi agraire, les *égaux* adeptes de Gracchus Babeuf qui, en 1795, dans son journal *Le Tribun du peuple*, développe des théories franchement communistes, réclame la suppression de la propriété individuelle, revendique la mise en commun de toutes les terres, et, précisément, au nom de la *République des égaux*, pousse son défi jusqu'à comploter contre le Directoire. (Dénoncés à Carnot, les conjurés sont arrêtés en mai 1796 à Vendôme ; Babeuf et son principal coadjuteur, Augustin Darthé, ancien accusateur public de 1793, sont guillotinés ; après avoir échoué dans leur tentative de soulever les troupes du camp de Grenelle, une trentaine de babouvistes sont arrêtés et fusillés.) Le paysan doit même se féliciter de l'échec de ces premiers communistes français.

Par ailleurs, juste dans les pires tempêtes, il sera resté fervemment catholique. Il l'est toujours, même quand il aura acheté sans scrupule à bon compte des terres de son curé. Au plus fort de la Terreur, les villageois s'assemblent sans prêtre dans les églises pour y chanter les offices, plutôt que d'accueillir un curé excommunié. Le paysan est tout heureux quand reviennent les « bons curés » — sous seule condition que ceux-ci ne réclament pas « les biens ».

Tel est dès lors le plus solide legs de la Révolution : toute une nuée de conservateurs enracinés, qui se sentent davantage laboureurs d'une longue tradition que laboureurs de la jeune République. Au reste, la Révolution aura beau avoir aidé systématiquement à la propagation de toutes techniques et conceptions agricoles nouvelles, notamment par *La Feuille du cultivateur*, la plupart des paysans restent hostiles sur le champ ou à la vigne à toutes tentatives de progrès.

Et pourtant, parmi tant de décombres et avec une paysannerie toujours aussi routinière, comme par prodige, des penseurs rénovateurs de l'agriculture subsistent, savent prendre rendez-vous avec l'avenir.

Tel l'abbé agronome Alexandre Henri Tessier, fils d'Angerville, docteur en médecine spécialisé dans les sciences naturelles, directeur de l'Etablissement d'élevage de Rambouillet, membre de l'Académie de médecine et de la Société nationale d'agriculture, auteur d'un *Dictionnaire d'agriculture et d'économie rurale*, fondateur du *Journal d'agriculture à l'usage des habitants de la campagne*. C'est à son initiative que le Comité de salut public, « considérant que le sol et le climat de la France ne sont pas moins favorables à l'éducation des bêtes à laine que le climat et le sol de l'Espagne, qu'ils le sont plus que ceux de l'Angleterre, que nos laines ont joui longtemps d'une supériorité marquée sur celles de l'Europe », arrête le 19 messidor an II un certain nombre de textes tendant à protéger les laines françaises. C'est lui qui, en 1795, convainc le gouvernement français d'introduire dans le traité signé à Bâle avec l'Espagne, une clause secrète prévoyant la livraison d'un nouveau troupeau de *mérinos* — Talleyrand conduisant ladite négociation comme ministre des Relations extérieures, notre ambassadeur à Madrid, le général Pérignon, menant les entretiens avec le gouvernement de Charles IV, Gilbert étant chargé en 1798 de rassembler les mérinos, puis de les convoyer vers nos frontières. On aura cru d'abord qu'il devait s'agir d'une promenade de santé. Las ! Il s'agit d'un infernal parcours d'obstacles. Durant trois années, le malheureux Gilbert erre d'un village de Castille à l'autre, doit se voir tout discuter, autant par les envoyés très « intéressés » du favori Godoy que par les paysans et moutonniers espagnols. Il n'a même pas l'honneur de conduire lui-même le troupeau à destination : après un long calvaire, d'innombrables humiliations, déconvenue après déconvenue, il succombe à une fièvre tierce en septembre 1800 sur le chemin. Du moins y a-t-il plein bénéfice pour l'élevage français : c'est à quelle ferme aura son mérinos.

Le paysan de Bonaparte

Nonobstant toutes les difficultés, d'abord sous le Directoire, ensuite sous le Consulat et l'Empire, l'agriculture marque cependant d'indiscutables progrès.

On aide puissamment à la culture de la pomme de terre.

On peut commencer à renoncer au système des jachères, grâce à une meilleure utilisation des engrais.

L'alimentation du bétail évolue positivement. Au traditionnel mélange foin-paille-fruits pourris, s'ajoutent dorénavant les raves, les pommes de terre et les issues de meuneries.

Les communes se mettent à réclamer à cor et à cri ces artistes-vétérinaires dont on dit le plus grand bien et dont on continue de former de remarquables promotions.

Les plantations d'oliviers se multiplient (on exporte désormais de l'huile !).

Les cultures du lin et du houblon prennent une grande extension.

On lance à fond la culture de la betterave à sucre. Blocus oblige. Il nous prive du sucre de canne. Nous pouvons bénir le chimiste allemand Andreas Marggraf, le premier en 1747 à repérer du saccharose dans la racine de betterave et à en obtenir du sucre à l'état solide. Tout se passe comme si toute la Picardie se mettait à la nouvelle production. En tout cas, le grognard n'aura pas manqué de sucre pour son café.

On maintient le rythme de la production viticole. A la veille de la Révolution, la superficie du vignoble français est d'environ 1,5 million d'hectares et la production annuelle moyenne se chiffre à environ 27 millions d'hectolitres. A peu de chose près, les mêmes chiffres se retrouvent à la fin de l'Empire. Les exportations vers la Grande-Bretagne et les Etats-Unis sont elles-mêmes partiellement assurées — grâce aux as de la contrebande.

Le champagne maintient son inégalable prestige. C'est au champagne que Napoléon et le tsar Alexandre trinquent à leur alliance éternelle sur le radeau de Tilsit. Les troupes russes d'occupation vident en 1814 allègrement les caves d'Ay et d'Epernay ; quand elles repartent pour leur Moscou, c'est une armée de 300 000 hommes qui remplit ses fourgons de bouteilles. « Aujourd'hui ils boivent, demain ils paieront... », dit pour se consoler la sage Nicole Barbe veuve Clicquot.

Nous ne perdons pas l'art de taster. Déjà Charles IV le Bel, il y a cinq cents ans, fondait une compagnie de courtiers appelés à

« goûter et juger les vins » : ils étaient titrés, ils avaient le droit au port de l'épée. La Révolution raya d'un trait de plume cette modeste aristocratie. Napoléon les venge. Malgré ses plus lourds tracas, en décembre 1813, il rétablit la corporation sous le nom de « gourmets-piqueurs de vins pour le service du public » (dits *piqueurs* parce qu'ils sont armés non plus d'une épée, mais d'une vrille qu'ils piquent dans les fûts afin de prélever leurs échantillons).

L'élevage des bœufs et des moutons s'amplifie. Napoléon poursuit activement une grande politique de « fine laine ». Non seulement il crée notre première Ecole de bergers, mais il fonde une bonne dizaine de bergeries impériales. « L'Espagne a 25 millions de mérinos, dit-il, je veux que la France en ait 100 millions. »

De 1805 à 1815, le cheptel passe de 1 800 000 à 2 100 000 pour les chevaux, de 6 millions à 6 900 000 pour les bovins, de 30 à 35 millions pour les ovins.

Comme chevaux tracteurs, les ardennais sont les favoris de l'Empereur. Fin connaisseur en matière équestre, soucieux, après Wagram, de remonter en chevaux une artillerie que trop de batailles ont privée de la plus grande partie de ses effectifs, il intervient personnellement afin que l'on recrute ces colosses des Ardennes — aussitôt uniformisés, tous portant un collier dont les attelles sont peintes en vert olive, la couleur impériale, marquées des numéros du bataillon et de la compagnie. Ils seront d'ailleurs de la retraite de Russie, résistant mieux et plus longtemps que tous autres à la pluie, au seigle vert, à la neige, au froid, à la glace pour laquelle ils ne sont pas ferrés (mourant tout de même par centaines, dévorés par leurs maîtres affamés).

La cavalerie est reine. Dès 1805, la Grande Armée dispose d'une force de cavalerie impressionnante. A Austerlitz, le 2 décembre, ce sont les charges successives des 72 escadrons de Murat, des dragons de Bourcier et les coups de boutoir des cavaliers de la Garde qui enfoncent les dispositifs ennemis. En 1809, la cavalerie impériale, « remontée à neuf », rassemble plus de 50 000 chevaux — en 1807 l'armée d'Eylau et de Friedland plus de 80 000. A satiété, les bonapartistes, religionnaires de l'idole, citent les noms des chevaux personnels de l'Empereur, spécialement dressés par deux écuyers exceptionnels, le comte de Canisy et M. Jardin, « piqueur de l'équipage de selle » : en particulier *Cyrus* qui, à Austerlitz, porte son cavalier quarante-huit heures de suite, du coup rebaptisé *Austerlitz* ; le beau *Wagram*, l'arabe gris, qui suit son maître en exil à l'île d'Elbe ; *La Styrie*, qui passe le Grand-Saint-Bernard ; *L'Intendant*, que les grognards appellent *Coco*, réservé aux entrées dans les villes ; *Le Taurus*, le russe à crinière blanche, qui figure à Waterloo ; *Le Vizir*, arabe, qui connaîtra Sainte-Hélène ; d'autres, *Roitelet*, *Le Cid*, *Le Sagonte*, *Gonzalve*... Mais surtout, la cavalerie est insatiable en montures. Les dernières campagnes impériales mobilisent près de 100 000 chevaux, sans même compter les chevaux de trait pour l'artillerie et l'intendance (à imaginer le désespoir des paysans à qui « la levée en masse » ravit des milliers de percherons et de boulonnais indispensables à leurs vignes et à leurs champs). Ainsi Napoléon apporte-t-il à l'élevage un soin tout particulier. La Révolution supprima les haras : dès 1805, il institue par décrets 6 haras, 32 dépôts d'étalons et 2 écoles d'expérimentation, Alfort et Lyon, où fonctionnaient déjà les écoles vétérinaires. Sauf à la guerre d'être aussi vorace de chevaux que d'hommes...

Avec le Premier consul, tout commence pourtant si bien !

Il trouve un pays ruiné, des campagnes profondément déstabilisées, des paysans près de se décourager, toutes les provinces parcourues de bandes de vagabonds et de brigands, insoumis et marginaux, « chauffeurs de pieds » qui font régner leur terreur.

Il entreprend aussitôt de pacifier.

D'une part, en moins de cinq ans, l'ordre est rétabli, encore que certaines grandes routes restent incertaines jusqu'en 1807.

D'autre part, il signe en 1801 avec la papauté un concordat qui permet de rétablir la plénitude du culte catholique dans les paroisses. Les « bons curés » reviennent (en particulier fort diligents pour aider à éteindre le feu vendéen).

Par ailleurs, dès octobre 1800, plus de 50 000 personnes sont rayées de la liste des émigrés et peuvent rentrer chez elles en toute impunité. Les biens confisqués non vendus leur sont restitués — même si Bonaparte, dans le même temps décidé à enraciner les conquêtes de la Révolution, se garde de faire reprendre les biens nationaux déjà distribués.

L'ordre administratif n'est pas moins rétabli : l'administration communale est réorganisée ; chaque commune de moins de 2 500 habitants est dotée d'un maire nommé par le préfet pour cinq ans renouvelables ; le maire est assisté d'un adjoint et de dix conseillers municipaux choisis parmi les citoyens les plus imposés du canton ; voici chaque village rendu à la paix et à l'ordre ; les temps, du reste, sont magiquement devenus si sereins que, souvent, faute de candidats acceptables qui sachent lire, les préfets nomment comme maires des royalistes avérés ; personne ne proteste. Pour le reste, l'administration est renforcée, grâce à des fonctionnaires nommés et non plus élus, le juge de paix, le percepteur, les gendarmes assurant la justice, la collecte des impôts et la sauvegarde de l'ordre public.

Si la faiblesse du Directoire obligeait le défunt régime à gouverner en donnant de brusques coups de barre à droite, puis à gauche, puis à droite encore, afin de s'appuyer à tour de rôle sur les forces opposantes et à les amoindrir du même fait, Bonaparte muselle ainsi simultanément royalistes et jacobins. « Je traite la politique comme la guerre, explique-t-il, j'endors une aile pour battre l'autre. » Il n'obtient pas autrement une grande paix intérieure.

C'est le chimiste Jean Antoine Chaptal, comte de Chanteloup, qui, comme ministre de l'Intérieur, a en charge l'agriculture sous le Consulat. Fils du Gévaudan, docteur en médecine puis professeur de chimie à Montpellier, fondateur d'une grande fabrique de produits chimiques qui, pour la première fois, donne au commerce français l'acide sulfurique, il a été surtout un physiocrate actif. Ainsi fonde-t-il ou renforce de nombreuses sociétés d'agriculture. Non seulement il aura été l'auteur d'un ouvrage distingué sur *L'Art de faire les vins* et sur *La Chimie appliquée à l'agriculture*, mais il aide puissamment Bonaparte quand celui-ci entreprend la rédaction d'un Code rural. Et les deux hommes de constituer des sociétés d'assurance mutuelle contre les calamités agricoles (avec indemnisations après grêle ou épizooties).

Et le Code civil, grande œuvre du Consulat, de confirmer les grandes conquêtes sociales de la Révolution : abolition confirmée du régime féodal ; égalité pour tous devant la loi ; propriété individuelle pleine et entière. La propriété est même l'élément central du texte, et surtout la propriété foncière. Victoire : les conquêtes du paysan sont sauves.

Et d'autres mesures importantes d'intervenir : confirmation de la fin du droit d'aînesse ; uniformisation des règles de transmission des patrimoines ; grande importance accordée aux contrats de mariage comme aux problèmes de portage des successions ; primauté des intérêts des enfants légitimes sur ceux des enfants naturels. Quant à la propriété des biens nationaux, elle est si peu remise en cause que les ventes continuent (il est vrai sur des terres plutôt médiocres, les bonnes ayant été toutes négociées).

Du fameux boulot.

Bonaparte n'aura jamais eu une telle maîtrise de lui-même.

Et, soutenu par les financiers, le Consulat de procéder à une grande réorganisation financière — avec principal recours aux impôts indirects qui, comme on l'a dit, « tondent le mouton sans l'écorcher ».

Des impôts de l'Ancien Régime sont remis en vigueur sous un autre nom, mais unifiés, établis sur une base plus juste et perçus par l'Etat. On rétablit même le droit sur les boissons et le droit sur le sel, heureusement très modéré par rapport à l'ancienne maudite gabelle et sans imposition d'un minimum d'achat. Taxe intelligente. Elle est acceptée sans guère de grognements.

On institue une administration des Contributions directes. On crée des percepteurs pour recevoir les impôts directs en lieu et place des anciens adjudicataires tant honnis ; on évite de réveiller les redoutables fantômes.

Enfin, Napoléon ayant succédé à Bonaparte, la loi du 15 septembre 1807 institue le *cadastre parcellaire* de chaque commune, qui comporte des opérations d'art (délimitation stricte du territoire communal, triangulation, arpentage, vérification) suivies d'opérations administratives (classification par nature de culture, tarif des évaluations, classement des parcelles, avis du conseil municipal, examen des intéressés, le contribuable obtenant de la sorte un maximum de garanties). A la vérité, voici un travail de titans (il faudrait d'ailleurs plus d'un demi-siècle pour achever le cadastre). Encore fallait-il avoir le courage de s'y mettre.

Couronnement du tout : le système monétaire est réorganisé par une loi du 7 germinal an XI (au grand dam des paysans, on n'a pas encore osé en terminer avec le calendrier républicain) ; le nouveau franc, que l'on appelle franc de germinal, remplace la livre (il pèse 5 grammes ; compte 9 parties d'argent fin et 1 partie de cuivre). Capital : la stabilité de la monnaie assure pour un siècle la sécurité du lendemain...

C'est vraiment de la très grande œuvre.

Les premières années de Bonaparte au pouvoir auront été grandioses — y compris pour le paysan.

Par malheur, les autres années, sauf exceptionnels éclairs du génie, ne précipitent finalement qu'à des désastres. Trop de guerres se succèdent.

Napoléon fait regretter Bonaparte.

VI

XIXe SIÈCLE : LE PAYSAN-ROI

La routine résiste

Pour le paysan, le XIXe siècle commence plutôt mal. Les guerres de Napoléon prennent au village trop de jeunes hommes, aussitôt engloutis dans la fournaise. Les réquisitions de bétail et de chevaux abîment les conditions d'élevage. Comme quoi durant trois décennies le monde rural restera un monde fermé. La plupart des voies de communication auront été impraticables durant de trop nombreux mois. Le tissu rural est parsemé d'une poussière de marchés locaux, très voisins les uns des autres, qui suffisent à peine à satisfaire les besoins encore limités d'une population encore habituée à vivre en quasi-autarcie. La population paysanne à la fois souffre et s'encroûte.

Grâce à un grand ministre des Finances, le baron Louis, après les guerres désastreuses de l'Empire, la Restauration assure bien une excellente administration financière. Charles X fait voter une loi du 23 mars 1825 qui accorde une indemnité aux émigrés spoliés par la Révolution (« le milliard des émigrés » remboursable en cinq années) : c'est en vérité une loi d'apaisement qui avalise l'acquisition des biens nationaux. Un important dégrèvement foncier est même accordé aux paysans : de 218 millions, le principal de l'impôt est ramené à 154, bien que le revenu de la terre ait augmenté de 25 % environ.

C'est la Restauration qui crée les premiers comices agricoles. Dès 1819, Louis XVIII institue *l'échelle mobile* qui a pour but d'empêcher les importations de blés étrangers quand la récolte est bonne en France, les blés étrangers importés payant un droit variable ; en cas de mauvaise récolte, l'échelle joue en sens contraire, on abaisse les droits d'importation et on relève ceux d'exportation. (Sauf que, malgré cette savante gymnastique, on ne peut enrayer la cherté du pain.)

Mathieu de Dombasles, agronome lorrain, invente une charrue, écrit une *Théorie de la charrue*, donne en 1821 un *Calendrier du bon cultivateur*, révèle l'importance du chaulage dans les terres argileuses, fonde dès 1822 à Nancy une Ecole d'agriculture qui donne une assez vive impulsion à l'enseignement agricole.

Mais, d'une manière générale, la routine résiste partout.

On continue à se disputer âprement sur l'utilité des prairies artificielles, le partage des communaux, le droit de vaine pâture.

La charrue Dombasle attend de longues années avant de se diffuser.

Dans le Midi méditerranéen, de toujours, le battage est effectué en faisant fouler les grains sur une aire par des groupes de chevaux. On a beau en 1809 expérimenter dans la région d'Orange un rouleau de bois cannelé, tiré par un cheval, qui assure un travail mieux fait et plus propre, on en reste à la vieille technique. C'est seulement de longues années plus tard que le vieil usage se perd.

L'Ancien Régime interdisait l'usage de la faux, coupable de faire perdre des grains et de priver les pauvres de chaume. En 1791, l'interdiction est levée, pour la simple raison que la liberté de culture doit être garantie à tous. Mais la faux n'est réellement réutilisée que vingt ans plus tard — doublant pourtant la productivité du moissonneur qui, en une journée, peut couper plus de 50 ares de blé contre 20 à la faucille. Mais aussi on continue en de nombreuses régions de préférer la faucille à la faux : parce que les femmes, que l'on paie moins cher, ne peuvent manier que la faucille, et surtout parce que la faux coupe les tiges trop bas et détruit les nids de caille, alors que le droit de chasse est l'un des grands droits sacrés conquis par les paysans.

Durant trente ans, tout est à l'avenant.

La gangue de la routine tient bon.

Une paix de quarante ans (1830-1870)

Ça ne commence à bouger un peu que sous Louis-Philippe.

Les *agromanes* — gentilshommes cultivateurs légitimistes — s'inspirent des théories physiocratiques pour arracher le monde rural à son apathie.

C'est sous Louis-Philippe Ier, roi des Français, que se tient à Paris le premier Congrès national de l'agriculture française, présidé par le duc Decazes : 486 délégués de 73 départements abordent en quelques jours la quasi-totalité des problèmes du monde paysan.

L'Etat fait procéder à de grands travaux, notamment à l'assèchement des étangs des Dombes et d'une partie du Marais poitevin.

On reconstruit en toute hâte un bon réseau routier. Encore sous la Restauration, seuls étaient en usage des déplacements à courte distance ; les marchandises étaient transportées à dos de mulet et dans les chars à bœufs. La loi de Thiers de 1836 modifie le problème du tout au tout en établissant la classification des routes, répartissant leur financement et faisant prendre en charge par l'Etat les voies de grande communication — les communes se chargeant des chemins vicinaux. Les Ponts et Chaussées construisent des centaines de ponts.

C'est Louis-Philippe qui a le mérite historique de lancer le chemin de fer. Certes, au départ, les premières lignes acheminent uniquement des matières premières et la production industrielle ; le fer sert en priorité le fer ; les promoteurs ignorent les chargements agricoles ; le paysan se porte même comme un ennemi irrévocable du rail, qui transperce les champs et expose à des expropriations ; le paysan accueille très mal cet intrus. Mais, dès 1840, la locomotive tracte des wagons où figurent vin et bétail, engrais et céréales. La vision change. Le paysan révise son jugement.

Les comices agricoles mis en place dans les cantons après 1832 organisent d'excellentes démonstrations de matériel et des concours de labours. On voit assez tôt apparaître les premières machines à faucher et moissonner — sauf que le paysan trouve trop chère une faucheuse ou une moissonneuse à régler argent comptant ; il préfère consacrer son épargne à l'achat de nouvelles parcelles. De plus, il faut des chevaux pour tracter ces engins, et non des bœufs : c'est un investissement trop important pour beaucoup d'exploitants — d'autant plus qu'emprunter est alors quasiment une honte. Il n'en reste pas moins qu'avec les locomotives sur leurs rails, voici surgir sur les champs ces premières grandes mécaniques qui ne peuvent que bouleverser tous les travaux.

Certes, chacun peut le comprendre, la confiance dans la machine ne va pas de soi. Cette machine pose trop de questions. Dans un premier temps, le paysan est sceptique. Comment confier à une machine aveugle certaines récoltes délicates, celle des fruits par exemple ? Comment lui demander de se substituer à la main de l'ouvrier, alors qu'une attention vigilante de tous les instants est nécessaire pour que rien ne soit perdu d'une production fragile ? Va-t-on demander à une machine de moissonner, alors que la faux elle-même aura pu paraître un instrument trop brutal par comparaison à la faucille ? Les épis ne seront-ils pas saccagés, les grains ne vont-ils pas joncher le sol, si on demande à un engin insensible d'entrer dans des champs où le premier devoir est de ménager humainement les blés ? Comment donc moissonner sans cœur ? Allons donc, la paille, dont le produit est si précieux, sera-t-elle coupée aussi ras qu'avec la faux ? Peut-on envisager la cueillette des tubercules autrement qu'à la houe, qui peut seule permettre à l'évidence un arrachage soigneux ? Par ailleurs, la diversité des sols appelle des labours différents. Et différents doivent-ils être aussi suivant la nature de ce qu'il faut ensemencer ou planter. C'est alors quasiment une conviction absolue que la machine ne saura jamais mieux que l'homme biner, sarcler, butter. Et comment des paysans habitués à produire « un peu de tout » peuvent-ils songer à mécaniser leur outillage ? Comment remplacer à la perfection par un robot cette merveilleuse bonne à tout faire qu'est un cheval ? Comment financer des machines coûteuses et à grand rendement dans des domaines où les productions restent obligatoirement diverses et mesurées ? Comment entretenir les nombreux animaux de trait nécessaires à la traction d'un matériel aussi lourd ? Comment, en un mot, adapter la machine à la petite propriété ?

D'entrée de jeu, la machine pose des questions à vertiges.

Pourtant, le progrès finit par commander — d'autant plus que la paysannerie profite d'une longue paix, où la réflexion peut se ruminer en toute tranquillité. Et à nous donc toutes sortes de grandes machines et de promotions inattendues.

Tandis que, imperturbablement, le morcellement de la propriété se poursuit, bien des nobles cèdent de nouveaux lopins. En 1850, on compte quelque sept millions de propriétaires fonciers. La France épouse allègrement le destin d'une démocratie paysanne...

Ces machines qui peuvent remplacer faux et faucilles

Nouveauté sur nouveauté.

On continue d'améliorer les techniques du labourage — notamment par le *brabant*, charrue métallique et réversible à avant-train qui se popularise assez vite.

Dès 1840, on voit apparaître la charrue de Fowler (inventeur : John Fowler, ingénieur anglais du Wiltshire), des machines à battre (qui seront bientôt actionnées par la vapeur), des semoirs, la *hache-paille* (on dit aussi *coupe-paille*, machine, munie d'un dispositif protecteur, servant à réduire en menus fragments la paille ou les autres matières végétales sèches et résistantes, telles que foin, ajoncs et sarments de vignes) et les *extirpateurs* (pour arracher les mauvaises herbes, par des labours superficiels).

On perfectionne le hersage — en utilisant la herse à dents de fer et en inventant la herse à dents irrégulières, laquelle permet aussi bien le travail vigoureux pour briser les mottes que le travail léger propre à recouvrir les semences. Voici même des herses articulées capables d'épouser les inégalités du sol.

On utilise le *rouleau*. Il agit par son poids pour combler les « trous » laissés par le labour et rendre à la terre une certaine compacité uniforme. Passés au printemps sur les blés en herbe, les rouleaux « rehaussent » les plantes et favorisent le *tallage* (formation de talles, pousses caractéristiques des graminées qui, après le développement de la tige principale, sortent du collet des racines de la plante). Quoique très discutés, ils remplacent avantageusement les traîneaux chargés de pierres utilisés jusque-là.

Immense innovation : la *moissonneuse mécanique*. Le paysan de 1850 ne doit pas en croire ses yeux : il n'aura plus à faucher avec ses mains. Les destins basculent. Les précurseurs sont cette fois des Américains, et non des Anglais : en 1831, Cyrus Hall McCormick (pour la moissonneuse dite à *barre de coupe*), qui vend sa première machine en 1840 ; à peu près dans les mêmes temps, O. Hassey. Dès 1850, cinq mille moissonneuses sont réparties à travers les Etats-Unis. D'emblée, bien que les deux précurseurs aient des imitateurs, c'est d'ailleurs McCormick qui l'emporte et fait prime sur le marché. Puis, comme la moissonneuse laisse sur le champ les gerbes à lier, la combinaison des deux opérations — moissonner et lier — est rapidement recherchée. Il en sort la première « combine », la *moissonneuse-lieuse* de 1880, mise à la vente dès cinq ans plus tard, elle-même portée à un point de perfection par toutes sortes de dispositifs ingénieux. La faucille ne subsiste que dans des pays de montagne, utilisée sur des pentes trop fortes qui déséquilibreraient la machine. Quand on pense que l'on ne verra plus le paysan en train de faucher ! Quand on pense à toutes les obligations des grands domaines où la moisson exigeait un brusque et puissant appel de main-d'œuvre, où les montagnards descendaient en foule en plaine pour offrir leurs bras, où, au moment de la fenaison, à l'embauche, on voyait se tenir des « marchés d'hommes » !

Le cultivateur entre vraiment dans une destinée entièrement nouvelle. Simplement, il y faut des animaux, beaucoup d'animaux, jusqu'à trente ou quarante chevaux pour mettre en mouvement les plus grandes moissonneuses-lieuses. Les grands domaines seuls peuvent envisager pour l'immédiat une si luxueuse dépense de force animale. Même de moyens cultivateurs ne sauraient entretenir de tels équipages. Il n'en reste pas moins que le paysage change.

Et bien d'autres innovations de venir.

Le *guano* est importé du Pérou à partir de 1850 et connaît un succès immédiat. (Formation qui résulte sur certains points de l'accumulation d'excréments et de cadavres d'oiseaux marins, matière onctueuse et jaunâtre plus légère que l'eau, riche en azote et en acide phosphorique, qu'on emploie comme engrais.) Du coup, on utilise beaucoup aussi le *guano des chauves-souris*, recueilli en abondance dans des grottes de Sardaigne et d'Espagne, et le *guano des poissons*, fabriqué avec des débris de poissons des pêcheurs.

Le phosphate de chaux est découvert en 1856 dans les Ardennes et en Lorraine, encore une belle aubaine.

Les grands moulins hydrauliques entrent en scène.

On entreprend d'assécher les régions marécageuses de Sologne.
On programme le reboisement des Landes.

Sans doute le crédit agricole n'est-il encore qu'un vague projet et le Crédit foncier, fondé en 1852 pour consentir des prêts aux cultivateurs, prête-t-il à tout le monde, sauf aux paysans, mais les gouvernements encouragent à la création de fermes-pilotes et les prix de vente s'élèvent à la faveur d'un mouvement général de hausse.

C'est en pleine euphorie économique que débute le Second Empire ; l'industrie connaît une si spectaculaire progression que l'on pourra qualifier le 2 décembre de « coup d'État industriel ». L'agriculture n'est pas à la traîne, en tout cas ne connaît plus d'années de noire misère. L'enquête agricole de 1862 dénombre 1 750 000 exploitants directs, 1 million de fermiers, 400 000 métayers, et encore 2 millions de journaliers : le monde paysan français fixe toujours une force majeure.

A plus forte raison la seconde moitié du siècle accélère-t-elle encore les premiers progrès.

Le paysan vote

On se demandait comment avoir assez d'attelages pour tracter les nouvelles machines moissonneuses.

L'interrogation est éphémère. Voici le moteur à explosion.

Pionnier : la locomotive, prévue pour actionner les batteuses, première des machines à vapeur utilisée pour l'agriculture, montée sur quatre roues métalliques, équipée d'un tuyau de cheminée étiré comme un cou de girafe, mais trop lourde, trop encombrante, ne pouvant se déplacer que sur des sols non accidentés, finalement réservée pour le seul défonçage. Saluons-la tout de même malgré ses handicaps.

Les Etats-Unis équipent des machines, équipées à la vapeur, capables en un jour de moissonner et lier les gerbes de 60 à 125 acres de blé (l'acre vaut 0,4 hectare). Les plus connues : la moissonneuse-lieuse de *Holt* et la *Best's New Steam Harvester*, équipées pour les vastes plaines à blé du Middle West. La France est tentée, même si elle fait meilleur accueil à la machine à vapeur qui actionne les batteuses.

Les tracteurs suivent — d'abord sur roues à larges surfaces portantes (force est en même temps de s'accoutumer à un vocabulaire circonstancié) ; puis sur roues métalliques munies de crampons lesquels s'agrippent au sol comme des bêches (inconvénient majeur : quasi-impossibilité de faire circuler hors les champs de tels engins qui ravagent les routes) ; enfin sur chenilles généralement métalliques parfois montées sur des blocs de caoutchouc, parfois entièrement en caoutchouc, avec l'avantage d'avoir une adhérence complète, mais avec l'inconvénient d'une excessive dépense d'énergie. Les plus demandés par nos paysans : les tracteurs sur roues.

On voit apparaître des mastodontes de 50 à 60 HP (*horse power*, cheval-vapeur britannique), de même que des gentils motoculteurs, propres au simple jardinage.

Dans le même temps, le chemin de fer se développe d'une manière extraordinaire, ridiculise les pronostics pessimistes de 1830.

De 1 300 kilomètres en 1848, nous en avons 3 000 en 1850, 17 000 en 1870, et en 1900, grâce au plan Freycinet, 45 000. Dès la Belle Epoque, le rail atteint les coins les plus reculés du pays. Les produits agricoles peuvent s'écouler dans la France entière. D'une économie d'autarcie, en moins d'un demi-siècle, on passe à une économie d'échanges.

Comme quoi la locomotive ne fait d'ailleurs qu'aggraver l'exode rural qui se déclenche dès la mi-siècle. Il se révèle même alarmant entre 1875 et 1895. Il rebondit de plus belle après 1905. Alors qu'à la fin du Second Empire 70 % des Français vivent en pays rural, seulement 55 % y vivent encore en 1911. (En 1914, 15 villes comptent plus de 100 000 âmes et Paris approche les 3 millions d'habitants.)

Autre conséquence : les citadins cessent de vivre comme des ruraux. Ils n'ont plus jardin ni basse-cour. Ils achètent tout. Ils consomment plus. L'autarcie leur est interdite. Il n'y a plus un seul paysan à vivre en ville.

Mais aussi, les villages cessent d'être autant de mondes fermés.

Le paysan n'est plus bloqué dans des limites étroites. Tous les horizons sont devenus plus larges.

Sans doute le moteur enlève-t-il au laboureur son beau silence, mais les moyens de communiquer s'améliorent, s'amplifient et s'accélèrent.

Déjà sous la monarchie de Juillet, les bureaux de poste ruraux se multiplient.

Les colporteurs vendent des almanachs qui traitent de multiples sujets et donnent des recettes en tout genre. Il y a une stupéfiante diffusion des images populaires. Les presses d'Epinal sortent des millions de planches par an ayant pour thèmes aussi bien l'épopée napoléonienne que des représentations de saints guérisseurs. On s'arrache les plus belles images de Jean Charles Pellerin. On les colle sur les murs en guise de tableaux.

En 1848-1849, on introduit pour la distribution du courrier le système anglais de paiement anticipé de l'affranchissement avec un timbre-poste. L'administration des Postes est autorisée à vendre des timbres de 0,20 F, 0,40 F et 1 F. Auparavant, l'administration apposait un timbre humide imprimant la somme à percevoir, ou *Franco* si le port était payé d'avance (affranchir d'avance une lettre paraissant une impolitesse pour le destinataire) et le tarif unique pour la lettre simple de bureau à bureau. Le premier timbre nouveau, vermillon, s'orne du profil — fort bien portant — de Cérès, déesse de l'agriculture et des moissons. Il est gravé par le médailleur Jean-Jacques Barre, graveur général à la Monnaie de Paris, également graveur du sceau de la République et de celui de l'Assemblée nationale. Sorti le 1er janvier 1849 à 1 020 000 exemplaires, il est retiré de la vente le 1er décembre pour éviter toutes confusions avec le 40 centimes orange que l'on va mettre en service. Napoléon III est le premier Français à figurer en effigie sur un timbre-poste, lequel donne plutôt vers le bistre. Sur les 158 268 000 lettres expédiées en 1849, il n'y en a que 23 740 000 affranchies au moyen d'un timbre-poste. Mais on prend vite l'habitude du geste et l'on s'écrit dès lors de plus en plus : on passe de 2 lettres par an et par habitant en 1830 à 9 en 1869.

Les foires succèdent aux foires. Le paysan voyage beaucoup plus. On ne se borne plus au patois dans les provinces. Jusqu'en 1860, un quart des Français n'emploient pas le français dans les conversations ou échanges courants. A la même date, 11 % seulement des élèves de 7 à 13 ans ne parlent pas du tout le français. A la mi-siècle, le français est comme une langue étrangère pour la moitié des Français, tout au mieux une langue secondaire. Disons que le paysan de l'époque tend de plus en plus à être bilingue, parlant à la fois un patois et le français.

Enfin, les paysans votent. Pendant la Restauration, ils ne font encore pas partie du pays légal. (Pour voter aux élections législatives, seules admises, ne peuvent voter que les contribuables versant au moins 300 francs d'impôts directs annuels — autrement dit les seuls grands propriétaires fonciers.) Le cens n'est abaissé — de 300 à 200 francs — qu'en 1830, ce qui porte pour les législatives les électeurs de 100 000 à 200 000 ; la grande masse des paysans n'est donc pas encore concernée. C'est seulement en 1848 que le paysan entre en politique. La Deuxième République institue le suffrage universel pour tous les hommes âgés d'au moins 21 ans — de quoi pour les villages planter beaucoup d'arbres de la liberté. En avril, huit millions de nouveaux électeurs sont appelés à élire une Assemblée nationale constituante. On vote très exactement le 23 avril, le jour de Pâques (imaginez l'importance du sermon à la grand-messe). Le taux de participation est important — encore que le vote ait lieu au chef-lieu de canton où les villageois se rendent groupés, le plus souvent derrière le maire (nommé par le préfet, et non élu) et le curé. Taux du résultat : 84 % de votants. On élit une majorité de « républicains modérés », propriétaires fonciers, notables de la bourgeoisie rurale, aussi républicains qu'anti-socialistes. A bas les partageux ! On revote en juillet-août pour les maires et les conseillers municipaux : c'est aussi la première fois. On revote pour l'élection du président de la République le 10 décembre. Le candidat préféré des paysans triomphe ; la victoire du prince Louis-Napoléon Bonaparte est écrasante dans les zones rurales. Total : 5 658 755 voix contre 1 448 007 au général Louis Eugène Cavaignac, jusque-là chef de l'exécutif, candidat des républicains modérés, lequel aura eu grand tort, au printemps, d'augmenter de 45 % les impôts directs. Le radical Ledru-Rollin ne rassemble des suffrages que dans les villes. Le socialiste François-Vincent Raspail est écrasé. Le poète Alphonse de Lamartine est ridicule (moins de 18 000 voix). Principale conclusion : il devient évident pour les politiciens que l'on ne pourra désormais rien faire sans le vote paysan. Avec une peur : n'y aura-t-il pas un jour une paysannerie rouge ? Aucun danger, dit le prince.

Le paysan et les intellectuels

Le siècle intellectuel juge sommairement les paysans.

A leur propos, les écrivains se partagent.

Vision pessimiste ou méprisante : pour Honoré de Balzac, un paysan est un être fruste, sournois, cupide, installé de toutes ses griffes comme un rapace sur son aire, poussé à tous les excès à force de voracité. A n'en pas croire que le grand romancier est directement issu d'une famille paysanne des environs d'Albi. Il produit notamment en 1844 un roman, *Les Paysans ou Scènes de la vie de campagne*, qui est plutôt un réquisitoire. Sujet de l'ouvrage : une lutte tantôt sourde, tantôt ouverte, entre le général de Montcornet, grand propriétaire terrien, et les paysans de sa commune. Objet : dénoncer « la conspiration permanente du paysan contre le riche ». Personnages les plus significatifs : tous poussés au noir, Tonsard et sa famille, et le père Fourchon, à la solde d'affairistes sans scrupule.

Vision pastorale : pour George Sand, le paysan est naturellement bon, merveilleusement simple, tout à fait étranger à la corruption des villes. Ainsi dans *La Mare au diable*. Idylle bucolique. Un jeune laboureur veuf, Germain, songe à se remarier, ne fût-ce que pour ses enfants. On lui parle d'une riche veuve, qui habite à quelques lieues. Il va la voir, amenant avec lui la petite Marie, jeune fille de seize ans qui, en toute innocence, se rend dans une ferme voisine où elle sera servante. En chemin, parmi maints incidents, Germain observe combien Marie est douce, diligente, bonne ménagère. Conclusion : pourquoi donc ne pas épouser la petite Marie ? Comme tableau très simplifié des mœurs rustiques, on ne saurait trouver plus poétique.

Les peintres illustrent une identique opposition.

Pour les uns — tel Jean-François Millet — les paysans sont avant tout des malheureux, trimant comme des bêtes sur leur champ. Fils d'une famille paysanne du Cotentin, il éprouve essentiellement pour le paysan un sentiment de commisération. Et dire qu'il débuta en vendant de la peinture galante à la Boucher ! A présent, même ses paysages sont mélancoliques, sombres comme du deuil. A lui, en tristesse, mornes, moissonneurs, botteleurs, bergers, faucheurs, *ramasseurs de bois mort*. C'est de tout son cœur compatissant qu'il campe ses personnages, qu'il manie une couleur sobre, sourde, voilée, qu'il répudie tous tons trop triomphants. Tant pis si on lui reprochera cette palette sombre, « ce coloris tristement glaireux » dont parlera le *Journal* des Goncourt. Telle est sa conception la plus vraie — quand il peint *L'Angélus*, qui exprime la pleine soumission des serviteurs du blé, ou la pathétique paysanne de *La Lessiveuse*, ou ce formidable *Semeur* aux formes sculpturales que l'on compare très justement aux figures des cathédrales gothiques qui illustrent les travaux rustiques. Pas étonnant que *L'Angélus* figure en reproduction sur beaucoup de murs de nos chaumières, entre des images d'Epinal qui expriment, même pieusement, une identique résignation morne.

Pour les autres, le paysan est un être heureux, dru, sain, courageux, valeureux, travaillant gaiement. Ainsi pour Jules Breton, avec ses *Glaneuses* et *Une cour de ferme à Souchez*, fils de Courrières, poète non moins que peintre, auteur en prose poétique d'*Un poète paysan*, et dont Millet dit cruellement qu'il peint dans le village des paysannes qui n'y restent pas. Ainsi pour Camille Pissarro, avec sa *Paysanne poussant une brouette*, qui a un faible, auquel il ne résiste pas, pour les paysans sereins et majestueux, marchant tranquilles sur leur champ ou circulant circonspects parmi les étalages d'une foire...

Quant à *La Terre* d'Emile Zola, elle est inclassable. Elle se partage elle-même entre les deux inclinations. A certains égards, avec le style qui lui est propre, Zola dépasse Balzac en férocité, au point que son roman déclenche une violente polémique ; il campe des paysans de la Beauce grossiers au-delà de toute expression ; ils sont au niveau de leurs porcs ; ils lèchent la crasse et le sperme ; ils vomissent un langage qui véhicule des tripes pourries ; ils ne se lavent jamais. Mais, dans d'autres pages, l'écrivain exprime, comme nul ne l'a encore fait, l'alliance magique de l'homme de la terre avec sa terre même, ce qui fait d'elle la matière dont sont pétris ceux qui la travaillent. Des diamants brillent dans le fumier.

Le plus curieux étant que l'on juge dans le grand public de la même manière double le paysan de Napoléon III.

Pour les uns, c'est un citoyen candide ou intéressé (on oublie de dire que rien n'est plus proche d'un cynique qu'un candide), manipulé par le pouvoir, prêt à marchander âprement son appui, entrant à fond dans le jeu sordide du clientélisme. On connaît les trucs de la candidature officielle, que les préfets soutiennent : le candidat du pouvoir a droit à des affiches blanches (couleur des avis officiels) ; elles sont collées gratuitement par les commis de l'administration aux emplacements légaux ; les autres candidats doivent se contenter d'affiches de couleurs imprimées à leurs frais ; le candidat officiel est soutenu par tous les agents de l'Etat, gardes champêtres, instituteurs, cantonniers, facteurs (ceux-ci tenus pour les plus efficaces) ; afin d'éviter tout risque d'erreur, la carte d'électeur est distribuée avec le bon bulletin. Le paysan est dans ce cas réputé pour entrer dans la combine. Il ne s'étonne d'ailleurs même pas d'avoir à suivre le préfet comme il suit son curé. Au passage, il mise gagnant. Il n'aime pas perdre, quoi...

Pour les autres, le vote paysan est honnête. Simplement, les paysans accordent un appui massif à un régime qui fait régulièrement monter les prix agricoles, réalise de grands travaux très appréciés, met le chemin de fer à portée des villages les plus éloignés... Pourquoi voteraient-ils pour des clans de la ville ? pour des adversaires de leurs droits ? Le nouveau Napoléon est dit l'Empereur des paysans. Pourquoi les paysans ne soutiendraient-ils pas tous les candidats de cet Empereur ?

L'Empereur s'en va ? Une troisième République le remplace ? Eh bien ! c'est simple. Il n'y aura qu'à répéter le vote qui s'est révélé précieux, qui a mis aux Assemblées des amis : *le vote utile.*

C'est si naturel !

Autant dire cependant que, de vote en vote, inévitablement, le paysan vérifie sa puissance.

A la cour qui lui est faite, il se reconnaît roi.

Délice des délices : il n'est pas seulement le nouveau seigneur ; il est aussi courtisé, craint, adulé qu'un monarque.

Non seulement il n'est plus serf, est maître de lui-même comme de l'univers, tient solidement sa terre, a des enfants instruits (la loi Guizot de 1833 impose à toutes les communes l'entretien d'une école primaire de garçons ; en 1863, à peine compte-t-on 818 communes sans école ; dès le Second Empire, tous les enfants de paysans peuvent être scolarisés), mais, dans ses mains calleuses, il détient le pouvoir absolu.

Peut-être ne sait-il ni lire ni écrire (encore en 1872, 23 % des époux et 35 % des épouses ne savent pas signer). Point besoin de l'alphabet pour savoir distinguer un vote bon d'un vote mauvais. Après tout, aux temps jadis, les rois eux-mêmes ne savaient pas tous lire. Cela ne les empêchait pas de régner.

Quoi qu'il en soit, il est de fait que, tout au long du second demi-siècle, dans toutes les élections, le paysan aura été le plus grand maître.

Mieux encore : non content de faire magistralement fructifier la bonne terre de l'Hexagone, il connaît une identique réussite dans les colonies. Il exporte son art en France d'outre-mer. Que les soldats français se mettent à bâtir un magnifique empire colonial, et le paysan se porte sans délai à l'avant-garde de l'aventure. Le voici, s'expatriant, à installer de vastes vignobles en Algérie, en attendant de semer à milliers des fermes-modèles en Afrique Noire, d'installer des villages-modèles de colonisation en Tunisie, de métamorphoser l'agriculture malgache, de faire prospérer les plantations d'hévéas en Indochine. Sur sa lancée, il s'en va même outre-Atlantique cultiver la pampa et faire renaître l'élevage argentin...

Les paysans majoritaires

Le Second Empire s'écroule comme le Premier — par des désastres militaires. Napoléon III juge mal de la puissance de la Prusse et du génie de Bismarck. Il paie son aveuglement de son trône.

A nous la Troisième République.

Précisément, quelles en sont donc les principales caractéristiques ?

Sur environ 36 millions d'habitants que compte la France en 1871, les aristocrates ne sont qu'une poignée. La noblesse est devenue une force politique insignifiante.

Les bourgeois se comptent quelques millions. Par rapport à la masse, c'est peu. Mais ils savent admirablement placer leurs hommes. Ils détiennent à la fois l'argent et les gouvernements. Ils ont amassé des fortunes qui les font possesseurs des plus prospères industries, des plus puissantes banques, des plus dynamiques entreprises. Ils ont su pousser en avant une génération d'hommes d'Etat souvent remarquables, et tout heureux de montrer leur savoir-faire.

Les classes dites populaires font beaucoup parler d'elles. Encore ne peut-on pas les désigner telles en termes de richesse. Certains patrons artisans, tels fermiers, tels boutiquiers peuvent être plus aisés que des bourgeois qui ont pignon sur rue. Disons qu'elles se caractérisent plutôt par un genre de vie très simple, et, plus encore, par le défaut d'instruction. Sauf exceptions, l'homme du peuple sait tout juste lire et écrire. Dans le département du Nord, 30 % des ouvriers agricoles, 40 % des ouvriers de la petite industrie, 66 % des ouvriers de la grande industrie, sont analphabètes. En 1879, sur l'ensemble des conscrits français, 17 % sont incapables de lire ou écrire. L'enseignement primaire n'est ni obligatoire ni gratuit. Des enfants sont mis au travail en très bas âge. Non seulement le peuple est ignorant, mais il est mal connu. Les tableaux qu'on en fait sont trop systématiquement poussés tantôt au rose, tantôt au noir. On se soucie davantage de l'effet que de la vérité. La révolte de la Commune en 1871, avec tous ses excès, par sa défaite même engage les plus désastreuses conséquences : une méfiance instinctive s'affirme vis-à-vis de « la classe ouvrière », comme le montre Hippolyte Taine en dénonçant « l'idolâtrie du suffrage universel, l'adoration bête du nombre » ; quelqu'un dit que le socialisme vient de perdre trente ans sur son calendrier ; on n'aura jamais tant parlé de « populace ». En flattant « le Peuple » (avec P majuscule), les politiciens calculent davantage de collecter des voix que de connaître ses vrais besoins. Léon Gambetta lui-même, homme de gauche s'il en est, écarte d'un mot dédaigneux la question sociale.

La population paysanne fixe la masse principale. En 1872, on évalue à 2 300 000 le nombre des ouvriers travaillant dans les usines et les mines, ce qui, en tenant compte des membres de leur famille à leur charge, donne une population ouvrière d'à peu près 8 400 000 personnes (23 % de la population totale de la France ; 27 % en 1879). Dans cette même année 1872, sur 36 millions de Français, plus de 24 vivent aux champs ou dans des villages d'une population inférieure à 2 000 habitants. Là-dessus 18 500 000 individus, soit près de 52 % au total, appartiennent à des familles de travailleurs au sol. Il y a majorité très forte de paysans — plus du double de la population ouvrière — même si cette majorité tend à décroître.

Les travailleurs agricoles actifs (hommes et femmes, à l'exclusion des membres de leur famille qui ne travaillent pas) sont à peu près 7 millions, dont environ 2 100 000 propriétaires *exploitants*, 960 000 fermiers, 340 000 métayers et 1 700 000 journaliers (la moitié d'entre eux possèdent aussi néanmoins un petit bien) et 1 900 000 domestiques de terre. Première constatation : le groupe des paysans patrons (exploitants, fermiers, métayers) fait balance égale avec celui des salariés. Deuxième constatation : la superficie totale des petites et moyennes entreprises (en gros inférieures à 40 hectares) l'emporte largement sur celle des grandes propriétés (à raison de 24 millions d'hectares pour les premières, de 18 pour les secondes). Troisième constatation : c'est la propriété petite et moyenne qui est reine.

Faut-il que cette paysannerie ait les reins solides ! La France se rétablit avec une rapidité stupéfiante de son écrasante défaite de 1870. Bismarck et le monde entier en sont ahuris.

La République, une fois vaincus les derniers monarchistes, lesquels sont trop divisés entre Bourbons et Orléans, assure pour de longues années au pays une pleine stabilité extérieure et intérieure. La France connaît une période agricole remarquable qui se traduit par le plus grand bien-être que ses paysans aient jamais connu. Non seulement le paysan est fort, mais aussi il est heureux — mises à part les catastrophes inévitables, cadeaux des hasards.

On assiste à une phénoménale extension du réseau ferré — qui se traduit par un fantastique élargissement de l'univers mental des paysans. En 1881, on compte 24 000 kilomètres de voies ; 40 000 en

1913. On prend banalement le train. Louis-Philippe et Napoléon III s'appliquèrent surtout à relier entre elles les villes les plus importantes. La République s'emploie à desservir les régions isolées et dépourvues de grandes villes, même si l'entreprise est moins rentable. Dès 1900, il n'y a plus d'agglomération de quelque importance qui n'ait sa gare de chemin de fer. Tant pis si le client se plaint beaucoup de la cherté des tarifs de transports-marchandises en grande vitesse comme en petite vitesse, l'avancée est irrésistible. Et le rail de triompher assez vite de la route : le nombre de tonnes kilométriques transportées par voie ferrée est de 6 millions environ en 1869 ; il se monte à 10 millions dix ans plus tard. La route est vite délaissée par le grand trafic. On ne prend plus la diligence, dont le nom a perdu tout son sens. D'aucuns, pris de vertige ou de déraison, vont jusqu'à préconiser le déclassement des routes nationales.

Non moins importante est l'œuvre poursuivie sur le plan des transports par eau, encore que l'annexion de l'Alsace-Lorraine ait désorganisé le système des canaux unissant au Rhin le bassin du Rhône et celui de la Seine. On raccorde vite les tronçons coupés. Dès lors, le réseau ne cesse de progresser.

La longueur des chemins vicinaux, de 331 000 kilomètres en 1871, passe en 1911 à 539 000 kilomètres.

L'amélioration des chaussées favorise une extraordinaire diffusion de la bicyclette. L'automobile, qui vient de naître, n'a pas à redouter trop d'embardées.

Recevoir du courrier devient banal. En 1880, la moyenne est de 14 lettres par an et par habitant ; elle est à 40 en 1913.

L'école de Jules Ferry tend à faire disparaître l'analphabétisme. En 1887, 15 % des conscrits paysans sont encore illettrés ; moins de 4 % en 1914. Le grand Lorrain veut une école primaire gratuite et laïque. Il l'obtient, à force d'une exceptionnelle ténacité. En 1880, l'enseignement primaire laisse trop à désirer : la fréquentation scolaire est trop faible ; les locaux sont insalubres ; le niveau intellectuel et pédagogique du corps enseignant est trop inégal ; plus de 620 000 enfants ne vont dans aucune école ; 25 % des nouvelles mariées signent d'une croix l'acte d'état civil. La loi principale impose la fréquentation scolaire à tous les enfants des deux sexes âgés de six à treize ans (c'est l'instruction qui est obligatoire, non l'école publique, le père de famille restant libre d'envoyer ses enfants dans un établissement privé). A nous donc dans chaque village l'école de la République. A nous une formidable génération d'instituteurs, qui exercent avec autant de sévérité que de tolérance. Et l'école publique n'enseigne pas seulement à lire, écrire et compter. Elle donne aussi des leçons de morale. Les patois régressent (dans les écoles du Roussillon, on interdit le moindre mot de catalan jusque dans la cour de récréation). Le petit paysan apprend au moins à se laver et à se peigner. Un jour, il pourra même être, avec les mêmes chances que ses compagnons, du nombre des nouveaux grands ou petits fonctionnaires.

La presse devient un pouvoir. Elle ne fait point que faciliter la pénétration des modes urbaines, elle fixe un autre formidable moyen d'émancipation pour toute la classe paysanne, d'autant plus qu'après 1880 les journaux régionaux connaissent un considérable essor. Chaque famille lit *son* journal, qui est celui du coin, et le journal du curé qui est *Le Pèlerin paroissial*. L'expansion est plus forte encore quand, à partir de 1881, le télégraphe fonctionne, permettant de composer une page express des « dernières nouvelles » et quand le papier à pâte de bois est remplacé par du papier chiffon qui ouvre sur le papier en bobine pour rotatives. Dès 1884, *La Petite Gironde*, précisément grâce au télégraphe, peut installer un bureau de rédaction à Paris. *L'Indépendant* de Perpignan, qui joue les pionniers, en fait autant. En 1912, *Le Progrès* de Lyon, *Lyon Républicain*, *L'Ouest Journal* de Rennes, *La Petite Gironde*, *La Dépêche de Toulouse*, formidable porte-parole du radicalisme, *Le Petit Marseillais*, *L'Echo du Nord* tirent chacun plus de 200 000 exemplaires. La « réclame » intervient puissamment, pas seulement pour le coton *Thermogène* ou la *Jouvence de l'abbé Soury* ou le chocolat *Menier*. On ne peut plus ignorer les multiples services qu'offre la ville : l'adresse des meilleurs dentistes ; le rendez-vous du tailleur le plus recommandé ; les coordonnées du photographe ou du marchand de bicyclettes ; le droguiste le mieux achalandé ; le marchand de chaussures ; les articles des premiers grands magasins, la *Samaritaine*, les *Docks Méridionaux*, les *Dames de France*, les *Nouvelles Galeries* ; les banques les plus aimables pour tous clients...

La presse permet tout un choix entre les principales opinions, royaliste comme *L'Eclair* de Montpellier ; bonapartiste comme *Le Petit Caporal* ; catholique engagée comme *La Croix* ; socialiste comme *L'Humanité*. La presse spécialisée s'en donne à cœur joie : féminine (*Le Petit Echo de la mode* tire jusqu'à plus de 300 000 numéros) ; enfantine (*La Semaine de Suzette* ; *L'Intrépide*) ; sportive (*L'Auto*, fondée dès 1900 par Henri Desgranges, sans oublier la page sportive, abondamment garnie, de chaque journal régional).

Le village moderne a son équipe de football rugby ou de football association (le foot qui ne se joue qu'avec les pieds). Il ne se passionne pas moins que la ville pour le Tour de France cycliste et « les as de la pédale ». Il exige un terrain de sports, fût-ce sur sa terre la plus pauvre et la plus caillouteuse.

Il n'y a plus de colporteurs pour apporter la réclame du *Petit Planteur du Caïffa* ou le catalogue du *Petit chasseur de Saint-Etienne*, mais chacun peut les recevoir par la poste.

La vie politique change. Dans les premières années de la République, le paysan consulte ses guides naturels : le curé et le châteaulain. Mais la propagande républicaine joue rapidement, appuyée sur des slogans ou des arguments simples : « Attention, citoyens, on va vous rétablir la dîme et les droits seigneuriaux ! » Les vieux cauchemars ne sont pas oubliés. Alors, prudemment, le paysan se détache des sirènes royalistes. Il s'en détache avec encore plus de promptitude quand on lui glisse que le privilège de la chasse risque d'être à nouveau réservé pour les seuls nobles.

On en est même à un nouveau stade : choisir entre républicains ; ne pas confondre un radical-socialiste avec un radical tout court ; savoir distinguer un socialiste républicain d'un républicain socialiste ; s'initier à toutes les finesses et ruses du jeu politicien. Un régime « parlementaire » ne se limite pas aux palabres de quelques centaines de députés et de sénateurs. Il ne peut être appelé parlementaire que si tout le monde « parlemente ». C'est précisément ce qu'on fait dans chaque village — le soir au café, entre deux parties de billard ou de manille ; dans la journée chez le coiffeur (de longtemps, les paysans ne se rasent pas eux-mêmes ; ils se font raser par le coiffeur tous les deux jours) ou chez le maréchal-ferrant (où l'on fait la queue quand on lui amène les chevaux à ferrer) ou sur les bancs de la place publique (où les anciens ne font certes point que sommeiller). Le premier souci de tous les candidats n'est-il pas alors de satisfaire à tout prix la classe paysanne ? C'est un délice que d'en profiter. En 1900, nous sommes déjà très très loin du paysan qui répugnait à utiliser en 1848 le bulletin de vote qu'on lui mettait en main, ou du paysan qui votait automatiquement « comme monsieur le sous-préfet » sous l'Empire, comme quoi, encore au plébiscite d'avril 1870, les paysans étaient presque unanimes à apporter leurs suffrages à Napoléon III. Le paysan nouveau est arrivé et le paysan nouveau est un maître-joueur des manilles du forum.

Il n'existe aucun syndicat agricole. La Société nationale d'agriculture (fondée sous Louis XIV) et la Société des agriculteurs de France (fondée en 1867) ne groupent que des « élites ». Les sociétés locales de secours mutuels ne rassemblent que des artisans. Les comices agricoles ne sont que prétextes à du théâtre des officiels. Le paysan boude le syndicalisme. On peut se demander pourquoi. C'est comme ça. Peut-être parce qu'il n'aime pas être embrigadé, qu'il a pris goût à la plénitude du libre arbitre, qu'il aime aussi peu prendre la « carte » d'un parti politique, ou que cela fait une cotisation à payer. Le fait est que telle est l'évidence : le paysan ne cotise pas.

Tout le monde a entendu parler des miracles de Pasteur contre la rage et les microbes. Désormais, le médecin gagne beaucoup de terrain sur le rebouteux.

Ce qu'on appelle artificiellement la « modernisation des esprits » ne s'effectue pas partout au même rythme : l'Auvergne continue de cultiver des histoires de sorciers et de loups-garous ; le berger des Landes ou des Cévennes a beaucoup de retard sur le viticulteur du Midi ; le fétichisme se retrouve par nappes à l'intérieur d'un même département. Mais il se creuse une tout autre distinction : les femmes continuent d'aller « à l'église » ; les hommes cessent d'y aller. Pourtant, on ne trouve qu'exceptionnellement dans le village une « libre-pensée » ou une loge franc-maçonnique. Même quand il y a anticléricalisme, cela ne prend jamais des formes violentes : monsieur le maire qui se dit voltairien joue volontiers à la pétanque avec monsieur le curé. Mais il est très net que les églises se vident d'hommes. Influence des orateurs du radicalisme ? Effets des lois laïques ? Résultats des batailles pour la séparation des Eglises et de l'Etat ? Plaisir de jouer à l'esprit fort ? Emancipation progressive vis-à-vis de toutes les autorités, y compris celle de Dieu ? Le fait que les derniers fidèles sont presque tous monarchistes, que la cause du pape se confond avec la cause du drapeau blanc, qu'être républicain consiste de plus en plus à se séparer d'une église devenue de plus en plus conservatrice ? Quoi qu'il en soit, il y a au moins « indifférence » des hommes, alors que les femmes restent exemplairement pieuses et servent assidûment les « bonnes œuvres ».

Un drame : le village se vide. Dans les seules quatre années entre 1876 et 1880, près d'un million d'individus quittent la campagne pour la ville. Dramatique déracinement. Dès le début du siècle, la lutte est ouverte entre les vieilles pratiques héritées du Moyen Age et la « civilisation » de l'âge industriel. La vie rurale aura été trop marquée par l'isolement intellectuel, moral et économique où elle a été confinée à travers les siècles et d'où on n'a jamais fait effort pour la tirer. Après le Second Empire, les cinq sixièmes des communes rurales ne sont reliées au reste du monde que par le passage du facteur, du « piéton » qui parcourt de trente à quarante kilomètres par jour à pied, et dont la boîte de cuir est un établissement postal ambulant. Alors, dès que le village est désenclavé, dès qu'il est harcelé par toutes les tentations et les « facilités » de la vie en ville, la population déserte le terroir d'éternité. Il y a même finalement dépeuplement des campagnes. En 1911, la population paysanne ne représente plus que 56 % de la population totale contre 69 % en 1872. Les départs vers les villes ne cessent de croître : environ 100 000 par an entre 1881 et 1891 ; 130 000 de 1891 à 1913. Les jeunes gens s'en vont pour servir comme fonctionnaires, ou demi-fonctionnaires ou employés de magasins. Les filles elles-mêmes s'expatrient dans les villes comme couturières ou lingères ou domestiques : Bécassine est loin de figurer un cas isolé.

Le paysan est tenu d'être soldat. Le service militaire est obligatoire. Il est vraiment généralisé à partir de 1889. Même les ecclésiastiques sont mobilisables, sauf à faire un an, alors que le service est de trois pour tous les autres. Monsieur le curé lui aussi est fantassin ou artilleur. Grande conséquence : désormais, les jeunes ruraux apprennent à vivre hors du cadre familial et villageois. Même si le recrutement est longtemps régional, ils apprennent à connaître dans les casernes des jeunes gens venus d'autres horizons. De Collioure ou de Palavas-les-Flots, ils peuvent se retrouver à Besançon ou à Chambéry. Non seulement ils ont du café crème au petit déjeuner, viande fraîche tous les jours, bidons de vin et tabac gratis, mais ont à leur portée toutes les tentations de la ville. D'abord, on les oblige à un nouveau rythme de vie, qui n'a plus rien à voir avec leur vie normale : plus de labour, plus de chant du coq, plus de foin à rentrer ; ils se déshabituent de leurs automatismes les plus familiers. Ensuite, ils s'initient, par les copains citadins, à un langage plus libre, à des mœurs plus relâchées, aux délices faciles du bistrot ou du bordel. Enfin, à l'occasion des « perms » ou une fois la « quille » venue, ils racontent longuement tout ce qu'ils ont vécu, bien sûr en embellissant toutes choses ; ils sèment à leur tour toutes sortes de tentations. Il y a pour beaucoup de quoi rompre ou faire rompre avec l'univers paysan. On n'aurait pu imaginer plus efficace moyen que le service militaire pour pousser au dépeuplement des campagnes.

Le village apprend à vivre « à une minute près », comme les trains, qui sont d'une exactitude irréprochable. Un omnibus ou un express annoncé pour 8 h 17 arrive ou part réellement à 8 h 17. On se met à vivre en comptant son temps. À nous la montre de gousset, cadeau le plus classique pour une première communion ou le certificat d'études primaires.

Le village apprend à s'alimenter autrement. L'épaisse soupe du matin et la tranche de ventrèche grillée se font de plus en plus remplacer par le café avec tartines. En Ile-de-France, on mange de la viande de boucherie plusieurs fois par semaine. Le pain se sert de moins en moins rassis. Les fours familiaux s'éteignent : il y a un boulanger par village. Les pains de trois et six kilos sont peu à peu remplacés par le pain d'un kilo (quitte aux anticléricaux et aux « esprits forts » eux-mêmes d'y faire dessus avec le couteau le signe de croix avant de l'entamer). On voit apparaître des desserts à base d'œufs et de sucre. On dit « desserts » tout naturellement. C'est souvent que le paysan revenant d'une foire ou d'un marché de la ville rapporte un rouleau de gâteau à l'huile ou des choux à la crème ou un gros saint-honoré. La paysanne s'initie aux recettes publiées par les almanachs. Le vin devient boisson d'usage courant dans les régions non viticoles (par habitude prise en caserne). On lance les confitures (abondance du sucre oblige). Comme légumes, la pomme de terre est reine et le haricot fait exiler la fève.

Catalogues et récits du « pioupiou » aidant, l'habitation s'améliore un peu. Elle aura dû beaucoup à l'utilisation de la chaux et du ciment. On installe des chambres, une par génération, au besoin sans portes. Les lits clos de la pièce commune montent au premier étage. On voit apparaître les balcons en fer forgé et les portes en chêne. Le *projet fontinal* — installer l'adduction d'eau dans chaque maison, avec eau courante à l'évier — figure dans tous les programmes des candidats au conseil municipal.

On s'applique aux modes. Le mobilier se multiplie et s'embellit. Le fait qu'il soit de fabrication industrielle aide beaucoup à l'acquisition. Les achats se font désormais à la ville, voire, sur vue de catalogues, aux grands magasins de Paris. La chaise paillée devient meuble courant. Le plus beau rêve d'une famille est d'acquérir un « buffet Henri II » et, pour la chambre principale, une armoire à glace. On s'applique aux modes : nombre de vieux meubles régionaux sont cédés — à bas prix — à des antiquaires pour laisser la place au goût du jour, par exemple un miroir par chambre, avec cuvette et pot à eau en porcelaine. On fait remplacer la terre battue du plancher par un carrelage (si possible à beaucoup de fleurs). Les fourneaux s'imposent. Les pauvres ustensiles de ménage fuient sous les assauts des brillants articles de bazar.

Lux fiat ! Que la lumière vienne ! La lampe à huile des temps antiques cède la place à la lampe à pétrole, dont la petite flamme vacille sous le long tube, puis à l'éclairage électrique. Inoubliable, le premier soir où l'on vous a installé l'électricité. Pensez donc ! Il suffit de tourner un petit bouton en forme de papillon et la maison s'éclaire comme en plein jour ! Vous tournez encore le bouton, et l'obscurité revient. Encore un coup de bouton, et c'est à nouveau l'illumination. Jamais une telle féerie ! Le phénomène relève d'un tel miracle que le vieux paysan ne porte pas sans appréhension sa main sur le bouton sorcier : il a chaque fois peur de s'électrocuter.

Même si la blouse reste l'uniforme du paysan et si la paysanne ne se séparerait à aucun prix de sa coiffe régionale, la garde-robe elle-même se diversifie. Les sabots ne subsistent que pour les champs : on ne va plus au marché de la ville en sabots comme au temps de Daumier. Après environ 1890, l'usage des beaux vêtements modernes se répand. A nous caleçon pour monsieur et longue culotte à dentelles pour madame. Les vêtements de travail s'achètent dans les foires. Contre la pluie, le laboureur s'équipe d'un *capot* qui est le frère civil de la capote militaire (simplement renforcé d'un capuchon). La paysanne apprend à se servir d'une machine à coudre Singer (à volonté, les almanachs publient des « patrons de mode »). Toutes nos paysannes se mettent à se marier en blanc : en Languedoc, on se mariait jusque-là en vert, symbole d'espérance.

Au café, on joue avec de nouvelles cartes, à coins ronds métalliques et opaques (plus rigides), qui remplacent celles à coins aigus et transparents. Selon les régions, on joue soit selon la figuration coupes-épées-bâtons-ors, soit avec trèfles-carreaux-cœurs-piques. Les soirées donnent lieu à des confrontations souvent hurlantes.

Le paysan se prend de passion pour les promenades à bicyclette. Le tandem se pratique beaucoup.

Le bal des conscrits remplace des bals plus anciens. Le 14 Juillet — de surcroît premier jour des grandes vacances, qui durent jusqu'au 1er octobre, autrement dit jusqu'à l'après-moisson et l'après-vendanges — devient la fête villageoise la plus éclatante de l'année, même si Noël reste la plus aimée, même si l'omelette de Pâques demeure pour tous un rite sacré. On décore magnifiquement avec des fleurs, du buis et des drapeaux tricolores, la place publique. La municipalité loue un orchestre. Monsieur le maire, le plus souvent paysan, y va de son discours rituel (il existe des livres qui donnent des modèles de discours, adaptés aux différentes circonstances). Le 13 juillet au soir, s'organisent de grands défilés aux flambeaux : toute la population y fait cavalcade ; de leurs fenêtres, les chasseurs tirent aux étoiles ; les marches militaires les plus martiales scandent la marche en avant. Le village danse comme à la ville valses, quadrilles, polkas et mazurkas. On danse moins la bourrée ou la sardane. Le paysan devient un valseur émérite (d'autant mieux, y compris « à l'envers », que monsieur le maire, au centre de la place de la République, fait cimenter une large piste de danse). Les airs à la mode chassent les vielles et imposent l'accordéon.

Toutes sortes d'associations « amicales » se constituent : festives, musicales, professionnelles, sportives.

Une bibliothèque municipale s'ouvre. L'instituteur procède à la distribution et à la reprise des livres le samedi soir. A lui de faire lire de préférence les livres qui défendent le paysan, le protègent de toutes les lumières « menteuses » de la ville, ravivent les héroïques guerres paysannes d'antan : tels les ouvrages du Périgourdin Eugène Le Roy, ancien soldat d'Afrique, *Le Moulin du Frau*, *Nicette et Millou*, *Le Pays des pierres*, le très violent *Jacquou le Croquant* (Jacquou raconte les misères subies par les serfs ses aïeux qui l'ont précédé et qu'il venge au début du XIXe siècle en incendiant des châteaux seigneuriaux maudits), et les livres de René Bazin, *Les Oberlé* (drame des Alsaciens après 1870, partagés entre deux politiques opposées), surtout *La terre qui meurt* et *Le blé qui lève*, où il exalte les mœurs du passé et l'attachement à la terre natale.

Jamais le paysan n'aura connu pareille vogue. Jamais, dans les expositions des Salons, on n'aura vu autant de vendanges et de bergeries.

Tout n'est certes pas rose. Loin de là.

Des crises régionales graves font beaucoup de mal.

On voit s'anéantir la sériciculture, l'élevage des vers à soie pour la production de cocons. Au moins quatre départements sont lourdement pénalisés : le Gard, la Drôme, l'Ardèche et le Vaucluse.

L'affaire fournissait d'inestimables ressources d'appoint. Il s'agissait d'un travail de morte-saison qui occupait une importante main-d'œuvre de femmes, d'enfants et de retraités des champs. Voici la production frappée par une série de maladies qu'on n'arrive pas à enrayer malgré l'intervention de grands savants. Principaux fléaux : la pébrine (caractérisée par des taches noires évoquant un saupoudrage de poivre) ; la muscardine (maladie due à un impitoyable champignon, le botrytis) ; la grasserie (maladie contagieuse provoquée par un virus, sorte de jaunisse, caractérisée par le gonflement des anneaux, la fragilisation de la peau, l'accentuation de la couleur chez les races à sang jaune) ; la flacherie (capable de détruire en quelques jours des élevages entiers ; les vers atteints perdent leur turgescence, s'immobilisent ou se pendent dans la bruyère, meurent et noircissent ; plusieurs facteurs nocifs interviennent, une bactérie très violente, une asphyxie partielle en raison de mauvaises conditions atmosphériques, la fermentation de la litière et troubles de l'alimentation). Voici aussi à partir de 1875 survenir en France à très bon marché des soies d'Extrême-Orient. Les prix du cocon s'effondrent. La sériciculture ne survit que dans quelques rares villages.

Dans de nombreux départements, la garance meurt. Colorant rouge vif de pure nature végétale, on la surnommait le *paradis du cultivateur*. En 1868, l'industrie chimique a mis au point un colorant artificiel à très bas prix, dérivé du pétrole : l'alizarine. La crise s'ouvre dès 1871. Dès cinq ans plus tard, la garance n'est plus qu'un souvenir.

Chute des oléagineux — colza, œillette, navette, oliviers eux-mêmes. Ils sont trop gravement concurrencés par des huiles importées d'Italie et par l'arachide, produit vedette de nos colonies africaines. De plus, l'arrachage de trop de noyers du Centre aboutit à un net affaiblissement de la production d'huile de noix.

Le chanvre est en recul, coupable de produire un linge que les nouvelles générations ne jugent pas assez fin.

Le filage à la quenouille disparaît, même en Auvergne.

Le seigle et le sarrasin ne reculent pas moins que le millet et l'épeautre.

En haute montagne, les terres trop pauvres sont abandonnées.

La législation qui commence à protéger le travail industriel ignore le paysan. Ni la loi réglementant la durée de la journée de labeur, ni celle sur l'inspection des ateliers ne lui sont applicables. Il ne peut bénéficier de la loi sur les accidents du travail que s'il a été la victime d'un « objet inanimé ».

La concurrence de l'étranger, y compris en matière de céréales, devient trop sensible. C'est qu'en quelques années la marine à vapeur internationale, prenant la relève de voiliers devenus trop incertains et lents, voit quadrupler son tonnage grâce à la substitution du fer au bois pour les armatures et au remplacement de la roue à aubes par l'hélice : les transports lourds sont plus lourds et moins chers. Le blé d'outre-Atlantique atteint nos portes à des prix bien inférieurs aux prix nationaux de production (sans oublier que, depuis 1861, les blés « exotiques » sont exempts de droits de douane). En 1879, la France importe 17 millions de quintaux de blés étrangers. On n'envisage un certain protectionnisme (prenant exemple sur l'Allemagne) qu'à partir de cette année 1879, qui marque un obligatoire changement de cap. Seulement en 1881, une loi douanière imposera des droits sur les gibiers, les volailles, les œufs, le seigle, l'avoine et l'orge — en 1885 sur les blés étrangers (droits d'ailleurs très modérés : trois francs par quintal). La production nationale n'en reste pas moins assez handicapée.

Dans beaucoup de régions, l'Etat est contraint de prendre des mesures de soutien. Pour la première fois, le paysan fait appel à l'Etat-assistance. Ce n'est certes pas la dernière fois. Faut-il d'ailleurs que les appels paysans finissent tous par être entendus. La preuve : dès 1881, un ministère de l'Agriculture est créé. Il se constitue dans le grand gouvernement de Léon Gambetta, qui confie le poste à Paul Devès, un parlementaire obscur, mais très averti des problèmes agricoles.

Au total, trop d'atouts manquent, trop de régions souffrent.

Mais les éléments positifs l'emportent sur les négatifs.

Pour l'avenir, les meilleures chances se préservent.

Le paysan français fait valoir un incomparable savoir-faire. Les étrangers peuvent s'y tromper : ils adorent dauber « la légèreté française », le côté flamboyant, cocorico et risque-tout gardé de la fierté gauloise, même un certain caractère « soupe au lait » qui peut déborder au moment où l'on s'y attend le moins. Ils tiennent volontiers la France pour pas sérieuse. Accusations futiles. Ces mêmes étrangers, quand ils cherchent l'asile le plus sûr pour leur personne ou leurs capitaux, c'est vers la France qu'ils se portent. Non seulement ce pays distille le bonheur de vivre — « heureux comme Dieu en France » disent les Allemands — mais où trouver aussi un paysan aussi compétent, aussi laborieux, aussi sobre, aimant aussi passionnément son travail, aussi acharné à agrandir son domaine ?

Peuvent arriver les « idées de la ville » véhiculées par les soldats permissionnaires ou démobilisés, les filles placées « en condition », les instituteurs de la communale, les colporteurs dont rien ne ralentit le pas, les almanachs, les placards publicitaires des journaux, les orateurs de réunion publique, tel ce Gambetta qui se proclame « le commis voyageur de la République », et qui suscite une multitude d'organisations locales. Le paysan qui ne déserte pas préserve pourtant au village toute sa santé et toute sa vigueur. Le voilà, l'homme qui, de tout son bon sens, assure à la France le plus brillant et riche avenir. Au reste, en politique, il révèle même vite un sens d'une exceptionnelle finesse. Il est rusé, habile manœuvrier — et d'autant mieux exercé que, désormais, le vote n'a plus lieu au canton, mais à la commune même. Il bourlingue, aussi habilement que sûrement, comme un vieux loup de mer, entre les partis et les récifs. Il reste aussi soupçonneux vis-à-vis de la terreur blanche que des partageux rouges. Quand il semble changer d'opinion, il y a toujours, plutôt que bouleversement, simple *transfert de déférence.* Par exemple, il peut successivement voter en faveur des notables de l'ordre moral, gens de droite, qui donnent toutes garanties contre le retour des privilèges seigneuriaux, puis en faveur des notables de la gauche avancée, dont il peut attendre plus sûrement faveurs, secours, subventions, passe-droits, puis au besoin en faveur d'une gauche plus sûre d'elle-même, pour au moins mettre l'Etat de son côté, l'Etat, ce monstre froid. Tel est le cas pour la Charente qui passe subitement du bonapartisme le plus engagé au radicalisme le plus déterminé. Aussi pour la Narbonnaise qui, après avoir tâté d'un monarchisme poli, se convertit au radicalisme de la famille Sarraut, puis ose même soutenir des socialistes, il est vrai, comme disent leurs adversaires, plus « socialistes de plage » que « socialistes d'arènes », radicaux repentis, qui préconisent une idéale lutte des classes sans extermination. Il mène savamment son esquif. Il ne casse jamais rien. La preuve : il ne se mêle pas du tout aux grandes tempêtes de Paris, le scandale de Panama, la secousse du boulangisme, l'affaire Dreyfus.

Rien ne lui est plus cher que l'équilibre. Il est patriote sans être belliqueux. Il déplore de perdre trois ans de pleine activité pour les passer en caserne, mais il n'est pas antimilitariste : il garde en général bon souvenir de son service et c'est sans grogner qu'il accomplit ses périodes de réserviste. Il est libre-penseur sans jamais faire le procès de l'Eglise, et d'autant qu'il voit sa femme s'y complaire. Il est fier quand il peut garder tous ses enfants à la ferme, mais il fait tout son possible pour les aider à être, le garçon, douanier ou cheminot, la fille, « demoiselle des postes ».

Le paysan est résolu à bien faire valoir sa terre. Or, en toute fin du siècle, le sol français est morcelé en environ 5 550 000 propriétés dont plus de la moitié mesurent de un à dix hectares. On n'en compte que quelque 30 000 qui aient une superficie supérieure à cent hectares, à grand renfort de journaliers. Il y a un net progrès de la moyenne et petite propriété : le propriétaire paysan est habile à arrondir son lot tant par l'achat de minuscules parcelles voisines que grâce au démembrement des vastes domaines négligés, délaissés ou carrément abandonnés par des maîtres distraits. Le morcellement prend une telle cadence que même « voici des châteaux à vendre » (les journaux en donnent l'inventaire dans « les petites annonces »). Quant aux régimes d'exploitation, on en reste à des proportions familières : 73 % d'exploitations en faire-valoir direct, 27 % en fermes et métairies ; 4 millions de propriétaires exploitants pour environ 1 400 000 fermiers ou métayers. Autant dire que l'exploitant a un intérêt majeur, vital, aidé de toute sa famille, à faire rendre à sa propriété son maximum.

La lande ne cesse de perdre de sa substance, sous les crocs des domaines cultivés. Telle est la donnée générale. Elle est vraie pour toutes les régions. Dans le Limousin et la Marche, c'est spectaculairement que les défrichements gagnent, parcelle par parcelle, sur les communaux, les landes et les châtaigneraies. Dans le Cantal, les terres incultes reculent devant les prairies artificielles. Dans l'ensemble de la France, la proportion des terres incultes aux terres exploitées tombe, entre 1870 et 1879, de 17 à 12 %. Dans la même période, la lande bretonne perd 200 000 hectares.

Entre 1870 et 1880, la France arrive à produire 100 millions d'hectolitres de blé par an — soit 90 % de sa consommation.

On note des améliorations techniques incessantes.

Les variétés de céréales sont mieux sélectionnées.

Le chemin de fer permet d'utiliser davantage d'engrais.

Les engrais chimiques se vulgarisent. Plus que jamais, ils suppléent aux engrais animaux, insuffisants. Le rendement du blé augmente de 30 % entre 1890 et 1900.

L'outillage s'améliore beaucoup. La charrue triomphe. En 1892, on en recense près de 3 700 000 pour 3 470 000 exploitations de plus d'un hectare. Seulement en Alsace et en Limagne, de-ci de-là, on s'obstine à labourer à la bêche.

Le battage à la machine à vapeur se substitue définitivement au battage au fléau, et d'abord dans les régions de grande production comme le Nord, la Beauce et la Brie.

Les moissonneuses sont 9 000 en 1862, 23 000 en 1892. Dans le même délai, les batteuses passent de 100 000 à 230 000 ; les semoirs de 10 000 à 52 000 ; les faucheuses de 9 000 à 24 000. Non seulement les machines rendent la besogne moins dure mais parent à la diminution de la main-d'œuvre agricole. Et autant de gagné pour la productivité.

Le paysan, vu la qualité des transports, n'est plus obligé d'avoir le meunier à sa portée : on ne porte donc pas le deuil des moulins à vent, qui s'éclipsent totalement au profit des moulins hydrauliques, pourtant eux aussi moins nombreux.

Le foulage du raisin aux pieds fait place au pressurage mécanique. Les pressoirs n'arrêtent pas de se perfectionner, tant pour le vin que pour le cidre et l'huile.

Phénomène nouveau : la spécialisation des cultures, jusqu'à aboutir à la monoculture. Sous l'Ancien Régime, chaque province cherchait à se suffire. Même chaque village vivait en autarcie. Chaque paroisse produisait tout ce dont elle avait besoin. La polyculture était de règle. Désormais chaque contrée pratique essentiellement la culture à laquelle elle est la mieux préparée, par exemple les grandes plaines du Nord à la betterave et aux céréales, les Landes à la résine de pin...

La production de sucre est sans cesse ascendante. La terre à betterave passe de 58 000 hectares en 1840 à 136 000 en 1862, à 340 000 en 1901. La loi de 1884 (ministère Jules Ferry) qui accorde une prime à la production betteravière fait doubler celle-ci en quelques années.

Les dépôts paysans aux caisses d'épargne ne cessent d'augmenter. L'augmentation du salaire des journaliers est sans cesse, durant 45 ans, supérieure à celle du coût de la vie.

En fin de siècle, voici s'affirmer enfin un certain syndicalisme agricole, jusqu'ici si pâle, si timide, voire inexistant. Le courant mutualiste se met à se renforcer, avec les mutuelles d'assurances contre les incendies et les pertes de récoltes. Une loi fournit un statut à la mutualité (dès 1910, on compte 8 000 groupements et 60 unions régionales). Les coopératives vinicoles, stockant le vin et assurant la vente dans de meilleures conditions, connaissent un puissant essor. La Société des agriculteurs de France (SAF... car on commence à prendre la manie de tout désigner par des initiales), fondée en 1867, installée 8 rue d'Athènes à Paris, qui regroupe de grands propriétaires fonciers d'origine aristocratique ou bourgeoise, devient en 1886 l'Union centrale des syndicats agricoles de France (UCSAF) qui déploie une intense activité. Face à ce « syndicalisme des ducs et des marquis », Gambetta fait créer la Société nouvelle d'encouragement à l'agriculture (SNEA) installée boulevard Saint-Germain qui se met aussitôt à multiplier comme sa rivale coopératives, mutuelles, caisses de crédit. En 1912, tous les organismes de la mouvance républicaine sont regroupés sous le nom de Fédération nouvelle de mutualité et coopération agricole (FNMCA). Sauf qu'on voit aussi se constituer, avec les paysans pauvres, des syndicats plus corporatistes, tels ceux des bûcherons du Cher, des résiniers des Landes, des feuillardiers du Limousin (ceux qui procurent des feuillards, branches de saule ou de châtaignier qui, fendues en deux, servent à faire des cercles de tonneaux). En 1903, avec l'aide de la Bourse du travail de Montpellier, se crée la Fédération générale des travailleurs agricoles du Midi. Et l'écrivain paysan Emile Guillaumin, fils d'Ygrande dans l'Allier, d'abord auteur de vers et dialogues en patois bourbonnais, de se camper comme un grand défenseur de la cause paysanne, en publiant en 1904 un livre à succès, *La Vie d'un simple*, et d'aider à fonder le syndicat des métayers de l'Allier.

Faut-il encore une fois que le paysan sache efficacement veiller à ses intérêts. Il fait renverser la tendance à l'ultra-libéralisme. Il finit par faire adopter un *protectionnisme* de fer. Sans doute le choix est-il largement européen. Mais l'intention des décideurs est particulièrement claire en France. Relever les prix des produits agricoles et le loyer des terres, c'est satisfaire ce peuple paysan que les chefs républicains méprisaient quand ils étaient dans l'opposition sous l'Empire, mais dont ils comprennent, à l'épreuve du pouvoir, qu'il est la vraie solidité du pays et la stabilité du régime. D'autre part, suprême raison : dans une heure où la tension internationale demeure vive, quelle puissance se paiera le luxe d'être tributaire de l'étranger et « à sa merci pour l'alimentation » ? D'où, à partir de 1892, un protectionnisme renforcé, auquel s'attache le nom de Jules Méline. En vain le monde des ports et des industries lui est-il hostile.

Aucun parlementaire n'aura jamais plus énergiquement servi le monde rural que ce calme avocat fils de Remiremont, député « opportuniste » des Vosges, auteur d'un bel ouvrage sur *Le Retour à la terre*, ministre de l'Agriculture en 1883-85, créateur du Mérite agricole, qui, en avril 1896, en même temps que président du Conseil, choisit d'être ministre de l'Agriculture. Il ne paie guère de mine, près d'un Ferry ou d'un Gambetta. C'est un petit bonhomme tout fluet, plutôt étriqué, avec un mélancolique visage encadré de sages favoris blancs. Il n'a rien d'un mâle tribun. Mais il joue un rôle décisif dans le vote des tarifs protecteurs. Peu lui chaut que les représentants des ouvriers urbains le surnomment *Méline-pain-cher*. Il veut à tout prix sauver l'agriculture d'abord. Il y réussit.

L'âge d'or de l'élevage

Nous nous promenons en pays normand. Le tableau est superbe — prés opulents cernés de haies harmonieuses, lourds bœufs d'embouche pâturant dans de vastes herbages, des fontaines de lait savoureux, des montagnes de beurre sur les étals des foires, des fromages de toutes les saveurs... la gastronomie normande s'établissant sur ces fondements, associés aux fruits de la mer et à ceux des pommeraies.

On dit — et il y a de quoi s'en persuader — que la vache normande a toutes les qualités, bonne laitière, alimentant tout un réseau de fromageries artisanales, excellente beurrière fournissant sur les marchés du Cotentin et d'Isigny le plus embaumé et le plus riche beurre du monde, bonne race à viande, belle enfin, force tranquille, dos bien droit, culotte de parfaite taille, mamelle opulente, robe rare de couleur bringée (juxtaposition de blanc, de noir et de brun), vedette de tous les concours, accumulant les prix dans les comices, exportée au prix fort tous azimuts, même en Argentine. Vous ne pouvez que vous extasier. Par-dessus tout, elle broute l'herbe dite « naturelle » en plein air, ou récoltée sous forme de foin pour assurer la soudure des quelques mois d'hiver — une herbe qui, mélangée de riches graminées, de légumineuses et de plantes à rosette, est un incomparable aliment pour le bétail de haute qualité. La Normandie en prend des splendeurs de légende.

Et vous comprenez aussitôt que vous rencontrez une sorte d'âge d'or de l'élevage français.

Tout commence sous la Restauration, quand on prend conscience d'un grave manque de viande. La population française, évaluée à 26 millions d'habitants en 1790, promet de dépasser un jour les 40 millions, qu'il faudra bien nourrir. D'où la consigne d'améliorer d'urgence et à tout prix les races bovines pour avoir une meilleure viande, en quantité suffisante.

Le pionnier est ici Victor Yvart, inspecteur général des écoles vétérinaires et des bergeries nationales, professeur d'économie rurale à l'Ecole d'Alfort. Un jour de 1817, lors d'une mission en Grande-Bretagne, il découvre une admirable race bovine du nom de *durham*. Il fait part de sa découverte à son neveu, lui-même enseignant à Alfort, et à Lefèvre-Sainte-Marie, inspecteur général de l'agriculture, qui préconisent carrément l'introduction en France d'une race aussi prodigieuse. Dès 1825, Brière d'Azy importe quelques sujets en Nivernais pour améliorer son élevage de charolais. Par ailleurs, Lefèvre-Sainte-Marie fait faire des essais sur des domaines dépendant des haras du Pin (Orne). Les essais sont concluants : on ne saurait mieux utiliser que cette race *shorthorn* de ce comté du nord de l'Angleterre exposé aux salubres vents de la mer du Nord entre la Tyne et la Tees. Sensationnelle « courte corne » ! Très précoce, d'un rendement en carcasse élevé, elle est pour ainsi dire créée de toujours pour l'engraissement. Adopté. La vacherie du Pin fait vite des émules — en 1843 aux haras de Saint-Lô, en 1844 à Poussery dans la Nièvre.

Il y a foule à Poissy, ce premier jour de mars 1844 pour assister au rituel « Concours de bestiaux ». La presse marque certes un certain nombre de regrets. Les bœufs présentés ne sont que 62, amenés par à peine 25 propriétaires parmi lesquels 15 seulement ont élevé et fait naître, les autres se contenant d'engraisser. La considération des distances a sans doute éloigné trop de concurrents. Les races du Sud sont entièrement absentes. L'Est n'a rien envoyé. La Bretagne n'est représentée que par un bœuf des trappistes de la Meilleraie : encore est-il de race cotentine. Pour les bœufs, seulement 11 départements ont été compétiteurs. Identiques observations pour les ovins : le Concours ne juge que 400 moutons environ, avec animaux lourds et animaux légers trop confondus. On déplore le défaut de fermeté dans la police confiée aux gardes nationaux du pays, la foule envahissant à sa guise le lieu des délibérations. Enfin, les fils du roi, invités (et ils sont nombreux), n'ont même pas daigné se montrer.

Mais l'on voit primer d'admirables pièces — en particulier un bœuf durham de 38 mois pesant 825 kilos, robe rouan rouge, de la vacherie du Pin, appartenant à M. le marquis Raphaël de Torcy ; et un bœuf durham charolais de 5 ans 10 mois pesant 1 160 kilos, à M. Hervieux, un Nivernais de Reugny. Les durham font un triomphe. Leur supériorité n'est discutée par personne. Les connaisseurs en sont bouche bée d'admiration — et d'autant plus qu'avec les durham, on aura découvert la forme parallélipédique des animaux — caractéristique d'une sélection exclusivement bouchère pour les Anglais — tranchant nettement avec les formes cylindriques des races françaises et d'autant plus aussi que le durham jouit d'une inégalable précocité.

Et le durham d'être en 1849 la vedette de l'Institut agronomique de Versailles, de conquérir en 1856 la ferme-école de Mably dans la Loire, en 1857 la Ferme impériale de Fouilleuse près de Saint-Cloud, d'autres encore...

Néanmoins, voici le problème posé dans toute sa vérité. Pour les Français, le bœuf est davantage choisi pour le travail que pour la boucherie ; ils désirent qu'il ait pied sûr et forte charpente. Les Anglais au contraire spéculent davantage sur sa chair que sur son travail ; ils exigent par conséquent qu'il ait les formes élancées et susceptibles de se remplir à l'engrais. De ce fait, il résulte une haute question en économie, celle de savoir s'il serait plus utile, pour l'agriculture française — tel est du moins le cas sous la Restauration, sous la monarchie de Juillet et même sous le Second Empire — de cultiver avec des chevaux qu'avec des bœufs et, si cette question devait être résolue en faveur des chevaux, comme elle l'est en Angleterre et déjà en quelques parties de la France, il n'y a pas de doute que nous devrions élever les bœufs comme on le fait au-delà de la Manche. Problème : nos éleveurs ont-ils vraiment beaucoup à envier aux Anglais quant à l'art d'engraisser le bétail et les autres animaux domestiques ? Faut-il toujours aussi systématiquement copier les Anglais ? Même si l'option engraissement doit l'emporter sur l'option labour, faudra-t-il longtemps n'élever par priorité que des durham ? N'avons-nous pas excessive tendance à nous inspirer de toutes les modes anglaises ? Même ces Concours d'animaux de boucherie, comme celui de 1844 à Poissy, dus encore à l'initiative des Yvart et de Lefèvre-Sainte-Marie, s'inspirent de l'exemple du *Smithfield Show* qui, le premier, met en compétition des animaux d'origine et d'âges différents. Les patriotes protestent. Ils rappellent qu'à Poissy le marché aux bestiaux remonte à l'an mille. Le problème des durham arrive ainsi à fomenter des polémiques de plus en plus vives.

Les patriotes connaissent le comble de la joie et de la fierté quand, au Concours général des animaux de boucherie, dans la grande halle de la Villette du 24 mars 1869, pour la première fois la race durham est vaincue par un bœuf charolais. L'honneur national est enfin sauf.

Quoi qu'il en soit, durham ou pas, la grande décision est finalement prise : la France elle aussi va se mettre à cultiver des races pour l'engraissement.

Et l'élevage français de connaître d'ailleurs un formidable développement durant le premier demi-siècle — développement encore amplifié par la suite.

En 1812, nous avons 27 millions d'ovins, 34 en 1852. La progression est de 23 % en 40 ans. Peu importe si cette progression est surtout spectaculaire dans le Berry et les Landes, des provinces qui s'adonnent à l'élevage des moutons de préférence à la culture des céréales, si le Sud-Est et le Sud-Ouest doivent leurs armées bêlantes aux lois millénaires de transhumance. Le résultat est là.

De 7 700 000 bovins en 1812, nous passons à plus de 12 millions en 1852.

Que nous restera-t-il finalement des durham, auxquels de toute manière nous devrons beaucoup ? En race pure, l'on ne peut dire qu'il y ait « durhamisation ». Cependant, deux races en sont issues : le Maine-Anjou et l'armoricaine. Une autre race voit le jour dans les années 1850, la race dite de Durcet (Orne). Son créateur le marquis de Torcy réalise un croisement entre la race durham, la race Normandie et la race brune des Alpes (ou schwitz). Il obtient des résultats remarquables, sauf que la race ne survit pas à son inventeur.

Mais l'élevage français de connaître dès lors, y compris dans l'indépendance, une sorte d'épopée.

Et l'élevage bovin de conquérir la Normandie, à partir des années 1830-1850, avec prime à l'élevage laitier. La démographie bovine explose. Partout la vache laitière devient la reine des clos et des prés. Déjà répandu dans le Bessin et dans toute la presqu'île du Cotentin, le troupeau bovin suit la progression du couchage en herbe. Il faut des vaches pour tout le monde. Chaque famille, chaque cultivateur, même s'il ne fait valoir que quelques vergées de terre, veut des vaches. Il ne s'agit plus d'atteler ou d'engraisser des bœufs, ni de traire quelques litres de lait pour nourrir la maisonnée, mais d'abreuver ville sur ville et de faire du beurre, beaucoup de beurre, dont la vente est du reste en pleine expansion, créant un vaste marché de dimension nationale et internationale.

Et dès 1880, la race normande d'être une sorte de reine du monde, grâce à des pionniers, grâce aussi à l'évolution d'une production végétale plus intensive et plus rationnelle. En moins de cent ans, à partir d'animaux mal conformés, tardifs, de faible poids, qui subsistent entre 1800 et 1830, l'évolution du cheptel français est réalisée, dès cette année 1880, par la généralisation, tout au moins dans les grandes races françaises, de types morphologiques tellement améliorés qu'ils ne varieront plus guère dans leur ensemble que sur des points de détail, ou sous le rapport de la précocité et de la productivité.

Et, dès la fin du siècle, des élevages extraordinaires performants de se multiplier dans le Cotentin, le Bessin et le pays de Caux. A nous notamment *Silencieux*, le taureau le plus fameux de sa race, né le 19 août 1898, fils de la féconde *Gigolette* et de, selon les uns ou les autres, *Portici* ou *Enjôleur*. Une famille de formidables éleveurs, les Noël, acquiert une réputation mondiale. Casimir Noël s'adjuge notamment une gloire inouïe à partir de son élevage de Réthoville. Nous lui aurons dû héros après héros, princesse après princesse, car nous voici à aristocratiser nos bêtes. En 1895, naissent trois filles prodiges de *Benzouf* descendant de *Pamphyle* : *Gigolette* déjà nommée, fille de *Bizance*, et les jumelles *Jumelle* et *Jumelotte*, filles de *Javanaise* — *Gigolette* donnant l'incomparable *Silencieux*. En 1903, *Silencieux* et *Jumelle* donnent *Darfour*, non moins remarquable que son père. Les fils et petits-fils de *Silencieux*, *Boléro*, *Darfour*, *Framboisier* et *Mirliton*, valent à Casimir Noël les premières médailles à Paris dans les dix années suivantes. Il en est dénommé du reste « le plus génial dénicheur de la planète ».

Et le pays de Caux d'abriter entre cent élevages le plus illustre de tous, le Bosc-aux-Moines, propriété de la famille Lavoinne la bien-baptisée, laquelle achète même aux Noël *Silencieux*. Ambition affichée : créer la plus belle vacherie de haute sélection. Et ce sont les Lavoinne qui font créer *Reinette*, « la vache la plus belle, la plus lourde, la plus distinguée, la plus beurrière de Normandie et peut-être d'ailleurs, sans aucune exagération », nous assure-t-on, en tout cas, « Grand Prix de la meilleure vache de France » en... 1935.

Et un enseignement agricole de se développer magnifiquement, avec même des écoles laitières, sous l'inspiration de l'Institut national agronomique, rétabli en 1875, logé dans les anciens locaux de l'Ecole de pharmacie.

Et l'élevage de connaître un développement d'autant plus grand que la consommation de viande prend une étonnante extension (elle s'établit en moyenne à 18 kilos par personne et par an en 1812, à 20 en 1840, 23 en 1856, 26 en 1862, 33 en 1882, 45 en 1910) et que la consommation de lait et de produits laitiers se pousse selon une courbe identique (à Paris, elle passe de 160 millions de litres en 1880 à 360 millions en 1910, alors qu'entre ces deux dates la population ne s'est accrue que de 25 %).

Et les prix des produits de l'élevage de monter en flèche. Entre 1852 et 1882, alors que les prix des céréales augmentent de 19 %, ceux du bétail de 74 %. Dans le même temps, les prix du beurre montent de 85 %, ceux du fromage de 80 %.

Et la France de mettre au point des sous-produits agro-industriels, des tourteaux, de la pulpe de betteraves, des drèches (qui sont des résidus de l'orge), le tout augmentant encore les doses d'alimentation.

Et à travers tout le pays, de multiples grandes races de le disputer en ambition et en prestige à la normande : limousine et parthenaise, charolaise et bourbonnaise, race du Pays basque et race de Salers (du Cantal, robe uniformément acajou, grande laitière, bonne bouchère), savoyarde et dauphinoise, Quercy et lauraguaise, Auvergne et flamande, Ile-de-France et charmoise. Même en Poitou et dans les Charentes, souvent en relève de la vigne, vient un élevage laitier important, encadré par des coopératives qui fournissent en beurre le marché parisien. Autant de victoires de ceux qui auront voulu rénover les races locales par une sélection rigoureuse des meilleurs éléments. Et, entre 18 races, l'Exposition universelle de 1856 de nous révéler d'autres races encore, avec prime à la charolaise « à poil rouge quelquefois blanc comme le lait », la gasconne, « la plus grosse race des bœufs de haut cru », la garonnaise, la comtoise...

Avènement de la zootechnie. Le pionnier s'appelle Louis Grognier, professeur de l'Ecole d'Alfort. Toute une cohorte de chercheurs suit, dont Henri Magne, passionné de problèmes d'hygiène ; André Samson, chef de travaux à l'Ecole vétérinaire de Toulouse ; l'agronome Charles Cornevin, professeur à l'« alma mater » de Lyon, grand vulgarisateur, auteur d'ouvrages de référence sur *Le Charbon symptomatique du bœuf* et sur *Le Rouget de cochon* (maladie caractérisée par des taches rouges, d'où son nom) ; Raoul Baron, Paul Dechambre, Paul Diffloth. On étudie comment améliorer les alimentations, l'hygiène, le logement, la sélection. Cornevin s'intéresse particulièrement à l'emploi des résidus industriels. Les uns publient des tables de composition des aliments. Les autres mesurent les rations nécessaires : on commence à parler de « besoins ». D'autres expliquent comment permettre aux animaux placés dans de bonnes conditions d'extérioriser au mieux leur potentiel génétique. On commence à parler d'« animaux de rente ». Eugène Guyot rédige un « guide pour le bon aménagement des habitations des animaux domestiques de toutes espèces ». On s'emploie à créer des races — en dépit ou à profit de la polémique farouche qui continue d'opposer tenants de la sélection « pure » et partisans du métissage : du moins stabilise-t-on des races jusque-là mouvantes et peut-on sélectionner les plus prometteuses. On veut connaître les performances des ascendants et des descendants. On crée des registres généalogiques, des *herd-books*, évidemment hérités de qui vous savez. André Samson a beau être d'un insupportable caractère, plus grognard que les pires grognards, il se campe comme l'un des défenseurs les plus persuasifs de la fixité des espèces. On met savamment au point les quatre méthodes zootechniques : gymnastique fonctionnelle, sélection, métissage et croisement (la gymnastique consistant à placer les individus dans des conditions telles qu'ils puissent pleinement exprimer leur potentialité). Sauf à Samson de qualifier le métissage, qu'il abhorre, de « chimère des races nouvelles ».

Aux maladies de faire encore des ravages : le typhus contagieux ; la « cocotte » qui sévit dans les vacheries de Bray (la fièvre aphteuse) ; la cachexie aqueuse du mouton ; la maladie charbonneuse ; les broncho-pneumonies. Mais dorénavant, on les défie, et on les guérit, au point qu'Emmanuel Leclainche, inspecteur général des services vétérinaires, spécialiste des maladies infectieuses et de l'épidémiologie, auteur de découvertes importantes sur le traitement des maladies animales, avec Nocard auteur d'un *Traité des maladies microbiennes des animaux domestiques*, personnage d'un très fort rayonnement, pourra citer la Belle Époque comme « l'âge d'or de la médecine vétérinaire ».

Dès le milieu du XIXe siècle, la physiologie animale progresse à pas de géant sous l'impulsion de maîtres d'élite — tel Gabriel Colin, félicité pour ses travaux par Louis Pasteur lui-même, qualifié d'« emporte-pièce indomptable » par Claude Bernard, auteur d'un fondamental *Traité de physiologie des animaux domestiques* — tel Auguste Chauveau, directeur de l'Ecole vétérinaire de Lyon, professeur de physiologie comparée au Muséum d'histoire naturelle, tour à tour anatomiste, physiologiste et pathologiste d'une exceptionnelle autorité, auteur d'un *Traité d'anatomie comparée des animaux domestiques* qui fera longtemps référence, avec Marey élucidant le mécanisme du cœur par l'emploi de sondes cardiographiques, et, précurseur de Pasteur, établissant la nature corpusculaire des germes des maladies infectieuses et prévoyant leur atténuation possible par un système de vaccins, enfin défendant ardemment la thèse de l'identité des tuberculoses humaines et animales — tel Etienne Marey, professeur d'histoire naturelle au Collège de France, étudiant le vol des oiseaux et la contraction musculaire. Nous ne connaissions pas l'animal. Ils sont mille savants et spécialistes à nous le faire connaître.

Et de s'attaquer aux maladies parasitaires, à la distomatose (maladie due à des vers plats parasites dont la douve du foie est le type) et aux gales — à l'exemple d'un Louis-Georges Neumann, parasitologiste émérite, auteur d'ouvrages fondamentaux sur les acariens (le sarcopte de la gale, la tique, l'aoûtat ou trombinon qui provoque d'insupportables démangeaisons) — ou d'un Mamert Onésime Delafond, directeur de l'Ecole d'Alfort, autre précurseur de Pasteur pour sa découverte de filaments végétaux dans le sang des animaux charbonneux — ou d'un Alcide Raillet, professeur d'Alfort, un Ardennais, savant naturaliste de gloire mondiale — ou de nombreux grands « pastoriens » comme Chauveau, le premier à entrevoir l'existence d'anticorps. A partir de 1875, il y a floraison de découvertes. On met en évidence de multiples germes. On multiplie le nombre des vaccins. On conseille l'emploi de sérums dans la lutte contre les maladies infectieuses. On préconise l'usage de la tuberculine et d'autres éléments pour diagnostiquer la morve ou la tuberculose. On détecte les ultravirus. Magnifique armée en marche.

Et les foires de connaître une vogue stupéfiante. Chaque commune semble vouloir la sienne.

Et le sort des bovins de s'améliorer grandement. Ils ne sont plus uniquement les forçats de la terre, les galériens du labour. C'est que les Français veulent manger de la viande et du beurre « extra » que seules les bêtes de qualité peuvent fournir (dans la seule ville de Paris, entre 1840 et 1880, la consommation de viande bovine double). Nos citadins demandent à qui mieux mieux bifteck, rosbif, entrecôte, tournedos...

Même le poids moyen des bœufs vendus augmente : là où un animal ordinaire ne dépassait pas les 350 kilos en 1800, il atteint les 6 quintaux, voire les 8 en 1900.

Chaque ville a désormais ses abattoirs contrôlés.

Autre nouveauté : la vogue du « veau blanc ».

Les Parisiens qui ne consommaient guère qu'un verre de lait par jour et par personne en 1845, en exigent deux en 1903.

Les laiteries coopératives ou privées poussent comme des champignons, à ce point qu'il faut constituer un très strict contrôle laitier.

Dès la fin du siècle, apparaissent les premières machines à traire. Les vachers sont devenus trop rares : voici donc la traite mécanique, soit de simples tubes trayeurs (vite dénoncés comme dangereux), soit des machines à pression.

Dès 1900, on se préoccupe de la qualité bactériologique des produits : on apprend à stériliser les instruments, à nettoyer le pis des vaches *avant la traite*, à tenir les étables en bon état de propreté.

Nous importons moins ; nous exportons davantage.

Non que tout soit parfait. Trop d'éleveurs restent encroûtés dans la routine, gardent des étables sales et mal aérées, nourrissent mal leurs bêtes. Bien des vaches labourent encore. Les « guérisseurs-bâtards » sont encore davantage appelés que le vétérinaire.

Mais, globalement, quant à l'élevage bovin, force est de lui reconnaître des progrès sensationnels.

L'élevage ovin est moins heureux. C'est que l'on trouve de plus en plus difficilement des bergers. Les cultivateurs utilisent des engrais minéraux qui remplacent avantageusement les engrais de fientes : le mouton « intéresse » moins. Les gouvernements importent des laines d'Australie, d'Afrique du Sud et d'Argentine. La production de viande pourrait être seule capable de justifier l'élevage du mouton : voici que les consommateurs préfèrent le bœuf. Le mouton serait-il près de connaître son Waterloo ? Pourtant, les chercheurs agronomes n'abdiquent pas. Ils se vouent à l'amélioration des laines, d'où les soins privilégiés qu'ils font accorder aux mérinos et aux southdown — ce malgré l'effondrement des prix ainsi que des importations de laine étrangère qui doublent en 50 ans. Ils calculent comment obtenir des bêtes « plus grasses ». Ils « programment » de grandes productrices de lait : ainsi les brebis lacaunes, améliorées par croisements, prennent un net avantage sur celles du Larzac. Ils poussent à faire du fromage de brebis, fût-ce avec addition de lait de vache : ainsi se consacre le phénoménal succès du *fromage de Roquefort.* La France en produit 250 tonnes en 1800, 300 en 1820, 1400 en 1850, 2760 en 1860, 3250 en 1867, 6000 en 1892, 6800 en 1911 (elle en produira 15 000 tonnes en 1992). Dès 1842, se crée la Société des caves et producteurs réunis de Roquefort, « société » s'inscrivant dans un ovale vert vite fameux. Pour le lait de brebis, des marques comme *Régal*, *Maria Grimal*, *Papillon*, regroupent plusieurs milliers de producteurs. Même si, en trop d'endroits, on en demeure à des coutumes dépassées (en Corrèze, on lie deux par deux les brebis à engraisser, qu'on appelle *martines* ; en Cantal, en Auvergne, c'est d'un coup de dent que les bergers castrent encore les agneaux), on lutte. On lutte même fort activement contre les loups (7 000 sont tués en 1842) qui restent nombreux et redoutables en Lorraine comme sur le plateau de Millevaches. Et, par bonheur, la « mérinisation » ne se décourage pas. La réputation du mérinos devient telle qu'il s'exporte aux Amériques en 1850, en Australie à partir de 1863, puis dans 40 pays. Le plus célèbre reproducteur, le bélier *Emperor*, dont la toison pèse 15 kilos, est vendu à un prix record en 1862 à un éleveur australien. L'on élève même toute une gamme de mérinos à partir de ceux de Rambouillet : le « précoce » en Champagne, le mérinos de Bourgogne, ceux d'Arles, du Roussillon, des Corbières, de la Charmoise.

Les chèvres ne disparaissent pas. Certaines provinces continuent d'apprécier la viande de chevreau. D'autres, le lait de chèvre. Certains fromages de chèvre, *à pâte molle* ou *à croûte fleurie*, connaissent plein succès, tels le *Saint-Marcellin*, le *crottin de Chavignol*, le *picodon.*

On maintient à d'honnêtes niveaux l'*élevage porcin*, en dépit d'irrégulières et brutales chutes des cours. Le Nord, le Pas-de-Calais, les Ardennes, les pays de Loire sont les régions les plus productives. On en dénombre tout au long du siècle autour de 7 millions. Dès les premières années 1800, on s'emploie à améliorer la bête, qui est trop maigre et hirsute, à l'arrondir, à mieux la nourrir, à lui donner sa plus heureuse couleur rose. Dès la mi-siècle, on détecte quelques races : Normandie, Poitou, Champagne, Quesey, Périgord (noire), la craonnaise, la bressanne, le porc de *mongolitz* dit porc turc, les inévitables porcs anglais, les porcs croisés turco-anglo-chinois de Niort — même s'il est assez difficile de les isoler tant sont nombreux les non sélectionnés issus de croisements ou d'accouplements divers, y compris avec des sangliers. Certaines races prennent même un certain renom, comme la race de Bayeux, née d'un croisement Berkshire-Normandie. Dès 1854, on présente des porcs aux Concours d'animaux de boucherie ; ils ont droit à des médailles. Au Concours de Poissy de 1857 (lequel est d'ailleurs le dernier de Poissy), on voit concourir trois races françaises (dont la limousine, pie-noire), de nombreuses marques anglaises (en vedette Berkshire et Hampshire) et des métis fort appréciés (anglo-craonnais notamment, et Yorkshire Angerson-Pescheron normand). En 1880 on parvient enfin à une véritable classification, encore en trois groupes : le premier, à races unicolores blanches à oreilles pendantes, rassemble quatre « sous-races », commune, normande, craonnaise et lorraine ; le second, à races à pelage pie-noir, oreilles demi-tombantes, réunit la race périgourdine et la bressanne ; le troisième, pour races à robe noire et oreilles presque droites, comprend la race corse et l'espagnole (classification établie par Gustave Henze en 1880 dans son livre sur *Le Porc*). Et à nous les premières bêtes énormes, pouvant peser jusqu'à 400 kilos. L'élevage porcin présente en tout cas bien des avantages : pour sa nourriture, le porc se satisfait de n'importe quoi, d'herbe jeune comme de sous-produits d'abattoir, de têtes de sardines comme de déchets de morue, de larves d'insectes comme de glands ; il n'est pas difficile à surveiller ; il donne des viandes et abats qui, en charcuterie, constituent de précieuses réserves. Et du moins voici deux grands tableaux paysans classiques : d'une part, la *baquée* ou *bernée*, que prépare la paysanne en mêlant et en faisant cuire à grand feu dans une chaudière pommes de terre et fanes de légumes, maïs et petit-lait, babeurre et « lavures d'écuelle » ; d'autre part, la soirée familiale joyeuse où « l'on tue le cochon », avec chœurs assemblés et grosses chansons troupières autour des grils de « costellous » et de boudins, en attendant de sensationnels saucissons et de savoureuses fougasses de grattons.

Plein succès sur *les volailles*. D'environ 30 000 tonnes en 1800 on passe à près de 200 000 en 1910 — les poulets représentant 77 % du tonnage et 87 % du nombre de têtes. On arrive à produire un peu plus de 4 milliards d'œufs par an. Aviculture au sommet de la prospérité. C'est que là les prix tiennent et même montent. Pourtant, les techniques ne s'améliorent guère. Comme jadis, les éleveurs sont surtout attentifs aux apparences, à la beauté du plumage, au vif de la crête. Peu sélectionnent. Peu font appel aux nids-trappes ou aux croisements. (Dès la fin du Second Empire, la plupart des grandes races sont déjà fixées.) Mais, en 1900, la France exporte plus de volailles qu'elle n'en importe. Principales données : la dinde, noire, blanche ou bronzée, est davantage recherchée que par le passé, pas seulement à cause de fêtes de Noël ; la pintade n'arrive pas à trouver son bon chemin ; quoique en léger déclin, l'oie, désormais gavée au maïs, garde pignon sur rue (le foie d'oie, lui, ne régressant pas) ; le canard patauge, n'arrive pas à s'imposer sur les marchés, malgré le succès du foie de canard. Déjà en mars 1869, au Concours de la Villette, on peut admirer des pièces d'une admirable qualité, nobles crèvecœurs vêtues de noir de la tête à la queue, qui ne cessent de secouer leurs têtes empanachées, comme si elles voulaient à tout prix se débarrasser de la huppe trop majestueuse qui les coiffe ; houdans grandes pondeuses et qui n'en ont pas moins une chair aussi délicate que celle des poules de Crèvecœur (Oise) ; poules du Mans, grandes et noires ; les trois races, précise *L'Illustration*, « assurément les plus distinguées de France, qui ne redoutent en concurrence ni la dorking d'Angleterre, ni les cochinchinoises fauves, ni les brahmapoutra jaunes ou grises ». Et comment les chroniques pourraient-elles au passage oublier les beaux types nombreux et variés des poules de la Bresse, l'excellente poule de ferme « qui sait chercher sa nourriture et donne de beaux œufs sans compter », les dindons de toutes couleurs, les canards s'ébattant dans une mare artificielle, les oies « sûres d'elles-mêmes », vingt races de pigeons, les jolies pintades cendrées, « même si tristes dans leurs cages trop étroites » ! Même le lapin a eu son petit succès et on aura même vu couronner « deux léporides adultes issus d'un même bouquin et de deux lapines ». Et à nous foire sur foire, toutes très envahies. Sauf cette nouveauté dans les mœurs commerciales : pour le convoyage, on fait désormais beaucoup appel aux chemins de fer...

En conclusion, l'élevage est bien le premier et le plus beau fleuron de l'agriculture française. Grâce à l'étendue de ses surfaces toujours en herbe, à la variété de ses terroirs et de ses climats, au sens animalier de ses paysans, la France est le pays du monde qui peut présenter la plus grande variété de races pour toutes les espèces d'animaux domestiques. Quand le siècle se termine, elle est excédentaire dans tous les produits d'animaux, qu'il s'agisse de viande, de lait, d'œufs et de volailles. Les races bovines et ovines sont parfaitement harmonisées avec leur contexte. La charcuterie française, quelle que soit la province productrice, est très recherchée, y compris à l'étranger. Les fromages, du brie au camembert, du port-salut au reblochon, du roquefort au savignol, sont réputés être les meilleurs de la planète. Pour les volailles, on peut presque dire que chaque canton a sa spécialité. L'élevage est bien l'élément déterminant de l'harmonie de ce monde rural exemplairement autosuffisant, créateur inlassable de valeurs matérielles et humaines.

L'apogée du cheval de trait

Les chevaux sont toujours là.

Ils se comptaient 3 213 000 en 1866 ; ils sont 3 222 000 en 1911.

Pour renforcer les débouchés, on essaie même de réhabiliter l'hippophagie. Déjà les lois de Moïse tenaient la viande de cheval pour impure et la prohibaient. Le Moyen Age dénonçait pour péché mortel d'en manger. Au XVIIIe siècle, le tabou s'effaça devant la faim, pas devant la loi : plusieurs ordonnances n'en interdiront pas moins d'en consommer. En 1803, le bon peuple des Halles et de La Huchette ne passa outre à l'interdit que parce que la famine menaçait. Il y a du nouveau. De hautes personnalités comme le baron Larrey, chirurgien en chef de la Grande Armée et le savant naturaliste Geoffroy Saint-Hilaire font ouvertement la promotion de la viande de cheval. Larrey, pris dans les tourbillons de la retraite de Russie, va jusqu'à dire que « le mets, quoique présenté sous la forme de bouillon assaisonné à la poudre du canon », aura été fort apprécié par hussards et dragons désarçonnés. Le 9 juin 1866, une ordonnance du Second Empire autorise la vente de la viande de cheval. Un mois plus tard, le boucher Théodore Antoine, au 3 du boulevard d'Italie, ouvre à Paris la première « boucherie hippophagique ». Cette même année 1866, on mange 902 chevaux ; en 1868, 2 622 plus 232 ânes et 4 mulets. On en dévore plusieurs milliers à Paris durant le siège de 1871, et pour cause. L'habitude est prise. On en fait même une mode. Le cheval de boucherie, tristement, est définitivement entré dans l'Histoire.

Mais la masse de l'élevage se partage entre deux grandes destinations. Elle donne soit des chevaux d'agrément ou des chevaux de selle, pour la cavalerie, qui refuse d'abdiquer sa couronne de reine des batailles, soit des « chevaux de peine » pour le transport et le labour.

Précisément, le siècle propose de magnifiques écuries de diverses races qui nous sont enviées par tous les pays d'Europe.

A nous les *ardennais*. Ils ont réussi à survivre aux guerres impériales. Oublié, le décret de la Révolution qui mit fin aux privilèges des gardes-étalons. Ils reprennent plein espoir dès la Restauration. Dès les premières années 1830, ils régénèrent, avec le concours des races percheronnes. Cela ne va pas ensuite sans mal. L'élevage obtient des résultats décevants avec les pur-sang anglais *Richemont* et *Pick-Pocket* requis pour féconder les juments ardennaises. (Pur-sang : un cheval dont la race a été maintenue uniquement par sélection des reproducteurs, sans croisements avec d'autres races. Exemple type : le cheval arabe depuis des temps immémoriaux.) Les croisements avec des étalons turcomans ne sont pas plus heureux. Force est de renoncer aux haras de Charleville, spécialisés dans « le cheval de sang » (destiné aux femelles « distinguées »). On n'arrive même qu'avec peine à maintenir une certaine race de gros « tracteurs ». Il faut attendre la fin du siècle pour voir à nouveau les légendaires ardennais s'imposer sur les marchés et être très demandés par les céréaliers. Du moins triomphent-ils alors — il est vrai grâce à un croisement cette fois heureux avec la race brabançonne des Belges. En 1878, l'étalon ardennais *Brillant* remporte le premier prix international à l'Exposition bruxelloise d'animaux domestiques. En 1900, grâce à un brabançon nommé *Rêve d'or*, la race est consacrée championne du cheval de trait. On sait éliminer les bêtes médiocres ou sans caractère, remplacées peu à peu par des pouliches ou juments poulinières scrupuleusement sélectionnées. Voici à l'œuvre à nouveau, pleinement lui-même, ce colosse de 600 kilos qui fait l'admiration de tous les connaisseurs, avec sa robe baie ou rouanne, son encolure impressionnante, sa tête « intelligente », ses larges muscles, sa robustesse à toute épreuve.

A nous les *auxois* bourguignons, dits aussi *urbains*, émérites pour labourer les terres alluvionnées du Val-de-Saône et mettre en culture les terrains accidentés du Bas-Morvan. Bon an mal an, on les croise avec des boulonnais, des percherons et des nivernais — ceux-ci les plus laids, dit-on, et les plus ombrageux, encore que les préférés des grands céréaliers. Ils ont une allure ample et souple malgré la masse. Le siècle croit dur comme fer qu'à force de croisements l'on aboutira à l'animal-rêve, un être aussi vigoureux qu'agile, de formes trapues, de membres solides, fournissant un trot rapide, capable de transporter une charge de 1 500 kilos à une vitesse de 8 kilomètres à l'heure. On le destine idéalement à la culture maraîchère. Bien des prières l'accompagnent.

A nous le *boulonnais*. Avec ses 9 quintaux, il a une spécialité : la betterave du Nord. On l'emploie pour la cultiver, le sabot bien planté dans les terres lourdes, et plus encore pour la transporter, en véhicules surchargés, vers les usines de transformation. En seconde main, il est cédé aux camionneurs des grandes villes ; autant le livrer d'ailleurs au calvaire pour toutes ses dernières années ; on sait trop, depuis toujours, que, vis-à-vis des bêtes, le camionneur est moins humain que le paysan. Dans le premier demi-siècle, c'est le temps où on réclame « le toujours plus gros » ; alors, on fait couvrir les juments par des étalons belges pas toujours de grande naissance ; il y a du coup altération de la race ; on ne fait plus naître que des chevaux bâtards, hétéroclites ; le beau style d'origine manque périr. Par bonheur, grâce à quelques penseurs pionniers, une loi de 1885 met fin à l'emploi de géniteurs « étalons rouliers venus de l'étranger ». La fin du siècle voit dès lors ressusciter le vrai boulonnais, le « cheval chevalier », né de l'incomparable « plat pays », imprégné des embruns de la mer du Nord qui lui donnent son entrain, splendide à voir, quand, si beau avec son uniforme gris, il chemine à travers ses champs boueux, entre ses falaises crayeuses et ses plages de sable blond.

A nous le *percheron*. La race est définitivement fixée vers 1819 par l'alliance avec deux étalons arabes du haras du Pin, *Goldophin* et *Gallipoly*, assez zélés pour apporter leurs plus heureux caractères. Avec délectation, un éleveur du Pin, sur le mode du récit biblique, continue sa liste généalogique : « De *Goldophin* et *Gallipoly* sortit *Jean le Blanc* qui fut père de *Mignon* qui engendra *Coco* qui engendra *Chaslain* et *Coco II*, dont nous eûmes de nombreux fils. Ils redonnèrent du modèle et de la trempe à la race du pays et la transformèrent en chevaux presque exclusivement gris. La race percheronne venait d'être créée. » En vérité, si Nouveau Testament veuille-t-il être, le récit relève de beaucoup de fantaisie. Colette Gouvion et Philippe Krûmm, auteurs d'un magnifique ouvrage des Editions du Rouergue sur *Les Chevaux de trait*, feront plus tard litière de tous ces racontars. Au vu de documents irréfutables, ils prouveront que *Goldophin* cesse de servir Le Pin dès 1820, qu'il ne peut donc être le papa de *Jean le Blanc* né en 1823, qu'il est alezan doré et non gris (alezan ou alzan : tirant sur le roux ou la cannelle, avec toutes sortes de nuances, alzan clair ou poil-de-vache, alzan bai, alzan obscur, alzan brûlé, dont les Espagnols disent « alzan brûlé, plutôt mort que lassé »), qu'il est en vérité né de père *Mock-Doctor*, pur-sang anglais et de mère non moins anglaise, et qu'en 1812 il motive la sévère appréciation suivante, « figurine commune, jarrets droits et mauvais, vilaine croupe, trotte mal ». Il est par conséquent impossible de tenir le pauvre *Goldophin* pour un des plus typiques aïeuls du percheron gris et racé. Qui mieux est : l'ascendance *Gallipoly* est aussi discutée. Les experts préfèrent citer comme « ancêtre plus que probable » *Le Pierrot*, gros étalon gris né en 1809, l'année de Wagram, « pommelé de 1,60 m », bien catalogué en tant que raceur-fondateur — comme ancêtre officiel *Désarmé*, né en 1815 de père et de mère percherons incontestés, le premier « trait percheron » à être spécifié comme tel. (Seul détail troublant : ce *Désarmé* est un bai alors que l'un des signes distinctifs de la race sera sa robe grise.) De toute manière, dès 1825, ledit *Désarmé*, malgré son nom, sert à Chanday 45 juments, dont 32 restent pleines, donnant 13 pouliches et 13 poulains vivants. Puis paraissent au Pin des étalons non moins généreux, *Remorqueur*, *Joli*, *Herbager*, *Inconstant*. Dès la mi-siècle, la réputation des percherons est assurée. Un observateur note déjà que « tous les pays d'élevage et tous ceux qui cherchent à le devenir veulent des étalons et des juments du Perche » et tout le monde va déplorer que, faute de suffisamment de reproducteurs, il faille vite croiser la race avec des boulonnais, des bretons ou des angevins, ce qui altère gravement l'homogénéité. Mais tout de même, le percheron de s'imposer comme le cheval préféré des entrepreneurs de postes et de messageries, puis, après la victoire du chemin de fer, de tous voituriers sur les routes de second ordre et les chemins vicinaux. Et de déroger en cheval d'omnibus (entre 1855 et 1900, la Compagnie parisienne des omnibus achète 103 000 chevaux, dont 65 % de percherons ; elle fait rentrer chaque année de 2 000 à 3 000 chevaux neufs ; elle compte près de 10 000 chevaux au travail ; en 1912, Paris compte encore 17 305 voitures hippomobiles contre 14 428 automobiles). Et, quand vient « la folie du gros », de donner des spécimens de plus en plus hauts et lourds. Et le percheron d'être adopté par des éleveurs américains, pour, marié à des juments américaines, donner des métis aux critères demandés (dès 1883 se crée, parallèlement à la Société percheronne de France, *The American Percheron Horse Breeders Association of Chicago* qui publie son propre stud-book). Dans la seule année 1899, on en exporte 3 000 aux Etats-Unis. On en exporte aussi au Chili, en Argentine, au Canada, en Afrique du Sud, au Japon. On plie même humblement à tous désirs des Américains quand, de préférence au gris, ils demandent des robes sombres.

A nous les *bretons*, harmonieux colosses, hérités des Celtes, croisés d'Egyptiens, anciennes grandes vedettes des haras napoléoniens ; les *normands*, qui sont des *anglo-normands*, jaillis d'invasions anglaises successives et qui se distribuent sur trois voies, le trotteur français sélectionné sur la vitesse au trot, le selle français sélectionné sur l'aptitude au saut d'obstacle, et le *cob* d'origine qu'on décrit d'abord comme fort « couillu » (au reste, *cob*, en anglais, signifie « testicule »), excellent pour le transport du commerce et de l'industrie ; les *comtois*, souvent rouans (poil mêlé de blanc, de gris sale et de bai, ou rouhan-cap-de-more, gris sale avec tête noire), qu'on présente à tort comme des « animaux à silhouette disgracieuse », chevaux de trait légers à débouché assuré pour l'artillerie, l'industrie et l'agriculture ; les *chevaux du Nord*, mille kilos d'os et de muscles qui pâturent sur les bords de la Sambre, fils des Flandres, dont les plus malheureux traînent les berlines de charbon au long des boyaux obscurs de la mine.

A nous animaux du plus beau noir ou de poil isabelle (jaune, toute une gamme allant du plus sombre au plus clair, que l'on nomme soupe-au-lait), blancs ou bais (rougeâtres), argentés ou pommelés, gris-de-souris ou gris-tisonné, tigrés ou pies, porcelaine (gris mêlé de bleuâtre) ou aubères (fleur-de-pêcher) ou ladres (avec le tour des yeux sans poil).

A nous foire sur foire.

A nous le pur-sang triomphant. Le mythe n'aura jamais cessé de s'affirmer. Pourtant, dans les années 1880, le pacha d'Egypte lance un défi aux Anglais : il propose une course pour départager les prétendants, anglais et arabes, au titre de champion des champions. Mais, conviés à déplacer leurs vedettes sur l'hippodrome du Caire et à les engager dans une épreuve de cent kilomètres, les Anglais déclinent la proposition. La course du siècle n'aura pas lieu. La tyrannie du pur-sang ne s'en poursuit pas moins. Ni les protestations ni les quolibets ne manquent. A l'envi, les caricaturistes dépeignent avec mille détails les avatars des multiples acheteurs candides à qui on glisse des allemands ou des limousins sous pavillons de marque anglaise. Dans les rues encombrées des villes, les accidents sont devenus fréquents par le fait de ces coursiers irritables et fantasques, saisis de frayeur au moindre bruit insolite. Une rumeur persistante assure que le pur-sang s'emballe pour un rien. Il n'empêche que le pur-sang triomphe. C'est peu dire que les Anglais ne veulent pas connaître d'autres chevaux que les leurs, pur-sang bien sûr. Les paysans essaient bien de confier leurs juments à des étalons hors-la-loi qui répondent mieux à leurs propres critères de qualité. Ils ne manquent pas de faire observer que les croisements officiels manquent souvent de sérieux ou de logique, que trop d'animaux « plus près du sang », « améliorés », « anoblis », destinés en grande priorité à l'armée, sont reconnus par de nombreux spécialistes comme aussi impropres au service de la guerre qu'à celui de l'agriculture. La question du croisement du pur-sang arachnéen avec les races lourdes et communes, associée à celle de la responsabilité du ministère de la Guerre dans la production chevaline, alimente tout au long du siècle une querelle homérique sur le bien-fondé de l'existence d'une institution telle que les haras nationaux. On en vient à des pluies de pamphlets. Les vétérinaires ne sont pas les derniers à faire entendre leurs témoignages pour soutenir les protestations paysannes. Des moines-éleveurs se joignent au chœur. Mais l'Etat tient bon. Il ne lâche pas ses haras.

A nous, grâce aux Ecoles de Lyon et d'Alfort, des générations de remarquables vétérinaires.

A nous enfin une « industrie mulassière » qui bat son plein. C'est à milliers que la France exporte mules et mulets tous azimuts, jusqu'aux Etats-Unis et en Australie, et aussi les baudets du Poitou, et aussi les baudets de Gascogne ou de Cerdagne. Ce genre d'animal, si cher soit-il, mais idéalement docile, tenace et d'une grande sûreté de pied, rencontre un tel succès qu'il faut équiper de très nombreux « ateliers », où l'on fait traiter spécialement les juments par des ânes. En 1886, le Poitou compte 160 ateliers et quelque 50 000 juments mulassières. Ces ateliers produisent par an 18 000 mules ou mulets qui tous trouvent preneurs — un tiers localement par des ventes de ferme à ferme, un tiers de commerce à commerce, les autres à l'âge de un an vendus dans les autres régions. On trouve d'ailleurs toutes sortes de formules d'élevage. Par exemple, tel fermier de Saintonge fait naître, mais n'élève pas, alors que son homologue vendéen achète (au moment du Carême) de belles « jettones » qu'il élève jusqu'à leurs quatre ans avant de les revendre.

Il reste que le mulet et l'âne ne sont pas moins que l'ardennais ou le percheron « joyaux » de l'élevage français.

Il reste surtout que le paysan garde une sorte de vénération pour son cheval, qu'il traite le plus souvent comme un égal. Certes, il y va d'un sentiment qui remonte aux plus vieux âges. Déjà dans l'*Iliade* d'Homère, le berger-écuyer Automédon, cocher du char d'Achille, aime tellement ses chevaux qu'il sait parler leur langage. Homère considère que le cheval d'Hector, Xanthos, celui d'Ulysse, Ethée, et la jument d'Agamemnon, Argos, s'ils ne parlent pas, pensent. Pour lui un cheval a un cœur d'humain. Mais peu de siècles comme le XIXe auront voué au cheval un tel attachement. Un merci pour tout ce qui lui est dû ? La conviction qu'il y a de la noblesse dans de tels rapports ? L'impression que cet ami pourra être trahi, abandonné par les futures générations au bénéfice de froides machines ? La crainte que ce mariage homme-cheval en soit à ses derniers temps ? Mais il est de fait que, chez les paysans, le cheval fait partie de la famille comme jamais encore...

Les nouveaux royaumes de Pomone

La période de 1789 à 1889 est pour l'horticulture française une ère de progrès incessant.

On peut même dire que, en dépit de trop de guerres, malgré les plus troubles agitations intérieures et extérieures, et toutes sortes de crises politiques ou commerciales, le jardinage ne quitte pas la voie du succès.

Il faut dire que beaucoup d'atouts l'y aident : découvertes de la science ; développement de l'enseignement agricole ; garantie des engrais ; destruction des animaux nuisibles ; reboisement (notons en passant que c'est en 1858 qu'on installe, semée et non plantée, la forêt artificielle des Landes, la plus grande d'Europe, qui finira par occuper près d'un million d'hectares) ; concours régionaux agricoles (institués en 1857, avec, dès 1884, une prime d'honneur de l'horticulture) ; perfectionnement des méthodes d'exploitation au sol ; transformation des friches en cultures de rapport ; recherche de races nouvelles de végétaux d'utilité ou d'agrément par la voie du semis ou de l'importation ; vulgarisation des meilleures espèces... Le jardinier a de quoi s'inspirer.

En 1827, se crée la Société d'horticulture de Paris.

En 1873, sur interventions de Pierre Joigneaux, publiciste agricole, député de la Côte-d'Or, et de l'agriculteur-député Guichard, élu de l'Yonne, l'Assemblée nationale vote la création d'une Ecole nationale de l'horticulture et son installation dans les bâtiments et jardins du Potager du Roi (construit sous le Roi-Soleil à Versailles).

On voit fonder en 1877 *Le Moniteur d'horticulture* par Lucien Chauré, le *Journal de vulgarisation de l'horticulture* par Léopold Vauvel et le *Journal des roses* par Scipion Cochet. Autres soutiens pour l'avenir.

Alors, il y va quasiment d'une féerie.

On voit arriver toutes sortes de nouvelles plantes.

— Le chou à jets, dit chou de Bruxelles.

— Le céleri-rave.

— Le fraisier de la Virginie et de la Caroline qu'on dit donner des fruits plus parfumés.

— La grosse fraise apportée du Chili sur les côtes de Bretagne par le capitaine Freize, le bien-nommé, du génie maritime.

— Les piments d'Amérique du Sud.

Les jardiniers fabriquent les premières conserves de tomates.

Vers 1855, par l'intermédiaire de la Société d'acclimatation fondée un an auparavant par Isidore Geoffroy Saint-Hilaire, le consul français à Shanghai, Charles de Montigny, envoie un mets particulièrement délicat, une racine charnue, fusiforme, gorgée de fécule, l'iguane de Chine, dioscoracée grimpante, qu'escortent d'autres plantes non moins inédites, ou à peu près, le maïs géant, le riz sec, le sorgho à sucre, le soja hipida. « Ni l'une ni l'autre de ces orientales n'ont dit le dernier mot », assure le botaniste Charles Baltet dans une conférence brillante faite fin 1889 au Trocadéro.

Les marchés parisiens font apprécier l'aubergine. Elle ne nous vint que timidement, sous le Directoire. Elle prend de l'assurance. Soit comme dessert, à l'imitation de l'Italie, soit sous forme de cataplasme.

Dès le début du siècle, le Nord fait prospérer la chicorée. Comme si c'était une nouveauté ! Elle exista dès les âges les plus lointains. Elle fut appréciée des plus grands médecins et botanistes de la Grèce antique pour ses propriétés thérapeutiques. Elle fut connue des Gaulois. Elle fut très consommée comme remède par la Cour de Versailles sous forme d'« eau de chicorée ». Disons qu'elle retrouve une nouvelle jeunesse.

La betterave devient une culture fondamentale. Dès le début du siècle, deux sucreries françaises fonctionnent : à Saint-Ouen et à l'abbaye de Chelles. Déjà à la fin du Premier Empire, elle prend un phénoménal essor. Et comme elle exige des sols sains, non acides, avec une bonne structure et des fumures équilibrées, un climat tempéré et humide durant six mois avec des périodes ensoleillées et chaudes avant la récolte, voici la Picardie et le Nord à quasiment monopoliser la production.

La pomme de terre connaît pleine prospérité. Soudain se développe un nombre important de variétés issues de semis qui contribuent à une étonnante explosion variétale. En 1810, la Société impériale d'agriculture dénombre 110 variétés ; le catalogue Vilmorin de 1846 en rassemble 177 ; celui de 1880 en propose 630. A la fin du siècle, on décèle plus de 1 000 variétés (on dépassera les 2 000 en 1920). On prend en compte les critères de rendement ; on modèle l'architecture de la plante ; on sélectionne les tubercules les plus gros et de la forme la plus régulière ; on recherche des feuilles plus larges, des tiges plus courtes (les pommes de terre d'Olivier de Serres avaient des tiges de 1,80 m) ; on détecte les variétés sachant résister au mildiou ; on étudie l'action — bénéfique — des régions froides sur la qualité du produit ; on cherche des éléments d'analyse en Ecosse qui se révèle une forte zone de production. On fait venir des variétés de l'étranger — des variétés chiliennes qui tubérisent en jours longs, ainsi la *Rough Purple Chili*, obtenue en 1851 sur un marché panaméen, qui aura pour descendante la célèbre *Early Rose* ; ou la variété *Daber*, introduite en 1830 d'Allemagne. Le consommateur apprend vite à distinguer les principales catégories : pommes de terre de consommation courante (la plus connue étant la *bintje*, chair jaune, forme arrondie, apte à toutes les utilisations culinaires) ; pommes de terre à chair ferme (*belle de Fontenay*, *roseval*, *charlotte*) et les primeurs (récoltées avant maturité, ne se conservant que quelques jours à cause d'une peau très fine, telles l'*appolo* et la *sirtema*). En tout cas, la progression est spectaculaire. En 1793, la France cultivait (déjà) 30 000 hectares ; elle en cultive 350 000 en 1815, 983 000 en 1835, 1,5 million en 1900. Par malheur, la pomme de terre a des ennemis.

Elle se révèle très vulnérable aux épidémies.

Le mildiou (*Phytophtora infestans*) est singulièrement néfaste. On met des années avant de découvrir que la pourriture des tubercules est due à un champignon. L'attaque est si vive qu'il s'ensuit une grave disette en 1846-1847. Trop longtemps, à une époque où règne la théorie de la génération spontanée, on nie la vérité. Ce n'est qu'entre 1882 et 1885 que le remède est découvert. Alors seulement, Alexis Millardet met au point, à partir de sels de cuivre, des méthodes de traitement qui se révèlent décisives.

Puis le doryphore attaque. C'est à l'origine un insecte des montagnes Rocheuses, au Colorado. Il décide de voyager. En dix ans, il parcourt près de 3 000 kilomètres. En 1859, il est signalé dans le Nebraska ; en 1870, il a déjà envahi le Massachusetts. Il atteint le Canada en traversant le lac Erié sur des végétaux flottants. Il s'en prend à l'Angleterre en 1901. D'ores et déjà on peut savoir que le continent européen n'échappera pas à l'invasion. (Elle se déclenchera en 1922 à partir du port de Bordeaux, sans doute du fait des troupes américaines stationnées dans la région.) Par avance, on se prépare à la riposte — d'autant plus que la pomme de terre est devenue, de loin, le légume le plus employé dans la cuisine française. Les frites relèvent déjà de la légende. La cuisine de grand-mère s'en inspire pour mille recettes, à la poitevine, en robe de chambre, gratinées, terrines de pommes de terre aux cèpes, farcies, bouillies, sautées, au basilic, à la menthe, à l'étuvée, au four, à l'anglaise, dauphine, duchesse, soufflées, en croquette, fondantes, Soubise, Yorkaise, à la florentine, à la hongroise, allumettes, collerettes, paille, à la basquaise, chasseur, en robe des champs, en purée, en crêpes, en beignets, au lard, en omelettes... il y faudrait tout un livre.

Rush sur les fruits primeurs. C'est que le chemin de fer accélère formidablement le transport des denrées périssables. Bien des marchés interdits s'ouvrent. Dès lors, Dauphiné, Provence, Languedoc, Roussillon, départements de la Garonne multiplient les plantations d'arbres fruitiers. A saisons dites, abricots, pêches, cerises, prunes, fraises, framboises, par wagons entiers, sont acheminés vers les places de grande consommation — qui n'avaient jusqu'ici que des pommes et des poires. Puis on se met à utiliser des « wagons réfrigérants ». Certains départements profitent d'une soudaine prospérité inattendue. Il est vrai — drôle de concurrence — que, *a contrario*, dès la fin du siècle, l'hémisphère austral commence à expédier par « navires réfrigérants » des cargaisons qui nous valent « hors saison » de belles pommes, que déjà même la Nouvelle-Zélande et Le Cap nous adressent des raisins, des pêches et des brugnons récoltés là-bas en décembre qui nous parviennent en février : à nous des cerises pour le mardi gras ; des figues fraîches pour Noël. Mais ce trafic nouveau est encore modeste. Les prix pratiqués à l'étal sont obligatoirement prohibitifs. Il y va davantage d'un amusement folklorique que d'un important défi commercial. Nos paysans de primeurs, à Valence, Moissac et Perpignan, peuvent encore dormir tranquilles.

A nous les premières *réclames* agricoles, qui occupent de grands placards sur nos journaux. *Filclair*, premier constructeur européen de serres et abris à couverture plastique, est le plus hardi : on voit un ovni qui vole parmi les étoiles et vous dit : « Filclair... Filclair... ils sont pas fous ces terriens. » On nous recommande chaudement la tondeuse de gazon *Archimédienne* — inventée par un M. Williams — laquelle, « d'une direction facile, fatigue moins l'ouvrier et permet de faire par jour le double de l'ouvrage ». Vive M. Boizard, jardinier de Madame la baronne de Rothschild à Paris : il nous fait la démonstration que la vapeur de nicotine est sans aucun doute ce qu'il y a de mieux pour la destruction des insectes de serre ; « il n'y a qu'à vaporiser avec l'aide d'un fourneau qui favorise l'évaporation ». La Française n'achète plus que sur le conseil des réclames son *Royal Œillet*, son moka *Carvalho*, le *Bouillon Moussu* et la *Crème Simon*, le raticide du *Père Cafard* et le « cafardicide foudroyant *Ledain* », la *Poudre du docteur Howeland*, « la meilleure pour maigrir », et la seule marque de poudre de riz que veuille connaître Sarah Bernhardt, le *Duvet de Ninon*... Mais voici également, à un niveau plus pratique, tel « arrosage automatique », tel système de chauffage des serres « par électricité », tels petits pois « conservés par le froid », tels choux « standardisés » bretons sous « super-marque » *Bretagne*...

Et nous voici tous à reboiser. Même les enfants des écoles y participent, le jeudi après-midi. De 40 millions d'hectares de forêts à l'époque romaine, nous étions tombés à 13 sous Louis XIV, à 7 sous Robespierre. Nous devons à une politique active de reboisement entreprise par Charles X, reprise par Louis-Philippe d'en avoir 8 millions d'hectares en 1880, 9,4 millions en 1890, 10 millions en 1900 (10,8 en 1946, 15,6 en 1990).

J'ai du bon tabac dans ma tabatière...

Il paraît que c'est le refrain préféré des zouaves de Bugeaud en train de conquérir l'Algérie. Ils marchent à son rythme.

Ils le peuvent : la culture du tabac en France est florissante.

Strictement interdite en 1719 par le Régent (sauf dans les provinces récemment conquises par Louis XIV, comme la Franche-Comté, l'Artois, le Hainaut, le Cambrésis et l'Alsace), ne retrouvant sa liberté qu'à la Révolution (par le décret du 20 mars 1791 qui édicte libres aussi bien la culture que la fabrication et la vente), encouragée par Napoléon qui ne veut pas mécontenter ses grognards, elle ne cesse pas de se développer tout au long du siècle. (C'est même l'armée napoléonienne qui rapporte d'Espagne la cigarette, dite « petit cigare », baptisée *cigarite* en 1811 par Petrus Borel.)

En 1805, 16 départements cultivent 8 000 hectares, pour une production de 9 000 tonnes.

En 1808, la culture touche 46 départements sur une superficie de 15 000 hectares qui produisent 22 000 tonnes.

Louis XVIII ne tient pas du tout à briser l'élan.

Les planteurs sont 26 500 en 1820, 36 000 en 1860, 39 000 en 1870, 55 000 en 1895, 58 000 en 1900.

Sans doute y a-t-il des hauts et des bas dans la distribution des autorisations et, après 1870, la production française est-elle en forte baisse par suite de la perte de l'Alsace-Lorraine, mais l'on retrouve vite pleine production.

Surtout, on ne fait point que priser, chiquer, allumer sa pipe et rouler sa cigarette au tabac en paquet gris.

Dès 1842, la France fabrique ses premières cigarettes « toutes faites » — à la manufacture du Gros-Caillou.

L'année 1844 salue l'avènement de la machine à rouler les cigarettes : *le cigarettotype du Français Le Maire.*

Le Second Empire soutient l'herbe à Nicot aussi systématiquement que le Premier. Il y a maints articles où l'on se félicite de voir nos soldats découvrir le tabac turc durant la guerre de Crimée (dans la même date où Philip Morris lance à Londres les cigarettes blondes).

En 1860 une Direction générale des manufactures de l'Etat est mise en place au ministère des Finances. Tous les comptes sont au zénith. Les taxes sur le tabac valent à l'Etat le plus précieux du pactole. Imaginez donc cette aubaine : un impôt sur de la fumée !

La République se garde bien de tarir la manne, d'autant plus que, à peine la guerre de 70 terminée, elle taxe aussi les allumettes (cette autre grande invention du siècle : c'est en 1855 que le Suédois Johan Edward Lundström met au point les « allumettes suédoises » d'usage vite mondial) et décide dès 1872 de faire de la production d'allumettes un monopole affermé, pris en régie directe par les manufactures de l'Etat en 1890 (sauf à chaque commerçant patenté d'avoir autorisation d'en vendre).

Voici la République jonglant avec toute une gamme de marques.

Dès 1876, à nous les premiers noms propres : *Odalisques*, *Entractes*, *Petits Pages*, *Chasseurs*, *Elégantes*, *Pages*, *Jockeys*, *Hongroises*, *Favorites*, *Boyards*, *Russes* — chaque marque étant fabriquée de *Caporal ordinaire* (paquet bleu clair) ou de *Caporal supérieur* (paquet rose) ou de *Maryland* (vert clair) ou de *Levant* (violet), sans oublier le *Levant supérieur* (chamois), le *Vizir blanc* (blanc), le *Vizir supérieur* (vert fumé) et *Giubeck* (rouge).

C'est dans les mêmes dates que se répand largement en France le briquet à pierre inventé par le chimiste autrichien Karl Auer, baron von Welsbach (seul inconvénient : il faut les deux mains pour allumer un briquet ; le briquet à une main ne viendra que dans le siècle suivant).

L'année 1877 voit naître les *Françaises*. Le fumeur a déjà le choix entre 72 marques.

Marques préférées des années qui suivent, *Espagnoles*, *Almées*, *Dames*, *Egyptiennes*, *Havanaises*.

En 1894, on compte jusqu'à 242 marques.

Les *Elégantes de luxe* sont changées en *Amazones* (les *Gauloises*, qui remplacent les *Hongroises*, n'apparaissent qu'en 1910).

Pour le paysan cultivateur, il y va évidemment d'un véritable don du ciel.

Car les avantages d'une telle culture sont considérables — aussi bien pour lui que pour le pays lui-même.

Dans une économie agricole restée assez autarcique où les revenus d'argent proprement dits ne peuvent provenir que de la vente sur le champ de foire, le tabac représente la particularité d'être, d'un bout à l'autre de la chaîne, la seule production entièrement commerciale.

Parmi toutes les productions agricoles d'un département comme par exemple le Lot, l'herbe à Nicot possède le revenu par hectare le plus élevé (cela sera encore vrai cent ans plus tard). Elle « met à l'aise », assure la trésorerie.

Non seulement le tabac influence les rapports sociaux, mais il contribue aussi au progrès, car sa culture, à base de main-d'œuvre, et donc très adaptée à l'agriculture du Sud-Ouest, impose le travail en commun. Plantation, cueillette, effeuillage, « maniquage », confection de balles, chacune de ces étapes, soumises aux contraintes du temps et aux aléas météorologiques, donne l'occasion de « coups de main » entre voisins, qui se soldent par de plantureux et joyeux repas. Ainsi, de la convivialité naît la solidarité.

Non que tout soit rose.

Le tabac, qui ne passe guère plus de trois mois en terre, occupe la totalité d'une année civile et l'on a coutume de dire que la récolte n'est pas encore vendue qu'il faut déjà songer à la suivante en préparant les semis.

Les rapports entre l'Etat ou les régions et ses planteurs tiennent souvent du jeu des gendarmes et des voleurs, ou supposés tels. Le contrôle de la production est souvent trop tatillon. Les inspecteurs n'ont pas bonne presse. A faire évoquer les anciens maudits gabelous. Ils viennent vérifier sur le terrain le nombre de feuilles par pied, selon une réglementation très rigoureuse qui a pour but d'empêcher toute production clandestine, donc non taxable. Le paysan parle d'inquisition.

L'herbe à Nicot n'en poursuit pas moins son bonhomme de chemin. Les planteurs ne sont pas près de baisser les bras.

Les nouveaux royaumes de Flore

Grand événement : la floriculture devient une culture nationale.

Principal mécène : le chemin de fer, qui sait assurer de puissantes liaisons « express » entre le jardin et les grands marchés.

Il est vrai aussi que la fleur n'aura jamais connu une telle vogue que dans ce siècle.

Le gardénia fleurit à la boutonnière. Madame Chic reçoit en hommage de féeriques bouquets d'orchidées ou d'azalées. Huysmans peut consacrer dix pages à sa passion pour les caladiums. Les premiers phonographes sont à volubilis. Majorelle baptise ses mobiliers « orchidées » ou « nénuphars ». Argenterie, verres et papier à lettres se parsèment de fleurs. Tiffany crée un vase « Magnolia », en argent repoussé, inspiré des objets aztèques. Le lys est le symbole odoriférant de la femme, proclame la revue *Jugend*. Léon-Paul Fargue chante : « Je suis, fiers iris noirs, fervent de vos ténèbres. » *Le Lys dans la vallée* est l'un des titres préférés de Balzac. Charles Baudelaire poétise sur *Les Fleurs du mal*. Côté dames, le triomphe est à la femme-fleur, enfouie sous mousses et bouffes, ruchés et plissés, dentelles et fanfreluches. Même les antisémites ont leur fleur : en emblème, un bouquet de bleuets. La machine à coudre se grime en nénuphar, le bénitier en tulipe, telle élégante en plante grasse. La carte postale, avec femme rêveuse, dodue et inclinée avec les grâces de cygne, ne se conçoit pas sans un fond de fleurs ondulantes. Les mosaïques ne veulent que des lotus. Madeleine Lemaire bâtit toute sa réputation de grand peintre académiste en ne peignant que des fleurs. La fleur tient une grande place dans l'œuvre de tous les grands peintres, Corot, Courbet, Fantin-Latour, Monet, Cézanne, Henri Rousseau, Odilon Redon, Gauguin, Van Gogh...

La grande mode est de jouer à faire parler les fleurs.

L'œillet : caprice. Le coquelicot : héroïsme. La primevère : porte-bonheur. Le lis, emblème des rois de France depuis le XIIe siècle : pureté. Le perce-neige ou clochette d'hiver : l'heureux présage. La rose : l'amour (qui n'importune jamais). L'hélianthe : la fausse richesse. La scabieuse, fleur des veuves : la mélancolie. L'anémone, ou fleur du vent : la beauté fragile. L'amarante ou queue de renard : la fierté. L'euphorbe, ou réveille-matin : le repos perdu. Le crocus, ou safran doré : la jalousie. L'azalée : joie d'aimer. La marjolaine : bonheur...

Mais, désormais, la floriculture mobilise à milliers des producteurs, couvre sur tout le territoire national de vastes régions, même s'il y a prime à la Provence et à la Côte d'Azur.

A la fin du siècle, la région parisienne a 3 000 serres et bâches exploitées par 500 cultivateurs qui approvisionnent en fleurs les marchés de Paris.

Lille fait triompher la tulipomanie — avec une première exposition publique dès 1829. La *tulipe* (de *tulipan*, mot dérivé du turc *tülbend*, « turban » l'appelle Olivier de Serres), odorante ou inodore, connaît déjà au XVIIe siècle une immense ferveur ; elle donne alors lieu en Hollande à une culture de pleine prospérité ; on réussit à y produire des variétés remarquables auxquelles on donne le nom de grands hommes ; les tulipes sont même cotées à la Bourse de Harlem. Il suffit à la tulipomanie de faire un petit pas pour atteindre la France du Roi-Soleil. C'est vite fait. Certains oignons grimpent à Versailles jusqu'à des prix incroyables. Colbert doit créer des fonctionnaires, des « notaires de tulipes » pour en réglementer le commerce. Les « fous tulipiers » peuvent engager tous leurs biens. On assure qu'un oignon de la variété *Mère brune* est donné en échange d'un moulin. Les dames de la Cour, au lieu de se coiffer avec des perles ou des pierres précieuses, arborent des tulipes. Le XIXe siècle connaît une identique « fureur tulipière ». A nous dès lors de vastes champs et serres de tulipes, jusqu'à rêver d'en faire fleurir autant que les Hollandais.

L'*œillet* (« petit œil », par analogie de forme et de luminosité entre l'œil et la fleur) naquit en Orient. Pour sa splendeur et son délicat parfum, les Romains le consacrèrent à Jupiter. Nous le devons aux croisés. Le Grand Condé, enfermé à la Bastille aux suites de la Fronde des Princes, y occupa ses loisirs à cultiver des œillets, ce qui inspira à Mlle de Scudéry un fort joli quatrain.

En voyant ces œillets qu'un illustre guerrier
Arrosa d'une main qui gagnait des batailles
Souviens-toi qu'Apollon bâtissait des murailles
Et ne t'étonne plus que Mars soit jardinier.

En foi de quoi, deux cents ans plus tard l'œillet refleurit de plus belle, sauf qu'arrosé de mains moins princières. Et nos jardiniers savent reconnaître les plus fines espèces, *œillet des fleuristes*, si spontané sur les rocailles méridionales ; *œillet mignardise*, à pétales roses élégamment laciniés, plante de choix pour la confection des bordures ; *œillet de poète*, à fleurs d'un rouge éclatant. Le siècle adore.

La *rose* se vendait déjà à prix d'or en la Rome antique. Elle aura été chantée par tous les poètes latins. Les Gaules en raffolèrent. Puis elle s'effaça, les variétés étant trop peu nombreuses, même si les trouvères savaient faire admirer la fleur de l'églantier des haies, la rose rouillée et la rose pomifère des forêts. Mais, dès le Moyen Age, elle faisait l'objet d'un commerce important dans quelques provinces, aux environs de Provins et de Rouen surtout. L'époque ménagea même à la rose une place privilégiée parmi les autres fleurs : les roses sèches étaient conservées avec un soin jaloux ; la rose était distillée pour son parfum et procurait *l'eau rose* (plus tard eau de rose) ; le Parlement possédait un fleuriste attitré nommé le *rosier de la cour* qui avait son jardin dans les environs de Paris, à Fontenay-aux-Roses ; le droit féodal inventa des redevances florales ; le vassal devait donner au seigneur un certain nombre de boisseaux de roses pour sa provision d'eau de rose ; le Vert Galant en offrit beaucoup à ses belles. Plus tard, Versailles voulut ses parterres de roses. Le XIXe siècle leur fait connaître plein épanouissement. L'impératrice Joséphine en fait planter beaucoup à la Malmaison. En 1811, l'*Almanach des Roses* de Thomas Guerrapain, imprimé à Troyes et dédié aux dames « avec une certaine galanterie », énumère près de 200 variétés de rosiers. En 1818, le comte Lelieur, intendant des parcs de la Couronne, dédie à Louis XVIII *la Rose du Roi*, obtenue par Souchet deux ans auparavant. Depuis l'habitude se conserve de dédier à certains personnages ou lieux historiques les variétés jugées les plus remarquables, *Reine Victoria* en 1838, *Comte de Paris* en 1839, *Duchesse de Cambacérès*, *Maréchal Niel*, *Prince Napoléon* en 1864 (le fils de Napoléon III), *Baronne de Rothschild* en 1868, *Mme Edouard Herriot* en 1906 (épouse du député-maire de Lyon).

Le siècle se familiarise avec toutes sortes de merveilles : *rose de Chine* (et pour cause) ; *rose de Bengale* (rapportée d'Inde en 1789, il y avait mieux pour elle comme date) ; *rose thé* (exhalant un parfum qu'avec quelque imagination olfactive on peut assimiler à la boisson préférée des Anglais) ; *rose de l'île Bourbon* (découverte cachée en 1817 dans une haie de cette île) ; *rose de Provins* ; *rose de Provence* ; *rose de Nice* (qu'on dit la plus fructueuse en affaires) ; *rose de Damas* (à fleurs très odorantes fournissant l'essence de rose des Balkans) ; *rose musquée* (qui donne l'essence « damasquine ou musquate »).

A nous, dès 1855, les premières roses hybrides, dont la rose jaune de Pernet. A nous les premiers grands succès internationaux des fleurs françaises : *Mme Edouard Herriot* triomphant à l'Exposition internationale d'horticulture de Londres — le *Daily Mail* lui attribuant la « Coupe d'or » en tant que rose la plus belle du monde.

Que vienne donc le chemin de fer, et il n'y a plus de frein à l'impérialisme de la rose.

Bien d'autres fleurs se distinguent pourtant encore.

Le XIXe siècle aura été le premier à voir cultiver en France des *orchidées* pour la vente. En 1813, Fairbairn, jardinier à Claremont, fait fleurir l'*Aerides odoratum* des Indes orientales en le pendant dans une serre à ananas (c'est même la première fois qu'est réalisée une culture aérienne). A partir de 1860, l'impératrice Eugénie aidant, la culture se généralise. Jusque-là, les fleuristes partaient du principe que ces plantes, nées des tropiques, exigeaient tout à la fois une température élevée, une forte humidité et beaucoup d'ombrage, mais les plantes ainsi traitées mouraient rapidement ; on aura pu appeler l'Angleterre « le tombeau des orchidées ». Cependant, des progrès se font peu à peu. Le paysan français peut se révéler un maître artiste, jusqu'à être un grand connaisseur. On rectifie les doses d'humidité, les séances de lumière, les saisons de repos. L'orchidée s'impose.

L'*hortensia* connaît dès la mi-siècle une vogue qui ne se démentira plus — excepté qu'on ne pourra jamais savoir par quelle Hortense il aura été introduit, la reine Hortense de Beauharnais, la princesse Hortense de Nassau ou l'épouse de l'horloger Lepaute.

Le *bégonia* est au diapason — le *camélia* aussi, « cette reine de nos plages maritimes et de nos fêtes hivernales ».

On met à la mode les orchidées épiphytes ou terrestres (épiphyte : se dit d'un végétal qui se fixe sur des plantes, mais sans les parasiter).

Roxburgh, dès 1812, nous envoie notre premier *Dendrobion des Indes*. Nous recevons ensuite des diverses régions équatoriales bien d'autres « fines mouches » du faîte des arbres. L'épouse du président Sadi Carnot accueille de rarissimes « colibris » qu'elle installe dan les jardins de l'Elysée. Le Marché aux fleurs fait découvrir de nouveaux bijoux, le *Ficus*, le *Dracaena*, l'*Aralia*, le *Phormium*, l'*Araucaria*.

C'est toujours le XIXe siècle qui fait découvrir les buissons de *fuchsia* (du nom d'un botaniste allemand du XVIe, Fuchs) dont, aux îles de la Manche, les myriades de corolles pendent comme autant de clochettes de corail. Fils de la Colombie baptisée du coup « le Quartier-Général des fuchsias », il trouve une seconde patrie à Jersey et Guernesey. Puis les îles en font cadeau au continent. Sur la France, c'est une véritable pluie de corolles de feu, pourpres et violettes.

Le *chrysanthème*, fils de l'Inde et de la Chine, nous arrive fin XVIIIe siècle, d'abord tâtonnant. Mais il prend vite de l'assurance. On peut même dire qu'il se popularise, encore que la culture demeure plutôt cantonnée dans la région méditerranéenne, dont le climat, en favorisant la fécondation des fleurs et la maturation des graines, permet une diversification remarquable des formes, des dimensions et des teintes. Là aussi, le paysan est artiste. Le chrysanthème gagne du coup beaucoup de régions, surtout dès lors que s'imposent sur les marchés les innombrables formes de « chrysanthèmes d'automne », fleurs reines de la Toussaint. A nous toutes sortes de splendeurs : chrysanthèmes « à fleur d'anémone », « à fleur de pivoine », « à fleur de zinnia », à tons vieil-or, vieux-rose, chaudron, havane. Des expositions internationales de chrysanthèmes sont organisées à Troyes en 1886, à Roubaix en 1888. Bien d'autres suivent. Peut se fonder la Société française de chrysanthémistes.

Spontané au Mexique, le *dahlia* (du nom du botaniste suédois Dahl, élève de Linné), introduit de Madrid en France en 1802 par le docteur Thibaud, botaniste de notre ambassade en Espagne, à titre de plante alimentaire (par ses tubercules) est littéralement cajolé par le Muséum qui lui trouve son vrai avenir : la tige s'érige et s'allonge, le capitule se bombe et devient presque sphérique tout en demeurant très petit (*dahlia liliput*, *dahlia pompon*) ou bien s'élargit et s'emplit jusqu'à inclure, sur vingt centimètres de diamètre, d'innombrables fleurs creusées en tube ou roulées en cornet, imbriquées au point de dessiner une rosace ; la merveille est accomplie, sans oublier que le dahlia sait présenter toutes les nuances du blanc, du jaune, du rose, du rouge, du violet et presque du noir. (On cherchera désespérément à créer le dahlia bleu.)

A l'Exposition universelle de 1889, celle de la tour Eiffel, Vilmorin réunit de magnifiques exemplaires de *cinéraires*, qui doivent leur nom, du latin *cineres*, « cendre », au duvet blanc cendré qui recouvre les feuilles.

Dès le début du siècle, parcs et jardins veulent s'orner de *clématites* (devant leur nom, du grec *klêma*, « sarment », aux rameaux sarmenteux de la plupart des espèces) mais donnant, au lieu des lianes indigènes à insignifiantes fleurs blanches et dont la « vigne blanche » est le type, grâce aux rocailles méditerranéennes de splendides espèces aux larges corolles azur, mauves, incarnat ou ivoire.

La Provence maritime, augmentant l'étendue de ses cultures vitrées, en vient à alimenter les plus grands fleuristes de toute l'Europe.

La *mahonia* des montagnes Rocheuses connaît la mésaventure d'être élevée en serre chaude dès avant la mi-siècle, pourtant se révèle parfaitement rustique dans les jardins français.

Au premier mai de chaque année, à partir de 1900, les rues de toutes les villes voient apparaître des marchands de *muguet* dont les clochettes blanches et si suavement embaumées sont le symbole fidèle du renouveau. Le muguet des bois, bientôt, ne suffit pas à satisfaire la demande du public, très attaché à cette tradition. A son secours vient le *muguet de serre*, rapidement objet d'un commerce prospère, au moins à Paris et Nantes.

Des villages entiers de Provence vivent de la culture des *immortelles* qui ont le don de ne point se faner — en particulier des immortelles jaunes, héritées de Rhodes et de Crète. Bandol, Ollioules et Sanary pourraient presque en faire une culture exclusive. A la fin du siècle, la récolte à Bandol dépasse 3 000 caisses de 30 kilos, et occupe durant une bonne partie de l'année au moins 500 femmes. Un chroniqueur note qu'il est fort curieux « de voir, assises sur le pas de leur porte, les femmes du pays qui séparent les fleurs avec les dents, pour les attacher ensuite une à une sur les couronnes ». Car elles servent souvent à la parure des couronnes pour les défunts. Elles contribuent même grandement aux grandioses obsèques de Léon Gambetta, l'inventeur du ministère de l'Agriculture, le 6 janvier 1883.

Spontané en Asie Mineure et en Europe de l'Est, introduit en France au XVIe siècle par notre ambassadeur auprès de Soliman le Magnifique, le *lilas* attend trois siècles avant d'émerveiller nos jardiniers. Mais alors quelle vogue ! quelle allégresse ! Témoignage de Charles Baltet, l'un de nos horticulteurs les plus qualifiés, né à Troyes en 1830, fondateur de la Société pomologique de France, auteur de multiples ouvrages sur l'art des jardins : « Nous voyons (c'est en 1892) des centaines de milliers de plants de lilas de Marly dans les plaines d'Ivry et de Vitry, qui approvisionnent les serres où se pratique le blanchiment de la fleur à l'aide du chauffage intense et rapide de l'arbuste et de la privation de lumière pendant une période continue de 25 à 30 jours ; ce procédé, commencé par le praticien Mathieu, de Belleville, il y a 100 ans, a été suivi par d'autres, dont Laurent qui, à lui seul vers l'année 1870, forçait 20 000 lilas chaque année. Aujourd'hui la concurrence existe jusque dans les serres de Nice, quoique les environs de Paris comptent 350 serres consacrées à ce seul usage et fournissent de 6 à

10 récoltes par an. » Le lilas essaime irrésistiblement. Rarement succès aussi ample.

Le *pélargonium*, plus connu sous le vocable de *géranium* (pélargonium dont le nom bizarre, du grec *pelargos*, « cigogne », se doit à la forme de son fruit s'achevant en un long bec, comme le fruit du géranium, du grec *geranos*, « grue », a été comparé au bec d'une grue) est natif d'Afrique australe. Il nous fut amené au temps du Roi-Soleil. C'est en vérité le XIXe siècle qui le fait connaître largement aux Français. Très vite populaire, le voici à tout inonder, ornant les parterres tout l'été et embellissant, jusqu'à l'approche des premiers froids, balcons, terrasses et fenêtres.

Le *pétunia*, cousin du tabac ou pétun, fils du Brésil, prend son essor en France en 1831, grâce à une espèce à fleurs d'un pourpre violet velouté. L'émerveillement est encore plus profond quand on apprend qu'il peut aussi s'habiller de blanc pur, de rose vif, de rouge cramoisi, de violet sombre.

Le *rhododendron* fleurit dans nos jardins dès 1830.

La *reine-marguerite* nous vient des harems de Chine, introduite par le R. P. d'Incarville, missionnaire jésuite, en 1730 — valant son nom à son destin de « la plus belle des marguerites ». Elle finit par s'imposer comme une des reines du jardin et tout le XIXe siècle joue à la soumettre à toutes sortes de perfectionnements qui raccourcissent et endurcissent la tige, accroissent les fleurs, varient le coloris du capitule. Aussi, nulle autre fleur n'aura été si habile à se faire aimer, blanche ou rouge, bleue ou orange, si déçue soit-elle de ne jamais pouvoir se vêtir de jaune pur.

Adorables *azalées* ! De plus, elles nous viennent autant du Far West que du Far East. Des mondiales. Nous les acclimatons dès la mi-siècle. Dès la Belle Epoque, la France prépare pour la vente des millions de sujets chaque année, ne serait-ce que pour fleurir à l'envi boudoirs, jardins d'hiver et expositions printanières.

Et le XIXe siècle de familiariser le grand public avec la *verveine*, le *magnolia*, l'*eucalyptus* (géant svelte du monde végétal, acclimaté à la Malmaison par le jardinier botaniste Delaye, vite recommandé comme grand purificateur des marécages à fièvres et ennemi numéro un des moustiques).

A nous le *mimosa*, tout joyeux d'arriver d'Australie après un interminable voyage, tout joyeux de fleurir en janvier à l'apogée des grands froids, introduit en 1820, symbole de sécurité, incomparable gerbe d'or.

A la fin du siècle, on réussit même à acclimater en pot et au jardin l'*edelweiss* ou *immortelle des Alpes* (de l'allemand *edel*, « noble », et *weiss*, « blanc »), que Guy de Maupassant est le premier de nos grands écrivains à citer, dans *Au soleil* : « Un guide nous apporta quelques edelweiss, les pâles fleurs des glaciers. Berthe s'en fit un bouquet de corsage. » Le siècle se prend d'un fol amour pour cette rarissime chose de nos hautes montagnes alpines dont, à plus de 2 000 d'altitude, les capitules étoilés et laineux émaillent le gazon des saillies et des pentes les plus ensoleillées...

L'enchantement est total.

La France n'aura jamais été aussi fleurie.

Disons que le paysan-jardinier aura bien mérité de l'avenir.

Et à nous le *miel*, cette fleur des fleurs. A nous une multitude de ruches nouvelles. L'apiculture est certes un vieil art de l'homme des bois. Les abeilles furent sans doute avec les brebis les premiers animaux domestiqués — les unes pour le lait et la laine, les autres pour les premiers gâteaux du monde. Ils sont, de la nuit des temps, les premiers artistes qui songèrent à les élever. Puis, de siècle en siècle, vinrent les Grecs, des maîtres quant à la manière de relever les reines, de réunir les colonies faibles, d'enfumer une ruche (inventeurs de la ruche : les Egyptiens), de se prémunir contre les assauts des races qui ne sont pas douces, de ne pas provoquer l'irascibilité des races les plus craintives, de protéger un essaim d'odeurs trop fortes, de rechercher la meilleure exposition pour un village, de détecter les meilleures plantes mellifères, trèfles, sainfoins, bruyères, sarrasin, lavande, sapin, acacia, romarin. Ils savaient parfaitement distinguer les mâles (ou bourdons), trapus et velus, ne vivant pas plus d'un été, commando à peu d'unités, de la masse des ouvrières, femelles stériles, eunuques innombrables, chargées de nettoyer l'abri, d'élever les jeunes et d'approvisionner la colonie en pollen et en eau. Ils n'ignoraient rien d'une reine, qui peut piquer uniquement ses rivales et peut pondre jusqu'à deux mille œufs par jour. Pas étonnant si des abeilles, emblèmes du travail, figurèrent sur les monnaies d'Ephèse, si les Romains, ces gros travailleurs, les vénérèrent, et si les quatre Apicius, les plus grands gastronomes de Rome, voulurent porter un nom qui leur rend hommage (du grec *apis*, « abeille »). Grecs et Romains pratiquèrent très tôt la *transhumance des ruches*, consistant, lorsqu'un tapis de fleurs est épuisé, à transporter dans un autre lieu où d'autres lavandes et romarins abondent, pour faire une seconde récolte. Ils connurent aussitôt les pires ennemis naturels de l'abeille, la guêpe, qui lui livre une inlassable et implacable guerre civile, le frelon, le philanthe apivore (autre hyménoptère à abdomen rayé noir et jaune, spécialisé dans la traque aux abeilles), le si hargneux sphinx tête-de-mort — la teigne, dont les larves adorent détériorer les rayons de cire — les souris qui n'ont pas d'égales pour casser la baraque — les fourmis, encore plus pilleuses que les ours et les hommes. Puis venait l'ère chrétienne. Les moines cultivaient l'exemplarité de ces colonies fortement disciplinaires à qui nous devions « le premier gâteau de Dieu ». Notre Moyen Age n'était pas moins fervent de miel que l'Hymette et le mont Palatin. Childéric, père de Clovis, était inhumé en manteau constellé de centaines d'abeilles d'or rehaussées de grenats (sauf erreur, car le tombeau n'était découvert par l'Histoire qu'en 1663 et, contrairement aux premières interprétations des spécialistes, lesdites abeilles pourraient être des cigales, la cigale, vieux symbole indo-européen, figurant l'immortalité de l'âme). Richard Cœur de Lion, ne parvenant pas à prendre Saint-Jean-d'Acre, faisait lancer sur les défenseurs de la ville de pleins « paniers » d'abeilles de la race la plus belliqueuse. Dès l'an mille, Gâtinais, Bretagne, Landes, le Narbonnais, la Provence pratiquaient une apiculture active — apprenant vite à lutter contre les principales maladies de l'insecte, mycoses, acarioses, nosimoses, dysenterie, mal de mai. Puis encore, le bon roi Henri encourageait à bâtir des « villes de ruches ». Enfin Napoléon choisissait les abeilles comme motif décoratif pour remplacer la fleur de lis sur les tentures des bâtiments publics ; et les faisait figurer sur son drapeau de l'île d'Elbe. Et voici qu'avec les horticulteurs, éleveurs de roses et d'œillets, les apiculteurs, éleveurs d'abeille, cultivateurs de miel, connaissent eux aussi un renouveau. L'apiculture sembla tomber en sommeil sous les deux siècles précédents. Elle manifeste à son tour une extraordinaire vitalité.

Du phylloxera aux croisades des grands crus

En France viticole, sur les trois premiers quarts du siècle, quasiment tout est pour le mieux dans le meilleur des mondes.

Quand le Premier Empire s'écroule, elle retrouve à peu près la même superficie en vignes et la même production en vins qu'aux dernières années de Louis XVI : le vignoble couvre environ 1,5 million d'hectares ; globalement, les caves fournissent quelque 27 millions d'hectolitres.

Dans l'intervalle entre Louis XVI et Louis XVIII, on a certes arraché beaucoup de vignes pour faire place à des cultures alimentaires, blés et pommes de terre surtout, et à la betterave, précieuse pourvoyeuse en sucre. Mais, parallèlement, on a procédé à de fortes plantations nouvelles et replantations — d'une part du fait que les citadins se sont mis à boire plus de vin, d'autre part pour ne pas priver de pinard les ardents Volontaires de l'an II, non plus que les grognards d'Austerlitz et d'Eylau. Par ailleurs, le blocus n'a presque pas affaibli le rythme des exportations de vins outre-Manche et outre-Atlantique : tout s'est même passé comme si les Anglais donnaient pour consigne de ne surtout pas envoyer par le fond bourgognes et bordeaux. Que vienne Louis XVIII qui aide puissamment à la promotion de la vigne et du vin, et, en 1830 la France possède près de la moitié du vignoble mondial — avec près de 2 millions d'hectares, dépassant de loin l'Autriche-Hongrie, l'Italie et l'Espagne.

De plus, les techniques s'améliorent — aussi bien à la vigne et à la cave que dans le service de la table.

On forme des générations de remarquables œnologues.

On améliore considérablement les procédés de vinification.

On procède mieux à la sélection des cépages.

On ne tâtonne plus pour procéder à des mariages de cépages : par exemple, on métisse intelligemment les cépages languedociens, aromatiques, mais clairs, avec les teinturiers de l'Orléanais.

On recherche la qualité.

On écoute un Brillat-Savarin, épicurien d'excellent conseil, auteur de *La Physiologie du goût*, héraut du savoir-boire, qui explique comment marier un vin et un plat, quel loire choisir pour accompagner des huîtres, quel beaune une daube. On ne peut qu'apporter une identique application à marier un cépage et un terroir, à mieux soutenir un « corps » ou un « bouquet ».

La bouteille moulée — produite industriellement par moulage — connaît vite un succès foudroyant. Chaque région viticole, voire chaque sous-région, met un point d'honneur à avoir son modèle propre. Ainsi naissent le « pot » du Beaujolais et la « fillette » d'Anjou. D'ailleurs, dès lors, premier pays viticole du monde, la France est aussi à l'avant-garde de l'épopée de la bouteille.

On nous a changé le paysan. Il se dégage allègrement de la gangue de la routine. Il sait adopter rapidement des nouveautés. Il n'est plus en lui-même un monde fermé. Il est devenu un monde ouvert.

Le vigneron apprend à bien « bouchonner » ses bouteilles. Il sait choisir les meilleurs lièges (certains sont remarquables, proches de la perfection, et on a le nez pour éviter le liège mauvais et traître qui voudra donner son propre goût au produit). On sait vite reconnaître le mérite et la sagesse du vigneron qui observe que le vin vieillit mieux lorsque la bouteille est couchée. Tel liège, au contact d'un vin dans la position alitée, peut même être le meilleur amant de la saveur. Au demeurant : la présence du liège en tant que bonificateur ne sera plus tard jamais remise en cause. Il n'y aura jamais mieux que lui pour assurer le vieillissement du vin en bouteille. Liège et vin resteront les meilleurs complices du monde. Rien à redouter de longtemps du bouchage plastique ou de la capsule.

Un Louis Bouschet de Bernard, sur son domaine de La Calmette à Mauguio près de Montpellier, expérimente entre 1820 et 1830 les différents cépages languedociens selon le triple critère de leur degré alcoolique, de leur couleur et de leur goût. Il préconise avec réussite en 1829 une excellente association du carignon, du morastel et de l'alicante. Il a de nombreux adeptes.

Le vin devient boisson populaire, désormais constitutive de l'image du Français. Il conquiert toutes les tables. L'historien britannique Theodore Zeldin peut écrire que le peuple français aura acquis « tout d'un coup, en même temps, le droit de vote et le droit de boire ». Terminée, l'ère du paysan ne buvant que de l'eau ou de la piquette. Il boit de *son* vin. Il le veut donc le meilleur possible. Un atout de plus pour une grande politique de qualité. Non seulement, dans ces mêmes années, le monde ouvrier, dont le pouvoir d'achat augmente régulièrement, constitue un puissant ensemble de consommateurs, et de consommateurs qui ne veulent plus ingurgiter de la « bibine », mais le monde rural lui-même, qui compose encore les trois quarts de la population, s'ouvre totalement à la consommation régulière du vin, y compris dans les régions non productives, et le monde rural non plus ne veut pas « avaler n'importe quoi ».

Même Guignol et Gnafron, les marionnettes créées vers 1820 par le Lyonnais Laurent Mourguet, participent d'un identique mouvement. Gnafron, dit Gnaf, est représenté sous les traits d'un savetier, casquette de soie et casquette de cuir. Guignol, sans doute en fin de lignée d'une antique marionnette de Chine, cousin des *pupazzi* d'Italie, est, lui, tisseur, ou, pour mieux dire « canut », tisseur de la soie. Vedettes d'une centaine de pièces, ils détestent ensemble l'eau, « liquide nauséabond et répugnatoire », non moins que la bière, « ce bock de cercueil ». Pour rien au monde ils ne boiraient du « jus de bois tordu ». Vous les trouvez à apaiser sans trêve leur « grande souaffe » dans tous cafés, bouchons, porte-pots, pieds-humides « où peuvent se rencontrer canons et chopines ». Mais sachez bien, une fois pour toutes, qu'ils ne se payent « que du bon » — avec simplement une préférence pour le beaujolais « chenu, gouleyant, étoffé, velouté... »

Nous avons même une grande viticultrice pour servir la plus haute qualité — en la personne de Nicole-Barbe Ponsardin, en 1805 à 25 ans veuve de François Clicquot, et sans hésiter prenant en main la petite affaire de champagne créée par son mari, certes soutenue par son beau-père, gros banquier de Reims, mais démontrant de telles qualités de vigneronne, de gestionnaire et de commerciale que de son vivant elle donne à la maison Veuve Clicquot renommée internationale. On dit qu'elle est encore plus magicienne que Dom Pérignon. Elle n'en fait pas moins honneur à tout l'univers du vin.

Les multiples progrès de la viticulture et de la vinification sont tels, il y a une telle diversification accrue des types et des qualités, de surcroît s'adaptant de mieux en mieux à la demande sociale, que l'on en arrive à une constatation majeure : le vin se popularise, se démocratise, s'affiche sur les tables les plus humbles, et néanmoins, par les grands crus, dans le même temps, il n'arrête pas de s'aristocratiser.

Talleyrand ne s'y trompe pas, quand il se consacre ami des grands vins lui-même et n'oublie pas d'emporter en 1815 au Congrès de

Vienne, pour la table des rois, des caisses de champagne nonobstant l'entêtée rivalité du tokay, « élixir des Habsbourg ».

Et le champagne de continuer de prospérer et de triompher non sans mettre au point lui-même de nouvelles techniques, par exemple des remuages quotidiens des bouteilles disposées la tête en bas pour rassembler le dépôt dans le col étroit au-dessus du bouchon ; puis il n'y a qu'à procéder à la seconde mise en bouteille. La clientèle russe — princes et archiducs — se révèle-t-elle très gourmande de vin effervescent ? Simplement, on ne manque pas de préparer tout spécialement pour elle un champagne ultra-doux, de loin le préféré des palais de Saint-Pétersbourg.

On maintient soigneusement le classement des bordeaux effectué sous Louis XV en premiers, seconds et troisièmes crus, distingués en référence aux paroisses d'origine et aux prix qui fondent la hiérarchie — en 1816 les quatre « premiers crus », en vins rouges, étant *lafite*, *latour*, *margaux* et *haut-brion*. Il y a pleine réussite. La clientèle réagit d'enthousiasme. De 1855 à 1875, au témoignage des contemporains, c'est ainsi que s'abat sur le Médoc une véritable « pluie d'or ». Evidemment, à une telle plus-value, les princes de la finance flairent la bonne affaire. Drôle de ruée vers l'or, mais ruée tout de même. Les Rothschild donnent l'exemple en achetant en 1853 le domaine de *Mouton* à Pauillac. A nous du coup les banquiers-vignerons. Ils s'arrachent littéralement les châteaux, tels Rothschild (un autre) achetant en 1868 *Lafite* et le financier parisien Pillet-Will, en 1879, *Margaux*. Précisément, ce ne sont pas gens à se rouiller dans la routine. A leur tour, ils font infatigablement quêter des progrès techniques comme ils font puissamment améliorer les réseaux de vente. Et les châteaux de se multiplier. On en dénombre 700 en 1874, 1 000 en 1886, 1 800 en 1908 (on en comptera 2 000 en 1922, 2 400 en 1949, non loin de 5 000 en l'an 2000). Sauf à savoir que ces châteaux-là n'ont rien à voir avec des châteaux des princes et des seigneurs. Ni forteresses, ni palais. Il s'agit de grosses bâtisses plus fonctionnelles qu'ostentatoires, souvent même pas belles, où la capacité des chais reste la donnée prioritaire. Quant au nom, les « châteaux » prennent tout bonnement celui de la commune, du hameau ou du lieu-dit.

Les bourgognes restent de grands vins sérieux. La renommée des caves bourguignonnes demeure forte. Elles savent être attentives à toutes les initiatives du progrès. Elles ne sont jamais en retard d'imagination. Les « clos » de Bourgogne sont aussi hardis que les « châteaux » des bordeaux. Même si, au cours des deux décennies de chaos, les grands clos se sont fragmentés, notamment du fait de la vente et revente des biens d'Eglise après 1791, le vignoble n'aura pas cessé de gagner. Il occupe 26 000 hectares en 1801 ; il en occupera 37 000 en 1878. Beaune connaît un succès grandissant.

Voici que, non contents de boire du vin, les Français se mettent à l'apéritif. Autre grande mode inattendue et soudaine, caractéristique du siècle. Dès 1813, un distillateur languedocien, Joseph Noilly, lance un « vermouth sec », confectionné à partir de vin de picpoul et de clairette embaumé de plusieurs plantes aromatiques de la garrigue, de l'absinthe principalement. A Chambéry, le *Chavasse*, dès 1821, copie sans scrupule le vermouth piémontais. En Roussillon, un marchand catalan ambulant de draps, Louis Violet, partant d'un village appelé Thuir, invente « un vin quinquina » qu'il baptise *Byrrh*, nom purement imaginaire, le vend alentour avant d'ouvrir une usine à Thuir même, puis le lance brillamment sur Perpignan et sur tout le Languedoc, la publicité faisant le reste : « *Appétit, force et plaisir — chaque jour buvez du Byrrh* » — comme quoi, déjà avant 1870, il traite des hectolitres de « mistelles » qu'il recueille à travers les meilleurs villages du terroir. La réclame y va des arguments les plus percutants : le *Kina Cabanes* du médecin parisien Cabanes aurait incontestable vertu d'accélérer la sécrétion du lait chez les nourrices et de communiquer pleine ardeur aux nourrissons. Autant de nouvelles sources de profits pour le vigneron.

A la mi-siècle, on peut parler d'*âge d'or* de la viticulture française. Entre 1840 et 1850, la production nationale en vient à dépasser régulièrement les 40 millions d'hectolitres — pour 25 millions de consommateurs français. Principaux départements producteurs : l'Hérault (4,3 millions d'hectolitres) ; la Gironde (3,7) et la Charente-Maritime (2,7). Autres millionnaires : Charente, Var, Aude, Gard, Gers, Dordogne, Loir-et-Cher, Rhône et Yonne.

Le cas de l'Hérault est typique. Dans les premières décennies du siècle, il pratique une polyculture de subsistance traditionnelle. Il fait son blé. Mais, dans le deuxième quart du siècle, l'économie héraultaise est frappée de plein fouet par l'arrivée massive, sur le marché régional, de blés russes à bas prix. La vigne, de ce fait, se présente comme une inespérée production de substitution au moment où, grâce à la révolution ferroviaire, commence à se constituer un marché national vinicole offrant de beaux débouchés pour des vins du Midi. Sans délai, les céréaliers héraultais se mettent à planter cep sur cep. L'on assiste à une extraordinaire expansion de la vigne. Puis, l'on voit se déplacer vers la vigne des capitaux jusque-là investis dans l'industrie. Non seulement les citadins riches se mettent à s'intéresser à la viticulture, mais l'on peut observer en quelques années un vaste transfert d'activité. Comme la vigne peut alors rapporter en un an pratiquement l'équivalent du capital investi, on voit se multiplier le cas de « fabricants » — d'ailleurs souvent protestants — qui se tournent vers la grande exploitation viticole, tels les Bazille, Cazalis, Granier, Castelnau, Pagezy. Montpellier voit naître une élite de grands propriétaires qui, fervents de progrès, se passionnent pour la sélection des plants, les innovations en matière d'outillage agricole, la vinification scientifique. Le fait est que déjà en 1874 l'Hérault porte la moitié des vignes de la région et se fixe comme le champion national de la grosse production.

L'Hérault fait des émules, d'autant plus que, par le rail, les vins circulent plus facilement et que les prix du transport diminuent : c'est dès 1858 que, de Perpignan à Dijon et de Bordeaux à Orléans, toutes les capitales du vin sont reliées à Paris par chemin de fer. Mieux encore : voici intervenir en 1866 le libre-échange, la France exportant cette année-là plus de 3 millions d'hectolitres, deux fois plus qu'en 1840. Alors, on ouvre toutes les digues. On plante tous azimuts. On taille plus long, afin d'accroître encore le rendement. On fume. On fait de plus en plus appel aux cépages gros producteurs, ici au gamay, là à l'aramon — au point que l'Hérault par exemple obtient un fantastique rendement moyen de l'ordre de 100 hectolitres à l'hectare, du jamais vu. Les producteurs méridionaux sont trop heureux de développer dans les plaines grasses, qui furent au blé, la production massive des vins légers que réclame le commerce. Ces vins, trop faibles en degré, n'auraient aucune chance sous étiquette. Les voilà à se transporter en grosse barricaille. Raz de marée. Dans les années 1870, l'Hérault fournit annuellement 12 millions d'hectolitres ; la Charente-Inférieure, grâce à ses vins blancs pour la distillation de cognacs, 5 millions ; la Gironde, que la Charente rejoint à la troisième place, 3 millions ; l'Aude, qui double son dû, 2,8 millions.

Chargé par Napoléon III d'une mission d'étude des vignobles de France, le docteur Jules Guyot, en 1868, a beau dénoncer vigoureusement dans son rapport les « mauvais vins », les négociants malhonnêtes, la prolifération des intermédiaires sans frein, les producteurs trop goulus avides d'utiliser les cépages les plus productifs, tel l'aramon notamment, acquis en Espagne, appelé en Provence *pisse-vin*. L'âge d'or conduit jusqu'à la récolte exceptionnelle de 1875 qui, avec 84,5 millions d'hectolitres, constitue un record historique absolu.

Autre argument pour un rendement massif : la stagnation des prix à la production (12 à 15 francs l'hectolitre en moyenne nationale entre 1820 et 1840). Les producteurs sont inévitablement incités à produire toujours plus, pour au moins gagner autant. D'où les Bourguignons faisant appel au gamay, un cépage particulièrement « pisseur » — le gamay qui, pour la vulgarité de son produit, fut si spectaculairement interdit sous l'antique règne de Philippe le Hardi. D'où les Catalans du Roussillon faisant envahir par l'aramon les plus riches plaines de la Salanque — jusqu'à faire passer leurs vignes de 30 000 hectares en 1816 à 39 500 hectares en 1829, à plus de 50 000 en 1850. On se met à produire n'importe quoi n'importe où n'importe comment, même des piquettes qui ne sont bonnes qu'à « faire danser les chèvres ».

Et bien d'autres arguments jouent pour encourager à la vigne, y compris dans la catégorie « vins de qualité ».

Les restaurateurs et les caf'conc' servent des vins, dits de spectacle, des vins grands acteurs, qui savent amuser et égayer.

On ne manque pas d'honorer le bon « vin de pique-nique » — témoin la bouteille vide si éloquente près d'une femme nue dans *Le Déjeuner sur l'herbe* de Manet.

On fait du jour d'arrivée du beaujolais tout un événement.

Non que tous les jours du vigneron soient beaux et favorables malgré les enrichissements de tels ou de tels.

Bien des nuages noirs roulent dans son ciel.

Bien des ennemis le frappent directement.

Les impôts sont trop écrasants. Les rois s'égalent aux empereurs en rapacité d'Etat. Les griffes d'Orléans ne sont pas moins aiguës que celles des Bourbons. Et l'on ne verra que trop tôt s'exercer les dispositions racketteuses de la République. Les taxes abîment les prix de revient.

Il faut bâtir de nouvelles caves, moderniser les outillages de la vinification, verser de trop importantes commissions, des « dessous de table » à tels intermédiaires ou courtiers habiles à gruger les naïfs. Souvent, la trésorerie s'y casse.

Surtout viennent des maladies nouvelles, qu'on ignorait totalement et qui occasionnent de terribles dégâts — notamment transmises par des « ennemis invisibles ».

Ainsi entre 1828 et 1840, les minuscules chenilles de la *pyrale*. Il s'agit d'un tout petit papillon de la famille des tortricidés qui vole en été ; la femelle dépose à la face supérieure des feuilles jusqu'à 300 œufs d'où sortent ces minuscules chenilles qui, aussitôt, sécrètent un fil au bout duquel elles se laissent pendre afin que le vent les pousse sur les ceps ; une fois installées grâce à cette balançoire, elles tissent un cocon d'où elles ne sortent qu'au printemps suivant, pour regagner les feuilles, se frotter aux grappes de fleurs, et entourer feuilles et bourgeons d'une trame de fils à l'abri de laquelle elles commettent leurs ravages. Sans oublier qu'au bout de deux mois les criminelles chenilles se chrysalident pour donner naissance, quinze jours après, à de nouveaux papillons, à leur tour porteurs de mort. Cycle infernal. Appelées aussi « vers coquins », elles ravagent toutes les récoltes, depuis la Bourgogne jusqu'à la basse vallée du Rhône. Rien n'y fait. On y mobilise pourtant toutes sortes de moyens : piéger de nuit les papillons à la lanterne à huile ; confier aux écoliers toute une campagne d'échenillage ; écorcer le cep à la râpe Amouroux ; organiser des processions à Notre-Dame-des-Vers (Avenas, dans le Beaujolais) ; faire brûler cierge sur cierge à tous les saints protecteurs. On ne vient à bout de la pyrale que par miracle, voire par hasard, quand Benoît Raclet, un vigneron beaujolais de Romanèche-Thorins, trouve le bon truc : ébouillanter les ceps avec de l'eau chauffée sur place dans des chaudières portatives — remplacées plus tard par un moyen plus commode, des pulvérisations de solutions savonneuses arséniées. La pyrale n'est tenue pour vaincue qu'en 1842.

L'*oïdium* prend la relève (diminutif du grec *oon*, « œuf »), en 1847 première maladie d'origine américaine à être introduite en France. Il s'agit d'un champignon qui développe un mycélium externe sur les feuilles, les grappes et les rameaux. Ce mycélium envoie des suçoirs dans les cellules épidermiques et émet des filaments fructifères dressés au bout duquel se forment les spores, ou oïdies, organes de propagation de la maladie, maudits bubons d'une vraie peste. Les feuilles atteintes se développent mal. Les grains de raisin attaqués à l'état jeune se flétrissent et se dessèchent. La pourriture se développe vite. A cause de l'oïdium, la récolte de 1852 ne donne que 29 millions d'hectolitres, celle de 1954, 11 millions. La situation n'est rétablie qu'en 1857, dès lors que l'on découvre l'efficacité d'un traitement par soufrage. A nous la « soufreuse », agitée à la main de souche en souche. A nous des vignerons rentrant à la maison tout jaunes, enduits de vapeur de soufre.

Surtout, intervient le *phylloxera*, qui manque anéantir tout le vignoble français. Il s'agit cette fois d'un puceron dévastateur, le *Phylloxera vastatrix* (du grec *phullon*, « feuille » et *xeros*, « sec »). Un puceron microscopique, à larves non moins assassines.

En 1863, une grave maladie est décelée pour la première fois dans le Gard : des ceps de vigne dépérissent, puis meurent.

Bientôt, tout le Languedoc est attaqué, et la Provence.

L'invasion fait peur. C'est que l'ennemi est invisible. C'est aussi qu'il s'écoule un délai de deux à six ans entre les premières morsures de l'insecte et la mort des vignes contaminées.

Dès 1876, le mal prend une terrifiante expansion. Partout les vignes jaunissent, perdent leurs feuilles, ne présentent plus que des ceps tordus, difficiles à arracher, même à brûler. Le Bordelais, les Charentes, le Beaujolais sont atteints. Dès les années 1880, l'offensive gagne la Bourgogne et la Loire. Aucune pitié : le fatal puceron se signale jusque dans la Haute-Saône. La Sarthe ne lui échappe pas. Ni, dès 1890, la Champagne, les Vosges et l'Auvergne.

Le fléau envahit en quelques années la plupart des vignobles français, s'étend à toute l'Europe, gagne l'Algérie et toute l'Afrique du Nord, envoie des commandos jusqu'en Asie et en Océanie. La récolte de 1877 est encore de 56 millions d'hectolitres ; dès 1879, elle tombe à 25 millions. Nous voici avec tout le vignoble sinistré. L'invasion prend les proportions d'une véritable calamité nationale.

C'est qu'à la différence des fléaux précédents, pyrale et oïdium, qui ne détruisent que des récoltes, la nouvelle maladie tue les vignes elles-mêmes.

La France manque de vin de 1879 à 1892.

Les récoltes tombent régulièrement en dessous des 30 millions d'hectolitres — à 23,4 millions en 1889 quand s'ajoutent les ravages du *mildiou*.

Autre champignon assassin (de l'anglais *mildew*, « tache d'humidité »). Les feuilles atteintes portent des taches jaunâtres qui, par temps humide, se couvrent à leur face inférieure d'un feutrage blanc ; par la suite, les feuilles se dessèchent et tombent ; jeunes rameaux, fleurs et grains sont aussi parasités. Le phylloxera n'avait pas assez de sévir par lui-même. Le voilà flanqué d'un allié.

D'où cette récolte calamiteuse de 1889 : 23,4 millions d'hectolitres, alors que la consommation nationale moyenne est de 40 millions.

C'est un Héraultais qui détecte les secrets de l'ennemi et trouve la parade. Il s'appelle Jules-Emile Planchon. Né à Ganges en 1823, docteur ès sciences, il travaille quatre ans au Jardin royal de Kew puis à l'Institut agricole de Gand, avant de faire des études de médecine et de s'installer pharmacien dans sa ville natale, puis d'enseigner à l'école de pharmacie de Montpellier, dont il dirige le jardin des Plantes. D'une vaste culture, d'un esprit exceptionnellement minutieux, il est surtout connu pour ses travaux organogéniques sur l'ovule, la graine et l'arille, mais la Société centrale d'agriculture de Montpellier lui confie la mission de faire face à cette « nouvelle maladie de la vigne » dont on a décelé la présence en plusieurs régions qui ont reçu des cépages d'Amérique. C'est en 1866. Dès 1868, il identifie et baptise le coupable.

Faute de vin, la France ne sait alors où donner de la tête — ou de la bouche. Affolement général. On reboit de la piquette, du « râpé » de fruits fermentés dans de l'eau. On reconfectionne des « vins de repasse ». Un habile négociant marseillais, Joseph Audibert, publie un *Art de faire le vin avec des raisins secs*, raisins importés de Corinthe et de Smyrne. On fabrique des « vins de sucre » sans utiliser des raisins : des vins de 8 degrés obtenus avec du sucre de betterave, de l'eau, un peu d'acide tartrique et on ne sait quels colorants. La presse régionale publie des placards publicitaires en faveur du « bouquet de pommard » recommandé pour faire du... « vieux bordeaux », ou le « caramel-malaga » idéal pour les vins blancs. En 1890, on vend 5 millions d'hectolitres de ces vins de carnaval.

Par bonheur, dès 1873, le bon docteur Planchon indique la seule mesure possible de salut public : greffer du cépage indigène sur plan américain.

Il n'a pas hésité à se rendre outre-Atlantique pour mieux étudier le problème. Il en rapporte des spécimens de tous les cépages alors cultivés sur la côte Est, qui, même phylloxérés, végètent et fructifient normalement. C'est vraiment le salut inespéré. Son ouvrage, *Les Vignes américaines, leur culture, leur résistance au phylloxera et leur avenir en Europe*, publié en 1875 à Montpellier devient une sorte de Bible.

On cesse vite d'écouter les « sulfuristes » qui s'obstinent malgré leurs échecs à conseiller de traiter au sulfure de carbone.

On opte massivement pour les « américanistes » : méthode chirurgicale et non plus médicale, on arrache les vignes atteintes et on plante des espèces américaines.

A nous tout un lot de cépages salvateurs inconnus : *othello*, *noah*, *clinton*, *jacquez*, *herbemont* (ce dernier préféré du Bordelais).

A nous tout un commando de grands lutteurs pour aider à la solution Planchon — tel dans le Beaujolais l'ampélographe Victor Pulliat, auteur en 1888 d'un ouvrage sur *Mille variétés de vignes*, en 1877 fondateur avec Planchon du journal *La Vigne américaine*, surnommé chez lui à Chiroubles « le sauveur du vignoble » (et qui sera statufié à Chiroubles).

La croisade dure vingt ans et ne fait pas l'unanimité. Ici, on vous dit que tel vin de greffage « sent le pissat de renards ». Là, on vous prévient que le *noah*, hybride de *riparia* et de *labrusca*, rend fou.

Pourtant, la solution Planchon finit par faire loi. La racine américaine supporte sans risques les piqûres de pucerons, tandis que le cep vieux français continue d'offrir les mêmes raisins. Seul le coût élevé de cette sorte de lente résurrection restreint d'abord ce choix aux moyens et grands propriétaires. Comme l'écrira l'érudit économiste Michel Augé-Laribé, le phylloxera « oblige les viticulteurs à payer une seconde fois leurs vignobles ». Mais, avant la fin du siècle, les petits vignerons y viennent à leur tour. Ils cessent de trouver au *clinton* un goût de « punaise écrasée ».

Conclusion numéro un : le phylloxera est vaincu — quoique au prix d'une guerre de trente ans.

Conclusion numéro deux : le vignoble français, en 1900, est un vignoble tout neuf. Il dépasse même sa superficie de 1876.

Les sulfuristes ne gardent autorité que sur quelques terroirs de Bourgogne (les vignes de la Romanée-Conti seront sulfurées jusqu'en 1942 !).

Conclusion numéro trois : la carte viticole de la France est bouleversée. La vigne a totalement disparu de Bretagne, de Normandie et de Picardie et n'y reviendra plus. Elle a régressé de plus de la moitié dans la région parisienne, l'Est, l'Ouest vendéen, l'Ouest charentais et dans les régions de haute montagne. Elle a diminué d'un bon quart dans le Midi provençal et l'Aquitaine intérieure. Les grands vignobles de la plus noble qualité, Bordeaux, Bourgogne, Champagne ont retrouvé en plants français greffés toute leur superficie. La vigne a beaucoup progressé dans les quatre départements méridionaux, Hérault, Gard, Aude et Pyrénées-Orientales, qui concentrent désormais près de 30 % des superficies (contre 17 % en 1870) et assurent plus de 40 % de la production (contre 30 % en 1870), grâce à des rendements inouïs qui ont triplé en cent ans — peu importe si les vins roussillonnais de la Salanque et certains vins biterrois ne dépassent pas 8 degrés.

Une bonne nouvelle : le mildiou lui aussi est vaincu, par traitements préventifs cupriques, que le vigneron pratique avec une sulfateuse portée sur le dos ; il pompe d'une main sur un levier et tient de l'autre un tuyau à jet dont il arrose cep après cep ; à nous « la bouillie bordelaise », nom familier du produit salvateur ; et à nous, après une journée, un vigneron tout vert, et non plus jaune, tout saupoudré lui-même de sulfate de cuivre.

Autres bonnes nouvelles : Victor Vermorel, fils d'un petit industriel en fonderie de Villefranche-sur-Saône, rend les plus grands services, et s'impose à son tour comme un brillant pionnier, concevant et fabriquant en série le pal à injecter le sulfure de carbone, le pulvérisateur à dos, les sulfateuses-enjambeuses tractées, les canons paragrêles et les chars à vendanges automobiles — construisant dès 1890 un cuvage moderne totalement électrifié — et assurant dans son domaine de l'Eclair à Liergues une exploitation modèle. Nicole veuve Clicquot n'arrête pas d'étonner tout le monde, exportant son champagne dans toute l'Europe de l'Est, faisant clientèle de toute l'aristocratie russe, avec son *Klikofskoe vino* atteignant sur Saint-Pétersbourg le chiffre record de 280 000 bouteilles, mais aussi aidant son employé Antoine Müller à mettre au point définitivement la délicate technique du remuage et du dégorgeage. (Elle n'en méritera que mieux, plus tard, qu'une cuve d'exception, baptisée *La Grande Dame*, perpétue sa mémoire). Ulysse Gayon, élève de Pasteur, fondateur de la Station œnologique de Bordeaux, tenu pour le vrai fondateur de l'œnologie, obtient avec son ami Alexis Millardet de superbes résultats dans la lutte contre le black-rot, le mildiou et toutes les maladies parasitaires de la vigne. (Ce sont eux qui ont définitivement mis au point la fameuse « bouillie bordelaise » au sulfate de cuivre, moins chère que la « bouillie bourguignonne » utilisée jusque-là, plus facile à pulvériser mécaniquement et adhérant mieux au feuillage.) Jean-Rémy Moët, maire d'Epernay de 1802 à 1815, malgré guerres et blocus, crée un réseau mondial de voyageurs et de transporteurs qui, de décennie en décennie, finit par approvisionner toutes les grandes villes des Etats-Unis et de Russie.

Tous les grands crus, allègrement, peuvent reprendre leur marche en avant.

En 1890, le nouveau traitement de dégorgement dû à la maison Veuve Clicquot achève de donner à la « recette » du champagne ses lettres de noblesse. Désormais, on place les bouteilles, dont le dépôt a été accumulé par remuement, dans les alvéoles d'un *frigorigène*, le col plongeant jusqu'au-dessus du dépôt dans un liquide à – 23°. En cinq minutes, la congélation du vin produit un petit glaçon qui adhère au bouchon, emprisonne le dépôt et est ensuite expulsé sans pertes excessives de vin ni de mousse. On modifie aussi définitivement les trois goûts : le *brut*, sans adjonction ; le *sec extra-dry* avec 4 % d'une liqueur de sucre candi fondu dans de très vieux vins ; le *demi-sec* avec 8 % de cette liqueur. Le champagne parfait naît. En 1900, à l'Exposition internationale de Paris, 56 000 bouteilles sont traitées sous les yeux d'un public émerveillé. Et à nous toute une aristocratie du champagne : non seulement les champagnes se marient entre eux comme les Rothschild ou les Dupont de Nemours, mais encore les noms des grandes marques dépassent bientôt en rayonnement l'éclat des noms géographiques les plus dorés, ainsi *Rœderer*, *Bollinger*, *Taittinger*, *Heidsieck*, *Ruinart* père et fils (il est vrai la première grande maison à être fondée sous son nom, en 1729), *Moët et Chandon*, *Veuve Clicquot Ponsardin*, *Mumm* (du nom de quatre frères allemands, maison fondée à Reims, avec dès 1876 un ruban de soie rouge enserrant le goulot, les extrémités étant scellées en croix par une étiquette ovale portant les mots « cordon rouge »), *Veuve Pommery* (née Jeanne-Alexandra Melin), *Canard-Duchêne*, *Perrier-Jouët*, *Georges Coulet* qui fournit la Cour d'Angleterre.

Et les bordeaux de fonder un empire mondial.

Et, en Bourgogne, *côte-de-nuits* et *côte-de-beaune* d'inspirer toute une floraison de merveilles, *chambertin* et *vosne-romanée*, *nuits-saint-georges* et *nuits-villages*, *pommard* et *meursault*, *corton* et *montrachet*.

Ne nous étonnons dès lors surtout pas si, d'une manière ou d'une autre, tous les écrivains du siècle, à l'exception du seul Victor Hugo, auront rendu hommage au vin — Stendhal dans *Mémoires d'un touriste* ; Lamartine dans *La Vigne et la Maison* (*Recueillements poétiques, psalmodie de l'âme, dialogue entre mon âme et moi*) ; Casimir Delavigne, dans son *Délire bachique* ; Alfred de Vigny lui-même dans *La Bouteille à la mer* ; Balzac dans *Les Paysans* ; Théophile Gautier dans *Sous la table* (*Les Jeune-France*) ; Musset ; Alexandre Dumas (dans *Impressions de voyage*, hommage au vin de Saint-Péray) ; mais aussi avec ses mousquetaires, d'Artagnan tout heureux de recevoir de son logeur le mercier Bonacieux du vin de Beaugency quoique préférant le vin d'Anjou ; Porthos se guérissant des blessures d'un duel dans l'auberge de Chantilly en se régalant du vin de l'aubergiste ; Athos « qui a le vin triste » buvant du vin d'Espagne pour noyer son chagrin, barricadé dans la cave d'une auberge d'Amiens, buvant en quinze jours 150 bouteilles [*sic*] tandis que son valet Grimaud « qui ne se serait pas permis le même ordinaire », boit directement au tonneau et oublie de replacer le fausset ; Aramis partageant quatre bouteilles de bourgogne avec d'Artagnan : « Buvons, morbleu, buvons frais, buvons beaucoup ! » ; Verlaine, Apollinaire, Mistral, Leconte de Lisle dans *La Vigne de Naboth.*

Baudelaire, avec *Les Fleurs du mal*, offre *Vin des amants*, *Vin de l'assassin*, *Vin des chiffonniers*, et ces vers inoubliables :

Un soir l'âme du vin chantait dans les bouteilles :
Homme, vers toi je pousse, ô cher déshérité,
Sous ma prison de verre et mes cires vermeilles
Un chant plein de lumière et de fraternité.

C'est Théodore de Banville donnant *La Chanson du vin* ; François Coppée *Le Vin* ; José Maria de Heredia *Vendange.*

Même Stéphane Mallarmé lève une coupe, dans *Prélude à l'après-midi d'un faune.*

Anatole France a l'air de connaître intimement le petit vin blanc qu'il fait boire dans *La Rôtisserie de la reine Pédauque.*

A la fin du siècle, Maurice Barrès célèbre le vin lorrain.

Pierre Dupont, tout à sa passion nationaliste, chante en 1840 :

Bon Français, quand je vois mon verre
Plein de son vin couleur de feu
Je songe, en remerciant Dieu
Qu'ils n'en ont pas en Angleterre.

Finalement, voici un vin avec bien d'illustres amis — et un vigneron qui a su admirablement maîtriser une dangereuse tempête.

La femme qui revient du puits

En fin de siècle, le paysan français fixe un beau type d'homme, bien planté sur ses pattes, coriace, courageux et économe comme depuis toujours, fier de tracer au labour des sillons impeccables, passionnément attaché à sa famille, sa maison si humble reste-t-elle, ses champs ou ses vignes, mais à présent connaissant bien ses problèmes, décidé à ne pas se laisser rouiller par la routine, ouvert à l'école et à la discussion, admirant les progrès sûrs, suspicieux vis-à-vis de toutes outrances, mesurant parfaitement le poids de la masse paysanne, assez armé pour ne pas se laisser berner par n'importe qui.

Mais quel rôle immense a pris la nouvelle paysanne — même si elle répète bien des gestes ancestraux ! Il n'y a qu'à la suivre à son rythme pour le savoir.

A peine levée, au premier chant du coq, son premier geste est d'allumer le feu sous la marmite. Elle dispose d'une serre de bois, de souches ou de fagots. Elle assumera, avec l'aide d'une fille ou d'une grand-mère, le maintien du feu, flamme ou braise, tout au long de la journée.

Comme elle a charge du feu, elle a charge de l'eau. Pas étonnant que Millet peigne à la mi-siècle *La femme qui revient du puits*. Le peintre tient à commenter lui-même son tableau : « J'ai tâché de faire qu'on ne puisse la prendre ni pour une porteuse d'eau ni pour une servante ; qu'elle vienne de puiser de l'eau pour l'usage de sa maison, l'eau pour faire la soupe à son mari et à ses enfants ; qu'elle ait l'air de n'en porter ni plus ni moins lourd que le poids des seaux pleins ; qu'au travers de l'espèce de grimace qui est comme forcée à cause du poids qui lui tire sur les bras, et du clignement d'yeux que lui fait faire la lumière, on devine sur son visage un air de rustique bonté... J'ai voulu qu'elle accomplisse avec simplicité et bonhomie, sans le considérer comme une corvée, un acte qui est, avec les autres travaux du ménage, un travail de tous les jours et l'habitude de sa vie... »

C'est qu'aucune maison n'a « l'eau courante ». La gestion de l'eau est donc un problème fondamental : elle sert à la préparation et à la cuisson des aliments des hommes et des animaux ; elle sert à la boisson des hommes et du bétail ; elle sert à la vaisselle, à la lessive, à l'hygiène corporelle. De nombreuses fermes ou mas en 1900 n'ont pas l'eau à l'évier. Souvent même, les villages n'ont pas toujours une fontaine publique. Par exemple dans le Vexin et le Mantois, l'alimentation familiale en eau est un problème très ardu : des gouttières courent le long du toit des bâtiments et recueillent précieusement les eaux pluviales qui sont conservées dans des citernes, des auges, des baquets, des gueulbées ; mais, outre qu'elles croupissent, elles s'épuisent rapidement, et il faut alors avoir recours aux mares.

Mais, d'une manière générale, la paysanne « va à l'eau » à la fontaine publique la plus proche, au plus loin à quelques centaines de mètres de la maison. On puise en maniant un long balancier. On remplit de larges seaux, ou des brocs, ou des cruches.

L'eau, dans la famille, est source permanente de vie. Seul le chef de famille, depuis la mi-siècle, s'est habitué à boire du vin : tous les autres membres de la tribu ne boivent que de l'eau, y compris le pépé qui a gardé toutes ses habitudes d'antan.

Une bonne partie de l'alimentation est liquide. La soupe désaltère autant qu'elle nourrit : non seulement elle est consommée midi et soir, mais les femmes réchauffent pour le matin celle de la veille. Les laitages tiennent une grande place. On s'en voudrait de donner trop de petit-lait aux porcs. L'eau est-elle trop fade ? A-t-elle trop mauvais goût ? L'a-t-on tirée trop boueuse ? (C'est fréquent.) On la coupe de vinaigre. (L'*oxycrat*, que les médecins recommandent avant que ne vienne l'ère pasteurienne.) On fait aussi éventuellement de l'eau de réglisse, de l'eau de goudron. On utilise volontiers l'antésite, un concentré rafraîchissant de réglisse et de menthe. On fait de la frénette avec de la feuille de frêne macérée. On prévoit toutes sortes de tisanes, tilleul, verveine, camomille, bourrache, mélisse, menthe qui se prennent chaudes ou froides. Le thé est inconnu. Le café, on s'en offre une tasse le dimanche, abondamment sucré. Enfin, on peut confectionner des piquettes à base de toutes sortes de fruits, pommes ou poires, prunes ou mûres.

Le cidre ? Il n'y a que l'Ouest à en boire, soit le gros cidre, ou « maître cidre », le premier à sortir du pressoir, le plus parfumé, réservé pour les fêtes, soit le petit cidre, plus ou moins buvable, conservé pour « le tous-les-jours ». Un homme adulte en boit entre trois et cinq litres par jour. Pas de quoi s'affoler : la teneur en alcool du cidre est à peine de trois ou quatre degrés et les médecins le disent excellent pour le fonctionnement du foie et des reins. Mais, encore une fois, il s'agit d'une boisson pour homme adulte. La femme n'y demande pas droit.

La bière ? Elle est la boisson préférée des Alsaciens et des Flamands (à Strasbourg, en 1850, se boivent 400 000 hectolitres de bière pour 40 000 de vin). Ailleurs, on la tient pour une boisson de citadins. Ils vont boire « un bock » dans les brasseries à la mode. La canette ne sera connue qu'après 1880. « Garçon, un bock ! » C'est un mot qu'on n'entend pas dans les auberges de village. Rares même sont les paysans d'Alsace ou des Flandres qui brassent à domicile, même étant producteurs d'orge et de houblon : ils font macérer des pains d'orge séchés et le houblon dans une grande quantité d'eau pour obtenir une « bière au chaudron » qu'on pourrait baptiser « piquette ».

Mais retournons plutôt avec notre paysanne.

Après avoir réveillé et fait déjeuner les enfants — d'une bonne soupe réchauffée, donc — elle passe la serpillière à grande eau sur le carrelage. Puis, ayant « fait » les lits — on a désormais plusieurs chambres avec de grands lits, tête sous crucifix, le plus volontiers à gros édredon rouge — elle passe le balai. Bénédiction ! Le plancher n'est plus de terre battue ; les poules sont enfermées dans une basse-cour ; le porc n'a plus le droit d'entrer ; on a des chats pour chasser les souris ; l'étable est séparée.

Elle ne va pas à la messe du matin. Seule la mémé a tout loisir d'y aller, surtout si elle doit balayer le plancher de l'église, passer un coup de chiffon sur les bancs, faire briller les cuivres, nettoyer sainte Anne ou sainte Thérèse dont monsieur le curé a dit qu'elles avaient « trop de poussière ». Elle, elle ne se rend à l'église, hors les cérémonies de circonstance comme les mariages ou les obsèques, qu'à quatre occasions : la grand-messe du dimanche matin 11 heures, les vêpres du dimanche après-midi 3 heures, les complies quand en vient la saison et les messes des grandes traditions catholiques. Elle ne participe pas au chœur de chant, n'ayant pas assez de temps pour les répétitions.

Elle fait sa vaisselle ou une petite lessive. Ou bien est-ce le jour, n'ayant pas qu'à assurer les lessives du linge usuel, où elle organise avec quelques cousines ou voisines une *grande lessive* : le gros linge, c'est-à-dire draps, torchons, vêtements de travail, est lavé à la cendre dans un large cuvier, puis brossé, battu et savonné à la fontaine ou au lavoir — opérations fatigantes qui, heureusement, n'ont lieu en général que trois fois l'an, en avril, fin octobre et après la moisson ou la vendange.

Le tout-à-l'égout est aussi inconnu que l'eau courante. L'évacuation des eaux usées n'est pas un mince problème. Elles ne sont d'ailleurs pas toujours perdues. Dans telle demeure du Limousin, l'évacuation s'effectue devant la maison par un trou à la base de l'évier, le *bassi* ; une large pierre plate de schiste, débordante à l'extérieur du mur et légèrement creusée au centre, éloigne les eaux sales du mur et les dirige dans un petit bac monolithe en granit où barbotent les canards. S'il n'y a pas de bac, les eaux s'écoulent tout bonnement dans les caniveaux de la rue. Quant aux « grosses commissions », il y a le pot de chambre, le seau à toilette et, mieux encore, la basse-cour.

Les repas ? L'été fait compter cinq repas par jour : le casse-croûte vers cinq heures du matin aux premières lueurs de l'aube ; un copieux petit déjeuner très charcutier au couteau et à la fourchette vers sept heures ; le dîner à midi ; la collation vers quatre heures du soir ; le souper à six heures. L'hiver, on supprime le premier repas du matin. Le casse-croûte se compose de pain et de fromage, le quignon à la main, après que les hommes ont donné l'avoine aux chevaux. Au déjeuner, on apprécie le lard grillé, le boudin du terroir, le rond de saucisse, quatre tranches de saucisson, du « fromage de tête », pâté à volonté. On mange énormément de pain, encore que certaines régions préfèrent la galette de maïs (environ un kilo de pain par jour et par personne). Le pain blanc domine. On ne pratique presque plus les farines grossières mal tamisées. On continue d'adorer la tranche de pain trempée dans la soupe. Le dîner programme la soupe grasse suivie de la viande de porc bouillie, des légumes du pot-au-feu et du fromage. La famille paysanne reste peu familière du bœuf et du veau. La collation — le plus souvent du pain arrosé d'huile et frotté d'ail — a lieu sur place, à l'endroit où on travaille. Pour le goûter des enfants, on commence à acheter des tablettes de beurre et de chocolat, quoique l'on préfère leur préparer d'épaisses tartines de confiture ou de pâte de coings. Le dernier repas se constitue d'une soupe trempée comme celle de midi, plus au besoin une omelette au lard et aux pommes de terre ou un ragoût de pommes de terre au lard, ou un gratin de macaronis cuit au four du boulanger, plus des fruits. Le rituel varie peu. Les préparations spéciales, un coq rôti, un civet de lapin, du pigeon aux olives, la blanquette d'agneau, c'est pour les jours de fête.

Une seule règle à laquelle on ne déroge pas : les femmes ont une cuisine de bouilli, de mijoté ; quand les hommes cuisinent, ils grillent.

L'après-midi, pour la paysanne, est consacré à coudre, à repriser des chaussettes, à tricoter, à confectionner sur la *Singer* une robe pour la petite fille ou un costume pour le petit garçon. Les almanachs donnent tous les « patrons » nécessaires.

Une heure est réservée pour la lecture du journal, régional bien sûr. Il est attentivement épluché — la priorité allant aux avis mortuaires, aux bulletins même trop faux de la météo et au feuilleton. Notre paysanne retient les meilleurs passages, qu'elle juge les plus intéressants, qu'elle lira le soir après souper à son mari. Elle choisit même les discours politiques qu'elle lui citera, de préférence ceux des députés connus comme grands défenseurs de l'agriculture, tels Jules Meline ou Jean Dupuy, propriétaire du *Petit Parisien*, mais aussi élu de la campagne et surtout en 1900 ministre de l'Agriculture dans le gouvernement Waldeck-Rousseau — ce qui fait beaucoup dire que « si c'est l'homme qui vote, c'est la femme qui fait voter ».

Et d'aller à l'eau au moins cinq ou six fois dans l'après-midi. Cette eau qui est décidément l'élément le plus précieux de la vie. Au reste, défense absolue de la gaspiller. On boit à une louche, parfois appelée *poche*, en fer-blanc ou en bois, accrochée au seau. Ou on utilise une *puisette* — le *puisadou* du Sud-Ouest — long manche creux pour boire à la régalade. Les faucheurs, eux, emportent des cruches de terre, qu'ils enfouissent sous un tas d'herbes vertes pour les garder au frais.

Et d'aller au cellier remplir la bouteille de vin pour le souper du mari. Cela se fait par un robinet en buis. On tire le vin d'un tonneau de 110 (la *feuillette*) ou d'un tonneau de 220 litres (la *pièce*). Le paysan adore en particulier la soupe au pain trempé (on dit « faire *chabrol* » en Provence, *goulade* en Béarn, *perroquet* en Anjou). Qui sait ? Dimanche, elle-même s'en servira peut-être pour faire des *meurettes*, sauces au vin et aux échalotes pour accompagner des œufs ou du lard poêlé, ou pour cuisiner des abats, tripes à la mode de Caen, ou tripes de mouton (le *pétéram* de Bigorre).

Et de repasser... de repasser ses propres affaires.

Car, par rapport aux siècles précédents, la paysanne 1900 a fait une grande conquête : elle a pris le droit d'être coquette.

Elle ne fait point que s'endimancher. Elle soigne sa tenue à longueur de semaine, sauf pour aller aider son mari au champ ou à la vigne. Oublié, le temps antique où l'on marchait pieds nus. On a même exclu le sabot. On chausse des souliers tous les jours. La paysanne a même élégante allure, avec son ancien *corset* devenu corsage, échancré au cou, manches courtes laissant apparaître la chemise de fine toile, la taille ajustée, une courte jupe repliée à plis raides et couleurs gaies, le fichu en pointe dans le dos, un tablier joli...

Et à nous surtout d'adorables coiffes, qui varient de province à province, le chapeau « à deux bonjours » du Bourbonnais ; le capulet des Béarnaises (ancienne aumusse) ; la coiffe cauchoise (directement héritée du hennin médiéval) ; la coiffe lorraine, parente de la coiffe portée par les femmes de la Révolution ; la coiffe à fines dentelles des Catalanes ; le chapeau de paille plat « à la bérigoule » des Arlésiennes. Chaque province a sa coiffe. Les différenciations se marquent selon les impératifs d'un climat, le caprice d'une mode ou la pure imagination d'un artisan local. Paradoxe en passant : certaines coiffes populaires copient les vieilles modes bourgeoises des villes ou celles de la Cour avec des siècles de décalage, ainsi les hennins poitevins ou normands, quitte à les transformer en les adaptant, à les recréer, tel le *diairi* du pays de Montbéliard, particulièrement charmant. A nous au choix les larges nœuds noirs de la coiffe alsacienne et le blanc bonnet tout sobre de l'Auvergnate, la coiffe *bigouden* de Bretagne dont l'édifice s'accroît, en hauteur, d'un centimètre par an durant un demi-siècle, et l'austère montage à deux cornes de la Vendéenne. « Avranches » n'est pas du tout « Bayeux » ; ni « Quimperlé », « Les Sables-d'Olonne ». La Champagne aura même inventé des *coiffes à clefs*, sortes de blasons parlants, car suivant leur dimension, leur architecture, leur couleur, leurs détails, on peut aussitôt reconnaître leur signe, coiffes de pêcheurs, de mariées, de veuves, de ravaudeuses de filets de pêche, de moissonneuses, de vent, de soleil...

C'est l'apogée des costumes nationaux.

C'est aussi une sorte d'apogée de la paysanne.

Et de servir le souper.

Et de coucher les enfants, sans jamais oublier de leur faire réciter à genoux le *Notre Père qui êtes aux cieux*, le *Je vous salue Marie pleine de grâce* et le *Je crois en Dieu le Père tout-puissant...*

Et de faire chauffer la camomille de la mémé.

Et de s'installer au coin du feu pour, vingt minutes, discuter avec le mari, sur tous les sujets, le travail, le porc malade, les disputes des voisins, la toute proche première communion, tel vote du député de la circonscription, tel épisode de la politique politicienne nationale...

On les regarde attentivement ; oui, il a changé, le destin de la paysanne.

Certes, le paysan a seul le droit de vote.

Il a seul le droit d'aller au café.

Lui seul joue aux cartes.

Les mâles seuls sont admis à la « boutique du forgeron », le forum du village, contrepoids moral du lavoir municipal, tribunal de la justice féminine. Il y a toujours un ou deux bancs sur lesquels s'asseyent les anciens : on y devise et on s'y chauffe ; on y commente interminablement nouvelles et cancans.

Le paysan seul va à la foire. Rares sont les foirails où des femmes participent. Au vrai, la foire est le lieu où se joue à l'égard de la communauté le prestige du chef de famille. La vente d'un animal est une tractation très observée qui engage le renom de la maison et de la famille. Le mari qui va à la foire et réalise une bonne affaire revient au village auréolé de cette gloire parce que exceptionnelle, face au train-train des opérations domestiques qui s'égrènent quotidiennement. Courbet, dans son tableau *Retour de la foire*, ne manque pas d'appuyer l'air ultra-satisfait du paysan qui, coiffé d'un chapeau de monsieur de ville placé par-dessus le large mouchoir à carreaux qui protège la nuque, monté à cheval, mène le bœuf qu'il vient d'acheter, tandis qu'au premier plan un autre villageois identiquement content ramène un porcelet. La foire est l'occasion où l'homme doit faire étalage de son autorité et de sa suprématie. Il n'y manque pas. En tout cas, voilà pourquoi la femme se trouve rituellement écartée de l'aspect commercial de la foire comme elle l'est des réjouissances profanes qui y sont souvent liées.

De multiples proverbes misogynes illustrent l'évidence de la supériorité du mâle. Proverbe du Languedoc : *Qui abreuve son cheval tous gués, mène sa femme à tout festin, fait de son cheval une rosse, de sa femme une catin.* Du Roussillon : *Qui prête les bœufs et le cheval et laisse sa femme courir les fêtes reste cocu et sans bêtes.* De l'Anjou : *Celui qui va aiguiser son couteau sur toutes les pierres, celui qui conduit sa femme à toutes les foires et fait abreuver son cheval à tous les ruisseaux n'a au bout de l'an qu'un méchant couteau, qu'une mauvaise femelle et une haridelle.*

Plus les années passent, plus le paysan déserte les messes. Il ne prend part qu'aux cérémonies religieuses qui marquent les grands rites de passage, baptême, mariage, enterrement, ou le rythme de l'année, Noël, Pâques, Pentecôte et Toussaint, celle-ci fête observée par toute la communauté villageoise en liaison avec le culte des morts. S'il affiche une indifférence et observe une distance, ce n'est pas seulement pour appuyer une philosophie. C'est aussi pour montrer une certaine supériorité de l'homme qui peut avoir « l'esprit fort », alors que la paysanne reste servante du curé. Il n'y a qu'à bien regarder *L'Angélus* de Millet : l'homme ne prie pas ; il tourne son chapeau entre ses doigts en attendant que sa femme termine sa prière ; souverain, il laisse faire, parce qu'il n'aime pas casser les traditions, mais il marque nettement sa distance et sa fierté vis-à-vis de sa femme qui reste une victime de la superstition. Non qu'il ajouterait le moindre crédit à ce méchant proverbe du Languedoc : *Les femmes sont des saintes à l'église, des anges dans la rue, des diables au logis*. Il a le plus profond respect pour sa femme, respecte sa piété, mais il vit dans un autre univers, au-dessus.

Non qu'à la maison il y ait autorité masculine absolue et subordination féminine totale. Loin de là. La femme peut être reine régnante en son logis, comme on dit en Bretagne « porter la culotte », « avoir le fouet ». Il arrive que l'homme s'écrase platement. Dans telle estampe de Rabier-Boulard — par ailleurs brillant illustrateur des *Fables* de La Fontaine — la femme a les insignes de la masculinité, chapeau, pipe, canne, fusil ; l'homme, coiffé d'une perruque, file la quenouille et berce le bébé. Dans ses estampes du *Monde à l'envers*, le poisson ferre son pêcheur, le lièvre tire son chasseur, plus souvent femme fouette son mari. On n'en tient que davantage pour principe sacré que c'est l'homme qui commande et doit commander. Proverbe gascon : *Qui veut battre sa femme trouve assez de raisons*. On ne va pas jusque-là. Il n'en reste pas moins que telle est l'intangible règle de la société : primauté au mâle.

Mais la vérité est autre.

En général, la femme est choyée à la maison, ne serait-ce qu'en tant que mère qui, par là même, doit être vénérée. Ce n'est pas hasard si les maisons paysannes ont en bonne place une statuette de la Sainte Vierge et aux murs des images d'Epinal encadrées illustrant la vie de la Mère du crucifié. Ni seulement par piété ou commandement de Dieu. C'est pour mieux désigner encore la place exceptionnelle de la mère, dont le cœur ne doit être à aucun prix déchiré.

La paysanne lit plus que son mari. Pas uniquement le journal. C'est elle qui profite le plus des prêts de la bibliothèque municipale. Elle ne lit pas toujours de grands livres. On lui passe beaucoup de romans benêts à l'eau de rose. Mais elle a du coup « des connaissances » qui lui valent des mérites évidents, que ses aïeules ne pouvaient avoir. En même temps, elle s'initie mieux au maniement des nuances, des idées habilement glissées. Elle en a une souplesse intellectuelle qui contraste avec le côté fruste de son compagnon. Parlant du couple paysanne-paysan, les Catalans aiment dire que *le roc a épousé la lavande*. Le mot est vrai pour toutes les provinces et la plupart des maisons.

Impensable, un rôle de serve, de meuble ou de bibelot. La femme est la première parure de sa maison, même quand elle n'a pas d'autre bijou que son alliance. Quand une famille rayonne, c'est pour beaucoup au beau regard et au doux visage d'une paysanne qu'elle le doit. Mais, plus encore, désormais, la femme donne son avis sur tout. Non seulement elle a un instinct plus fin que l'homme pour juger des uns et des autres, plus d'intuition pour percevoir un mensonge ou une jalousie, mais aussi elle manie mieux la logique parce qu'elle a au moins davantage de temps pour penser. Elle n'est pas seulement une parure qui brille ; elle est plus encore une lumière, qui éclaire.

Les Parisiens, invités chez un ami paysan, sont souvent surpris parce que au dîner les femmes ne se mettent pas à table, et opèrent comme des servantes. Ils pensent qu'il y a mépris à leur égard, qu'elles sont tenues dans une condition inférieure. Pas du tout. Elles obéissent en vérité à deux obligations qu'elles s'imposent d'elles-mêmes. D'une part, ce sont elles qui font la cuisine, laquelle ne se fait qu'au feu de bois ; elles n'ont pas encore de meuble cuisinière ; elles ne disposent encore d'aucun progrès ménager ; un feu meurt si on ne le surveille pas ; un civet est moins bon si on le soumet à un chauffage inégal ; force est donc pour elles de surveiller le feu sans la moindre interruption. D'autre part, elles connaissent les vraies politesses, qui sont celles du cœur : à table, elles ne feraient que se lever et s'asseoir et se lever encore à tout propos, cassant les conversations ; mais, plus encore, debout, elles ont la délicatesse de mieux être les servantes de l'amitié. L'hospitalité est aussi chose sacrée : telle est la meilleure manière de l'honorer. De fait, la femme veille de haut sur le rituel d'une bonne réception.

Conclusion : le paysan, lui, est vraiment le roc qui protège intraitable le seuil de la caverne, fait fuir le fauve et le sacripant, assure la moisson, apporte le gibier, amasse les deniers ; la paysanne n'est plus confinée au rôle d'ombre, elle tient même désormais souvent les registres des gains et des dépenses, elle a pleine autorité pour assurer l'éducation des enfants ; elle est une fée pour les pépés ; elle sait penser par elle-même ; elle est plus une égérie qu'une aide. Le monde en est du coup plus beau.

VII

XXe SIÈCLE VERS L'AGRICULTURE SANS PAYSANS ?

1907 : la révolte des vignerons

La France agricole entame le siècle par une très violente secousse : la révolte des vignerons méridionaux, sous un gouvernement présidé par Georges Clemenceau.

C'est que, à peine relevés du drame du phylloxera et à peine replantés de belles vignes, les quatre départements gros producteurs de vin du Midi, Gard, Hérault, Aude et Pyrénées-Orientales, ne profitent que d'une prospérité éphémère.

Dès 1900, les prix du vin s'y écroulent.

L'hectolitre vendu 19 francs en 1899 tombe brutalement à 11.

Puis les prix continuent de chuter.

Le niveau le plus bas : en 1905, 6 francs.

Le vin, on en déborde, mais il ne se vend plus.

Les raisons sont diverses.

Pendant la crise du phylloxera, pour satisfaire la consommation, on a importé beaucoup de vins étrangers. Or, ils restent sur le marché. Introduits souvent en contrebande. Notamment les espagnols.

Voici arriver en surplus les vins d'Algérie, où la vigne a pris pied en 1890. Ils satisfont désormais au moins 10 % de la consommation française. (Le vignoble algérien a été reconstitué en plants greffés gros producteur aramon.)

La clientèle française refuse de plus en plus les petits vins, la « bibine » de l'Hérault, réclame des vins plus forts et sucrés que n'en donne la barricaille méridionale.

Elle se lasse des « piquettes » en tonneau, préfère du bon pinard en bouteilles.

La crise du phylloxera a fait apparaître toutes sortes de vins « factices », fabriqués avec n'importe quoi par des négociants vite traités de trafiquants, ou des vins fabriqués frauduleusement, grâce au *mouillage* et au *sucrage*, pratiques elles aussi introduites pendant la crise phylloxérique pour pallier l'insuffisance des récoltes, et que trop de négociants ou de viticulteurs continuent d'employer. Des quantités énormes de ces vins falsifiés — et d'un prix très bas — sont fabriquées chaque année (on sort 10 millions d'hectolitres de « vins de sucre » !).

Contre les fraudeurs, les tribunaux ne prononcent que des peines dérisoires.

Aussi, dans les vieilles maisons basses des viticulteurs, se déroulent des scènes pénibles, douloureuses. Quand les hommes de cave, épuisés par le travail du pressoir, sont couchés, les propriétaires, lampes-tempête au poing, traversent la cour et vont ouvrir les robinets de cuivre des foudres. Le vin de l'année précédente, qui n'a pu être vendu, s'écoule dans la rue... allant parfois jusqu'à empoisonner les puits qu'il faut alors vider avec une pompe à main...

La crise est très dure. A Nîmes, la moitié des magasins, faute de clients, doivent baisser leurs devantures. A Montpellier, c'est le Grand-Théâtre qui ferme ses portes : les représentations n'ont plus lieu que devant des fauteuils vides.

Les propriétés à vendre ne trouvent pas preneurs.

Les impôts des vignerons n'ont pas diminué pour autant. Certains ne sont-ils pas imposés pour 250 francs alors qu'ils n'ont pas tiré 200 francs de leur récolte ? Du coup, les ventes par autorité de justice quadruplent en un an.

En 1906, dans les Pyrénées-Orientales, les habitants de Baixas refusent de payer l'impôt et expulsent le percepteur : le gouvernement, qui cède, doit consentir à un dégrèvement collectif de la commune. C'est la première victoire de la « grève fiscale » imaginée en 1901 par le pamphlétaire d'extrême droite Drumont.

Par ailleurs, la viticulture méridionale est aussi victime des conséquences socio-économiques de son propre essor. Du phylloxera est née une viticulture méridionale essentiellement marquée par de gros rendements. Produire, produire, produire massivement, fût-ce au détriment de la qualité, tel fut le mot d'ordre de la viticulture renaissante. Autrement dit, la monoculture spéculative assure de formidables profits après 1890. De tels résultats auront engendré un surinvestissement. Or, l'économie régionale est désormais complètement tributaire de la seule viticulture. L'effondrement des prix affecte l'ensemble du corps social. Une fois déduits les frais de culture, la plupart des vignerons travaillent à perte. Alors, que faire ? Ils diminuent les salaires des journaliers, qui baissent de 25 à 30 %. Dans un domaine de 50 hectares, où l'on distribuait, en 1900, 24 720 francs de salaire (5 millions de francs 1946), on n'en paie plus que le quart. Le nombre des chômeurs s'élève, de 1904 à 1907, de 12 à 76 %.

Dans certains foyers, c'est presque la famine. Pour nourrir quatre enfants, tel journalier dispose de 2 francs par jour : le prix d'une douzaine d'œufs. Nourriture quotidienne : des figues, des amandes, des tomates, des pastèques. On dit : « Malheur au chat qui s'égare ! »

Du reste, c'est par les salariés agricoles que la crise vient. En août 1903, se tient le premier congrès de la Fédération des travailleurs agricoles du Midi, de tendance anarchiste. En 1904 déjà des grèves dures éclatent. Comme quoi, pour tenter de freiner les revendications, des propriétaires créent des syndicats mixtes regroupant viticulteurs et ouvriers — qui se réunissent en un Congrès de défense du Midi viticole, tenu à Béziers en janvier 1905.

En vain la Chambre des députés constitue-t-elle une commission d'enquête chargée de déterminer les causes de la crise.

C'est soudain l'avalanche. Tout le Midi se rebelle d'un seul mouvement.

Principal animateur : un certain Marcelin Albert, dit *Lou Cigal*, « la Tête folle ».

Il a 56 ans. Autant découvrir un nouveau pathétique don Quichotte, parcourant inlassablement les routes, prêchant la guerre sainte contre la fraude, adressant au gouvernement télégramme sur télégramme (qui ne reçoivent jamais de réponse), montant par une échelle jusqu'au sommet des platanes pour mieux exalter ses troupes. Très brun de peau, front bombé, visage osseux, « sec comme une sauterelle », il ne risque pas de passer inaperçu, avec sa longue barbe d'un noir d'ébène dont il ravive périodiquement la teinture, et ce veston noir à trois boutons, et col et cravate d'une blancheur impeccable qu'il porte, immuable, été comme hiver. Sans oublier une espèce de couvre-chef gris à bords relevés, qu'il conserve à la main, y compris quand il harangue ses ouailles du haut de ses arbres.

« J'ai pour moi, dit-il, le collaborateur le plus puissant de tous, le grand chef qui nous unira : la Misère. »

Il est cafetier-viticulteur à Argelliers, dans l'Aude. Il a vite fait de prendre la tête du Comité de défense viticole. Il fonde un journal qui défie aussitôt « tous les ennemis » : les fraudeurs, les spéculateurs, les faux frères, le Nord perpétuel adversaire du Midi, les ministres fainéants, le Parlement trop soumis aux betteraviers de Picardie. Phrases du tribun-prophète : « Depuis sept ans, tous nos élus nous ont bernés, roulés, joués. Il est temps qu'ils en viennent aux actes, s'ils ne veulent pas que ce soit nous qui nous y livrions. Il est temps de satisfaire la faim des gueux, car plus tard ce sera trop tard... »

Et les premiers manifestants d'entonner *La Vigneronne*, qui veut tenir à la fois de *La Marseillaise* et de *L'Internationale*.

Guerre aux bandits narguant notre misère
Et sans merci guerre aux fraudeurs
Oui, guerre à mort aux exploiteurs
Sans nul merci, guerre aux fraudeurs,
Et guerre à mort aux exploiteurs, oui !

L'agitation est déjà si vive que, le 14 mars, Albert Sarraut, jeune député radical de l'Aude, sous-secrétaire d'Etat à l'Intérieur, demande audience à Georges Clemenceau et lui expose qu'il y a tout à craindre de grandes manifestations. En foi de quoi il se fait rabrouer par un *Je connais le Midi... tout ça finira en banquet.* Et Clemenceau refuse d'en entendre davantage.

Son ministre des Finances, Joseph Caillaux, est sur la même longueur d'ondes. C'est du battage, dit-il méprisant.

Voire ! Les manifestations dominicales organisées par Lou Cigal — appuyées par un maire de Narbonne universellement estimé, socialiste, le docteur Ferroul — prennent très vite une ampleur inquiétante.

Le 5 mai, 40 000 personnes se rassemblent à Narbonne. On ne se contente point de dauber Joseph Ruau, le ministre de l'Agriculture, qui, à près de 50 ans, a attrapé la coqueluche et a contaminé tout son ministère (des huissiers aux directeurs, rue de Grenelle, ce n'est plus, en ce mois révolutionnaire, qu'une quinte de toux). Les orateurs profèrent les plus redoutables menaces. Et les manifestants de prononcer le nouveau serment du Jeu de paume qui désormais clôturera tous les meetings. « Nous jurons tous de nous unir... Celui ou ceux qui, par intérêt public, par ambition ou par esprit politique, nous porteront préjudice... seront jugés, condamnés et exécutés séance tenante... »

Et le journal *Le Tocsin* de publier « le Manifeste des Gueux », rédigé par le pharmacien d'Argelliers, Louis Blanc : « Propriétaires, ouvriers, royalistes, républicains, nous n'en faisons plus qu'un : nous sommes ceux qui crèvent de faim. »

Le 19 mai, à Perpignan, ils sont 180 000 à défiler, dans le fief du haut fonctionnaire le plus haï des protestataires, le préfet Dautresne (il aurait conseillé d'arracher toutes les vignes et de les remplacer par des pins).

Ils sont aussi nombreux à Carcassonne le 25 mai, à Nîmes le 2 juin, amenés par des trains spéciaux.

Le dimanche 9 juin, à Montpellier, ils sont plus d'un demi-million. Toutes les cloches sonnent. Plus de 50 000 drapeaux flottent au vent. Les façades disparaissent sous les oriflammes. Le Peyrou, l'Esplanade, les jardins sont noirs de monde. Mgr de Cabrières, évêque de la ville, a même ouvert sa cathédrale aux sans-logis. Un interminable défilé s'organise, au rythme des clairons et des tambours. On hurle. On chante. Il faut protéger Marcelin Albert, « l'Apôtre », « le Rédempteur », de l'enthousiasme de ses partisans.

Et voici le docteur Ferroul en pleine action. Autre étonnant personnage. On découvre un robuste gaillard dont la figure ronde s'élargit sur de puissants maxillaires et s'épanouit dans une opulente barbe d'un blond doré qui lui vaut le surnom de *Ferroul le Poilu*. Il déclare la guerre à Paris. Il clame : « Citoyens, aux actes maintenant ! Demain, je fermerai l'hôtel de ville, après y avoir fait arborer le drapeau noir, et au son du tocsin de la misère, je jetterai mon écharpe à la face du gouvernement ! ! ! »

Cette fois Clemenceau réagit. Il envoie d'importantes forces militaires. Du 18 au 22, l'intervention est rude. Ferroul est arrêté. Marcelin Albert se cache.

Par malheur, dans des conditions mal éclairées, quelqu'un tire. La troupe riposte. Six morts.

La nouvelle provoque un surcroît de violences.

La préfecture de Perpignan est incendiée.

Des émeutes éclatent à Montpellier : la foule bat les murs de la prison où Ferroul est interné.

Plus grave encore : le 17e régiment d'infanterie de Béziers, composé de recrues originaires de la région, refuse de participer à la répression. « Le 17e met la crosse en l'air ! » titrent les journaux. Mutinerie. Ces braves pioupious ne veulent pas être confondus avec les « uhlans de Clemenceau ».

La situation paraît échapper à tout contrôle.

Toutes les autorités sont débordées.

Le préfet Dautresne manque être lynché.

La Chambre des députés vit une de ses séances les plus orageuses, où Jaurès et Millerand interpellent Clemenceau avec une véhémence inouïe. Vous n'êtes qu'un imprévoyant, lance Millerand. Vous, réplique Clemenceau, vous êtes de ceux qui savent prédire le passé !

Pourtant, tout s'apaise finalement assez vite.

Le gouvernement dépose un projet de loi « tendant à prévenir les mouillages de vins et les abus du sucrage » et imposant aux propriétaires la déclaration annuelle des récoltes, aux commerçants celle des ventes de sucre supérieures à 25 kilos.

On ne prend pas de sanctions sévères contre les mutins.

Surtout, Clemenceau piège Marcelin Albert. Celui-ci, jusque-là caché dans le clocher de l'église d'Argelliers, épouvanté par le tour qu'on pris les événements, se rend à Paris le dimanche 23 juin, se fait transporter au ministère de l'Intérieur, demande impromptu une audience au président du Conseil. Clemenceau le reçoit le plus cordialement du monde. « Je suis un bon républicain, dit le Rédempteur. En 1870, quoique fils de veuve, je me suis engagé pour la durée de la guerre... » Puis, prié de dire ce qu'il est venu chercher, il demande la libération de Ferroul et des meneurs qui ont été arrêtés avec lui. Il s'écroule dans un fauteuil. Il sanglote. Il supplie qu'on ne l'arrête pas. Il promet tout... Par de bonnes paroles, qui ne l'engagent guère, Clemenceau le réconforte. Puis soudain : « Mais j'y pense, dit-il, au moins vous avez de l'argent pour rentrer chez vous ? » Le Rédempteur ne cache pas sa gêne. « Allons, allons, fait Clemenceau, vous n'allez pas tout de même manquer de confiance en moi ? Tenez, je vais vous donner de quoi payer votre train... » Il tire de sa poche un billet de cent francs que l'Apôtre accepte.

Pour tous ses partisans, voilà l'Apôtre déshonoré.

Soigneusement divulgué à la presse par le redoutable bretteur, le prêt de cent francs apparaît comme la preuve d'une trahison ; à la prison de Montpellier, où Marcelin Albert va se constituer prisonnier, Ferroul et ses compagnons refusent de lui adresser la parole.

Maurice Barrès, qui l'a longtemps défendu, soupire : « Marcelin Albert, le héros inachevé. »

Le Rédempteur n'est plus qu'un « vendu ».

Les enthousiasmes s'éteignent.

Le gouvernement n'a plus qu'à multiplier les mesures d'apaisement.

Il renonce à exiger des vignerons le paiement de la plupart des impôts en retard.

Le 2 août, il ordonne la mise en liberté des chefs des gueux, sauf à Albert de regagner Argelliers sous les huées, à Ferroul d'être reçu à Narbonne sous les ovations, fondant aussitôt une Confédération générale des vignerons (CGV), premier mouvement syndicaliste paysan.

La rébellion de 1907 prend une dimension mythique ; le chansonnier populaire Montéhus compose en hommage aux mutins du 17e une chanson qui ne sera pas oubliée de si tôt : *Salut, salut à vous, braves soldats du 17e... Vous auriez, en tirant sur nous, assassiné la République*, et, le 19 juin 1910, pour la célébration du troisième anniversaire de « l'émeute sanglante », Ferroul décide d'amener le drapeau noir qui, depuis le 10 juin 1907, flottait à la façade de l'hôtel de ville de Narbonne. Fièrement, il s'écrie : « Vers le passé, je salue nos morts ; vers l'avenir, je salue le Midi libéré, le travail affranchi, la vigne sauvée. »

Les fraudes se raréfient.

Les cours du vin remontent.

Le poilu est un paysan

Le 2 août 1914, l'ordre de mobilisation générale qui appelle aux armes et décrète la levée en masse atteint la France en pleine moisson.

Du jour au lendemain, ils sont 3 700 000 à être arrachés à leurs champs, sur un total de 5 237 000 mobilisés (chiffre donné par Louis Marin dans son rapport à la Chambre des députés).

La paysannerie représente encore plus du tiers de la population totale (à peine le quart en 1954). Tandis que toutes les cloches sonnent le tocsin, c'est une armée massivement paysanne qui monte vers la Meuse et le Rhin.

On ne fait point que mobiliser des hommes. On réquisitionne en masse des animaux de trait : 2 200 000 chevaux, 170 000 mulets, alors que tout annonce une guerre mécanisée. Comprenne qui pourra ! Par longues files lugubres, chaque propriétaire doit amener ses bêtes au chef-lieu de canton, où le tri est fait. Heureux celui dont l'animal est déclaré inapte au service !

Non seulement, quant aux hommes, jeunes et moins jeunes, on les parque dans les dépôts de guerre sans se soucier de procéder à un triage quelconque entre les professions, mais on amasse chevaux et mulets, trop souvent sans avoine ni fourrage, dans des écuries et des parcs où l'on ne sait qu'en faire.

Plus fort encore si c'est possible : pour éventuellement alimenter Paris en cas de siège — comme en 70 ! — on constitue un « troupeau de précaution ». Des centaines de bovins, dans la cohue et les beuglements, sont amassés pour s'en aller occuper le champ de courses de Longchamp.

Toute la France est dans l'angoisse et se découvre exposée à un danger mortel : déjà les soldats à casque à pointe de von Kluck et de von Bülow foncent à travers la Belgique, dont la neutralité est soudainement violée ; les paysans belges en train de moissonner, ahuris, voient défiler l'armée du Kaiser Guillaume II dans un scintillement d'acier. Mais c'est la France rurale qui, la première, est mise à l'épreuve. On lui arrache ses meilleurs bras. On lui arrache ses bêtes : comment donc assurer un travail agricole alors que charrons et maréchaux-ferrants sont eux aussi mobilisés ? Comment rentrer les blés, préparer les vendanges, prévoir les premiers labours, alors que la principale énergie va manquer ? Faut-il que cette France paysanne soit magnifique ! Dès le premier jour, on voit le monde paysan se raidir dans un effort qui tient du prodige. Femmes, enfants, vieillards, infirmes, tous se mettent sans délai à la tâche, prennent la relève des absents. Le chef d'exploitation part, aussitôt l'épouse, sans rechigner tant soit peu, prend la plénitude des responsabilités de la terre. On dira plus tard que la paysanne, dès les premiers jours de la guerre, se sera portée, non moins que le combattant, au sommet du sublime. Il y a de ça.

La guerre sera courte, assure-t-on de toutes parts. Le président du Conseil, René Viviani, écrit dans une lettre personnelle : « Ce ne sera pas long, cher ami. A la Toussaint, au plus tard, les Russes seront à Berlin » (les Russes, nos alliés). Guillaume II promet à ses soldats : « Vous serez rentrés avant la chute des feuilles. » Le général Foch précise qu'« une guerre moderne ne peut être longue ». Des officiers prussiens parient que, le 2 septembre, anniversaire de Sedan, ils déjeuneront au café de la Paix à Paris. Bethmann-Hollweg, le chancelier allemand, confirme : « Ce sera un orage violent, mais très court ; je compte sur une guerre de trois mois. » A Paris, les convois pavoisés de milliers de drapeaux quittent la gare de l'Est portant ces mots tracés à la craie : *Train de plaisir pour Berlin.* On sera de retour dans deux mois, crient les mobilisés.

Non, la guerre n'est pas courte.

On ne le sent que trop vite. Toutes les illusions tombent. Dès les premières semaines de l'offensive allemande, une douzaine de départements français sont envahis. Plus de 2 500 000 hectares — 6 % de la surface agricole totale française — sont transformés en champs de bataille, dans des régions des plus fertiles, l'Artois, la Picardie, la Champagne.

Bien sûr, toute la France vibre au rythme des combats. Mais, aussi, voici venir toute une succession d'épreuves qui, au-delà du pathétique de l'actualité, compromettent gravement l'avenir.

Après la victoire miraculeuse de la Marne, alors que l'on prend enfin définitivement conscience que la guerre pourra être très longue, les autorités françaises, compte tenu de la chute abrupte de la production agricole française, doivent procéder à des importations massives de céréales et de viande. Le sacro-saint protectionnisme est suspendu. Avec le matériel frigorifique des Anglais (nous n'en avons pas), nous amenons, nonobstant le défi des sous-marins allemands, de la viande « frigorifiée » des Etats-Unis et d'Argentine. Du singe, disent nos soldats. Pour assurer le ravitaillement en pain des armées et des villes, nous faisons venir des cargaisons entières de blés. Le « monde cohérent » est détruit. Il y a détraquement immédiat de tout le système économique : on ouvre toutes grandes les portes aux grandes compagnies grainières et d'élevage ; autant par là même pousser les pays neufs à augmenter leur production à outrance ; autant faire lever des armées de moissonneurs qui, un jour, quand le canon se sera tu, travailleront contre nous.

On ne lésine pas sur les rations attribuées aux millions de mobilisés. En période d'opération, les services d'intendance distribuent 500 grammes de viande et un litre de vin, avec pain à volonté, par jour et par soldat. Le gaspillage est énorme, et alors qu'il faut aussi assurer le ravitaillement des citadins ; le « moral de l'arrière » est un élément essentiel de la victoire ; on ne va pas le laisser casser par des risques de famine. On prélève en cinq mois 5 % de nos bovins. Là encore, des réquisitions doivent intervenir en masse. Problème : même avec intervention des importations, le troupeau entier ne risque-t-il pas de disparaître rapidement ?

Finalement, nous rassemblons une armée de quelque huit millions d'hommes. Cela représente des besoins d'autant plus impressionnants que l'Intendance ne lésine pas sur le ravitaillement. Or, le gaspillage relève du scandale. On jette du pain. On laisse pourrir la viande. A la diligence du questeur de la Chambre, le député de l'Hérault, Edouard Barthe, « grand défenseur de la viticulture française », on fait distribuer dans les gares dès l'hiver « le vin chaud du soldat » : comment nos troufions se contenteraient-ils d'un seul quart ? De longs trains de wagons-citernes s'acheminent vers le front. Le pinard n'est pas toujours du goût du destinataire, à bon droit très exigeant, ou bien des vins trop légers, mal conservés, s'aigrissent vite : des milliers d'hectolitres sont déversés au ruisseau.

La paysanne française est magnifique. L'hommage qui lui est dû est unanime. Elle manie la bêche et la charrue comme un homme. Elle administre ses programmes avec intelligence et efficacité. Elle taille, sarcle, sulfate, soufre. Mais les engrais ne sont plus fabriqués par des usines chimiques reconverties pour les besoins de l'armée. Les forgerons ne sont pas là pour ferrer les chevaux qui restent au village. Le sulfate de cuivre et le soufre manquent gravement pour protéger la vigne de l'oïdium et du mildiou. Les rendements du blé tombent de 13,3 quintaux à l'hectare en 1913 à 8,7 en 1917. C'est fort beau de donner à chaque soldat un demi-litre de pinard par jour : encore faudrait-il ne pas trop oublier la chute de la production. Faudra-t-il aussi importer du vin ?

On n'accorde des « permissions agricoles » aux paysans mobilisés qu'en 1915. Elles ne sont pas de plus de dix jours, même pour les travaux les plus importants.

En 1917, on décide bien d'affecter aux travaux des champs les « vieilles classes », c'est-à-dire les classes 1888 et 1889, puis les classes 1890 et 1891, puis les territoriaux du service auxiliaire, des pères de cinq enfants, des veufs pères de quatre enfants ; on fait compléter aux blessés leur cure de convalescence par des travaux champêtres : c'est en logique excellemment raisonné ; il y va de mesures très humaines, mais, quantitativement, il s'agit d'une contribution trop dérisoire. Par exemple, le plus important apport, celui des classes 1888 et 1889, ne porte que sur 70 000 hommes.

A partir d'avril 1915, des prisonniers de guerre allemands sont bien mis à la disposition de l'agriculture. On forme des équipes de vingt têtes, « prêtées » à des collectivités, des communes, des coopératives et des syndicats qui se chargent de la répartition entre les exploitants. Vêtements de travail, soins médicaux, frais de surveillance (une escorte de huit réservistes français, commandés par un sous-officier) sont à la charge de l'administration. Le salaire dû par l'employeur a deux destinataires : une part va au trésor de guerre, l'autre, 20 centimes par jour, au prisonnier (le salaire des journaliers est alors de 50 centimes l'heure). La plupart des employeurs qui ont à utiliser cette main-d'œuvre n'en sont point mécontents. Mais la plupart de ces hommes n'ont jamais touché de charrue, ni approché un bœuf. Les journalistes de *L'Echo de Paris* en reportage découvrent une équipe qui comprend « le fils d'un drapier de Berlin, un chanteur de Cologne, des garçons de brasserie de Düsseldorf, des métallurgistes et des charcutiers ».

On fait appel à la main-d'œuvre étrangère, mais elle répugne à travailler dans les provinces menacées. Les Espagnols ne s'embauchent que dans des exploitations viticoles du Midi, où il n'y a pas de danger.

On requiert des Nord-Africains et des Indochinois. Cela ne va pas sans soulever des protestations, notamment de *L'Echo de Paris*, par exemple celle-ci d'un ingénieur agronome du nom de François Leterrien : « Plusieurs milliers d'Africains et d'Asiatiques circulent dans nos campagnes, écrit-il ; est-ce que nous allons ouvrir nos portes toutes grandes à ces foules cosmopolites, accourues de tous les points du monde ?... Prenons garde ! La race elle-même est en péril. Nos villages maintenaient par les mariages entre gens du pays les vertus fondamentales... Voici qu'ils vont être envahis d'immigrés ; les sources mêmes du sang français n'en seront-elles pas altérées ?... Le Parlement se doit d'intervenir... A chacun son devoir !... Notre armée sauve la France de l'étreinte des Boches, aux pouvoirs publics de ne pas la laisser tomber sous l'emprise des gens de couleur... »

En 1916, Jules Méline, le vieux Méline, qu'on n'a pas vu au gouvernement depuis 1898, retrouvant en « sauveur » le ministère de l'Agriculture, fait créer dans chaque commune des Comités d'action agricole permanents chargés de réquisitionner les friches pour les mettre en culture : il n'explique pas où il trouvera la solide main-d'œuvre appropriée.

Par-dessus tout, dès 1915, la guerre des tranchées commence. Deux immenses armées s'enterrent face à face. Chacun des deux adversaires est à la fois assiégeant et assiégé. De part et d'autre d'un étroit no man's land où le danger de mort est permanent, deux systèmes de tranchées, de la mer du Nord à la Suisse, hérissées de barbelés, équipées de parapets, protégées de sacs de terre, jalonnées de cagnas, engagent un extraordinaire réseau de boyaux souvent boueux, de postes avancés pour les tireurs d'élite, de galeries de mines, de couloirs d'approche. Les uniformes couleur de terre remplacent les flamboyantes tenues des premiers assauts. Avènement du poilu, grognard, hirsute, mal rasé, emmitouflé de passe-montagnes, inséparable de son casque, de son quart, de sa gamelle, de sa baïonnette. Bref, de nouveaux soldats de l'an II, en moins mobiles. Et qui doivent désormais affronter des tanks, et des avions, et des gaz moutarde, les ypérites... mais surtout, dans le froid, dans la fange, dans la neige, doivent mener durant plus de trois ans une vie souterraine inhumaine. Et le poilu, c'est le paysan ! Fin 14, on a démobilisé tous les ouvriers « spécialisés », tourneurs d'usines, serruriers, pour les renvoyer en « affectés spéciaux » à leurs fabriques et ateliers. Ne reste au feu que le paysan. C'est lui qui, en ces heures tragiques, assume plus que quiconque les destins et la gloire de sa patrie. Anonyme, avec des millions de ses frères, il écrit, tout bougonnant mais fièrement, une page d'époque. Jamais, dans la douleur et le courage, le paysan de France n'aura été aussi grand.

Par malheur, il y a aussi génocide.

Sacrifice effroyable : 673 000 paysans ne reviennent pas de la tuerie ; plus d'un demi-million en reviennent estropiés ou malades.

Il faut ajouter les désastres matériels. Plus de 7 % du territoire national est dévasté. Plus de 3 millions d'hectares de sol cultivable se retrouvent bouleversés. Le cheptel vif est diminué d'un million de chevaux, de 2 500 000 bovins, de 7 millions de moutons, de 3 de porcs : l'élevage français subsiste, mais gravement atteint. Plus de 6 000 kilomètres de chemin de fer, plus de 52 000 kilomètres de routes ont été anéantis. La moitié de la flotte marchande a été coulée. La production des céréales est tombée de 174 à 106 millions de quintaux — celle des plantes fourragères de 959 à 560 millions de quintaux.

Et les pertes financières sont considérables. Le ministère des Finances estime la valeur des dommages subis par la France du fait de l'ennemi à 134 milliards de francs-or. Le franc cesse d'être aussi intangible que le mètre ou le litre. Les surfaces labourées sont tombées de 24 à 21 millions d'hectares au profit des pacages et des bois.

L'entre-deux-guerres

Certes, dans sa suite et ses conséquences, la Grande Guerre ne manque pas d'aspects positifs.

La France est sauvée ; son armée atteint au plus grand prestige ; on se remet vite au travail.

Les bienheureux paysans qui survivent retrouvent pour la plupart des affaires extraordinairement prospères. Il y a net enrichissement des exploitations familiales — sans oublier les allocations militaires prévues par la loi du 5 août 1914 en faveur de chaque famille nécessiteuse ayant un soldat mobilisé. Les paysans acquièrent des biens inaccessibles jusque-là. Comme le notera Annie Moulin dans son admirable ouvrage sur *Les Paysans dans la société française*, il y a même des excès, mal vus en ville. « La presse citadine stigmatise les paysannes qui font de la toilette, fréquentent les pâtisseries ou s'offrent le luxe d'acquérir une bicyclette. Certaines vont même jusqu'à mettre des bas de soie, symboles de la futilité mais aussi de la débauche ! » Horrifiée, la presse citadine qui devait tenir à bien conserver des villages de rustres ! Mais il est trop vrai qu'en 1917-

1918, une hausse des prix spectaculaire sur toutes les denrées enrichit la classe paysanne. Dans son livre *L'Ame paysanne*, le médecin girondin Labat, vieux médecin de campagne, écrit : « Un de mes voisins a fait 300 francs sur quatre pruniers reine-claude, et un autre 2 500 francs de melons sur un champ de 300 ares. Voici une vigne, toute en chasselas, qui n'est pas grande, un peu plus d'un hectare : une jeune femme aidée de son vieux père l'a si bien défendue... que la récolte de raisins vendue 20 sous le kilo a donné 10 000 francs. Chez ceux qui travaillent et produisent, l'argent afflue... Plus de porte-monnaie à fermoirs rouillés, durs, grinçants... plus de nœuds au coin du mouchoir, redoublés, contournés sur la pièce d'or accotée de pierres blanches, si serrés que les doigts n'en finissent pas de les défaire, mais d'élégants portefeuilles qui s'ouvrent comme des livres d'où les petits billets bleus s'échappent, s'envolent, légers, charmants... » Un tel lyrisme peut ici s'expliquer. L'auteur d'une thèse sur *Le Métayage pendant la guerre* cite un vieux paysan du Bocage vendéen qui possède « un atlas de géographie à chaque page duquel un billet de 1 000 francs est soigneusement épinglé ». Evidemment, cet argent inespérément gagné sert d'abord à acheter des terres. Comme les bourgeois des villes, pour leur part, préfèrent vendre leurs domaines pour placer leur argent en valeurs industrielles, il en résulte une énorme augmentation d'achats de terres par les paysans. « Il s'accomplit de nos jours, écrit *La Tribune du Centre*, dans le silence et l'ombre de nos campagnes, une des révolutions les plus profondes qui aient orienté l'histoire de notre pays, révolution si grande qu'il faudra de longues années, peut-être, avant que ne s'en révèle toute la portée : cette révolution pacifique, c'est l'accession à la propriété d'une masse innombrable de Français... »

Le vieux médecin ajoute : « 1789 a fait de la propriété féodale la propriété bourgeoise ; 1919 aura fait de la propriété bourgeoise la propriété paysanne. »

En Saône-et-Loire, le prix des terres en 1919 aura augmenté de 30 % ; dans les Vosges, de 50 % — mais, détail caractéristique : la plupart de ces achats par les paysans sont réalisés comptant.

Autre appoint, après guerre : les pensions versées aux veuves, plus tard aux anciens combattants. Ces ressources régulières en argent, pourra noter Annie Moulin, « sont d'une aide inestimable pour mieux participer à l'économie de marché ». De plus, l'inflation joue. Si les céréales sont réquisitionnées à bas prix, lait, œufs, volailles, fruits, légumes se vendent bien et cher. Les prix à la production quadruplent de 1914 à 1920. On en oublierait que le mouvement général des denrées industrielles et des salaires agricoles évolue au même rythme. Le gain est finalement parfois plus nominal que réel — mais il est spectaculaire. L'évidence n'en est pas moins éclatante : il y a gonflement des livrets d'épargne et les paysans se mettent activement à acheter de nouvelles terres.

Les petits propriétaires peuvent en tout cas se libérer de leurs dettes, compléter et perfectionner leur outillage, rendre plus confortable leur intérieur. Des milliers de fermiers et de métayers deviennent propriétaires à leur tour.

Dès 1920, la France retrouve sa production totale en blés. Même si elle continue d'importer (ça dure, les mauvaises habitudes), à nouveau la Beauce, la Brie, la Picardie, l'Artois travaillent à plein rendement.

Et à nous, grâce à un tel renforcement des moyens, sur toutes les nouvelles années, toute une génération de nouveaux outils.

Le tracteur à essence prend la relève de l'animal pour tirer la charrue, la faucheuse, la moissonneuse. Le mouvement existait déjà avant guerre. Il s'amplifie. Les charrues les plus perfectionnées, à plusieurs socs, sont attelées à des tracteurs — l'attelage à câble sans fin, actionné par un treuil, étant de plus en plus remplacé par l'attelage direct, où le tracteur remorque directement l'instrument de culture. A nous l'instrument ayant incorporé son propre moteur : la charrue automobile.

Les nouveaux moulins hydrauliques peuvent grouper de six à vingt paires de meules.

Les pressoirs les plus perfectionnés, dits pressoirs continus, peuvent pressurer de deux à cinq tonnes de vendange à l'heure.

Tout un formidable parc d'artillerie agricole se met en place et en œuvre, qui peut même se passer de cavalerie.

On met au point d'énormes défonceuses qui retournent le sol jusqu'à près d'un mètre de profondeur.

Pour attaquer les sols les plus rebelles, voici de grosses charrues à balance, parfois à plusieurs socs, et les charrues à plusieurs rangées de disques, parfois orientables.

On met au travail des râteaux-faneurs, des andaineuses (pour l'andain, alignement de foin ou de céréales fauchés et déposés sur le sol), des chargeurs automatiques, sans oublier le *pick up baller* (capable de mettre la récolte en balles d'un poids régulier).

À nous des « combines » qui non seulement exécutent d'un coup la moisson et la liaison des gerbes, mais battent sur le champ même les épis récoltés (avec tous les dispositifs appropriés, le *header* pour la coupe de la récolte, le *thresher* pour le battage du grain, le *cleaner* pour le triage, tous moyens mis au point par les Etats-Unis dans les Grandes Plaines dès avant la guerre de 1914). Le riz lui-même est ainsi moissonné, soit dans des champs encore inondés, soit dans des rizières préalablement desséchées.

A nous les *corn pickers* pour la récolte de maïs. La conviction était qu'une telle récolte ne pouvait être effectuée qu'à la main, car les volumineux épis sont inégaux et portés à des hauteurs inégales par des tiges rigides chargées de feuilles. D'abord attelés, puis à partir de 1928 combinés avec le tracteur, ils sont capables de récolter une ou deux rangées à la fois (*two-row tractor pickers*). Ils happent leurs proies au passage, les débarrassent de leurs spathes, les envoient par un transporteur sans fin dans un chariot tiré par la machine elle-même (la spathe étant la bractée entourant l'épi). Les généticistes américains créent même des maïs de taille plus régulière, et même des maïs sorciers dont l'épi voit s'ouvrir les spathes au moment de la maturation.

A nous des machines qui sèment les pommes de terre après triage et calibrage des plants ; qui binent, parfois avec des enjambeurs permettant de travailler deux ou trois rangs à la fois ; qui arrachent les tubercules, les chargent automatiquement, voire les mettent en sacs.

A nous des machines betteravières à la fois pour semer et pour arracher — des machines qui sur quatre ou cinq ans décollettent les racines, les extraient de leur gangue de terre, les nettoient et les déversent dans le camion qui circule à côté de l'arracheuse.

Les travaux intérieurs de la ferme sont également mécanisés. Que le paysan n'aura-t-il pas dû à la fée électricité ! On met au point des coupe-racines, des concasseurs de grains, des hache-paille, des scies et des pompes de toute espèce, des monte-charges de toutes natures, des appareils à sélectionner les grains, à sécher les foins, à sécher les fourrages. La traite elle-même se fait électriquement, et tout un équipement mécanique permet de préparer, de malaxer, de conserver le beurre s'il y a lieu d'en produire.

On découvre de gros silos de grains qui sont presque des usines.

On voit s'installer de vastes frigos pour viande, volailles et fruits.

La culture de la vigne s'accompagne d'un aménagement des chais où égrappage, foulage et soutirage sont autant d'opérations mécanisées.

Comme le dit Daniel Faucher : fin de l'agriculture à bras, esclave de la terre.

Il est trop vrai que, dans le passé, de longue date, le paysan n'aura jamais été préoccupé que des soins à lui donner, des récoltes à lui confier, des heurs et malheurs qui pouvaient l'atteindre. Comme le dira encore Daniel Faucher : « Après les pires catastrophes, les inondations désastreuses, les grêles et pluies dévastatrices, les gelées imprévues, les sécheresses cruelles, comme après les guerres, le paysan retournait à la terre comme à une inépuisable source de vie. » La terre, véritablement, aura été sa plus grande amante. Dans l'intervalle des grands travaux, il n'avait plus qu'à employer les périodes creuses à des occupations domestiques, à l'aménagement de ses champs, à des besognes artisanales. Il était tisserand de toile ou tisseur de drap. Il fabriquait des objets en bois, ou en fer, ou des montres. Il exerçait des métiers ambulants qui « lui allaient bien », ramoneur, chaudronnier, étameur, aiguiseur, scieur de long, terrassier, maçon, colporteur. Il fauchait, moissonnait, vendangeait pour des domaines dont les travaux étaient en avance ou en retard sur les siens. Il pouvait s'expatrier pour toute une saison. Tout change. La mécanisation et la motorisation des occupations agricoles permettent au paysan de faire face à toutes les exigences de sa terre et de ses cultures sans être accaparé par elles. L'épargne du temps, telle est la nouveauté. Sur son tracteur, le voici allant et venant dans le champ sans fatigue. Derrière lui, automatiquement, la charrue creuse la terre, la moissonneuse couche les blés mûrs. Le soir venu, il n'a plus qu'à contempler le travail « tout fait ». Et, de plus, c'est d'un tel rapport qu'il n'a plus besoin d'appoint.

Les performances tiennent même parfois du prodige.

En 1932, on cite le record établi aux Etats-Unis par un seul homme conduisant un tracteur de 15-30 CV qui, en cinq journées et demie de dix heures, laboure 110 acres, soit plus de 44 hectares et demi. Il a donc employé moins d'une demi-heure par acre alors que le labour à la charrue demandait plus d'une journée dans les fermes à chevaux. Justement, pourquoi le paysan français ne ferait-il pas un jour aussi bien que ce paysan de là-bas ?

Il faut dire que les comparaisons entre hier et aujourd'hui deviennent singulièrement frappantes.

La charrue déchaumeuse à six disques, attelée de chevaux, laboure environ 2 hectares par jour ; la même déchaumeuse, mue par un tracteur, en retourne 6 dans le même temps.

La moisson à la lieuse, la rentrée de la paille et du grain, tout cela demande à peine de 5 à 6 journées à l'hectare ; à la faux, jadis, la seule coupe en exigeait trois.

Voici que pour l'ensemencement, un aéroplane peut être utilisé. La Californie donne l'exemple. L'appareil emporte à chaque vol 450 kilos de paddy sec, de quoi ensemencer 2,5 hectares.

Voici même l'engrais par aéroplane. L'appareil effectue 6 voyages à l'heure, couvre dans ce même temps de 16 à 24 hectares. Cinq hommes suffisent à le charger ; deux hommes le guident sur le terrain. Au total seulement huit hommes, y compris le pilote, sans fatigue, assurent la fumure de 200 hectares en un jour. O Moyen Age, où es-tu ?

Identiques avantages de la mécanisation pour les prairies. S'agit-il de récolter des foins ou des fourrages à « ensiler en vert » ? La faucheuse coupe un hectare à l'heure ; le fourrage est repris sans délai par le *field chopper* qui le hache menu en couvrant un hectare en deux heures ; le tracteur le transporte ; le *blower* le souffle dans le silo ; 5 hommes, 3 tracteurs et 3 remorques travaillant en même temps abattent toute la besogne en une seule journée pour 6 hectares au moins.

Est-ce du foin séché ? On le presse sur place en balles de 25 à

40 kilos liées au fil de fer ou à la corde de sisal, grâce au *pick up baller* (seigneur, ce vocabulaire amerloch !).

Est-ce du foin encore humide ? Il est séché en grange par une souffleuse, sans qu'il y ait besoin de le manipuler.

De la sorcellerie — ou tout comme.

En arboriculture ? Mêmes magies. Les charrues à disques préparent le sol des plantations. Le *cover crop* est là pour désherber si nécessaire. Des canalisations souterraines parcourent tout le verger. Des installations fixes sont prévues pour la préparation des bouillies. Des appareils mobiles d'une grande puissance et d'une capacité d'environ 2 000 litres fonctionnent sous des pressions de 30 à 40 kilos. Les *speedsprayers* et les *atomisers* répandent leurs produits en brouillards ou en particules si ténues qu'elles peuvent exercer leurs effets jusqu'au fond des corolles ou dans les moindres replis des bourgeons ou des rameaux.

Pour la plupart des fruits, la cueillette échappe encore à la mécanisation, mais il existe du moins des machines pour le gaulage des noix — et le conditionnement des fruits est quant à lui très mécanisé : ils sont triés, nettoyés, séchés, brossés, calibrés, mis en caisses sans être touchés par le personnel.

De plus en plus, le vigneron laboure mécaniquement. De plus en plus mécaniques aussi, le soufrage, le sulfatage et le traitement du black rot (de l'anglais *black*, « noir », et *rot*, « pourriture »), autre champignon qui a attaqué à la fin du dernier siècle, se marque par les taches brunes très arrondies et se combat comme ses cousins préventivement par des pulvérisations de bouillie bordelaise.

Le témoin, au total, ne se reconnaît plus dans cet outillage entièrement renouvelé.

Mais autre résultat positif encore : de leur séjour dans les tranchées, les poilus rapportent un esprit nouveau, avant tout une haine contre de telles gigantesques tueries, mais aussi une plus nette conception de l'importance et de l'utilité de l'action collective. Individualistes par nature, ils réalisent que le slogan « l'union fait la force » n'est pas un vain mot, que s'ils ne veulent pas être rançonnés et dupés par les messieurs des finances et des industries, ils doivent remettre en activité à pleine puissance les associations corporatives. Les gros agrariens, au lieu de contrecarrer le mouvement, s'en portent même à l'avant-garde. Voici du coup dès 1919 se créer une Confédération nationale des associations agricoles. Le gouvernement y met du reste lui aussi du sien en créant des offices agricoles départementaux (c'est le Conseil général qui en désigne les membres, cinq, assistés par le fonctionnaire directeur des services agricoles). Par ailleurs, des Chambres d'agriculture (une par département), autre création du mouvement nationaliste « bleu horizon » qui remporte les élections pour la Chambre 1919, se mettent en place.

Pour sa part, la CGT, Confédération générale du travail, créée dès 1895, gagnant des membres d'année en année, jamais aussi ambitieuse qu'après la guerre, décide de renforcer les syndicats d'ouvriers agricoles. Ainsi naît la Fédération nationale des travailleurs de l'agriculture, qui tient dès 1920 son premier congrès à Limoges, pour son malheur bientôt victime de la scission qui sépare les communistes des socialistes SFIO (Section française de l'Internationale ouvrière).

A nous du coup toute une vague de bouillants agitateurs.

Le socialiste Adéodat Compère-Morel, jardinier pépiniériste de l'Oise, directeur du journal socialiste *La Tribune de l'Oise*, tôt élu député, qui se fait l'ardent défenseur des petits propriétaires « écrasés sous des charges fiscales excessives ».

Le communiste Renaud Jean, grand blessé de guerre, fils d'un petit exploitant agricole de Damazan, Lot-et-Garonne, auteur d'articles incendiaires dans *L'Humanité* et *La Voix paysanne*, vedette des *Cahiers du bolchevisme*, rédacteur du programme agraire du parti communiste.

Jacques Le Roy Ladurie, secrétaire général de l'Union nationale des syndicats agricoles, grand animateur du « bloc rural » qui veut associer les intérêts des paysans travailleurs avec ceux du capitalisme foncier.

Fleurant Agricola, professeur au collège de Compiègne, fondateur en 1927 du Parti agraire, qui soutient ardemment ses professions de foi dans *La Voix de la terre.*

Henri d'Hallouin, dit Dorgères, « chef des chemises vertes » (à une époque où en Italie Benito Mussolini met à la mode les « chemises noires » et Adolf Hitler en Allemagne les « chemises brunes »), fils d'un boucher roubaisien né à Wasquehal en 1897 qui dit prêcher la « croisade agricole », directeur du *Progrès agricole de l'Ouest*, modeste feuille dont il fait un grand hebdomadaire de défense paysanne, et qui domine de sa forte stature et de sa nature impétueuse les premières années 1920 et les luttes que les paysans mènent pour leur survie. Il crée le Front paysan. Il prend pour emblème une gerbe de blé sur laquelle se croisent une fourche et une faux. Son cri de guerre *Haut les fourches !* sait très efficacement réveiller dans les âmes paysannes l'atavisme ancestral des luttes séculaires menées contre les seigneurs de jadis. Il proclame : « Je mets dans le même sac la droite et la gauche. Tous les partis sont plus ou moins corrompus... Oui, je lutterai jusqu'au bout contre les partis, contre cette pourriture... Je veux que par tous les moyens la France, et en particulier la France paysanne, balaie tous ces gens-là... A la République parlementaire et individualiste, qui divise et qui corrompt, la paysannerie va substituer une République corporative et familiale. » Le 28 novembre 1934, les Parisiens, ébahis, voient affluer vers l'Etoile des milliers de paysans dont beaucoup agitent des fourches et qui font marche vers la salle Wagram. Dorgères parle, voue aux gémonies tous les députés trop beaux parleurs. « Ce sont eux, s'écrie-t-il, qui ont fait les lois qui vous oppriment. Eh bien, écoutez-moi donc ! Quand ils viennent dans vos communes, au lieu de leur donner à boire, s'il y a une mare dans votre commune, prenez vos députés et jetez-les dans la mare ! » Il devient l'homme du jour. On voit ses portraits régulièrement dans toute la presse nationale. A la veille de la Deuxième Guerre mondiale, le Front paysan compte 400 000 adhérents.

L'agriculture de ces deux décennies 1919-1939 a donc bien des défenseurs éloquents et aura assemblé bien des avocats.

Mais la Grande Guerre aura aussi entraîné bien des conséquences funestes.

La paysannerie a subi durant quatre ans une abominable saignée. On ne le voit que trop à tous les monuments aux morts qui s'érigent, marqués en lettres d'or d'une liste fatale. Pas un seul village qui n'ait le sien. La France ne peut que beaucoup souffrir longtemps d'une telle hémorragie, où elle a perdu son sang le plus vif.

Les villages se dépeuplent, du fait de la baisse de natalité, de l'émigration des veuves, des soldats qui ne rentrent pas.

L'exode rural s'accélère. La main-d'œuvre déserte. Il devient difficile de trouver les journaliers nécessaires (il est vrai que la législation de la journée de 8 heures n'est pas applicable aux salariés de l'agriculture, que la législation sur les accidents du travail ne leur est étendue que trop tard, qu'ils ne bénéficient qu'incomplètement des assurances sociales nouvellement instituées). Par ailleurs, même s'il y a consolidation de la moyenne paysannerie, c'est aussi que le nombre d'exploitations diminue d'environ 30 % (elles passent de 5,7 millions à moins de 4 millions). D'une part, près de deux millions d'exploitations inférieures à 5 hectares disparaissent. D'autre part, plus d'un millier de grandes exploitations (de plus de 100 hectares) disparaissent elles aussi parce que, du fait des coûts, elles ne sont plus tenues pour rentables. Sans doute est-ce un bien que les exploitations familiales de taille moyenne sortent renforcées de l'évolution, que, comme le dira encore Annie Moulin, « désormais 70 à 80 % des exploitations soient cultivées par une famille qui ne fait que très occasionnellement appel au travail d'autrui » (le métayer lui-même devient marginal). Il n'en reste pas moins que le résultat le plus marquant et le plus désolant est là : entre 1921 et 1931, la population rurale diminue de 600 000 personnes ; la part de la population agricole active passe dans les mêmes temps de 42 à 36 %. En 1931, la population rurale représente 48,8 % de la population totale : pour la première fois, les campagnes cessent d'être prioritaires. Les villages des terres pauvres sont particulièrement désertés. Encore plus nombreux que jamais sont les fils de petits propriétaires à s'en aller. Bois et friches prennent leur revanche sur les champs cultivés. Il arrive l'incroyable, jamais imaginable en 1900 : des petits villages entiers totalement abandonnés, les maisons tombant en ruine.

Toute une masse de main-d'œuvre étrangère arrive, des Espagnols, des Italiens, des Belges, des Polonais, au reste plus ou moins fraîchement accueillis et qui introduisent nombre de points de friction, mais qui sont eux-mêmes soumis à la tentation de rejoindre la grande ville par les démarcheurs des entreprises industrielles.

Sans doute les gouvernements font-ils tout leur possible pour retenir le paysan français au village. Par exemple, les paysans ne versent en 1929 que 5 % de l'impôt sur le revenu que nous devons à la fertile imagination de Joseph Caillaux. Pour sa part, l'impôt foncier ne cesse de se réduire. Non seulement la paysannerie échappe en partie au gonflement généralisé du prélèvement fiscal, mais elle profite d'aides de l'Etat à l'accession à la propriété, sous forme de prêts au taux de 1 % remboursables en 25 ans pour l'aménagement ou l'acquisition de petites propriétés rurales. C'est également dans cet éclairage que la loi du 5 août 1920 crée l'Office national du crédit agricole, qui devient en 1926 la Caisse nationale de crédit agricole, établissement voué à avoir la plus large autonomie financière et à devenir la principale banque française (les paysans s'en servent d'ailleurs essentiellement comme de la Caisse d'épargne ; ils s'y comportent davantage en épargnants qu'en investisseurs). Mais que faire contre le mirage des lumières de la ville ? Sans compter que le paysan mobilisé a acquis des habitudes et des curiosités nouvelles, cependant que sa femme et ses filles se laissaient facilement tenter par les gains faciles proposés par l'usine de guerre voisine.

Les prix de revient croissent plus vite que les prix de vente (même si 1919 et 1920 auront connu une grande prospérité du fait de la rareté des produits nationaux et du trouble du marché international).

Echo sinistre d'une guerre qui aura tout bouleversé, y compris à terme : la crise des années 1930. La baisse des prix affecte d'autant plus la paysannerie que la mécanisation, tout compte fait, coûte très cher (même si la traction animale reste dominante, on achète de plus en plus de tracteurs automobiles : 27 000 en 1929). Les prix du blé diminuent de plus de 50 % entre 1931 et 1935. Les prix des vins s'effondrent. La crise agricole s'ajoute à une vaste crise industrielle et financière, voire à une crise politique, car, face à la montée de l'hitlérisme en Allemagne, force est de constater le déclin du régime parlementaire, l'incohérence des majorités, l'incapacité pour tous les leaders démocrates de choisir une stratégie et de s'y tenir. Principale raison immédiate : une certaine surproduction (et des produits coloniaux entrent librement, qui renforcent l'abondance). Sans doute certaines mesures de salut sont-elles prises : les betteraviers mettent en œuvre avec les raffineurs des accords sucriers qui contingentent la production ; une sorte de statut de la viticulture voté en 1931 interdit les plantations nouvelles, limite l'irrigation des vignes et développe la distillation ; en 1933, pour le blé, un prix minimum de 115 francs le quintal est instauré. Rien n'y fait. Les comptes du statisticien Alfred Sauvy sont formels : le revenu agricole diminue de 24 % entre 1931 et 1935. Ça grogne beaucoup dans les chaumières. Les agitateurs peuvent s'en donner à cœur joie, ainsi Gabriel Fleurant, dit Fleurant Agricola, qui veut ameuter « tous les paysans de tous horizons », parce que « le blé, le lait, le vin, le bétail, la charrue n'ont pas d'opinion politique », et les Comités de défense paysanne créés par Henri Dorgères, toujours ardent orateur habile à focaliser le mécontentement des exploitants sur les impôts et les assurances sociales, maître organisateur de manifestations violentes et d'opérations commando pour s'opposer à des saisies, disposant même avec ses chemises vertes d'un service d'ordre qui sait se faire respecter.

Sans doute la gauche s'emploie-t-elle à proposer ses solutions, pour mieux profiter des défaillances des gouvernements de droite. En 1934, les socialistes sont les principaux fondateurs de la Confédération nationale paysanne où se remarque un jeune fermier très militant du Finistère, Tanguy-Prigent. Le leader de la SFIO Léon Blum, en 1936, conduit de main de maître le « Front populaire » à la victoire, en s'appuyant sur un programme agricole hardi qui lui vaut le ralliement de nombreux suffrages paysans. Georges Monnet, premier ministre socialiste de l'Agriculture, sait faire le forcing pour faire accorder le régime des « congés payés » aux ouvriers agricoles (qui, dans une première étape, ne sont pas concernés), puis fait adopter en juillet par le Parlement un projet de loi instituant un « Office international du blé » destiné à régulariser la production et à instituer un prix minimum. Mais, dénoncé par les économistes libéraux comme une coûteuse machine étatiste, l'Office suscite la suspicion de beaucoup de paysans qui y voient le prélude à une nationalisation de l'agriculture. « Le pain, la paix, la liberté », tel est le mot d'ordre du « Front popu ». Séduisante formule. Que vaut-elle toutefois dans la pratique au sein d'une Europe en proie à une crise économique, hantée de préparatifs militaires et où la notion de liberté est en visible déclin ? Face aux immenses difficultés de l'heure, la gauche n'est pas plus heureuse que la droite. Le Front populaire se brise comme le cristal d'un beau rêve. Autres illusions paysannes qui tombent.

L'agriculture est finalement, dans son ensemble, la principale victime de la crise. (Augé-Laribé l'expliquera excellemment dans son ouvrage sur *La Politique agricole de la France de 1880 à 1940*.) La disparité entre prix de revient et prix de vente n'aura pas cessé de s'accroître. On calcule en 1938 que le quintal de blé, qui permettait en 1913 d'acheter une tonne de charbon, n'en procure plus que 500 kilos, et qu'un veau moyen, qui pouvait s'échanger contre 21 sacs de superphosphate, n'en vaut plus que 14. En dix ans, la rémunération moyenne du travail rural se dégrade encore de 35 %.

Alors, explique Jacques Chastenet dans son *Histoire de la Troisième République*, « dans leur détresse les agriculteurs font appel aux pouvoirs publics et leur poids électoral est trop grand pour que cet appel ne soit pas entendu (Léon Blum lui-même est député de Narbonne) ; mais nul plan d'ensemble ne rattache entre les mesures successivement prises... et elles se révèlent souvent plus fâcheuses que bénéfiques : telles provoquent des représailles de la part de l'étranger ; telles autres, édictées dans des circonstances particulières à une année, deviennent, deux ans après, des entraves. Quant à la législation sociale qui, conçue pour les ouvriers, est progressivement appliquée aux paysans, elle est encore mal comprise d'eux et reste lettre morte. En dépit de toutes les tentatives pour lui porter remède le malaise rural se prolonge ».

Ainsi même se traduit-il par des manifestations violentes jusque sur le seuil de la nouvelle guerre.

Les bucoliques de Vichy

Pour les paysans, la guerre mondiale de 1939-1945 est moins dévastatrice, surtout moins sanglante, que la Grande Guerre de 1914-1918.

Il n'empêche qu'elle constitue à son tour une très lourde épreuve.

L'ordre de mobilisation générale en août 1939 arrache aux champs et aux vignes près d'un million et demi de paysans. A nouveau, on réquisitionne aussi chevaux et mulets : pourtant, la mécanisation a énormément progressé dans les campagnes ; les éditorialistes annoncent presque tous une guerre ultra-mécanique ; on se demande bien pourquoi priver l'agriculture d'une telle réserve d'énergie ; on n'en voit pas moins une nouvelle fois des bêtes à milliers quitter le village pour aller au chef-lieu de canton passer leur « conseil de révision », puis, par trains entiers, dans les fameux wagons noirs « huit chevaux — quarante hommes », prendre la direction du front.

Durant la drôle de guerre, de septembre 1939 au 10 mai 1940, ces milliers d'hommes se morfondent sur la ligne Maginot et endurent vainement un hiver terrible : ils ne tirent pas un coup de fusil ; ils enragent que, « pour rien », ils ne puissent plus accomplir chez eux leur besogne.

22 juin 1940 : la guerre est terminée, par la défaite et l'humiliation. L'armée de von Bock a déjà investi Paris. En moins de deux mois, les armées françaises ont été foudroyées. Le désastre est total.

Les paysans tués se comptent 55 000. Plus d'un million partent comme prisonniers en Allemagne où ils vont croupir durant près de cinq ans derrière les barbelés des stalags. Dans son ensemble, l'agriculture française se trouve privée de presque autant de bras que durant la guerre de Verdun et du chemin des Dames — gloire en moins.

Le 10 juillet 1940, à l'occasion d'une Assemblée nationale réunie sans ressort à Vichy, la Troisième République se suicide. Elle cède la place à un « Etat français » que préside, avec pleins pouvoirs, le maréchal Philippe Pétain, « le vainqueur de Verdun », qui commanda en chef les armées françaises victorieuses de 1918. Ce qu'on appellera tristement « le régime de Vichy » commence.

Il s'établit sur deux grands axes.

D'une part, Pétain s'engage vite dans une politique de collaboration avec les Allemands, avec laquelle il va tricher chaque année davantage, mais qui lui vaudra en définitive une condamnation sans appel.

D'autre part, encore que les Allemands occupent les trois quarts du territoire national, il programme une vaste « Révolution nationale » qui fait le procès des institutions mortes et veut surtout prendre le contre-pied total du Front populaire, mais plus encore cultive à fond une politique de « retour à la terre » et un « agrarisme » qu'elle voudrait faire triompher dans l'enthousiasme.

Elle fait même du maréchal Pétain lui-même, à force d'images d'Epinal, un « maréchal-paysan » que rien ne rend plus fier que ses racines terrestres. Annie Moulin peut même noter que « dans ses discours, qu'il émaille de métaphores champêtres, il reprend à son compte les thèmes de l'agrarisme le plus simpliste ». Proclamation du 25 juin 1940 : « La terre, elle, ne ment pas. Elle demeure, Françaises et Français, votre recours. Elle est la patrie elle-même. » Peu importe si le texte est de la plume d'Emmanuel Berl qui, avec Lucien Romier, écrit tous les premiers grands discours du maréchal, il fait bien passer le message. Comme le dit encore Annie Moulin : « La paysannerie est désormais à la fois une organisation sociale permettant l'exploitation de la terre et un ensemble de valeurs morales et spirituelles qui se confondent avec la patrie. » Évidemment, on n'en dénonce que mieux la politique antérieure, politique pourrie, fondée sur le développement urbain, qui est responsable de l'humiliante défaite.

Et, dès le 12 juillet, dans son premier gouvernement, le maréchal de confier le ministère de l'Agriculture à Pierre Caziot, dit « le nouveau Sully », vice-président de la Société des agriculteurs de France, expert du Crédit foncier, 65 ans, auteur de nombreux ouvrages sur les problèmes agricoles, une des plus hautes figures de l'agriculture française, propriétaire récoltant à Vailly-sur-Sauldre dans le Cher. Le choix est symbolique : non seulement Caziot, quoique en style sobre « de laboureur », est un agrarien idéaliste, convaincu des droits sacrés des paysans, mais il est un bâtisseur, un homme d'action qui, du reste, dès le 2 décembre 1940, fait passer la loi qui crée la Corporation paysanne.

Il prend le ministère dans les pires conditions : les stocks de blé ont été utilisés pour faire face aux besoins des trois ou quatre millions de réfugiés qui en juin, fuyant la guerre, ont déferlé sur toutes les routes ; en zone dite « occupée », de grandes quantités de blé ont été avariées ou détruites durant les opérations militaires ; la récolte de 1940 en zone « libre » a été désastreuse ; la France doit par priorité fournir en blé l'armée allemande d'occupation ; ne pouvant plus importer de blé d'Amérique à cause du blocus européen, la France doit vivre sur ses propres ressources. Il y a de quoi donner le vertige. Il y a même des éléments pires encore. La séparation de la France en deux, et même en trois (libre, occupée et interdite), crée des frontières qui font obstacle au transport des marchandises, les autorités allemandes s'ingéniant de surcroît à compliquer les passages. Les paysans prisonniers manquent gravement : les négociateurs échouent d'autant plus dans leurs efforts pour obtenir de nombreux « retours » que les Allemands pensent trouver là une excellente réserve pour leurs propres fermes de Sibérie, de Prusse et de Poméranie. A partir de 1941, de nouvelles réquisitions de chevaux, la pénurie des carburants et la raréfaction des transports par train, privent les exploitations de force motrice. L'apport d'engrais est réduit de moitié. Les viticulteurs manquent de soufre et de sulfate pour traiter les vignes. Plus d'arséniate de plomb : les doryphores peuvent tout se permettre. Parce qu'on n'importe plus de sisal, on manque de ficelle-lieuse. Après l'offensive allemande en Russie, dès lors que les Soviétiques cessent de fournir à l'Allemagne des céréales, les prélèvements allemands augmentent chez nous, jusqu'à représenter 15 % de la production. Pas étonnant que la surface cultivée diminue de près de 2 millions d'hectares entre 1939 et 1943.

Pourtant un effort considérable est immédiatement entrepris et accompli. Les ensemencements de blé passent de 3 170 000 hectares en 1940 à 4 100 000 dès l'année suivante, ce en l'absence des cultivateurs prisonniers et du manque d'animaux de trait. A distance de vingt ans, face à leur terre, le paysan comme la paysanne retrouvent leur puissance de travail. Pour sa part, Caziot sait prendre toutes les mesures nécessaires pour développer la production, faire fonctionner à plein les caisses du crédit agricole, remettre en exploitation les terres délaissées, subventionner la construction des bâtiments indispensables, encourager au regroupement des terres, fonder le service civique rural (obligatoire).

Bien sûr, il y a tout le tam-tam de la Révolution nationale en faveur des thèmes agrariens. Un fort courant littéraire régionaliste, dont la généreuse production est imprimée malgré la pénurie de papier, contribue à les populariser. Il n'y a pas à s'étonner si Henri Pourrat, fils d'Ambert, chantre de l'Auvergne, déjà célèbre grâce à *Gaspard des Montagnes*, obtient le prix Goncourt 1941 avec *Vent de mars*. C'est à qui exaltera les splendeurs et les mérites de la condition paysanne, almanachs, revues catholiques, éditoriaux. Même le cinéma y participe, tel Marcel Pagnol avec *La Fille du puisatier* où jouent Josette Day, Raimu et Fernandel. Thème : la fille-mère au village, l'honneur des familles et la bénédiction orale du maréchal (qui sera remplacée à la Libération par celle du général !).

Mais il y a surtout du savoir-faire, ainsi avec la Corporation nationale agricole.

Le monde agricole était régi en 1939 par quatre grandes organisations centrales qui se distinguaient par leurs nuances politiques : Union nationale des syndicats agricoles (fortement axée à droite) ; Fédération nationale de la mutualité et de la coopération agricoles (radicale) ; Confédération nationale paysanne (socialiste) ; Confédération générale des paysans travailleurs (communiste). Elles sont supprimées toutes les quatre et remplacées par la Corporation unissant toutes les catégories de la profession agricole, propriétaires exploitants, fermiers-métayers, journaliers, domestiques. Un Conseil national corporatif est à la tête de l'ensemble. Le ministre est président. Philosophie principale : mettre fin à la lutte des classes.

Sauf que l'affaire bute sur un obstacle majeur : la Corporation est trop souvent appelée à résoudre des problèmes insolubles de ravitaillement. Elle échoue sur ce mal chronique de toute la période d'occupation : la dissimulation des stocks par les paysans, qui ne veulent pas les céder à trop vil prix. Le gouvernement multiplie en vain menaces et mesures de répression. Les unes et les autres sont inopérantes. Aucun appel ne produit d'effet. A en croire un journaliste américain du *New York Times* en 1942, « les paysans préfèrent donner du lait aux porcs que de le vendre aux prix taxés ». Le paysan se bloque dans son univers à lui. Il se sent entouré par trop de forces hostiles : les Allemands qui le cernent, les Vichyssois qui le pressurent au profit des villes, les citadins, les maquisards incontrôlables qui le terrorisent. Mais il a pleine conscience de sa propre force et en profite d'une manière s'il le faut abusive.

Le successeur de Caziot, Jacques Le Roy Ladurie, non moins idéaliste, n'est pas plus heureux que lui.

Le marché noir joue à plein. Le paysan sait monnayer au prix fort sa cave et son grenier, ses œufs et son jambon. On note d'ailleurs ainsi une amélioration sensible de la condition matérielle des paysans comme en 1918 — avec cette différence toutefois qu'en 1918 le théâtre était une France libre et victorieuse, en 1942 est une

France esclave et vaincue. En vain les autorités font-elles appel à son patriotisme, demandent-elles aux autorités ecclésiastiques d'intervenir. Celles-ci ne peuvent finalement que constater l'effrayante dégradation du sentiment religieux dans les campagnes pendant l'occupation allemande. Monsieur le curé n'a plus une once d'autorité (quand il ne fait pas lui-même du marché noir de subsistance pour obtenir un bon vin de messe ou un fameux jambon de derrière les fagots). Le paysan a perdu toute confiance dans l'armée depuis la rossée de 1940, dans l'administration qui le brime : même Dieu ne saurait lui faire lâcher la clé du local où il enferme ses trésors. Dans le courant du printemps 1944, un éminent ecclésiastique, le chanoine Boulard, fort d'une grande connaissance des choses rurales après quinze ans d'apostolat paroissial dans les campagnes, entreprend une vaste enquête auprès des curés de village, dans différentes régions types : la plupart de ses enquêtes bénévoles insistent sur l'« incommensurable » soif du gain qui s'est emparée des paysans. Témoignage d'un prêtre normand : « L'appât du gain prime tout et étouffe les cris de conscience. » Un curé de Corrèze : « Nos gens se croient créés et mis au monde pour faire fortune. » Il y a griserie d'argent, conclut le bon chanoine. Excepté que, pardessus tout, alors que la guerre dure toujours, que personne ne sait comment elle finira, ni quand, et que le déchaînement des folies et des tueries contredit les plus doux messages, le paysan, n'en déplaise au bon chanoine, pense d'abord à assurer son bien, à maintenir sa terre qui lui est encore plus sacrée que l'église, à protéger le bien-être de sa famille, à laquelle le lie son plus beau devoir.

D'autant que, pour les paysans, hors les grands malheurs nationaux, il y a bien d'autres malheurs qui lui sont propres.

La pénurie de charbon aggrave les besoins en bois. D'où une grave exagération du déboisement. Si les forêts de l'Etat sont relativement protégées, il n'en est pas de même pour les bois des communes et des particuliers. L'arbre recule. L'occupation remet en question l'énorme travail de reboisement entrepris entre les deux guerres.

L'électrification des campagnes fut dans les dernières décennies une des priorités du Génie rural. Elle est interrompue.

La culture du chanvre disparaît totalement ; celle du lin s'écroule.

La garance abdique — d'autant plus que le soldat moderne n'arbore plus de couleurs voyantes.

La diminution de la culture des plants textiles se révèle catastrophique. Dès 1941, elle nous laisse à la merci des importations. Celles-ci bloquées, nous nous trouvons sans textiles durant toute la durée de l'Occupation...

C'est à de multiples titres, de fait, que le paysan, malgré ses gains, rêve de libération et de paix.

Un grand deuil : la disparition du cheval

On promettait pour « après la guerre » des lendemains qui chantent.

Eh bien, au moins pour les années immédiates suivant la fin de l'occupation allemande, les lendemains ne chantent pas.

Routes coupées, rails paralysés, téléphone interrompu, tous les circuits sont bloqués. Le courrier n'est plus acheminé. Les libérateurs trouvent un pays totalement incohérent. Et même, cette anarchie se prolonge sur un assez long temps.

La Libération n'aura pas coïncidé avec la fin des épreuves quotidiennes. Il faut continuer de se restreindre sévèrement, de découper les maudits tickets de cartes de pain, de sucre, de matières grasses, de viande, de textiles. Les rations alimentaires sont même plus basses que sous l'Occupation. Le lait manque gravement. Une distribution de boîtes de sardines constitue tout un événement. Le marché noir fructifie plus que jamais. De spectaculaires manifestations populaires secouent les Halles. Allons-nous comme au Moyen Age assister à des émeutes de la famine ? Une bonne récolte de blé arrangera tout cela, dit de Gaulle. Hum ! La récolte de blé est bonne mais on ne peut l'acheminer. Le tabac n'est pas moins rare que le savon, devenu introuvable. Avec un sourire en coin, les pétainistes disent que « le Général ne fait pas mieux que le Maréchal ».

Dans le premier grand gouvernement de Gaulle, c'est un socialiste breton, François Tanguy-Prigent, qui détient le ministère de l'Agriculture.

Il rencontre des difficultés encore plus grandes que Caziot.

Il a lancé contre la Corporation paysanne des articles incendiaires dans son journal clandestin *Résistance paysanne*. L'une de ses premières décisions, le 13 octobre 1944, est de faire mettre fin par le Gouvernement provisoire à cette damnée et « honteuse Corporation ». Mais c'est pour la remplacer par la CGA (Confédération générale de l'agriculture) qui conserve le principe unitaire sur lequel reposait la Confédération et qui semble surtout conçue comme un « syndicat maison » où les amis du ministre feront aisément la loi.

Il entreprend de mettre sur pied un « statut du fermage et du métayage », mais qui paraît surtout être bâti manière bretonne. Même les camarades communistes disent qu'il est plus breton que français. Même le Général renâcle.

Il dit organiser la CGA avec le plus grand soin. Mais, à l'évidence, on ne saurait trouver mieux pour servir le « dirigisme démocratique et chrétien » de « Tanguy », et on découvre vite qu'un bon tiers de ses syndicats locaux sont présidés par d'anciens syndics de la Corporation vichyste. On sourit et on rit.

La CGA entre rapidement en conflit avec la FNSEA (Fédération nationale des syndicats d'exploitants agricoles), animée par René Blondelle, gros exploitant de l'Aisne, dialecticien redoutable, un teigneux qui ne lâche jamais prise. La guerre entre CGA et FNSEA dure huit ans. Dès les premières escarmouches, on sent que la CGA ne fera pas le poids. En novembre 1947, elle perd l'appui des pouvoirs publics quand Tanguy s'en va et que le démocrate-chrétien alsacien Pierre Pflimlin devient ministre de l'Agriculture. Dès 1948, Blondelle suscite la renaissance des Chambres d'agriculture (établissements publics élus au suffrage universel, disposant de moyens financiers importants). La CGA perd toute autorité jusqu'à disparaître en 1953.

Pour son statut de fermage, Tanguy est même combattu en Bretagne. Une opposition très dure est faite par l'Office central de Landerneau qu'anime l'un des pionniers de la paysannerie maréchaliste, le comte Hervé Bude de Guébriant, un grand seigneur breton, propriétaire exploitant, ingénieur agronome, « catholique social », descendant d'un maréchal de France du XVIIIe siècle. Cet office s'attache à fournir aux agriculteurs tout ce qui leur est nécessaire. Il en vient à rallier les fermiers et métayers bretons à milliers.

Voici que la Corporation de Caziot trouve elle-même des défenseurs qui font le procès de son destructeur. Ainsi François Guillaume. Il a beau jeu de rappeler que, pour la première fois dans son histoire, à Vichy, la France eut un gouvernement qui conviait tous les paysans à assurer eux-mêmes la défense de leurs intérêts communs. Il ne prend pas de gants : il accuse Tanguy de vaines élucubrations marxistes.

Le gouvernement n'arrête pas de rationner. Les cartes de pain imprudemment supprimées en octobre 1944 doivent être rétablies dès janvier 1946 et se maintiennent jusqu'en février 1949.

Le manque d'engrais, plus encore que les mauvaises saisons, explique la succession des mauvaises récoltes 1945, 1946, 1947. Par ailleurs, les déficiences des transports ne permettent pas d'envisager des importations massives. Résultats : les prix agricoles augmentent davantage encore que durant l'occupation allemande. Le quintal de blé passe de 576 francs en 1945 à 1 900 francs en 1948. Dans le même intervalle, le prix du lait est multiplié par quatre. Le marché noir s'épanouit de plus belle. Il en vient quasiment à constituer un marché officiel. D'aucuns essaient d'entretenir les mythes des lessiveuses paysannes remplies de billets. En vérité, ce sont les gouvernements qui sont rendus responsables, et, d'ailleurs, tombent comme des quilles.

A nous les « jeunes exploitants ». Ils savent se faire entendre. Comme innovation, c'est réussi. Ainsi, en particulier, la JAC (Jeunesse agricole catholique) démontre-t-elle un remarquable dynamisme, même si, un temps, les heurts n'y manquent pas entre « pétainistes » et « gaullistes ». La main de l'Eglise sait y apporter les apaisements nécessaires. Dès lors, le mouvement, ayant retrouvé sa paix intérieure, prend une extension considérable et les filles, très nombreuses — autre innovation —, y rivalisent de zèle avec les garçons. Certes, tous les éléments ne sont pas à même température. Comme le dit Marcel Faure, ancien secrétaire général de la JAC avant guerre, dans une solide étude sur *L'Action catholique en milieu rural*, il y a là de tout, « depuis le petit groupe apeuré, pendu à la robe du curé, sans personnalité ni efficacité, jusqu'à des groupes de casseurs qui n'ont pas peur de partir en guerre contre les injustices ». Ils n'en organisent pas moins des rassemblements de masses, ainsi, en 1950, un congrès qui, sous la présidence du cardinal Feltin, en présence du nonce du pape, réunit plus de 60 000 jacistes. Pêle-mêle, ils demandent la réfection du réseau routier vicinal, l'installation rapide d'un réseau téléphonique, l'électrification des écarts, une réforme de l'enseignement agricole, mais aussi dénoncent avec véhémence les graves lacunes existant dans la préparation des jeunes ruraux à leur vocation professionnelle et sociale, déplorent l'insuffisance des crédits pour des prêts à installation. On entend le vice-président de la JAC, Georges Fraudeau, s'écrier : « Aujourd'hui, nous demandons justice ; demain, nous l'exigerons. »

Ce sont les jeunes agriculteurs qui sont à l'origine directe de la « journée des barricades » organisée en juillet 1953 et qui ameute tous les viticulteurs. On compte jusqu'à 400 barrages établis sur les routes.

Cette irruption des jeunes paysans dans la vie nationale constitue tout un événement.

Jamais aucun siècle du millénaire n'a connu de telles manifestations, avec une telle révolution pensée.

D'où d'ailleurs la hâte des pouvoirs publics, très tôt, à faire produire davantage pour calmer les impatiences et très vite exporter. Pas étonnant si la première version du plan Monnet est pratiquement entièrement consacrée dès 1946 à l'agriculture. (Jean Monnet, fils de Cognac, ancien secrétaire général adjoint de la Société des Nations, économiste de talent, ministre de De Gaulle à Londres durant la guerre, le « pape » de l'économie de la Quatrième République, qui sera le grand maître de l'Europe des marchands.) En tout cas, Jean Monnet est le premier à programmer une agriculture technique, moderne, productive, sans que la vie paysanne traditionnelle en soit forcément le cadre. Quand il met l'accent sur la mécanisation totale de l'agriculture, classe le machinisme agricole dans les secteurs industriels prioritaires, prévoit pour dès 1950 un équipement global de 200 000 tracteurs, il a même une vision très nette d'un avenir inévitable : une agriculture entièrement mécanisée et industrialisée, à plein rendement ; au besoin, une France sans plus de paysans.

Le plan Marshall lui-même renforce les orientations productivistes et modernistes. La volonté des planificateurs est déjà nette. Pourtant, au lendemain de la Libération, la majorité de la population française est encore rurale, la vie paysanne demeure traditionnelle, la polyculture-élevage est le mode de production majoritaire, ce qui concourt à une vie rurale active avec des chefs-lieux de canton et des gros bourgs ayant des marchés réguliers, des commerces nombreux et variés et des écoles. Henri Vincenot, dans *La Billebaude*, en un exercice de style éblouissant pourra encore en 1978 se faire le défenseur spirituel et attendri d'une paysannerie traditionnelle, enracinée, telle que sa Bourgogne et la France l'auront toujours connue. Il n'en reste pas moins que le plan Monnet, le premier, sous l'alibi d'augmenter par priorité les rendements, en appelle à une agriculture entièrement nouvelle, au besoin désensibilisée — appuyé du reste dans ce sens par les premiers écologistes, tel René Dumont dans ses *Voyages en France agronome* qui, en 1951, dénonce tous les aspects négatifs de la vie paysanne traditionnelle — inconfort des logements, longueur du travail, isolement — et s'efforce de dégager un tableau exclusivement misérabiliste de la campagne française.

Mais, plus encore, autour des années 1950, se produit un événement immense, comme donnée de la vie de société peut-être même l'événement de loin le plus important du XXe siècle, voire de tout le deuxième millénaire.

C'est la *disparition du cheval.*

Nous larguons en quelques années un vieux compagnon de milliers d'années.

En 1900, le cheval règne encore. Le seul monstre des nouveaux temps à avoir surgi est la locomotive. A peine si quelques automobiles roulent. Le cheval est inséparable de la vie de l'homme sur la route, à la ville, au village. On sourit, quelques décennies plus tard, en entendant Paul Valéry annoncer qu'« un jour, le cheval fera partie du zoo ». Encore en 1940, il reste impensable de pouvoir jamais se passer de chevaux. La preuve : en 1939, la Pologne mise sur sa cavalerie, panache déployé, pour faire échec aux armées de von Bock et de von Rundstedt.

A partir d'environ 1950, le cheval disparaît. Le paysan ne veut plus labourer ou assurer ses transports que sur tracteur. La ville a de longtemps chassé le cheval à fiacre et à omnibus. Le rail anime tout un empire. Le moteur monopolise la route. Bientôt, il ne subsiste plus de chevaux que pour quelques clubs hippiques, l'inévitable tiercé et quelques boucheries hippophagiques.

L'événement est même d'une brutalité inouïe.

Le paysan lui-même, tout impatient de servir ce qu'on appelle le progrès, s'est fait complice des économistes et des planificateurs.

Il aura participé à l'assassinat.

Il aura de son propre chef changé totalement de civilisation.

Car, perdant le cheval, l'homme ne fait point que perdre une part de son cœur. On n'éloigne pas impunément un si fidèle ami. Voyez donc nos jeunes motocyclistes, bottés, casqués, casaqués : ils soignent et bouchonnent leur engin comme une monture vivante — nostalgie du vieux compagnon perdu.

Mais, perdant le cheval, nous perdons aussi le *pas du cheval*. Fin de la civilisation à 10 à l'heure. A nous la civilisation des bolides. La première course automobile a lieu en 1886 sur le parcours Paris-Versailles et retour, soit 34 kilomètres : le marquis de Dion, unique concurrent, « remporte l'épreuve » en une heure huit minutes. En 1895, Lévassor gagne Paris-Bordeaux et retour à 25 à l'heure de moyenne. René de Knyff dépasse le 40 en 1898. Dans les mois qui suivent, en 1899, Charron atteint le 90 ; le Belge Jenatzy est le premier à dépasser le 100 à l'heure. Sur les routes empierrées, coupées de caniveaux, parsemées de dos d'âne, destinées aux charrettes et aux pataches, les chauffeurs ont peine à maîtriser les monstres fous qu'on leur confie. Sauf qu'il ne leur suffit pas de « faire du 100 ». Ils veulent faire du 200, puis du 400, puis battre le mur du son. L'ère des « records toujours dépassés » commence. L'homme se fait insatiable. Jamais plus satisfait de lui-même, il veut sans cesse désormais aller plus vite, plus loin, plus haut, jusqu'à inventer l'aéroplane pour l'orgueil de battre en vitesse les oiseaux, jusqu'à envoyer un jour au large de Mars et de Saturne des fusées qui rivalisent avec la vitesse de la lumière. Il doit procéder dans la seconde à de tels calculs qu'il doit embaucher un aide-comptable, appelé ordinateur. Cet aide-comptable devient vite un expert-comptable, qui ne se trompe jamais, ou du moins le proclame. Cet expert-comptable, finalement, programme, planifie, pense, veut ! On en arriverait presque à se demander si cet ordinateur restera le nouveau cheval de l'homme ou si l'homme sera le cheval de l'ordinateur.

« Produire... produire... produire », clament tous les gouvernements. Mais à quel prix ? Au prix de l'homme ?

Le bouilleur de cru et l'antialcoolisme

Déjà au Moyen Age, on boit une eau-de-vie.

Déjà sous le bon roi Henri, le paysan en fait chez soi.

Il existe même de ce temps-là une sorte de patente du bouilleur. Avant même qu'existent les « Indirectes », les commis des Aides en sont d'accord. Ils entrent dans les maisons — pour une fois amicalement — afin d'en contrôler l'exercice. Supposons que le paysan, à bon escient, sait offrir « la goutte ».

Personne ne s'étonne ni ne proteste ni ne s'indigne quand, de 1804 à 1839, une série de lois en bonne et due forme organise le privilège. C'est très ouvertement que les premières caves coopératives de vinification obtiennent par an dix litres d'eau-de-vie à 90° pour chacun de leurs adhérents. La Troisième République, bonne fille, par la loi du 14 décembre 1875, va jusqu'à dispenser les « bouilleurs de cru » de toute déclaration et de toutes taxes. L'« Ordre moral » n'est pas contre.

L'alambic passe dans tous les villages peu ou prou viticoles entre novembre et janvier. Chaque récoltant apporte sa grappe, puis surveille étroitement l'opération. (Chaque vigneron qui n'est pas membre d'une cave coopérative est très fier de boire de l'eau-de-vie de sa vigne.) Délectation avant même d'en boire : on regarde les flammes claquer sous la coloquinte de l'étuve ; les curieux s'assemblent pour voir couler le filet liquide dans la bassine.

La *goutte* sort de l'alambic à 90° — se juge par dégustations progressives entre 55° et 45°. Alors le robinet du serpentin est fermé.

Pourrait-on se passer de « goutte » ? Sûrement pas. Dix litres, c'est pouvoir en offrir une bouteille en cadeau d'amitié à un ami du régiment venu du Nord ou de l'Ouest, ou en cadeau de remerciement et de politesse à un fonctionnaire, un artisan ou un voisin qui vous a rendu très obligeamment service. En Normandie, les hommes en boivent un petit verre le matin pour « tuer le vers ». En Roussillon, on aura connu de solides paysans qui n'auront jamais utilisé la brosse à dents et ont tous les matins recours à la goutte pour éliminer « les saletés des gencives ». On en arrose le café de midi. On en emporte une topette au champ ou à la vigne pour se protéger des grands froids. On fabrique des liqueurs avec les petits flacons d'extraits de chartreuse ou de curaçao que les colporteurs proposent. Comment confectionner autrement les pots de cerises ou de grains de muscat alcoolisés ? Enfin, les femmes en usent comme remèdes à usage interne ou externe : telle est « l'eau-de-vie de vipère », plus curative et sanitaire que vicieuse et à redouter.

En tout cas, la liberté de distiller est quasi totale, et, de 1879 à 1900 la Chambre des députés repousse à de fortes majorités une bonne vingtaine de projets de loi inspirés par les patrons de la distillerie industrielle calculant, on devine pourquoi, de mettre fin au privilège. Les vignerons se disent même prêts à se révolter pour protéger « la rincette, le canard et le brûlot ».

Les distilleries de pommes sont dans les mêmes dispositions en Normandie et en Bretagne.

En 1914, quand la guerre éclate, les bouilleurs de cru sont privés de leur privilège pour la durée des hostilités, mais, dès novembre 1918, c'est au nom des « 800 000 paysans morts pour la liberté » que le rétablissement du privilège est réclamé — ce qui est fait dès 1923 avec un droit durablement attaché à l'exploitation.

Le problème rebondit et même se dramatise en novembre 1954 lorsque Pierre Mendès France, président du Conseil, choisit subitement d'intervenir contre « le privilège des bouilleurs de cru ». Son décret limite à la seule campagne 1954-1955 le droit de fabriquer en franchise ses dix litres d'alcool : tous ceux qui ensuite voudront continuer à distiller seront contraints de payer un important droit de consommation. La mesure est annoncée comme inscrite dans la lutte sacrée contre l'alcoolisme, lequel ferait de particuliers ravages dans la circonscription normande dont Mendès est l'élu, à Louviers. Aussitôt, une certaine presse, *L'Express* en tête, entreprend une tonitruante campagne contre les bouilleurs de cru. Spectaculairement, à la tribune du Palais-Bourbon, Mendès, au lieu du verre d'eau rituel apporté par les huissiers à chaque orateur, réclame un verre de lait (avec réplique de Paul Coste-Floret, lui élu de l'Hérault, qui demande un verre de rouge). Au vrai, la mesure profite essentiellement à de gros négociants en spiritueux, dont le chiffre d'affaires triplera ou quadruplera. De plus, la fermeture envisagée des distilleries menace de réduire au chômage un grand nombre d'ouvriers recrutés à la campagne. Bientôt, toute la Bretagne flambe. C'est un tollé. Comme le dit le député breton Joseph Pinvidic : « A l'ouest, le vent souffle à la tempête. » L'agitation gagne d'autres provinces. A Lille, des heurts violents opposent manifestants et forces de l'ordre. Nouvelle guerre de religion : le lait contre le vin (et la betterave). Tout le lobby des bouilleurs de cru entre dans la jacquerie contre l'« infâme Mendès-Lolo ».

Puis, un certain Pierre Poujade, grand manitou des commerçants rebelles au fisc, en « fils de la terre de France » (il est du Lot), s'adresse à tous les « fils de la grande famille paysanne » et, le 18 mai 1955, à Saint-Affrique, fonde l'UDAF, Union de défense des agriculteurs de France, laquelle se met à constituer de toutes parts des Comités de salut public. Il s'élève avec véhémence contre les inquisiteurs qui supplicient les innocents paysans, mais aussi prend la défense des bouilleurs de cru. Il hurle : « La lutte antialcoolique, je vais vous le dire, c'est pas dirigé contre l'alcool, c'est monté contre les cafetiers ! » L'agitation poujadiste ne s'apaise ni sous Edgar Faure ni sous Guy Mollet. Il faut attendre l'arrivée au pouvoir du gouvernement de Félix Gaillard en 1957 pour voir enfin adopter une mesure d'une importance capitale : l'indexation des prix agricoles, destinés à établir l'équilibre entre ceux-ci et les prix industriels...

Les bouilleurs de cru sauvent leur privilège — (quoique non transmissible à partir de 1960) — qui reste très important dans l'Ouest (marc et cidre), le Nord (genièvre), l'Est (kirsch, quetsche, mirabelle) et les régions viticoles. En 1975, près de 69 000 alambics sont répertoriés. En 1992-1993, un million et demi de bouilleurs de cru sont inscrits et ayant distillé ont produit environ 40 000 d'alcool pur en franchise (pour une production totale de près de 500 000 hectolitres).

Le problème de l'alcoolisme n'en demeure pas moins entier.

Non qu'il soit nouveau. Loin de là. Ni le problème de l'anti-alcoolisme.

Le grand roi Salomon, dans le livre des *Proverbes*, recommande de ne servir que du vin mêlé d'eau au banquet de sagesse, et avertit que, consommé en trop grande quantité, le vin peut piquer aussi méchamment que le basilic. (On ne sait pas encore distiller : c'est le vin qui — et du coup pour toujours — est rendu coupable des méfaits.)

Homère, huit siècles avant l'ère chrétienne, prévient contre l'ivresse, *ubris*, autrement dit la démesure. Il est un ami du vin qui resserre les amitiés, enchante les banquets, dore les horizons et fortifie le courage du guerrier, mais il sait distinguer la *méthé*, qui est l'ivrognerie, de l'*oinosis* guillerette.

Hérodote, trois siècles plus tard, dénonce les façons de boire, trop goulues, des Barbares.

Athénée, toujours dans l'Antiquité, auteur de *Les Deipnosophismes ou propos de table*, établit toute une hiérarchie pour le savoir-boire. Il écrit : « Je ne prépare que trois cratères aux gens sensés : l'un de santé, celui qu'ils boivent le premier, le deuxième d'amour et de plaisir, le troisième de sommeil ; celui-ci bu, ceux qu'on appelle les sages rentrent chez eux. Le quatrième n'est plus nôtre, il est à l'insolence, le cinquième aux cris, le sixième aux railleries, le septième aux yeux pochés, le huitième à l'huissier, le neuvième à la bile, le dixième à la folie, c'est celui-là qui fait trébucher. » (livre II — 36 c., citation donnée par Gilbert Garrier dans son *Histoire sociale et culturelle du vin*.)

Au Moyen Age il se boit beaucoup de vin dans les batailles. Philippe Auguste à Bouvines, Jeanne à Orléans avant de revêtir la cotte de mailles, se font servir des « soupes au vin » ; des chariots de vin accompagnent les troupes féodales et royales, même si on dénonce la violence qui fait casser trop de tables dans les tavernes et si jeter un verre de vin au visage d'autrui est une grave rupture de contrat.

L'Eglise laisse ou fait adorer les saints de la vigne, saint Vernier, très vénéré en Lorraine et en Auvergne (quoique les Auvergnats jetteront plusieurs de ses statues dans l'Allier parce que, malgré de multiples supplications, il n'aura pas su sauver les vignobles du phylloxera) — saint Martin, patron des vignerons de l'Anjou et de la Touraine (*A la Saint-Martin, faut goûter le vin*, et ce n'est pas hasard si la saint Martin, le 11 novembre, fait profiter des splendeurs du dernier été, l'été le plus pur du monde, l'été de la Saint-

Martin) — saint Vincent, fêté le 22 janvier pour mieux masquer la fin du sommeil hivernal de la vigne, quand la taille peut commencer (Prière : *Bon saint Vincent — homme puissant, fais monter la sève au sarment*) — mais cette même Eglise dénonce l'ivresse comme un péché mortel.

Une ordonnance de François Ier de 1536 édicte que « tout individu trouvé ivre sur une place publique doit être emprisonné ».

Luther adore le vin, mais Calvin le proscrit.

On entend Sully critiquer l'intempérance d'Henri IV.

Plus encore que le soudard aviné, le XVIIe siècle condamne l'ivrognesse, la poissarde, que guette une totale déchéance. (Au reste, à travers tous les siècles, la femme saoule est plus condamnée que l'ivrogne.)

Dans le *Dictionnaire des cas de conscience*, au XVIIIe siècle, le père Portas consacre vingt pages à l'ivresse, « péché mortel de sa nature » et proclame que l'homme ivre n'est qu'une « bête brute ».

Le goût du vin n'est pas un crime, affirme Jean-Jacques Rousseau dans sa *Lettre à d'Alembert*, mais, ajoute-t-il, « l'excès de vin dégrade l'homme, aliène au moins sa raison pour un temps et l'abrutit à la longue ».

Au XIXe siècle, beaucoup mettent en accusation le vin des guinguettes et des cabarets. L'ivrogne est dénoncé comme un danger social. Certes, on accepte de comprendre « les élégants consommateurs de champagne », les sages bourgeoises qui se fortifient de vin de quinquina, les sportifs qui se donnent « du jarret avec du vin blanc de Pouilly », mais haro sur le misérable « rond comme une bille », « plein comme un œuf », « qui fait cracher les soupapes », « qui souffle dans l'encrier » (se noircit) !

C'est le XIXe siècle qui, par le médecin suédois Magnus Huss, invente le mot *alcoolisme*. Définition : ensemble des symptômes pathologiques engendrés par l'abus de l'alcool.

C'est au XIXe siècle que l'éthylisme est étudié pour la première fois : par des médecins disciples de Laënnec, tels Pinel et Esquirol.

« Le vin est destructeur du génie, édicte Balzac, au lieu d'activer le cerveau, le vin l'hébète. »

Il est facile de citer les multiples illustres hommes tués par l'alcool plus ou moins jeunes, tels Verlaine à 52 ans, Musset et Nerval à 46, Rimbaud à 37, Modigliani à 36.

A ceux qui demandent de ne pas confondre vin et alcool, on réplique que « le vin est le serviteur trop zélé du roi alcool » et dès 1890, les ligues antialcooliques s'en prennent au vin comme premier criminel.

Face aux « Amis du vin », la « Ligue française antialcoolique », formée autour de l'aliéniste Marcel Legrain, compte en 1900 plus de 40 000 adhérents, plus de 100 000 en 1912.

En 1877, Emile Zola provoque une forte impression avec son

roman *L'Assommoir*, le minable débit de boissons où, pour le malheur de la blanchisseuse Gervaise, son amant Lantier et son mari Coupeau se laissent dégrader par la paresse et l'ivrognerie.

En 1900, Pathé tourne *Le Rêve du Buveur* en cinq tableaux de théâtre filmé : le sommeil inexorable après des libations abusives ; la vision des tabassées infligées à l'épouse ; l'arrestation de l'ivrogne ; la crise de *delirium tremens* à l'asile d'aliénés ; le réveil lucide qui fait casser la fatale bouteille.

On ne célèbre pas longtemps en 1918 le « pinard de la victoire ». Lui-même ne tient pas la rampe.

Il est indiscutable qu'en France l'alcoolisme prend au xxe siècle les dimensions d'un fléau — dont on tarde trop à mesurer l'ampleur tant les ravages sont insidieux et multiples. Son existence et son étendue sont d'ailleurs révélées de manière inattendue durant la Deuxième Guerre mondiale : à partir de 1941, la raréfaction des boissons alcoolisées vide hôpitaux et asiles des alcooliques qui les encombraient d'ordinaire ; les cas d'alcoolisme déclaré et de cirrhose du foie tombent à des chiffres insignifiants ; dans son ensemble, durant les quatre années d'occupation, la mortalité masculine adulte ne s'aggrave pas malgré de mauvaises conditions générales de vie et une augmentation sensible de la mortalité des autres âges.

Dès lors, après la guerre, il y a contre l'alcool mobilisation générale, d'autant plus que les cas de cirrhose et d'alcoolisme quintuplent de 1945 à 1955.

En 1955, l'alcoolisme entre environ pour 40 % dans la morbidité hospitalière (non psychiatrique) chez les adultes ; 50 % dans les hospitalisations pour affection psychiatrique chez les hommes entre 20 et 60 ans ; 50 % dans la mortalité infantile par hérédité. En 1953, l'ensemble des décès attribué à l'alcoolisme et à la cirrhose est supérieur à l'ensemble des décès attribué à la tuberculose sous toutes ses formes. D'après les rapports les plus sérieux, « les deux tiers des morts violentes et accidentelles, les deux tiers des suicides, la moitié des décès par tuberculose pulmonaire et la moitié des décès par pneumonie sont en liaison la plus étroite avec l'alcoolisation moyenne excessive des individus décédés ». Le *Larousse*, à la rubrique « alcoolisme » peut indiquer qu'en « convertissant en alcool pur toutes les boissons alcoolisées consommées en France, on aboutit au chiffre de 22,5 litres par an et par habitant, chiffre deux fois plus élevé que la consommation du pays d'Europe qui arrive en seconde position » (l'Italie, 11,4 litres). Si l'on tient compte que la consommation des enfants est quasi nulle, celle des femmes beaucoup plus faible que celle des hommes, on arrive à l'équivalent de 34 litres d'alcool pur par an pour les hommes adultes dans la population âgée de 15 à 65 ans.

Deux chiffres hallucinants : en 1955, le nombre d'intempérants avoisinerait deux millions et l'alcool provoque chaque année 57 % des accidents de la route graves.

Or, les statistiques ne cessent plus d'être alarmantes.

Pas étonnant qu'en 1956 le film de René Clément *Gervaise* inspiré de *L'Assommoir* de Zola, avec Maria Schell, François Périer et Suzy Delair, fasse sensation.

Toujours aussi terrifiant : en 1977, l'alcool est dénoncé comme directement responsable de 3 600 morts par an sur les routes — 5 millions de personnes ont des difficultés médicales et psychosociales liées à leur consommation d'alcool — 8 millions de personnes vivent avec un malade alcoolique ou un buveur excessif — dans les hôpitaux généraux, 20 à 40 % en service hommes, 8 à 10 % en service femmes sont des malades alcooliques — dans les établissements psychiatriques, 40 % des admissions le sont pour psychoses alcooliques — de 10 à 20 % des accidents du travail sont dus à l'excès d'alcool ; 70 % des suicides ; 50 % des homicides.

Heureusement, de multiples ligues et mouvements militent et agissent pour faire échec à l'hécatombe : *Haut Comité de la santé publique* ; *Association nationale de prévention de l'alcoolisme* ; *Centres d'hygiène alimentaire et d'alcoologie* (CHAA) et de multiples associations de buveurs guéris et d'abstinents volontaires, tels *Alcooliques anonymes* ; *La Croix Bleue* (110 lieux d'implantation) ; *La Croix d'or française ; Les Bons Templiers* ; la *Fédération nationale Joie et Santé* ; le *Mouvement national Vie Libre ;* la *Fédération nationale Santé-Abstinence-Amitié* ; les *Groupes familiaux Al-Anon.*

Les premières lois antialcooliques intervenaient dès 1873. Le XXe siècle met en œuvre toute une panoplie d'armes nouvelles.

Loi de 1954 qui fait rechercher le taux d'alcoolémie dans le sang du conducteur en cas d'accident grave.

Ordonnance du 15 décembre 1959 qui permet de sanctionner la conduite en état d'ivresse.

Loi du 18 mai 1965 qui autorise le dépistage, par l'air expiré, de l'imprégnation alcoolique des conducteurs lors d'infractions (alcootest).

Loi du 12 juillet 1978 qui prévoit que tout conducteur peut subir le contrôle de l'alcoolémie à titre préventif, sans qu'il y ait infraction ou accident. Le préfet peut décider d'une suspension du permis de conduire.

Loi du 8 décembre 1983 qui décide que la conduite sous l'emprise de l'alcool est délictuelle dès le taux de 0,8 g/l au lieu de 1,2 g/l. Sanctions prévues : emprisonnement ou amendes ; annulation possible du permis de conduire.

Loi du 11 juillet 1994 qui augmente encore les peines éventuelles.

Pour autant, faut-il faire le procès du vigneron français ?

Assurément pas. D'aucuns y poussent. Ils vont jusqu'à se référer à l'islam, qui interdit l'usage de toutes boissons alcooliques.

N'oublions cependant pas l'effort immense accompli par le vignoble français pour avantager la qualité aux dépens de la quantité. N'oublions pas davantage que l'alcoolisme est moins répandu dans les régions de production viticole que dans les autres. N'oublions surtout pas que, en vins nobles, les vignerons français auront produit d'inestimables joyaux qui sont à l'honneur de la France, bourgognes et bordeaux, champagnes et côtes-du-rhône, tant d'autres. Le savoir-boire fait partie et du savoir-vivre et de la joie de vivre. Un grand vin vaut un grand livre. Tel saint-émilion grand cru 1988 sur un carré d'agneau ou sur un filet de bœuf aux morilles, ou, pour des tables plus modestes, tel joyeux et tout jeune roussillon-villages sur du veau à la catalane ou grillade de boudin noir du Vallespir, comment, pourquoi systématiquement ignorer de tels régals ?

Indiscutablement, l'alcoolisme est un fléau.

Il doit être combattu en tant que tel, férocement, ne serait-ce même que parce que le trop-boire est le contraire du savoir-boire.

Mais force est de se défendre de trop de systématisme.

Même les médecins interviennent pour la défense de l'accusé. Tel établit que le vin, jusqu'à une certaine dose, diminue considérablement le risque de maladies coronariennes. Tel autre démontre que les vins rouges de cuvaison longue contribuent avec la vitamine C à abaisser le taux de cholestérol dans le sang.

Il y a mieux : modérément consommé, apprécié à sa juste valeur, le vin n'a pas son égal pour communiquer, comme dit le professeur Mirouze, « un état certain de bien-être physique, mental et social... ».

Un verre de bouzy sur des huîtres vertes portugaises, un hermitage blanc sur un saint-marcellin, cela tient du chef-d'œuvre... Il ne faut pas en démordre : le vigneron français a finalement bien mérité de l'humanité... et pourquoi ne pas avoir le courage et l'honnêteté de le dire ?

Tout change

La Quatrième République passe en éclair. A peine dure-t-elle quatorze ans, 1944-1958. Mais c'est elle qui mécanise à outrance la paysannerie et voit abdiquer totalement le cheval, elle qui, en créant en 1957 par le traité de Rome le Marché commun — la Communauté européenne économique, CEE, entrant en vigueur le 1er janvier 1958 —, projette l'agriculture française sous un contrôle européen qui n'arrêtera pas d'être de plus en plus strict. Autre événement énorme de ce siècle paradoxal : l'agriculture française cesse d'être totalement française.

1957 est même la date frontière où, selon d'implacables statistiques, l'énergie mécanique pour travailler la terre fournie par les tracteurs, donc par le pétrole, devient supérieure à celle fournie par les chevaux et les bœufs, sources d'énergie engendrées par l'agriculture elle-même, auto-renouvelables et d'amortissement nul.

Adieu donc la traction animale ! En 1950, on compte 140 000 tracteurs ; ils sont 305 000 dès 1955 ; en 1963, ils atteignent le million. Plus de la moitié des exploitants en sont déjà pourvus. L'agriculture se sera mécanisée en moins de dix ans. Les Américains proposent aussitôt des tracteurs de 25 CV mieux adaptés aux exploitations modestes : le fleuve du progrès est devenu irrésistible.

A nous l'agriculture chère, d'autant plus qu'elle exige aussi davantage d'engrais ou de produits de défense qui ne sont pas eux-mêmes à vil prix.

Fatalement, la paysannerie se sent vite déstabilisée. Nombre de communes, désertées, sont menacées de disparaître. A la fin de la décennie 1950, quelque 3 000 écoles rurales sont supprimées chaque année. Les jeunes agriculteurs s'enfuyant, le renouvellement des chefs d'exploitation cesse d'être assuré. Les clients étant trop défaillants, le village perd son boulanger, son épicier, son coiffeur, son café, même son curé. (C'est dans ces années-là que l'épiscopat commence à laisser sans pasteur les plus petites paroisses, qui sont les plus mal protégées.)

En vain René Blondelle fait-il élire des députés du monde paysan ; en juin 1951, 27 députés dits « paysans », membres de la FNSEA, Fédération nationale des syndicats d'exploitants agricoles. Joints aux sénateurs paysans, ils forment une Amicale parlementaire agricole qui peut avoir quelque influence. Paul Antier, président du parti paysan, en est promu ministre de l'Agriculture. En vain. Le pouvoir d'achat des viticulteurs et des éleveurs baisse si fortement que les dirigeants syndicaux sont eux-mêmes pris à parti. Les dures manifestations de 1953 ne s'expliquent pas autrement. (Encore une innovation : on fait des barrages avec des tracteurs, et non avec des charrettes.) C'est sur d'autres dures manifestations qu'en 1954 Mendès doit renoncer à son projet sur les bouilleurs de cru. Il y va de manifestations d'affolement, de vertige. Tout devient si irrationnel que nombre de paysans votent poujadiste en 1956 alors que les « indépendants paysans » perdent le quart de leurs sièges.

De fait, il n'y va plus d'un malaise occidental, de protestations provoquées par occasion. Il s'agit d'un malaise plus profond. Au fond d'elle-même déjà, la classe paysanne se sent mise en cause en tant que telle, parfois sous sa propre responsabilité. Elle a comme le sentiment diffus qu'elle pourrait être menacée jusque dans son existence globale.

Assaut général contre le paysan. La chose est déjà perceptible.

Le paysan, désorienté, prend du coup tout prétexte pour s'enrager, tel un gibier traqué.

On ne le voit que trop encore quand le général de Gaulle réapparaît et revient aux affaires. Le peuple des campagnes vote en masse pour lui au référendum du 28 septembre 1958 — parce qu'il sait se présenter comme « le plus vigoureux défenseur des paysans français ».

Mais, dès les ordonnances de décembre-janvier, les paysans à nouveau déchantent.

Un décret abroge l'indexation des prix agricoles. Les taxes sur les engrais sont lourdement augmentées. On majore les droits de circulation sur les vins de consommation courante. Le malaise paysan se traduit même en explosion quand les villages apprennent les projets d'aide mirifique aux pays sous-développés (comme le dit Raymond Cartier dans *Paris Match* : « Autant préférer le Zambèze à la Corrèze »), puis la pluie de milliards qui va se déverser sur l'Algérie en vertu du plan de Constantine.

Les grandes manifestations protestataires reprennent sous la houlette du président de la FNSEA, un Girondin, Joseph Courau, un homme de puissant caractère. Les paysans redéfilent à milliers. L'affaire tourne à l'aigre le 12 février 1960 à Amiens à l'occasion d'une manifestation d'une ampleur exceptionnelle. Une terrible bagarre éclate sur le barrage qui interdit l'accès à la préfecture. Joseph Courau est blessé aux jambes par des bombes lacrymogènes. On se bat pendant quatre heures. Le service d'ordre charge à plusieurs reprises. Les pompiers actionnent des lances à incendie dont une leur est arrachée par les manifestants qui s'en servent à leur tour pour arroser copieusement les policiers. Le Général a cessé d'être le sauveur qui fut tant attendu. Il y a 171 arrestations — dont aucune ne sera heureusement maintenue. On craint le pire. En toute hâte, le gouvernement, qui paraît cruellement surpris, craignant d'être débordé, décide d'octroyer une « loi d'orientation » agrémentée de promesses alléchantes. Mais les maladresses succèdent aux maladresses. Les ministres ont perdu la main. A nous les « Jacques » de 1961 qui manifestent tous azimuts. Spectacle d'une innommable anarchie : nouveaux barrages des routes, nouveaux heurts graves avec la police, sous-préfecture de Morlaix prise d'assaut, arrestation des dirigeants agricoles du Finistère, urnes brisées à l'occasion d'élections cantonales, voies de la SNCF obstruées par des traverses et des arbres abattus, chocs très durs à Paimpol, à Pontivy, à Lannion, à Guingamp, où les paysans font donner leurs chars, des tracteurs.

Les ministres de l'Agriculture successifs ne savent bientôt plus où donner de la tête.

L'un d'eux propose même une grande « Charte de la paysannerie ». *Le Monde*, pour la présenter à ses lecteurs, n'hésite pas à titrer sur toute la largeur de la page : « Une révolution juridique qui remet en cause la propriété, la liberté et l'égalité ». Le ministre doit revoir sa copie.

Le CNJA (Centre national des jeunes agriculteurs) réapparaît. Il fut créé en 1947. Il semblait s'être endormi. Il retrouve vigueur, pris en main par Michel Debatisse.

Les bureaucrates ne savent plus qu'inventer.

Une loi complémentaire suit une loi d'orientation.

La décennie 1960-1970 voit proliférer comme jamais les textes législatifs et réglementaires concernant l'agriculture. Le volume, publié en 1968 par *Le Journal officiel*, comporte plus de 800 pages contenant 151 lois, décrets, ordonnances et arrêtés se rapportant uniquement à l'orientation agricole. (Cela va des normes auxquelles doivent répondre les abattoirs privés à l'organisation du marché du pruneau.)

On distingue à gros traits la volonté de procéder à une vaste politique de regroupement — mais il y va d'un effarant fatras de textes.

Le plus cruel est que la Cinquième République croit dès 1960 avoir trouvé la clef d'or quand elle prend toute une série de mesures pour soi-disant calmer l'agitation (encore que les rapports Rueff-Armand de fin 1958 tirent les conclusions les plus noires de l'état général de l'agriculture, considèrent que son retard fait obstacle à la croissance française, qu'elle est devenue une sorte de poids mort, qu'elle n'a plus de place dans l'avenir).

On crée un Fonds d'orientation et de régularisation des marchés agricoles (FORMA).

A la demande du CNJA, on fonde un drôle de mécanisme : des Sociétés d'aménagement foncier et d'établissement rural (SAFER) qui sont chargées d'acheter des terres sur le marché foncier pour les rétrocéder ensuite à des exploitants désireux de s'agrandir — comme quoi les agriculteurs leur reprochent vite de n'être pas prioritaires en cas de vente. Il faut améliorer les textes encore en 1990. Comme quoi cependant aussi, de l'origine à fin 1995, les SAFER acquièrent près de 3 millions d'hectares et en rétrocèdent la quasi-totalité en 460 000 opérations. Mais, au début, le paysan, méfiant, boude.

L'assurance-maladie est étendue aux exploitants agricoles en 1961 — sauf qu'on lui reproche aussitôt de ne pas couvrir les petits risques.

En vain. On voit s'opposer les jeunes du CNJA à la vieille garde de la FNSEA. Les manifestations de 1963 sont encore plus violentes que celles de 1959.

On cherche dans un tel désordre des compromis, on va même jusqu'à encourager l'exode rural — pour mieux accélérer la modernisation d'une agriculture qui, dit le ministre Edgar Pisani, « mobilise trop d'actifs sur des exploitations trop exiguës ». Le paysan aura dû tout entendre.

On met en œuvre le Fonds d'action sociale pour l'aménagement des structures agricoles (FASASA) chargé de favoriser le départ des agriculteurs âgés de plus de 65 ans en versant à tous ceux qui libèrent au moins trois hectares une indemnité viagère de départ (IVD). Dans les premières années, l'IVD fait recette, car beaucoup de vieux agriculteurs la considèrent comme une aubaine améliorant leur maigre retraite, mais l'IVD n'est pas une retraite, c'est un pécule que l'on alloue une fois pour toutes, pour le reste de l'existence du bénéficiaire, si son exploitation est trop petite, c'est-à-dire inférieure à la SMI, surface minimum d'installation, qui est variable selon les départements. Il ne peut toucher son dû s'il cède sa ferme à un nouvel exploitant ; autrement dit, il faut qu'elle aille agrandir une exploitation déjà existante, donc qu'elle disparaisse en tant qu'unité autonome ; une telle disposition favorise la disparition de nombreuses exploitations, mais exclut de nombreux jeunes qui pourraient s'installer à peu de frais sur des exploitations modestes. On fait là bel et bien obstacle à l'installation de jeunes. Mais, en vérité, il y a surtout de quoi penser que la bureaucratie parisienne et ses ministres ont décidé qu'il y a trop de paysans en France...

On crée des Groupements agricoles en commun (GAEC) qui permettent surtout à partir de 1975 l'installation de jeunes sous forme d'associations père-fils.

Les mouvements de professionnels ne manquent pas — Mouvement de défense des exploitants familiaux, MODEF, qui veut rassembler tous ceux qui ne peuvent suivre le progrès, se sépare de la FNSEA et se donne des dirigeants proches du parti communiste — Confédération nationale des syndicats de travailleurs paysans, CNSTP, plutôt proche des socialistes — Fédération française de l'agriculture fondée en 1969, orientée à droite, par des agriculteurs qui « refusent l'intégration de l'agriculture à l'économie englobante » — tous mouvements soutenus par Edith Cresson, ministre socialiste de l'Agriculture en janvier 1983, avec le calcul de diminuer l'autorité de la FNSEA, mais laquelle, avec 71 % des suffrages exprimés, remporte triomphalement les élections qui suivent aux Chambres d'agriculture.

Mais, en même temps, viennent aussi des progrès effarants.

Tout bouge. Tout se bouleverse.

La culture du maïs s'étend hors du bassin aquitain grâce aux plants hybrides proposés par une firme américaine, l'INRA 258. Dès 1960, les triazines permettent le désherbage chimique du maïs, en attendant qu'en 1993 on réalise les premiers essais d'un maïs résistant à la pyrale.

L'INRA met au point *l'Etoile de Choisy*, nouvelle variété de blé qui permet une spectaculaire augmentation des rendements. Ceux-ci passent de 18 quintaux à l'hectare en 1950 à 29 quintaux en 1960.

La modernisation change toutes les données. La production agricole augmente en volume de 64 % entre 1960 et 1980 (dans le même temps que la population active agricole diminue de moitié). Les gains de productivité en deviennent supérieurs à ceux de l'industrie. En 1983, un agriculteur nourrit 40 personnes contre 7 en 1960. Les rendements connaissent une progression aussi spectaculaire. Pour le blé, ils passent de 29 quintaux à l'hectare en 1960 à 65 quintaux en 1984, année record. Dans le Bassin parisien, les 80 quintaux à l'hectare deviennent la règle.

Modernisez ! Modernisez ! Le mot d'ordre court. Dans son livre *L'Agriculture assassinée*, Jean-Clair Davesnes cite un bateleur qui, au micro d'un stand de tracteurs, dans un comice agricole, annonce à tue-tête : « Cassez la tête à vos canassons ! » C'est l'escalade à quoi tout contribue, le pétrole facile, la volonté politique mille fois répétée affichée de surproduction, la pression de l'industrie découvrant dans l'agriculture, une fois industrialisée, un débouché qu'elle croit illimité.

On a recours à un emploi massif d'engrais azotés. Ils sont pourtant dénoncés comme très dangereux. Non seulement une grande partie des engrais épandus ne concourt pas à la fertilisation mais, entraînés par les pluies, ils se répandent dans les eaux souterraines sous forme de nitrates. Un document de l'OCDE précise : « L'ingestion de nitrate par l'intermédiaire de l'eau et de la nourriture présente de multiples risques pour la santé des nourrissons et non moins de risques de cancer pour l'ensemble de la population. » Tout se passe comme si on n'en avait cure.

L'emploi des pesticides — insecticides et herbicides — est aussi redoutable. Ils ne sont pas que dangereux ; on constate une résistance d'un nombre toujours plus grand d'insectes à l'influence des pesticides. C'est ainsi que, selon les experts de la FAO, section agricole de l'ONU, en 1965 on dénombre 182 espèces d'insectes et d'acariens résistantes aux pesticides ; 428 en 1980. L'utilisation reste massive.

A nous l'élevage concentrationnaire, notamment celui des porcs. Tant pis si le cuivre qui est ajouté à l'alimentation des animaux en vue d'accélérer leur croissance se retrouve dans le lisier (lisier : mélange liquide des urines et des excréments des bovins et des porcins) et son épandage régulier provoque une accumulation de cuivre dans le sol rendant difficiles certaines cultures et impropres à l'élevage les prairies qui en ont reçu. Qui mieux est : l'élevage du porc devient un succédané de la production céréalière. On voit se créer de vastes unités d'élevage et d'engraissement entièrement dépendants de l'approvisionnement en céréales (et en produits industriels). Jean-Clair Davesnes, dans *L'Agriculture assassinée*, en fait une démonstration lumineuse : « En fait, l'élevage de porcs traditionnel, c'est-à-dire par petites unités réalisant toute la chaîne, de la naissance à la commercialisation du porc charcutier, le tout grâce aux produits de la ferme, disparaît, remplacé par des entrepreneurs, ou plus exactement, des prestataires de services, coincés entre le fournisseur d'aliments et l'abattoir industriel. Le porc, un des symboles de l'autonomie des exploitations familiales, aura été un des premiers secteurs enlevés à la paysannerie... » En tout cas, le glas a sonné pour les races françaises, dont il y eut tant de fierté. Ne subsistent que quelques éleveurs traditionalistes qui s'accrochent désespérément à quelques races « abandonnées ». C'en est vite terminé du porc de Corse comme du porc de Bayeux. L'élevage du Périgord comme le basco-béarnais se retrouve en lambeaux. Telles sont désormais les grandes races internées en camps de concentration et vendues massivement sur échantillons : la *large white*, née outre-Manche ; la race dite *landrace française*, ex-porc danois ; la race *piétrain*, belge. La France, comme bagnards porcins, n'a plus que des métis, et plus aucun porc libre ne se promène...

L'insémination artificielle

Il est beau et réconfortant, le 73e Concours général agricole, réuni à Paris en 1964, avant que ne vienne l'élevage industriel.

On compte 400 000 visiteurs — record absolu.

On ne sait que citer parmi les animaux primés — *Iran*, tacheté de l'Est, premier prix des mâles — *Belle Miss*, meilleure laitière de la race normande — *Sirus*, prix spécial des mâles, de race Abondance — *Joquante*, vedette laitière de race flamande — la tarentaise *Marquise* — la bretonne *Ginette* — *Curieuse des Buttes*, championne laitière de la race jersiaise — même si la plus grande gloire va à une truie singulièrement impressionnante, *Pistache du Bois de Bransle.*

A mi-siècle, l'élevage français traditionnel connaît son apogée.

Très éprouvé en 1940 lors de l'invasion allemande, par exemple le célèbre élevage du Borc-aux-Moines voit à nouveau prospérer les ventes annuelles au domaine. Et il affiche toujours en incomparable modèle *Anémone*, née en 1926, descendante par sa mère de *Buffalo*, *Cajoleur* et *Pamphyle*, dans les années 1930 certainement la normande qui aura donné « le plus gros rendement journalier, 39,5 kilos de lait, et le plus gros rendement total, 53 460 kilos de lait et 2 192 kilos de beurre en neuf lactations ».

Dans le pays de Caux, d'autres élevages comme celui d'Edmond Leblond à Bourceville-Catenay, donnent naissance à d'impressionnants hercules, modèle le fameux *Blue Rock* des années 20.

Les éleveurs du Cotentin comme ceux du pays de Caux rivalisent et collaborent tout à la fois.

Les temps campent des personnages hautement typés, tel Alfred Mouchel, éleveur réputé du Val-de-Saire dans les années 50, spécialisé dans la préparation des taureaux et des vaches pour concours. Il est le prototype du soigneur dont les pratiques s'apparentent au maternage. J'aurai été sage-femme, puis mémé, dit-il. Avec son épouse issue de la célèbre famille d'éleveurs normands Noël, il se consacre avec passion et minutie à l'élevage des petits veaux afin d'en faire de puissants taureaux. Il est peintre aussi, il brosse le portrait de taureaux et de vaches à la demande des éleveurs en échange de saillies. Il est même poète, en français et en normand... On croit rêver.

Le nouveau grand éleveur style 1950 est aussi strict que son grand-père. Même s'il a eu recours, de manière parfois décisive, à un reproducteur extérieur à son troupeau, il continue de mener essentiellement son travail de sélection sur les animaux de son élevage, afin de créer un *sang* renommé. Ainsi, en 20 ans, dans l'élevage d'André Lavoinne au Bosc-aux-Moines, 5 taureaux seulement sur 40 et 3 vaches sur 157 sont venus d'autres troupeaux. Au vrai, on obtient des produits parfois de mariages entre cousins ou entre demi-frère et demi-sœur. (Les innombrables possibilités qu'offrent les accouplements consanguins multiplient presque à l'infini le croisement des alliances et de leur descendance.) Ainsi obtient-on des centaines de bêtes exceptionnelles, comme, entre cousins, *Bobine*, (*Rameau* + *Quine*) et *Albi* (*Bohémien* + *Bayodène*) — entre germains *Factieux* (*Bohémien* + *Andalouse*).

La suprématie de la normande sur les autres races laitières n'est pas menacée au lendemain de la guerre malgré les pertes considérables dues aux combats et à l'Occupation.

Les dynasties dominant le monde de l'élevage sont au pinacle — l'élevage Bertel, prix inter-races de la meilleure laitière en 1952, *Frivole*, ou l'élevage Lavoinne, qui collectionne les grands prix, ou Hervieu à Beaumontel, ou les impérissables Noël, ou Couteau, beau-frère d'André Lavoinne, à Capelle-les-Grands. Autant saluer une sorte de nouvelle aristocratie. Les éleveurs sont aussi racés que leurs princes.

Mais, parmi les nouveautés, voici l'insémination artificielle — l'insémination artificielle qui anéantit l'indépendance des éleveurs et leur enlève le moyen même de cette indépendance, c'est-à-dire la sélection de leur cheptel et le choix des géniteurs.

En 1948, se tient à Angers une assemblée des éleveurs de bovins du Maine-et-Loire à la demande de la Direction des services agricoles, DSA. A l'ordre du jour : l'implantation d'un centre départemental d'insémination artificielle et la constitution éventuelle d'une coopérative agricole destinée à le gérer. Compte tenu de la nouveauté du sujet, l'assistance est nombreuse. L'orateur de la DSA vante l'intérêt de cette technique nouvelle qui met à la disposition des éleveurs, même les plus modestes, des taureaux « d'élite » issus des meilleurs élevages. Ainsi la sélection est-elle désormais à la portée de tous : il suffit de s'adresser à la coopérative pour que chaque éleveur puisse faire inséminer ses vaches avec la semence d'un géniteur autrefois réservé à un petit nombre de privilégiés. Le progrès à la portée de tout un chacun. Le discours est écouté attentivement. Une seule voix discordante s'élève, celle d'un vieil éleveur, propriétaire d'une belle étable Maine-Anjou, appelé Pierre Froger, cabochard connu de tous, belle tête typique du paysan français, mâle visage barré d'une robuste moustache gauloise. Il dit, grosso modo : « Vous êtes devenus fous. Ceci est la fin de votre étable. C'est l'administration qui vous imposera ses directives. Vous ne serez plus libres de choisir vos taureaux. Ce sera la fin de la liberté pour nous tous. » Tout se passe comme s'il était seul de son avis. L'exposé de la DSA a plein succès.

Au demeurant, le terrain est déjà un peu préparé. Pratiquée dès les premières années 1940 sur les bovins en Russie, en Angleterre et au Danemark, l'insémination artificielle fait son entrée en France dès 1943, à la Bergerie nationale de Rambouillet. Deux ans plus tard, elle est appliquée aux bovins — avec succès, puisque déjà en 1946, 2 500 inséminations sont réalisées avec cinq taureaux, puisque, cette même année, le premier centre est établi au château de La Loupe dans le Haut-Perche.

Pierre Froger n'est pas le seul cabochard à maugréer. Une vive polémique éclate même entre les éleveurs sélectionneurs qui se sentent directement menacés et les agriculteurs-éleveurs qui font valoir que la monte naturelle ne met pas les meilleurs taureaux à la portée de toutes les bourses.

A la vérité, l'insémination artificielle ne peut que provoquer une grave crise dans l'élevage des taureaux reproducteurs. Par exemple, en 1958, 240 taureaux suffisent pour féconder avec le nouveau truc plus de 900 000 vaches. Ces 240 taureaux, par leur action, suppriment l'emploi de plus de 20 000 taureaux utilisés pour la monte naturelle, 20 000 taureaux produits, exportés par la Normandie et principalement, par le département naisseur par excellence, la Manche. Face à face, les Services agricoles de la Manche, le Syndicat du contrôle laitier, la Chambre d'agriculture de Saint-Lô sont contre ; les Jeunes Agriculteurs et la JAC sont pour. Puis le conflit devient national.

Mais dès 1948, en même temps que sont présentés les premiers veaux « artificiels », la coopérative d'élevage et d'insémination du Tarn est créée, à la diligence d'un grand animateur, Michel Rondeau. A une époque où les maladies contagieuses liées à la reproduction, brucellose, tuberculose, sont nombreuses, cette nouvelle méthode plaît à beaucoup d'éleveurs. Il s'en suit même à partir de 1950 un véritable boom de la chose en France. Puis viennent un certain nombre de progrès peu discutés. Remplaçant les cathéters en verre dans lesquels la semence est initialement conditionnée, la paillette en acétate de cellulose permet le conditionnement individuel, offrant une plus forte garantie sanitaire de la production à l'utilisation. (Inventeur : Robert Cassou, dont on utilisera dans le monde entier sur tout le demi-siècle la « mini-paillette de 0,25 millilitre.) Dès 1970, toutes les inséminations réalisées en France le sont avec de la semence congelée. L'avenir est acquis.

Les taureaux sélectionnés depuis les années 1960 par les centres d'inséminations sont même déjà des ancêtres prestigieux. *Mirliton*, né chez François Noël au centre de Réville au manoir de La Grasvillerie, en digne descendant de *Silencieux*, remporte de nombreux prix dans les dernières années 1950 et se conduit brillamment comme semeur (ou insemeur) au centre de Villedieu-les-Poêles, puis de Troarn en Calvados. *Vodena* atteint l'âge canonique de treize ans et donne 200 000 produits dont 40 000 filles ! Le Mathusalem d'une nouvelle vaste tribu. Ce super-reproducteur est-il le grand ancêtre de toutes les vaches du troisième millénaire ? On peut se le demander. Il est trop vrai que sa descendance multiplie presque à l'infini la mesure des capacités opératoires de l'éleveur contemporain, et de sa quête de l'animal parfait par le processus illimité de la sélection.

Au demeurant, cela aurait pu, au lieu de s'universaliser, rester une affaire limitée, strictement gérée par les éleveurs eux-mêmes, décidés à ne tenir l'insémination artificielle que comme le succédané de la monte naturelle sous le rigoureux contrôle des différentes races.

Sauf qu'intervient la loi de l'élevage du 28 décembre 1966, portant la signature d'Edgar Faure, ministre du moment. Même si elle ne compte que 15 articles, elle constitue de fait une pièce maîtresse du grand appareil législatif conçu par le régime pour enfermer l'agriculture dans un carcan technocratique. Un chef-d'œuvre d'esprit bureaucratique. Du machiavélisme de la plus fine essence. Tout bonnement, tout froidement, la loi ouvre sur le monopole. Elle élimine les éleveurs. Elle écarte les personnalités. Tant pis si on va se passer de leur savoir-faire et de leur empirisme.

C'est par de telles opérations que l'agriculture traditionnelle est brisée.

Le plus magique de la manœuvre est que le paysan ne pleure pas, ni ne se plaint, ni ne grogne.

En tout cas, en 1992, 5 220 000 vaches auront été inséminées sous contrôle de 57 centres agréés.

Soit 2,9 % en blonde d'Aquitaine, 6,1 % en limousine, 7,1 %

pour la montbéliarde, 15,9 % pour la normande, 11,2 % pour la charolaise et... 46,9 % de semences de taureaux prim'holstein.

Car la *holstein*, la miraculeuse *holstein* est arrivée ! C'est qu'il y a concurrence effrénée pour obtenir du lait de masse. A qui aura la plus généreuse laitière. La meilleure, la normande, dit-on d'abord. Non, la frisonne, dit-on ensuite. Enfin s'impose la holstein, un cadeau d'outre-Atlantique. De fait, elle est fille naturelle de l'Allemagne du Nord, cousine de la frisonne et appartenant au grand rameau *pie-noire* (ou *pie-rouge*) que l'on trouve sur les rivages de la mer du Nord, de la Hollande au Danemark. Animal de grande taille au puissant squelette, aspect anguleux, muscles longilignes, elle est transmise aux Etats-Unis avec des émigrants allemands du XIXe siècle. C'est là-bas que, par une transformation radicale, elle devient une formidable machine à lait — machine à ingérer des masses de céréales et à les transformer en un lait basses calories. D'autant que sa vitesse de traite permet de diminuer la charge de main-d'œuvre par litre. Le marketing joue. L'américomania aussi. Une phénoménale campagne de propagande est lancée. Le fait est que la production laitière française double en 30 ans : 150 millions d'hectos en 1950, 284 en 1973, 309 en 1979...

On n'en crée pas moins des centres de productions de semence ou des unités de sélection qui ont en charge les programmes d'amélioration génétique français. Les nouvelles biotechnologies mises au point par l'INRA, Institut national de la recherche agronomique, amènent même au début 1980 la transplantation embryonnaire, tandis que le prélèvement d'orocyte (cellule de la lignée germinale femelle des animaux n'ayant pas encore subi les deux phases de la méiose — quant à elle se produisant au moment de la formation des cellules reproductrices ou gamètes) et la reproduction *in vitro* s'intègrent dans les programmes de sélection.

Encore du nouveau.

Premier embryon conçu en Europe *in toto in vitro* : *Unceia*, France, janvier 1988. (Maturation des ovules *in vitro*, capacitation du sperme congelé *in vitro*, fécondation *in vitro* proprement dite et culture *in vitro* de l'embryon pendant une semaine jusqu'au stade du transfert.)

Premiers veaux cultivés *in vitro* nés en France : 4 veaux nés en janvier 1990 (Inra-Unceia).

Premier veau *in toto in vitro* né en France : *Gédéon*, en mars 1990, au Centre génétique de Douai.

Premiers lapereaux et agneaux clonés nés en France : des clones de six lapereaux en 1990, issus de reproduction nucléaire de cellules embryonnaires précédemment congelées et transférées dans des ovules énuclées sous le contrôle de l'INRA.

Premiers quintuplés de veaux en France à partir d'un seul clone : nés début mars 1993 (INRA aussi).

Et, en 1992, on aura inséminé artificiellement, outre les 5 millions de vaches, 520 000 truies, 750 000 brebis et 42 000 chèvres.
Mais ne serions-nous pas en train de vivre une drôle d'agriculture, une sorte d'agriculture de l'au-delà ?

L'ultimatum Mansholt

Il est étincelant, le songe européen.
En terminer avec les guerres franco-allemandes qui furent autant de guerres civiles européennes, quelle plus belle vision ?
Bâtir un ensemble européen capable de balancer la puissance des Etats-Unis d'Amérique, quelle plus noble ambition ?
Le traité de Rome aura voulu être un élément fondamental du projet.
La CEE, en attendant d'être renforcée en 1986-1987 par l'Acte unique européen qui vise à intensifier le processus d'unification, puis étayée par les traités de Maastricht et d'Amsterdam, puis équipée d'une monnaie commune, peut porter dès les années 1950 les plus solides espérances.
De plus, elle s'illustre dans l'amitié, aussi solennelle que profonde, entre le général de Gaulle et le chancelier Konrad Adenauer.
Mais, à partir de 1963-1964, avec la mise en place de la Politique agricole commune, la France doit s'aligner bon gré mal gré sur les décisions des technocrates bruxellois, qui ont rapidement assimilé les principales autorités de l'entreprise. Cela ne va pas sans grincements. C'est aussi que les règlements européens, produit par produit, voient le jour à une cadence accélérée. La Commission de Bruxelles, qui commence à beaucoup faire parler d'elle, se révèle une phénoménale pondeuse de textes. Des gênes viennent. Des nuages passent.
Dès la fin des années 1960, l'espoir mis dans la CEE se mue en inquiétude. On commence à regretter à Paris que la Commission, en 1958, ait cru devoir s'installer à Bruxelles, où elle se donne rapidement des airs de Régente.
Puis, en décembre 1968, le vice-président de la Commission, le Hollandais Sicco Mansholt, rend public un mémorandum accablant pour la Politique agricole commune. Il condamne sans ambages la pratique de trop hauts prix et estime à au moins 40 hectares le seuil minimum de rentabilité d'une exploitation. Il estime à 5 millions le surnombre d'agriculteurs dans la CEE. Il propose la modernisation en dix ans des structures agricoles européennes. Le plan Mansholt, dit-on. Sauf que, sèchement, lourdement écrit, il retentit comme un ultimatum.
Sicco Mansholt fut planteur à Java avant d'être ministre de

l'Agriculture des Pays-Bas, puis un personnage clef de la Commission. De haute et forte stature, il est présenté comme un caractère entier, qui déteste le compromis et la nuance. Surtout, ses ennemis — il en a pas mal — disent que ce n'est pas par hasard s'il est d'un pays qui est le siège du grand trust mondial Unilever toujours « attentif » aux plus importantes décisions de l'agriculture européenne. Enfin, il est socialiste, membre influent de l'Internationale socialiste et fort porté au systématisme. Sans délai, les réactions à son intervention sont violentes.

C'est exactement le 10 décembre 1968 qu'il présente son texte.

Thèse de base : si l'on n'y porte pas remède au plus tôt, le développement de l'agriculture va aboutir à des excédents importants et incontrôlables ; il est de salut public de réduire au maximum la population agricole, de restructurer les exploitations et de beaucoup diminuer les surfaces cultivées.

Le plan ultimatum coule de source : de 1970 à 1980, faire tomber la population agricole de 10 à 5 millions. Quant à ces 5 millions, on en est déjà au stade de la situation économique souhaitée, donc rien à envisager pour eux ; trois devront être occupés dans des entreprises agricoles modernes ou des unités de production ; le cinquième million sera d'agriculteurs à temps partiel qui pratiquent l'agriculture à titre de complément d'une autre activité.

Proposition plus précise : constituer des « unités de production » ayant la superficie minimum requise pour atteindre des résultats économiques optimums. Des exemples sont donnés : pour les céréales, de 80 à 120 hectares minimum ; pour le lait, de 40 à 60 vaches ; pour les bovins de viande, de 150 à 200 têtes ; pour les poulets, 100 000 par an ; pour les œufs, 10 000 pondeuses. Un géomètre ou un polytechnicien ne calculerait pas avec plus de précision.

Proposition plus précise encore : pour l'adaptation de la production aux besoins du marché, promouvoir des groupements professionnels au plan européen, produit par produit — en liaison avec les industries de transformation.

Quant au sort des surfaces cultivées, c'est tout simple : les terres « libérées » serviront à l'agrandissement des entreprises ; 5 millions d'hectares en dix ans recevront d'autres destinations, reboisement, parcs naturels, fins récréatives.

Et en avant pour appliquer le plan salvateur.

Un plan salvateur qui, par malheur, n'aura pas été assez pensé, notamment dans ses conséquences.

Effectivement, la population agricole fond comme neige au soleil, d'autant plus que tout le contexte porte à la réduire. C'est alors, pour faire exemple, que la France crée la fameuse *Indemnité viagère de départ*, pour encourager au départ des vieux agriculteurs. Résultat : dans beaucoup de cas, les exploitants âgés ne sont pas remplacés. La mesure encourage davantage à l'agrandissement des exploitations qu'à l'installation de jeunes. La prime à la jeunesse et au dynamisme ne joue pas. Finalement, il y a une désertification aggravée des campagnes, destruction de la vie rurale, hypertrophie renforcée des villes. A se demander pourtant si tel n'est pas le but recherché : porter un coup mortel à la paysannerie, une classe devenue trop antiéconomique et encombrante.

Par ailleurs, on ne saurait mieux pousser à la friche. Les exploitations agricoles sont littéralement transformées en entreprises spécialisées de type industriel : monoculture du maïs ou du tournesol ; ateliers géants de porcs et de volailles. Une telle concentration fait automatiquement disparaître la ferme de polyculture qui, elle, entretient naturellement l'environnement par l'assolement et l'association culture-élevage et, sa disparition entraînant celle des hommes, conclut à l'abandon. Excepté que les commis de Mansholt ne parlent pas de friche mais de « déprise agricole » (mais oui !) en mettant en avant que les manipulations génétiques et les cultures hydroponiques (faites avec des solutions nutritives renouvelées sans le support d'un sol) rendent inutile l'entretien du terrain.

Autant programmer des pays sans agriculteurs : la biochimie remplacera les éléments fournis par le sol ; la photosynthèse sera fournie artificiellement et plantes, fruits et légumes seront obtenus synthétiquement à des prix compétitifs. Telle est du moins la thèse de Michel Drancourt dans la revue *Entreprise* du 6 février 1971. René Barjavel peut écrire son hallucinant roman d'anticipation *Ravages* montrant notre vieux continent réduit à quelques mégapoles gigantesques coupées d'espaces vides.

D'ailleurs, la perspective fait une telle peur que se crée à Paris un Comité interministériel d'aménagement rural, CIDAR, qui entend lutter contre de telles menaces sur le territoire français, ce comité constatant aussitôt avec gravité que « la situation risque d'entraîner dans dix ans à venir la moitié des exploitations agricoles et un tiers des chefs d'entreprises artisanales, commerciales, hôtelières et industrielles dans les zones rurales ».

Mais principal résultat de l'ultimatum : des paysans qui se hérissent ; observent désormais avec une extrême méfiance tous travaux de la Commission ; maudissent les technocrates plus que jamais et, à toute occasion, seront prêts à faire barrage aux inquisiteurs de la lune.

Aux temps des sorciers et des vaches folles

Que n'aura pas inventé ce siècle !

1930 — *Les hormones de croissance* sont expérimentées.

1939 — A nous *la culture sans sol*, qui nous est conseillée par la

Californie, devenue grande spécialiste de la « tomate géante ». (Et nous comptons cette même année 5 000 substances antiparitaires.)

1947 — On apprend à désherber par les plantes — à grand renfort d'hormones.

1954 — Voici *la lumière artificielle*, qui va de pair avec une ultra-modernisation des terres et permet une production plus précoce.

1958 — A nous *l'irrigation au compte-gouttes* ; de nouveaux *facteurs de croissance*, tel ce jus de culture d'un champignon très doué qui donne des plantules de riz géantes ; les *tunnels à carottes*, expérimentés par les maraîchers de Nantes.

1960 — A nous l'asperge magique qui, grâce à des films à même le sol après blutage, profite d'un gain de précocité de quinze jours.

1965 — Le pot plastique est arrivé — qui surclasse le trop rustre et fragile pot de terre. L'horticulteur y fait beaucoup d'économies — même si l'écolo y va de ses plus fortes grimaces.

1966 — On domestique un petit acarien rouge qui dévore son cousin l'acarien ravageur des serres de concombres. Pour une fois, vive la guerre civile !

1977 — Des cosses de cacahuètes, des débris de charbon, des déchets de polystyrène (matières thermoplastiques), du marc de café, de l'écorce de pin, du basalte pulvérisé, tels pourraient être les produits de remplacement du terreau des fleuristes. Cette éventualité n'est-elle pas déjà prise au sérieux en Australie ? Et autre mélange que l'on dit aussi efficace : des fanes d'œillettes et des scories volcaniques. L'Etna au secours de la rose.

1970-1990 — L'apiculture française se révèle en plein dynamisme. Cela ne va pas sans rencontrer de nouveaux ennemis : la varrose de 1982, épidemique, due à un parasite qui se fixe sur l'abeille, suce le sang, la mutile et finit par la tuer. Mais la profession s'organise remarquablement. Elle tient à travers toute la planète des congrès internationaux, où sont invités de prestigieux savants. Elle fonde des écoles où former les jeunes apiculteurs. Elle anime des associations qui prennent en main tous les problèmes vitaux. Elle organise des centres de formation, tel celui de Beautheil en Seine-et-Marne, qui donnent même des cours d'élevage de reines. A nous les Cours sanitaires agricoles, les Cours de sélection, les Cours de génétique agricole. A nous toute une vaste croisade pour faire connaître un insecticide, le *Fluvalinate*, mis au point par des savants californiens pour lutter contre la varrose. A nous la gelée royale (dont l'utilisation thérapeutique est lancée dès 1952 par le biologiste Belfefer). A nous des confréries de goûteurs de miel. A nous le Rucher-Ecole de Serdinya, Pyrénées-Orientales, magnifiquement animé par un maître apiculteur de grande expérience, Lucien Adam, et qui, le 5 juin 1990, solennellement, fait offrir « le miel nouveau des Pyrénées-Orientales » au président de la République à l'Elysée, avec le même cérémonial que tous les ans on lui apporte « les premières cerises de Céret ». On crée même cette même année 1990 « la Fête européenne du Miel »... En tout cas, les résultats sont éloquents. La France enregistre une récolte record mondiale : 223 kilos de miel dans une seule ruche, à Prats-de-Sournia, en Roussillon. Et la France produit en 1994 plus de 18 tonnes de miel.

A nous de nouvelles oliveraies. Elles furent quasiment anéanties par le grand gel de 1956. Elles renaissent, avec d'autant plus d'allégresse que sur toute la fin du siècle l'huile d'olive connaît en France une vogue inouïe. Non que l'olivier se laisse aisément domestiquer : il faut lui trouver un sol caillouteux idéalement approprié ; on doit le tailler et l'irriguer avec une minutieuse sensibilité, à heure dite ; la moindre humidité peut trop troubler la pollinisation de mai. Mais, d'une part, il relève des légendes les plus antiques, il est un arbre mythique, si tourmenté, si émouvant avec son tronc tout tordu et sa chevelure cendrée que les anciens purent le vénérer comme une sorte de dieu ; d'autre part, une fois solidement installé, il sait être généreux. Ainsi les horticulteurs qui le font renaître et l'incorporent à de vraies forêts ont-ils pour lui une sorte d'adoration très particulière. Mais aussi ils peuvent produire une olive qui peut être pure merveille. Telle la *Lucques*. Elle devient en quelques années la reine de tout un royaume du soleil, qui couvre les Corbières du Roussillon, les terres des cathares, la Montagne noire, les environs de la cité de Carcassonne, tout le parcours du canal du Midi. Elle est belle, voluptueusement allongée, finement pointue, incurvée en demi-croissant de lune, d'une splendide couleur vert cru. Elle est savoureuse. « La Rolls des olives, disent ses amants, le caviar, le diamant, le cachemire des olives. » Quoi qu'il en soit, miss Lucques sait se faire aimer. La Lucques, on peut même la citer comme l'une des plus heureuses trouvailles du XXe siècle !... Vous n'avez ensuite qu'à en savourer tout un ravier, comme des fruits... ou alors, vous suivez le conseil de la très gastronome Marie-Hélène Massé, qui vous donne la meilleure recette de la *tapenade* : « Ecrasez à la fourchette une purée de pommes de terre. Arrosez-la d'huile d'olive. Ajoutez de fines lamelles de Lucques. Assaisonnez au gros sel. Surmontez de noix de Saint-Jacques émincées et d'une lamelle de truffe. Accompagnez d'une salade de roquette à l'huile d'olive et au vinaigre balsamique » (très exactement recette de Frank Putelat, chef du restaurant *La Barbacane* à Carcassonne). Terminez par un pain délice, un pain aux olives ou un pain d'épice moelleux de la Miellerie des Clauses (à Montserrat). Tartinez-les au fromage de chèvre type pélardon très frais. Arrosez généreusement d'un miel au goût soutenu, châtaignier ou bruyère. Surmontez d'une feuille de menthe. Qui donc osera jamais dire que le paysan de France ne sait pas cultiver les jardins des paradis ?

1986 — Le professeur Nahum Kedar, en Israël, nous offre la

tomate longue durée, qui subsiste telle quelle deux mois après la cueillette. Avantage : le transport pourra se faire par bateau et non plus par avion.

18 mai 1994 — La FDA (Food and Drug Administration) autorise pour la première fois la vente et la consommation d'une *tomate transgénique*. Intérêt d'une telle variété ? Elle a du goût et une bonne tenue à l'étal. Son secret ? L'introduction d'un gène « antisens » qui « inhibe la synthèse de la polygalacturonase, une enzyme responsable, à terme, du pourrissement du fruit ». Tout simplement. Et déjà on apprend que la France, cette même année, autorise la SEITA à commercialiser des semences de tabac modifiées génétiquement. Pourrez-vous le répéter ? La variété concernée, « ITB 1000/OX », est désormais capable de résister même au Biomoxynil, herbicide bien connu.

L'on apprend à adapter à l'artichaut toutes sortes de nouvelles techniques selon les variétés choisies (violet de Provence, ou blanc hyérois plus communément appelé *macau*, ou salambô, caractérisé par une couleur exceptionnelle, ou calico, ou, toute dernière nouveauté, le *velours*), selon les terrains (plus ou moins azotés), selon les engrais à sélectionner (d'automne ? de mars ? engrais complet ? phosphate d'ammoniaque ?) et selon les pratiques de l'irrigation (par utilisation du *tensimètre*, instrument destiné à optimiser l'apport d'eau en vérifiant l'humidité en profondeur). Ce n'est plus simple d'être jardinier, ni de parler le langage du jardinier moderne.

Genre de problème nouveau à traiter : y a-t-il trop d'antibiotiques dans l'alimentation du bétail ? Saurons-nous assez bien utiliser les médicaments qui font grossir les animaux ? L'usage systématique d'antibiotiques en tant qu'additifs alimentaires chez les animaux d'élevage est-il nuisible à l'homme ? Ne faudrait-il pas les interdire pour limiter l'accroissement des résistances des bactéries à ces médicaments ? Au printemps 1999, ainsi, autour de cette question majeure pour la santé publique, une bataille sourde se livre soudain en Europe. Objet du litige : la Commission européenne doit-elle ou pas prohiber quatre antibiotiques nommément désignés employés pour augmenter le poids du bétail ? Très exactement, il s'agit de ce que les vétérinaires appellent suavement *l'indice de conversion alimentaire* : sous l'effet de ces additifs, un kilo de nourriture est transformé en environ 900 grammes de viande ; autrement dit, la déperdition est très faible et il y a économie majeure pour les éleveurs. Les industriels de l'agroalimentaire et de la pharmacie vétérinaire s'indignent que l'on veuille les interdire : ils jurent leurs grands dieux scientifiques qu'une telle pratique ne comporte pas de risques pour l'homme ; s'il y a interdiction, certaines firmes pharmaceutiques sont même prêtes à intenter un procès à la Commission. Les bactériologistes sont d'un avis contraire. Ils s'appuient notamment sur un article publié dans la revue *Curosurveillance* où des biologistes anglais s'inquiètent de l'augmentation de la résistance aux antibiotiques de certaines salmonelles, dites *Typhimurium DT 104* (le nom à lui seul fait frémir), très fréquemment retrouvées en maladie humaine. En 1995, outre-Manche, 94 % de ces bactéries isolées chez l'homme étaient insensibles à quatre ou cinq antibiotiques parmi les plus prescrits. Or *Salmonella DT 104*, multirésistante, transmise par le biais de l'alimentation (œuf, volailles, viande de bœuf), est devenue prédominante chez les bovins, mais aussi les volailles, les ovins et les porcins. Une étude publiée dans le *New England Journal of Medecine* par une équipe des centres de contrôle des maladies d'Atlanta, Etats-Unis, a montré que la fréquence des salmonelles résistantes à au moins cinq antibiotiques différents est passée de 0,6 % en 1980 à 34 % en 1996. D'où l'alarme. Nous en sommes là : une nouvelle guerre d'experts mais pour déterminer si les paysans-éleveurs sont ou non des empoisonneurs sans le savoir.

Nous aurons même connu *La Moisson céleste* de Georges Delbard, auteur d'un ouvrage sur les *Beaux Fruits de France*, mort en mars 1999 à 92 ans après avoir transformé la France en verger et les roses en bébé-éprouvette. Fils de paysans de l'Allier, il devient à force de passion et d'entêtement le premier horticulteur européen, au passage en 1935 lançant le premier catalogue de vente par correspondance de produits de jardinage. Il débute — sur le trottoir du quai de la Mégisserie à Paris — en vendant à la sauvette des rosiers et des bulbes, sur une méchante table de bois avec pour tout matériel un sécateur, du papier kraft, de la ficelle et une charpette : il en est même chassé un jour par la police. En 1982, au moment de son « mariage » qui dure treize ans avec Moët-Hennessy, il est photographié et filmé par tous les médias du monde en blouse blanche dans sa nursery de rosiers. C'est qu'il en est alors à développer impérialement la multiplication *in vitro* des arbres fruitiers, rosiers et autres ligneux, selon une méthode de clonage jusque-là appliquée aux seules orchidées. Et, basée sur la culture du *méristème* — les cellules issues du bourgeon terminal —, cette méthode futuriste permet d'obtenir un demi-million de plantes par an ! Le personnage n'aura pas troqué pour rien le tablier bleu du jardinier pour la blouse blanche du chercheur. Entre-temps, il aura ouvert une plantation expérimentale à Evry, un centre de *prématurés* à Hyères, planté en Iran en 1975 le plus grand verger du monde, traversé l'Atlantique pour transformer en jardin d'Eden l'enfer des terrils américains. La propriété de Malicorne, dans l'Allier, où plus de 5 000 variétés fruitières auront pris souche, n'est vite plus suffisante pour répondre à l'avalanche de demandes d'expérimentations qui affluent de partout. Dans *Le Figaro*, avec talent, Vériane de Vézins peut consacrer un enthousiaste article à une si étonnante « mission céleste ». C'est Delbard qui introduit la *granny-smith* au début des années 1950, lui qui expérimente l'arbre fruitier « colonnaire », lui qui prend en main la destinée horticole de Paris dont il veut faire « la ville aux 500 000 rosiers ». Il meurt tandis qu'il travaille à l'élaboration *in vitro* d'une nouvelle rose devant s'appeler *Paris 2000*.

Même le secteur du tabac connaît, en fin de siècle, une profonde mutation. Américanisation totale. Voici qu'à partir des années 1980, les fumeurs français délaissent progressivement les cigarettes brunes pour préférer les cigarettes blondes, dont la part des ventes passe de 8 % en 1981 à 74 % en 1996 — cette évolution de la consommation se traduisant par une augmentation parallèle des importations, bien que la SEITA pousse à une plus forte production de tabacs blonds (d'ailleurs ladite production passant de 1 % en 1980 à 55 % en 1993). De plus, voici que la consommation des marques étrangères est supérieure, à partir de 1991, à celle des nationales, pour atteindre près des trois quarts du total. Autant dire que voilà le paysan du tabac obligé de modifier totalement la nature de son produit (et aussi parce que voilà madame à fumer autant que monsieur). Mais lui aussi a également ses problèmes techniques nouveaux, suscités par la course des progrès. Par exemple, au début du siècle, la variété *nijkerk* représente l'essentiel de la production de tabac dans le Lot qui en détient l'exclusivité en raison de la qualité des sols, le nijkerk s'accommodant mieux des terrains calcaires et humides. Précisons que cette variété sert beaucoup à fabriquer du tabac à priser et à chiquer. Par des procédés industriels, on en extrait également la nicotine pour des produits insecticides. Or, voici que l'évolution du marché condamne le nijkerk au profit du *paraguay*, moins chargé en nicotine, plus facile à défendre face aux anti-tabagistes et de ce fait aussi plus propice à la fabrication de cigarettes, particulièrement les *Gauloises* et autres variantes *caporal*, ainsi que le gris (les *Gauloises* prennent la relève des *Hongroises* en 1910 et prennent la première place en France à partir de 1925). Puis les exigences se font plus précises : les terrains de causse qui profitent au nijkerk conviennent peu au paraguay ; on plante le nijkerk à raison de 12 000 pieds à l'hectare, pour le paraguay on peut atteindre les 36 000 pieds. Par ailleurs, non seulement il faut un sol permettant une bonne alimentation en eau, mais aussi perméable pour éviter les stagnations, et moyennement pauvre en matière organique (inférieur à 2 %) car les excès d'azote diminuent la qualité. Et il ne faut pas ignorer que le tabac craint énormément les herbicides à base de simazine et d'atrazine. Et il faut éviter les sols dont le pH est trop élevé parce qu'il favorise alors la pourriture noire (une solution est acide si son pH est inférieur à 7, basique s'il est supérieur à 7). Et, quand la petitesse de la graine rend le semis direct impossible, il faut savoir s'adapter à la semence sous serre, sans oublier de faire auparavant désinfecter les couches par un spécialiste au bromure de méthyle. Et il faut consulter les meilleurs conseillers dans la stratégie à employer contre les ennemis, larves de taupin, pucerons, mildiou. La culture du tabac a beau rester familiale (chaque famille continuant de cultiver en moyenne une superficie de l'ordre de 25 à 30 ares), elle a elle aussi cessé d'être simple.

Imaginez donc que c'est l'époque où les Américains rassemblent quelque 60 000 bovins dont *la nourriture est programmée et distribuée par ordinateur*. Oui, par ordinateur ! Où es-tu donc passé, Jacques Bonhomme ? Ils ne produisent plus autrement la formidable *hereford* rouge à tête blanche, désormais la race la plus répandue dans le monde, celle sur laquelle « le soleil ne se couche jamais », élevée à l'herbe pour fournir exclusivement la viande rouge de qualité, les steaks énormes et les fameux *T Bone* que l'on sert épais de 3 à 4 centimètres. Ni autrement les races laitières (*holstein*, *jersey*, *arshire*) dont la participation à l'économie de la viande est limitée à la fabrication des non moins fameux *hamburgers* dans lesquels entrent on ne sait au juste quels ingrédients qui en font ces impressionnantes mixtures graisseuses...

Paradoxes sur paradoxes. Nous mangeons moins de pain. Le Français en consomme un kilo par jour au XIXe siècle, 600 grammes à la Belle Epoque, 500 dans les années 1930, 300 à partir des années 1950, 150 grammes depuis 1970. Le pain n'est plus, et de loin, la base de la nourriture. Il fut même nourriture sacrée. Ce sont les abbayes qui apprirent aux populations d'Occident l'art de faire le pain, qui devint dès lors le symbole même de la civilisation chrétienne — le pain qui est le corps du Christ. Or, dans le même temps, la production de blé progresse d'une manière extraordinaire ; 10 quintaux à l'hectare à la Belle Epoque, 17 en 1914, autour de 70-80 quintaux en fin de siècle. Qui mieux est : l'on produit sciemment des *blés impanifiables*, qualifiés de fourragers pour l'alimentation animale. Le blé, céréale noble entre toutes, déroge. Les animaux en viennent à représenter pour le blé un débouché plus important que les hommes. Ces pauvres hommes qui, eux, ont un pain savant, fabriqué avec des farines très blutées, mais qui se dessèche ou se ramollit en quelques heures...

Il nous faut voir prospérer l'industrie des produits alimentaires où entrent des céréales, et on assiste à une prolifération de toutes espèces de produits qui font la fortune de l'industrie, notamment celle de l'emballage, mais où la part qui revient au producteur est de plus en plus restreinte. C'est l'époque rêvée des *corn flakes* (obtenus à partir de semoules grossières aromatisées de malt, de sucre et autres poussières, passées après une première cuisson dans des compresses cylindriques et émiettées en flocons puis grillées) mais aussi du *pop-corn* (grains de maïs éclatés à la chaleur, sucrés ou salés), du *muesli* « croustillant » aux fruits ou au chocolat (délicieuse combinaison, dit leur pub, de flocons d'avoine et de fruits secs arrosés de miel pour un maximum de plaisir, surtout s'ils sont de la marque *Leaderprice*). Evidemment le tout sous le contrôle quasi total des groupes multinationaux.

A nous l'agriculture mécanisée totale. La France compte en 1994 près d'un million de tracteurs, près d'un million de monoculteurs et motohoues, 70 000 moissonneuses-batteuses. Du coup, elle tient le cinquième rang mondial pour la production de céréales derrière les quatre pays géants, Chine, Etats-Unis, Inde et Russie. Elle produit en 1995 près de 53 millions de tonnes de céréales, dont la moitié en blé tendre.

A partir de 1973, on sélectionne pour le colza des variétés sans acide érucique (acide présent aussi dans les huiles de moutarde et dans les huiles de pépin de raisin) et, à partir de 1983, des variétés à basse teneur en gluco-sinolates, dites variétés double zéro, dont le tourteau est mieux consommé par les animaux. Et comprenne qui pourra !

On acclimate la culture des *clémentines*, croisées de l'oranger et du mandarinier, découvertes par un religieux de l'Oranais, le père Clément qui, en 1900, féconde des fleurs de mandarinier avec du pollen pris sur un bigaradier (orange amère).

On réhabilite le *cognassier*, qui nous vint de Perse par les croisés, fut méprisé durant des siècles et à qui on découvre l'avantage de supporter les hivers froids.

On ne cultive pas des figuiers qu'en Provence : aussi dans la région d'Argenteuil.

On adapte la culture du *lavandin*, hybride d'aspic et de lavande vraie.

On développe la culture de l'*endive* après 1918 — améliorée après 1976 par forçage de la racine (15 tonnes de chicons par hectare en salle contre 10 en culture traditionnelle).

La culture des fleurs devient massive. Elle couvre 22 000 hectares. On compte 14 000 pépinières.

Boom du bio. Alors qu'encore dans les années 1980, les adeptes du bio ne trouvent leur bonheur que dans des magasins spécialisés ou dans les rares rayons dits diététiques des grandes surfaces, on assiste en fin de siècle à une vraie déferlante du bio à tous les rayons. Premiers venus sur cette nouvelle manne : *Bjork* (près de 180 références de l'épicerie au rayon frais) et *Triballat-Noyal* avec les produits laitiers de la série *Vrai* (24 références). A la grande distribution de contre-attaquer, d'ailleurs aussitôt en lançant ses propres marques. Par exemple, Carrefour met à la pâte dès 1997 avec la marque *Carrefour Bio* plus de cent références dans une large gamme de produits pour bébés. Monoprix lance *Monoprix Bio* en 1994 et propose jusqu'à 300 références en épicerie, frais, surgelés, fruits et légumes. *Auchan* occupe 80 % du marché de grande distribution de viande bio. Comment s'étonner quand on a même le vestiaire antichimique, des lignes de vêtements et du linge de maison réalisés en coton péruvien alpaga ou laine traitée sans produits chimiques ?

Le Cantal, parce que son fromage traditionnel perd de sa vogue, s'essaye au cheddar anglais.

Force est de reparler de la *holstein* et de l'*holsteinisation*. D'abord méprisée par les Normands, la vache dite hollandaise, la holstein précisément, frisonne pie-noire, devient une concurrente, voire une ennemie redoutée. Peu de temps déjà après la guerre mondiale, le marquis de Croix, propriétaire à Morsalines dans le Val-de-Saire, fait construire une immense étable en béton préfabriqué pour accueillir une vacherie de ces frisonnes. Le contrôle laitier est refusé dans un premier temps à ce troupeau inattendu, puis cet élevage, peu adapté au contexte, périclite et ne fait pas d'émules. Mais lorsqu'un Centre fondateur de l'élevage et de la sélection comme l'abbaye de Montebourg, dans la Manche, « se convertit » à « la noire », c'est une sérieuse leçon que l'abbaye fait aux éleveurs afin de les encourager à abandonner la race indigène et à prendre le train de l'avenir. C'est d'ailleurs sans ferveur que les éleveurs du cru adoptent « les noires » ou « vaches de deuil » et délaissent les adorables normandes. Sauf que cette vache « laide, sans formes, à la robe lugubre, au caractère brutal et sans finesse » remplit bien les bidons et sans beaucoup d'efforts accroît la productivité de la ferme. De plus, avantage considérable pour les jeunes investisseurs, elle est moins chère (parce que sa valeur bouchère est faible). Les résultats ? Ils sont importants. Il y a surproduction de lait de faible qualité. Le beurre fermier, orgueil de la Normandie, qui offrait une saveur et une qualité différentes selon les terroirs, voire selon les fermes, disparaît. Le beurre est désormais uniforme, standardisé, baratté en continu dans les usines laitières, parfois fabriqué à partir de lait en poudre reliquéfié. Peu importe si la pub lui confère des appellations de terroirs prestigieux, la vérité est que plus rien ne distingue un beurre venant de telle usine d'un beurre provenant de telle autre fabrique. C'est Mansholt qui serait heureux, d'autant plus que compatriote de la holstein. Pire : pour vider les frigos et faire face à une surproduction incoercible, on offre aux consommateurs un « beurre de Noël » vieux de plusieurs mois, pourquoi pas de plusieurs années, graisse insipide dépourvue de vitamines. Et à nous un déferlement de yaourts et autres fromages blancs, parfois sans matières grasses, dit Jean-Clair Davesnes, qu'une pub matraqueuse offre à des dames obsédées par « la ligne », produits qui contiennent de moins en moins de vrai lait et se gavent d'arômes chimiques. Pire toujours : la surproduction laitière provoque des stocks gigantesques que les technocrates européens feignent de conjurer par les *quotas* — ô inespérés quotas ! — mais qui, manipulés par de puissantcs sociétés d'import-export, servent à approvisionner au moindre coût une Russie en détresse.

Ne soyons pas trop cruels. Passons sur les veaux nourris aux hormones, les pêches gorgées d'eau aux noyaux qui se cassent (pour être belles cessant d'être bonnes), les tomates gonflées de sucs chimiques, la volaille standard, fade, insipide, qu'offrent à satiété cantines, restaurants d'entreprise et restoroutes.

On aura tout vu. Voici même *la Louve*, mise au point après huit années d'études — la première mamelle électronique que tête le veau.

L'agronome madrilène José Esquinas Alcazar vous montre en image des fraises rouges, bien mûres, sous des feuilles saisies par le gel. « Des fraises transgéniques élaborées au Canada, explique-t-il. Les chercheurs leur ont injecté un gène de poisson exprimant une substance antigel. Les fraises peuvent pousser par – 10 °C. » Et à nous, assure-t-on, des pommes de terre porteuses d'un gène anti-diarrhée, des bananes-vaccins, des maïs champions injectés de bactéries, autant de cousins végétaux de ce saumon transgénique canadien qui, au bout de 40 mois, atteint un poids 37 fois supérieur à la normale ! On comprend que l'on ait pu dire que l'homme s'est mis à jouer à Dieu. A Dieu ou au diable. Car, en mai 1999, la Commission européenne décide de suspendre toutes les procédures d'homologation d'espèces de maïs transgéniques à la suite de la publication dans la revue *Nature* d'une étude sur les possibles effets fatals du pollen sur le papillon monarque. « Pas de danger immédiat, précise la Commission, mais force est d'appliquer le principe de précaution. » Il reste que, soja modifié, embryon humain mis en cause, saumon, pommes de terre, peupliers qui pourront être des sapins, fraises métissées de turbots, les biotechnologies touchent désormais tous les domaines du vivant.

Les magies succèdent aux magies, plus ou moins heureuses.

On ne sait que retenir des innovations dévoilées lors du dernier *Space*, Salon des nouveautés agricoles à Rennes.

Tel chariot d'insémination artificielle des truies, avec broyeur de sondes, flacons, tubes et blisters.

Ecoliz, un automate de traitement des lisiers de porc à la ferme.

Pocket Winporc, logiciel de saisie et d'interrogation des données dans les élevages de porcs (décidément à l'avant-garde, nos pourceaux...). Le matin, Pocket Winporc récupère automatiquement sur le PC de l'éleveur les données enregistrées dans le logiciel, avec, par exemple, la liste des truies à saillir, les mises bas, les sevrages et tous les secrets que l'on voudra.

Le logiciel *Avigraph Windows* compatible PC qui, mêlant l'informatique, Intranet et Internet, permet la programmation des régulateurs à distance des élevages de volailles. En quelques générations, les éleveurs seront passés de « labourage et pâturage » à la cyberculture.

Pour la troisième fois, *Mélodie*, vache laitière de Longny-sur-Perche, Orne, est sélectionnée au Salon 1999 de l'agriculture. Elle compte 29 mois. Elle est prim'holstein. Elle donne chaque jour 37 kilos de lait. Mais, cette fois, si elle a le droit de concourir à nouveau parmi les stars, c'est que l'ordinateur l'a désignée comme possédant les meilleurs parents, grands-parents et arrière-grands-parents. On parle davantage des exploits de l'ordinateur que de ceux de la vache.

Parfois on se croirait chez Ubu Roi. Au moins à voir les œuvres avant-gardistes pour le moins ébouriffantes que le Salon de l'agriculture expose, sans doute en valeurs symboliques. Le taxidermiste-sculpteur Thomas Grünfeld présente un chevreau à tête de faisan, un renard à tête de lièvre et des sangliers ailés. Nicolas Floc'h écrit dans l'herbe avec une tondeuse. Pour mieux évoquer les risques du clonage, Pascal Bernier présente un cochon qui, sis entre deux miroirs, se reflète à l'infini, tout éberlué d'avoir tant d'enfants. Cette inattendue basse-cour est présidée par une grosse poule en bronze soudée signée César. Mais ne ressent-on pas parfois la même impression dans le fatras des élucubrations de l'agriculture moderne ?

Les microbiologistes annoncent la banane qui ne noircit pas, le melon qui ne se ramollit pas, la tomate sans sol, le sucre « zéro calorie » extrait d'une betterave modifiée, des frites légères faites de pommes de terre absorbant moins l'huile grâce à une teneur supérieure en amidon.

L'image du paysan madré qui cache sous son matelas les billets ramenés de la foire du canton est effacée. Le paysan d'aujourd'hui sort d'une école spécialisée et gère par ordinateur. Il ne roule pas sur l'or. Ses comptes sont souvent au rouge. Il a des ennemis dans le monde entier. Les cerises du Chili concurrencent les cerises françaises. Les pommes d'Australie se vendent en Europe hors saison. Le blé du Manitoba est moins cher que celui de la Beauce. Les vins de Californie ne sont pas moins agressifs que ceux d'Italie. Les tourteaux de soja importés du Middle West américain permettent de nourrir le bétail à des prix défiant toute concurrence. Plus aucune production française n'est à l'abri. De plus, la Commission de Bruxelles, avec ses commandos de technocrates, semble prendre plaisir à multiplier tracasseries, défis et provocations.

Tout se passe comme si nous avions tous perdu l'étoile du Berger. Certains escargots de Bourgogne viennent des élevages et des ramassages de Turquie. La Hongrie nous adresse des tonnes de foies d'oie. On attend des grenouilles d'Indonésie, pourquoi pas. L'Afrique du Sud nous envoie par avions-cargos entiers ses « fleurs rares ». En janvier, nous avons le choix entre cerises du Chili et cerises d'Australie. On reçoit d'Israël ou d'Argentine des abricots *Bolida* voire *Rouges du Roussillon*. La mangue et le mangoustan ont cessé de longtemps d'être des inconnus sur nos marchés, et même les papayes. L'avocat, lui mexicain, appelé poire alligator par les Anglais, est vite devenu familier de nos tables. Les horizons ne sont plus des murs.

Paris paysan ! Le lecteur du *Figaro* est ahuri en apprenant que, dans les environs mêmes de Paris, au cœur de l'Ile-de-France, nous trouvons encore à volonté la poule de Houdan (plumage caillouté noir et blanc, chair à goût de gibier, recommandé pour le court-bouillon) ; l'agneau grand cru du Val d'Oise, qui survient à contre-saison ; les brebis de Guiry-en-Vexin qui font le régal des banlieues musulmanes ; la salade de Saint-Denis, si tendre ; les fleurs à Mandres-les-Roses, Seine-et-Marne, qui aura tenu à mériter son nom ; le miel du Gâtinais ; la menthe poivrée de Milly ; le cresson de la vallée de la Juine, Essonne ; sans oublier le brie de Melun et de Meaux. On tiendrait pour miracle que 600 000 hectares d'Ile-de-France soient encore voués à la culture intensive du blé, de l'orge, des pois, des betteraves, du colza, du maïs... Du moins ici est-ce à la satisfaction de tout le monde.

Et l'insémination artificielle d'imposer un empire sans partage. Il n'y a plus que quelques familles de haute montagne à maintenir la vieille tradition. Il est bien fini le temps où l'heureux propriétaire d'un taureau d'exception voyait défiler les vaches du canton dans sa cour de ferme pour une saillie royalement monnayée. On ne baise plus à l'étable. La sélection est définitivement exercée par des Unités de promotion et de sélection des races (UPRA).

Et à nous un drôle de machin de la société *Cana*, spécialisée dans l'agroalimentaire. Elle veut « rassurer la ménagère de moins de 50 ans qui achète sa viande en barquette dans un supermarché » sur les conditions d'élevage et d'alimentation du bœuf qu'elle va mettre sur le gril. Pour cela, il lui suffit de taper le numéro de la barquette sur l'écran de la borne Internet dans le rayon boucherie de son hypermarché. Le site dédié à la traçabilité, *Soviba*, lui indique alors la carte d'identité de l'animal, le cahier des charges auquel il répond, la situation géographique de l'exploitation, et même le nom et la photo de l'éleveur ! La vache folle a fortement fait évoluer les choses...

La vache folle, précisément, autre sinistre cadeau du siècle.

Ecoutez donc cette dramatique histoire.

Entre Ségualu et Quercy, au pays des bastides, Villefranche-de-Rouergue n'en finit pas d'égrener les souvenirs de sa splendeur, du temps qu'elle était capitale de la Guyenne. Les Aveyronnais ont la mémoire longue, et même la rancune tenace, disent ceux qui ont eu à connaître de leur caractère de granit. Mais, à seulement dix kilomètres au sud, en montant sur le plateau par la route de Cordes, les gens de l'ancien *castrum* de Saint-Vincent, « San Vensa », amassé autour de son église et de son château Renaissance, aimeraient bien n'avoir pas vécu le cauchemar qui vient de les accabler. Au vingt-sixième jour de mars 1999, le ciel leur est tombé sur la tête. Quelque chose d'impensable leur est arrivé. Dans ce pays d'élevage réputé et sûr, ce Rouergue fier de son label *Veau de l'Aveyron*, est apparu chez eux le premier cas de vache atteinte d'encéphalopathie spongiforme bovine. L'impitoyable ESB. Le cinquante-septième cas de vache folle du territoire français. Et la huitième bête *Naif* (« née après l'interdiction des farines » de fabrication anglaise en 1996). De quoi ruminer l'injustice du ciel et des nouveaux seigneurs qui trônent à Paris et à Bruxelles. Il y avait bien eu un autre cas isolé dans le Cantal, mais on croyait que cette « peste » se cantonnait là-haut, très haut en Bretagne. Pourtant, force est d'en convenir. La voilà qui vient de foudroyer notre ami Yves, l'un des meilleurs éleveurs du coin, de ceux qui, à partir de quelques bêtes, se retrouvent à la tête d'un troupeau de 156 magnifiques limousines à viande. Les services vétérinaires de Toulouse sont formels. Du coup, c'est l'enfer. Car tout le cheptel doit être abattu sur décision préfectorale. Les 156 limousines sont embarquées dans une noria de camions, escortée de gendarmes, pour finir dans un centre d'équarrissage du Cantal. Exécution secrète. Tout se passe comme si le petit bourg — 500 habitants — était en deuil. Vériane de Vézins elle-même, qui fait le reportage pour *Le Figaro*, en pleurerait. Elle écoute témoigner un paysan qui a le même accent rocailleux que feu monseigneur Marty, cardinal archevêque de Paris : « Autrefois, dit-il, on vivait avec trois ou quatre vaches et on diversifiait dans le seigle et la patate. Maintenant, c'est l'élevage à tout-va. Alors, si on vous abat le troupeau, vous n'avez plus rien. Vous êtes comme un orphelin. » De plus, la catastrophe frappe un éleveur estimé entre tous, un modèle d'honnêteté. Au reste, il refuse de désespérer. Le voici déjà, après avoir brûlé le pré où paissait le troupeau maudit, à le labourer, à retourner la terre où il sèmera de l'orge. Et de faire tourner la lourde machine aux griffes d'acier, de creuser ses sillons. La fuite en avant. Le désespoir. la colère. Il grogne : « Je ne vais pas manger de l'herbe, il me faut bien trouver autre chose. » Il doit déjà penser à aller voir un troupeau, pour ramener des « allaitantes », qui sont des vaches à viande « sauf qu'en ce moment elles sont en train de faire des veaux ; il n'y en a pas sur le marché ». Et de maudire les Anglais, ces criminels qui ont en premier donné à leurs propres vaches le poison fatal, des farines contenant des abats de moutons malades de la « tremblante » ; ces farines portaient un virus qui entraînait chez la bête atteinte une immédiate dégénérescence avec perte de l'équilibre, tremblements convulsifs et mort foudroyante ; 17 000 fermes étaient touchées ; la première vache folle s'écroulait en 1986 ; en six ans, plus de 50 000 tombaient malades, mouraient ou devaient être abattues ; le pire étant que la maladie pourrait être transmissible aux humains. Et l'ami d'Yves de maudire les technocrates de Bruxelles, qui contrôlent mal les farines empoisonnées. Et de maudire les hasards. Parce qu'un paysan, ça aime les bêtes, ça ne supporte pas de les donner à tuer. Il reste que la maladie fixe une vraie calamité. Dès 1992, elle frappait la France. Et voici comment on paye à faire manger aux vaches du mouton...

Les poulets, eux, mangent de la vache, sous forme de farines composées à partir de graisse bovine. Les lapins aussi. Et les porcs. Et les saumons. Résultat : un scandale mondial en juin 1999. On apprend que les poulets belges auront pu être contaminés à la dioxine pour avoir été nourris avec de telles farines mal contrôlées. La Belgique doit interdire tous ses poulets à la consommation. Même tous les œufs belges disparaissent des rayons des supermarchés ainsi que tous produits à base d'œufs, crèmes, glaces, biscuits, pâtes. Les autorités françaises annoncent avoir dû placer sous séquestre une cinquantaine d'élevages — y compris de bovins — ayant utilisé des farines provenant des sociétés incriminées. A travers toute la planète, des pays se ferment à tous produits de l'élevage belge et même de l'élevage européen. Le scandale est tel que deux ministres belges, celui de l'Agriculture et celui de la Santé, démissionnent de leur poste sans délai. Une gigantesque polémique déferle. Toutes les associations de consommateurs protestent avec véhémence. Et on n'en est partout que plus sensible aux propos du prince de Galles qui se proclame hostile à tous les aliments transgéniques et à la commercialisation de ce que les journaux appellent « la nourriture Frankenstein... ».

Des autruches, des bisons, des ordinateurs

Comme l'a voulu Mansholt, le nombre des agriculteurs chute.

Les exploitations s'accroissent et se modernisent.

Et, aux termes d'un rapport, qui fera référence, de Clovis Faki en 1997 au Conseil économique et social, la France devient le premier pays agricole et agroalimentaire de l'Union européenne.

Forte de ses avancées techniques et de ses gains de productivité avec un chiffre d'affaires à l'exportation en 1995 de près de 208 milliards de francs et un solde des échanges de plus de 53 milliards, la filière agroalimentaire constitue le premier poste excédentaire de notre commerce extérieur.

Sauf que, face aux productions régulièrement excédentaires par rapport aux besoins domestiques de l'Union européenne, et du fait que les mesures restrictives prises depuis vingt ans en matière de soutien du prix et des quantités garanties n'ont pas donné les résultats escomptés, l'Union européenne fait adopter en 1992 par le Conseil des ministres européens une nouvelle « Politique agricole commune », PAC, que celle-ci déconnecte le revenu agricole des prix garantis et qu'elle impose encore une fois une forte réduction des surfaces cultivées pour limiter l'offre agricole.

Ainsi, lui aussi encore une fois, le paysan s'interroge-t-il.

C'est déjà acquis : le paysan n'est point que paysan. En 1980, 21 % des chefs d'exploitation déclarent pratiquer une activité extérieure rémunérée. Les deux tiers des ménages d'agriculteurs bénéficient d'au moins un revenu d'origine extra-agricole. Il n'y a point que les jeunes paysans de Megève ou de L'Alpe-d'Huez à se faire moniteurs de ski ou perchmen. La pluriactivité est généralisée. Les enseignants vignerons ne sont pas une exception dans le Sud-Est. Bien des paysannes s'embauchent comme standardistes ou femmes de chambre dans les hôtels de Deauville ou des Sables-d'Olonne. Jusqu'où faudra-t-il aller ?

Non seulement le métier de paysan, traditionnellement voué à la satisfaction des besoins alimentaires, est en nette voie de mutation, mais voilà qu'on le remet carrément en cause.

De surcroît, tout se complique.

A nous une agriculture à vocation plurielle : oui, comme toujours, produire au meilleur coût pour l'alimentation et l'industrie, s'adapter aux marchés, mais aussi désormais défendre les valeurs sociétales et protéger l'équilibre de notre territoire et de l'environnement. Il s'y ajoute même le devoir de lutter contre la dévitalisation du pays et d'adapter les dynamiques locales.

D'où d'ailleurs le premier mot de la politique agricole nouvelle : *diversification.*

Définition du *Larousse* : « peut se réaliser par l'élargissement de la gamme des produits fabriqués, en concevant et lançant des produits nouveaux, ou en prenant le contrôle d'entreprises en amont, en aval ou qui appartiennent à d'autres filières professionnelles ».

Cela ne va pas de soi.

Il y faut une forte initiative personnelle ou menée par petits groupes, du savoir-faire, un vif esprit d'éveil, d'ouverture, de remise en question. L'effort exige donc un investissement personnel important (auquel, au reste, encourage beaucoup l'épouse de l'exploitant).

Il y a des risques — techniques, économiques, commerciaux. On peut même provoquer la déstabilisation de certaines régions spécialisées. L'agriculteur ne se contente plus de produire ; il transforme, démarche, commercialise ; il s'oriente vers un métier tout nouveau, *entrepreneur rural*, industriel de la terre. C'est moins simple et moins paisible que de faire pousser une plante dans un jardin.

Ainsi du moins active-t-on la recherche et la valorisation des meilleurs produits du terroir. Ce n'est pas hasard si le ministre de l'Agriculture demande en 1991 au Conseil des arts culinaires, CNAC, de dresser l'inventaire du patrimoine intellectuel de la France qui recense les savoir-faire agricoles et alimentaires par région. En effet, de tels produits, vivants, enracinés, marchands, peuvent d'évidence, par leur relance et leur développement, constituer le plus efficace moyen de lutte contre la désertification de certaines zones. La redécouverte du fromage de Laguiole ressuscite la coutellerie de la ville : en 1980, il n'y subsiste qu'une petite coopérative fromagère ; la coutellerie a émigré à Thiers ; la mutation s'opère au début des années 1980 ; de 25 tonnes en 1959 la production de fromage de Laguiole passe à 700 tonnes et la production du couteau de Laguiole quadruple en quinze ans. Le cornichon d'Appoigny, dans l'Yonne, ressuscite du XVIe siècle pour pallier le vide creusé par le phylloxera, mais connaît plein regain quand on décide de relancer la production française de graines de moutarde pour alimenter la moutarde de Dijon, jusqu'ici ravitaillée en graines par l'Inde, la Roumanie et le Canada.

De nouveaux produits ? Il faut bien y penser. Il y a saturation des marchés traditionnels. Il y a le gel des terres imposé par la réforme de la Politique agricole commune.

La France développe ainsi deux familles de biocarburants : les *esters d'huiles végétales*, tel l'ester de colza incorporé dans le gazole et le fioul domestique, ou l'ester de tournesol, susceptible de recevoir une identique destination ; et l'*éthanol*, produit à partir de blé et de betteraves, incorporable dans le supercarburant sans plomb à hauteur de 15 % sous forme d'éthyl-tertio-butyl-éther (pas moyen de le dire autrement), et excellent exhausteur d'octane qui réduit les émissions de monoxyde de carbone.

Surtout, la production de biocarburants constitue une alternative à la jachère nue. Pour la récolte de 1995, elle concerne plus de 70 % des 407 000 hectares de cultures pratiquées sur terres gelées. Sept usines sont agréées en 2000 pour la production d'ester carburant, avec un volume de 323 000 tonnes par an. C'est Elf à Feyzin et Total à Dunkerque et Gonfreville qui se chargent de l'éthanol, à milliers de tonnes. L'Agence de l'environnement et de la maîtrise de l'énergie (ADEME) estime que les deux filières de biocarburants pourront occuper à terme 1,5 million d'hectares, soit 8 % des terres arables et créer au moins 24 000 emplois. Sans compter que les deux filières permettent aussi de diminuer l'importation de produits fossiles, d'acquérir un savoir-faire qui peut lui-même être exporté et d'abaisser la quantité de composés aromatiques et de benzine, donc les émissions polluantes (les rapports tiennent pour notables les effets de réduction des pics de pollution dans les grandes agglomérations).

Une agriculture plus soucieuse de l'environnement ? Là où l'agriculture disparaît, on ne prend que mieux conscience du rôle qu'elle joue dans la maîtrise des risques d'incendie, l'entretien d'un réseau d'assainissement, la biodiversité et la qualité d'un paysage.

Ainsi le thème de protection de l'environnement connaît-il une importance croissante. Par exemple, on agit sur les fertilisants, on met au point les itinéraires techniques utilisant mieux, tout en les limitant, les doses d'engrais azotés. De là l'opération *Ferti-mieux*, décidée en 1990 par l'Association nationale de développement agricole, ANDA, pour concilier une agriculture productive et la protection de l'environnement. Ou l'opération *Irri-mieux*, qui programme un arrosage plus intelligent. De là encore le CORPEN, Comité d'organisation pour la réduction de la pollution des eaux par les nitrates, les phosphates et tous produits phytosanitaires provenant des activités agricoles.

Naît de la sorte une agriculture biologique qui se définit par l'utilisation exclusive d'engrais verts et la lutte naturelle contre tous les parasites. En 1995, le ministère de l'Agriculture peut recenser 3 556 agriculteurs bio, 1 700 en production végétale, 323 en production animale, 1 100 en polyculture-élevage. Les agriculteurs des DOM-TOM se convertissent eux-mêmes à la bio, pour la banane en Guadeloupe, la canne à sucre à Marie-Galante et la vanille à Mayotte.

En 2000, les productions bio couvrent plus de 100 000 hectares.

Le marché est encore modeste, mais les grandes surfaces démontrent un intérêt croissant pour les produits bio : tous les espoirs sont permis.

La diversification animale ? Nous sommes là en plein inédit. Avec des succès divers, on s'essaie à des productions plus marginales ; on estime que la consommation de produits originaux ou exotiques est susceptible d'augmenter sensiblement et que certaines espèces exotiques peuvent être parfaitement élevées en France, sous réserve des possibilités d'introduction, tels bisons, lamas, cervidés, chèvres angora, chinchillas, crocodiles, écrevisses (astaciculture), escargots (héliciculture), grenouilles, lapins angora, ratites (autruches, émeus, nandous), sangliers, visons.

Dès lors à nous toute une belle série de revenants ou de nouveaux venus.

L'écrevisse. Elle renaît. La production a subi depuis cent ans une maladie épidémique qui a décimé les populations indigènes. On a dû en importer jusqu'à 2 000 tonnes. Revanche : l'écrevisse reconquiert les rivières françaises. Il peut y avoir d'autant plus d'allégresse que le Français affirme sa préférence pour l'écrevisse vivante, fraîchement pêchée, et apprécie peu les produits surgelés qu'on lui propose sous forme congelée ou cuisinée. Cet attachement des Français aux écrevisses autochtones à pattes blanches ou à pattes rouges est d'ailleurs le meilleur allié du développement de la filière. Pavoisons ! D'autant plus aussi que les ouassous, écrevisses géantes, prospèrent en Guadeloupe, remarquablement élevées entre Sainte-Rose et Le Lamentin.

Le bison bonasus ou bison d'Europe. On le trouvait encore en France à l'époque mérovingienne. Il est introduit non sans bonheur dans le Massif central, particulièrement en Lozère. Il nous vient des forêts polonaises. Puissant et intelligent, fort différent du bison des trappeurs du Far West, il intéresse beaucoup les scientifiques, qui font à son propos toutes sortes de plans.

Le bison d'Amérique. Le voici à passer l'Océan. Du coup, on recense en 2000 une bonne trentaine d'élevages de 400 à 500 têtes environ. Les voici même subventionnés par les Plans d'amélioration matérielle, PAM, avec « prime à l'herbe ». Non seulement la viande peut constituer un fameux repas de fête au ranch mais elle se révèle aussi un produit diététique et hypocalorique. A nous donc le bison vedette. Il figure au menu des restaurateurs. Il est vendu dans les moyennes et grandes surfaces. La boucherie ne l'ignore pas. La consommation en France est estimée à 200 tonnes par an. Le pari d'acclimatation semble gagné, d'autant plus que le développement du marché des sous-produits, cuir, peau tannée, têtes naturalisées, peut augmenter d'un bon tiers la valeur obtenue par la vente de la viande.

L'escargot. Les Romains, très friands des grosses espèces, les élevaient par quantités énormes dans des parcs clos par des banquettes de cendre ou de sciure de bois que les escargots ne pouvaient franchir. Non contents d'élever leurs « helix » dans ces parcs, ils les acclimataient dans les provinces conquises. Ainsi en Gaule. La pratique n'a pas été perdue. L'escargot de Bourgogne a même valu à la plus grosse espèce gloire nationale, voire mondiale. Avec le petit-gris, grillé sur braise de sarments, escorté d'un solide aïoli, les Catalans du Roussillon en ont de tout temps fait leur repas de fête national, la cargolade (*cargol* étant le nom catalan de l'escargot). Faut-il que les escargots ne soient pas uniquement appréciés en Roussillon et en Bourgogne : en 1992, la France en consomme 30 000 tonnes, record mondial. Or, elle n'en importe cette même année que 1 200 tonnes (de Grèce, de Turquie et d'Indonésie) et inutile de penser à ramasser une telle masse dans la nature. Il était donc utile de renforcer les élevages. C'est fait.

Le vison. On peut parfois le rencontrer à l'état sauvage en France, même s'il préfère naturellement la Sibérie et les froids canadiens (en Sologne, en Vendée, dans l'Aube). Les croisades anti-fourrure de Brigitte Bardot auront fait quelque tort à son commerce. Nous n'en comptons pas moins encore 55 élevages, dont 2 en Bretagne et 1 en Charente, le vison adorant le climat et la proximité de la mer, et en 1991 la production française procure plus d'un million de peaux.

L'autruche. L'élevage ne va pas de soi. Les éleveurs doivent quémander une autorisation spéciale et l'agrément d'une technique d'abattage. Les reproducteurs sont chers (environ 40 000 francs). Il faut prévoir un aménagement en plein air et un équipement d'incubation, rationaliser le régime alimentaire, envisager les mille astuces du marketing, maîtriser le démarrage très délicat des autruchons (source de déboires en raison d'une mortalité trop élevée). De ce fait, la France n'a que 1 500 animaux appartenant à une soixantaine d'éleveurs. Mais la chair d'autruche est un produit diététique tendre et typé (90 % de la viande provient des cuisses). Elle est pauvre en matières grasses, riche en oligo-éléments. Les petites plumes sont utilisées pour la confection de boas et de plumeaux destinés aux constructeurs d'automobiles et aux microprocesseurs. Les grandes plumes sont réservées pour les spectacles et la haute-couture. Le cuir est très recherché pour sa souplesse et son élasticité : la France importe chaque année environ 8 000 peaux en provenance d'Afrique du Sud, dont 70 % pour Hermès, qui servent à confectionner des accessoires de haute élégance. Les œufs clairs, c'est-à-dire non fécondés, peuvent être transformés en objets de décoration très variés, boîtes à bijoux, œufs peints, supports de compositions florales. Loin d'avoir abdiqué, les éleveurs s'attribuent encore beaucoup d'atouts.

Tel est du moins l'intéressant spectacle : au pays de la vache normande et du cheval percheron, voir des éleveurs s'essayer même à la culture du chinchilla et du crocodile...

La diversification végétale ? Hélas ! Voici le kiwi qui illustre l'échec d'une diversification qui a trop bien réussi. Joliment oblong, pulpe verte, petits pépins qui n'encombrent pas la bouche, fine écorce facile à éplucher, goût frais et agréablement acidulé, il séduit d'entrée de jeu les consommateurs français. De plus, il provient du pays des All Blacks, prestigieux rugbymen qui jouent avec un ballon de cette forme. Le succès est tel que nombre de producteurs du Midi et de Corse convertissent en kiwis une partie de leur verger. Précisément d'une manière trop massive. La surproduction entraîne un tel écroulement des prix que les producteurs doivent en toute hâte procéder à l'arrachage.

La déception est moins grande côté parfums. La France se situe au deuxième rang des pays industrialisés pour la valeur de ses plantes à parfum, aromatiques et médicales. Il s'agit pourtant ici de lutter contre la désertification de régions difficiles sans la protection de mécanismes communautaires. Les horticulteurs s'y emploient activement, couvrant plus de 25 000 hectares avec plus de 100 espèces différentes pour obtenir plus de 5 000 produits.

Ainsi vient la relance de la production de la lavande, pour sauver les zones de montagne sèche — production de pure tradition française à grand prestige. On la fait renaître pour l'essentiel sur le plateau d'Albion (Vaucluse, Drôme et Alpes-de-Hautc-Provence). Un fleuriste lyrique tient à dire qu'« elle embaume l'avenir ».

Le tourisme rural ? Là encore, le rêve est de transformer le désert en jardin. On fait appel à toutes sortes de formules, agro-tourisme ou tourisme à la ferme, campings en ferme d'accueil, fermes de séjour, fermes équestres, « classe-bienvenue à la ferme », « fermes de découverte pour enfants », *Accueil paysan* (association qui regroupe plus de 60 associations départementales), meublés de tourisme, gîtes ruraux. Occasion aussi de mieux faire connaître le paysan au citadin et de mieux faire aimer la campagne.

Au total, disons que la République n'est pas fainéante. Elle fait réellement effort pour essayer de sauver ce qui reste de paysannerie.

Technocrates contre nostalgies

Parmi tant de désordres, à l'apogée du moteur, de l'ordinateur et d'Internet, comme l'on aime les rares images subsistant intactes d'un long passé !

Par exemple, les vendanges. Comme nouvelle silhouette, il n'y a que le camionneur à avoir remplacé le charretier, pour le transport. Les équipes — les *collas*, dit-on dans le Midi — de cueilleurs et de cueilleuses sont les mêmes qu'il y a deux cents ans, armés d'identiques petites faucilles ou de sécateurs pour couper aussi délicatement les tiges des grappes. Les mêmes seaux de raisins sont vidés dans les mêmes comportes ou les mêmes hottes. Il y a la même « mousseigne », la cueilleuse de tête, sur laquelle les autres doivent s'aligner. Les mêmes plaisanteries s'entendent. Les mêmes chansons rituelles. Pour le déjeuner de huit heures, on retrouve les mêmes pâtés, les mêmes saucissons, les mêmes grillades solidement poivrées, les mêmes gourdes. Mêmes rites significatifs : les vendangeurs font aux vendangeuses des « nez de vendanges » en leur barbouillant le visage de jus de raisin le plus teinturier. C'est ce qu'on appelle en Provence la *mourre*, en Roussillon la *mascare*...

Ou, le soir, la distribution du vin, tiré au tonneau, deux ou trois bouteilles, aux journaliers. C'est le vin « paysan », le vin qui, en principe, donne de la force. Jean Giono, dans *Que ma joie demeure*, affirme même qu'il n'y a rien de meilleur, « pour donner du poumon » à un cheval, que de « verser un litre de vin bouché dans son avoine ».

Ou, sur la place publique, sous les platanes, la scène typique journalière des anciens du village, assis sur des bancs, rêvassant, menton appuyé sur la canne, ou commentant à voix lente, avec des soupirs encore plus éloquents que les paroles, l'accident arrivé à la Philomène tombée trop distraite dans un ruisseau fangeux, ou le dernier discours de monsieur le maire, ou la dernière battue aux lapins ravageurs...

Pas étonnant que Parisiennes et Parisiens s'amassent en foules pour aller au Salon de l'agriculture contempler à loisir les plus belles bêtes paysannes. Il y va là aussi de toute une nostalgie.

Paris Match fait même appel à un photographe de renommée mondiale, Yann-Arthur Bertrand, pour immortaliser les vedettes du salon 1999 — un photographe qui n'hésite pas à faire poser, en studio, comme des top-modèles les plus impressionnants spécimens et a consacré tout un livre, *Des bêtes et des hommes*, Editions de La Martinière, à 90 de nos champions de foire des divers pays

Vedettes 1999 ?

Gardon, taureau blond d'Aquitaine, sept ans, 1 631 kilos, propriété d'un éleveur « traditionnel » de Fousseret, Maurice Lar roque. « Blonde d'Aquitaine » est une race « de grand format » créée autour de 1960 dans le Sud-Ouest par fusion de trois races anciennes, la garonnaise, la quercy et la blonde des Pyrénées. Largement exploitée, la race s'est adaptée à tous les continents. « Laitière émérite, nous dit Claude Michelet, apôtre-paysanniste de l'école de Brive, elle a des qualités innombrables : docilité, productivité numérique, longévité. Ses aptitudes bouchères (bonne vitesse de croissance et excellente conformation des carcasses) la font apprécier des éleveurs, mais aussi des consommateurs, qui prisent unanimement la finesse de son grain, sa tendreté et son incomparable saveur. » Puisse donc *Gardon* vivre mille ans !

Tel *bélier mérinos* de la Bergerie nationale de Rambouillet, déjà présenté au salon 1998, tondu par le berger André Mathieu. Hélas ! A quoi serviront les plus féconds béliers dans un monde où les brebis, clonées de mères en filles, se passeront désormais de leurs amours ? Force est de se le dire : le bélier de Rambouillet appartient comme le rhinocéros d'Asie ou le tigre de l'Amour à une espèce en voie de disparition. Les hommes sont bien ingrats vis-à-vis de cet animal, importé sous Louis XVI pour améliorer nos troupeaux et qui fait même les plus beaux jours des brebis d'Australie. Il ne subsiste plus, de ces moutons de laine extrafine, qu'une centaine d'individus, élevés à Rambouillet. Les temps sont durs. Autre bête en défaveur : le mouton *southdown*, originaire du sud de l'Angleterre, dont nous n'avons plus que 48 000 brebis, alors qu'on en comptait 600 000 en 1963.

Felomena, truie large white, qui aura peut-être été la star la plus photographiée. Ecoutons encore le témoignage de Michelet, un homme qui sait tout : le cochon « large white », seigneur du Yorkshire, introduit en France en 1920, porc de fière stature, environ 500 kilos pour le mâle, 350 pour la femelle, arrive, par ses qualités de croissance, en tête de toutes les races améliorées ; associé au piétrain pour la création de verrats et au landrace pour celle des truies, il joue un rôle prépondérant dans la production française de viande porcine. Encore un Anglais qui a réussi en France. On en oublierait les vertus d'autres cochons britanniques à pelage blanc, comme le petit « middle white » dont la chair est très appréciée par les amateurs de bacon, ou le rustique « gloucester old spot » tacheté de noir dont la truie manifeste de remarquables aptitudes maternelles. Tant pis si autant de mérites ne font pas forcément la fortune des éleveurs : l'Union européenne ne produit que 18 % des animaux de charcuterie consommés dans le monde face à la Chine qui en fournit 74 % à elle seule. Mais la tête de nos Parisiens en train de découvrir de tels jambonneaux ! Ils n'en reviennent pas que puissent exister pareils phénomènes. Ils en sont encore plus éberlués que lorsqu'on les amène voir un formidable aurochs, protégé du public par quatre rangs de fil électrifié.

Et à nous *Eldiego*, taureau blond d'Aquitaine, géant de cinq ans à robe couleur froment — et *Jardin*, et *Mikado*, 1 400 kilos, 1,67 m au garrot, autres individus de la race reine — champions, non point, horreur ! élaborés dans des éprouvettes manipulées par des savants fous de clonages en tous genres, mais avec passion, dans nos prairies et nos pacages du Perche ou de la Normandie, du Charolais et du Limousin, les plus beaux animaux vrais du monde...

Bien sûr, les super vedettes du salon sont les chevaux.

Tel *Terrible*, étalon percheron de dix ans, splendide géant à robe grise, préparé par Michel Lepoivre de Saint-Aubin-de-Courteraie.

Tel *Sam*, autre percheron, dont les ancêtres sont d'Arabie. Il semble avoir la même élégance de gentleman que son maître, M. Young, éleveur de l'Essex, champion de courses d'attelage en Angleterre — car le percheron est une star à Disneyland près de Paris où il tire au galop chariots et diligences sans présenter le moindre danger pour les enfants.

Tels bien d'autres.

Soyons heureux : le cheval n'aura pas disparu de partout.

Comme par miracle, les races légendaires arrivent à survivre.

Les *ardennais* sont toujours là dans les présentations. C'est qu'on les dit irremplaçables dans les travaux de débardage en forêt, là où un véhicule motorisé ne peut accéder, où il faut un travail précis et soigné, exécuté sans abîmer les sols, ni détériorer les voies de desserte, ni perturber la flore, non plus que la faune. Bénédiction : on préserve quelques haras, où l'on sait toujours « cultiver » l'ardennais tel que nous l'aurons tant et tant aimé, bête expressive, profil rectiligne, petites oreilles pointées en avant, encolure « bien greffée », corps exprimant la masse et la densité, poitrine ample et profonde, hanches larges, robe de préférence baie ou rouanne.

Encore en 1995, on immatricule aux haras de Cluny 141 *auxois*. La race n'abdique pas. Elle entre allègrement des quatre sabots dans le troisième millénaire. Elle se fait glorieusement primer au Trophée national d'attelage de chevaux de Maisons-Laffitte.

Le *boulonnais* survit mal à la motorisation, mais il a toujours quelques haras. Un Syndicat hippique boulonnais fonctionne à Wimereux. Un concours spécial « femelles » a lieu chaque année à Wimereux le premier week-end suivant le 14 Juillet. On continue de cultiver les deux races classiques : le petit boulonnais et le gros, dit Mareyeux — même si ses éleveurs le vouent désormais le plus volontiers à la viande de boucherie, jusqu'à déposer une marque spéciale, « poulain du Nord ». Faut-il que les admirateurs de la race aient de la persévérance : ils s'acharnent à sélectionner les plus « nobles bêtes », ne serait-ce que pour les aligner dans l'irremplaçable « Course du poisson » Boulogne-Paris qui se dispute chaque année.

Le *percheron* est le chouchou. Du coup, il conserve parfaitement son type : robe gris pommelé, rapidité, noblesse de port, souplesse dans la démarche, poids moyen de 900 kilos, naseaux larges, encolure longue, membres bien d'aplomb, cuisses musclées de marathonien inépuisable.

On décide de sauver mules et mulets. Une asinerie expérimentale est inaugurée en 1982 à Dampierre-sur-Boutonne. En 1988, des vétérinaires et des spécialistes de l'élevage fondent le SABAUD, Association pour la sauvegarde du baudet du Poitou.

A ne pas y croire : dans le si intolérant empire mondial du moteur, les agronomes de l'INRA, des biologistes, des généticiens se vouent à sauvegarder le patrimoine génétique des races ou à le restaurer ; font des travaux d'avant-garde sur l'exploitation du lait de jument, dont l'Antiquité déjà citait les propriétés diététiques et thérapeutiques ; servent l'embryologie (consistant à transférer sur des juments receveuses des embryons de chevaux de sport *in vitro*) ; font créer l'Institut du cheval.

Les Normands célèbrent comme une victoire nationale la couronne de meilleur cheval qui va à *Gai Luron*, fils d'*Aviateur* et de *Victoire* par Kolibri, né en 1994 au haras de Saint-Lô, idéalement planté, silhouette pour légende, rond, vif, fort, « couillu », aurait-on dit au Moyen Age.

Les gouvernements protègent les haras. Le 10 février 1987, un décret attribue au Service des haras, des courses et de l'équitation « l'ensemble des questions hippiques de nature technique, économique et scientifique ». On compte encore à cette date 23 dépôts d'étalons et 300 stations de monte. Ils ont des bâtiments de prestige et 1 500 hectares de bois, herbages et cultures. Ils jouent un rôle irremplaçable dans la survie des races. Même si l'invasion des moteurs tend à tout submerger, même si le nombre des étalons de trait est tombé de 1 920 en 1950 à 647 en 1997, même si le cheval doit un jour, comme l'annonçait Paul Valéry avant guerre, « faire partie du zoo », du moins ces haras sont-ils présents et travaillent. Aux limites de l'incroyable : en 1997, encore 32 000 juments sont saillies.

Des centaines de personnes assistent aux courses de trait-tract (la première se découle en septembre 1983 à Nogent-le-Rotrou).

Fondée en 1991 à Lyon, une association baptisée Traits de Génie se donne pour objet de « sauvegarder et promouvoir les races de chevaux de trait françaises et européennes », et publie une belle revue trimestrielle, *Chevaux de trait, ânes et mulets.*

L'attelage non plus n'abdique pas : certains agriculteurs, en dehors de leur travail sur les champs, prennent plaisir à offrir des démonstrations d'attelage au cours de fêtes locales, de concours régionaux, d'opérations publicitaires. On lance le « tourisme attelé », la « roulotte à cheval ».

Les promeneurs s'arrêtent devant le pré où quelques ardennais ou percherons broutent en paix : manière de se rappeler que le cheval reste le meilleur ami de l'homme malgré l'ingratitude de l'homme ; manière de remonter les temps où vivre sans chevaux était impensable...

Nostalgie... nostalgie... de temps que nous ne reverrons plus.

Car, réellement, tout se passe comme s'il s'agissait d'une autre planète...

Le gros propriétaire foncier qui, à présent, est souvent un marchand de bestiaux, un fabricant de conserves, sinon, tout simplement, un habile spéculateur enrichi à des opérations de bourse, exploite son domaine agricole tout comme un industriel gère son usine. Comme la ville, la campagne a désormais ses classes moyennes. Les agriculteurs qui en font partie n'écoulent plus leurs blés aux meuniers ou sur les marchés des environs comme le faisaient leurs grands-pères. Ils traitent, par intermédiaires, en vrais commerçants, avec des grossistes à qui leur récolte est vendue sur échantillons. Leur beurre et leur lait sont enlevés sur place par les camions de laiteries anonymes. Leurs bêtes d'élevage ne vont plus au boucher du coin, mais sont vendues en bloc à un gros marchand de bestiaux. De producteur autonome, l'agriculteur est devenu fournisseur dirigé et contrôlé de telle usine précise, de telle fabrique, de telle coopérative (la « coopé », devenue au village un monument aussi important que la mairie ou l'église, sinon plus). Les exploitants ruraux ont les mêmes problèmes de prix, de production, de marché, de rendement, d'amortissement, voire de marketing, que leurs équivalents urbains. Et les mêmes revendications sociales — 35 heures, sécurité, salaire minimum — sont formulées par les travailleurs des champs comme par les travailleurs des villes.

Non seulement la paysannerie est en crise, mais elle est menacée jusque dans sa raison d'être. Claude Michelet l'écrit excellemment : « Si beaucoup d'agriculteurs sont au désespoir, c'est qu'ils ont la certitude que la classe paysanne est entrée en agonie et le sentiment que tout semble étudié pour que cette agonie soit la plus rapide possible. Il faut bien en prendre conscience : pour beaucoup d'agriculteurs et faute d'un sursaut qu'on ne voit pas venir. Les chiffres le prouvent — plus que tout capables de traduire le désarroi des dizaines de millions qui ne sont pas nés dans les riches plaines céréalières de la Beauce, de la Brie et de la Picardie, elles-mêmes d'ailleurs d'un sort de moins en moins sûr. » Les chiffres ? De 1,3 million d'exploitations que comptait la France en 1977, il n'en reste à peine en 2000 que 600 000 dont un bon tiers est « dans un état comateux ». Autant dire que l'on assiste à 50 000 départs par an pour à peine 9 000 installations : donc mort de 20 fermes par jour. Alors que, dans le même temps, l'emprise de la paperasserie ne cesse de s'alourdir et que le nombre des fonctionnaires du ministère de l'Agriculture ne cesse de croître : 1 fonctionnaire pour 115 agriculteurs en 1960, 1 pour 31 en 1990 et 1 pour 18 en l'an 2000 ! A ne pas s'étonner si, parfois, le lait déborde.

Autre paradoxe dramatique : la France perd sa magnifique paysannerie dans le même temps qu'elle est « le plus beau jardin du monde ». Jamais elle n'aura tant produit. La France a en 1999 20 000 bovins dont 8 500 vaches laitières, 15 500 porcs, près de 10 000 moutons et chèvres, 330 000 volailles. En 1997, la collecte de lait a atteint 22 milliards de litres et les poules et canes ont pondu 16,5 milliards d'œufs. Les céréaliers picards et beaucerons produisent en 1990 68 millions de tonnes de céréales dont 34 pour le seul blé tendre avec un rendement record de 77,6 quintaux à l'hectare. Des terres sont sorties 32 millions de tonnes de betteraves et 4 millions de tonnes de pommes de terre. La production de légumes frais flambe : 6,5 millions de tonnes. La France exporte par an 250 milliards de francs de produits agroalimentaires. On aura même pu l'appeler « le grenier à bouffe » du monde. Et ses exploitations agricoles sont deux fois moins nombreuses en 1999 qu'en 1979 ! Et jamais la ville n'aura autant méprisé ou haï « ces culs-terreux » qui « ne sont jamais contents, croulent sous les subventions, sont les pires chasseurs de primes de notre temps, polluent, ne paient pas d'impôts, barrent les routes et cassent tout, même les sous-préfectures, même les immeubles ministériels » (allusion au saccage du bureau de Dominique Voynet, ministre de l'Environnement, la cible préférée des vindictes paysannes). Culs-terreux : ils le sont maintenant si peu...

Ne le dites pas à *Marguerite* ! Cyril sait tout d'elle. Trois, voire quatre fois par jour, son pis est passé au laser. Cette somptueuse vache laitière est pourtant en pleine forme. Une splendeur. Mais, dès novembre 1998, Cyril Mandit, 27 ans, éleveur de Meurthe-et-Moselle, a confié la traite de son cheptel et de celui de son cousin Lionel, 29 ans, à un des robots les plus sophistiqués des nouveaux temps. « Le secret ? Un système laser utilisé pour chercher et repérer les trayons, quelle que soit la conformation de la mamelle et même si l'animal bouge ! » explique-t-on cliniquement chez le fabricant Lely. Les données de toutes les traites sont transmises à l'ordinateur installé dans une pièce de cette ferme du petit village de Preutin-Higny et analysées par un logicien expert. Les statistiques sortent en quelques secondes. Il est même possible de déceler les périodes des chaleurs en vue des inséminations ! Pas très romantique peut-être. Mais diablement efficace. Tel est le genre de reportage que le très spirituel Thierry Bogaty fait en mars 1999 pour *Le Figaro* afin de mieux illustrer l'incroyable révolution qui bouleverse le monde paysan. Il est évident que trop de cultivateurs et d'éleveurs sont dépassés, incapables de suivre le rythme.

Enfin, il y a les inquiétudes, même les angoisses qui viennent de l'Europe agricole.

Toute une cataracte de dates et de décisions.

1958 — Bruxelles accueille la Commission exécutive du Marché commun.

1961 — Le premier « marathon agricole » élabore la PAC (Politique agricole commune).

1962 — On passe à la deuxième étape du traité de Rome : accord sur la PAC ; organisation des marchés ; création du FEOGA (Fonds européen d'orientation et de garantie agricole, devant assurer le soutien des prix et la régularisation du marché, favoriser aussi les améliorations structurelles dans le domaine agricole) ; détermination des prix minimaux ; établissement d'un calendrier.

A partir de 1963-1964, avec la mise en place de la PAC, les technocrates bruxellois prennent une importance fondamentale.

Les règlements, produit par produit, voient le jour à une cadence accélérée.

Cela commence par le règlement céréalier, tous les autres suivent, tel le règlement de la viande bovine (dit « le règlement passoire » parce que sur la base d'une réglementation compliquée avec prix d'orientation et prix d'intervention, et assorti de nombreuses dérogations permettant des importations inutiles mais politiques, en contrepartie d'exportation de produits industriels — au fond une savante manière supplémentaire de sacrifier les éleveurs à l'industrie), puis le règlement vin, qui revient à sacrifier les vignerons producteurs de vins de consommation courante — le règlement fruits et légumes qui ne protège pas du tout les producteurs contre les importations d'Espagne — le règlement moutons, lui à partir de 1970, autre machinerie uniquement conçue au profit de l'élevage anglais et pour les intérêts des grandes sociétés d'import-export de viande.

Résultat : des émeutes paysannes à répétition alternant avec des séances marathon qui font toujours finalement avaler la pilule.

Le point en 1990 ?

La PAC absorbe 64 % du budget communautaire (contre 11 % pour les politiques régionales, 8 % pour les sociales, 4 % pour la recherche, l'énergie et l'industrie).

Les excédents, surtout en céréales et produits laitiers, coûtent cher en frais de stockage et, quand ils sont exportés, en restitutions. (En 1988, pour 30,43 milliards d'écus d'exportations communautaires, le FEOGA aura versé 25,74 milliards d'écus).

L'Allemagne, avec absorption de l'Allemagne de l'Est en 1989, devient le premier producteur européen pour sucre, lait, colza, viande bovine et viande porcine — le deuxième derrière la France pour les céréales. Autrement dit, voici en place et à l'œuvre une nouvelle grande Allemagne, qui ne va plus jouer les subalternes.

Mais aussi, de 1958 à 1990, l'agriculture européenne perd 14 millions d'emplois (9 restent). La concentration des exploitations a été fortement encouragée (par départs à la retraite et aide aux exploitations « modernes »). Les disparités des revenus se sont accrues (en France, 90 % des exploitations totalisent seulement 50 % du revenu net agricole). A côté d'une agriculture riche, s'étale une agriculture pauvre, endettée, qui, depuis 1970, subit à la fois la tendance à la baisse des prix agricoles et celle à la hausse des prix dans les consommations intermédiaires, engrais, machinisme, aliments du bétail. Les écologistes ne manquent pas de s'élever contre la production intensive, favorisée par la PAC, qui entraîne la pollution des nappes phréatiques, une difficile gestion des déchets d'élevage et un indiscutable gaspillage énergétique (produire une calorie alimentaire aux Pays-Bas consomme, en comptant les nitrates et le pétrole, 10 calories ; en Afrique, moins d'une).

Plus on avance dans le temps, plus on complique les textes.

Trop souvent, Sa Majesté la Commission tatillonne.

De surcroît, non seulement la Commission est en litige avec les Etats membres et en conflit ouvert avec ses agriculteurs, mais voici que les Américains interviennent avec leurs sabots les plus lourds.

En 1992, le président Bush stigmatise « le rideau de fer protectionniste de la CEE ». Le vice-président Quayle dit, très aigre, que si l'Europe veut continuer à bénéficier de la protection militaire des Etats-Unis, elle doit procéder en échange à son désarmement agricole. Les Etats-Unis, sur le ton le plus comminatoire, veulent une réduction de 50 % des exportations agricoles européennes (pas moins), la suppression de la « préférence communautaire » (accordée par les Etats membres à la production communautaire, pour se protéger ensemble à la frontière extérieure commune contre les fortes fluctuations des prix sur le marché mondial et les importations à bas prix). Première guerre : la CEE refusant d'abandonner son régime d'aides à la protection des oléagineux, les Etats-Unis annoncent une augmentation des droits de douane américains sur un milliard de dollars d'importations venant de la CEE (ce que tu ne me donnes pas sur l'huile, je le prendrai sur le cognac). Pour sa part, la CEE fait procès aux États-Unis de ne pas démanteler leur propre dispositif de subvention aux exportations de céréales (*Export Enhancement Program*), d'aider directement leurs agriculteurs, y compris à l'exportation au moyen des *deficiency payments* non subordonnés à des gels de terres, et, depuis 1962, d'exporter vers la CEE, sans être frappés par le moindre droit de douane, leurs oléo-protéagineux, dont le colza, ainsi que, à partir de 1972, les produits comme le *corngluten feed*. L'Europe rappelle que ses exportations ne représentent que 16 % des exportations mondiales de produits agricoles alors que les Etats-Unis exportent jusqu'à 25 % de leur propre production agricole (plus de 40 milliards de dollars en 1992, chiffre faramineux). Qui plus est : la CEE importe deux fois plus de produits agricoles que les Etats-Unis. Mais tout le monde a compris : l'agriculture européenne doit dorénavant se préparer, de la part des amis américains, à pas mal de secousses sismiques. Autre lourde angoisse au cœur du paysan français.

Question des questions en 1999 : que va devenir la Politique agricole commune ? On est loin de la conception initiale qui faisait de la préférence communautaire la règle d'or. Désormais, et notamment sous la pression américaine, l'agriculture européenne se trouve exposée à la concurrence du grand large. Les remparts de la forteresse ne sont plus sûrs.

Ajoutons les inquiétudes sanitaires : ces vaches folles qui n'arrêtent pas de hanter l'actualité.

Ajoutons le spectre des manipulations génétiques. Bien sûr, les chercheurs font des découvertes surprenantes, qui sont à honneur de l'intelligence. Mais combien l'homme devra-t-il payer quand la nature se vengera ? Exemple : est-on certain qu'il n'y a pas, dans tel biscuit dont se régalent nos enfants, un gène qui demain pourrait rendre leurs organismes incapables de réagir aux antibiotiques ?

Ajoutons le yo-yo des cours qui peut vous combler ou vous faire pleurer.

Ajoutons la moisson de dettes mondiales, la hantise des déficits.

Et la question qui domine toutes les autres : *on pourrait se passer d'électricité ou de télévision ; pourrait-on se passer d'agriculture ?*

Oui, pour un mécanisme froid comme la CEE, tout ce qui compte, c'est faire tourner les machines, et vite, pour gagner le plus d'argent possible.

Et, à coups de sabre, de trancher dans les exploitations, pour les réduire à tout prix.

Le remembrement doit être implacable, disent les technocrates.

Sauf que le remembrement opère souvent avec des violences inadmissibles, avec drames humains : des agriculteurs pleurent de rage devant le saccage d'un patrimoine séculaire. Edit de

Bruxelles : réduire les terres cultivables. Mais ça saigne — même s'il est facile à un bulldozer de détruire en quelques minutes des haies et des arbres plus que centenaires. On édicte, on programme, on planifie, on tranche dans un total esprit de productivisme matérialiste, mais elle existe, elle existe, l'âme paysanne forgée pendant des siècles par la campagne française. Autant, avec une telle désinvolture, enseigner aux jeunes paysans que la terre n'est qu'un outil de travail, rien de plus.

Nouveau credo — glacé — des administrations : non, la terre n'a pas d'âme — elle ne ressent rien quand on la sabre.

Et voilà : il nous faut même voir, peut s'exclamer, indigné, Jean-Clair Davesnes, « un bocage sans haies ».

« On aura même oublié l'utilité millénaire des haies : la terre y perd son plus précieux bouclier ; elle n'est plus protégée ni contre une intense insolation ni contre le ruissellement des pluies ; elle perd son humus que l'on essaie de compenser par des doses sans cesse plus massives d'engrais chimiques dont une grande partie s'évade dans la rivière par les inévitables fossés collecteurs censés remplir le rôle régulateur des haies. »

Les hommes sont blessés et il y a de surcroît désastre écologique.

On peut certes souligner les bienfaits de la construction européenne : peuple allemand et peuple français travaillent main dans la main ; pour la première fois dans l'histoire une solidarité européenne est pensée ; la réussite d'un vaste marché européen est désormais à portée de regard ; en subventions et soutiens, en appuis indirects, en conséquences de stratégies, l'agriculture française elle-même, dans son ensemble, doit beaucoup à la CEE ; force est de reconnaître à la CEE un certain rôle régulateur.

Mais la « dictature bureaucratique » est encore plus vraie au niveau de la Commission de Bruxelles que des administrations nationales. A Bruxelles non plus, les bureaucrates ne savent être ni simples, ni diplomates ; par automatisme, ils manquent de réflexes humains. Pour imposer leurs analyses, qu'ils tiennent pour non amendables, et exécuter leurs plans dans toutes leurs rigueurs, ils ne se protègent pas assez ni d'une outrancière confiance en eux-mêmes, ni de la conviction que le compas a toujours raison, ni d'un certain totalitarisme inquisitorial qui s'interdit toute commisération. Théorème : au service de l'Etre Suprême, c'est-à-dire en l'occurrence l'Europe, il faut que ça passe, ou que ça craque.

Par malheur, trop souvent, ça craque.

Barrages sur les routes ; chasse aux camions-citernes

Le vigneron lui aussi souffre.

Nettement, la viticulture en fin de siècle est à la peine.

Les signes en sont multiples.

Sur tout le siècle et sur le second demi-siècle notamment, il y a d'abord baisse lente de la consommation de vin, puis de plus en plus précipitée. En 1939, il s'en boit 170 litres par habitant dans l'année. Dans les années 1950, on n'en boit plus que 150 litres, 110 vers 1975, 85 en 1988, 65 en 1992, 62 en 1994, 58 en 1997. Le recul est de l'ordre des trois quarts. Le consommateur boude. Les conséquences en sont automatiques pour le récoltant. Au reste, comme en Italie et en Espagne, ce sont les vins dits ordinaires qui quittent la table, alors que les « vins de qualité produits dans des régions déterminées », VQPRD, nouvelle appellation européenne, gardent quant à eux leur tonus.

La barricaille ne se pratique plus. Dans un appartement de ville moderne, la barrique est devenue trop encombrante, et trop difficile à manier. Le client n'a plus de tonneau chez lui. L'usage de la bouteille est plus restrictif.

Même le plus humble journalier est devenu allergique à la piquette — « la parisienne », l'appela-t-on aussi.

La consommation s'oriente vers les boissons sans alcool, ou à alcool faible.

On boit beaucoup d'eau. Non moins que sous saint Louis. Et d'autant plus qu'on l'a à l'évier, « courante ». Il ne faut plus aller à la fontaine en chercher. L'eau du robinet devient la première boisson de table, toutes catégories de consommateurs confondues.

L'usage des eaux de source et minérales ne cesse d'augmenter. Elles sont choisies à table par 24 % des buveurs en 1980, par 32 % en 1994. De plus, la bouteille plastique présente bien des commodités. Il entre dans les mœurs d'acheter le vin en bouteille de verre, la bière en boîtes métalliques, le lait en briques. D'entrée de jeu, Vittel, Contrexeville et Evian optent pour le conditionnement sous plastique.

Les consommateurs du Nord et de l'Est — pour beaucoup du fait de l'énorme ébranlement de la société ouvrière par la fermeture des mines, la crise de la métallurgie et la désindustrialisation généralisée — abandonnent le vin pour se remettre à la bière.

La mécanisation du travail agricole (on sue moins, on boit moins) et surtout l'accélération de son rythme (le laboureur n'a plus à arrêter son cheval pour rouler une cigarette et se payer une bonne rasade à sa gourde ; force est de suivre la machine) finissent par supprimer le « vin paysan » fourni aux travailleurs pour les moissons, les vendanges et les durs travaux.

A partir de 1970, on observe une forte baisse du « vin de café » servi sur le zinc. Si on demande encore « mon blanc », un « petit muscadet » ou un « petit beaujolais », on ne se fait plus servir « un canon ».

Bien d'autres phénomènes jouent pour expliquer qu'en 1994 seulement un Français sur quatre boit du vin à table.

Le légitime souci de santé nationale et de sécurité routière replace le vin en posture de responsable de l'ivrognerie et de l'alcoolisme aux côtés des boissons alcooliques de toute nature. Les organisations vini-viticoles ont beau entreprendre une vaste campagne d'explication pour demander à distinguer le vin de l'alcool, les ligues antialcooliques y restent sourdes. La loi Evin porte un suprême coup en privant le vin, y compris le vin de haute qualité, de ses supports publicitaires.

Trop de scandales de fraude entachent gravement la réputation des grands vignobles.

La Commission de Bruxelles édicte des mesures très coercitives de contrôle et de régulations des surfaces, des qualités et des quantités. Vient une certaine peur du garde-chiourme de Bruxelles. Le jeune paysan hésite davantage à planter.

Il n'y a point que concurrence de l'Italie, de l'Espagne et de la Grèce. Même des vins du Chili, de Californie, d'Australie, d'Afrique du Sud viennent titiller sur les marchés les vins français.

Dès 1950, la France en vient à redouter une crise de surproduction. L'on crée en 1953 en toute hâte un Institut des vins de consommation courante qui incite aux premiers arrachages primés de vignes sans replantation et au remplacement des cépages gros producteurs, les derniers hybrides et l'aramon du Languedoc, par des cépages « recommandés ».

La France n'est sauvée de la « surproduction » que par une catastrophe naturelle, en 1956 des gelées qui font tomber la récolte à 56 millions d'hectolitres, ce qui permet d'écouler les stocks accumulés dans les cinq années qui précèdent. Puis le drame algérien et la perte de l'Algérie font chuter brutalement la production de vins maghrébins, qui se comptent encore 18 millions d'hectolitres en 1950.

Mais le danger ne tarde pas à reparaître.

Certes, les mesures de 1953 permettent de réduire la superficie cultivée d'un sixième en cinq ans.

Par ailleurs, manquant de vins algériens de coupage pour redresser les petits vins, les petits viticulteurs méridionaux, ceux de l'Hérault en particulier, sont poussés à faire des vins de meilleure qualité, de moindre quantité et de plus fort degré. Il y va même de grands mérites et de beaucoup de courage de la part des producteurs héraultais et gardois. En tout cas, le Languedoc méditerranéen cesse d'être l'usine à gros vins rouges anonymes. On en termine avec les cépages « gros pisseurs ». Les AOC (appellation d'origine contrôlée) engagent dans leurs rangs de nombreux brillants pionniers des « coteaux », tels dans les années 1980 les coteaux-du-languedoc, les costières-de-nîmes (qui figurent dans les caves de l'Elysée) ; le picpoul de Pinet, chaleureux mousquetaire d'escorte pour les coquillages tout proches de l'étang de Thau ; les « vins de la Passion » de Faugères ; les vins de Saint-Chinian, resté béni des bénédictines. Limoux n'avait de glorieux que sa blanquette ; pour la table, il ne savait produire que du sous-ordinaire ; arrivent maintenant des propriétaires hardis et des groupements comme « les Caves du Sieur d'Arques » qui marient magiquement le cabernet océanique et le grenache méditerranéen, et lancent, comme dit Doutrelant (auteur au Seuil de *Les Bons Vins et les autres*), « un vin nouveau au goût sauvage venu de l'Aude », à ce point que Philippine de Rothschild en personne, fille du baron Philippe, accourt comme une fée dans le paysage et nous offre un superbe *merlot*, « vin de pays d'Oc ». Les Caves du Sieur d'Arques, en 1999, créent même un prix littéraire « Toques et Clochers » pour récompenser un ouvrage sur le vin, en l'occasion chez Larousse, *Histoire sociale et culturelle du vin* par Gilbert Garrier. Evidemment, quantitativement, les chiffres de production s'en ressentent.

Enfin, voici arriver les premiers règlements communautaires européens ; en juillet 1962 entre en fonctions un Comité consultatif viticole interprofessionnel européen. Le statut viticole national élaboré entre 1931 et 1935 interdisait les vins fabriqués et mouillés, instaurait la déclaration de récolte obligatoire et mettait en place un important service de répression des fraudes. La mise sur le marché était soumise à un système très contraignant de blocage de la récolte et d'étalement des livraisons, en fonction de l'évolution des prix. Les excédents devaient être distillés. Les rendements excessifs étaient pénalisés. A partir de 1964, on assouplit dans le cadre européen toutes ces dispositions qui pénalisent trop gravement la viticulture française face aux concurrents italiens et allemands (vins du Rhin). Là, la Commission travaille avec bonheur. Car le régime européen des plantations est bien moins contraignant que le régime français. On met en place un mécanisme souple des prix d'orientation. On rompt avec l'obligation de distiller des vins encore stockés quinze mois après la récolte. On a la bonté de relever le degré minimal.

A ce triple point de vue, un temps, on se donne de l'air.

Par malheur, la consommation ne s'équilibre pas, une fois encore, à la production ; l'offre reste toujours supérieure à la demande ; les Etats de la CEE, dans les années 1970, produisent 150 millions d'hectolitres et n'en boivent que 140 millions.

A l'automne 1973, alors que les six Européens sont devenus neuf avec l'entrée de la Grande-Bretagne, de l'Irlande et du Danemark, la production desdits neuf dépasse les 170 millions d'hectos pour une consommation de 150 hectos.

Force est de distiller encore.

La grogne reprend chez les vignerons français.

Rapidement, les prix s'effondrent.

Voici s'engager une nouvelle « guerre du vin ».

La première plus ou moins européenne.

On fait la « chasse aux citernes » sur les routes du Midi, pour déverser sur les chaussées les vins italiens et espagnols.

On bloque le port de Sète, accusé du crime d'importations.

On barre les routes d'Espagne.

Le 4 mars 1976, il y a même un affrontement sanglant au pont de Montredon à Narbonne entre les CRS et des manifestants : un fusil de chasse abat un officier ; une balle de mousqueton, un vigneron.

C'est d'ailleurs aux suites de ce choc que l'Office national interprofessionnel des vins (ONIVIT) remplace l'Institut des vins de consommation courante. Et l'ordre n'est rétabli que provisoirement.

Le malaise subsiste, le marasme s'obstine, même si 100 000 hectares sont arrachés entre 1976 et 1978 grâce à des primes fortement augmentées. Même Bruxelles, là-haut, aura senti passer un vent de drame.

Pas fini pourtant : l'élargissement de la CEE à la Grèce, à l'Espagne et au Portugal n'arrange pas les choses.

Une nouvelle fois, le Midi voit rouge.

Comme le taureau la muleta, dit un député.

De 1984 à 1989, le Languedoc-Roussillon est l'objet de nouvelles manifestations violentes.

Jacques Delors propose en vain un « paquet » de réformes.

Les vignerons jettent le paquet aux orties.

Autres barrages des routes.

Autres contrôles « musclés » des camions-citernes.

Saccages de chais dans le port de Sète.

Multiples attaques d'édifices publics.

Harcèlement inlassable des forces de police.

A tout instant, on risque des incidents encore plus graves.

Bien sûr, la période 1945-2000 a bien des aspects positifs et voit s'accomplir bien des progrès techniques.

En 1945, le très manœuvrier Philippe Lamour, viticulteur du Gard, président de l'éphémère CGA, bientôt célèbre pour sa guerre contre les « pommes à vache » (les pommes locales, d'après lui coupables de provoquer une autre surproduction), fait créer les vins délimités de qualité supérieure, les fameux VDQS — puissamment aidé par un émérite professeur de Montpellier, Jules Milhaud, ardent défenseur du cru de Saint-Chinian.

Les *vins du pays* sont lancés en 1973. Objectif : personnaliser et valoriser de 20 % au moins un tiers des vins de table. La consommation individuelle de ces vins de pays triple de 1975 à 1995. Le degré minimal étant relevé de 9° à 10°5 et le plafond de rendement étant fixé à 90 hectares, il y a réussitc. « Des vins de découverte, les voici vins de fidélité », commente Garrier. Les plus connus : des colombards des Landes, des côtes-de-gascogne, des sauvignons blancs de la Nièvre.

Le renouveau des vins blancs, secs et aromatisés, compagnons heureux des crustacés et des poissons, leur permet même parfois de prendre le rôle d'apéritif — tel le *kir*, du nom du populaire chanoine député-maire de Dijon.

On assure une meilleure vinification. On efface les arrière-goûts de soufre. On fait mieux apparaître les arômes floraux ou fruités, la rose dans le muscat Alsace, le tilleul dans la roussane de l'hermitage, le pamplemousse-citron dans le chardonnay. Les professionnels de la dégustation cessent de débusquer les odeurs herbacées de « chien mouillé », de « serpillière humide », de « pisse de chaton ». On tient désormais pour routinières des techniques comme la macération pelliculaire.

On ressuscite le vin rosé. Non content de renaître (autant voir soudain ressusciter les clairets du Moyen Age), il déferle. On n'y croyait plus : on le tenait pour le plus bas de l'échelle au tiers état. En 1850, le vin du travailleur des champs comme celui des villes ne pouvait être que du rouge. Imagine-t-on un grognard ou un poilu buvant de la blanchette ? Voici que, présenté dans d'élégants flacons, on le proclame le roi indétrônable des vacances d'été (roi à Saint-Trop') ou comme le vin coquet des élégantes (équivalent démocratique du champagne). A elle seule, dès 1980, la Provence en produit près d'un demi-million d'hectolitres.

A nous les « vins primeurs ». Modèle : « le-beaujolais-nouveau-est-arrivé », qui survient le troisième jeudi de novembre à 0 heure, véritable jour de fête nationale, attendu sur tous les comptoirs du monde — mais aussi les « côtes-du-rhône primeurs », avec fête devant le palais des Papes à Avignon, un « touraine primeur », un « gaillac primeur » et, derniers nés, des « mâcons primeurs ». Avantage énorme : pour ainsi dire, on vend son vin la vendange à peine terminée. Point de souci de garde. Pas étonnant que les paysans beaujolais soient les premiers à s'émerveiller de ce vin « sitôt fait, sitôt bu, sitôt pissé ». Féerique beaujolais ! Vous êtes un barbare si vous ne savez pas reconnaître les arômes les plus subtils — la framboise du brouilly, la myrtille du côte-de-brouilly, la prune du morgon, la pêche de vigne du juliénas, la rose fanée du moulin-à-vent...

On lance le corbières, un vin qui marie le soleil et la pierre.

On apprend à manier le cépage *macabeu*, né hidalgo, adopté par les vignerons de Louis XIV, longtemps appelé *perpignan*, franc et vigoureux quoique fragile, redoutant beaucoup la pourriture grise, à vendanger vite à heure dite, mais qui peut aussi bien se vinifier en sec qu'en moelleux et même en mousseux.

On sait choyer comme jamais les grenaches dorés de Banyuls, les grenaches noirs de Maury, les muscats de Rivesaltes.

Malheureusement, pour toute l'agriculture, sur le terrain des administrations et des marchés, c'est le chaos.

Les gens de Bruxelles ont beau changer en 1993 la CEE en UE (Union européenne) ; lancer en 1994 l'accord EEE (Espace économique européen) ; établir de multiples nouveaux compromis, chartes et accords ; mettre et remettre sur le chantier une introuvable politique agricole commune ; faire signer traité de Maastricht et traité d'Amsterdam ; promettre la lune ; proclamer l'euro sauveur suprême...

Ici, les vignerons du Midi continuent de s'affronter avec les camions dits pirates.

Là, s'ameutent les éleveurs de porcs, dont les prix de revient s'écroulent.

Un autre jour, s'amassent des producteurs de pommes de terre, ou les hommes du lait, ou les horticulteurs de la tomate.

Nouveauté : pour mieux protester, les paysans mécontents de tous les Etats membres se donnent rendez-vous sur des barricades à Bruxelles même. A quand la première grande casse européenne ?

Puis, autre nouveauté : le 12 août 1999, au nom d'une « résistance de l'agriculture paysanne », trois cents éleveurs de brebis aveyronnais « démontent » vigoureusement le McDonald's de Millau, d'ailleurs pas même achevé de construire. Les militants de la Confédération paysanne protestent contre les sanctions douanières américaines touchant certains produits agricoles français, en particulier le fromage de Roquefort. Ils instruisent aussi à leur manière « le procès de la mal-bouffe et de l'agro-industrie sans scrupule ». En vrac : la vache folle britannique, les poulets belges alimentés à la dioxine, le bœuf aux hormones si cher aux éleveurs américains, et les aliments transgéniques d'outre-Atlantique. Toujours est-il que quatre paysans, dont José Bové, le leader départemental de la Confédération, sont arrêtés et incarcérés. Mais l'opinion publique prend fait et cause pour les protestataires. Autant voir se répéter l'histoire de Jacques le Croquant. José Bové, avec sa rude bonne tête d'Aveyronnais têtu, sa moustache à la gauloise, sa forte stature de combattant tranquille, son parler direct, se consacre en quelques jours comme le nouvel héros du monde paysan. Sauf que, de nos temps, l'ennemi de la terre n'est plus le seigneur ou le roi. Il se nomme Politique agricole commune (PAC), Organisation mondiale du commerce (OMC), Carrefour, Auchan, Leclerc... On entend José Bové proclamer : « En 1850, les paysans représentaient 64 % de la population active. Ils n'étaient plus que 20 % en 1960. Ils sont moins de 4 % aujourd'hui. Il y a 90 fermes qui disparaissent chaque jour en France. Nous sommes aujourd'hui à peine 600 000 agriculteurs, dont 40 % ne gagnent même pas le Smic ! » Ses mots portent, même si ses thèses de fond et ses nostalgies de vieil anarchiste restent fort discutables.

En tout cas, le siècle paysan se termine dans l'incohérence.

Le pire est même désormais à redouter.

Et, en attendant — incroyable ! — en France, *les loups sont de retour* (avec la bénédiction des écologistes).

Et les ours. Et les lynx.

Au seuil du XXIe siècle, autant retourner au premier millénaire.

Dans les dernières années du XXe siècle, une trentaine de loups s'installent dans le massif alpin. Dès 1974, 120 lynx se fixent entre le Jura et les Alpes. Sur les douze ours répertoriés dans les Pyrénées centrales, six sont des oursons qui y sont nés entre 1995 et 1998.

L'expansion des zones forestières et l'exode rural facilitent l'installation d'animaux sauvages des temps disparus.

Le premier loup à revenir — ce vieil ennemi du paysan de l'an mille — est signalé dès le printemps 1992 dans le massif du Mercantour, au nord-est des Alpes-Maritimes. En 2000, un couple est en cours d'installation dans le massif haut-alpin du Queyras. Des petites hordes sont signalées dans le Vercors et l'Oisans. Depuis leur apparition, 3 000 moutons ont déjà été leurs victimes. Dans la seule année 1998, on aura compté 800 brebis tuées au cours d'environ 250 attaques.

On n'avait pas vu le lynx depuis le Grand Siècle. Le voici qui nous arrive, de Suisse. Coût : depuis 1992, il aura tué au moins 220 moutons de l'Hexagone.

Le dernier ours à être signalé vivait sous le Premier Empire. Il se sent désormais tout à fait chez lui dans les Pyrénées centrales. Sauf que, maintenant, l'homme veut s'en faire un ami. Jean-Jacques Camarra, de l'Office national de la chasse, responsable de la réinstallation des ours (le Plan ours) songe même à importer — dans le Béarn — deux femelles de Slovénie, pour mieux prendre la relève de Melba, tuée par l'un de nos nemrods.

De plus, non seulement ces fauves, trop gourmets, savourent nos moutons et se retrouvent parfaitement à l'aise après le banquet dans nos hauts paysages, d'où l'agriculture de haute montagne a pratiquement disparu (environ 30 % de notre territoire national sont en l'an 2000 composés de forêts et de friches, un pourcentage proche de celui du bas Moyen Age, double de celui d'il y a cent ans), mais ils découvrent des terrains de plus en plus giboyeux, offrant toute une nourriture de grand choix. Régals.

Evidemment, les éleveurs s'indignent. Les bergers n'hésitent pas à tirer à l'occasion sur les carnassiers, d'autant plus qu'ils leur reprochent de traumatiser les troupeaux et de compromettre la procréation.

Mais, réellement, en ce début du troisième millénaire, au plein règne des ordinateurs et d'Internet, qui aurait jamais pensé que les loups des temps lointains puissent être de retour ? Oui, drôle d'époque.

En cette fin de siècle

Mais faisons le point. En cette fin de siècle, quelles sont donc les données principales de la paysannerie française ?

Le paysan s'efface. Toutes les enquêtes en donnent la flagrante vérité. Qui imaginerait qu'il occupa il y a mille ans la quasi-totalité de la population active du royaume ? De 14,3 millions en 1850, de 8,2 en 1900, la population agricole active tombe à 3 en 1968, à 2,1 en 1975, à 0,9 million en 1995. A moins d'un million ! Et la chute continue.

Comme depuis toujours, la paysannerie ne recrute pas hors de ses propres frontières. Toutes les statistiques s'accordent : 92 % des agriculteurs en 1969 sont eux-mêmes des fils d'agriculteurs. La proportion n'a pas changé quand s'engage le troisième millénaire. On ne naît pas médecin ou banquier ou employé de préfecture ou policier. On naît paysan. En 1995, seulement 12 % des exploitants ont une origine exogène.

Le travail paysan reste le plus souvent pratiqué en famille. Il n'existe pas d'exploitation plus familiale. Très précisément, aux termes des enquêtes menées par l'INSEE (Institut national de la statistique et des études économiques), on apprend que 85 % du travail agricole est assuré dans le cadre du travail familial — alors que 7,7 % seulement des exploitants emploient des salariés agricoles et qu'à peine 21,5 % font appel à de la main-d'œuvre saisonnière. A cet égard, la tribu paysanne n'abdique pas.

Tout s'associe pour réduire le nombre des chefs d'exploitation, la concentration des propriétés, la modernisation des structures, les facilités accordées pour une retraite avancée, le fait de départs d'exploitants sans succession — des exploitants qui n'ont pas réussi à imposer les transformations nécessaires à l'exploitation pour la pérenniser au-delà de leur propre activité, donc pour la rendre transmissible à un des enfants. Il faut déjà s'habituer à la perspective de compter, dès les années qui viennent, moins d'un demi-million d'exploitants.

On ne voit pas s'affirmer de vocations de paysans. En s'agrandissant, le désert n'inspire pas d'oasis nouvelles. Entre 1990 et 1993, on note à peine quelque 10 000 « paysans neufs ». Le nombre chute encore.

Non seulement les droits de succession à payer sont trop lourds, parfois écrasants, condamnant les successeurs à vendre le domaine, mais il y a tension entre les générations, par exemple quand le fils, qui rêve de prendre le pouvoir le plus vite possible dans sa vie professionnelle, influe nécessairement par ses impatiences ou ses audaces sur les stratégies du père qui veut rester maître chez lui le plus longtemps possible. Il arrive que bien des fils préfèrent s'en aller ailleurs. Autant dire que l'une des plus grandes obsessions du paysan traditionnel, *laisser quelque chose aux enfants* — un bien, un rôle, un statut social —, devient dans le monde moderne plus difficile à réaliser. L'idéal est d'évidence de faire correspondre l'âge de retraite du père avec la prise de pouvoir effective du fils. C'est un idéal qui ne va pas de soi.

Une des caractéristiques de la profession paysanne est de faire cohabiter plusieurs générations dans un même espace professionnel et domestique. On cite nombre de familles qui ont occupé un même domaine durant quatre siècles. Mais, outre que le chef de famille a beaucoup perdu de sa sacro-sainte autorité, chaque génération est marquée par un ou plusieurs grands événements ou une idéologie spécifique propre au moment de l'histoire qu'elle traverse : sauf que l'histoire moderne provoque bousculade des événements et des idéologies, avance au galop, ne laisse pas le temps à une génération d'assimiler les changements, voire les révolutions, qui interviennent. Le tumulte entre générations en devient inévitable. Ainsi, en l'an 2000, la génération des 60-65 ans aura été la dernière à avoir vécu la propriété de la terre comme la valeur suprême de la profession agricole. La génération suivante des 40-45 ans aura été marquée par le bouleversement des techniques et l'exode rural. La génération des 20-25 ans sera sans doute structurée en rapport à une France en friche, jusque-là impensable. Dans l'avalanche des grands problèmes, l'harmonisation entre générations est plus difficile.

L'exploitation agricole reste un lieu de mémoire, mémoire familiale, mémoire spatiale, mémoire technique. Non que le passé s'impose au présent dans une linéarité régulière : la place tenue par le grand-père dans la mémoire du petit-fils est bien autant le résultat de la reconstruction familiale par le petit-fils, histoire faite de souvenirs, d'expériences vécues et imaginées, d'anecdotes racontées à propos du grand-père par d'autres membres de la famille, que le produit du « discours que les morts tiennent aux vivants ». Dans le livre passionnant de Dominique Jacques-Jouvenot, *Choix du successeur et transmission patrimoniale*, Editions L'Harmattan, tout cela est lumineusement expliqué. Conclusion : « La mémoire familiale inscrite dans l'exploitation agricole et transmise par elle est une *reconstruction*. Reproduire n'est pas retrouver, c'est bien plutôt reconstruire. » Il y a vénération pour le grand-père. Le grand-père est souvent transfiguré, mythifié en mage. Et c'est connu, et cela reste vrai de notre temps : un grand-père s'entend beaucoup mieux avec un petit-fils qu'avec un fils.

« Les générations paysannes, dit encore Jacques-Jouvenot, se succèdent dans un relatif identique. » L'espace de travail, le troupeau, les rythmes du travail — bien qu'ayant subi des évolutions certaines — restent relativement les mêmes. La terre travaillée est la même. Les animaux sont toujours, par exemple, des vaches laitières. Le soleil, malgré les innovations techniques, reste « un atout à la production fromagère de bonne qualité ». L'accoutumance y a force de loi. La terre à elle seule est un formidable grenier de la mémoire. Elle est peuplée de visages, de prénoms, de drames, de fétichismes. Mais la modernité trouble l'évidence de toujours. Vient un certain anonymat, une certaine insensibilisation de la terre. L'émotion manque, pour réchauffer les annales.

L'Ile-de-France est la région qui, dans ces dernières années du siècle, aura perdu le plus grand nombre d'actifs agricoles masculins, exploitants et salariés. A peine y reste-t-il le quart des effectifs de 1954. C'est qu'en un tiers du siècle la moitié des unités de production ont disparu. Le recul est encore plus sensible dans la « Ceinture de Paris ». Il y a aussi contraction spectaculaire du salariat, qui fut toujours important dans le secteur. De 1975 à 2000, seulement une exploitation sur quatre a recours à des salariés permanents. L'exploitation est plus familiale que jamais. Mais l'on sait que l'Ile-de-France est souvent à l'avant-garde de l'évolution nationale. Une nouvelle fois, le miroir est éloquent : la paysannerie française semble bien condamnée à fondre comme neige au soleil.

Le village n'a plus uniquement des paysans. Dès 1962, les ménages agricoles ne représentent plus que moins de la moitié, 43 %, de la population rurale. Voici les ruraux à être plus nombreux que les paysans. Crise grave du logement en ville, qui pousse le citadin à aller vivre dans la campagne voisine ? Réseau dense de transports en commun, ferroviaires et routiers, au-delà des limites du village, qui favorise le maintien « à la maison » de jeunes ménages travaillant en ville mais issus de familles agricoles ? Le fait de conjoints qui exercent de plus en plus des métiers non agricoles, mais qui ne quittent pas le toit ancestral ? Effets de la proximité urbaine qui, par l'afflux de citadins, aboutit à la création de villages-dortoirs ? Quoi qu'il en soit, telle est l'évidence : le paysan se fait envahir dans son village par des non-paysans.

Tourisme et agriculture ne font pas toujours bon ménage — même si le *tourisme vert* peut représenter pour un village, sous certaines conditions, un appoint de ressources considérables — même si le maintien d'une agriculture plus ou moins traditionnelle est à juste titre considérée comme indispensable pour la gestion de l'espace touristique (lutte contre l'érosion et contre l'extension d'une friche répulsive). L'allergie ville-village — et réciproquement — subsiste. Le citadin ne sait souvent trouver au village que des rustres. Le villageois n'a que méfiances pour cet intrus qui le regarde de trop haut.

Les difficultés de l'agriculture dont devenues si grandes, que les agriculteurs sont presque tous devenus de grands pessimistes, et reprendraient volontiers la fameuse formule de Fernand Raynaud : « Ça a eu payé... »

La population française augmente — très lentement de 1850 à 1945, plus vite à partir de 1945 — jusqu'à donner quelque 57 millions d'habitants au seuil du nouveau millénaire. La population « rurale » augmente elle aussi : 15 millions de personnes en 1990, soit un gain de près d'un million sur le recensement de 1980. La population agricole est la seule à régresser — jusqu'à ne plus représenter que 5 % de la population totale contre 20 % en 1960. Et la chute n'a pas de frein.

Avec 106 habitants au kilomètre carré, la France apparaît comme une vaste réserve d'espaces, exploitée essentiellement par l'agriculture et le tourisme au sein de l'Union européenne. Sauf à distinguer deux territoires de superficie fort inégale : la *France du vide*, avec moins de 20 habitants au kilomètre carré, sur une diagonale qui part de la Meuse jusqu'aux Landes en passant par le Massif central ; et la *France densément peuplée* (région parisienne, ensemble Nord-Pas-de-Calais, plaine d'Alsace, sillon rhodanien), d'ailleurs dominante dès le XIXe siècle par l'essor de l'industrialisation qui s'y est concentrée et l'urbanisation qui en a résulté. Non que la France agricole soit toujours sous-peuplée : ainsi les régions de petites propriétés, d'élevage et de viticulture sont-elles, elles aussi, densément peuplées, comme la Bretagne et les terroirs viticoles de la Bourgogne et du Bordelais. Mais il est trop vrai que les larges espaces agricoles prospères, à grande agriculture ultra modernisée, sont souvent pauvres en hommes, telles la Champagne et la Beauce. Quant aux régions de montagne, elles ne conservent une certaine densité humaine, telles les Alpes du Nord, que parce que bénéficiant d'amples vallées glaciaires aménageables pour les activités industrielles et touristiques.

Le rural profond — celui qui vit loin des villes — est entré dans le cycle du déclin parce que l'agriculture ne suffit plus à y maintenir un tissu économique et social. En vain opèrent de remarquables associations qui luttent contre la désertification, telles l'Association d'aide à domicile en milieu rural, ADMR, qui contribue au maintien au village des personnes âgées et des handicapés, ou les Maisons familiales rurales, MFR, qui assurent un débouché professionnel permettant de « rester au pays ». Telle est l'évidence : les agriculteurs ne sont plus désormais assez nombreux pour avoir seuls la capacité d'entraîner le développement économique du milieu rural. En vain intervient aussi la Commission européenne, sur un programme ambitieux d'aménagement du territoire. Une agriculture trop isolée, désormais, est une agriculture infirme. C'est triste, mais c'est comme ça.

Les relations des jeunes ruraux avec leurs parents sont plus intenses que les mêmes en milieu urbain — peu importent les inévitables tensions inséparables d'une vie de famille — même si l'harmonie familiale est surtout le résultat d'un *modus vivendi* qui permet aux jeunes de profiter du soutien parental tout en vivant leur vie personnelle sans que les parents, dans ce domaine, disposent d'un réel droit de regard ou d'investigation. Les jeunes se confient d'ailleurs volontiers à leurs parents sur les questions scolaires et professionnelles, moins sur la famille et les loisirs, encore moins sur leur vie sentimentale ou leurs soucis profonds. Les jeunes sont évidemment moins « attachés » que jadis, mais il est de fait que la famille est moins distendue au village qu'en ville.

Le mariage ? Cela oscille entre « je voudrais le faire assez vite » et le « rien ne presse ». Pas le moindre rapport avec la vieille tradition. L'essai prénuptial a largement gagné la jeunesse rurale. Le « rien ne presse » domine. A peine si, sur enquête, les filles paraissent être plus pressées que les garçons, et un tantinet plus traditionnelles. A partir de 1992, les couples « sans alliance » sont de plus en plus fréquents. « Fiancés », dit-on des intéressés. Tel n'est pas vraiment le cas, par rapport aux fiançailles d'antan. Le mot « concubins » n'a aucune poésie. Il faudrait inventer un mot pour désigner le nouvel état. Mais tel est bien le scénario le plus courant : on se marie après cinq ans de vie commune. Et dire que Léon Blum, au début du siècle, fit scandale dans son livre sur *Le Mariage*, quand il proposa le « mariage d'essai » ! Nous y sommes, même avec des jeunes paysans fort catholiques d'excellente famille. Il est vrai aussi que, même au village, la pilule et la contraception y sont pour beaucoup. Quant à ce sujet, le jeune paysan vit pleinement son temps.

Certes, filles et garçons restent attachés à une conception du couple qui privilégie la fusion affective. L'amour n'est ni nié ni récusé. Il demeure le pivot le plus important de toute union. Mais la recherche du plaisir pour le plaisir est nettement plus admise et pratiquée qu'autrefois. Surtout chez les garçons, le « baiser pour baiser » a de plus en plus d'adeptes. Le « cynisme immoraliste » des grandes villes a gagné les plus petits villages. Les tenants du ménage traditionnel et du rigorisme sexuel sont rares. Seuls les jeunes gens les plus religieux revendiquent une « longue union sacrée ». On entend dire ouvertement que toute une vie avec une seule personne, « ça fait long ». Ce n'est pas seulement pour rire, mais par conviction qu'on vous glisse que « pour avoir une relation sexuelle, il suffit d'avoir envie de passer une bonne soirée ».

Le jeune garçon quitte plus facilement son village que naguère. Il n'y a pas du tout sentiment d'arrachement ni de désertion. Au demeurant, d'une manière générale, les Français sont plus mobiles dans l'Hexagone : 6 % changent de commune chaque année ; soit par migrations inter-régionales, par exemple du fait de la puissance d'attraction de l'Ile-de-France ou par aimantation des provinces du soleil sur les gens du Nord ; soit du fait des échanges ville-campagne (même si l'exode rural en 2000 est moins important que dans les années 1950-1960, mais uniquement du fait de ce qui se passe dans les communes périurbaines devenant villages-dortoirs — ce qu'on appelle être un phénomène de *réurbanisation*).

Les enquêtes de l'INED, Institut national d'études démographiques, sont formelles : les jeunes ruraux assimilent avec décalage sur les villes, dès les années 1960, les nouvelles mœurs, aussi bien sur la mobilité ou sur le déracinement, que sur la sexualité, le retardement du mariage et la vie en couple avant ou sans mariage, mœurs « incertaines » surtout répandues du fait des nouveaux intellectuels, des professions intermédiaires, de l'agglomération parisienne et de médias qui prônent et illustrent quotidiennement les « libérations totales ». Mais le décalage tend à se réduire. Le village s'aligne de plus en plus sur la ville.

La sociabilité de voisinage, la convivialité familiale et la vie associative sont plus développées en milieu rural qu'en milieu urbain. Jusqu'à quand ?

Les associations de sport sont celles qui à la campagne ont le plus de succès. Le taux de participation des jeunes ruraux y est de 30,5 % pour 10 % à un comité de fêtes ou une société musicale, 3 % à une organisation professionnelle ou syndicale, 3 % à un mouvement de jeunesse (scouts, Mouvement rural de la jeunesse chrétienne qui a pris le relais des JAC), 3 % à une activité culturelle, 3,5 % à un foyer de jeunes, 3 % à une association humanitaire. Les garçons sont deux fois plus nombreux que les filles à pratiquer un sport, alors que l'animation festive concerne autant les filles que les garçons. Les jeunes paysans auront vite démontré pour le sport autant de passion que la ville — quoique 55 % des petites communes « éloignées » n'aient aucune association sportive. Ils pratiquent davantage que les jeunes urbains les sports d'équipe (il y a un patriotisme de village), moins la gymnastique et les autres sports. Sports les plus pratiqués : le football pour les garçons (le rugby dans les Pyrénées) ; basket, volley et natation pour les filles. On pratique moins qu'à la ville le tennis, le ping-pong, le cyclisme, l'escrime, l'athlétisme et le patinage. Evénement majeur : la pétanque est préférée à la belote.

Le jeune rural « sort » le soir autant que le jeune urbain, mais il part moins en vacances, va moins au cinéma, au théâtre (et pour cause, le théâtre n'aura jamais été un haut lieu du village), au concert, au musée, même au café. Il fait moins de randonnées. Il écrit moins de livres. Il traîne moins le mal de vivre. Il a, davantage que le jeune homme de ville, le goût pour le bricolage, la pêche et la chasse. Il a des plaisirs que n'a pas la ville : le ramassage des escargots ; les battues contre le gibier malfaisant ; la chasse aux gibiers d'eau ; le braconnage des rivières et des forêts.

Il lit plus que le citadin « le journal ». C'est-à-dire le journal de la région, *Ouest France*, *Midi libre*, *Le Provençal*, *Nord Matin*, *L'Indépendant* de Perpignan, *La Dépêche de Toulouse*, *Sud-Ouest* de Bordeaux, *le Progrès de Lyon*, *Les Dernières Nouvelles d'Alsace*, etc. Il le lit surtout de beaucoup plus près que n'est lue à Paris la presse nationale.

Loisir de prédilection : le bal. En particulier le bal public, notamment celui qui est inséparable de la fête du village, reste de loin le préféré, même si le jeune paysan ne déteste pas, loin de là, la « sortie en boîte » (la voiture permet tous les déplacements) ni « la soirée disco ». On continue, entre villageois, à beaucoup aimer valser au rythme de l'accordéon, dans une salle publique décorée de buis et de guirlandes. En Bretagne, on organise même un bal ou *fest-noz* (fête de nuit) pour financer l'entretien d'une chapelle, dans le cadre de la revitalisation des fêtes de *frairie* (ancienne subdivision de la paroisse sous l'Ancien Régime, disposant de sa chapelle), alors qu'autrefois le clergé n'avait pas de mots assez durs pour condamner le bal, « porte de l'enfer ».

Fidélité pas morte : nonobstant les multiples musiques et danses nouvelles, il y a renaissance des plus traditionnelles danses régionales, bourrée, sardane, farandole, cabrissou...

Enfin, la religion est en pleine régression : moins de 10 % des jeunes paysans sont des pratiquants religieux. L'on compte beaucoup plus d'indifférents que de croyants ou d'« esprits forts ».

Il est vrai que la foi dans les partis politiques est elle aussi très décadente.

Conclusion finale : une paysannerie inquiète, pas sûre d'elle-même, redoutant un avenir qui n'aura certes pas la certitude des mêmes saisons toujours recommencées...

Madame Paysanne

Elle et lui, modèle an 2000 ?

Lui, c'est le paysan *high tech*. Comment penser qu'ait jamais existé le moissonneur de l'an 1000, pieds nus, coupant ses blés à la faucille ! Nous vivons sur une autre planète. Regardez donc vivre un paysan de l'an 2000 — celui-ci prénommé Patrice.

Il rentre tout guilleret des champs au volant de sa moissonneuse-batteuse — pas n'importe laquelle : une *Massey-Ferguson*, la première en France à avoir été équipée d'un GPS, système de positionnement par satellite, qui donne le TAI, temps atomique international.

Il est bien de son temps : de même que ses aïeux savaient du premier regard reconnaître un percheron d'un boulonnais, lui distingue avec la même sûreté un tracteur *Case IH* d'un *Fiat Geotech* un *Renault-Agriculture* d'un *John Deere*, un *Deutz* d'un *Fendt.*

Il est incollable sur les logiciels et Internet.

Il remise sa berline sous le hangar où s'aligne toute son écurie mécanique, puis se met à traverser tout sifflotant la cour pour gagner de l'autre côté son logement — bien sûr sifflotant l'air amerloch entendu aux écouteurs tout en travaillant ou sur le chemin du retour, air sur méchant rythme *Low Down* ou déchiqueté *Ragtime.*

Il est élégant — chemise pour ranch californien à larges carreaux, blue jean tout neuf (de ceux qui ne sont ni frangés ni artistiquement troués), gros baskets sport. Il n'aura même pas à se laver les mains : il n'a pas eu la moindre panne ; il n'a pas eu à mettre les doigts dans le cambouis.

Il rejoint son bureau — tout entier meublé *Carrefour*, fleuri d'un grand bouquet de roses rouges.

Il compulse un calepin, se met aux commandes de son ordinateur, fixe attentivement l'écran magique.

Objectif : disposer de données géographiques couplées à un capteur de rendements. Les informations sont stockées chaque 1,2 seconde. Il suffit d'introduire une disquette dans l'ordinateur pour disposer en quelques minutes d'une carte établissant pour chaque parcelle le nombre de quintaux à l'hectare. « Depuis trois ans que le système fonctionne, j'ai observé des écarts de 1 à 3 », aime-t-il dire à ses amis. Applaudissons !

Merveille d'ordinateur qui a réponse à tout : la maladie d'un cheval ; une date pour semailler ; tel parasite du maïs ; le traitement à suivre avec les doses au milligramme près. L'ordinateur, aime dire Patrice, c'est à la fois un comptable, un statisticien, un médecin, un vétérinaire, un mécanicien, un radio, un météorologue... Sa femme ajoute : « Un épicier, un boucher, un poissonnier, s'il le faut un curé, et un bridgeur. » Elle s'appelle Monique. Elle aussi utilise le truc, pour ses propres affaires et les bridges qu'elle joue au foyer rural.

Les agriculteurs seraient-ils devenus des clones de Steve Jobs, le célèbre fondateur du computer Apple ? ou de Power PC, autre pourvoyeur de computers pour ménages ? Juste un chiffre : fin 1999, sur les quelque 65 000 exploitations françaises informatisées, 10 % sont déjà connectées à Internet. Bientôt, on dira : qui n'a pas son Macintosh ? Plus aucune ferme ne saura échapper à la pluie des ondes invisibles que manient les nouveaux sorciers.

Et, après avoir jonglé avec son ordinateur et son Minitel, Patrice, puisque tel est son prénom, installé dans un fauteuil, pour mieux lire l'*Agri* ou le supplément télé du journal régional, allume tout tranquillement sa énième cigarette. Pépé déjà avait renoncé au paquet gris du poilu popularisé par la guerre de 14, ne roulait plus sa cigarette, fumait dès 1930 ses *Gauloises* « toutes faites », vendues sous paquet bleu et sous symbole du casque à ailettes dessiné par Guiot ; il n'était même pas tenté par les *Celtiques* ou les *Gitanes*, encore moins par les *Craven*, premier paquet sous cellophane, dont il ne connaissait peut-être même pas le nom ; ou alors, il bourrait une pipe. Papa inaugurait les *Gauloises disque bleu*, puis découvrait la *Gauloise légère*, la *Gauloise blonde*, la *Gitane blonde* ; c'était l'époque où les trois quarts des départements (55) s'étaient mis à planter du tabac ; où l'impériale SEITA, outre le monopole du tabac, se faisait confier celui des allumettes. Lui, Patrice, fume de préférence des *Philip Morris*, même s'il s'amuse parfois, « pour voir le goût », à allumer une *Mild Seven* ou une *Benson and Hedges*. Mémé et maman n'auraient fumé à aucun prix ; on savait trop ce que « femme-qui-fume » voulait dire ; Monique a mis fin à toutes ces superstitions ; elle a opté une fois pour toutes pour la *Marlboro*. Car Madame Paysanne fume, désormais, elle aussi. Et pourquoi pas ?

C'est qu'on a tout changé du tout au tout.

Le village n'a plus un seul cheval. Quasiment chaque famille a sa *Renault* ou sa *Peugeot*, voire son allemande ou sa japonaise (il n'y a plus d'« ennemi héréditaire »). Toutes les rues sont goudronnées ou asphaltées, non seulement pourvues de caniveaux, mais aussi de trottoirs. La voirie a cessé de passer avec son tombereau pour ramasser le crottin des chevaux et la bouse des vaches. Même le corbillard municipal s'est mécanisé. Un mécanicien et un tôlier ont pris la relève du sellier et du maréchal-ferrant. Monsieur Paysan se rase lui-même, y compris avec un rasoir électrique, sans mousse ; il n'a donc plus de coiffeur que pour couper les cheveux ; en revanche madame va régulièrement chez le sien, s'il le faut au chef-lieu de canton, quand le village n'a pas assez progressé pour avoir le sien ; et n'importe qui sait ce qu'est une « permanente » ou un « shampooing ». Le village a évidemment réalisé son « projet fontinal » et son tout-à-l'égout. On ne voit plus les femmes défiler le matin allant vider à l'égout municipal — un ruisseau dit « le conduit » — les seaux de toilette. On ne voit plus passer les silhouettes qui furent jadis si familières, le ramoneur, le rémouleur, l'acheteur de peaux de lapin, la matelassière, le montreur d'ours, le colporteur. Le facteur cesse d'« aller à pied », change de besace, roule à bicyclette avant d'avoir droit à une 2 CV. Le village a ses embouteillages, surtout s'il figure sur une route nationale ou départementale. Souvent, il a même perdu son curé attitré ; il partage avec les villages voisins un curé qui est au besoin hollandais ou vietnamien ; le clergé n'a plus de prêtres. Encore après la guerre mondiale, les gendarmes, toujours par deux, venaient à cheval ; puis, sans doute ne trouvant plus d'écurie, ils eurent des vélos, puis des motos ; les voilà en auto, à leur tour On n'a plus de ramoneurs, puisque les cheminées disparaissent, mais on a les vérificateurs des compteurs d'eau et de gaz : ils sont moins noirs (quand ils ne sont pas martiniquais). Le village, s'il n'est pas trop petit, peut avoir son cinéma, un restaurant, un terrain de foot, un terrain de basket-ball, un tennis. L'école ne se réduit pas, comme les premières de Jules Ferry, à l'outillage légendaire, une table sommaire et surélevée pour le maître, un tableau noir avec bâtons de craie, une carte de la France sur un mur, un poêle, des bancs et des tables où l'encrier à encre toujours noire était imbriqué, le long porte-plume sergent-major, la plumier, l'ardoise (règle impérieuse : l'élève était puni s'il avait les doigts tachés d'encre ; c'était le temps où il fallait à tout prix apprendre à avoir les mains propres). Les élèves font aujourd'hui beaucoup plus de fautes d'orthographe que jadis ; tout se passe comme si le culte du « zéro faute à la dictée » n'existait plus ; mais on a droit d'écrire au feutre ou à la pointe Bic, on a toutes sortes de belles reproductions sur les murs ; on a un appareil cinématographique et des ustensiles pour expériences ; on aura pu s'essayer à « la méthode globale » ; on aura fait la révolution de l'arithmétique ; on n'apprend plus la « table de multiplication » puisqu'on a une machine à calculer ; et pensez si le siècle est devenu intelligent : dans les cours d'« histoire de France », on peut se passer de dates ; on aura même inventé l'histoire sans dates ; tels élèves ne sauront jamais si Charlemagne a précédé Louis XIV, ni lequel a vécu avant l'autre, du maréchal Joffre et du maréchal Ney.

La chaumière n'est plus chaumière. Elle l'aura été encore jusqu'en 1914, et parfois même sur quelques années après. Le XXe siècle aura été le premier à y mettre fin. Sauf que la modification a été réellement totale. La maison la plus modeste a maintenant deux étages : le deuxième pour les débarras (on y mit d'abord le fourrage, mais comme il n'y a plus de chevaux...) ; le premier pour la cuisine et les chambres ; le rez-de-chaussée pour les tracteurs et les outils de travail quand il n'y a pas de local séparé.

On évolue de plus en plus vers la salle à manger, qui est plutôt une sorte de salon, où recevoir une amie de collège ou un copain de régiment, venu en auto de la ville ou d'un autre département.

Où sont les temps où la paysanne avait tout à faire par elle-même, cuisine, vaisselle, lessive, repassage, reprisage, couture ?

L'aspirateur a définitivement chassé le balai et la serpillière. La cheminée n'a plus de feu. Plus la peine d'aller ramasser des sarments dans les vignes taillées et de prévoir des serres de fagots. Même plus la peine de tourner, entre ses genoux, la manivelle du petit moulin à café. Même plus la peine d'allumer un poêle : chauffage central.

Ont-ils vraiment existé, les temps de la paysanne pieds nus, mal fagotée, mal peignée, trimant à longueur de journée dans un pauvre chez-soi à partager avec les poules et le porc de l'année ? L'on est même loin de l'époque de la première gazinière et de la première cuisinière électrique. La nouvelle paysanne a le même équipement ménager que les dames de la ville, tout ce que proposent les pubs dans les catalogues des grandes surfaces, tout, machine à laver la vaisselle, machine à laver le linge, four micro-ondes, cafetière express, gril-gaufrier, grille-pain automatique, le robot Major qui hache les viandes, pétrit les pâtes, émulsionne la mayonnaise, à votre gré râpe, tranche, coupe ou émince. On aura pensé à tous les gadgets possibles et imaginables, ou inimaginables, four « à chaleur tournante », four « à air pulsé » (qui permet la cuisson de plusieurs plats à la fois sans qu'il y ait transmission des odeurs de l'un à l'autre), appareil qui regroupe un réfrigérateur, un congélateur et une « cave » à température moins basse. Pas étonnant que les grandes marques, Philips, Arthur Martin, Brandt, Hoover, Lincoln, Sunbeam, Cadillac, Moulinex et tant d'autres se livrent une concurrence effrénée.

Feuilletons au hasard un journal régional de mai 1999, par exemple *Midi libre* de Montpellier.

La liste des pubs que la nouvelle paysanne consulte n'aura jamais été aussi garnie — ni aussi bombardante.

Anicrys, « prêt-à-porter féminin », sélection *Givenchy*. Forcément. Car « les rondes redeviennent tant à la mode que les couturiers se surpassent tous dans la création ».

Marien Mas, style *Tiffany*, pour une armoire *Richelieu*.

Literie *Epeda Dunlopillo*, avec « livraison gratuite » et « ancienne literie débarrassée gratuitement ».

La méthode *Laurand*, exercée par Mme Friand et son équipe, pour « mincir sans médicaments » mais oui, « sans cosmétiques ni produits miracles ».

Le téléphone portable *Itinéris*.

Technico Antoine Maïa, « rénovation, installation, dépannage » en « plomberie, chauffage, climatisation, électricité, isolation placoplâtre ».

Onglissima, « beauté des ongles ».

La bière *Kro* ; l'épilation *Laser Light Sheer* ; *Toyota*, pour sa toute nouvelle *Ray Cruiser* ; et tel sèche-cheveux ; tel chauffe-plats ; telles brosses rondes soufflantes ; tels dentifrices.

Tous les médias convergent pour proposer le moule à nouilles type *Pastamatic* ; le *Polaroïd* modèle 5000, avec Sonar autofocus, « d'un œil encore plus aigu que celui de la chauve-souris » ; le *Sharp*, à la fois calculatrice, calendrier, réveil à double sonnerie, indicateur de rendez-vous, horloge mondiale ; la couverture pour froid polaire, type *Quieq Cover* ; le magnétoscope *Philips* ou *Sony* ; la rôtisserie à bronzer *Sun Stream*, idéal cadeau de Noël pour madame, capable de lui bronzer en même temps le recto, le verso et les deux hanches.

Tel est le contexte, le ciel, d'une famille paysanne an 2000

N'oublions surtout pas la télévision.

Elle survient après la guerre, avec une chaîne noir et blanc. La deuxième chaîne, autour de 1970, offre « la couleur ». La troisième chaîne est inaugurée le 1er janvier 1973. A présent, chaque famille peut être abonnée à Canal +, avoir la 5, avoir la 6, et, par le satellite ou le câble vingt, trente, cinquante autres chaînes. Le téléviseur, cet ogre dévoreur d'images, le voilà, et qui se veut enjôleur par-dessus le marché.

En 2000, on fait à la TV de multiples procès. Les griefs sont même innombrables. « Elle casse ou disqualifie les vieilles morales. Elle aide mieux que tout à répandre l'épidémie de violence. Elle peut être plus grossière qu'un charretier. Trop de ses metteurs en scène sont persuadés que le génie réside dans le fumier. Elle manie le matraquage à outrance. Elle déforme l'enfant, abrutit le vieillard. Par les tentations et les mensonges qu'elle sert systématiquement, elle s'acharne à dépeupler les campagnes. Elle n'a que mépris pour le cul-terreux. Elle a une telle obsession des sondages que le phénomène relèverait presque de la psychiatrie. D'un mot, d'une image, elle peut assassiner l'honneur d'un homme et d'une famille. Elle a le fétichisme du vedettariat, à commencer au service de ses propres servants. Malheur à l'homme politique, à l'écrivain, à l'artiste qui ne lui plaît pas !... » C'est à qui ira des pires malédictions contre « la plus néfaste sorcière de tous les temps ».

Mais, au niveau du paysan, la télé a bien des aspects positifs.

Pour la première fois, grâce à elle, la campagne est en direct avec la vie politique et les intellectuels au plus haut niveau. Elle n'a jamais eu à sa disposition, à sa portée de tels « face-à-face » ni de tels entretiens. Par la magie des étranges lucarnes, un simple paysan mange ses macaronis et ses saucisses en compagnie du général de Gaulle et de Henri Troyat.

Au village le plus reculé des Alpes ou des Pyrénées, l'une des toutes premières émissions, « Télé-Paris », fait connaître les aspects les plus amusants, cancans et potins, de la vie parisienne.

Le paysan assiste comme s'il y était au Tour de France, aux matches de la Coupe du monde de football, au Tournoi des Cinq Nations. Il monte le Galibier aux côtés de Bernard Hinault. Il shoote avec Zinédine Zidane. Il tape en touche avec Thomas Castaignède. Il n'entend point qu'un reportage brut : des « consultants spéciaux » sont là, Bernard Thévenet, Jean-Michel Larquey, Pierre Albaladejo dit Bala, pour vous donner le commentaire, vous aider à penser l'événement, à analyser une tactique ou une stratégie. Il y a là force d'épanouissement.

Par la télé, on n'a pas que le cinéma à la main. On a de superbes émissions de peinture, Vermeer et Picasso, alors que l'électronique magnifie les couleurs. On a des émissions sur la vie des animaux qui sont peut-être les plus envoûtantes de toutes : pour un paysan qui a de toujours été un homme à animaux et qui n'a plus qu'une basse-cour, voici qu'il peut surprendre dans leurs plus petits secrets, leurs angoisses, leurs amours, un faisan, un renard, un éléphant de mer, un isard. La caméra lui montre même comment les atomes s'allient pour donner un artichaut ou une rose. L'univers s'ouvre sans limites : le téléspectateur apprend à mieux connaître l'Indochine, le Paraguay et l'Alaska que les villages d'alentour.

Par les Variétés, la paysanne « touche » Alain Delon et Jean-Paul Belmondo, Montand et Trenet comme si elle les avait chez elle. Jacques Chancel, dans son *Grand Echiquier*, glisse toujours dix minutes de musique classique et de poésie : à elle Mozart et Verlaine, Yehudi Menuhin et le prix Goncourt. Auvergnate ou Corse, Basquaise ou Savoyarde, elle peut comme n'importe quelle Parisienne voir au plus près les robes de Coco Chanel et de Saint Laurent. Des émissions vous montrent les bijoux les plus chers du monde, d'autres les fleurs les plus rares, d'autres des meubles à faire rêver. Les présentateurs, manière Léon Zitrone et Jacqueline Joubert, sont autant d'amis. Grâce à la fée, vous êtes « Au théâtre ce soir ».

Finalement même, on a plus de bon que de mauvais.

Et la météo se trompe de moins en moins.

Et Raymond Oliver, le prince du Grand Véfour, vous donne, appuyé par la ravissante Catherine Langeais, de mirifiques recettes — asperges et artichauts dans le même gratin ; choux rouges braisés à la flamande ; suprêmes de canard honolulu ; pigeon Prince Rainier III ; lapin en croûte ; pieds de porc truffés ; on en passe...

Et les feuilletons ne manquent pas, pour tenir en haleine.

Et les enfants ont Superman, Sonic le Rebelle, Fifi Brindacier, Beetleborgs Métallix... sans perdre pour autant l'impérissable Zorro...

Et les jeux succèdent aux jeux, même plus ou moins valables. Et on vous tire le loto sous votre nez. Et vous avez « la minute beauté ».

Justement, la minute beauté, parlons-en.

Car le paysan s'habille désormais comme un monsieur de la ville, s'endimanche sans effort, a son eau de lavande et son after-shave, a les armes de chasse les plus sophistiquées, sait même à l'occasion pratiquer la tenue « décontracte ».

Madame Paysanne, elle, est tout à fait Madame. Ses aïeules de 1900 en resteraient paralysées de stupéfaction.

Non qu'il faille l'imaginer avec tailleur Chanel, attaché-case Vuitton et bracelet-montre Hermès. Non qu'elle soit jamais prête pour les extravagances de Courrèges, la femme-limande de Karl Lagerfeld ou la femme-serpent, « la Marie-Python » de Thierry Mugler. Elle n'est ni pour la provocation ni pour le laisser-aller. Elle garde tout au fond d'elle-même la merveilleuse discrétion de mémé. Elle n'en a pas moins, si sobre reste-t-elle, ses élégances — avec des chapeaux idéalement choisis, des robes de couturière, des lingeries ultra féminines.

Sauf que, par là même, le paysan traditionnel ne cesse-t-il pas d'exister ?

Le village n'est plus un village, mais un morceau de ville ; la chaumière s'est changée en coquette villa ; le laboureur n'est plus un boueux ni un bouseux ; sa femme vote, fume, sort seule, a sa pleine personnalité, suit la mode, a rouge à lèvres et sac à main...

Toute la vie paysanne aura été bouleversée.

Il y a eu comme un coup de baguette magique.

Car le plus effarant est qu'une telle révolution, autour des années 1950, s'est réalisée dans un délai relativement court : à peine dix ou quinze ans.

Tel est le cas dans mon propre village natal, Salses, dans les Pyrénées-Orientales, 2 000 habitants, un village typique des pays catalans.

Dès 1970, on n'y rencontre plus un seul cheval ni un seul âne.

Une bonne moitié des habitants ont leur voiture ou leur camionnette, beaucoup le téléphone. Tous ont ou vont avoir leur transistor et leur télévision. Toutes les nouvelles paysannes tiennent à avoir l'équipement ménager le plus moderne.

L'eau coule gaiement à l'évier.

Chaque maison a W.-C. et salle de bains.

Plus besoin de « tombereau municipal » pour ramasser le crottin. Chaque rue vaut une rue de ville.

Chaque façade tient à être soignée.

On ne voit plus une seule porte vermoulue, ni une seule fenêtre délabrée — sauf pour quelques masures non habitées.

Un univers absolument nouveau s'est installé.

Seuls quelques villages de haute montagne pratiquent encore les anciennes manières de vivre.

Salses a même changé son nom. On le baptise désormais Salses-le-Château — en référence au vieux château fort historique qui, de la sorte, attirera mieux les touristes.

Même le marketing se sera fait paysan...

La croisade des nouveaux paysans

Faut-il pour autant se préparer à une agriculture sans paysan ni paysanne ?

Les pessimistes animent là un vaste chœur.

Pour eux, l'agriculture moderne est non seulement une activité « assistée », une mendiante d'aides et de subventions, affamée de prêts à bon compte, de ce fait exposée aux pires humiliations alors que le paysan, le vrai, fut toujours un homme acharné à son indépendance, mais elle est aussi une institution « remise en question dans sa totalité ». Ils énoncent comme un théorème que « les Mansholt ont gagné », que l'agriculture n'a plus de raison d'être en soi, qu'elle pourrait tout au plus être une « industrie de la terre ».

Dans une société moderne qui ne veut connaître que la vie rigoureusement industrielle et la manière citadine de vivre, avec son culte systématique de l'argent pour l'argent et du plaisir pour le plaisir, avec son étatisme tentaculaire et le fonctionnaire roi (il n'y a plus un seul paysan à l'Assemblée nationale), comment donc imaginer, disent-ils, qu'il puisse y avoir encore place pour un laboureur libre, amant de sa terre, uniquement passionné de faire pousser un blé ou une vigne, monument de la simplicité et de l'humilité ?

Tel est leur implacable constat : à quand la disparition *totale* de l'agriculture ? A quand le dernier paysan ? le tout dernier paysan ?

Et force est de reconnaître que ces pessimistes ont quelque justification à penser de la sorte. Même les plus grands amis du paysan traditionnel inclinent à d'identiques conclusions.

Pourtant, aussitôt, le cœur se révolte.

On ne peut se résoudre à accepter une telle fatalité.

On se dit que le paysan saura ne pas disparaître, qu'il y aura toujours de vrais paysans pour nous donner de vraies tomates, un vrai bifteck, des fruits dignes de ce nom.

On ne peut tenir pour utopie pure le rêve ou la volonté des « derniers laboureurs » de sauver la bonne terre et la bonne bouffe. Au demeurant, y a-t-il jamais eu utopie chez les paysans ? L'utopie, c'est un truc de la ville — et d'abord l'utopie la plus lourde et la plus grosse, qui est le marxisme. L'utopie est un phénomène typiquement urbain — conçue et choyée par des intellectuels bourgeois qui ont tous les jours sous les yeux un cadre que l'homme peut modifier à son gré, ce dont il ne se prive pas. Une ville peut à volonté se faire et se refaire ; elle est totalement docile à la volonté organisatrice de ses habitants ; l'homme l'habille et la farde à son gré ; il peut y exercer à satiété ses caprices et son imagination ; il n'arrête pas de la modeler et elle, obéissante, soumise, accepte toutes les modifications qui lui sont imposées. A l'opposé, l'utopie rurale est un non-sens. Comme le dit le professeur Frédéric Rouvillois (dans son beau livre *L'Utopie* chez Flammarion) : « La terre est basse : elle contraint ceux qui la pratiquent quotidiennement à l'humilité, les soumet à des forces, à des limites, à des incertitudes auxquelles ils doivent apprendre à se plier. Ici, le rêve utopique d'une nature vaincue, réglée comme une machine, ne peut prospérer, et moins encore l'égalitarisme radical qui l'accompagne. La mentalité rurale est absolument hostile à cette abolition communiste du tien et du mien où l'utopie voit l'une des conditions essentielles de la libération et du bonheur commun. » Le paysan n'a pas à spéculer, à jouer, à se payer des fantaisies. Il manœuvre et travaille et pense sur le réel sans cesse recommencé. Conclusion : quand il annonce une nouvelle agriculture saine, inspirée de la traditionnelle, on peut le croire sur parole. Il mise sûr.

On peut tenir pour un grand atout paysan une certaine renaissance de l'attachement à la campagne. Ces villages, que les populations ont tant désiré quitter pour monter en ville de 1860 à 1960, sont redevenus des lieux positifs. En cette fin de siècle, la campagne incarne plus que la ville la liberté, la beauté et la santé. Même de jeunes couples, y compris travaillant à la ville, s'installent désormais au village. A cet égard, le succès électoral des listes Chasse Pêche Nature Traditions est très éloquent. Car, dans ce vote, en de vieilles régions de France comme la Guyenne et la Picardie, aux traditions fortes, aux arts de vivre inscrits dans une longue histoire, on peut aussi découvrir une volonté d'affirmer que ce qui est ancien peut être bon, et même meilleur qu'une éternelle et harassante novation. Autrement dit : ce même village, longtemps dénoncé comme un *monde fermé*, se révèle inespéré *monde ouvert.* Il n'y a plus la moindre honte à être un villageois.

La terre gagne des combats qu'on pensa trop vite irrémédiablement perdus pour elle. Par exemple, c'est au nom d'idéologies fumeuses de gauche que des militants écologistes, dans les années 1960, entreprennent de sauver le camp du Larzac de « l'occupation militaire » ; ils disent fièrement être les ennemis de tous obscurantismes ; ni dieu, ni maître, ni Etat, ni nation ; ils s'arrachent à leurs villes pour venir sur le plateau garder des chèvres : de fait, que passent les années et, perdant leurs discours de militants, ils se révèlent des terriens accomplis. La terre l'a emporté sur la théorie. Savent-ils même que, désormais, ils répètent d'instinct tous les gestes — et toutes les pensées — des pâtres de jadis ? Autre exemple : au départ, les amis d'un José Bové sont eux aussi des théoriciens de la révolution totale ; mais, comme le dit encore le professeur Frédéric Rouvillois, « à force de traire ses brebis et de récolter ses lentilles (même bio) sur sa propre terre, à force d'affronter la nature, on finit par reconnaître le dérisoire du *Paysans de tous les pays, unissez-vous* ; on finit par comprendre qu'on ne triomphera pas du mondialisme en lui opposant un mondialisme contraire, mais qui au fond, une fois tombés les masques, lui ressemble comme un frère. José Bové croit être un “nouvel homme”. Non. Plus simplement, il a retrouvé ses vraies sources ».

Durant les deux dernières décennies du siècle, le cinéma s'intéresse à nouveau d'assez près au monde rural. Sans complexe, et non sans résultat. Ainsi avec *La Horse* de Pierre Granier-Deferre ; *C'est quoi la vie* de François Dupeyron ; l'incroyable engouement populaire suscité par *Le bonheur est dans le pré*, hymne au magret de canard, au rugby et à l'amitié des champs ; le *road-movie* breton *Western* sonnant comme une invitation au départ vers des finistères désurbanisés ; *Jean de Florette* et *Manon des Sources* de Claude Berri, avec Yves Montand dans l'un de ses plus intenses rôles (nouvelle adaptation du roman de Marcel Pagnol), *L'Eau des collines*, déjà adapté en 1953 par l'auteur lui-même. Les images imposent une indiscutable nostalgie.

Une littérature « régionale » subsiste brillamment. Comme l'écrit pour *Le Figaro* Jean-Christophe Buisson dans un brillant article sur « Des auteurs en campagne » : « Il existe, dans les provinces françaises, des romanciers ignorés ou méprisés par la critique littéraire parisienne qui n'en font pas moins partie de la tribu des écrivains dont les livres se vendent à plus de cent mille exemplaires. Leurs noms ? Jean-Paul Malaval, Christian Signol, Denis Humbert, Jean-Guy Soumy, Gilbert Bordes, Michel Peyramaure, Jean Anglade. Cet automne 1999 encore, quand les jurys du Tout-Paris débattent des mérites comparés des romans de Christine Angot et de Jean-Pierre Milowanoff, *Le Domaine de Rocheveyre*, *Les Chênes d'or*, *Les Demi-Frères*, *Les Frères du diable* et *Les Affluents du ciel* partiront comme des petits pains dans les librairies de Clermont-Ferrand, Cahors et Montbrison. » Un homme de grand talent comme Claude Michelet, figure de proue de l'école de Brive, pâtre à ses bonnes heures, s'impose comme le maître même d'une lignée d'« écrivains du terroir ». Sans calcul, tranquillement, sobrement, ils anticipent depuis 1980 toute une redécouverte de la France profonde. Et voici *Dans mon pays lui-même*, par Philippe Meyu. Et voici *Les Troupeaux du diable* par Frédéric Pons. Pavoisons ! Les troubadours n'ont pas déserté.

Le moteur a eu beau bannir le cheval de multiples domaines, l'élevage du cheval n'abdique pas. En 2000, nous comptons au moins 3 000 élevages de pur-sang, près de 8 000 éleveurs de « trotteurs français ». Nous aurons compté en 1995 près de 100 000 poulinières saillies (dont 30 % génératrices de chevaux de trait, 58 % de chevaux de sang, 12 % de poneys et de races étrangères reconnues) L'année 1991 aura vu se fonder le Conseil supérieur du cheval. Meilleurs étalons français : *Highest Honor* (dont les produits valent en prix de course près de 9 000 francs), *Kaldoun*, *Garde Royale*, *Fabulous Dancer*. Et les plus émérites chevaux français figurent dans les plus grandes compétitions internationales de sauts d'obs tacles, ou de dressage ou de résistance. Le Grand Prix de Paris, le prix de l'Arc-de-Triomphe, le prix de Diane, le prix du Jockey-Club, le prix d'Amérique à Vincennes figurent parmi les plus brillantes dates de l'actualité équestre mondiale chaque année. Certains chevaux ou juments vainqueurs relèvent de la légende, tels *Ourasi* (qui gagne quatre fois le prix d'Amérique), *Uranie*, *Roquépine*, *Bellino II*, *Galinotte*... A preuve que la bonne terre de France sait encore nourrir bien des prestigieuses vedettes. Comment n'y aurait-il pas fierté chez les éleveurs restés fidèles aux plus hautes techniques traditionnelles ? Comment une telle fierté ne serait-elle pas partagée ?

Autre fierté : à nous des jardins de rêve. Les jardiniers français n'auront pas été en vain les conseillers du siècle les plus écoutés au monde. Voici *Néblina*, création d'Yves Rocher, pour illustrer la nécessité de préserver à tout prix la « biodiversité » où, dans une ambiance tropicale entre ciel et terre, on recrée en France les senteurs inconnues des fleurs et des mousses de l'Amazonie et de l'Orénoque — ou bien *Potager du prince jardinier*, avec sa collection de 500 tomates multicolores, de surcroît savoureuses — les paradis sous verre des *Jardins Allégoria* de Jean-Paul Guerlain qui n'a jamais oublié le parfum des pivoines ou des lys du jardin de son grand-père, et qui n'aura pas voulu le laisser mourir.

Que fait Jean Alexis Moncorgé, dit Jean Gabin, après une longue carrière marquée d'innombrables succès cinématographiques, unanimement désigné comme l'acteur le plus populaire de France, un géant du grand écran mondial ? Il achète un domaine en Normandie et le voici campé en vieux paysan aussi volontaire que madré, mettant lui-même la main à la pâte. Quel meilleur portrait, pour illustrer un « retour à la terre » qui n'étonne personne ?

Qui ose dire que le paysan français ne sait plus être un artiste ? Dans les mêmes temps où Hollywood chewing-gum vous met en bouche au choix des parfums de pêche-pamplemousse, d'orange-pêche et de citron-framboise, voici à nous « le veau grand luxe », nourri au lait, pour nos tables les plus célèbres. Il est vrai que ce n'est pas une première : le veau fut le plat de prédilection pour François Ier et pour Molière. Louis XVI s'en empiffra. Napoléon apprécia fort la recette inventée par Dunand « au poulet et aux écrevisses ». La renommée du veau Marengo n'est plus à bâtir. Faut-il que la France continue de porter estime même au veau prolétaire : avec deux millions de veaux produits chaque année, elle est le premier pays producteur ; chaque Français en consomme plus de quatre kilos par an et par personne. Mais voici qu'on n'aura jamais autant choyé le veau de super-luxe, alimenté à raison de dix œufs par jour, au point que le jaune lui colle à la bouche et qu'on dit qu'il en a le palais... royal. De plus, ainsi chez certains producteurs spécialisés de Creuse et de Corrèze, lui a droit d'être allaité au pis de « deux mères ». Et vous n'en trouverez pas d'autre, chez Guy Martin, le chef du Grand Véfour, ou chez Bernard Loiseau, à Saulieu. Le paysan sait donc toujours servir le grand art... Le paysan n'abdique pas — même si Bertrand Hervieu peut définir « le monde paysan comme une ancienne classe dominante devenue minorité ». La minorité sait se défendre. Au demeurant, encore que le veau grand luxe soit inévitablement réservé pour quelques gourmets privilégiés, même dans les plus modestes demeures rurales, la table paysanne sait garder inébranlable fidélité à ses traditions. A nous encore savoureux pâtés, saucissons qui embaument, jambons de deux ans, civets de rêve, confits divins, soupes de paradis, incomparables foies d'oie ou de canard. Le dimanche, bien des familles citadines s'en vont manger dans une auberge de campagne. Autre signe que la terre ne meurt pas.

On sait adapter certaines cultures aux exigences des temps nouveaux. Ainsi le riz de Camargue. « Nécessité à la fois écologique et économique », proclame Michel Durand-Roger, un Camarguais, chargé de la promotion à la Chambre d'agriculture du Gard et qui présente fièrement ses produits à un Salon de l'agriculture en 1997. Nécessité écologique ? « Après la construction des digues, l'eau du Rhône ne venait plus faire baisser la salinité du sol de Camargue. Désormais, les rizières sont la seule façon d'amener de l'eau douce. Sans le riz, la Camargue deviendrait vite une plaine salée et aride. » Nécessité économique ? Des hommes, dans le delta, vivent de la viande de taureau, de la chasse. Et des céréales aussi qui ne pouvaient pousser que sur une terre salée. « En vérité, c'est le riz qui entraîne toute l'économie. » L'histoire du riz français est pourtant relativement courte. Le riz camarguais prend son essor avec la perte des colonies et atteint son plus haut niveau en 1961, avec ses 32 000 hectares et une production de riz paddy de 135 000 tonnes (83 436 tonnes de riz blanchi). C'est ensuite le déclin jusqu'en 1981 avec 4 400 hectares et 18 000 tonnes. Mais la relance est vigoureuse de 1981 à 1994, où l'on remonte à 24 000 hectares et 122 500 tonnes de paddy. Michel Durand-Roger peut en conclure que « le riz est devenu une culture affective comme le vin, le pain ou le fromage ». On fait même aujourd'hui des essais sur les riz parfumés, comme le thaï ou le basmati. Le consommateur se met à s'intéresser à l'origine du riz, sa forme, son goût, sa couleur. En bref, le riz à son tour suscite l'ambition et profite des nouvelles tendances de la diététique.

Au total, malgré les immenses difficultés économiques de tous ordres que rencontre le paysan de l'an 2000, on ne peut donc dire que la désespérance s'impose immanquablement.

Le paysan français a un cœur fort : c'est assez pour lui reconnaître des chances de survie.

Par ailleurs, il garde quelques atouts précieux.

Alors ?

Alors, certes, on peut être triste.

On garde une trop profonde nostalgie du laboureur légendaire, marchant derrière son cheval pour tracer un sillon impeccable. C'était le royaume du silence : pas un seul moteur n'était là pour vrombir ; on n'entendait que le souffle du cheval en plein effort, le murmure de la charrue, des chants d'oiseaux. C'était l'empire de la tradition : chaque geste se répétait des générations passées, il y avait unisson entre l'homme et la bête ; le fouet était inutile. Rentré à la maison, le paysan retrouvait comme chaque jour la cuisine de grand-mère, avec de vrais légumes, de vraies volailles, avec une merveilleuse nourriture sans la moindre manipulation chimique. Comme on n'avait ni radio ni télévision, les soirées d'hiver se passaient en famille autour d'un grand feu de souches et de sarments, à croquer des châtaignes et à écouter les plus anciens raconter leurs souvenirs. L'été, dans la rue, on s'asseyait sur des chaises devant la maison, en compagnie du voisinage, à la seule lueur de la lune et des étoiles. Aucune bousculade. Aucun chaos. Une seule peur : la grêle, la pluie de pierre, dont aucun saint ne savait protéger le village. Telle était la calme vie paysanne dans les années 1920, et encore dans les années 1930, et encore dans les années suivant la fin de la guerre mondiale.

Il est sûr que, cette vie-là nous ne la reverrons plus.

Silhouettes à jamais effacées : la file des laboureurs conduisant les chevaux à l'abreuvoir ; la paysanne se rendant au lavoir ou à la mare, son baluchon de linge sur la tête ; le curé en soutane jouant aux boules avec le maire voltairien ; à la forge, les paysans assemblés, vêtus de gros velours, autour de l'artisan qui ferre les bêtes...

Il ne peut pas survivre, le village de jadis.

Evoquant tant de charmes et de simplicité, on peut donc verser une larme, à l'instant d'un tel deuil.

Mais, à l'évidence, le paysan garde un sens.

Il peut encore avoir droit à l'importance.

Car il a du moins une grande bataille à conduire, voire une grande croisade : celle de la qualité de la vie et des produits qui l'alimentent.

A travers les siècles, même aimant accomplir idéalement sa besogne et produire des merveilles (ah ! le blé de France ! les pommes de France ! les chevaux de Sully !), il eut l'obsession du rendement : fournir toujours davantage.

Théorème : le royaume ne doit pas manquer de pain.

Hélas ! Au nom de la productivité, on en vint à procéder à de la sorcellerie, à des monstruosités.

Précisément, voici qu'un autre horizon s'ouvre : donner des produits qui ne soient pas des poisons — contre les hérétiques mondialistes, qui veulent fabriquer n'importe quoi avec n'importe quoi, face aux armées des fast-foods et des McDo's, contre tous les nouveaux gabelous d'une bureaucratie trop bloquée sur elle-même, se battre au nom d'une nourriture saine et délectable, la nourriture réinventée du bon Dieu.

On a dit que le XXIe siècle serait le siècle du métissage.

Il pourrait aussi être le siècle des nouveaux paysans.

Des paysans croisés. Réhabilitant une terre qui aura été trop longtemps abandonnée aux Infidèles.

Non, on n'en a pas fini avec les saintes missions et les plus belles moissons des paysans de France...

Au demeurant, comment dans cet instant oublier que le paysan de France aura imprimé une incomparable marque sur tout le millénaire qui vient de s'écouler ?

Que de qualités, il est vrai !

Dans les abîmes de la plus dure servitude, il ne perd jamais l'espérance, ni la volonté, de parvenir coûte que coûte à la plénitude de la dignité. Il n'abdique jamais son droit, jusque dans les temps où il ne sait pas l'exprimer. Ecrasé sous les charges, humilié face au seigneur, abandonné à son sort par une Eglise elle-même serve de tous les préjugés et fétichismes, poursuivi par les pires malédictions des destins, jamais il ne renonce ni ne se décourage. Il sait trop aussi qu'il possède les plus solides chances : vivant au rythme de saisons qui se succèdent infailliblement, il en vient à respirer lui-même dans une sorte d'infaillibilité ; il peut braver l'hiver puisque le printemps reviendra toujours ; ainsi a-t-il en lui des certitudes que n'aura jamais le chef de guerre ou le marchand de draps ; lui seul est à même de connaître une intraitable rigueur ; il ne fait point que labourer la terre, il est la terre ; son invincible bon sens n'a pas d'autre explication que la source même qui le commande ; il a du bon sens parce qu'il est toujours dans le bon sens ; et il ne peut être qu'aussi robuste que son sol ; de fait, au fond, il est le seul être au monde à être enraciné au sens le plus fort du terme, à faire corps avec son terroir ; le soldat est voué à l'errance, le prieur ne contemple que le ciel, le marchand a des tiroirs, l'artiste s'agite aux vents des hasards, lui seul, le paysan, vit dans la permanence intangible...

Il pousse dans la terre comme le platane et le sapin.

Il n'existe que par elle, participe de la même perpétuité.

C'est pourquoi on ne peut imaginer qu'il puisse disparaître...

Simplement, il trouvera d'autres gestes.

Au reste, des gestes qui le rendront encore plus semblable à lui-même...

TABLE

Cet ouvrage a été composé par
Nord Compo (Villeneuve-d'Ascq)
et imprimé sur presse Cameron
par **Bussière Camedan Imprimeries**
à Saint-Amand-Montrond (Cher)
pour le compte de la Librairie Plon

Achevé d'imprimer en décembre 2000.

N° d'édition : 13262. — N° d'impression : 005597/1.
Dépôt légal : août 2000.

Imprimé en France